français 2e

2e

Sous la direction de
Dominique Rincé
et **Sophie Pailloux-Riggi**

textes
méthode
—
livre unique

Pierre Aurégan
Agrégé de Lettres modernes
Lycée Georges-Brassens de Courcouronnes

Christian Denis
Certifié de Lettres modernes
Lycée François-Mauriac-Forez d'Andrézieux-Bouthéon

Michel Maillard
Agrégé de Lettres modernes
Lycée polyvalent de Sens

Sylviane Obadia
Agrégée de Lettres modernes
Lycée international de Saint-Germain-en-Laye

Guy Palayret
Agrégé de Lettres modernes
IUFM de Versailles

Jean-Marc Quaranta
Agrégé de Lettres modernes
Lycée Guillaume-Apollinaire de Nice

Françoise Rio
Agrégée de Lettres modernes
Lycée Alain du Vésinet

Sophie Schvalberg
Agrégée de Lettres classiques
IUFM de Versailles

Édition : Catherine Gaschignard,
assistée d'Anne Balaguier
Conception graphique : Killiwatch
Mise en pages : Killiwatch
Couverture : Hartland - Villa
Iconographie : Claire Balladur

ISBN : 2-09-172844-6
© Nathan 2006

AVANT-PROPOS

■ **Ce manuel est organisé en 6 chapitres** qui couvrent l'intégralité des objets d'étude du programme. La **poésie**, qui n'est pas inscrite explicitement dans ce programme, fait toutefois l'objet d'une entrée à part entière (chapitre 2) en rapport direct avec l'étude des « mouvements et phénomènes littéraires ».

Ces 6 chapitres offrent un « vivier » littéraire de près de 220 textes, regroupés en séquences. Le professeur y trouvera aussi la matière pour organiser lui-même librement ses séquences.

■ **Textes et méthode 2ᵉ est un livre unique**. Il articule littérature et méthode en proposant, **à la fin de chaque chapitre**, des pages d'**étude de la langue**, d'**analyse littéraire** et d'**expression écrite**, suivies d'une **évaluation**. Un système de renvois aux pages de méthode, après chaque texte, permet un travail cohérent.

L'objectif est de **mettre la méthode au service de la lecture des textes littéraires** et non de faire des textes littéraires de simples prétextes à l'apprentissage méthodologique. Ces pages de méthode sont donc établies en constante articulation avec les textes et les problématiques littéraires abordés dans le chapitre.

■ Dans le souci d'inscrire l'étude des textes dans le contexte littéraire et culturel qui les éclaire et les nourrit, le manuel s'ouvre sur **une présentation historique et chronologique de la littérature**. Cette approche historique et culturelle est complétée par 70 biographies qui figurent en fin d'ouvrage.

L'étude des textes

■ Pour guider ses lectures, l'utilisateur du manuel retrouvera des rubriques qui lui sont familières : **introductions** aux textes ; **appareils pédagogiques**, méthodiques et progressifs, pour en faciliter l'observation et en appréhender la signification ; **textes** « **échos** » pour souligner l'intertextualité ; « **Histoire littéraire** » en contexte ou en fin de chapitre.

■ Cette approche d'extraits s'accompagne aussi de **la volonté de faire lire des œuvres complètes** : dans chaque chapitre, on trouvera ainsi une ou deux pages « **Lire une œuvre** » consacrées à la présentation d'une œuvre littéraire avec un questionnaire permettant de guider ou d'évaluer sa lecture intégrale.

■ Enfin, l'élève pourra confronter écriture littéraire et expression plastique avec les **dossiers-images** qui accompagnent chaque chapitre, ainsi qu'avec les quinze « **analyses d'images** » qui se trouvent en contexte.

Les pages de méthode

■ Les pages « **Étude de la langue** » et « **Analyse littéraire** » sont constituées d'une fiche de cours en page de gauche, et, en page de droite, d'un exemple commenté suivi d'une série d'exercices qui invitent à un « retour aux textes » du chapitre ; le dernier exercice de chaque page porte sur un texte nouveau. Quant aux pages « **Expression écrite** », elles ont pour objectif de familiariser, dès la Seconde, l'élève avec le commentaire littéraire, la dissertation et l'écriture d'invention, et de permettre ainsi un apprentissage progressif des méthodes de l'écrit. L'**évaluation** proposée à la fin de chaque chapitre permettra enfin de faire le point sur les acquis du chapitre.

■ Enfin, à la fin du manuel, 24 pages de **méthodologie** proposent à l'élève des conseils, pour l'oral comme pour l'écrit.

Sommaire

CHAPITRE 1

Qu'est-ce qu'un mouvement littéraire ?

Sommaire

CHAPITRE 4

Le roman et le récit court

1 Le roman face à l'Histoire

2 Le romancier, peintre de la modernité

3 Intériorités romanesques

CHAPITRE 5
Démontrer, convaincre, persuader

1 Démontrer

2 Convaincre et persuader

CHAPITRE 6

Le monde de l'écrivain

1 L'écriture pas à pas

2 L'écrivain : mythe et réalité

3 Les adaptations : *Notre-Dame de Paris*

Histoire *littéraire*

Histoire littéraire et culturelle

Les mouvements littéraires

Huit grands mouvements littéraires

La poésie

Le théâtre

Le roman et le récit court

L'argumentation

Le monde de l'écrivain

Méthode

Étude de la langue

Outils d'analyse littéraire

Jean-Antoine Watteau (1684-1701), *L'Enseigne de Gersaint*, 1720. Berlin, château de Charlottenbourg.

Histoire littéraire et culturelle

XVIe siècle

Le contexte historique et social

Le temps des explorateurs

Notre XVIe siècle s'est voulu comme un âge de « lumière » succédant aux « temps obscurs » du Moyen Âge. Il ne doit pourtant son mouvement de renaissance qu'aux efforts antérieurs de renouveau (artistique, philosophique et scientifique notamment) qui se sont développés au cours des deux siècles précédents à travers toute l'Europe.

La constante amélioration des techniques de navigation rend ainsi possible, dès la fin du XVe siècle, les grandes découvertes, dont l'influence sera déterminante sur la pensée de la Renaissance : voyages aux Amériques de Christophe Colomb de 1492 à 1502, de Vasco de Gama sur la route des Indes, puis de Magellan ou de Jacques Cartier, qui prit possession, au nom du roi de France, de l'actuel Canada en 1534. Les récits de ces conquérants remettent en cause l'image d'un monde centré autour de la vieille Europe, font apparaître des horizons insoupçonnés, et excitent l'imaginaire des penseurs ou des artistes.

Utilisation de l'astrolabe (XVIe siècle).

Un monde élargi

De la même façon, les travaux de l'astronome Nicolas Copernic puis de Galilée révolutionnent la conception de l'univers en imposant la théorie d'un système planétaire organisé autour du Soleil contre l'image d'un monde plat dont la Terre était le centre absolu. Les travaux du chirurgien Ambroise Paré, de l'agronome Olivier de Serres ou de l'inventeur Bernard Palissy témoignent aussi d'une curiosité défiant sans cesse les énigmes du corps ou de la matière.

Explorateurs de l'humain ou de la nature, ces héros de la découverte ont d'autant plus influencé leur époque qu'ils ont raconté leurs voyages et commenté leurs travaux dans un souci de partage de la connaissance. Servis par les progrès de l'imprimerie et par une meilleure diffusion des écrits, ils ont repoussé les limites du monde et du savoir, et ont offert aux écrivains et penseurs les moyens de les accompagner sur ces voies qu'ils ouvraient.

Portrait équestre de François Ier par Clouet. Paris, musée du Louvre.

Une royauté encore incertaine

Depuis le Moyen Âge, le royaume de France était traversé par le conflit entre partisans d'une monarchie unificatrice et défenseurs du féodalisme. Les grands événements historiques du XVIe siècle prolongent cette opposition. Les guerres de conquête menées par les Français en Italie de 1492 à 1559 s'expliquent ainsi par l'ambition des souverains successifs (Charles VIII, Henri II, François Ier) de s'imposer dans leur royaume en guerroyant en Europe face aux grands rivaux comme Charles-Quint ou Philippe II d'Espagne.

En même temps, les guerres d'Italie, sous François Ier notamment, ont contribué au renforcement du pouvoir royal centralisateur contre celui d'une haute noblesse décimée par les conflits, ruinée par les efforts militaires et contrainte de demander à la cour aides et protection. S'appuyant au contraire sur une bourgeoisie en pleine expansion, rendant obligatoire l'usage du français dans les actes officiels, le vainqueur de Marignan (1515) réussit même à imposer son autorité à l'Église dont il nomme abbés ou évêques.

C'est pourtant dans le domaine religieux que se dessine la grave crise qui secouera la monarchie dès la fin du règne de François Ier. Les interminables guerres de religion entre catholiques et protestants, avec leurs crimes et massacres, mettent à mal les rêves d'unité nationale jusqu'à ce que l'édit de Nantes, signé par Henri IV en 1598, reconnaisse la diversité des croyances et des pratiques.

La vie et les formes littéraires

Une vie intellectuelle passionnée

La vie intellectuelle de la période est à considérer dans ce contexte de conquêtes et de conflits qui ne laissèrent jamais indifférents les écrivains de ce temps qu'on a appelé l'âge humaniste. D'un côté les voyages et les guerres excitent l'inépuisable curiosité des créateurs prompts à découvrir des modèles culturels inédits : l'Italie principalement, relais vers l'Antiquité gréco-latine et l'Orient, sert dans tous les domaines (peinture, architecture, littérature) de source d'inspiration.

D'un autre côté, la volonté royale d'unité nationale et donc linguistique, manifestée par François Iᵉʳ, est accompagnée par l'ambition des écrivains de s'exprimer dans une langue, le français, reconnue à part entière comme instrument de pensée et d'expression. Enrichie de vocabulaires savants ou régionaux, la langue nationale dame ainsi progressivement le pion au latin de l'Université et de l'Église.

Raphaël (1483-1520), *L'École d'Athènes* (détail).

La prose d'idées des humanistes

L'intense activité intellectuelle de la Renaissance a produit une littérature d'idées à son image : foisonnante, militante et innovante. La prose française devient le support privilégié des grands débats qui agitent et traversent le siècle. La controverse douloureuse entre catholiques et protestants suscite l'apparition d'une littérature religieuse dont les principaux ouvrages sont dus à Calvin, fondateur du protestantisme français. L'histoire (Pasquier, Bodin) et la réflexion morale (Amyot, Monluc, La Boétie) s'épanouissent, elles, dans des œuvres nourries par la vigueur des engagements. Enfin, c'est dans l'œuvre de toute une vie, les *Essais* de Montaigne, que cette prose d'idées, portée par une langue désormais mûrie et servie par un style original, accède véritablement à la dimension de chef-d'œuvre.

Innovations de la prose narrative

La littérature de fiction n'a pas au XVIᵉ siècle la même force. Durant la première moitié du siècle, le conte, encore teinté de « gauloiseries » médiévales, reste l'instrument privilégié de la satire tandis que la nouvelle s'ouvre au thème amoureux (*L'Heptaméron* de Marguerite de Navarre). Le roman chevaleresque demeure en vogue en dépit de tentatives pour renouveler le genre dans les registres sentimental ou pastoral* avec des aventures idéalisées dans un cadre champêtre. Mais c'est Rabelais, dans la « saga » de ses géants Gargantua et Pantagruel, qui réussit la brillante synthèse de la prose d'idées et de la prose narrative, avec ses intrigues spectaculaires, ses personnages attachants et sa langue haute en couleurs, capables de séduire un large public.

Benvenuto Cellini, *Ganymède* (1547).

Stagnation du théâtre et âge d'or de la poésie

Dépendante des conditions matérielles de la représentation et des goûts du public populaire, la scène demeure longtemps aux mains des confréries qui continuent de cultiver les genres médiévaux tels que les mystères, miracles et autres farces à gros effets comiques. Toutefois, dans la seconde moitié du siècle, portée par le renouveau de l'inspiration antique, la tragédie et sa variante à rebondissements, la tragi-comédie*, ouvrent la voie aux grandes œuvres du XVIIᵉ siècle.

La poésie connaît au contraire un véritable âge d'or pendant la Renaissance. À l'aube du siècle, Marot apparaît comme le trait d'union entre les héritiers des Grands Rhétoriqueurs* des siècles précédents, attachés aux impératifs formels, au service d'une inspiration souvent courtisane, et les adeptes d'un nouveau lyrisme. Lyon, capitale de l'imprimerie, héberge ainsi les figures brillantes de ce qu'on a appelé l'école lyonnaise autour de Maurice Scève et de Louise Labé, rénovateurs de la poésie amoureuse.

À Paris, la seconde moitié du siècle voit l'avènement de l'illustre groupe de la Pléiade autour de Du Bellay et de Ronsard. Pétris de culture antique et italienne, ils mettent leurs talents de versificateurs inventifs (odes, ballades et surtout sonnets) au service d'une inspiration personnelle, lyrique, élégiaque et parfois engagée.

Le contexte historique et social

L'apogée de la monarchie absolue

À la fin du XVIᵉ siècle, Henri IV avait pacifié le royaume de France et renforcé l'autorité du souverain. Assassiné en 1610, il laisse à nouveau un trône royal menacé pendant la durée de la régence de Marie de Médicis (1610-1617). Sous le règne de Louis XIII (1617-1643), la force de l'État s'incarne principalement dans la personnalité de celui qui gouverne réellement : le cardinal de Richelieu. À la mort de Louis XIII, un autre cardinal, Mazarin, partage avec la reine mère Anne d'Autriche le pouvoir d'une seconde régence pendant que Louis, le jeune roi, poursuit son apprentissage de souverain.

En mars 1661, alors qu'il vient d'avoir vingt-trois ans et que Mazarin meurt, Louis le Quatorzième annonce à son entourage qu'il se passera désormais de Premier ministre et qu'il assumera personnellement le gouvernement du royaume : un long règne, stable, fastueux et autoritaire, débute pour plus d'un demi-siècle (1661-1715).

Le pouvoir centralisateur du Roi Soleil

Louis XIV est un monarque absolu, qui gouverne sans être tenu de rendre des comptes à la nation, et de droit divin, c'est-à-dire dont le pouvoir émane de Dieu. Pour asseoir

Portrait de Louis XIV par Rigaud. Paris, musée du Louvre.

cette autorité sans partage, il lui faut s'imposer d'abord aux grands aristocrates du royaume. Déjà, pendant l'épisode de la Fronde (rébellion de certains princes les plus puissants comme les Condé), le jeune souverain, protégé par Mazarin et sa mère, s'est imposé en matant la révolte et en faisant une entrée triomphale à Paris en 1652.

En s'emparant de la totalité du pouvoir, celui qu'on va bientôt appeler le Roi Soleil renforce définitivement son autorité en écartant la noblesse traditionnelle. Il le fait au profit de hauts fonctionnaires, qui lui rendent compte directement, et de grands ministres issus de la

bourgeoisie comme Colbert, qui incarne le dévouement sans faille du « grand commis » auprès du souverain absolu.

Fastes et pièges de la Cour

Mais le coup de génie du grand roi est d'avoir endormi cette noblesse dont il se méfie en l'enfermant dans les pièges du luxe et de l'oisiveté de sa cour, au Louvre d'abord puis à Versailles. Les bâtiments somptueux de ses architectes (Le Vau, Mansart), les parcs et jardins de Le Nôtre, les spectacles de ses musiciens (Lulli) ou dramaturges (Molière, Racine), deviennent ainsi les symboles de son triomphe.

Cette cour est certes l'objet de railleries de la part des moralistes, de jalousies de la part de ceux qui en sont exclus, voire de haine de la part d'un petit peuple qui continue de vivre dans la misère, accablé d'impôts. Mais elle impose dans le royaume comme dans les autres cours d'Europe l'image d'un État et d'un style rayonnants d'éclat.

Des ombres sur une fin de siècle

Plusieurs facteurs viennent assombrir la fin de règne de Louis XIV, qui mourra en 1715. Des famines abominables (1693-1694) accroissent les souffrances des paysans dont les révoltes sont sévèrement réprimées. Les guerres d'expansion en Europe ou le conflit ruineux pour la succession du trône d'Espagne au début du XVIIIᵉ siècle achèvent d'affaiblir les finances publiques. Enfin les questions religieuses recommencent à déchirer la nation. La crise du courant janséniste* et sa répression vont de pair avec la révocation de l'édit de Nantes (1685) qui accordait des droits aux protestants. De nouveau persécutés, ceux-ci se voient encore contraints à la clandestinité et à l'exil hors d'un pays qui aborde le nouveau siècle dans un climat de révolte et d'instabilité.

La vie et les formes littéraires

Vermeer, *L'Astronome* (1668).
Paris, musée du Louvre.

Le style classique, l'honnête homme et l'écrivain

Le terme qui caractérise le mieux le style du siècle de Louis XIV est celui de classicisme. On peut le définir, en art comme en littérature, par les exigences suivantes : clarté, sobriété, mesure et respect de la tradition. À cet idéal de beauté correspond un idéal humain qui est celui de l'honnête homme : noble ou roturier, il est cultivé mais sans affectation, passionné mais sans excès, sociable mais conscient de ses mérites personnels. Il fréquente avec lucidité les salons où il côtoie avec méfiance précieuses ou libertins. Le développement des cabinets de lecture lui facilite la découverte des œuvres.

Les écrivains, eux, continuent de vivre difficilement de leur production. À l'exception des dramaturges qui vendent leurs pièces aux troupes de théâtre ou de ceux qui entrent à l'Académie française, il leur faut trouver un protecteur, princier ou royal. Ce dernier, en échange de services (secrétaire, précepteur, historien), leur assure un revenu et une protection contre les tracasseries de la censure.

Triomphe du théâtre

D'abord protégés et encouragés par Louis XIII et Richelieu, favorisés ensuite par Louis XIV qui crée la **Comédie Française**, les dramaturges sont les figures majeures de la production littéraire du siècle, comme si l'idéal classique n'avait pas trouvé de meilleur cadre que la scène pour conjuguer sa double ambition de "plaire" et d'" instruire". **Corneille** puis **Racine** dans le registre tragique, **Molière** dans celui de la comédie, s'accommodent ainsi des **règles** édictées à partir de 1630 pour offrir des spectacles où les exigences de la morale vont de pair avec la satire modérée du pouvoir ou de la société.

Vigueur de la prose d'idées

D'une certaine façon ce théâtre exceptionnel ne fait que "mettre en scène" les exigences de "raison", de "naturel" et d'" **honnêteté**" dont sont porteuses les grandes œuvres d'idées de la période, désormais rédigées dans une prose française aux formes variées : essais philosophiques comme le *Discours de la méthode* de **Descartes** ou les *Pensées* de **Pascal** ; lettres, comme celles de la correspondance de **Mme de Sévigné** ; maximes comme celles de **La Rochefoucauld** ou portraits comme *Les Caractères* de **La Bruyère**.

Innovations du roman

Durant la première moitié du siècle, dans le contexte foisonnant du baroque* et de la préciosité*, le roman développe son registre **pastoral*** (*L'Astrée* de d'Urfé) et héroïque (*Le Grand Cyrus* de Mme de Scudéry). À partir de 1650, sous l'influence grandissante des lecteurs bourgeois, il s'ouvre à un **réalisme** inédit dans des œuvres comme *Le Roman comique* de Scarron ou *Le Roman bourgeois* de Furetière. Mais c'est **Mme de La Fayette** avec son roman d'**analyse**, *La Princesse de Clèves*, qui écrira le chef-d'œuvre du siècle.

La poésie, entre Anciens et Modernes

Après que Malherbe eut assuré au début du siècle la transition entre baroque* et classicisme, la poésie ne connut, en dehors des productions courtisanes ou mondaines, que deux grandes œuvres : celle de Boileau, théoricien des règles classiques, et surtout celle de La Fontaine. Ses *Fables* représentent, autant que les grandes pièces de la période, l'équilibre parfait entre exigence et fantaisie, morale et plaisir. À la fin du siècle, La Fontaine se rangera avec Boileau dans le camp des « Anciens » contre celui des « Modernes », emmené par le poète et conteur Charles Perrault. Lors de la fameuse « querelle » qui les opposa, ce dernier, au nom des sciences, du progrès et de la nouveauté, s'en prit aux défenseurs « archaïques » de l'Antiquité et de son imitation. Le scandale de ce défi ne faisait qu'ouvrir la voie aux grands débats philosophiques, politiques et esthétiques du siècle des Lumières.

XVIIIe *siècle*

Le contexte historique et social

Le temps des Lumières

Le XVIIIe siècle s'est désigné, un peu partout en Europe, par l'expression d'« époque des Lumières ». Comme les écrivains de la Renaissance s'étaient voulus en opposition avec les « temps obscurs » du Moyen Âge, les générations qui se suivent, de la fin du règne de Louis XIV (1715) à la Révolution (1789-1793), choisissent « la lumière » pour symbole de leurs luttes contre une certaine tradition politique et culturelle.

Dans tous les domaines en effet, qu'il s'agisse de la monarchie absolue, de la religion, de la morale, de la connaissance scientifique ou philosophique, du statut de l'écrivain et de la littérature, les hommes des Lumières vont faire de la liberté, « éclairante » et « rayonnante », leur mot d'ordre et le principe de leur action.

Une monarchie ébranlée

Bien que stable dans ses structures (trois rois seulement en un siècle), la monarchie apparaît contestée et affaiblie dans ses pouvoirs. La fin du règne de Louis XIV, qui meurt en 1715, a été assombrie par les ravages de la guerre et de la famine et, jusqu'en 1723, la régence de Philippe d'Orléans marque un début de crise de l'autorité royale qu'aggrave la crise financière.

Le long règne de Louis XV « le Bien-Aimé » (1723-1774) débute pourtant sur une période de paix et de croissance économique. Mais, après 1750, les erreurs militaires et diplomatiques conduisent à une perte d'influence internationale ainsi qu'à une nouvelle crise économique dont les conséquences, insupportables en matière d'impôts, accélèrent la contestation politique.

Monté sur le trône en 1774, Louis XVI tente de rétablir les finances mais se heurte à la révolte d'une partie de la noblesse et des parlements de province, qui exigent la convo-

Portrait de Louis XVI par Duplessis. Paris, musée Carnavalet.

cation des États généraux. Réunis en 1789, ils voient le tiers état imposer ses revendications et enclencher le processus révolutionnaire (prise de la Bastille le 14 juillet). En 1792, l'abolition de la monarchie et la proclamation de la République marquent la fin de l'Ancien Régime, mais la Révolution elle-même va basculer dans les violences de la Terreur.

Une société en effervescence

L'agitation révolutionnaire de la fin du siècle a en fait été préparée par un mouvement en profondeur de contestation sociale qui touche toutes les classes : la paysannerie accablée de taxes, la vieille noblesse crispée sur ses privilèges, et la bourgeoisie montante, avide d'une reconnaissance à la mesure de ses succès économiques. Les personnalités les plus éclairées de la noblesse partagent d'ailleurs avec cette bourgeoisie une même volonté d'accélérer les échanges de biens et d'idées à l'intérieur du pays et de l'Europe.

La plus grande partie des débats ont lieu dans les salons de l'aristocratie parisienne « éclairée », ces endroits où il est permis de parler de tout à condition que cela se fasse avec esprit. Ainsi, pour la première fois, même les principes sacrés de la monarchie absolue de droit divin sont soumis à examen. D'autres systèmes de séparation des pouvoirs sont imaginés, sur le modèle de la monarchie parlementaire anglaise notamment, et les idées de démocratie et de république sont ouvertement débattues à la veille de la Révolution.

La vie et les formes littéraires

Le temps des philosophes

La plupart des grands écrivains du XVIIIᵉ siècle encouragèrent ce mouvement de contestation sociale et politique. Ils furent aussi des savants parce que l'époque n'était pas encore à la séparation entre sciences, techniques et littérature. Si les plus célèbres d'entre eux – Montesquieu, Voltaire, Diderot et Rousseau – s'appelèrent « philosophes », c'est aussi parce que la littérature de ce siècle de débats était avant tout une littérature d'idées : à émettre, à échanger, à « examiner » et à « critiquer ». Au nom de la raison, contre les croyances ou les préjugés, les philosophes se livrent à un examen critique généralisé. Ils soumettent courageusement tout phénomène, y compris les traditions politiques et les dogmes de la foi, aux mêmes épreuves d'expérience et de vérification que les données scientifiques et techniques dont ils assurent les progrès dans leurs laboratoires.

Huber, *Le Dîner des Philosophes.*

Séparés parfois par leurs origines sociales ou leurs tempéraments, ils ont en commun un état d'esprit et des attitudes nouvelles. À l'exception du solitaire Rousseau, ils aiment la vie mondaine et les échanges collectifs ; ils témoignent, par leurs voyages ou leurs correspondances, d'une grande curiosité internationale ; ils ont le souci du progrès matériel et de l'utilité sociale ; ils s'engagent dans les combats contre les formes de violence, de fanatisme ou d'intolérance et prennent la défense des libertés individuelles ou collectives. En un mot, ces écrivains se veulent à la fois témoins et acteurs de leur siècle.

Des formes littéraires ouvertes...

Le développement des formes littéraires qu'on appelle « ouvertes », c'est-à-dire non codifiées par des règles strictes comme l'était la tragédie classique, illustre clairement ce projet. Les multiples dictionnaires (de celui de Bayle en 1697, « historique et critique », à celui de Voltaire en 1764, « philosophique et portatif ») donnent ainsi aux idées des espaces nouveaux d'expression et de controverse, que renforcent ceux des innombrables essais, dialogues ou traités.

Au cœur du siècle (1751-1772), la monumentale entreprise de l'*Encyclopédie,* sous la direction de Diderot, est le symbole de cette volonté de rassembler, confronter, vulgariser et diffuser les connaissances en tous domaines. À travers une œuvre collective (150 collaborateurs) ouverte aux débats et aux polémiques*, tout l'esprit curieux et inventif de la période s'exprime ainsi en dépit de la censure royale ou des condamnations religieuses.

...et des genres littéraires innovants

Les genres traditionnels, eux, sont affectés par ce tourbillon des idées en marche. Si la tragédie connaît encore de grands succès, elle a déjà perdu toute capacité d'innovation. Diderot voudrait lui donner, avec le drame bourgeois, une dimension plus humaine et plus « réaliste » ; mais c'est la comédie, chez Marivaux et Beaumarchais, qui s'adapte avec brio aux mouvements subtils ou plus brutaux de la contestation. De la même façon, si la poésie ne donne lieu à aucun chef-d'œuvre dans ce siècle de rationalité, le roman y fait au contraire l'apprentissage de la souplesse de ses formes et inspirations variées : roman d'apprentissage (Marivaux), roman par lettres (Montesquieu, Laclos), roman de mœurs ou psychologique (Laclos, Crébillon), conte philosophique (Voltaire) ou fantastique (Cazotte), etc.

Dans le dernier quart du siècle enfin, un besoin d'émotion et de mystère se fait plus fort auprès d'un public parfois lassé de trop d'analyses ou de débats et séduit par les productions romanesques ou poétiques d'outre-Manche. La sensibilité revient en force dans le champ littéraire et Rousseau, le mal-aimé du « parti des philosophes », paraît alors prendre sa revanche. Dans ses œuvres autobiographiques, *Confessions* et *Rêveries*, il révèle une intimité et une identité dont il affirme, contre tous, l'originalité et l'authenticité. Avec lui, avant que ne se tourne la page du siècle des Lumières, quelque chose se dessine, dans les consciences et les comportements, que les romantiques de la génération suivante vont bientôt nommer « le mal du siècle »...

Fragonard, *Le Baiser.* Coll. part.

XIXe *siècle*

Le contexte historique et social

Révolutions politiques et instabilité constitutionnelle

Au sortir de la tourmente révolutionnaire, pas moins de sept régimes politiques se succèdent au fil du XIXe siècle, jalonné par autant de guerres, coups d'État et épisodes révolutionnaires : le Consulat de 1799 à 1804 ; l'Empire napoléonien de 1804 à 1814 ; la Restauration (Louis XVIII puis Charles X) de 1814 à 1830 ; la Monarchie de Juillet (Louis-Philippe) de 1830 à 1848 ; la Seconde République de 1848 à 1852 ; le Second Empire (Napoléon III) de 1852 à 1870 ; enfin la Troisième République, née sur les décombres de la défaite face à l'Allemagne et de la répression tragique de la Commune de Paris (printemps 1871) puis secouée, à la fin du siècle, par de graves crises comme celles du coup d'État manqué du général Boulanger (1889) et de l'Affaire Dreyfus (1896-1906).

Napoléon III par Hippolyte Flandrin, Château de Versailles.

Révolution industrielle et développement économique

Ces soubresauts politiques ont pour toile de fond un spectaculaire développement technique et économique à propos duquel on parle légitimement de « révolution industrielle ». Préparées par le rationalisme* expérimental du précédent siècle des Lumières, toutes les grandes disciplines progressent, aussi bien dans le champ de la théorie (comme les thèses de Darwin sur l'évolution des espèces) que dans celui de la pratique (Claude Bernard et la « médecine expérimentale », Pasteur et les vaccins). Les sciences physiques et mécaniques font évoluer rapidement les techniques (chemins de fer, navires à vapeur, machines, moteurs) modifiant le paysage industriel (manufactures, usines) et urbain (grandes villes et banlieues ouvrières).

Parallèlement, le développement de l'industrie et du commerce installe une nouvelle distribution des richesses aux dépens du clergé et de l'aristocratie et au profit principal de la bourgeoisie d'affaires. C'est notamment le temps de l'apparition des premiers grands magasins, des banques qui gèrent les capitaux et de la Bourse qui fait et défait d'immenses fortunes.

Bouleversements et conflits sociaux

Ces transformations, qu'accompagnent les développements de l'instruction (création des lycées, obligation scolaire) et d'une presse moderne mieux diffusée, profitent aux écrivains dont les droits sont désormais mieux reconnus. Beaucoup vivent encore pourtant leur condition d'artiste, depuis les « bohèmes » du romantisme jusqu'aux « poètes maudits » du Second Empire, comme une forme de marginalité douloureuse.

Mais les vraies fractures du corps social résident dans l'écart grandissant entre la bourgeoisie propriétaire des moyens de production et le prolétariat ouvrier, gonflé par le flux de l'exode rural. Les conditions de travail épouvantables, les salaires souvent misérables, l'absence de considération posent au fil du siècle avec une acuité croissante cette question sociale. La révolte des Canuts lyonnais (1836), les premières grandes grèves et les premiers regroupements syndicaux (1862, Première Internationale marxiste) en seront les manifestations les plus spectaculaires.

Caillebotte, *Les Raboteurs de parquet*, 1875. Paris, musée d'Orsay.

La vie et les formes littéraires

Défis et engagements du romantisme

Le romantisme domine la première moitié du XIXe siècle, mais la présence d'un Victor Hugo, écrivant encore vers 1880, montre bien que ce mouvement ne saurait être cantonné dans le seul premier demi-siècle, même si l'échec de la révolution de 1848 a porté un coup très dur aux grandes ambitions libérales qui fondaient le mouvement depuis ses origines sous l'Empire. En réalité, c'est bien tout le siècle, comme le montre la tenace présence du « mal du siècle », de Chateaubriand aux « décadents » des années 1880, qui fut peu ou prou romantique.

Chateaubriand par Girodet.

Révélateur de comportements et d'engagements nouveaux, partagé entre élans, audaces et accablements, ce vaste courant européen autant que français, esthétique autant que littéraire, a engendré un renouvellement majeur des grands genres. Enraciné d'abord dans les écrits autobiographiques et le roman personnel (Chateaubriand), il a vite trouvé dans le poème lyrique et élégiaque (Lamartine, Vigny, Hugo, Musset), la forme par excellence d'expression de thèmes réactualisés : fuite du temps, amour de la nature, inquiétude passionnelle ou religieuse. Enfin, il a fait de la forme théâtrale du drame (Hugo, Musset, Dumas) le cheval de bataille de son « insurrection » contre les formes héritées de la tradition classique.

Tentations du réalisme

Toutefois, dès les années 1830, d'abord en cohérence avec le projet romantique (Stendhal, Balzac), puis sous le Second Empire, en réaction contre les excès du lyrisme ou du « culte du moi », une réaction se dessine. Le Moi, ses passions, ses rêveries, cèdent la première place à ce « réel » dont les sciences et les techniques s'emparent avec tant d'efficacité. Encouragés et parfois fascinés par de grandes théories comme celle du positivisme*, l'art en général et la littérature en particulier entrent alors dans l'âge de la représentation réaliste.

Si celle-ci n'est pas sans conséquences sur la poésie (doctrine de l'« art pour l'art » et mouvement « parnassien ») ou le théâtre (comédies de mœurs), c'est dans le roman qu'elle donne la pleine mesure de ses effets. De génération en génération, une évolution s'y dessine : réalisme d'observation psychologique et sociale chez Stendhal et Balzac ; réalisme documentaire d'un Flaubert travaillé par toutes les « angoisses » de l'écriture ; réalisme expérimental enfin de Zola et des naturalistes, fécondé par les grands mythes, comme ceux de l'argent ou de la machine, dont est désormais porteuse la modernité du siècle.

Modernité, symbolisme et décadence

C'est d'ailleurs au nom de cette modernité, décrite par Baudelaire puis Rimbaud comme une chance et une fatalité, que se dessine dans le dernier tiers du siècle une autre réaction contre les risques que font courir les puissances du réel, de la technique et de la science. Principalement présente dans les œuvres des poètes dits symbolistes (Verlaine, Mallarmé), cette réaction témoigne de la nécessité de remettre en cause et de « soupçonner » le réel autant que de se laisser fasciner par lui ; elle exige de se glisser dans ses failles à la découverte d'un « ailleurs » imaginaire ou idéal.

Les dernières années de la période, sous le contre-coup de la défaite militaire de 1870, des « affaires » et de la crise économique, donnent au paysage culturel français une allure troublée. Outre une guerre des sexes se traduisant par une misogynie exacerbée dans les arts visuels, elles voient coexister les adeptes d'un naturalisme « repenti » (Huysmans), ceux d'un symbolisme qui tend au mysticisme, à l'idéalisme visionnaire ou au fantastique (Barbey d'Aurevilly, Villiers de l'Isle Adam) ou encore les défenseurs d'un nationalisme revanchard (Barrès).

À partir de 1880, le mot *décadence* désigne ainsi le mouvement d'exaspération d'un certain nombre d'angoisses individuelles ou collectives, que les dernières créations théâtrales du siècle, très contrastées (Jarry, Claudel), vont léguer en héritage à notre XXe siècle.

Van Gogh, *Les Roulottes aux environs d'Arles* (1888). Paris, musée d'Orsay.

Le contexte historique et social

Conflits et tragédies

En France, en Europe, puis dans le monde entier, par la succession des crises économiques (1929) et des guerres (1914-1918, 1939-1945), notre XXᵉ siècle aura été celui des drames majeurs de l'humanité. Au-delà des engrenages de haines et de violences, plusieurs événements dominent cet horizon souvent tragique de l'histoire contemporaine : la « grande boucherie » humaine de Verdun lors du premier conflit mondial ; la barbarie nazie, la déportation des juifs et l'Holocauste lors du second ; en 1945 : Hiroshima ou les prémices de l'apocalypse nucléaire et Yalta ou le partage du monde en zones d'influence américaine et soviétique ; dans les années 1950, l'enlisement français dans les bourbiers d'Indochine (1954) puis d'Algérie (1954-1962) ; le durcissement de la « guerre froide » ; les conflits au Moyen-Orient (1967, 1973) ; la montée de l'intégrisme musulman ; l'impuissance enfin de l'ONU à maîtriser les conflits récents dans une Europe dont les déchirements nationalistes (Bosnie, Kosovo) n'ont rien à envier à ceux d'une Afrique (Somalie, Rwanda) souvent épuisée économiquement.

Affiche des Forces françaises libres, 1943.

Berlin (1989) conduisant à la réunification de l'Allemagne ; la fin de l'apartheid en Afrique du Sud (1994) ou encore la difficile mais salutaire mise en pratique du « droit d'ingérence humanitaire » (Somalie, Bosnie). Et puis soudain, à l'aube du XXIᵉ siècle, un « grand fracas » sur New York, le 11 septembre 2001, et la déferlante à nouveau des attentats et des représailles, du terrorisme et des expéditions punitives (Afghanistan, Irak, Israël et Palestine...).

Rénovations, espérances et... fracas

Pourtant, malgré ces drames à répétition, la seconde moitié du siècle a vu se lever de nouvelles espérances. Après les heures sombres de la défaite de 1940 et de l'Occupation, la France se redresse vigoureusement sur le plan économique pendant la brève IVᵉ République avant que le Général de Gaulle ne la dote, en 1959, des institutions durables de la Vᵉ qu'elle connaît encore aujourd'hui.

Sur le plan international, les années 1960 furent aussi pour la France celles de l'achèvement de la décolonisation, puis des débuts de la communauté européenne qui n'a, depuis, cessé de s'élargir. Ailleurs dans le monde, d'autres événements majeurs sont intervenus dans les vingt dernières années : la chute de grandes dictatures (Espagne, Grèce, Chili) ; celle surtout du mur de

Faillite des idéologies et « défaite de la pensée »

Les dernières décennies du XXᵉ siècle sont profondément marquées par le reflux puis l'effondrement spectaculaire de l'idéologie communiste, de ses divers « modèles » (soviétique, chinois) et de plusieurs régimes qui l'incarnaient dans ses formes les plus dictatoriales ou sanguinaires (Roumanie, Cambodge). Mais la faillite du marxisme n'a pas pour autant donné corps, dans le monde occidental, à une alternative incontestable. Propulsée par une formidable accélération des progrès technologiques et notamment des moyens de communication, la société dite de consommation a engendré ses propres crises dont les événements de mai 1968 en France furent les signes avant coureurs : crises d'identité sociale (chômage, précarité), reflux des valeurs ou repères traditionnels (école, famille, religion). Certains, comme le philosophe Alain Finkielkraut, ont employé l'expression de « défaite de la pensée » pour désigner le risque de déracinement et de banalisation culturels que comporte à terme le développement d'une culture de masse « américanisée », dont les supports techniques (télévision, informatique, Internet) deviennent les nouveaux objets de « culte » planétaires.

La vie et les formes littéraires

Une Belle Époque sans lendemains

Aux lendemains du double « épuisement » du naturalisme* et du symbolisme*, le XXᵉ siècle littéraire s'ouvre par une Belle Époque qui l'est d'abord pour les trois grands genres traditionnels. La poésie avec Apollinaire, le théâtre avec Claudel et le roman avec Gide et Proust paraissent en effet retrouver un souffle nouveau et surmonter leur épuisement de la fin du XIXᵉ siècle. Mais la Grande Guerre précipite la brutale confrontation de la littérature et de l'art en général avec les réalités – techniques, sociales et idéologiques – d'un « modernisme » dont le poète Paul Valéry avait pressenti qu'il rendait les civilisations « mortelles ».

Brancusi, *Muse endormie* (1910). Paris, musée national d'Art moderne.

Le temps des engagements

L'effondrement, dans les violences de la guerre, des valeurs de l'humanisme traditionnel provoque alors la réapparition d'une conscience tragique, que la littérature de l'entre-deux-guerres va s'efforcer de décrire pour tenter de la surmonter. De la révolution surréaliste (Breton, Aragon) à l'existentialisme* (Sartre, Camus) en passant par des œuvres dramatiques comme celle de Giraudoux, toute une génération redécouvre ainsi l'urgence de certaines questions : quelle fonction pour l'écrivain ; quelles formes pour l'engagement, individuel ou collectif (avant-gardes, manifestes) ; quels symboles, quelles figures d'un nouvel héroïsme peut-on opposer à l'inévitable « montée des périls » (fascisme, nazisme) ?

La littérature en question

Après l'épreuve douloureuse mais souvent courageuse de la Résistance, la littérature des années 1950-1970 doit affronter de nombreux défis : faillite annoncée des croyance et des idéologies ; déclin des « maîtres à penser » ; mondialisation des valeurs ; concurrence effrénée de toutes les formes de l'image (cinéma, télé, vidéo). Les « sixties », qui voient les sciences humaines (linguistique, psychanalyse, anthropologie, sociologie) triompher, sonnent ainsi l'heure d'une remise en cause de l'espace et des formes littéraires sous le signe d'une insolite nouveauté : « nouveau roman », « nouveau théâtre », « nouvelle critique » et bientôt « nouveaux philosophes »...

Tous les genres sont dès lors affectés par cette crise des valeurs et des pratiques littéraires : la poésie, plus que jamais marginalisée par rapport aux attentes d'un public qui a souvent cessé de la lire ; le théâtre, écartelé entre une crise du texte et de la parole (Ionesco, Beckett) et le renouveau de la mise en scène et de ses moyens ; le roman, genre toujours dominant mais qui hésite entre une attitude critique envers sa propre forme (crise du personnage et de la fiction) et la tentation du « best-seller », encouragée par toutes les manifestations du « commerce » littéraire : prix, émissions télé, clubs, adaptations cinématographiques.

Internet : chance ou menace pour la littérature ?

Dans un contexte d'échanges immensément élargi, dans celui d'une culture devenue presque sans frontières ni repères, la littérature et le livre sont-ils alors menacés de mort comme certains le prophétisent ? Rien n'est moins sûr. Internet favorise évidemment la lecture « zapping » au détriment de la lecture « patience ». Mais en même temps, le Web met spectaculairement à disposition des pans entiers de la littérature qui n'étaient plus accessibles qu'à ceux qui décidaient de fréquenter librairies et bibliothèques. À côté des « banques de textes » gratuites, se multiplient les sites d'achat et d'échanges de livres ; les forums de débats sur les auteurs, les œuvres ou les mises en scène ; et même les ateliers d'écriture, y compris poétique, retrouvent par la « magie du réseau » une activité de production et de critique exceptionnelle.

Présentation du livre électronique à Paris en 2001.

Marie Laurencin (1883-1956), *Apollinaire et ses amis*,
Paris, musée national d'Art moderne.

Qu'est-ce qu'un mouvement littéraire ?

1

De l'Allemagne (1810)

Mme de Staël
1766-1817

Avant qu'un mouvement soit constitué, la sensibilité d'une génération nouvelle peut s'exprimer dans des textes théoriques, comme des préfaces ou des essais. Ainsi, au tout début du XIXᵉ siècle, la romancière Mme de Staël publia deux essais, De la littérature *(1800) et* De l'Allemagne *(1810), qui marquèrent la première génération romantique. Amoureuse d'une Allemagne dont elle admire les écrivains (Goethe), elle révèle à ses contemporains le modèle de la poésie lyrique d'outre-Rhin.*

NOTE
1. Célestes et pures.

La poésie lyrique s'exprime au nom de l'auteur même ; ce n'est plus dans un personnage qu'il se transporte, c'est en lui-même qu'il trouve les divers mouvements dont il est animé. […]

Il faut, pour concevoir la vraie grandeur de la poésie lyrique, errer par la rêverie
5 dans les régions éthérées[1], oublier le bruit de la terre pour écouter l'harmonie céleste, et considérer l'univers entier comme un symbole des émotions de l'âme.

L'énigme de la destinée humaine n'est de rien pour la plupart des hommes ; le poète l'a toujours présente à l'imagination. L'idée de la mort, qui décourage les esprits vulgaires, rend le génie plus audacieux, et le mélange des beautés de la nature et des
10 terreurs de la destruction excite je ne sais quel délire de bonheur et d'effroi, sans lequel l'on ne peut ni comprendre ni décrire le spectacle de ce monde. La poésie lyrique ne raconte rien, ne s'astreint en rien à la succession des temps ni aux limites des lieux ; elle plane sur les pays et sur les siècles ; elle donne de la durée à ce moment sublime pendant lequel l'homme s'élève au-dessus des peines et des plaisirs de la vie. Il se sent,
15 au milieu des merveilles du monde, comme un être à la fois créateur et créé, qui doit mourir et qui ne peut cesser d'être, et dont le cœur tremblant et fort en même temps s'enorgueillit en lui-même et se prosterne devant Dieu.

Mme de Staël, *De l'Allemagne*, 1810.

1 Pourquoi, selon vous, l'essai de Mme de Staël est-il intitulé *De l'Allemagne* ?

2 Observez les champs lexicaux et précisez les deux tonalités majeures de ce texte.

3 Montrez comment leur choix permet à l'auteur de remplir une fonction pédagogique tout en préservant le caractère poétique de sa propre prose.

4 Quels mots et quelles images vous paraissent les plus représentatifs de la notion de « poésie lyrique » ?

5 Quels grands thèmes Mme de Staël propose-t-elle à cette poésie ?

6 Quelle silhouette du héros romantique dessine-t-elle dans la dernière phrase ?

René
de Chateaubriand

▶ Le « mal du siècle »

Né en 1768, Chateaubriand peut être considéré comme l'une des premières figures du romantisme français. Contrairement à la génération suivante, il a vécu l'effondrement de l'Ancien Régime. En 1791, il s'engage dans l'armée des émigrés, puis blessé, doit se réfugier à Londres. À son retour en France, il publie en 1801 *Atala* et, en 1802, *Le Génie du christianisme,* qui contient le bref récit *René* (qui sera ensuite édité, en 1805, avec *Atala*). Ces œuvres reflètent une inquiétude face aux incertitudes du temps présent, une sensibilité mélancolique et torturée, un mal être indécis et profond que Chateaubriand nommera « le vague des passions » (*Le Génie du Christianisme*).

▶ René, double de Chateaubriand ?

Comme son auteur, René éprouve le « mal du siècle ». On trouve aussi dans ce personnage la jeunesse solitaire, la figure d'une sœur aimante, la fuite vers l'Amérique, la fascination pour cet autre monde (les Natchez) qui font écho à la vie et aux expériences de Chateaubriand. Enfin, René exprime, face à la nature, notamment automnale, un lyrisme que l'on retrouvera dans certaines pages, autobiographiques celles-ci, des *Mémoires d'outre-tombe* (1848-1850).

▶ L'emblème de la génération romantique

Toute une génération, celle que l'on nommera romantique, s'est identifiée à René. Sainte-Beuve avouera ainsi : « J'ai lu *René* et j'ai frémi. [...] Je m'y suis reconnu tout entier. » Chateaubriand prendra alors, non sans sarcasmes, quelques distances avec son œuvre : « Une famille de René poètes et de René prosateurs a pullulé » (*Mémoires d'outre-tombe*).

Une œuvre lyrique

1 Quel est le mode de narration choisi par Chateaubriand ?

2 Où et dans quelles circonstances René fait-il son récit ?

3 À qui s'adresse-t-il ?

4 En quoi les éléments ainsi dégagés vous paraissent-ils propices à l'expression lyrique du sentiment ?

Le sentiment romantique

5 Analysez la profonde mélancolie de René, telle qu'elle apparaît dans le récit de son existence.

6 Repérez dans le récit la présence obsessionnelle du thème de la mort.

7 Que représente Amélie pour René ? Et René pour Amélie ? Pourquoi entre-t-elle au couvent ?

Romantisme et christianisme

8 Quelle leçon le Père Souël tire-t-il de ce récit ?

Pour prolonger la lecture

1. La préface d'*Atala* et de *René*, publiée en 1805, reprend certains extraits fondamentaux du *Génie du christianisme*. Après avoir lu cette préface, expliquez précisément l'expression « vague des passions ». Pensez-vous que ce « vague de passions » puisse caractériser votre génération ?

2. Lisez *Lorenzaccio* de Musset : comment le « mal du siècle » s'y exprime-t-il ? Comparez Lorenzo et René.

3. Recherchez des tableaux de peintres romantiques où s'exprime le sentiment de l'homme face à la nature, ressenti par René. Choisissez l'un de ces tableaux et présentez-le à la classe en justifiant votre choix.

Balzac
1799-1850

TEXTE 2

Illusions perdues (1837-1843)

Un mouvement, c'est d'abord un groupe d'individus qui se donnent un projet commun et, pour en débattre, se réunissent dans un lieu commun. Le modèle de ce regroupement est celui du cénacle qui réunissait, autour de Victor Hugo, dans son appartement parisien de la rue Notre-Dame-des-Champs, les militants du mouvement romantique des années 1830. Quelques années plus tard, dans son roman Illusions perdues, *Balzac offrit une célèbre évocation de l'atmosphère de ces « clubs ».*

Ludwig Passini, *Le Café grec à Rome*, 1856. Hamburg, Hamburger Kunsthalle.

Ces neuf personnes composaient un cénacle où l'estime et l'amitié faisaient régner la paix entre les idées et les doctrines les plus opposées. Daniel d'Arthez, gentilhomme picard, tenait pour la monarchie avec une conviction égale à celle qui faisait tenir Michel Chrestien à son fédéralisme européen. Fulgence Ridal se moquait des doctrines
5 philosophiques de Léon Giraud, qui lui-même prédisait à d'Arthez la fin du christianisme et de la Famille. Michel Chrestien, qui croyait à la religion du Christ, le divin législateur de l'Égalité, défendait l'immortalité de l'âme contre le scalpel de Bianchon[1], l'analyste par excellence. Tous discutaient sans disputer. Ils n'avaient point de vanité, étant eux-mêmes leur auditoire. Ils se communiquaient leurs travaux, et se consul-

NOTE

1. Célèbre personnage de *La Comédie humaine*, ici étudiant en médecine et bientôt grand médecin.

10 _ taient avec l'adorable bonne foi de la jeunesse. S'agissait-il d'une affaire sérieuse ? l'opposant quittait son opinion pour entrer dans les idées de son ami, d'autant plus apte à l'aider qu'il était impartial dans une cause ou dans une œuvre en dehors de ses idées. Presque tous avaient l'esprit doux et tolérant, deux qualités qui prouvaient leur supériorité. L'Envie, cet horrible trésor de nos espérances trompées, de nos talents

15 _ avortés, de nos succès manqués, de nos prétentions blessées, leur était inconnue. Tous marchaient d'ailleurs dans des voies différentes. Aussi, ceux qui furent admis, comme Lucien[2], dans leur société, se sentaient-ils à l'aise. Le vrai talent est toujours bon enfant et candide, ouvert, point gourmé[3] ; chez lui, l'épigramme[4] caresse l'esprit, et ne vise jamais l'amour-propre. Une fois la première émotion que cause le respect dissipée,

20 _ on éprouvait les douceurs infinies auprès de ces jeunes gens d'élite. La familiarité n'excluait pas la conscience que chacun avait de sa valeur, chacun sentait une profonde estime pour son voisin ; enfin, chacun se sentant de force à être à son tour le bienfaiteur ou l'obligé, tout le monde acceptait sans façon. Les conversations pleines de charmes et sans fatigue embrassaient les sujets les plus variés. Légers à la manière

25 _ des flèches, les mots allaient à fond tout en allant vite [...]. Ces jeunes gens étaient sûrs d'eux-mêmes : l'ennemi de l'un devenait l'ennemi de tous, ils eussent brisé leurs intérêts les plus urgents pour obéir à la sainte solidarité de leurs cœurs. Incapables tous d'une lâcheté, ils pouvaient opposer un non formidable à toute accusation, et se défendre les uns les autres avec sécurité. Également nobles par le cœur et d'égale force

30 _ dans les choses de sentiments, ils pouvaient tout penser et se tout dire sur le terrain de la science et de l'intelligence ; de là l'innocence de leur commerce, la gaieté de leur parole. Certains de se comprendre, leur esprit divaguait à l'aise ; aussi ne faisaient-ils point de façon entre eux, ils se confiaient leurs peines et leurs joies, ils pensaient et souffraient à plein cœur. Les charmantes délicatesses qui font de la fable des DEUX

35 _ AMIS[5] un trésor pour les grandes âmes étaient habituelles chez eux. Leur sévérité pour admettre dans leur sphère un nouvel habitant se conçoit. Ils avaient trop la conscience de leur grandeur et de leur bonheur pour le troubler en y laissant entrer des éléments nouveaux et inconnus.

Cette fédération de sentiments et d'intérêts dura sans chocs ni mécomptes pen-

40 _ dant vingt années.

Honoré de Balzac, *Illusions perdues*, 1837-1843.

NOTES

2. Lucien de Rubempré, héros du roman.

3. Pas prétentieux.

4. Petit poème ou mot d'esprit satirique.

5. Fable de La Fontaine (VIII, 11).

METHODE

→ Contexte et paratexte p. 66

→ Les formes de discours p. 64

→ Narrateur et point de vue p. 336

OBSERVATION ET ANALYSE

1 Où et quand se déroule cette scène ? Que raconte-t-elle ?

2 Recherchez dans le texte les mots suivants : « fédéralisme », « fédération », « disputer », « commerce » et « cénacle ». À l'aide d'un dictionnaire, précisez le sens de ces mots et dites à quel champ lexical commun ils appartiennent.

3 Par quoi se marque dans la construction et dans le vocabulaire la diversité du cénacle ?

4 Comment Balzac en suggère-t-il par ailleurs l'unité et la cohérence ?

5 Quelles sont les qualités requises pour entrer dans le cénacle romantique ? Sur quoi se fonde et comment fonctionne la solidarité du groupe ?

Émile Zola (1882)

Alexis
1847-1901

Un mouvement a besoin de se reconnaître dans une ou plusieurs personnalités qui en deviennent parfois les symboles vivants. Dans les années 1865-1875, Zola est en train de constituer le groupe des écrivains « naturalistes » et va jouer ce rôle de chef de file. Paul Alexis, un des membres du groupe, racontera plus tard les dîners qui regroupèrent alors à Paris, au café Riche, autour du vieux Flaubert et de Zola, ceux qui s'appelèrent eux-mêmes les « auteurs sifflés » : ces brillants romanciers réalistes et naturalistes avaient en commun leurs échecs au théâtre !

NOTES
1. Flaubert, Daudet, Edmond de Goncourt et Zola.
2. Tourgueniev, romancier russe (1818-1883).
3. Il est mort en 1880.

La réunion de ces deux ou trois couches d'amis formait un ensemble curieux, où des individus de génération et d'opinions différentes se trouvaient en présence. Mais la grande affection que chacun éprouvait pour Gustave Flaubert servait de trait d'union suffisant. Et la diversité des jugements, favorisée par la plus absolue liberté de langage,
5 _ donnait à ces après-midi du dimanche une saveur et un intérêt que je n'ai vus depuis nulle part.

Bientôt même, non contents de se retrouver chaque semaine, désireux de causer dans une absolue intimité, les quatre romanciers « du quadrilatère »[1] se mirent à dîner ensemble une fois par mois ; et, en riant, ils appelèrent leur dîner, « le dîner des auteurs
10 _ sifflés », car, tous, ils avaient eu des désagréments au théâtre. Il y eut même un cinquième convive : Tourguéneff[2], grand ami de Flaubert, et pour lequel Zola ressentait la plus vive sympathie. D'ailleurs, Tourguéneff jurait ses grands dieux qu'on l'avait aussi sifflé en Russie.

Quand Zola parle de ces dîners, aujourd'hui que Flaubert n'est plus[3], l'émotion le
15 _ gagne, et il répète que ce sont les meilleurs souvenirs de sa vie littéraire. Il trouvait un grand charme pour sa part à ces conversations qui se prolongeaient toute une soirée, à ces heurts d'idées qui, la discussion achevée, lui laissaient parfois dans l'esprit un ébranlement de plusieurs jours. Étaient-ce vraiment des discussions ? Oui et non ! Selon une expression plus caractéristique, qui est de Zola lui-même, c'était « des
20 _ batailles théoriques entre gens qui, au fond, s'entendaient ».

Paul Alexis, *Émile Zola*, 1882.

MÉTHODE

→ Contexte et paratexte p. 66
→ L'énonciation p. 62
→ Narrateur et point de vue p. 336
→ Écrire un article de presse p. 76

OBSERVATION ET ANALYSE

1 Précisez la situation d'énonciation de ce passage. Qui est le narrateur ? De qui tient-il ses informations ?

2 De quel type d'ouvrage la situation d'énonciation vous paraît-elle caractéristique ?

3 Quel est le personnage central de ces réunions ? Pourquoi ? Quel rôle joue-t-il ?

4 Relevez au fil du texte les termes qui évoquent la « communauté » et ceux qui marquent les « divergences » entre les écrivains. Quel type d'échanges suggèrent-ils ?

5 Commentez la dernière formule rapportée de Zola.

L'Écume des jours (1947)

Boris Vian
1920-1959

Chick, l'un des deux héros masculins du roman-culte de Boris Vian, L'Écume des jours, *est un admirateur inconditionnel du philosophe Jean-Sol Partre dont il collectionne à grands frais les éditions de luxe, les manuscrits, les pipes et même… les vieux vêtements. Un jour, il tente de s'introduire avec ses amis dans l'une des conférences parisiennes de celui que le romancier facétieux évoque en figure du « grand chef » du courant de pensée existentialiste*.*

Jean-Paul Sartre,
Simone de Beauvoir,
Boris Vian et Michelle Vian
au café Procope à
Saint-Germain-des-Prés.

Dès le début de la rue, la foule se bousculait pour accéder à la salle où Jean-Sol donnait sa conférence.

Les gens utilisaient les ruses les plus variées pour déjouer la surveillance du cordon sanitaire chargé d'examiner la validité des cartes d'invitation, car on en avait mis

5 _ en circulation de fausses par dizaines de milliers. […]

Le public qui se pressait là présentait des aspects bien particuliers. Ce n'étaient que visages fuyants à lunettes, cheveux hérissés, mégots jaunis, renvois de nougats et, pour les femmes, petites nattes miteuses ficelées autour du crâne et canadiennes portées à même la peau, avec échappées en forme de tranches de seins sur fond d'ombre.

10 _ Dans la grande salle du rez-de-chaussée, au plafond mi-vitré, mi-décoré de fres-

ques à l'eau lourde, et bien propres à faire naître, dans l'esprit des assistants, des doutes sur l'intérêt d'une existence peuplée de formes féminines aussi décourageantes, on se rassemblait de plus belle, et les tard venus n'avaient que la ressource de rester au fond sur un pied, l'autre servant à écarter les voisins trop proches. Une loge spéciale, dans
15 _ laquelle trônaient la duchesse de Bovouard et sa suite, attirait les regards d'une foule presque exsangue[1] et insultait, par son luxe de bon aloi[2], au caractère provisoire des dispositions personnelles d'un rang de philosophes montés sur pliants.

L'heure de la conférence approchait et la foule devenait fébrile. Un chahut commençait à s'organiser dans le fond, quelques étudiants cherchant à semer le doute dans
20 _ les esprits en déclamant à haute voix des passages tronqués dilatoirement[3] du *Serment sur la Montagne*, de la baronne Orczy.

Mais, Jean-Sol approchait. Des sons de trompe d'éléphant se firent entendre dans la rue et Chick se pencha par la fenêtre de sa loge. Au loin, la silhouette de Jean-Sol émergeait d'un houdah[4] blindé, sous lequel le dos de l'éléphant, rugueux et ridé, pre-
25 _ nait un aspect insolite à la lueur d'un phare rouge. À chaque angle du houdah, un tireur d'élite, armé d'une hache, se tenait prêt. À grandes enjambées, l'éléphant se frayait un chemin dans la foule et le piétinement sourd des quatre piliers s'agitant dans les corps écrasés se rapprochait inexorablement. Devant la porte, l'éléphant s'agenouilla et les tireurs d'élite descendirent. D'un bond gracieux, Partre sauta au milieu
30 _ d'eux et, ouvrant la route à coups de hache, ils progressèrent vers l'estrade. Les agents refermèrent les portes et Chick se précipita dans un couloir dérobé qui aboutissait derrière l'estrade, poussant devant lui Isis et Alise.

Le fond de l'estrade était garni d'une tenture de velours enkysté[5], dans laquelle Chick avait percé des trous pour voir. Ils s'assirent sur des coussins et attendirent. À un
35 _ mètre d'eux, à peine, Partre se préparait à lire sa conférence. Il émanait de son corps souple et ascétique[6] une radiance[7] extraordinaire, et le public, captivé par le charme redoutable qui parait ses moindres gestes, attendait, anxieux, le signal du départ.

Boris Vian, *L'Écume des jours*, chap. XXVIII, © Fayard/SNE Pauvert, 1999.

NOTES
1. Épuisée.
2. De grande qualité.
3. Pour gagner du temps.
4. Sorte de nacelle.
5. Velours à motifs incrustés.
6. Mince.
7. Rayonnement.

METHODE

→ Contexte et paratexte p. 66
→ Les figures de style p. 68
→ Les registres p. 70
→ Le registre satirique p. 24

OBSERVATION ET ANALYSE

1 Qualifiez l'atmosphère qui entoure la conférence du philosophe.

2 Quels publics divers et variés s'y pressent ? Par quels signes le narrateur les caractérise-t-il ?

3 À quels détails reconnaît-on la passion de Chick pour l'orateur ?

4 Étudiez la mise en scène de l'arrivée de Jean-Sol. Sur quels registres joue le romancier ?

5 Quel portrait dessine-t-il du philosophe ?

6 Relevez précisément les diverses marques d'humour dans cette page.

Sartre
1905-1980

La Nausée (1938)

Les idées fondatrices d'un mouvement peuvent s'exprimer ailleurs que dans des textes théoriques. En 1938, Jean-Paul Sartre expose la pensée existentialiste dans son roman La Nausée, *un texte qui demeurera par la suite le plus lu et le plus représentatif du mouvement existentialiste. Le personnage narrateur, Antoine Roquentin, tient une sorte de journal philosophique de ses angoisses. Un jour, dans un jardin public, il a la révélation « nauséeuse » de ce qu'est l'« existence ».*

Donc j'étais tout à l'heure au Jardin public. La racine du marronnier s'enfonçait dans la terre, juste au-dessous de mon banc. Je ne me rappelais plus que c'était une racine. Les mots s'étaient évanouis et, avec eux, la signification des choses, leurs modes
5 – d'emploi, les faibles repères que les hommes ont tracés à leur surface. J'étais assis, un peu voûté, la tête basse, seul en face de cette masse noire et noueuse, entièrement brute et qui me faisait peur. Et puis j'ai eu cette illumination.

Ça m'a coupé le souffle. Jamais, avant ces derniers jours, je n'avais pressenti ce que voulait dire « exister ». J'étais comme les autres, comme ceux qui se promènent au
10 – bord de la mer dans leurs habits de printemps. Je disais comme eux « la mer est verte ; ce point blanc, là-haut, c'est une mouette », mais je ne sentais pas que ça existait, que la mouette était une « mouette-existante » ; à l'ordinaire l'existence se cache. Elle est là, autour de nous, en nous, elle est nous, on ne peut pas dire deux mots sans parler d'elle et, finalement, on ne la touche pas. Quand je croyais y penser, il faut croire que
15 – je ne pensais rien, j'avais la tête vide, ou tout juste un mot dans la tête, le mot « être ». Ou alors, je pensais… comment dire ? Je pensais l'appartenance, je me disais que la mer appartenait à la classe des objets verts ou que le vert faisait partie des qualités de la mer. Même quand je regardais les choses, j'étais à cent lieues de songer qu'elles existaient : elles m'apparaissaient comme un décor. Je les prenais dans mes mains, elles me
20 – servaient d'outils, je prévoyais leurs résistances. Mais tout ça se passait à la surface. Si l'on m'avait demandé ce que c'était que l'existence, j'aurais répondu de bonne foi que ça n'était rien, tout juste une forme vide qui venait s'ajouter aux choses du dehors, sans rien changer à leur nature. Et puis voilà : tout d'un coup, c'était là, c'était clair comme le jour : l'existence s'était soudain dévoilée. Elle avait perdu son allure inoffensive de
25 – catégorie abstraite : c'était la pâte même des choses, cette racine était pétrie dans de l'existence. Ou plutôt la racine, les grilles du jardin, le banc, le gazon rare de la pelouse, tout ça s'était évanoui ; la diversité des choses, leur individualité n'était qu'une apparence, un vernis. Ce vernis avait fondu, il restait des masses monstrueuses et molles, en désordre – nues, d'une effrayante et obscène nudité.

Jean-Paul Sartre, *La Nausée,* © Gallimard, 1938.

TEXTE 1

Gautier
1811-1872

Victor Hugo (1902, posthume)

*La « bataille » pour l'affirmation du mouvement romantique connut son sommet, à Paris, le 25 février 1830. Ce jour-là, à la Comédie-Française, les jeunes romantiques défient « l'école classique » à l'occasion de la première représentation d'*Hernani, *un drame de Victor Hugo. Au premier rang des « combattants » figurent Balzac, Dumas, Nerval, Berlioz et, affublé d'un gilet rouge provocant, Théophile Gautier, qui se fera plus tard le narrateur de cette représentation tapageuse.*

Si elle raillait l'école moderne[1] sur ses cheveux[2], l'école classique, en revanche, étalait au balcon et à la galerie du Théâtre-Français une collection de têtes chauves pareille au chapelet de crânes de la comtesse Dourga. Cela sautait si fort aux yeux, qu'à l'aspect de ces moignons glabres[3] sortant de leurs cols triangulaires avec des tons
5 couleur de chair et de beurre rance, malveillants malgré leur apparence paterne[4], un jeune sculpteur de beaucoup d'esprit et de talent, célèbre depuis, dont les mots valent les statues, s'écria au milieu d'un tumulte : « À la guillotine, les genoux ! » […].

Cependant, le lustre descendait lentement du plafond avec sa triple couronne de gaz et son scintillement prismatique ; la rampe[5] montait, traçant entre le monde idéal
10 et le monde réel sa démarcation lumineuse. Les candélabres[6] s'allumaient aux avant-scènes, et la salle s'emplissait peu à peu. Les portes des loges s'ouvraient et se fermaient avec fracas. Sur le rebord de velours, posant leurs bouquets et leurs lorgnettes, les femmes s'installaient comme pour une longue séance, donnant du jeu aux épaulettes de leur corsage décolleté, s'asseyant bien au milieu de leurs jupes. Quoiqu'on ait repro-
15 ché à notre école l'amour du laid, nous devons avouer que les belles, jeunes et jolies femmes furent chaudement applaudies de cette jeunesse ardente, ce qui fut trouvé de la dernière inconvenance et du dernier mauvais goût par les vieilles et les laides. Les applaudies se cachèrent derrière leurs bouquets avec un sourire qui pardonnait.

L'orchestre et le balcon étaient pavés de crânes académiques et classiques. Une
20 rumeur d'orage grondait sourdement dans la salle ; il était temps que la toile se levât ; on en serait peut-être venu aux mains avant la pièce, tant l'animosité était grande de part et d'autre. Enfin les trois coups retentirent. Le rideau se replia lentement sur lui-même, et l'on vit, dans une chambre à coucher du seizième siècle, éclairée par une petite lampe, doña Josepha Duarte[7], vieille en noir, avec le corps de sa jupe cousu de
25 jais[8], à la mode d'Isabelle la Catholique[9], écoutant les coups que doit frapper à la porte secrète un galant attendu par sa maîtresse :

Serait-ce déjà lui ? C'est bien à l'escalier
Dérobé…

La querelle était déjà engagée. Ce mot rejeté sans façon à l'autre vers, cet enjam-
30 bement audacieux, impertinent même, semblait un spadassin[10] de profession, allant donner une pichenette sur le nez du classicisme pour le provoquer en duel.

Théophile Gautier, *Victor Hugo*, 1902, posthume.

NOTES
1. Les romantiques.
2. Les cheveux longs étaient à la mode chez les romantiques.
3. Dépourvus de poils.
4. Qui affecte la bonhomie.
5. Rangée de lumières disposées au bord de la scène.
6. Grands chandeliers à plusieurs branches.
7. Cette gouvernante est le premier personnage d'Hernani à entrer en scène.
8. Perles de pierre noire.
9. Reine de Castille (1451-1504).
10. Tueur à gages.

MÉTHODE
→ Contexte et paratexte p. 66
→ Les figures de style p. 68
→ Les registres p. 70
→ Louer et blâmer p. 422
→ Écrire un article de presse p. 76

Langlume,
« Je crèverai dans l'œuf
la panse impériale »,
caricature sur la pièce
de Victor Hugo, *Hernani*, 1830.
Paris, musée Carnavalet.

OBSERVATION ET ANALYSE

1 Quelles sont les circonstances (lieu, moment) de l'événement qui fait ici l'objet du récit ?

2 Caractérisez les deux « écoles » qui s'affrontent. À laquelle appartient le narrateur ? Étudiez, dans les deux premiers paragraphes, l'art du portrait et de la caricature. Quelles en sont les principales marques stylistiques ?

3 Quel incident déclenche la « querelle » proprement dite ? De quelle nature est-il ?

4 Par quels procédés, dans la dernière phrase, le narrateur le transforme-t-il en événement à portée symbolique ?

TEXTE 2

Zola
1840-1902

L'Œuvre (1886)

Claude Lantier est un peintre insatisfait, dont Zola a conçu la silhouette romanesque en s'inspirant de l'œuvre de son ami Édouard Manet. Quand l'écrivain raconte, dans son roman L'Œuvre, le scandale déclenché par l'exposition de la toile de son personnage intitulée Plein air, il se fait l'écho de celui qu'avait déclenché en 1863 l'exposition du Déjeuner sur l'herbe de Manet (p. 39).

Claude, resté en arrière, entendait toujours monter les rires, une clameur grandissante, le roulement d'une marée qui allait battre son plein. Et, comme il pénétrait enfin dans la salle, il vit une masse énorme, grouillante, confuse, en tas, qui s'écrasait devant le tableau. Tous les rires s'enflaient, s'épanouissaient, aboutissaient là. C'était
5 — de son tableau qu'on riait. […]

Dès la porte, il voyait se fendre les mâchoires des visiteurs, se rapetisser les yeux, s'élargir le visage ; et c'étaient des souffles tempêtueux d'hommes gras, des grincements rouillés d'hommes maigres, dominés par les petites flûtes aiguës des femmes. En face, contre la cimaise[1], des jeunes gens se renversaient comme si on leur avait chatouillé
10 ⎵ les côtes. Une dame venait de se laisser tomber sur une banquette, les genoux serrés, étouffant, tâchant de reprendre haleine dans son mouchoir. Le bruit de ce tableau si drôle devait se répandre, on se ruait des quatre coins du Salon, des bandes arrivaient, se poussaient, voulaient en être. « Où donc ? – Là-bas ! – Oh ! cette farce ! » Et les mots d'esprit pleuvaient plus drus qu'ailleurs, c'était le sujet surtout qui fouettait la gaieté :
15 ⎵ on ne comprenait pas, on trouvait ça insensé, d'une cocasserie à se rendre malade. « Voilà, la dame a trop chaud, tandis que le monsieur a mis sa veste de velours, de peur d'un rhume. – Mais non, elle est déjà bleue, le monsieur l'a retirée d'une mare, et il se repose à distance, en se bouchant le nez. – Pas poli, l'homme ! il pourrait nous montrer son autre figure. – Je vous dis que c'est un pensionnat de jeunes filles en promenade :
20 ⎵ regardez les deux qui jouent à saute-mouton. – Tiens ! un savonnage : les chairs sont bleues, les arbres sont bleus, pour sûr qu'il l'a passé au bleu, son tableau ! » Ceux qui ne riaient pas entraient en fureur : ce bleuissement, cette notation nouvelle de la lumière semblaient une insulte. Est-ce qu'on laisserait outrager l'art ? De vieux messieurs brandissaient des cannes. Un personnage grave s'en allait, vexé, en déclarant à sa femme
25 ⎵ qu'il n'aimait pas les mauvaises plaisanteries. Mais un autre, un petit homme méticuleux, ayant cherché dans le catalogue l'explication du tableau, pour l'instruction de sa demoiselle, et lisant à voix haute le titre : *Plein air*, ce fut autour de lui une reprise formidable, des cris, des huées. Le mot courait, on le répétait, on le commentait : plein air, oh ! oui, plein air, le ventre à l'air, tout en l'air, tra la la laire ! Cela tournait au scandale,
30 ⎵ la foule grossissait encore, les faces se congestionnaient dans la chaleur croissante, chacune avec la bouche ronde et bête des ignorants qui jugent de la peinture, exprimant à elles toutes la somme d'âneries, de réflexions saugrenues, de ricanements stupides et mauvais, que la vue d'une œuvre originale peut tirer à l'imbécillité bourgeoise.

Émile Zola, *L'Œuvre*, 1886.

NOTE
1. Mur fait pour recevoir des tableaux.

MÉTHODE

→ Les formes du discours rapporté p. 332
→ Les figures de style p. 68
→ Les registres p. 70
→ Narrateur et point de vue p. 336
→ Louer et blâmer p. 422

OBSERVATION ET ANALYSE

1 Documentez-vous sur ce qu'étaient les « Salons des refusés » dans les années 1860. Caractérisez l'atmosphère qu'a voulu rendre ici Zola.

2 Examinez le glissement de point de vue qui s'opère au fil du passage. Quel effet obtient ainsi Zola ?

3 Quels sont les principaux griefs des détracteurs du tableau de Claude ?

4 Observez la variété des manifestations de réprobation.

5 Comment se marque le jugement du romancier ? Commentez la dernière formule du texte.

Le Déjeuner sur l'herbe (1863)

Manet
1832-1883

En 1863, une toile d'Édouard Manet (1832-1883), d'abord intitulée Le Bain *puis* Le Déjeuner sur l'herbe, *fut refusée par le jury du Salon officiel puis présentée au Salon des refusés. Le scandale qu'elle y suscita fit de Manet, bien malgré lui, le chef de file des artistes indépendants et « modernes » parmi lesquels Degas, Renoir et Monet, qui s'imposera ensuite lui-même comme le maître du courant impressionniste. Vingt ans plus tard, Zola s'inspira de l'histoire de cette toile pour l'épisode de la création du* Plein air *de son personnage Claude Lantier dans son roman* L'Œuvre.

Édouard Manet,
*Le Déjeuner
sur l'herbe*, 1863
(huile sur toile,
208 x 264,5 cm).
Paris,
musée d'Orsay.

OBSERVATION ET ANALYSE

1 Selon vous, que « montre » et que « raconte » cette œuvre ? Quels éléments ont pu la faire juger « scandaleuse » en 1863 ?

2 Que vous inspirent les deux titres successifs que porta la toile ? Proposez vous-même un ou plusieurs titres.

3 À quoi tient le contraste entre le paysage de fond et les personnages ? Soyez particulièrement attentifs aux couleurs et à la perspective d'ensemble. Examinez la « nature morte » que constitue le « panier de pique-nique » en bas à gauche.

Quelle place singulière occupe-t-elle dans la composition d'ensemble ?

4 Quels contrastes structurent à nouveau la disposition des trois personnages ? Observez principalement le jeu de leurs regards et de leurs mains. Quels effets particuliers en obtient le peintre ?

5 Relisez l'extrait précédent de *L'Œuvre* de Zola :
– Quels éléments du tableau réel de Manet ont pu inspirer le *Plein air* fictif de Claude Lantier ?
– À quels motifs de l'œuvre de Manet pourraient s'appliquer les sarcasmes entendus dans le roman ?

Là-bas (1891)

Dès le milieu des années 1880, l'atmosphère du groupe naturaliste (voir p. 32) se dégrade fortement. Le mouvement est attaqué par les écrivains du courant symboliste* et subit l'épreuve des déchirements internes. À l'occasion de la parution d'un de ses livres, Zola est violemment pris à partie en 1887 par les plus jeunes de ses disciples qui publient le Manifeste des Cinq *contre « La Terre ». Quatre ans plus tard, Huysmans lui-même, l'un des fidèles des « soirées de Médan » (voir p. 47), fait de l'ouverture de son roman* Là-bas *un procès contre l'entreprise du « maître ». Le narrateur s'adresse à Durtal, un défenseur du naturalisme.*

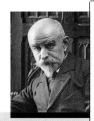

Huysmans
1848-1907

NOTES
1. Cabinet, fosse d'aisance.
2. Appellent.
3. Résidu pâteux de distillation de houille et de pétrole.
4. Couleur à base de lait de chaux avec laquelle on peint les murailles.
5. Enlever les souillures.
6. Ensemble de maladies affectant simultanément un sujet.
7. Bandage pour contenir la saillie d'une hernie.
8. Fière, élevée.
9. Roman de Zola.
10. Pharmacien médiocre, personnage de *Madame Bovary* (1857) de Flaubert.
11. Envies, tendances.
12. Le cloporte est un insecte rampant, sorte de cafard.
13. Soutien, consolidation.
14. Qui manquent de retenue.

Je ne reproche au naturalisme ni ses termes de pontons, ni son vocabulaire de latrines[1] et d'hospices, car ce serait injuste et ce serait absurde ; d'abord, certains sujets les hèlent[2], puis avec des gravats d'expressions et du brai[3] de mots, l'on peut exhausser d'énormes et de puissantes œuvres, *L'Assommoir*, de Zola, le prouve ; non, la question

5 – est autre ; ce que je reproche au naturalisme, ce n'est pas le lourd badigeon[4] de son gros style, c'est l'immondice de ses idées ; ce que je lui reproche, c'est d'avoir incarné le matérialisme dans la littérature, d'avoir glorifié la démocratie de l'art !

Oui, tu diras ce que tu voudras, mon bon, mais, tout de même, quelle théorie de cerveau mal famé, quel miteux et étroit système ! Vouloir se confiner dans les buande-

10 – ries de la chair, rejeter le suprasensible, dénier le rêve, ne pas même comprendre que la curiosité de l'art commence là où les sens cessent de servir !

Tu lèves les épaules, mais voyons, qu'a-t-il donc vu, ton naturalisme, dans tous ces décourageants mystères qui nous entourent ? Rien. – Quand il s'est agi d'expliquer une passion quelconque, quand il a fallu sonder une plaie, déterger[5] même le plus bénin

15 – des bobos de l'âme, il a tout mis sur le compte des appétits et des instincts. Rut et coup de folie, ce sont là ses seules diathèses[6]. En somme, il n'a fouillé que des dessous de nombril et banalement divagué dès qu'il s'approchait des aines ; c'est un herniaire[7] de sentiments, un bandagiste d'âme et voilà tout !

Puis, vois-tu, Durtal, il n'est pas qu'inexpert et obtus, il est fétide, car il a prôné

20 – cette vie moderne atroce, vanté l'américanisme nouveau des mœurs, abouti à l'éloge de la force brutale, à l'apothéose du coffre-fort. Par un prodige d'humilité, il a révéré le goût nauséeux des foules, et, par cela même, il a répudié le style, rejeté toute pensée altière[8], tout élan vers le surnaturel et l'au-delà. Il a si bien représenté les idées bourgeoises qu'il semble, ma parole, issu de l'accouplement de Lisa, la charcutière du *Ventre*

25 – *de Paris*[9] et de Homais[10] ! […]

Non, il n'y a pas à dire, toute l'école naturaliste, telle qu'elle vivote encore, reflète les appétences[11] d'un affreux temps. Avec elle, nous en sommes venus à un art si rampant et si plat que je l'appellerais volontiers le cloportisme[12]. Puis quoi ? relis donc ses derniers livres, qu'y trouves-tu ? dans un style en mauvais verres de couleur, de simples

30 – anecdotes, des faits divers découpés dans un journal, rien que des contes fatigués et des histoires véreuses, sans même l'étai[13] d'une idée sur la vie, sur l'âme, qui les soutienne. J'en arrive, après avoir terminé ces volumes, à ne même plus me rappeler les incontinentes[14] descriptions, les insipides harangues qu'ils renferment ; il ne me reste que la surprise de penser qu'un homme a pu écrire trois à quatre cents pages, alors qu'il

35 – n'avait absolument rien à nous révéler, rien à nous dire.

Joris-Karl Huysmans, *Là-bas*, 1891.

Zola caricaturé dans
La Libre Parole, 1894.

→ Contexte et paratexte p. 66   → Louer et blâmer p. 422
→ Les figures de style p. 68   → Écrire un article de presse p. 76
→ Les registres p. 70

OBSERVATION ET ANALYSE

1 Qualifiez la tonalité de ce début de roman.

2 Relevez tous les mots et expressions appartenant
aux champs lexicaux du corps, de la maladie
et de la médecine. Pourquoi sont-ils si nombreux ?
Quel usage métaphorique en fait le romancier ?

3 Relevez les termes dépréciatifs* et distinguez
les reproches faits par le narrateur :
– ceux qui s'adressent au naturalisme en général,
à Zola en particulier ;
– ceux qui tiennent aux conceptions littéraires
du mouvement ;
– ceux enfin qui remettent en cause sa vision
du monde.

4 Au nom de quelles autres valeurs (esthétiques,
morales, politiques) le narrateur s'exprime-t-il
lui-même ?

EXPRESSION

Écriture d'invention. Vous transformerez
ce monologue romanesque, où le narrateur fait
les questions et les réponses, en dialogue. Vous réduirez
la dimension des « tirades » du narrateur et donnerez
la parole, pour des « répliques », à Durtal, son
interlocuteur. Vous conserverez lors de cette
transformation le ton polémique du texte.

TEXTE 1

Réponse à Nodier (1843)

Musset
1810-1857

À côté du cénacle de Hugo, l'autre pôle du mouvement romantique des années 1820 fut à Paris le salon de la bibliothèque de l'Arsenal. Charles Nodier (1780-1844), conservateur des lieux et écrivain lui-même, y réunissait chaque dimanche soir ses amis pour des réunions de travail. Dans un poème souvenir, Musset évoquera ces séances où comptait moins l'élaboration d'une doctrine que la confrontation des œuvres et des genres auxquels chacun travaillait.

NOTES

1. Son roman historique, *Notre-Dame-de-Paris* (1831).

2. Alfred de Vigny (1797-1863).

3. Richelieu, évoqué dans *Cinq-Mars*, roman de Vigny (1826).

4. Antony Deschamps, 1800-1869, traducteur des œuvres du poète italien de la Renaissance, Dante.

5. Mouvement musical exécuté modérément.

6. Émile Deschamps, poète.

7. Mouvement musical exécuté avec vivacité.

8. Écrivain et critique littéraire (1804-1869).

9. Peut-être celui de Mme Hugo.

10. J'assemblais les feuillets d'un ouvrage.

11. « L'Andalouse » dans les *Premières Poésies* de Musset.

Alors, dans la grande boutique
 Romantique,
Chacun avait, maître ou garçon,
 Sa chanson.
5 _ Nous allions, brisant les pupitres
 Et les vitres,
Et nous avions plume et grattoir
 Au comptoir.
Hugo portait déjà dans l'âme
10 _ Notre-Dame[1]
Et commençait à s'occuper
 D'y grimper.
De Vigny[2] chantait sur sa lyre
 Ce beau sire[3]
15 _ Qui mourut sans mettre à l'envers
 Ses bas verts.
Antony[4] battait avec Dante
 Un andante[5],
Émile[6] ébauchait vite et tôt
20 _ Un presto[7].
Sainte-Beuve[8] faisait dans l'ombre
 Douce et sombre,
Pour un œil noir[9], un blanc bonnet,
 Un sonnet.
25 _ Et moi, de cet honneur insigne
 Trop indigne,
Enfant par hasard adopté
 Et gâté,
Je brochais[10] des ballades, l'une
30 _ À la lune,
L'autre à deux yeux noirs et jaloux,
 Andaloux[11].

Cher temps, plein de mélancolie,
De folie,
35 _ Dont il faut rendre à l'amitié
La moitié !
Pourquoi sur ces flots où s'élance
L'Espérance,
Ne voit-on que le Souvenir
40 _ Revenir ?

Alfred de Musset, *Réponse à M. Nodier*, 1843.

MÉTHODE
→ Contexte et paratexte p. 66
→ Les figures de style p. 38
→ Les registres p. 70
→ Éléments de versification p. 132

Alfred de Musset,
*Don Juan allant emprunter
dix sous pour payer «son idéale»
et enfoncer Biron*, 1834. Paris,
Bibliothèque
de l'Institut de France.

OBSERVATION ET ANALYSE

1 À quel genre se réfère le poème ?
Quels mots l'indiquent ?

2 Décrivez la strophe choisie par Musset et dites
pourquoi elle convient bien à ce genre.

3 Comment le poète suggère-t-il la personnalité
de chacun à l'intérieur du groupe ? Caractérisez
chaque membre en un ou deux mots.

4 Quels genres ou formes littéraires romantiques
(voir chapitre 2) sont évoqués à propos des activités
de chacun ?

5 Comment se décrit Musset lui-même ?
À quelle forme poétique se consacrait-il alors ?
Cherchez-en les caractéristiques.

6 Caractérisez le ton des deux dernières strophes.
Quel grand thème romantique accompagne-t-il ici ?

EXPRESSION

Exposé oral. Dressez la liste des participants aux
activités de « la grande boutique » romantique.
Constituez un petit groupe qui s'aidera d'une histoire
ou d'un dictionnaire de la littérature du XIXᵉ siècle ;
chacun présentera, sous forme d'un exposé
de quelques minutes, la vie, la personnalité et l'œuvre
d'un des romantiques évoqués.

Le Roman expérimental (1880)

En 1880, Zola, chef de file du mouvement naturaliste (voir p. 32), publie un essai intitulé Le Roman expérimental. *Il y définit sa doctrine et sa « méthode » romanesque, par comparaison avec la démarche de ses contemporains scientifiques, et par confrontation avec celle d'un illustre prédécesseur : Balzac.*

Zola
1840-1902

Eh bien ! en revenant au roman, nous voyons également que le romancier est fait d'un observateur et d'un expérimentateur. L'observateur chez lui donne les faits tels qu'il les a observés, pose le point de départ, établit le terrain solide sur lequel vont marcher les personnages et se développer les phénomènes. Puis, l'expérimentateur
5 — paraît et institue l'expérience, je veux dire fait mouvoir les personnages dans une histoire particulière, pour y montrer que la succession des faits y sera telle que l'exige le déterminisme des phénomènes mis à l'étude. C'est presque toujours ici une expérience « pour voir », comme l'appelle Claude Bernard[1]. Le romancier part à la recherche d'une vérité. Je prendrai comme exemple la figure du baron Hulot dans *La Cousine*
10 — *Bette*[2], de Balzac. Le fait général observé par Balzac est le ravage que le tempérament amoureux d'un homme amène chez lui, dans sa famille et dans la société. Dès qu'il a eu choisi son sujet, il est parti des faits observés, puis il a institué son expérience en soumettant Hulot[3] à une série d'épreuves, en le faisant passer par certains milieux, pour montrer le fonctionnement du mécanisme de sa passion. Il est donc évident
15 — qu'il n'y a pas seulement là observation, mais qu'il y a aussi expérimentation, puisque Balzac ne s'en tient pas strictement en photographe aux faits recueillis par lui, puisqu'il intervient d'une façon directe pour placer son personnage dans des conditions dont il reste le maître. Le problème est de savoir ce que telle passion, agissant dans tel milieu et dans telles circonstances, produira au point de vue de l'individu et de la société ; et
20 — un roman expérimental, *La Cousine Bette* par exemple, est simplement le procès-verbal[4] de l'expérience, que le romancier répète sous les yeux du public. En somme, toute l'opération consiste à prendre des faits dans la nature, puis à étudier le mécanisme des faits, en agissant sur eux par les modifications des circonstances et des milieux, sans jamais s'écarter des lois de la nature. Au bout, il y a la connaissance de l'homme, la
25 — connaissance scientifique, dans son action individuelle et sociale.

Sans doute, nous sommes loin ici des certitudes de la chimie et même de la physiologie. Nous ne connaissons point encore les réactifs[5] qui décomposent les passions et qui permettent de les analyser. Souvent, dans cette étude, je rappellerai ainsi que le roman expérimental est plus jeune que la médecine expérimentale, laquelle pourtant est à peine
30 — née. Mais je n'entends pas constater les résultats acquis, je désire simplement exposer clairement une méthode. Si le romancier expérimental marche encore à tâtons dans la plus obscure et la plus complexe des sciences, cela n'empêche pas cette science d'exister. Il est indéniable que le roman naturaliste, tel que nous le comprenons à cette heure, est une expérience véritable que le romancier fait sur l'homme, en s'aidant de l'observation.

Émile Zola, *Le Roman expérimental*, 1880.

NOTES

1. Physiologiste (1813-1878), auteur de l'*Introduction à la médecine expérimentale,* 1865.

2. Roman dont le sujet est proche de celui de *Nana* auquel Zola travaille à l'époque.

3. Le baron Hulot est l'un des personnages centraux du roman de Balzac.

4. Compte rendu écrit.

5. Substances chimiques employées pour reconnaître la nature des corps.

MÉTHODE

→ Les types et les formes de phrases p. 220
→ La modalisation d'un énoncé p. 416
→ Contexte et paratexte p. 66
→ Démontrer et argumenter p. 418
→ Convaincre et persuader p. 420

ÉMILE ZOLA

Zola saluant le buste de Balzac,
dessin de Gill. Paris, musée Carnavalet.

1 Dégagez, dans le premier paragraphe, les moments de la démonstration de Zola.

2 Après avoir repéré les modalisateurs*, mettez en évidence, sur l'ensemble du texte, l'alternance des phrases à caractère fortement affirmatif et des propos qui les nuancent.

3 Quelles étapes distinguez-vous dans le processus méthodique décrit ? À quelles phases de la construction d'une œuvre littéraire correspondent-elles ?

4 Quelles sont les deux personnalités réelles que Zola évoque ici ?

5 À travers ce rapprochement, quelle conception propose-t-il de l'« expérimentation » dans le roman ? À quelles sciences compare-t-il sa démarche ?

Exposé oral. L'un d'entre vous reformule oralement la thèse de Zola sur la « scientificité » du roman en s'appuyant sur un ou deux exemples concrets autres que celui de *La Cousine Bette*. Un autre élève lui répond sur le mode de la réfutation*, toujours avec des exemples romanesques empruntés à vos lectures.

TEXTE ECHO

Pour un nouveau roman (1956)

Robbe-Grillet
Né en 1922

Alain Robbe-Grillet fut l'un des théoriciens du groupe des « nouveaux romanciers » qui, dans les années 1950-1960, fondèrent leurs œuvres sur une remise en cause radicale de la tradition romanesque.

La seule conception romanesque qui ait cours aujourd'hui est, en fait, celle de Balzac.

Sans mal on pourrait même remonter jusqu'à Madame de La Fayette. La sacrosainte analyse psychologique constituait, déjà à cette époque, la base de toute prose : c'est
5 elle qui présidait à la conception du livre, à la peinture des personnages, au déroulement de l'intrigue. Un « bon » roman, depuis lors, est resté l'étude d'une passion – ou d'un conflit de passions, ou d'une absence de passion – dans un milieu donné. La plupart de nos romanciers contemporains du type traditionnel – c'est-à-dire ceux qui justement recueillent l'approbation des consommateurs – pourraient recopier de longs passages
10 de *La Princesse de Clèves* ou du *Père Goriot* sans éveiller les soupçons du vaste public qui dévore leur production. À peine y faudrait-il changer quelque tournure, ou briser certaines constructions, donner çà et là le ton particulier de chacun au moyen d'un mot, d'une image hardie, d'une chute de phrase… Mais tous avouent, sans voir là rien d'anormal, que leurs préoccupations d'écrivains datent de plusieurs siècles.

Alain Robbe-Grillet, *Pour un nouveau roman*, © Editions de Minuit, 1956.

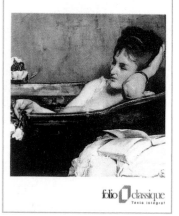

Guy de Maupassant
Boule de suif
et autres nouvelles
Préface de Louis Forestier

folio classique
Texte intégral

L'ŒUVRE

▶ Un recueil naturaliste

Boule de suif fut d'abord publié dans un recueil collectif de nouvelles, *Les Soirées de Médan*, en 1880. Ce recueil est né des réunions autour de Zola d'un petit groupe d'écrivains parmi lesquels Paul Alexis (voir p. 32), Huysmans (p. 40) et bien sûr Maupassant. L'ouvrage comporte une préface qui sonne comme un défi du groupe naturaliste : « Nous nous attendons à toutes les attaques, à la mauvaise foi et à l'ignorance dont la critique courante nous a déjà donné tant de preuves. Notre seul souci a été d'affirmer publiquement nos véritables amitiés, et, en même temps, nos tendances littéraires ». Les réactions au recueil furent à l'image de ce qu'annonçait la préface (le recueil étant qualifié par Richepin d'« extrême gauche de l'encrier »), mais la nouvelle de Maupassant rencontra à titre personnel un certain succès, notamment chez Flaubert, qui n'hésita pas à parler de véritable « chef-d'œuvre ».

▶ Le thème de la guerre

La nouvelle évoque la guerre de 1870, qui opposa à partir du 18 juillet la France à la Prusse. Dès les premiers jours, l'armée française essuie des défaites ; le 2 septembre, elle capitule et le Second Empire est renversé. La ville de Paris, encerclée et affamée, se rend le 28 janvier 1871. L'armistice est signé, et les Prussiens occuperont la France jusqu'en 1873.

Ces événements tragiques ont profondément marqué Maupassant. En 1883 , il écrira ainsi dans une de ses chroniques un article violemment polémique contre toutes les guerres, contre l'horreur de 1870 et contre les appétits coloniaux de la France. La guerre sera aussi le thème de nombre de ses nouvelles : « Mademoiselle Fifi », « Un duel » ou encore « La mère sauvage ».

▶ Un personnage récurrent : la prostituée

La figure de la prostituée « bonne fille » est l'un des personnages centraux de l'œuvre de Maupassant. On la retrouve notamment dans « La Maison Tellier ». Maupassant invente même un type, celui de la prostituée héroïque porteuse des valeurs de résistance, de courage, d'abnégation qui semblent avoir déserté la France des années 1870-1880. C'est ce type qu'incarnent bien entendu Boule de suif mais aussi Rachel dans « Mademoiselle Fifi » ou Irma dans « Le lit 29 ».

QUESTIONNAIRE DE LECTURE

Le titre

❶ Pourquoi, après lecture de la nouvelle, le personnage central est-il surnommé « Boule de suif » ?

Les étapes du récit

❷ Pourquoi peut-on dire que les premières pages exposent l'action ? Quel tableau est donné au lecteur de la ville de Rouen, de la déroute et des réactions de la population ?

❸ Pourquoi la diligence et ses voyageurs apparaissent-ils comme une « micro société » ? Quelle image de cette « micro société » la nouvelle donne-t-elle ? Qu'ajoute à l'intensité dramatique le choix d'un lieu clos ?

❹ Pourquoi la rencontre avec les Prussiens et le moment de la « séquestration » fonctionnent-ils pour le lecteur comme un « révélateur » des différents personnages ?

❺ Analysez la fin du récit : que met-elle, de manière cruelle, en évidence ?

Maupassant et le naturalisme

❻ Le choix du sujet vous semble-t-il correspondre aux ambitions du roman naturaliste ? Pourquoi ?

❼ Maupassant cherche à donner « l'illusion complète du vrai » (*Le Roman*, 1887). Comment comprenez-vous cette expression ? En quoi l'écriture de *Boule de suif* vous paraît-elle révélatrice de cette ambition ?

TEXTE **3**

Article paru dans *Le Gaulois* (1880)

Maupassant
1850-1893

Les jeunes naturalistes (voir p. 55) se réunirent à plusieurs reprises, à la fin des années 1870, dans la « bicoque » achetée par Zola à Médan, sur les bords de la Seine. Leurs activités se partagèrent là entre « parties de campagne » et réunions de travail. Maupassant, dans un récit plus imaginaire que « réaliste », paru dans la presse en 1880, contribua pour beaucoup à la légende littéraire de ces « soirées de Médan ».

Nous nous trouvions réunis, l'été, chez Zola, dans sa propriété de Médan.

Pendant les longues digestions des longs repas (car nous sommes tous gourmands et gourmets, et Zola mange à lui seul comme trois romanciers ordinaires), nous cau-sions. Il nous racontait ses futurs romans, ses idées littéraires, ses opinions sur toutes
5 – choses. Quelquefois il prenait son fusil, qu'il manœuvre en myope, et tout en parlant il tirait sur des touffes d'herbe que nous lui affirmions être des oiseaux, s'étonnant considérablement quand il ne retrouvait aucun cadavre.

Certains jours, on pêchait à la ligne ; Hennique[1] alors se distinguait au grand désespoir de Zola qui n'attrapait que des savetiers[2].
10 – Moi, je restais étendu dans la barque la « Nana »[3], ou bien je me baignais pendant des heures, tandis que Paul Alexis[4] rôdait avec des idées grivoises, que Huysmans[5] fumait des cigarettes et que Céard[6] s'embêtait, trouvant stupide la campagne.

Ainsi se passaient les après-midi ; mais comme les nuits étaient magnifiques, chaudes, pleines d'odeurs de feuilles, nous allions chaque soir nous promener dans la
15 – Grande île en face.

Je passais tout le monde dans la « Nana ».

Or, par une nuit de pleine lune, nous parlions de Mérimée[7], dont les dames disent : « Quel charmant conteur ! » Huysmans prononça à peu près ces paroles : « Un conteur est un monsieur qui, ne sachant pas écrire, débite prétentieusement des balivernes. »
20 – On se mit à parcourir tous les conteurs célèbres et à vanter les raconteurs de vive voix, dont le plus merveilleux, à notre connaissance, est le grand Russe Tourguéneff[8], ce maître presque français ; Paul Alexis prétendait qu'un conte écrit est très difficile à faire. Céard, un sceptique, regardant la lune, murmura : « Voici un beau décor roman-tique, on devrait l'utiliser… » Huysmans ajouta : «… En racontant des histoires de
25 – sentiment. »

Mais Zola trouva que c'était une idée, qu'il fallait se dire des histoires. L'invention nous fit rire, et on convint, pour augmenter la difficulté, que le cadre choisi par le pre-mier serait conservé par les autres qui y placeraient des aventures différentes.

On alla s'asseoir, et, dans le grand repos des champs assoupis, sous la lumière
30 – éclatante de la lune, Zola nous dit cette terrible page de l'histoire sinistre des guerres qui s'appelle « L'attaque du moulin ».

Quand il eut fini, chacun s'écria : « Il faut écrire cela bien vite. » Lui se mit à rire. « C'est fait. »

Guy de Maupassant, in *Le Gaulois*, 17 avril 1880.

NOTES
1. Écrivain naturaliste (1851-1935).
2. Petits poissons d'eau douce.
3. Du nom d'un des personnages de Zola.
4. Écrivain naturaliste (1847-1901).
5. L'un des fidèles des « soirées de Médan ».
6. Écrivain naturaliste (1851-1924).
7. Romancier et auteur de nouvelles (1803-1870).
8. Tourgueniev, romancier russe (1818-1863).

METHODE

→ Les formes de discours p. 64
→ Les formes du discours rapporté p. 332
→ Les temps dans le récit p. 328
→ Narrateur et point de vue p. 336
→ Écrire un article de presse p. 76

Dans le jardin de Médan, M. et Mme Zola en compagnie de M. et Mme Charpentier (éditeur des Rougon-Macquart) et du graveur Desmoulin.

OBSERVATION ET ANALYSE

1 Où et dans quelles circonstances se déroule cette scène ?

2 Décrivez l'organisation de ce récit. Observez les temps verbaux et précisez à quel moment le texte devient narratif.

3 À quels autres effets reconnaît-on que Maupassant le construit en romancier ou en auteur de nouvelles plus qu'en chroniqueur ou journaliste ?

4 Relevez les marques d'humour dans ce texte. Qu'apportent-elles au récit ?

5 Quelles activités des jeunes naturalistes sont ici évoquées ? Comment la réflexion et la pratique littéraires y trouvent-elles naturellement leur place ?

6 Quel rôle se donne Maupassant dans le récit ?

7 Comment apparaît Zola lui-même ? Quels détails font de lui le « maître » des lieux et du groupe ?

TEXTE 4

Manifeste Dada (1918)

Lu par Tristan Tzara à Zurich en 1918, le deuxième des sept manifestes du mouvement Dada, précurseur du surréalisme, se caractérise par un ton et des propos subversifs envers les institutions, valeurs ou comportements de la société.

Tout produit du dégoût, susceptible de devenir une négation de la famille, est *dada* ; protestation aux poings de tout son être en action destructive : **DADA** ; connaissance de tous les moyens rejetés jusqu'à présent par le sexe pudique du compromis commode et de la politesse : DADA ; abolition de la logique, danse des impuissants de
5 _ la création : DADA ; de toute hiérarchie et équation sociale installée pour les valeurs par nos valets : *DADA* ; chaque objet, tous les objets, les sentiments et les obscurités, les apparitions et le choc précis des lignes parallèles, sont des moyens pour le combat : DADA ; abolition de la mémoire : **DADA** ; abolition de l'archéologie : *DADA* ; abolition des prophètes : *DADA* ; abolition du futur : **DADA** ; croyance absolue indiscu-
10 _ table dans chaque dieu produit immédiat de la spontanéité : **DADA** ; saut élégant et sans préjudice d'une harmonie à l'autre sphère ; trajectoire d'une parole jetée comme un disque sonore cri ; respecter toutes les individualités dans leur folie du moment : sérieuse, craintive, timide, ardente, vigoureuse, décidée, enthousiaste ; peler son église de tout accessoire inutile et lourd ; cracher comme une cascade lumineuse la pensée
15 _ désobligeante ou amoureuse, ou la choyer – avec la vive satisfaction que c'est tout à fait égal – avec la même intensité dans le buisson, pur d'insectes pour le sang bien né, et doré de corps d'archanges, de son âme. Liberté : **DADA DADA DADA**, hurlement des douleurs crispées, entrelacement des contraires et de toutes les contradictions, des grotesques, des inconséquences : LA VIE.

Tristan Tzara, *Sept Manifestes Dada : Lampisteries*, © Société nouvelle des éd. Pauvert, 1918.

MÉTHODE

→ Les mots p. 124
→ Contexte et paratexte p. 66
→ Les registres p. 70
→ Les figures d'images p. 130
→ Convaincre et persuader p. 420

OBSERVATION ET ANALYSE

1 Combien distinguez-vous de graphies du mot *Dada* ? Que suggère visuellement cette variété ?

2 Comment qualifiez-vous la syntaxe de ce manifeste ?

3 Quels effets ou figures poétiques (rythmes, images, associations de mots) jalonnent cette prose ?

4 Faites un tableau à deux entrées qui permette de mettre face à face les critiques et les revendications de Tzara dans ce manifeste.

5 Dans quelle mesure peut-on dire de ce texte qu'il est aussi une argumentation ?

EXPRESSION

Écriture d'invention. Vous créez votre propre mouvement. Trouvez-lui un nom et, en quinze lignes, énumérez ses slogans et ses mots d'ordre.

Premier Manifeste du surréalisme (1924)

Breton
1896-1966

En 1924, le mouvement surréaliste s'est définitivement dégagé de Dada, de ses outrances et provocations. André Breton, théoricien du groupe, lui donne alors son acte de naissance avec un célèbre Manifeste *qui en définit les exigences et les objectifs.*

C'est de très mauvaise foi qu'on nous contesterait le droit d'employer le mot SUR-RÉALISME dans le sens très particulier où nous l'entendons, car il est clair qu'avant nous ce mot n'avait pas fait fortune. Je le définis donc une fois pour toutes :

SURRÉALISME, *n. m.* Automatisme psychique pur par lequel on se propose d'ex-
5 ‒ primer, soit verbalement, soit par écrit, soit de toute autre manière, le fonctionnement réel de la pensée. Dictée de la pensée, en l'absence de tout contrôle exercé par la raison, en dehors de toute préoccupation esthétique ou morale.

ENCYC. *Philos.* Le surréalisme repose sur la croyance à la réalité supérieure de certaines formes d'associations négligées jusqu'à lui, à la toute-puissance du rêve, au
10 ‒ jeu désintéressé de la pensée. Il tend à ruiner définitivement tous les autres mécanismes psychiques et à se substituer à eux dans la résolution des principaux problèmes de la vie. Ont fait acte de SURRÉALISME ABSOLU MM. Aragon, Baron, Boiffard, Breton, Carrive, Crevel, Delteil, Desnos, Eluard, Gérard, Limbour, Malkine, Morise, Naville, Noll, Péret, Picon, Soupault, Vitrac.

André Breton, *Premier Manifeste du surréalisme*, © Pauvert, librairie Arthème Fayard, 1924.

MÉTHODE

→ Contexte et paratexte p. 66
→ Démontrer et argumenter p. 418

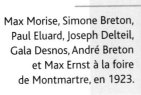

Max Morise, Simone Breton, Paul Eluard, Joseph Delteil, Gala Desnos, André Breton et Max Ernst à la foire de Montmartre, en 1923.

OBSERVATION ET ANALYSE

1 Observez le premier paragraphe et repérez les éléments qui le caractérisent comme un texte-manifeste.

2 Explicitez les abréviations figurant au début des deuxième et troisième paragraphes. À quel type d'ouvrage sont-elles empruntées ?

3 Comment se complètent les deux parties de la définition ? Quelles informations supplémentaires apporte la seconde ?

4 Quels fondements de l'inspiration créatrice propose ici André Breton ?

5 Quel doit être, pour lui, le but de la démarche surréaliste ? Est-il seulement littéraire ?

Soupault
1897-1990

TEXTE **6**

Les Champs magnétiques (1920)

L'activité la plus célèbre et la plus symbolique du groupe surréaliste* fut l'écriture automatique, dont Breton ne proposa la « recette » définitive que dans le Premier Manifeste *du groupe en 1924. Mais depuis plusieurs années déjà, lui et son ami Philippe Soupault s'étaient livrés à cet exercice consistant à laisser s'exprimer librement sur la page les « messages » remontant de notre subconscient. Ils écrivirent ainsi « à quatre mains », en quinze jours harassants au printemps 1919, le recueil intitulé* Les Champs magnétiques. *Voici un extrait du livre, écrit de la main de Soupault. Breton le considérait comme le plus beau de tous.*

La glace sans tain

La fenêtre creusée dans notre chair s'ouvre sur notre cœur. On y voit un immense lac où viennent se poser à midi des libellules mordorées et odorantes comme des pivoines. Quel est ce grand arbre où les animaux vont se regarder ? il y a des siècles que nous lui versons à boire. Son gosier est plus sec que la paille et la cendre y a des dépôts
5 immenses. On rit aussi, mais il ne faut pas regarder longtemps sans longue-vue. Tout le monde peut y passer, dans ce couloir sanglant où sont accrochés nos péchés, tableaux délicieux, où le gris domine cependant.

Il n'y a plus qu'à ouvrir nos mains et notre poitrine pour être nus comme cette journée ensoleillée. « Tu sais que ce soir il y a un crime vert à commettre. Comme tu
10 ne sais rien, mon pauvre ami. Ouvre cette porte toute grande, et dis-toi qu'il fait complètement nuit, que le jour est mort pour la dernière fois. [...] »

Philippe Soupault, *Les Champs magnétiques*, © Gallimard, 1920.

METHODE

→ Les figures de style p. 68
→ Les figures d'images p. 130
→ Le sens des mots p. 126

OBSERVATION ET ANALYSE

1 Relevez au fil du texte les noms et adjectifs appartenant aux champs lexicaux du corps et des sensations. Quelle impression étrange contribuent-ils à créer ?

2 Dressez la liste de tous les termes se rapportant à l'idée d'ouverture. Comment interprétez-vous cette insistance ? Quel rapport a-t-elle avec le titre ?

3 Quelles associations insolites de mots ou de phrases permettent de percevoir le caractère « automatique » de ce texte ?

EXPRESSION

Écriture d'invention
1. Rédigez vous-même, en toute liberté de forme et d'inspiration, deux ou trois textes « automatiques » d'une dizaine de lignes.

2. Variez l'exercice en travaillant à deux, le second prenant le relais du texte du premier après la première phrase.

Eluard
1895-1952

Péret
1899-1959

152 proverbes mis au goût du jour (1925)

Un autre exercice très prisé de deux membres du groupe, Paul Eluard et Benjamin Péret, était la transformation malicieuse de proverbes célèbres. L'insolite est toujours au rendez-vous de ces productions et le plaisir vient de l'effet conjugué de la reconnaissance d'un lieu commun du langage et de la sensation d'un « écart » troublant ou amusant.

Il faut prendre à la paille ce qui appartient à la poutre
Les grands oiseaux font les petites persiennes
Les labyrinthes ne sont pas faits pour les chiens
Il faut battre sa mère pendant qu'elle est jeune
5 ‑ On n'est jamais blanchi que par les pierres
Tout ce qui vole n'est pas rose
Vivre d'erreurs et de parfums

Paul Eluard, Benjamin Péret, *Œuvres complètes,* © Librairie José Corti, 1925.

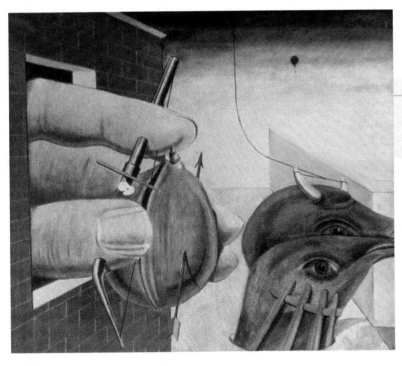

Max Ernst, *Œdipe roi*, 1922
(huile sur toile, 93 x 102 cm). Paris,
collection de Claude Horraint

METHODE

→ Contexte et paratexte p. 66
→ Les figures de style p. 68
→ Les types et les formes
  de phrases p. 220

OBSERVATION ET ANALYSE

1 Retrouvez les proverbes transformés par Éluard et Péret.

2 Quel sens insolite ou surprenant prennent certains de ces proverbes transformés ?

EXPRESSION

Écriture d'invention. Faites vous-même un exercice de transformation insolite à partir d'une série de proverbes ou de formules célèbres que vous aurez choisis.

Persistance de la mémoire (1931)

Dali
1904-1989

Dali, qui épousa Gala, la première femme du poète Paul Éluard, est l'artiste le plus représentatif de l'épanouissement de la peinture surréaliste dans la seconde génération du mouvement, après 1930. Doué d'une technique exemplaire, parodiant volontiers l'académisme des maîtres du XIXᵉ siècle, cet Espagnol extravagant fut le génial metteur en images de ses obsessions de « dormeur éveillé ».

Salvador Dali, *Persistance de la mémoire*, 1931 (huile sur toile, 24 x 33 cm).
New York, Museum of Modern Art.

OBSERVATION ET ANALYSE

1 Observez et commentez le contrepoint entre motifs ou objets « figurés », « défigurés », voire délibérément fantasmatiques dans cette toile.

2 Que suggère, selon vous, le jeu des plans (premier et arrière-plan) dans la composition de l'œuvre ?

3 Que vous inspire le rapport entre les éléments représentés (objets, décors) et le titre du tableau ?

4 Comment peut-on interpréter dans ce contexte les fameuses « montres molles » ?

5 Les commentateurs de la peinture surréaliste parlent volontiers, à propos de Dali, d'« automatisme symbolique ». Justifiez cette expression à partir de votre analyse du tableau.
À quel exercice poétique pratiqué collectivement par les surréalistes peut s'apparenter, selon vous, une telle œuvre ?

Huit grands mouvements littéraires

■ Le romantisme

Au lendemain de la Révolution, dans le cadre d'un vaste courant européen (Byron en Angleterre ; Goethe en Allemagne), le romantisme se manifeste en France dans les œuvres autobiographiques (romans et mémoires) de **Chateaubriand,** qui invente un terme pour caractériser la nouvelle sensibilité dont il est porteur : « **le mal du siècle** ».

Dès les années 1820, c'est **la poésie**, lyrique* et élégiaque*, qui fournit le meilleur support à l'expression d'écrivains déchirés entre leurs ambitions et leurs impuissances, leurs rêves et les réalités. Autour de leur chef de file, **Hugo**, les romantiques s'essaient aussi au théâtre et font du drame leur principal cheval de bataille (*Hernani*, 1830) contre la tradition classique.

En même temps, à côté des grandes figures du mouvement (Lamartine, Musset, Vigny), se multiplient des groupuscules qui donnent au romantisme parisien le visage d'une « bohème » débraillée et tapageuse. De sensibilité souvent libérale, voire républicaine, volontiers « engagé » dans les conflits de l'Histoire, le mouvement aura du mal à survivre à l'échec de la révolution de 1848. Sous le second Empire, seul l'infatigable Hugo assurera la permanence d'un esprit visionnaire et protestataire.

Programmes ou manifestes

– **Mme de Staël**, *De l'Allemagne*, 1810.
– **Lamartine**, préface aux *Méditations poétiques*, 1820.
– **Hugo**, préface de *Cromwell*, 1827.

Hauts lieux

Le cénacle de Hugo et la bibliothèque de l'Arsenal à Paris.

Écrivains représentatifs

– **Chateaubriand**, *René*, 1802 (roman) ; *Mémoires d'outre-tombe*, 1848.
– **Lamartine**, *Méditations poétiques*, 1820 (poésies).
– **Hugo**, *Hernani*, 1830 ; *Les Contemplations*, 1856 (poésies) ; *Les Misérables*, 1862 (roman).
– **Musset**, *Les Nuits*, 1837 (poésies) ; *Lorenzaccio*, 1834 (drame).
– **Nerval**, *Les Chimères*, 1854 (poésies) ; *Aurélia*, 1855 (récit).
– **Vigny**, *Les Destinées*, 1864 (poésies).

■ Le réalisme

Les précurseurs du réalisme appartiennent à la génération romantique de 1830. Ils manifestent les premiers la volonté de **peindre le réel de manière exhaustive (Balzac)** ou **minutieuse (Stendhal)** dans ses composantes psychologiques, sociales et historiques.

Avec **Flaubert** et les réalistes de 1850, ce courant, principalement romanesque, précise ses objectifs : « peindre le dessus et le dessous des choses », déclare Flaubert ; c'est-à-dire « **faire beau** » grâce au « **faire vrai** ». Cette ambition s'accompagne alors d'une traque documentaire des « détails » révélateurs de la nature des choses comme de celle des individus, dans leur interaction avec le milieu social. Les sciences de l'homme naissantes (sociologie, psychologie) sont des renforts précieux pour ces écrivains.

Programmes ou manifestes

– **Balzac**, avant-propos à *La Comédie humaine*, 1842.
– **Duranty**, revue *Le Réalisme*, 1856.
– **Champfleury**, préface au *Réalisme*, 1857.
– **Littré**, article « Réalisme » dans le *Dictionnaire de langue française*, 1869.

Haut lieu

La propriété normande de Flaubert à Croisset, sur les bords de la Seine.

Daumier, *La Blanchisseuse*, 1863. Paris, Musée d'Orsay.

Écrivains représentatifs

– **Balzac**, *La Comédie humaine*, 1829-1848 (90 romans environ).
– **Stendhal**, *Le Rouge et le Noir*, 1830 ; *La Chartreuse de Parme*, 1839 (romans).
– **Flaubert**, *Madame Bovary*, 1857 ; *L'Éducation sentimentale*, 1869 (romans).
– **Les frères Goncourt**, *Germinie Lacerteux*, 1865 (roman).

■ Le Parnasse contemporain

Ce groupe de poètes, dont les initiateurs tels **Gautier** et **Banville** sont des romantiques « repentis », peut être considéré comme le pendant de celui des romanciers réalistes.

En réaction contre la subjectivité lyrique* de leurs aînés, ils prônent, dans les années 1860, une **poésie dégagée de l'histoire individuelle ou collective** et centrée sur les règles formelles d'une beauté « éternelle » ou « gratuite ». Au credo de « **l'art pour l'art** », ils ajoutent même, comme leur chef de file **Leconte de Lisle**, l'ambition d'« unir l'art et la science » dans leurs œuvres. L'histoire antique, l'archéologie ou l'architecture leur fournissent ainsi les sujets d'une poésie « impersonnelle » et « dépaysée » dans l'espace comme dans le temps.

Programmes ou manifestes

– **Gautier**, *L'Art*, 1857.
– **Leconte de Lisle**, préface des *Poèmes antiques*, 1852.

Hauts lieux

Les locaux de la revue *Le Parnasse contemporain*, à Paris, chez l'éditeur Lemerre.

Écrivains représentatifs

– **Leconte de Lisle**, *Poèmes antiques*, 1852 ; *Poèmes barbares*, 1862.
– **Sully Prudhomme**, *Les Solitudes*, 1869 (poèmes).
– **Heredia**, *Les Trophées*, 1893 (poèmes).

■ Le naturalisme

Dans le prolongement du courant réaliste, le naturalisme se constitue autour de **Zola** dans les années 1870-1880. Se réclamant de la science, ces écrivains veulent être les « **expérimentateurs** » méthodiques et systématiques de la matière humaine dans son interaction avec le corps social et ses divers « milieux ».

Comparable au laboratoire du savant, le roman est leur espace d'expérimentation : dans la « saga » des **Rougon-Macquart**, Zola s'efforce ainsi de combiner les données de l'analyse sociologique et les lois de l'hérédité en suivant, dans sa fiction, la généalogie imaginaire d'une famille sous le second Empire.

Gustave Caillebotte,
Au café, 1880 (huile sur toile, 155 x 114 cm).
Rouen, musée des Beaux-Arts.

La plupart des naturalistes affichèrent une prédilection pour les milieux misérables de l'époque (ouvriers, mineurs, paysans) ou pour les « cas » pathologiques (alcoolisme, folie meurtrière, tares héréditaires, etc.). En quête de renouvellement, le groupe se disloqua à la fin des années 1880 et certains membres, comme Huysmans, évoluèrent vers une sorte de « repentir » idéaliste.

Programmes ou manifestes

– **Zola**, *Le Roman expérimental*, 1880 ; *Le Naturalisme au théâtre*, 1880.
– **Maupassant**, préface à *Pierre et Jean*, 1888.

Hauts lieux

L'appartement parisien de Zola et sa propriété de Médan, sur les bords de la Seine.

Écrivains représentatifs

– **Zola**, *Les Rougon-Macquart*, 1871-1893 (20 romans).
– **Maupassant**, *Une vie*, 1883 ; *Bel-Ami*, 1885 (romans).
– **Huysmans**, *Les Sœurs Vatard*, 1879 (roman).
– **Becque**, *Les Corbeaux*, 1882 (théâtre).

Le symbolisme

Le symbolisme ne fut jamais réellement une école ni un groupe structuré mais il fut bien un **mouvement esthétique** qui, dans la seconde moitié du XIXe siècle, opposa ses convictions à celles du courant réaliste.

Tout naturellement, la poésie fut son champ d'expression : si le roman était le genre privilégié pour la représentation du réel, le poème apparut en effet comme le moyen « idéal » pour suggérer la part de **spiritualité** ou d'« **idéalité** » cachée derrière les apparences. Le mot *symbole*, au sens si diversifié, est à prendre alors, de Baudelaire à Mallarmé, au sens de capacité de rapprochement, de « correspondance » ou de suggestion entre ces deux versants de l'être : la matière et le « mystère ».

Programmes ou manifestes

– **Baudelaire**, « Les Correspondances » dans *Les Fleurs du mal*, 1857.
– **Verlaine**, « Art poétique » dans *Jadis et Naguère*, 1884.
– **Moréas**, *Manifeste du symbolisme*, 1886.

Haut lieu

Le « salon » de Mallarmé, dans son appartement parisien de la rue de Rome.

Écrivains représentatifs

– **Baudelaire**, *Les Fleurs du mal*, 1857 (poèmes).
– **Rimbaud**, *Une saison en enfer*, 1873 ; *Illuminations*, 1886 (poèmes).

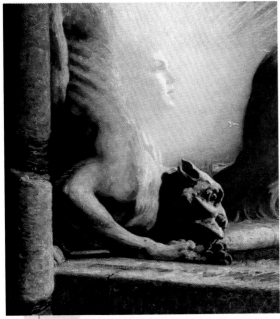

Louis-Welden Hawkins (1849-1910),
Le Sphinx et la Chimère, Paris, musée d'Orsay.

– **Verlaine**, *Romances sans paroles*, 1874 ; *Sagesse*, 1881 (poèmes).
– **Mallarmé**, *Poésies*, 1870-1898 ; *Un coup de dés*, 1897 (poèmes).
– **Maeterlinck**, *Pelléas et Mélisande*, 1892 (théâtre).
– **Claudel**, *Tête d'or*, 1890 (théâtre).

Le surréalisme

Max Ernst, *Le Rendez-vous des amis*, 1922.
Cologne, musée Ludwig.

Héritier des poètes modernes de la seconde moitié du XIXe siècle (Baudelaire, Rimbaud, Lautréamont) et du mouvement contestataire Dada (p. 49) au début du XXe siècle, le surréalisme se constitue dans les années 1920 autour des figures majeures de **Breton**, d'**Eluard** et d'**Aragon**.

Influencé par la psychanalyse* d'un côté et le marxisme de l'autre, le groupe se donne deux slogans principaux : « **changer la vie** » et « **changer le monde** ». Si le premier lui inspire ses grandes réussites poétiques (écriture automatique, récits de rêve), le second va faire naître en son sein débats puis déchirures autour de la question de l'engagement politique.

Pendant l'Occupation, les surréalistes se retrouveront au sein de la **Résistance** aux côtés des communistes mais ce sont surtout les peintres (Mirò, Magritte, Dali) qui assureront la continuité du mouvement dans les années de l'après-guerre.

Programmes ou manifestes

– **Breton**, *Premier* (1924) et *Second* (1929) *Manifestes du surréalisme*.

Hauts lieux

Les cafés des grands boulevards parisiens (Opéra, Montmartre).

Écrivains représentatifs

– **Eluard**, *Capitale de la douleur*, 1926 ; *Les Yeux fertiles*, 1936 (poèmes).
– **Breton**, *Nadja*, 1928 (récit).
– **Desnos**, *Corps et biens*, 1930 (poèmes).
– **Artaud**, *Le Théâtre et son double*, 1938 (essai).
– **Aragon**, *Les Yeux d'Elsa*, 1942 (poèmes) et *La Semaine sainte*, 1958 (roman).

L'existentialisme

Théorisé par **Sartre** à partir de ses réflexions sur la philosophie allemande de la première moitié du XXᵉ siècle, l'existentialisme fut résumé dans une célèbre formule : « **l'existence précède l'essence**. » Autrement dit, l'homme construit son identité et son destin par sa façon même d'exister, non pas abstraitement mais « en situation ». Dans un monde « absurde » et angoissant, l'individu est donc confronté aux choix difficiles d'une morale de l'action et de l'engagement.

Sartre et **Camus** s'opposeront violemment, après la guerre, sur les modalités de cet engagement : le premier ralliant les thèses de la révolution communiste ; le second prônant une morale de la « révolte » et de la solidarité.

Programmes ou manifestes

– **Sartre**, *L'existentialisme est un humanisme*, 1946.
– **Camus**, *L'Homme révolté*, 1951.

Hauts lieux

Les quartiers de Montparnasse et de Saint-Germain-des-Prés à Paris.

Sergio Larrain,
À Saint-Germain-des-Prés, Paris, 1959.

Écrivains représentatifs

– **Sartre**, *La Nausée*, 1938 (roman), *Huis clos*, 1944 (théâtre).
– **Camus**, *L'Étranger*, 1942 ; *La Peste*, 1947
– **Simone de Beauvoir**, *Le Deuxième Sexe*, 1949 (essai) ; *La Force des choses*, 1963 (récit).

Le nouveau roman

Les écrivains représentatifs du « nouveau roman » devant les éditions de Minuit, en 1959.

Né dans les années 1950 et formé de plusieurs écrivains des éditions de Minuit, le groupe des « nouveaux romanciers » se fait remarquer par sa critique virulente de la tradition réaliste du XIXᵉ siècle.

Proclamant la crise de la représentation de l'espace et du temps romanesque, ainsi que la faillite du personnage et de l'histoire, ils proposent de nombreuses pistes de recherches narratives. La formule de l'un d'entre eux résume leur programme : substituer « l'aventure d'une écriture à l'écriture d'une aventure ».

Considéré comme « élististe » en France, le groupe connut la notoriété dans plusieurs grandes universités américaines où certains de ses membres devinrent professeurs.

Programmes ou manifestes

– **Alain Robbe-Grillet**, *Pour un nouveau roman*, 1963.
– **Nathalie Sarraute**, *L'Ère du soupçon*, 1956.

Hauts lieux

Les éditions de Minuit et les universités américaines

Écrivains représentatifs

– **Robbe-Grillet**, *La Jalousie*, 1957 (roman).
– **Butor**, *La Modification*, 1957 (roman).
– **Sarraute**, *Le Planétarium*, 1959 (roman).
– **Simon**, *La Route des Flandres*, 1960 (roman).

Comment l'art provoque : **le surréalisme**

La « révolution » surréaliste passe par une série de charges contre les grandes idoles culturelle de l'époque : l'art, la religion, la politique, la morale. Détournement d'objets, rapprochements incongrus, jeu avec les principes de la représentation, parodies sont autant de moyens de provoquer l'œil et l'esprit du spectateur.

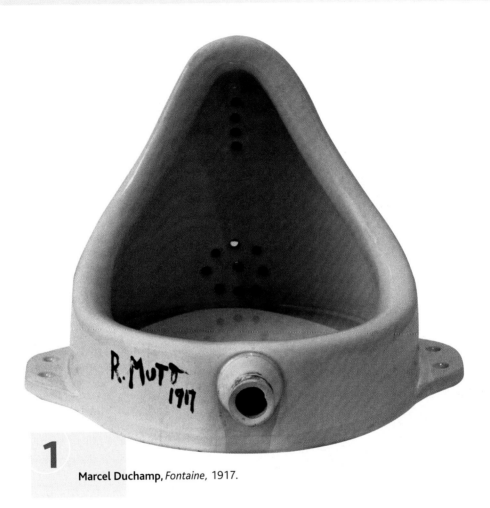

1

Marcel Duchamp, *Fontaine,* 1917.

Artiste inclassable, Marcel Duchamp entretint des relations suivies avec le mouvement Dada et le surréalisme. Il conçut notamment la mise en scène de l'Exposition internationale du Surréalisme de 1938, à Paris. Dès 1915, il inventa les « ready made », objets industriels fabriqués en série, qu'il exposait après les avoir signés, provoquant ainsi scandale et polémique. « Fontaine » est l'un d'entre eux, parmi les plus connus, sans doute en raison de la nature même de l'objet, un urinoir promu à la dignité d'objet d'art.

QUESTIONS

1. Quelles pouvaient être, selon vous, les intentions de Marcel Duchamp en exposant cet objet ?

2. La « Society of independent Artists » refusa d'exposer cet objet en alléguant qu'il ne pouvait s'agir d'art. Qu'en pensez-vous ?

3. En vous aidant de catalogues, recherchez d'autres *ready made* de Duchamp, ainsi que ses déclarations à leur sujet. Essayez d'expliciter l'attitude de leur auteur.

2

Max Ernst, *La Vierge Marie corrigeant l'enfant Jésus devant trois témoins : André Breton, Paul Eluard et l'auteur*, 1926. Musée de Cologne.

Max Ernst, artiste allemand, ami de Paul Eluard, membre actif du mouvement Dada, rejoint très rapidement le surréalisme, dont il est un des peintres majeurs. Reprenant le thème traditionnel des madones du moyen Âge et de la Renaissance tenant sur leurs genoux l'enfant Jésus, il en donne une version iconoclaste, que renforce la présence en arrière-plan des spectateurs « surréalistes ».

QUESTIONS

1. À quelle scène traditionnelle de la peinture religieuse fait référence Max Ernst ? Recherchez quelques tableaux qui la représentent.

2. À quels éléments de cette tradition Ernst fait-il des emprunts ? Comment les détourne-t-il ? Quel est, selon vous, le rôle des trois témoins ?

3. Ce tableau peut-il choquer ? Pourquoi ?

3

Image extraite de L'*Âge d'or*, de Bunuel, 1930.

L'Âge d'or est l'une des premières tentatives cinématographiques du surréalisme. Fruit d'une coopération entre Salvador Dali et Luis Bunuel, il développe notamment des thèmes anticléricaux, chers à ces deux artistes espagnols (à cette époque), qui trouvent là l'occasion de dénoncer le poids de l'Église catholique. Les premières projections du film à Paris provoquèrent un énorme scandale qui entraîna son interdiction.

QUESTIONS

1. À quoi reconnaît-on que les squelettes sont ceux d'ecclésiastiques ?

2. Quelle signification symbolique peut-on attribuer à cette scène ?

Dossier *images*

Dali, *Hallucination partielle.*
Six images de Lénine sur un piano, 1931. Paris,
musée national d'Art moderne.

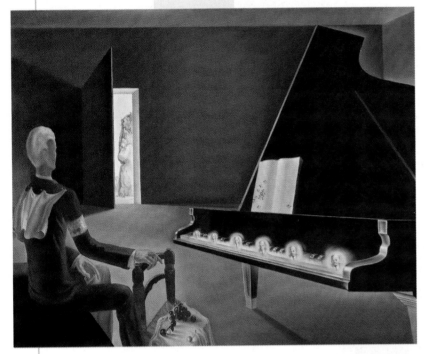

Au début des années 1930, beaucoup de surréalistes dont André Breton ont adhéré au parti communiste, donnant à leur révolte un caractère nettement politique. Dali, récemment arrivé dans le groupe, n'est guère intéressé par cet aspect, lui préférant l'approche psychanalytique et les théories de Freud. L'apparition de Lénine sur un piano, baptisée « hallucination », mêle ces différents éléments, entre dérision et provocation.

QUESTIONS

1. Étudiez la mise en scène du tableau (plans, objets, personnages). Quelle impression s'en dégage-t-il ?

2. Observez et décrivez les « images » de Lénine sur le piano. À quelle iconographie traditionnelle Dali fait-il référence ?

3. Le mot « hallucination » rend-il compte du tableau ? Pourquoi ?

Victor Brauner, *Hitler*, 1934,
collection particulière.

Victor Brauner, artiste d'origine roumaine, approfondit dans sa peinture des obsessions personnelles, souvent violentes. Il entre en contact avec les surréalistes français au début des années 1930 et devient vite un membre assidu du groupe. Ce portrait, précoce et très explicite, de Hitler, daté de 1934, est resté dans la collection particulière d'André Breton jusqu'à sa vente par ses héritiers, preuve sans doute de l'attachement qu'il lui portait.

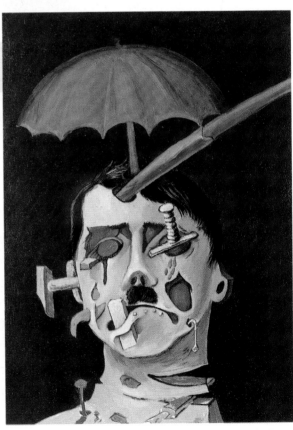

QUESTIONS

1. Quels sont les éléments du portrait qui permettent l'identification de son modèle ?

2. Quels objets Victor Brauner fait-il figurer dans ce portrait ? En lieu et place de quels organes ?

3. Quelle impression générale se dégage de cette œuvre ?

Comment l'art provoque : le surréalisme

6

Bellmer, *La Poupée*,
1932-1945, Paris,
musée national d'Art moderne.

Marqué par la représentation d'un conte d'Hoffmann, « L'homme au sable », dans lequel le héros tombe éperdument amoureux d'Olympia, une poupée automate, Hans Bellmer a longuement exploré ce thème dans une série d'œuvres qui, dès le milieu des années 1930, a passionné les surréalistes. Le récit d'Hoffmann avait déjà retenu l'attention de Freud par ses connotations troublantes, notamment le démembrement dont fait l'objet Olympia à la fin du récit, qui trouve un écho indirect dans la version proposée ici.

QUESTIONS

1. Quelle représentation du corps humain l'œuvre donne-t-elle ? Quelles déformations lui fait-elle subir ?

2. Quelle relation s'établit entre le visage et le reste du corps ?

3. Quels sens peut-on donner au terme de « poupée », appliqué à cette œuvre ?

Magritte, *Le Viol*, 1934,
collection particulière.

7

Il existe de multiples versions de cette œuvre, dont l'une, au crayon, a servi de première de couverture à *Qu'est-ce que le Surréalisme ?* d'André Breton. Magritte, passionné notamment par la question que pose l'imitation des objets du réel à la représentation picturale, donne ici une interprétation audacieuse de ce problème, au prix d'un raccourci saisissant qui en fait toute la force provocatrice.

QUESTIONS

1. Quelles ont les différentes parties du corps humain figurant dans le tableau ? Cette énumération suffit-elle à dire ce qu'il « représente » ? Pourquoi ?

2. Proposez votre interprétation du titre de l'œuvre.

3. Comparez ce tableau et le document précédent, en relevant les ressemblances et les différences dans le traitement du corps humain.

1. L'énonciation

1 Définir une situation d'énonciation

→ On communique avec les autres par différents moyens : gestes, mimiques... et langage. On appelle **énonciation** la **mise en œuvre du langage**, qu'elle soit écrite ou orale, pour produire un **énoncé ou message**.

→ **Définir une situation d'énonciation,** c'est trouver :
- **qui parle** ou qui est l'énonciateur (l'émetteur) ;
- **à qui** parle l'énonciateur ou qui est le destinataire de l'énonciation ;
- **le lieu** où se trouve l'énonciateur ;
- **le moment** où l'énonciateur émet son message ;
- **l'objectif** qui est visé par l'énonciateur (raconter, faire rire, émouvoir).

→ On distingue **deux types d'énoncés** :
- ceux dans lesquels la situation d'énonciation est clairement définie. Ce sont les énoncés **ancrés dans la situation d'énonciation** ;
- ceux dans lesquels elle n'est pas connue. Ce sont les énoncés **coupés de la situation d'énonciation**.

2 Les énoncés ancrés dans la situation d'énonciation

→ **Les indices de personne** marquent la présence de l'énonciateur et du destinataire. Ce sont :
- **des pronoms personnels** de 1re et de 2e personne : *je, me, nous...* pour l'énonciateur ; *tu, te, vous...* pour le destinataire ;
- **des adjectifs possessifs** de 1re et de 2e personne : *mon, ma, mes, notre, nos* pour l'énonciateur ; *ton, ta, tes, votre, vos* pour le destinataire.
- **des pronoms possessifs** de 1re et 2e personne : *le mien, le nôtre...* pour l'énonciateur, *le tien, le vôtre...* pour les destinataire.

→ **Les indices de temps** qui situent le moment où parle l'énonciateur. Ce sont :
- **des adverbes** : *hier, aujourd'hui, demain...*
- **des compléments circonstanciels** : *il y a cinq minutes, dans un an, l'an prochain.*

→ **Les indices de lieu** qui précisent l'endroit où se trouve l'énonciateur. Ce sont :
- **des adverbes ou locutions adverbiales** : *ici, là, derrière, en haut, à gauche* ;
- **des adjectifs et pronoms démonstratifs** employés pour montrer : *ce, cette... ; celui-ci, ceci...*

→ Les temps verbaux sont organisés autour du **présent,** qui marque le moment de l'énonciation. Le **passé composé et l'imparfait** expriment des faits antérieurs, le **futur et le futur antérieur** des faits à venir (voir Les temps dans le récit, p. 328).

→ Sont ancrés dans la situation d'énonciation : **les lettres, les articles de presse, les dialogues,** en particulier au théâtre.

3 Les énoncés coupés de la situation d'énonciation

→ **L'énonciateur et son destinataire n'apparaissent pas directement**. C'est souvent la 3e personne qui est employée.

→ Le **temps et le lieu** sont **définis par rapport aux événements racontés** et non par rapport à l'énonciateur : *ce jour-là, le 1er décembre 1897, à Marseille.*

→ Les temps employés sont le **passé simple** pour les faits de premier plan et **l'imparfait** pour l'arrière-plan. Le **passé antérieur** et le **plus-que-parfait** expriment des faits antérieurs (voir Les temps dans le récit, p. 328).

Sans doute, nous sommes loin ici des certitudes de la chimie et même de la physiologie. Nous ne connaissons point encore les réactifs qui décomposent les passions et qui permettent de les analyser. Souvent, dans cette étude, je rappellerai ainsi que le roman expérimental est plus jeune que la médecine expérimentale, laquelle pourtant est à peine née.

Émile Zola, *Le Roman expérimental*, ⮩ p. 44.

- les indices de présence de l'énonciateur
- les indices de temps
- les indices de lieu
- les temps verbaux

COMMENTAIRE

Ce texte est ancré dans la situation d'énonciation. Il se caractérise par :
– une forte présence de l'émetteur par des pronoms de la 1re personne (*nous* puis *je*) ;
– des indices de temps qui tous se réfèrent au moment de l'écriture (*encore, à peine*) ;
– des indices de lieu qui renvoient à l'œuvre qui est en train de naître (*ici, dans cette étude*) ;
– des présents d'énonciation et un futur qui renvoie à un moment à venir dans la rédaction de certaines parties de l'étude sur le roman expérimental.
Cet ancrage fait de cet essai un véritable plaidoyer où Zola définit son œuvre et la défend en prenant appui sur les progrès scientifiques de son temps.

Retour sur les textes du chapitre

Définir une situation d'énonciation

1 Huysmans, *Là-bas*, ⮩ p. 40-41, l. 12 à 35
1. Relevez les indices de présence de l'énonciateur et classez-les selon leurs classes grammaticales.
2. Faites le même travail pour le destinataire du texte.
3. Quels sont les indices les plus nombreux ? Quelle tonalité est ainsi donnée à cet extrait ?

2 Breton, *Premier Manifeste du surréalisme*, ⮩ p. 50
1. Qui est désigné par « nous » ? par « je » ?
2. À qui renvoie « on » à la ligne 1 ?
3. Relevez des indices de temps. À quel moment se rapportent-ils ?
4. «On » à la ligne 4 a-t-il le même référent qu'à la ligne 1 ? Pourquoi ?

Les textes ancrés dans la situation d'énonciation

3 Robbe-Grillet, *Pour un nouveau roman*, ⮩ p. 45
1. Relevez tous les indices de temps. Quel est le moment par rapport auquel ils sont donnés ?
2. Quel est le seul indice de présence de l'énonciateur ?
3. Comparez ce texte à ceux de Zola (exemple ci-dessus) et de Huysmans (exercice 1). Qu'ont-ils en commun ? Quelles sont leurs différences ?

Les textes coupés de la situation d'énonciation

4 Vian, *L'Écume des jours*, ⮩ p. 33-34, l. 22 à 37
1. Relevez les indices de lieu. Par rapport à qui sont-ils donnés ?
2. Quels sont les temps verbaux utilisés ?

5 Balzac, *Illusions perdues*, ⮩ p. 30-31, l. 25 à 40
1. L'adjectif démonstratif « Ces » (ligne 25) fait-il référence à la situation d'énonciation ou au contexte ?
2. Relevez un indice de temps. Est-il en rapport avec le moment de l'écriture ? Justifiez votre réponse.

Texte d'entraînement

Frères humains qui après nous vivez,
N'ayez les cœurs contre nous endurcis,
Car, si pitié de nous pauvres avez,
Dieu en aura plus tôt de vous merci[1].
Vous nous voyez ci[2] attachés cinq, six :
Quant de[3] la chair, que trop avons nourrie,
Elle est piéça[4] dévorée et pourrie,
Et nous, les os, devenons cendre et poudre.
De notre mal personne ne s'en rie[5]
Mais priez Dieu que tous nous veuille absoudre[6] !

François Villon, *Ballade des pendus*, 1463.

1. Dieu aura pitié de vous. – **2.** Ici. – **3.** Quant à.
4. Depuis longtemps. – **5.** Subjonctif : que personne ne s'en rie.
6. Pardonner.

Questions d'analyse

1 Définissez avec précision la situation d'énonciation :
– qui parle ?
– à qui ?
– à quel moment ?
– en quel lieu ?

2 Quelle est l'originalité de cette situation ? Quel effet produit-elle sur le lecteur ?

2. Les formes de discours

1 Le discours narratif

→ Il **raconte une histoire** réelle ou fictive par la voix d'un narrateur et se caractérise par :
- le récit **d'événements** qui s'organisent dans le temps (voir L'expression du temps, p. 330) ;
- des **temps verbaux** : imparfait, passé simple ou présent de narration (voir Les temps dans le récit, p. 328) dans un récit au passé.

→ Les fonctions du discours narratif sont variées. On raconte pour divertir, pour instruire (fable), pour informer (fait divers)...

2 Le discours descriptif

→ Le texte descriptif donne **à voir des lieux ou des personnages.**
Il se caractérise par :
- des **connecteurs spatiotemporels** (voir p. 330) qui organisent la description ;
- l'emploi de **l'imparfait** dans un récit au passé ;
- des **verbes d'état** (*être, sembler, paraître*) ;
- des **expansions nominales** nombreuses et variées (voir p. 334).

→ La description sert :
- à permettre au lecteur de se créer une image des personnages ou des lieux de l'action ;
- à suspendre l'action pour créer un effet de suspense ;
- à préparer l'action en créant une atmosphère.

3 Le discours explicatif

→ Il **donne des informations pour faire comprendre** les mécanismes d'un phénomène naturel, le fonctionnement d'un objet, le sens d'un événement. Il se caractérise par :
- un **vocabulaire spécialisé**, souvent technique ou scientifique ;
- **l'emploi du présent**, du passé composé ou du futur ;
- des **connecteurs logiques** (voir p. 414) ou **temporels** (voir p. 330) ;
- l'emploi de certains signes de **ponctuation** : la virgule pour rythmer une énumération, deux points pour des relations de cause ou de conséquence, des parenthèses ou des tirets pour apporter des précisions ;
- l'emploi de subordonnées **relatives explicatives.**

→ Le discours explicatif est présent dans les encyclopédies, les modes d'emploi, les documentaires mais aussi dans certains romans, en particulier les romans policiers.

4 Le discours argumentatif

→ Il exprime une opinion ou un jugement et **cherche à convaincre ou à persuader** le destinataire. Il se caractérise par :
- des **marques de présence de l'énonciateur et de son destinataire** par l'emploi de la 1re et de la 2e personne ;
- des **marques de jugement** ou de subjectivité par des verbes (*croire, penser...*), des adverbes (*peut-être, évidemment...*), des modalisateurs (voir p. 416) ;
- un **vocabulaire** valorisant ou dévalorisant ;
- des **connecteurs logiques** (voir p. 414) qui marquent l'opposition, la cause, la conséquence, la concession, l'addition ;
- des procédés d'écriture comme **l'antiphrase,** pour donner au texte un ton ironique.

→ Le discours argumentatif est présent dans des articles de journaux, des essais, des préfaces, des manifestes mais aussi dans des dialogues, au théâtre par exemple.

→ **Les formes de discours sont souvent mêlées dans les textes.** Il convient de bien saisir le passage d'une forme de discours à l'autre et de comprendre les raisons de ce changement.

C'est de très mauvaise foi qu'on nous contesterait le droit d'employer le mot SURRÉALISME dans le sens très particulier où nous l'entendons, car il est clair qu'avant nous ce mot n'avait pas fait fortune. Je le définis donc une fois pour toutes :

SURRÉALISME, *n. m.* Automatisme psychique pur par lequel on se propose d'exprimer, soit verbalement, soit par écrit, soit de toute autre manière, le fonctionnement réel de la pensée. Dictée de la pensée, en l'absence de tout contrôle exercé par la raison, en dehors de toute préoccupation esthétique ou morale.

ENCYC, *Philos.* Le surréalisme repose sur la croyance à la réalité supérieure de certaines formes d'associations négligées jusqu'à lui, à la toute-puissance du rêve, au jeu désintéressé de la pensée. Il tend à ruiner définitivement tous les autres mécanismes psychiques et à se substituer à eux dans la résolution des principaux problèmes de la vie. Ont fait acte de SURRÉALISME ABSOLU MM. Aragon, Baron, Boiffard, Breton, Carrive, Crevel, Delteil, Desnos, Eluard, Gérard, Limbour, Malkine, Morise, Naville, Noll, Péret, Picon, Soupault, Vitrac.

André Breton, *Premier Manifeste du surréalisme,* ➥ **p. 50.**

▬ discours argumentatif
▬ discours explicatif
▬ discours narratif

COMMENTAIRE

André Breton donne ici une définition du surréalisme qu'il présente comme un article de dictionnaire. Le discours se veut donc explicatif mais se laisse peu à peu regagner par le discours argumentatif, qui avait introduit la définition elle-même. La polémique surgit et cet extrait s'inscrit bien dans la logique d'un manifeste. La dernière phrase est narrative et renvoie à l'histoire du mouvement.

EXERCICES

Retour sur les textes du chapitre

Le discours narratif

1 Maupassant, *Le Gaulois,* ➥ **p. 47-48**
Quelle forme de discours domine dans ce texte ? Relevez les connecteurs temporels. Quelle rupture apparaît à la ligne 17 ? Correspond-elle à un changement de forme de discours ? Commentez.

Le discours descriptif

2 Gautier, *Victor Hugo,* ➥ **p. 36, l. 1 à 18**
Que décrit cet extrait ? Montrez que cette description a une visée argumentative en relevant et en nommant les deux champs lexicaux. À qui s'appliquent-ils ?

3 B. Vian, *L'Écume des jours,* ➥ **p. 33-34, l. 6 à 32**
À quelle forme de discours appartiennent les deux premiers paragraphes de l'extrait ? Justifiez votre réponse. Quelle est leur fonction par rapport au récit qui suit ?

Le discours explicatif

4 Balzac, *Illusions perdues,* ➥ **p. 30-31, l. 25 à 38**
Relevez les connecteurs logiques dans ce passage. Quelle est la valeur des deux points à la ligne 26 ? Quelle est la visée de ce discours explicatif ?

Le discours argumentatif

5 Huysmans, *Là-bas,* ➥ **p. 40-41, l. 1 à 13**
Montrez que cet extrait présente une forte implication de l'énonciateur. Qui est pris à témoin et comment ? Quels procédés d'écriture donnent de la force à l'argumentation ?

6 Robbe-Grillet, *Pour un nouveau roman,* ➥ **p. 45**
Que reproche Robbe-Grillet aux « romanciers de type traditionnel » ? Que serait un « bon » roman ?

Texte d'entraînement

Durant l'été de 1953, un nouveau jeu est pratiqué. Dans le jeu de « L'un dans l'autre », le joueur sortant s'identifie à un objet pendant que le groupe lui en choisit un autre. En partant de ce dernier, il tente de faire reconnaître son propre objet à l'assemblée. Exemple :

« Je suis un SANGLIER de très petites dimensions qui vit dans un taillis d'aspect métallique très brillant, entouré de frondaisons plus ou moins automnales. Je suis d'autant moins redoutable que la dentition m'est extérieure : elle est faite de millions de dents prêtes à fondre sur moi. »

Solution : BARRE DE CHOCOLAT

Cité par **Georges Sebbag**, in *Le Surréalisme*, © Nathan, 1994.

Question d'analyse

Quelles sont les trois formes de discours de cet extrait ? Justifiez votre réponse.

1. Contexte et paratexte

1 Le contexte d'une œuvre

→ Une notion clé

Il importe de savoir resituer une œuvre dans son contexte, c'est-à-dire dans les **circonstances géographiques, historiques, culturelles et personnelles de sa création** : toute œuvre est liée aux conditions de sa production.

Connaître ce contexte permet :
- d'éviter contresens ou interprétations anachroniques ;
- de décrypter certaines références sociales ou historiques ;
- d'éclairer les enjeux de l'œuvre pour ses contemporains ;
- de saisir, dans le cas d'une œuvre « engagée » ou à visée critique, les cibles et les objectifs de l'auteur.

→ Le contexte géographique et historique

Chaque œuvre naît dans **un lieu** donné (pays, région, civilisation), à **une époque** particulière, dans **une société** dont les valeurs, les institutions, les attentes, les crises la déterminent en partie, parfois à l'insu même de son auteur. L'œuvre peut aussi faire directement référence à ce contexte dont la connaissance devient alors essentielle.

→ Le contexte littéraire et culturel

Toute œuvre apparaît dans un contexte culturel avec lequel elle entretient **des rapports complexes** :
- elle peut se réclamer explicitement de tel ou tel **courant littéraire ou artistique** et même en être le manifeste (par exemple, *Le Roman expérimental* de Zola, p. 44-45) ;
- elle peut refléter **un système de valeurs littéraires et esthétiques dominant** ;
- elle peut aussi rentrer en contestation avec ce système et revendiquer **son caractère novateur et original** (*Là-bas* de Huysmans, p. 40-41).

→ Le contexte biographique

Une œuvre peut contenir des traces de la vie de l'auteur. Telle œuvre s'éclaire parfois par des **circonstances personnelles** qui en expliquent l'écriture ; telle autre peut comporter **des références directes ou masquées** à la vie de son auteur (ainsi, *Réponse à Nodier* de Musset, p. 42-43).

2 Le paratexte

→ Définition

Il désigne l'ensemble des textes qui encadrent le texte : titre, sous-titre, préface, dédicace, notes, etc.

→ Le paratexte auctorial

Il désigne ces « textes autour du texte » écrits par l'auteur lui-même pour préciser et orienter le sens et la lecture de son œuvre. Le titre notamment peut avoir une fonction thématique (renvoyant au contenu de l'œuvre) ou générique (désignant ce qu'est cette œuvre, par exemple son genre, sa forme).

→ Le paratexte éditorial

Le terme rassemble des éléments comme le nom de l'éditeur, des notes explicatives, la « quatrième de couverture », et, dans le cas d'un extrait proposé dans un manuel, un chapeau introductif. Le paratexte est lui aussi déterminant : sa fonction est certes informative, mais il infléchit aussi la lecture dans certaines directions en mettant l'accent sur tel ou tel élément.

Manifeste Dada (1918)

Lu par Tristan Tzara à Zurich en 1918, le deuxième des sept manifestes du mouvement Dada, précurseur du surréalisme, se caractérise par un ton et des propos subversifs envers les institutions, valeurs ou comportements de la société.

Tout produit du dégoût, susceptible de devenir une négation de la famille est dada ; protestation aux poings de tout son être en action destructive : DADA ; [...]

Tristan Tzara, *Sept Manifestes Dada : Lampisteries,*
© Société nouvelle des éd. Pauvert, 1918. ➼ **p. 49.**

▬ paratexte auctorial : titre, sous-titre

▬ paratexte éditorial

COMMENTAIRE

Le titre permet de situer l'œuvre dans un genre, celui du manifeste, de nommer le mouvement dont se réclame l'auteur, Dada, et de dessiner un horizon d'attente pour le lecteur, celui d'une certaine provocation par l'ajout d'un sous-titre *: Lampisteries.*
Le paratexte éditorial éclaire la lecture de l'extrait : il précise les circonstances historiques de création *(Zurich, 1918)*, situe l'œuvre dans un contexte littéraire large *(précurseur du surréalisme)* et en indique les enjeux et la tonalité *(une œuvre subversive).*

EXERCICES

Le paratexte

Retour sur les textes du chapitre

1 Dites quel horizon d'attente dessinent pour le lecteur les titres suivants : *Illusions perdues* (➼ p. 30), *Émile Zola* (➼ p. 32), *Premier Manifeste du surréalisme* (➼ p. 50), *152 proverbes mis au goût du jour* (➼ p. 52).
Ont-ils plutôt une fonction thématique (indiquant ce dont parle l'œuvre, renvoyant à son contenu) ou générique (précisant ce qu'est cette œuvre) ?

2 En prenant appui sur l'exemple donné en haut de page, identifiez les différentes composantes du paratexte de l'extrait de *Victor Hugo* (➼ p. 36) et précisez la fonction de chaque élément. Interrogez-vous par ailleurs sur la date de publication et sur la mention « posthume ».

3 Quels renseignements indispensables vous donne le paratexte pour comprendre l'extrait des *Illusions perdues* de Balzac (➼ p. 30) ? Quelles expressions du texte vous semblent éclairées par le chapeau introductif ? Cherchez par ailleurs dans le manuel les pages qui vous permettent de compléter et d'approfondir ces explications sur le cénacle et le mouvement romantique.

4 L'extrait de *L'Écume des jours* (➼ p. 33) aurait-il le même sens pour vous sans le paratexte ? À quelle personnalité littéraire du moment fait allusion Boris Vian ? Quelle expression du paratexte vous permet d'identifier cette personnalité ?

5 L'œuvre de Boris Vian (➼ p. 33) est écrite en 1947 : un tel texte, d'après l'extrait proposé, aurait-il le même impact et la même visée s'il était écrit aujourd'hui ? Pourquoi ?

6 Relevez les différents éléments de l'introduction au *Déjeuner sur l'herbe* (➼ p. 39) qui éclairent le contexte de l'œuvre. Complétez l'information en recherchant ce que l'on appelle le Salon des Refusés, qui sont Degas, Renoir et Monet, et ce que fut l'impressionnisme.

7 En vous appuyant sur les paratextes, classez les différents textes de ce chapitre par mouvements culturels : romantisme, naturalisme, surréalisme, existentialisme (voir sur ces mouvements, les pages ➼ 54 à 57). Précisez à chaque fois si le texte appartient lui-même à tel ou tel mouvement culturel ou s'il l'évoque simplement.

Texte d'entraînement

Le nom de « cadavre exquis » fut donné au plus célèbre des jeux d'écriture collective des surréalistes. Il s'agissait de faire composer une phrase par plusieurs « joueurs » selon une règle grammaticale simple (par exemple, le premier énonce un sujet, le deuxième un adjectif, le troisième un verbe, le quatrième un complément) sans qu'aucun participant puisse tenir compte de la production des autres.

« LA VAPEUR AILÉE SÉDUIT L'OISEAU FERMÉ A CLÉ. »
« L'HUITRE DU SÉNÉGAL MANGERA LE PAIN TRICOLORE. »
« LA GRÈVE DES ÉTOILES CORRIGE LA MAISON SANS SUCRE. »
« LE CHLORE EN POIRE FAIT PARLER LES SÉNÉCHAUX ATROCES. »
« LE BOTTIN, OUI LE BOTTIN SENSUEL, POURFENDRA ISABEAU DE BAVIÈRE. »
« MONSIEUR, MADAME ET LEURS ENFANTS DÉCOLORÉS SE PERDENT VOLONTIERS DANS LES SENTIERS AVEC LES THÉORÈMES RAPIDES. »

Collectif, *La Révolution surréaliste,* n° 9-10, DR, octobre 1927.

Question d'analyse

Après avoir identifié les différentes composantes du paratexte, vous expliquerez en quoi il vous aide :
1. à situer le texte dans un contexte culturel ;
2. à comprendre le fonctionnement même du texte proposé et les modalités de son écriture.

2. Les figures de style

Les figures de style sont des procédés d'écriture qui manifestent **un écart par rapport à l'usage habituel du langage.**

Pour **les figures de substitution** (métonymie et synecdoque) **et d'images** (comparaison, métaphore, personnification et allégorie), on se reportera à la page 130 du chapitre 2 qui leur est consacrée.

1 Les figures d'opposition

→ **L'antithèse :** c'est l'opposition de deux expressions ou de deux termes pour mieux en faire ressortir le contraste.

> *« On est en deuil, on est en fête »* (V. Hugo, *Les Contemplations*).

→ **L'oxymore :** c'est l'alliance de deux termes dont les sens paraissent en général incompatibles ou même contradictoires.

> *Se faire une douce violence.*

→ **Le chiasme :** c'est la disposition croisée de quatre termes de sens différents, selon un schéma « A B B'A' », A A'et B B' devant être des mots de même nature et de même fonction.

> *« Un roi chantait en bas, en haut mourait un Dieu* (V. Hugo, *La Légende des siècles*).

On ne confondra pas chiasme et **réversion**, procédé qui consiste en la simple reprise inversée de termes déjà énoncés (c'est-à-dire un schéma ABBA : « *Il faut manger pour vivre et non vivre pour manger* », Molière, *L'Avare*).

→ **L'antiphrase :** c'est l'emploi d'une expression contraire à sa pensée, mais de manière à ce que le destinataire puisse rétablir ce que l'on veut réellement dire. L'antiphrase est le support de l'ironie.

> *« La belle chose de vouloir se piquer d'un faux honneur d'être fidèle »* (Molière, *Dom Juan*).

2 Les figures d'atténuation et d'insistance

→ **L'anaphore :** c'est la répétition successive d'un même mot ou d'une même expression au début de chaque phrase ou membre de phrase.

> *Rome, l'unique objet de mon ressentiment ! /Rome, à qui vient ton bras d'immoler mon amant ! /Rome qui t'a vu naître et que ton cœur adore !* (Corneille, *Horace*).

→ **Le parallélisme :** c'est la répétition d'une structure.

> *« Ta haine, **il la guérit** ; ta démence, **il te l'ôte** »* (Hugo, « *L'année terrible* »).

→ **L'hyperbole :** c'est une amplification qui vise à produire une forte impression pour mettre en relief, parfois de manière exagérée, une réalité.

> *Être trempé jusqu'aux os.*

→ **La gradation :** c'est une succession de mots d'intensité croissante (gradation ascendante) ou décroissante (gradation descendante).

> *« Je n'en puis plus, je me meurs, je suis mort, je suis enterré »* (Molière, *L'Avare*).

→ **L'euphémisme :** c'est l'expression atténuée d'une idée déplaisante.

> *Il nous a quittés (= il est mort).*

→ **La litote :** elle consiste à dire le moins pour faire entendre le plus (on emploie souvent la négation suivie d'un terme lui-même à connotation négative).

> *La phrase « Va, je ne te hais point » permet à Chimène de dire indirectement à Rodrigue qu'elle l'aime* (Corneille, *Le Cid*).

Si elle raillait l'école moderne sur ses cheveux, l'école classique, en revanche, étalait au balcon et à la galerie du Théâtre-Français une collection de têtes chauves pareille au chapelet de crânes de la comtesse Dourga.

Gautier, *Victor Hugo*, ↪ **p. 36-37.**

Claude, resté en arrière, entendait toujours monter les **rires**, une **clameur grandissante**, **le roulement d'une marée** qui allait battre son plein. Et, comme il pénétrait enfin dans la salle, il vit une masse énorme, grouillante, confuse, en tas, qui s'écrasait devant le tableau.

Zola, *L'Œuvre*, ↪ **p. 37-38.**

▦ antithèses
▦ comparaison
en gras gradation
▦ métaphore
▦ hyperbole

COMMENTAIRE

Dans le premier extrait, les antithèses mettent en valeur l'opposition entre les romantiques et les « classiques » au moment de la bataille d'*Hernani*. La comparaison, teintée d'un humour féroce, permet de préciser la position de l'auteur, Théophile Gautier, qui fait partie du camp des romantiques.

Dans le second extrait, gradation, hyperbole et métaphore soulignent le tumulte indigné que suscite, au salon des Refusés, l'exposition de la toile de Claude Lantier.

EXERCICES

Retour sur les textes du chapitre

1 Relevez, dans l'extrait de *De l'Allemagne*, de Madame de Staël (↪ p. 28) les figures de style et identifiez-les.

2 Identifiez les figures de style employées dans le premier paragraphe de *Là-Bas* (↪ p. 40). Quel est l'effet recherché ?

3 Relevez dans l'extrait de *L'Écume des jours* (↪ p. 33) les formules hyperboliques et analysez l'effet recherché.

4 Relevez et analysez les antithèses dans l'ensemble du texte de Théophile Gautier (p. 36-37).

5 Lisez les poèmes surréalistes de ce chapitre (Soupault, ↪ p. 51 ; Eluard et Péret ↪ p. 52) et rendez compte, dans un paragraphe d'une dizaine de lignes, de vos impressions subjectives de lecture en employant, deux hyperboles, un chiasme, une anaphore, un parallélisme et une litote.

Texte d'entraînement

Considéré comme l'un des textes fondateurs du romantisme français, René (voir Lire une œuvre, p. 29) met en scène un jeune homme, réfugié en Amérique chez les Natchez. Dans ce passage, René, qui fait le récit de sa vie à Chactas et au Père Souël, évoque le moment où sa sœur prononce ses vœux pour devenir religieuse. Placée, selon le rituel, dans un tombeau, en signe de renoncement au monde, elle vient de confier à René un lourd secret.

À ces mots échappés du cercueil, l'affreuse vérité m'éclaire ; ma raison s'égare, je me laisse tomber sur le linceul de la mort, je presse ma sœur dans mes bras, je

m'écrie : « Chaste épouse de Jésus-Christ, reçois mes derniers embrassements à travers les glaces du trépas et les profondeurs de l'éternité, qui te séparent déjà de ton frère ! »

Ce mouvement, ce cri, ces larmes, troublent la cérémonie, le prêtre s'interrompt, les religieuses ferment la grille, la foule s'agite et se presse vers l'autel ; on m'emporte sans connaissance. Que je sus peu de gré à ceux qui me rappelèrent au jour ! J'appris, en rouvrant les yeux, que le sacrifice était consommé, et que ma sœur avait été saisie d'une fièvre ardente. Elle me faisait prier de ne plus chercher à la voir. Ô misère de ma vie : une sœur craindre de parler à un frère, et un frère craindre de faire entendre sa voix à une sœur ! Je sortis du monastère comme de ce lieu d'expiation où des flammes nous préparent pour la vie céleste, où l'on a tout perdu comme aux enfers, hors l'espérance. [...]

J'avais voulu quitter la terre avant l'ordre du Tout-Puissant ; c'était un grand crime : Dieu m'avait envoyé Amélie à la fois pour me sauver et pour me punir.

Chateaubriand, *René*, 1802.

Question d'analyse

Après avoir identifié les différentes figures de style utilisées dans les expressions soulignées, vous vous attacherez à analyser leur rôle dans le récit de *René*.

3. Les registres

1 Qu'est-ce qu'un registre ?

→ Tout texte exprime **une manière de ressentir de l'auteur face à la matière et au sujet abordés**. Le registre est **la manifestation de cette émotion** que l'auteur vise, par un certain nombre de procédés, à communiquer au lecteur. Les registres sont donc divers selon le type d'émotion véhiculé par le texte.

→ La notion de **registre** est liée à celle de **genre**, car, de l'Antiquité à l'époque romantique, les écrivains ont respecté une certaine concordance entre le sujet abordé et la manière dont on l'aborde. Ainsi, les sujets élevés propres à la tragédie devaient être traités de manière grave.

→ Cependant, si les registres sont à l'origine indissociables des différents genres, ils leur échappent aussi en partie : ainsi, on peut trouver le registre tragique en dehors du genre de la tragédie, par exemple dans un roman.

2 Les différents registres

→ **Le tragique**
Il exprime des destins marqués par la fatalité, face auxquels les personnages se comportent avec grandeur et héroïsme. Ses procédés visent à susciter une certaine inquiétude, voire de la terreur, mais aussi de la fascination : lexique de la mort et de la fatalité, langage hyperbolique, rythme syntaxique souvent ample, ponctuation expressive traduisant la souffrance du personnage (voir aussi p. 228).

→ **Le comique**
Il fait naître le rire ou l'amusement. Ses procédés reposent toujours sur un décalage par rapport à ce qui est attendu, que ce soit dans la situation proposée, l'attitude et les gestes d'un personnage ou dans son langage (voir aussi p. 230).

→ **Le pathétique**
Il conduit, par la représentation d'une situation vécue comme douloureuse, à provoquer la compassion du lecteur vis-à-vis du personnage. Les réseaux lexicaux de la souffrance physique ou morale, les images émouvantes, les hyperboles, la lamentation sont des éléments récurrents du pathétique (voir aussi p. 228).

→ **L'épique**
Il confère aux situations et personnages représentés un caractère exceptionnel : dépassement de l'homme face à des forces adverses qui le dépassent communément, expression symbolique des valeurs d'un groupe à travers l'exploit collectif ou individuel. Phrases longues et complexes, figures d'amplification, référence aux héros de l'Antiquité, antithèses ou parallélismes soulignant l'affrontement, lexique de la violence, en sont les caractéristiques majeures (voir aussi p. 252).

→ **Le lyrique**
Il correspond à l'expression des sentiments personnels et intimes du locuteur et vise à faire partager au lecteur cet état d'âme. Il se caractérise par une forte présence du moi, par le lexique des sensations et des sentiments, et par des figures d'insistance ou d'amplification (hyperbole, anaphore, gradation), qui soulignent la force de ces mêmes sentiments (voir aussi p. 128).
L'élégiaque appartient au registre lyrique (voir p 128).

→ **Le polémique**
Le registre polémique est lié à une situation de conflit, notamment d'idées. Il se caractérise par des prises de position violentes. Il vise à susciter une réaction forte chez le lecteur, comme par exemple l'indignation, et le conduit à prendre parti.

Méthode

Je ne reproche au naturalisme ni ses termes de pontons, ni son vocabulaire de latrines et d'hospices [...] ; ce que je reproche au naturalisme, ce n'est pas le lourd badigeon de son gros style, c'est l'immondice de ses idées. ; ce que je lui reproche, c'est d'avoir incarné le matérialisme dans la littérature, d'avoir glorifié la démocratie de l'art.

Oui, tu diras ce que tu voudras, mon bon, mais, tout de même, quelle théorie de cerveau mal famé, quel miteux et étroit système !

Huysmans, *Là-bas*, ➥ p. 40-41.

▨ balancement antithétique
▨ lexique dépréciatif
— reprise anaphorique
▨ tournure exclamative

COMMENTAIRE

Le registre de ce texte est nettement polémique. Huysmans règle ici ses comptes avec le naturalisme dont il fut pourtant autrefois l'un des partisans. La force de conviction du propos est soulignée par les balancements antithétiques, les reprises anaphoriques et les tournures exclamatives ; sa violence apparaît dans un lexique dépréciatif, à la limite de l'injure.

EXERCICES

Retour sur les textes du chapitre

1 Identifiez le registre adopté dans le texte extrait de *Victor Hugo* de Théophile Gautier (➥ p. 36). Vous tenterez ensuite d'expliquer le recours à un tel registre : que met-il en valeur ?

2 À quels registres correspond le poème de Musset (➥ p. 42) ? Lequel vous semble particulièrement dominant ?

3 Qu'y a-t-il d'épique dans la scène de *L'Œuvre* de Zola proposée (➥ p. 37) ? Vous analyserez pour cela certains procédés propres au registre épique. Vous direz enfin ce que cherche à mettre en valeur l'auteur par ce recours au registre épique.

4 Montrez comment se conjuguent, dans l'extrait de *L'Écume des jours* de Boris Vian (➥ p. 33-34), les registres comique et épique et expliquez l'effet recherché.

5 Vous rédigerez, à partir de l'extrait de *L'Œuvre* de Zola (➥ p. 37) et du tableau de Manet *Le Déjeuner sur l'herbe* (➥ p. 39), un article polémique où vous défendrez ce tableau que le public en 1863 trouva scandaleux.

Texte d'entraînement

Ce texte de critique artistique écrit par Huysmans témoigne de l'évolution de la conception de la peinture à la fin du XIXe siècle.

À part les quelques artistes que je viens de citer, les autres continuent tranquillement leur petit train-train. C'est absolument comme aux exhibitions des années précédentes, ce n'est ni meilleur ni pire. La médiocrité des gens élevés dans la métairie des beaux-arts demeure stationnaire. On pourrait, – le présent salon le prouve une fois de plus, – diviser tous ces peintres en deux camps : ceux qui concourent encore pour une médaille et ceux qui, n'ayant pu l'obtenir, cherchent simplement à écouler leurs produits le mieux possible. Les premiers abattent ces déplorables rengaines que vous connaissez. Ils choisissent de préférence des sujets tirés de l'histoire sainte ou de l'histoire ancienne, et ils parlent constamment de faire distingué, comme si la distinction ne venait point de la manière dont on traite un sujet et non du sujet lui-même. Tenez que la plupart n'ont reçu aucune éducation, qu'ils n'ont rien vu et rien lu, que « faire distingué », pour eux, c'est tout bonnement ne pas faire vivant et ne pas faire vrai. Oh ! Cette expression et cette autre : le grand art, en ont-ils plein la bouche, les malheureux ! Dites-leur que le moderne fournirait tout aussi bien que l'antique le sujet d'une grande œuvre, ils restent stupéfiés et ils s'indignent. – Alors, c'est donc du grand art, les stores peints qu'ils font clouer dans des cadres d'or ? Du grand art, les *ecce homo*, les assomptions de vierges vêtues de rose et de bleu comme des papillotes ? Du grand art, les pères éternels à barbe blanche, les Brutus sur commande, les Vénus sur mesure, les turqueries peintes aux Batignolles, sous un jour froid ? – ça, du grand art ? Allons donc ? De l'art industriel, et tout au plus !

Huymans, *L'Art moderne*, « Le salon de 1879 »,
publication posthume, 1929.

Question d'analyse

Vous identifierez le registre de ce texte en justifiant votre réponse par une analyse attentive des procédés employés, puis vous reformulerez de manière précise le point de vue exprimé par Huysmans sur le salon de 1879.

Commenter une préface

La préface est un texte placé au début d'un ouvrage, qui sert à le présenter au lecteur. La préface appartient donc au paratexte (voir p. 66).

1 Identifier le type de préface

→ On peut distinguer **deux types de préface,** qui n'obéissent pas aux mêmes objectifs. La relation à l'œuvre est nécessairement différente.
- **La préface auctoriale** est écrite par l'auteur même de l'œuvre.
- **La préface éditoriale** est donnée soit par un autre écrivain, soit par un critique littéraire, soit par un spécialiste de l'œuvre.

→ Il convient ensuite de déterminer **la forme même de cette préface,** surtout dans le cas d'une préface auctoriale. Il peut s'agir d'une préface traditionnelle, présentée comme telle, d'un « avertissement au lecteur », d'une dédicace ou même d'une épître dédicatoire (c'est-à-dire d'une dédicace qui se présente sous la forme d'une lettre).

2 S'interroger sur la date de la préface

Prendre en compte la date de la préface est essentiel, car elle détermine en partie ses objectifs :

→ Si **la date correspond à la première publication de l'œuvre** ou au moment de son écriture, la préface joue un rôle de présentation de l'œuvre.

→ Si **la date est postérieure** à la première publication d'une œuvre ou à la création d'une pièce, la préface prend en compte cette première réception de l'œuvre : réactions du public, critiques ou éloges reçus.

3 Identifier le destinataire

→ Toute préface a bien entendu comme destinataire celui qui, en tout lieu et à toute époque, est en train de lire le texte. Mais d'autres destinataires peuvent être convoqués :
- le public contemporain ou une partie de ce public ;
- un mécène ou quelqu'un qui a soutenu la carrière de l'écrivain ;
- les « adversaires » de l'œuvre : institution (l'Académie), presse ou individus précis ;
- les « partisans » de l'œuvre, par exemple un autre écrivain partageant la même conception de la littérature.

4 Identifier les objectifs de la préface

La **préface éditoriale** peut relever soit du commentaire critique soit de l'hommage rendu par un écrivain à un autre écrivain. Le cas de commentaire le plus fréquent sera celui de **la préface auctoriale.** Sa fonction peut être :

→ **de présenter l'œuvre :** on s'interrogera alors sur le projet de l'auteur, sur sa vision de l'œuvre, sur la relation qu'il établit avec son lecteur et sur les moyens qu'il utilise éventuellement pour le « séduire » ou le « surprendre » ;

→ **de construire un plaidoyer :** on relèvera alors les attaques subies, on analysera comment l'auteur y répond, par quels arguments et par quelles stratégies de persuasion ; on étudiera donc les moyens utilisés pour convaincre et persuader (voir chapitre 5) et éventuellement les marques du registre polémique ;

→ **de proposer un manifeste,** c'est-à-dire un texte dans lequel l'auteur définit sa conception de la littérature ou celle du courant littéraire auquel il appartient : on analysera alors contre quelle conception de la littérature s'écrit ce manifeste et quelle est la conception défendue.

Méthode

SUJET

> Faites le commentaire littéraire du texte suivant :

Préface de la première édition

Il nous faut demander pardon au public de lui donner ce livre et l'avertir de ce qu'il y trouvera. Le public aime les romans faux, ce roman est un roman vrai.

Il aime les livres qui font semblant d'aller dans le monde ; ce livre vient de la rue.

Il aime les petites œuvres polissonnes, les mémoires de filles, les confessions d'alcôves, les saletés érotiques, 5 le scandale qui se retrousse dans une image aux devantures des libraires ; ce qu'il va lire est sévère et pur. Qu'il ne s'attende point à la photographie décolletée du plaisir, l'étude qui suit est la clinique de l'amour.

Le public aime encore les lectures anodines et consolantes, les aventures qui finissent bien, les imaginations qui ne dérangent ni sa digestion, ni sa sérénité. Ce livre avec sa triste et violente distraction est fait pour contrarier ses habitudes et nuire à son hygiène.

10 Pourquoi donc l'avons-nous écrit ? Est-ce simplement pour choquer le public et scandaliser ses goûts ? Non.

Vivant au dix-neuvième siècle, dans un temps de suffrage universel, de démocratie, de libéralisme, nous nous sommes demandé si ce qu'on appelle les « basses classes » n'avait pas droit au roman ; si ce monde sous un monde, le peuple, devait rester sous le coup de l'interdit littéraire et des dédains d'auteurs qui ont fait 15 jusqu'ici le silence sur l'âme et le cœur qu'il peut avoir. Nous nous sommes demandé s'il y avait encore pour l'écrivain et pour le lecteur, en ces années d'égalité où nous sommes, des classes indignes, des malheurs trop bas, des drames trop mal embouchés, des catastrophes d'une terreur trop peu noble.

Les Frères Goncourt, préface de *Germinie Lacerteux* (1864).

ÉTAPE 1

Cherchez les informations
Recherchez qui sont les Frères Goncourt. À quel mouvement littéraire se rattachent-ils ? Documentez-vous sur ce mouvement et lisez les textes du chapitre qui y correspondent.

ÉTAPE 2

Lecture
Lisez attentivement le texte et expliquez les termes et expressions suivants : « petites œuvres polissonnes », « mémoires de filles », « alcôves », « libéralisme », « classes indignes », « mal embouchés », « catastrophes », en tenant compte du sens précis de ces mots dans le texte.

ÉTAPE 3

Situez le texte
De quel type de préface s'agit-il ? Quand a-t-elle été écrite ? S'agit-il d'une simple présentation du roman ?

ÉTAPE 4

Identifiez le destinataire et le rapport au lecteur
1. Trouve-t-on dans l'extrait des indices permettant d'identifier le destinataire ?
2. Quels rapport avec le lecteur instaure cette préface ? Cherche-t-elle à le séduire ? Pourquoi peut-on dire que les Goncourt choisissent d'écrire contre les goûts du public de leur temps ? Relevez les expressions clés pour justifier votre réponse.

ÉTAPE 5

Analysez l'écriture de la préface
1. Quels sont les deux mouvements qui composent ce texte ?
2. Observez la construction des phrases et les types de phrases utilisés du début à la ligne 9.
3. Que souligne la répétition de « nous nous sommes demandé » dans le dernier paragraphe ?
4. Relevez les termes désignant le peuple ou la vie du peuple : sur quels aspects insistent les auteurs ?

ÉTAPE 6

Identifiez les objectifs de cette préface
1. Quels éléments d'information sur le roman nous sont donnés ? En quoi sont-ils importants ?
2. Diriez-vous que la préface relève de la justification, de la mise en garde, du plaidoyer ou du réquisitoire, qu'elle est de l'ordre de la défense ou de l'attaque ? Soyez attentif au registre utilisé. Comment les auteurs expliquent-ils le projet de leur roman ? À quelle conception de la littérature ce projet correspond-il ?

ÉTAPE 7

Rédigez
Vous rédigerez un commentaire de cet extrait à partir du parcours de lecture suivant :
1. Vous montrerez que cette préface sert d'abord à présenter le roman et qu'elle instaure avec le public contemporain un rapport complexe.
2. Vous analyserez ensuite le caractère polémique de cette préface et dégagerez la conception de la littérature qui y est défendue.

Analyser un sujet

L'analyse d'un sujet de dissertation est un moment essentiel : il vous permet d'éviter les contresens et de formuler la problématique à laquelle votre devoir doit répondre.

1 Identifier le type de question

Sujet 1 - Pensez-vous que tout courant littéraire « d'avant-garde » soit voué à devenir tôt ou tard un courant d'« arrière-garde » ?

Sujet 2 - Pourquoi tout courant littéraire qualifié d'« avant-garde » est-il voué à devenir un courant d'« arrière-garde » ?

→ **Dans le sujet 1**, la question est dite **fermée,** c'est-à-dire qu'elle implique une réponse par oui ou par non. Ce type de question invite à débattre, à peser des arguments en faveur de deux thèses qui semblent contradictoires et à rechercher les moyens de dépasser cette contradiction. Ce type de démarche s'appelle une **démarche dialectique**.

→ **Dans le sujet 2**, la question est dite **ouverte**, c'est-à-dire que l'on ne peut y répondre ni par oui, ni par non. Elle invite à explorer des réponses possibles, ici à trouver différentes raisons qui expliquent pourquoi « tout courant littéraire qualifié d'avant-garde est voué à devenir un courant d'"arrière-garde" ». On est ici dans une **démarche analytique**.

2 Analyser la composition d'un sujet

Sujet 3 - Dans sa préface de l'édition de 1903 de À Rebours, *Huysmans affirme : « On était alors en plein **naturalisme** ; mais cette école, qui devait rendre l'inoubliable **service de situer des personnages réels dans un milieu exact**, était **condamnée à se rabâcher**, en piétinant sur place. » Partagez-vous ce point de vue de l'auteur sur **l'école naturaliste** ? Vous appuierez votre réflexion sur les textes **naturalistes** que vous avez étudiés en classe, sur ceux que vous avez lus à titre personnel, et pourrez élargir votre travail à d'autres formes d'expression que le roman.*

Ce sujet se compose :
• d'une citation d'un écrivain, Huysmans (il sera bon de s'informer sur cet écrivain) ;
• d'une question fermée ;
• d'une consigne précisant le support de la réflexion ;
• d'une piste complémentaire facultative, un conseil, invitant à élargir la réflexion.

3 Relever et analyser les mots clés

→ Il faut savoir, pour un sujet donné, distinguer ce qui est essentiel et ce qui est secondaire. Dans le sujet 3, les expressions en gras renvoient aux mots clés.

→ On doit aussi s'assurer que l'on comprend avec précision le sens de chaque terme, ici : « naturalisme », « se rabâcher ».

4 Formuler la problématique

→ Formuler la problématique, c'est poser la question à laquelle doit répondre votre dissertation, celle qu'elle doit examiner. Elle ne se confond que rarement avec celle figurant dans le sujet : elle en est toujours l'explicitation, c'est-à-dire qu'elle met clairement en évidence les sous-entendus et qu'elle formule précisément le problème posé.

→ On s'appuie pour cela sur les étapes précédentes du travail d'analyse :
• ne pas poser une question ouverte si la question du sujet est fermée ;
• ne pas négliger une composante essentielle comme la citation ;
• reprendre, en les reformulant si nécessaire, les mots clés.

→ Pour le sujet 3, on peut aboutir à la problématique suivante :
• *Peut-on parler d'un échec du naturalisme ?*

SUJET

Dans son *Dictionnaire égoïste de la littérature française* publié en 2005 chez Grasset, Charles Dantzig définit ainsi les écoles littéraires : « Nom bien élevé donné à l'arrivisme. Une école littéraire est une bande de jeunes gens qui se liguent contre de vieux raseurs établis et renversent leurs fauteuils pour prendre leur place et devenir de jeunes raseurs établis. » Cette définition de la notion d'école littéraire vous semble-t-elle pertinente ? Vous appuierez votre réflexion sur les œuvres étudiées en classe, sur les différentes écoles littéraires que vous avez pu découvrir ainsi que sur vos lectures personnelles. Vous pourrez également élargir votre réflexion au champ plus large des écoles artistiques (cinéma, peinture etc.).

ÉTAPE 1

Identifiez la question posée et déterminez le type de démarche attendu

La question posée par le sujet est-elle ouverte ou fermée ? À quel type de démarche vous invite-t-elle ? Quel type de plan devez-vous construire ?

ÉTAPE 2

Dégagez les composantes du sujet

1. Dégagez et nommez les différentes étapes du sujet.

2. Quelles phrases renvoient à une consigne ?

3. Quelle phrase est davantage de l'ordre du conseil ?

ÉTAPE 3

Analysez les mots clés

Soulignez les mots clés du sujet, puis répondez aux questions suivantes :

1. Qu'est-ce que l'*arrivisme* ?

2. Qu'est-ce qu'une *école littéraire* ? Est-ce un synonyme de mouvement littéraire ? de courant littéraire ? Pourquoi ?

3. Que signifie « se liguer » ?

4. Qu'est-ce qu'un « raseur » ?

ÉTAPE 4

Dégagez la portée de la citation

1. La définition de Dantzig vous semble-t-elle ressembler à celle que l'on trouve habituellement dans un dictionnaire ?

2. Quelle en est la tonalité ?

3. Caractérisez l'opinion que l'auteur a des écoles littéraires.

4. Reformulez cette opinion.

ÉTAPE 5

Formulez la problématique

En prenant appui sur les étapes précédentes, dites lesquelles parmi ces problématiques vous semblent acceptables et expliquez quelles erreurs comportent les autres.

Parmi les problématiques acceptables, laquelle retenez-vous ? Pourquoi ?

Problématique 1 : Tout jeune écrivain est-il un arriviste ?

Problématique 2 : L'école naturaliste n'a-t-elle servi que de tremplin à quelques auteurs pour se faire leur place dans le monde de la littérature ?

Problématique 3 : Une école littéraire n'est-elle qu'un moyen social pour de jeunes auteurs d'être reconnus ?

Problématique 4 : Fonde-t-on une école littéraire pour renverser les auteurs reconnus et prendre leur place ?

Problématique 5 : L'objectif d'une école littéraire est-il de l'ordre de la réussite sociale ?

Problématique 6 : Une école littéraire nouvelle a-t-elle pour fonction de faire céder la place aux auteurs établis en faveur de jeunes écrivains ?

Problématique 7 : Place aux jeunes ! Ce slogan définit-il les ambitions d'une nouvelle école littéraire ?

Problématique 8 : Suis-je d'accord avec la définition que donne Dantzig des écoles littéraires ?

Problématique 9 : Convient-il d'être aussi sévère que Dantzig avec les écoles littéraires ?

Écrire un article de presse

1 Définir le type d'article de presse

L'article de presse peut correspondre à **différents sous-genres**, par exemple :

→ **le récit de presse**, qui est avant tout un article d'information :
Sujet 1 : Vous êtes journaliste en 1830. Vous rendez compte pour votre journal *La Gazette du théâtre* de la première représentation de *Hernani* de Victor Hugo. Rédigez votre article (texte support : Gautier, p. 36) ;

→ **l'article de critique littéraire** ou cinématographique ou plus globalement culturelle :
Sujet 2 : Rédacteur pour le journal de votre lycée, vous décidez de présenter l'édition en 2005 de *René* de Chateaubriand dans une nouvelle collection de poche. Rédigez un article de critique littéraire sur cette œuvre en une trentaine de lignes (texte support : *René*, p. 29) ;

→ **le pamphlet**, c'est-à-dire un texte polémique où le rédacteur prend violemment parti contre quelque chose :
Sujet 3 : À l'occasion d'un concours lancé par un magazine littéraire sur l'enseignement au lycée de la littérature, vous décidez d'écrire un pamphlet contre la classification des écrivains en écoles, courants ou mouvements littéraires. Votre texte comportera environ trois pages (textes supports : ceux du chapitre 1 du manuel).

→ **l'éditorial**, qui permet d'aborder un sujet de fond et dont la fonction est de donner son opinion sur un événement.

2 Approfondir et classer l'information à apporter

→ Tout article doit reposer sur une information solide. Dans le cadre de l'écriture d'invention chez vous, la **recherche documentaire** sur le sujet est nécessaire. En classe, il faut exploiter au mieux vos connaissances car le sujet d'invention sera en relation avec ce qui a été étudié.

→ Écrire un article suppose aussi que l'on est capable de **trier l'information.**

3 Organiser son article

→ L'organisation d'un article est assez libre, mais il doit :
• **être cohérent :** on traite le sujet choisi et lui seul en évitant de s'en éloigner ;
• **être clairement structuré :** il doit comporter un titre, voire un chapeau, et des intertitres qui viennent rythmer le propos, et être signé ; il place en premier, de manière brève et précise, l'information essentielle, puis rentre dans les détails ou le commentaire ; enfin, si le sujet le permet, il se clôt sur la formulation d'une opinion sur l'information donnée ou sur des questions.

→ Il est donc absolument nécessaire de **faire au brouillon le plan de l'article.**

4 Choisir son « style »

→ L'écriture d'un article est particulière :
• on privilégie la **concision** : phrases brèves, termes précis, directs ;
• on utilise des **formules percutantes** pour attirer l'attention ;
• on rapporte les propos d'autrui entre **guillemets** pour ne pas trahir sa parole ;
• on indique ses **sources**, même si l'on ne cite pas le nom des personnes.

→ Selon le sujet (ou selon votre choix), il faut aussi opter pour **un registre précis :**
• pour le sujet 1, on peut choisir l'épique pour rendre compte de la « bataille » d'*Hernani* ;
• pour le sujet 3, le registre polémique est imposé par le genre même du pamphlet.

→ Enfin, **le degré de présence de l'émetteur et l'expression de sa subjectivité** varieront en fonction du sujet. Le sujet 3 implique par exemple un engagement très fort de l'auteur dans son propos.

Méthode

SUJET

Alexis (p. 32) comme Maupassant (p. 47) évoquent les réunions du mouvement naturaliste. Jeune journaliste à *La Tribune populaire* dans les années 1870, vous vous rendez à Médan, dans la maison d'Émile Zola, un dimanche où le célèbre romancier reçoit ses amis. Écrivez l'article qui rendra compte de cette visite. Vous veillerez également à laisser apparaître votre opinion (admiration, distance amusée ou critique violente).

ÉTAPE 1

Cernez le sujet
• Identifiez le type d'article.
– À quel type d'article de presse se rattache votre travail ?
– Quelle place devez-vous accorder à l'expression de votre subjectivité ?

• Précisez la situation d'énonciation.
1. Qui est l'auteur de l'article ? Que peut suggérer l'adjectif *jeune* ?
2. Quand écrit-il ?
3. Pour quel journal ? Quelles indications sur l'orientation sociale ou même politique et sur ses lecteurs peut donner le titre de ce journal ?

ÉTAPE 2

Recueillez des informations
• Lisez avec attention les textes de Alexis et de Maupassant (p. 32 et 47). Complétez par la lecture de la présentation de *Boule de Suif* (p. 46), du texte de Zola extrait du *Roman expérimental* (p. 44) et du texte de Huysmans (p. 40). Renseignez-vous enfin précisément sur ces rencontres d'écrivains à Médan et sur la vie de Zola.

• Faites le point
Vous devez être en mesure de savoir :
– ce qu'est le groupe naturaliste ;
– qui est Zola dans les années 1870 ;
– où est Médan ;
– qui Zola invite à Médan ;
– qui sont ces personnes.

ÉTAPE 3

Structurez votre article
Bâtissez votre article à l'aide des questions suivantes :
1. Quel titre donnez-vous à l'article ?
2. Quelles informations doit comporter le chapeau de cet article ? (Quoi ? Qui ? Où ? Quand ?)
3. Donnez un intertitre précis à chaque paragraphe pour construire avec rigueur votre article.
4. Que devez-vous évoquer et décrire dans un premier paragraphe ? Quels éléments aborderez-vous par la suite ?
5. De qui pourrez-vous rapporter les propos ? Où insérerez-vous ces citations dans votre article ?
6. De quel nom signerez-vous l'article ?

ÉTAPE 4

Choisissez votre style
Réfléchissez à votre manière d'écrire :
1. Déterminez votre opinion sur cette visite et adoptez le registre approprié aux sentiments que vous souhaitez faire partager au lecteur.
2. Trouvez, en fonction de ce choix de registre, quelques formules percutantes que vous placerez dans l'article.
3. Pensez enfin à adopter un style clair et concis.

ÉTAPE 5

Rédigez !
1. Respectez les règles de l'orthographe et de la syntaxe.
2. Relisez votre article pour vérifier que vous n'avez oublié aucun mot et pour apporter les corrections nécessaires.

Évaluation

M é t h o d e

TEXTE 1 **Victor Hugo, Préface de *Cromwell*, 1827**

Cette préface permet au poète de définir les principes d'un théâtre nouveau : le drame romantique.

[La poésie] se mettra à faire comme la nature, à mêler dans ses créations, sans pourtant les confondre, l'ombre à la lumière, le grotesque au sublime, en d'autres termes le corps à l'âme, la bête à l'esprit. […]

Et ici, qu'il nous soit permis d'insister ; car nous venons d'indiquer le trait caractéristique, la différence fondamentale qui sépare, à notre avis, l'art moderne de l'art antique, la forme actuelle de la forme morte, ou, pour nous servir de mots plus vagues, mais plus accrédités, la littérature *romantique* de la littérature *classique*.

– Enfin ! vont dire les gens qui, depuis quelque temps nous *voient venir*, nous vous tenons ! vous voilà pris sur le fait ! Donc, vous faites du laid un type d'imitation, du *grotesque* un élément de l'art ! Mais les grâces... mais le bon goût... Ne savez-vous pas que l'art doit rectifier la nature ? qu'il faut l'*anoblir* ? qu'il faut *choisir* ? Les Anciens ont-ils jamais mis en œuvre le laid et le grotesque ? ont-ils jamais mêlé la comédie à la tragédie ? L'exemple des Anciens, messieurs ! D'ailleurs, Aristote[1]... D'ailleurs, Boileau[1]... D'ailleurs, La Harpe[1]... – En vérité ! […]

Du jour où le christianisme a dit à l'homme : « Tu es double, tu es composé de deux êtres, l'un périssable, l'autre immortel, l'un charnel, l'autre éthéré, l'un enchaîné par les appétits, les besoins et les passions, l'autre emporté sur les ailes de l'enthousiasme et de la rêverie, celui-ci enfin toujours courbé vers la terre, sa mère, celui-là sans cesse élancé vers le ciel, sa patrie » ; de ce jour le drame[2] a été créé. […]

Car, ainsi que nous l'avons déjà établi, le drame, c'est le grotesque avec le sublime, l'âme sous le corps, c'est une tragédie sous une comédie.

NOTES

1. Auteurs de référence pour la doctrine classique.

2. Le drame, forme théâtrale revendiquée par Hugo, est le genre adopté par les romantiques.

~~~~~~~~~~~~~~~~~~~~~~~~

TEXTE 2 **Victor Hugo, Préface de *Ruy Blas*, 1838**

Dans ce drame romantique, Hugo met en scène, dans l'Espagne de la fin du XVIIe siècle, un valet, Ruy Blas, devenu l'instrument de la vengeance de son maître Don Salluste contre la reine. Contraint d'usurper l'identité d'un Grand du royaume, Ruy Blas devient premier ministre et amant de la reine Dona Maria ; il tue son maître Don Salluste pour ne plus servir sa vengeance et, après avoir bu un poison, meurt dans les bras de Dona Maria. Dans cette préface, Hugo précise la valeur qu'il accorde à Ruy Blas.

En examinant toujours cette monarchie et cette époque, au-dessous de la noblesse ainsi partagée, et qui pourrait, jusqu'à un certain point, être personnifiée dans les deux hommes[1] que nous venons de nommer, on voit remuer dans l'ombre quelque chose de grand, de sombre et d'inconnu. C'est le peuple. Le peuple, qui a l'avenir et qui n'a pas le présent ; le peuple, orphelin, pauvre, intelligent et fort ; placé très bas, et aspirant très haut ; ayant sur le dos les marques de la servitude et dans le cœur les préméditations du génie ; le peuple, valet des grands seigneurs, et amoureux, dans sa misère et dans son abjection, de la seule figure qui, au milieu de cette société écroulée, représente pour lui, dans un divin rayonnement, l'autorité, la charité et la fécondité. Le peuple, ce serait Ruy Blas.

NOTE

1. Il s'agit de don Salluste et de Don César, dont Ruy Blas a usurpé, sur ordre de son maître, l'identité.

Dans cette gravure caricaturale, Victor Hugo, Alexandre Dumas et le comédien Frédérick Lemaître sont chassés de la Comédie-Française, « temple » du théâtre classique, par la tragédienne Mlle Rachel. Ils se dirigent vers le théâtre de la Renaissance où, le 8 novembre, a eu lieu la première de Ruy Blas.

TEXTE 4 **Émile Zola, *Lettre à la jeunesse* (1880)**

Chef de file de l'école naturaliste, qui revendique une peinture exacte de la société et notamment du peuple, Zola évoque le drame romantique Ruy Blas à l'occasion de l'entrée de la pièce en août 1880 au répertoire de la Comédie française.

Voyez-vous le peuple dans *Ruy Blas*, dans ce laquais de fantaisie qui a été au collège, qui rimait des odes avant de porter la livrée, qui n'a jamais touché un outil et qui, au lieu d'apprendre un métier, se chauffe au soleil et tombe amoureux des duchesses et des reines ! Ruy Blas est un bohème, un déclassé, un inutile : il n'a jamais été le peuple. D'ailleurs admettons un instant qu'il soit le peuple, examinons comment il se comporte, tâchons de savoir où il va. Ici, tout se détraque. Le peuple poussé par la noblesse à aimer une reine, le peuple devenu grand ministre et perdant son temps à faire des discours, le peuple tuant la noblesse et s'empoisonnant ensuite : quel est ce galimatias ? Que devient le fameux symbole ? Si le peuple se tue sottement, sans cause aucune, après avoir supprimé la noblesse, la société est finie. […]

ANALYSE DU CORPUS

1 Pourquoi, dans le texte 1, Hugo revendique-t-il pour le théâtre romantique le mélange des genres et des registres ? En quoi le personnage de Ruy Blas présenté dans le texte 2 vous semble-t-il correspondre à la conception romantique de l'homme développée dans le document 1 ?

2 À partir des documents 1 et 3, expliquez pourquoi on peut parler, dans les années 1820-1830, de « bataille romantique » : à qui et à quelle tradition Hugo s'oppose-t-il ? Quelles sont les critiques et les attaques subies en retour par le mouvement romantique ?

3 Quel lien établissez-vous entre les textes 2 et 4 ? Reformulez et expliquez les reproches adressés en 1880 par Zola, écrivain naturaliste, au drame romantique de Hugo, puis précisez le registre utilisé dans ce texte 4.

4 En prenant appui sur vos réponses aux questions précédentes, dites en quoi ce corpus illustre l'évolution des courants littéraires au XIXe siècle et leurs rapports conflictuels.

TRAVAIL D'ÉCRITURE

Romantisme contre classicisme, naturalisme contre romantisme : pour s'affirmer, un nouveau courant littéraire ou artistique est souvent la contestation de ce qui l'a précédé. Rédigez un article de presse dans lequel un artiste contemporain (dans le domaine d'expression de votre choix : cinéma, bande dessinée, arts graphiques, etc.) revendique la nouveauté de ses créations (conception de l'art, moyens d'expression, sujets) contre la tradition en place.

Eduard Munch, *La Danse près de l'Ufer*, 1900-1902
(95,5 cm × 98,5 cm). Prague, Galerie nationale.

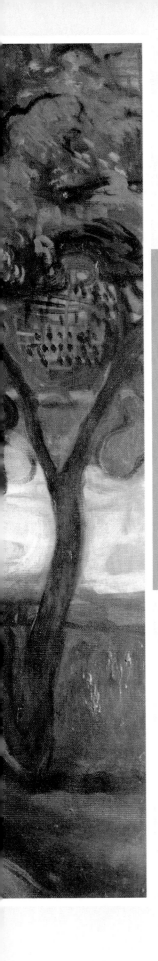

La poésie en trois mouvements

2

TEXTE 1

Méditations poétiques (1820)

Lamartine
1790-1869

Paru en 1820, le recueil de Lamartine intitulé Méditations poétiques *fut perçu comme un véritable manifeste de la poésie romantique. Parmi les vingt-quatre poèmes qui le composent, « L'Isolement » est l'un des plus caractéristiques de la nouvelle sensibilité qui s'y déploie. Elvire, l'amante du poète, a été emportée prématurément par la maladie en 1817. Lamartine s'abandonne à son chagrin dans une élégie* qui témoigne du « mal de vivre » et d'une rêverie presque suicidaire.*

L'Isolement

Souvent sur la montagne[1], à l'ombre du vieux chêne,
Au coucher du soleil, tristement je m'assieds ;
Je promène au hasard mes regards sur la plaine,
Dont le tableau changeant se déroule à mes pieds.

5 ⎯ Ici gronde le fleuve aux vagues écumantes ;
Il serpente, et s'enfonce en un lointain obscur ;
Là, le lac[2] immobile étend ses eaux dormantes
Où l'étoile du soir se lève dans l'azur.

Au sommet de ces monts couronnés de bois sombres,
10 ⎯ Le crépuscule encor jette un dernier rayon ;
Et le char vaporeux de la reine des ombres
Monte, et blanchit déjà les bords de l'horizon.

Cependant, s'élançant de la flèche gothique[3]
Un son religieux se répand dans les airs ;
15 ⎯ Le voyageur s'arrête, et la cloche rustique
Aux derniers bruits du jour mêle de saints concerts.

Mais à ces doux tableaux mon âme indifférente
N'éprouve devant eux ni charme ni transports ;
Je contemple la terre ainsi qu'une ombre errante :
20 ⎯ Le soleil des vivants n'échauffe plus les morts.

De colline en colline en vain portant ma vue,
Du sud à l'aquilon[4], de l'aurore au couchant,
Je parcours tous les points de l'immense étendue,
Et je dis : « Nulle part le bonheur ne m'attend. »

25 ⎯ Que me font ces vallons, ces palais, ces chaumières,
Vains objets dont pour moi le charme est envolé ?
Fleuves, rochers, forêts, solitudes si chères,
Un seul être vous manque, et tout est dépeuplé !

NOTES

1. La colline du Craz au-dessus de Milly, commune où s'est retiré le poète, dans l'actuelle Saône-et-Loire ; mais aussi les montagnes alpines.

2. Il n'y a pas de lac à Milly ; il s'agit d'une réminiscence du lac du Bourget sur les bords duquel le poète aima son Elvire.

3. Clocher d'église ancienne.

4. Vent du nord, souvent violent et froid.

NOTE
5. Dans la mythologie grecque, le soleil levant est souvent représenté de la sorte.

Que le tour du soleil ou commence ou s'achève,
30 _D'un œil indifférent je le suis dans son cours ;
En un ciel sombre ou pur qu'il se couche ou se lève,
Qu'importe le soleil ? je n'attends rien des jours.

Quand je pourrais le suivre en sa vaste carrière,
Mes yeux verraient partout le vide et les déserts :
35 _Je ne désire rien de tout ce qu'il éclaire,
Je ne demande rien à l'immense univers.

Mais peut-être au-delà des bornes de sa sphère,
Lieux où le vrai soleil éclaire d'autres cieux,
Si je pouvais laisser ma dépouille à la terre,
40 _Ce que j'ai tant rêvé paraîtrait à mes yeux !

Là, je m'enivrerais à la source où j'aspire ;
Là, je retrouverais et l'espoir et l'amour,
Et ce bien idéal que toute âme désire,
Et qui n'a pas de nom au terrestre séjour !

45 _Que ne puis-je, porté sur le char de l'Aurore[5],
Vague objet de mes vœux, m'élancer jusqu'à toi !
Sur la terre d'exil pourquoi resté-je encore ?
Il n'est rien de commun entre la terre et moi.

Quand la feuille des bois tombe dans la prairie,
50 _Le vent du soir s'élève et l'arrache aux vallons ;
Et moi, je suis semblable à la feuille flétrie :
Emportez-moi comme elle, orageux aquilons !

Alphonse de Lamartine, *Méditations poétiques*, 1820.

Joseph Severn, *Portrait de Shelley dans les thermes de Caracalla*, 1845. Rome, Maison Keats-Shelley.

METHODE

→ Le registre lyrique p. 128
→ Les figures d'images p. 130
→ Les mots p.124
→ Le sens des mots p. 126

OBSERVATION ET ANALYSE

1 Quel double sens faut-il donner au titre du poème ?

2 Définissez le « mal de vivre » du poète et précisez ses diverses modalités (physique, psychologique, philosophique).

3 Montrez comment s'enchaînent au fil des strophes l'élégie* et la rêverie sur la mort. Par quels moyens cette dernière est-elle suggérée ?

4 Observez, dans les quatre premières strophes notamment, les éléments du décor naturel : quels paysages se superposent ?

5 Quels liens affectifs originaux le poète entretient-il avec le décor naturel ? Montrez-en l'ambiguïté.

6 Le rythme ternaire et la ponctuation forte sont des indices majeurs de la tonalité élégiaque. Cherchez-en des exemples dans ces vers. Quels autres indices de cette tonalité pouvez-vous encore relever ?

Musset
1810-1857

Les Nuits (1835-1837)

Rédigés après la rupture sentimentale du poète avec l'écrivain George Sand, les quatre poèmes élégiaques* des Nuits *(« Mai », « Décembre », « Août » et « Octobre ») sont une sorte de chronique passionnelle et douloureuse déclinant les « saisons du cœur » et de la vie. Dans la « Nuit de Décembre », la plus originale par la forme, Musset revisite son passé d'enfant, d'adolescent puis d'amant trahi, réveillant les « fantômes » d'un double étrange et complice à la fois.*

Nuit de Décembre

Du temps que j'étais écolier,
Je restais un soir à veiller
Dans notre salle solitaire.
Devant ma table vint s'asseoir
5 – Un pauvre enfant vêtu de noir,
Qui me ressemblait comme un frère.

Son visage était triste et beau.
À la lueur de mon flambeau,
Dans mon livre ouvert il vint lire.
10 – Il pencha son front sur ma main,
Et resta jusqu'au lendemain,
Pensif, avec un doux sourire.

Comme j'allais avoir quinze ans,
Je marchais un jour, à pas lents,
15 – Dans un bois, sur une bruyère.
Au pied d'un arbre vint s'asseoir
Un jeune homme vêtu de noir,
Qui me ressemblait comme un frère.

Je lui demandai mon chemin ;
20 – Il tenait un luth¹ d'une main,
De l'autre un bouquet d'églantine.
Il me fit un salut d'ami,
Et, se détournant à demi,
Me montra du doigt la colline.

25 – À l'âge où l'on croit à l'amour,
J'étais seul dans ma chambre un jour,
Pleurant ma première misère.
Au coin de mon feu vint s'asseoir
Un étranger vêtu de noir,
30 – Qui me ressemblait comme un frère.

NOTE
: **1.** Instrument de musique symbolisant l'art du poète.

Il était morne et soucieux ;
D'une main il montrait les cieux,
Et de l'autre il tenait un glaive[2].
De ma peine il semblait souffrir,
35 — Mais il ne poussa qu'un soupir,
Et s'évanouit comme un rêve.

À l'âge où l'on est libertin,
Pour boire un toast[3] en un festin,
Un jour je soulevai mon verre.
40 — En face de moi vint s'asseoir
Un convive vêtu de noir,
Qui me ressemblait comme un frère.

Il secouait sous son manteau
Un haillon[4] de pourpre en lambeau,
45 — Sur sa tête un myrte[5] stérile.
Son bras maigre cherchait le mien,
Et mon verre, en touchant le sien,
Se brisa dans ma main débile[6]. [...]

Alfred de Musset, *Les Nuits*, 1835-1837.

NOTES
2. Une épée.
3. Boire à la santé de quelqu'un en prononçant un bref discours.
4. Vêtement déchiré.
5. Plante consacrée à Vénus, déesse de l'amour.
6. Faible.

METHODE
→ Le registre lyrique p. 128
→ Éléments de versification p. 132

Jacopo Vignali,
La Jeunesse surprise par la Mort,
XVIIe siècle. Florence,
galerie des Offices.

OBSERVATION ET ANALYSE

1 Quels « âges » de la vie distinguez-vous dans ce début de poème ?

2 Relevez les éléments de répétition et d'insistance au fil des vers. Quelle est leur fonction ?

3 Recherchez les diverses apparitions du « double » du poète narrateur. Que représente-t-il successivement ?

4 Montrez, en chaque circonstance, la dualité sympathie-impuissance de cette mystérieuse présence « fraternelle ».
Quel vous semble être le thème dominant du poème ? Et sa tonalité majeure ?
Quelles inquiétudes de l'écrivain exprime-t-il ?

Les Destinées (1864, posthume)

Vigny
1797-1863

Insérée plus tard dans le recueil posthume des Destinées, « *La Mort du loup* » *fut rédigée par Alfred de Vigny en 1838, à une époque où le poète venait de subir les dures épreuves de la mort de sa mère et de la rupture avec son amante, Marie Dorval. Ce grand poème au symbolisme très maîtrisé représente la volonté de son auteur de rester libre et fier, face à la double fatalité agressive du mal et de la mort.*

La Mort du loup

Les nuages couraient sur la lune enflammée
Comme sur l'incendie on voit fuir la fumée,
Et les bois étaient noirs jusques à l'horizon.
Nous marchions, sans parler, dans l'humide gazon,
5 – Dans la bruyère épaisse, et dans les hautes brandes[1],
Lorsque, sous des sapins pareils à ceux des Landes,
Nous avons aperçu les grands ongles marqués
Par les loups voyageurs que nous avions traqués[2].
Nous avons écouté, retenant notre haleine
10 – Et le pas suspendu. – Ni le bois ni la plaine
Ne poussait un soupir dans les airs ; seulement
La girouette en deuil criait au firmament[3] ;
Car le vent, élevé bien au-dessus des terres,
N'effleurait de ses pieds que les tours solitaires,
15 – Et les chênes d'en bas, contre les rocs penchés,
Sur leurs coudes semblaient endormis et couchés.
Rien ne bruissait donc, lorsque, baissant la tête,
Le plus vieux des chasseurs qui s'étaient mis en quête
A regardé le sable en s'y couchant ; bientôt,
20 – Lui que jamais ici l'on ne vit en défaut,
A déclaré tout bas que ces marques récentes
Annonçaient la démarche et les griffes puissantes
De deux grands loups-cerviers[4] et de deux louveteaux.
Nous avons tous alors préparé nos couteaux,
25 – Et, cachant nos fusils et leurs lueurs trop blanches,
Nous allions pas à pas en écartant les branches.
Trois s'arrêtent, et moi, cherchant ce qu'ils voyaient,
J'aperçois tout à coup deux yeux qui flamboyaient,
Et je vois au-delà quatre formes légères
30 – Qui dansaient sous la lune au milieu des bruyères,
Comme font chaque jour, à grand bruit sous nos yeux,
Quand le maître revient, les lévriers joyeux.
Leur forme était semblable et semblable la danse ;
Mais les enfants du Loup se jouaient[5] en silence,
35 – Sachant bien qu'à deux pas, ne dormant qu'à demi,
Se couche dans ses murs l'homme, leur ennemi.
Le père était debout, et plus loin, contre un arbre,
Sa louve reposait, comme celle de marbre
Qu'adoraient les Romains, et dont les flancs velus

NOTES

1. Bruyères desséchées sur les terrains pauvres.
2. Poursuivis.
3. Ciel étoilé.
4. Lynx ou loups sauvages capables de s'attaquer aux cerfs.
5. Jouaient entre eux (tournure poétique).

40 _ Couvaient les demi-dieux Rémus et Romulus[6].
     Le Loup vient et s'assied, les deux jambes dressées,
     Par leurs ongles crochus dans le sable enfoncées
     Il s'est jugé perdu, puisqu'il était surpris,
     Sa retraite coupée et tous ses chemins pris[7],
45 _ Alors il a saisi, dans sa gueule brûlante,
     Du chien le plus hardi la gorge pantelante,
     Et n'a pas desserré ses mâchoires de fer,
     Malgré nos coups de feu, qui traversaient sa chair,
     Et nos couteaux aigus qui, comme des tenailles,
50 _ Se croisaient en plongeant dans ses larges entrailles,
     Jusqu'au dernier moment où le chien étranglé,
     Mort longtemps avant lui, sous ses pieds a roulé.
     Le Loup le quitte alors et puis il nous regarde.
     Les couteaux lui restaient au flanc jusqu'à la garde,
55 _ Le clouaient au gazon tout baigné dans son sang ;
     Nos fusils l'entouraient en sinistre croissant.
     Il nous regarde encore, ensuite il se recouche,
     Tout en léchant le sang répandu sur sa bouche,
     Et, sans daigner savoir comment il a péri,
60 _ Refermant ses grands yeux, meurt sans jeter un cri. [...]

Alfred de Vigny, « La Mort du loup » in *Les Destinées*,
vers 1-60, 1864, posthume.

NOTES
6. Les deux héros jumeaux, fondateurs de Rome, élevés par une louve selon la légende.
7. Barrés.

METHODE

→ Les figures d'images p. 130
→ Le sens des mots p. 126
→ Narrateur et points de vue p. 336

OBSERVATION ET ANALYSE

1 Explicitez les éléments de ce récit symbolique ; que représentent les bois, le loup, les chasseurs, les chiens ?

2 Dégagez les divers moments de la narration. Quelles en sont les tonalités dominantes ?

3 Qui est le narrateur de ce récit ? Recherchez les occurrences des pronoms de la 1re personne du singulier et du pluriel. Quel usage ambigu en fait ici Vigny ?

4 Observez le portrait du loup tout au long de l'extrait et distinguez ce qui relève du réalisme descriptif et ce qui appartient à l'évocation symbolique.

5 Quelle conception de l'existence humaine et de la société propre au romantisme (p. 117) s'exprime dans ces vers ?

6 Quelles valeurs ou vertus particulières Vigny a-t-il voulu exalter à travers cette figure de l'animal traqué ?

Figures du lyrisme romantique

Dans l'Antiquité, la poésie était faite pour être chantée et, dans la mythologie grecque, la « lyre » d'Orphée était son emblème. Par extension, le lyrisme définit l'expression personnelle d'une émotion qui, dans notre tradition, depuis la Pléiade du XVIᵉ siècle, a été prioritairement prise en charge par le poème. Joies, passions heureuses ou malheureuses, souffrances ou mélancolie, sentiment de la « fuite du temps », tels sont ainsi les thèmes qui nourrissent le lyrisme poétique en général et romantique en particulier.

Des mots et des images pour émouvoir

Le poète romantique se reconnaît d'abord à ce qu'il dit *je* et revendique l'usage de cette première personne comme le signe de sa spécificité. Le *moi*, sujet et objet du poème, narrateur et destinataire* privilégié du texte, tel est désormais le signe premier de l'énonciation : « Je n'imitais plus personne, écrit Lamartine, je m'exprimais moi-même pour moi-même. Ce n'était pas un art, c'était un soulagement de mon propre cœur qui se berçait de ses propres sanglots. »

Pour faire partager ce « soulagement », le poète use principalement des champs lexicaux de l'affectivité (sentiments, sensations, états d'âme). Il les met en scène avec les figures d'images (voir p. 130) capables de « toucher » ou d'« ébranler » son lecteur : comparaisons, métaphores, allégories. Il les travaille, sur le plan des sonorités, par les effets d'assonances et d'allitérations qui donnent au vers sa musique séduisante ou inquiète.

Des accents et des rythmes pour exalter

Mais les indices les plus remarquables du lyrisme romantique sont à chercher dans la rhétorique* même du poème :
– types de phrases exclamatives ou interrogatives pour communiquer élans ou angoisses ;
– interjections*, interpellations, anaphores* et rythmes soutenus, dans l'harmonie comme dans la discordance, pour susciter l'adhésion ou la compassion ;
– coupes et accents insolites, rejets et enjambements pour amener le vers (l'alexandrin notamment) à se plier aux soubresauts du « cœur ».

Enfin, quand il quitte le terrain du pur lyrisme pour s'aventurer sur les chemins de la satire ou de l'épopée, c'est aux figures d'intensification (hyperboles*, rythme ternaire progressif*, amplifications*) que le poète confie le soin de porter l'ampleur de sa colère ou de ses visions.

Salvator Rosa,
La Poésie, 1640-1650.
Rome, Galleria Borghese.

Hugo
1802-1885

TEXTE 4

Les Voix intérieures (1837)

La production poétique de Victor Hugo dans la décennie de 1830 est particulièrement riche avec Les Feuilles d'automne *en 1831,* Les Chants du crépuscule *en 1835 et* Les Voix intérieures *en 1837. Ce dernier recueil propose à lui seul presque toute la gamme de l'inspiration lyrique* et élégiaque*, alternant les « voix » passionnées du mari, de l'amant et du père. Cet amour paternel notamment, intense dans les moments d'éloignement ou de séparation, nourrit superbement plusieurs poèmes comme cette « songerie » adressée par Hugo à ses quatre enfants lors d'un voyage sur les falaises de Normandie en 1836.*

À quoi je songe ? Hélas ! loin du toit où vous êtes,
Enfants, je songe à vous, mes jeunes têtes,
Espoir de mon été déjà penchant et mûr,
Rameaux dont, tous les ans, l'ombre croît sur mon mur !
5 ─ Douces âmes, à peine au jour épanouies,
Des rayons de votre aube encor tout éblouies !
Je songe aux deux petits[1] qui pleurent en riant,
Et qui font gazouiller sur leur seuil verdoyant,
Comme deux jeunes fleurs qui se heurtent entre elles,
10 ─ Leurs jeux charmants mêlés de charmantes querelles !
Et puis, père inquiet, je rêve aux deux aînés[2]
Qui s'avancent déjà de plus de flot baignés,
Laissant pencher parfois leur tête encor naïve,
L'un déjà curieux, l'autre déjà pensive !
15 ─ Seul et triste au milieu des chants des matelots,
Le soir, sous la falaise, à cette heure où les flots,
S'ouvrant et se fermant comme autant de narines,
Mêlent au vent des cieux mille haleines marines,
Où l'on entend dans l'air d'ineffables échos
20 ─ Qui viennent de la terre et qui viennent des eaux,
Ainsi je songe ! – à vous, enfants, maison, famille,
À la table qui rit, au foyer qui pétille,
À tous les soins pieux que répandent sur vous
Votre mère si tendre et votre aïeul[3] si doux !
25 ─ Et tandis qu'à mes pieds s'étend, couvert de voiles,
Le limpide océan, ce miroir des étoiles,
Tandis que les nochers[4] laissent errer leurs yeux
De l'infini des mers à l'infini des cieux,
Moi, rêvant à vous seuls, je contemple et je sonde
30 ─ L'amour que j'ai pour vous dans mon âme profonde,
Amour doux et puissant qui toujours m'est resté,
Et cette grande mer est petite à côté !

Victor Hugo, *Les Voix intérieures*, 1837.

NOTES
1. François-Victor, né en 1828 et Adèle, née en 1830.
2. Charles, né en 1826, et Léopoldine, née en 1824, qui mourra noyée en 1843.
3. Le grand-père maternel, M. Foucher.
4. Marins.

METHODE

→ Le registre lyrique p. 128
→ Les figures d'images p. 130
→ Éléments de versification, p.132
→ Le sens des mots p. 126

Auguste de Chatillon,
Victor Hugo et son fils François-Victor (1836).
Paris, musée Victor-Hugo.

OBSERVATION ET ANALYSE

1 Lisez attentivement le poème et proposez un titre.

2 Commentez l'interrogation et l'exclamation du premier hémistiche. Quelle tonalité contribuent-elles à mettre en place ? Restera-t-elle la même tout au long du poème ?

3 Recherchez les diverses occurrences du verbe *songer* ainsi que les termes relevant du champ lexical de la rêverie. Comment celui-ci rythme-t-il le « déploiement » du poème ?

4 Quels détails, quelles images soulignent ici la force de l'amour paternel ?

5 Observez le décor naturel et notamment marin. Montrez qu'il est à la fois complice, obstacle et exaltation de cet amour.

6 Commentez la construction et la valeur du dernier alexandrin.

« Pauca meae » in *Les Contemplations* de Victor Hugo

La lecture s'appuie sur le livre IV « Pauca meae »
en entier et sur la préface *des Contemplations*.

Hugo
Les Contemplations

Présentation
par Pierre Laforgue

GF Flammarion

▶ Situation

Victor Hugo entreprend la rédaction des *Contemplations*, recueil
de 110 000 vers, dès 1834 mais l'œuvre ne sera publiée qu'en 1856 à
Bruxelles, alors que le poète vit à Jersey. Son exil, provoqué par son
opposition farouche au régime de Napoléon III, est une période très
fertile : des ouvrages d'inspirations diverses, aussi bien lyrique qu'épique,
des écrits pamphlétaires ou marqués par l'engagement social, comme
Les Misérables, paraissent alors.

▶ Sujet et composition

Dans sa préface, Hugo présente *Les Contemplations* comme « les
mémoires d'une âme », organisée en deux parties, « Autrefois » et
« Aujourd'hui », composées de trois livres chacune et séparées par « un
abîme » : « le tombeau ». Ce dernier fait référence à la mort de sa fille
Léopoldine, retrouvée noyée le 4 septembre 1843. Autour de cet événe-
ment tragique, le recueil retrace, dans un ordre chronologique souvent remanié, l'itinéraire spirituel
du *je* poétique. Il contemple et explore le chemin qui part de « l'énigme du berceau » et aboutit à
« l'énigme du cercueil » (Préface), de l'« Aurore » (livre I) au « Bord de l'infini » (livre VI).

▶ Registre et formes de poèmes

Hugo renoue ici avec l'inspiration lyrique et élégiaque qu'il avait plus ou moins délaissée depuis
« *Les Rayons et les Ombres* » (1840). Ce registre dominant laisse pourtant la place à l'expression
d'une poésie philosophique et métaphysique qui médite sur la misère sociale et le combat.

▶ « Pauca meae »

Le livre IV des *Contemplations* appartient à la section « Aujourd'hui ». Il est composé de dix-sept
poèmes et s'ouvre sur la date fatidique de la mort de Léopoldine. C'est le livre du deuil et du combat
intérieur du poète entre le désespoir et l'accablement, l'espoir et le doute.

Structure

1 Autour de quel événement est organisé le livre
« Pauca meae » et plus largement le recueil des
Contemplations ?

2 Comment Hugo présente-t-il son œuvre et en
particulier ce recueil dans la préface ? De quel autre
genre littéraire rapproche-t-il l'écriture poétique ?

3 Pourquoi les dates inscrites au bas des poèmes
sont-elles souvent différentes des dates réelles de
composition ? Relevez en particulier la date qui se
répète. Qu'a cherché à faire le poète ?

4 Quelle progression thématique et morale le recueil
propose-t-il à travers ses différents poèmes ?

Thèmes et registres

5 Que signifie le titre « Pauca meae » ?

6 Quel sens donner au choix typographique qui fait
l'ouverture du recueil : une page blanche où ne s'inscrit
qu'une date ?

7 Quel est le registre dominant du recueil ? quels sont
ses principaux thèmes ?

8 Quelles sont les sentiments qui habitent tour à tour
le poète face à la mort ? Classez les poèmes en fonction
de ce critère.

9 Quels visages et quels pouvoirs ont la mort et
l'amour dans le recueil ? Appuyez-vous sur des poèmes
précis pour répondre à cette question.

10 Quels sont le rôle et le pouvoir de la poésie dans la
traversée du deuil ? Argumentez en vous référant à des
textes précis.

Hugo
1802-1885

Les Châtiments (1853)

Quelques jours après le coup d'État de Louis-Napoléon Bonaparte, le 2 décembre 1851, Victor Hugo est contraint à l'exil. Il se réfugie à Jersey puis à Guernesey qu'il ne quittera que vingt ans plus tard, après la chute du second Empire. C'est là-bas, en face de l'océan, qu'il rédige un imposant ensemble satirique de 6 000 vers nourris de ses colères et protestations. À l'image grandiose de Napoléon Ier, il oppose volontiers celle, dérisoire et criminelle, de « Napoléon le Petit ».

Chanson VI

Sa[1] grandeur éblouit l'histoire.
    Quinze ans, il fut
Le dieu qui traînait la victoire
    Sur un affût[2] ;
5 – L'Europe sous la loi guerrière
    Se débattit. –
Toi, son singe, marche derrière,
    Petit, petit.

Napoléon dans la bataille,
10 –   Grave et serein,
Guidait à travers la mitraille
    L'aigle d'airain[3].
Il entra sur le pont d'Arcole[4],
    Il en sortit. –
15 – Voici de l'or, viens, pille et vole,
    Petit, petit.

Berlin, Vienne, étaient ses maîtresses ;
    Il les forçait,
Leste[5], et prenant les forteresses
20 –   Par le corset ;
Il triompha de cent bastilles[6]
    Qu'il investit. –
Voici pour toi, voici des filles,
    Petit, petit.

25 – Il passait les monts et les plaines,
    Tenant en main
La palme, la foudre et les rênes
    Du genre humain ;
Il était ivre de sa gloire
30 –   Qui retentit. –
Voici du sang, accours, viens boire,
    Petit, petit.

NOTES
1. Celle de Napoléon Ier.
2. Support de canon.
3. Emblème de Napoléon, en bronze.
4. Victoire sur les Autrichiens en 1796.
5. Vif, agile.
6. Châteaux, ouvrages de défense.

Quand il tomba, lâchant le monde,
L'immense mer
35 _ Ouvrit à sa chute profonde
Son gouffre amer ;
Il y plongea, sinistre archange,
Et s'engloutit. –
Toi, tu te noieras dans la fange,
40 _ Petit, petit.

Jersey, Septembre 1853.

Victor Hugo, *Les Châtiments*, livre VII, 1853.

MÉTHODE
→ Les figures d'images p. 130
→ Éléments de versification p. 132
→ Louer et blâmer p. 422
→ Les registres p. 70

W. E. C. Riffaut, *Napoléon III portant la tenue de sacre de Napoléon Ier*, XIXe siècle. Versailles, château de Versailles.

OBSERVATION ET ANALYSE

1 Observez la date mentionnée par Hugo. Aidez-vous d'une biographie de l'écrivain et d'un manuel d'histoire pour préciser les circonstances de cette rédaction.

2 Décrivez l'organisation métrique et strophique. Quels éléments font de ce poème une « chanson » ? De quel type ?

3 Confrontez, dans un tableau à deux entrées, les termes associés respectivement à Napoléon Ier et à Napoléon III. Que vous inspire cette confrontation quantitative et qualitative ?

4 Quels reproches majeurs Hugo adresse-t-il implicitement à Napoléon III ? Est-il totalement laudatif* pour son ancêtre ?

5 Qualifiez la tonalité majeure du poème.

EXPRESSION

Écriture d'invention. Récrivez deux strophes au format ici utilisé par Hugo en inversant les caractères laudatif et péjoratif des sizains* et des distiques*.

La Légende des siècles (1859-1883)

À la fin du recueil élégiaque* des Contemplations, *plusieurs poèmes laissaient déjà entrevoir la puissance et la profondeur du souffle hugolien en face du spectacle « énorme » du Monde et de l'Histoire. Mais c'est dans le vaste ensemble épique* de* La Légende des siècles, *entrepris durant l'exil et dont les poèmes furent publiés en trois séries (1859-1877-1883), que se mesure le mieux l'amplitude du génie visionnaire de celui qui déclarait : « J'ai voulu peindre l'humanité successivement et simultanément sous tous ses aspects, histoire, fable, philosophie, religion, science. » Au début de son œuvre, Hugo s'inspire des légendes bibliques ; dans « La Conscience », il reprend l'épisode du meurtre d'Abel, fils cadet d'Adam et Ève, tué par Caïn, son aîné, à la suite d'une crise de jalousie.*

Robinson Frédéric Cayley (1862-1927), *Caïn et Abel*. Paris, musée du Louvre.

La Conscience

Lorsque avec ses enfants vêtus de peaux de bêtes,
Échevelé, livide au milieu des tempêtes,
Caïn se fut enfui de devant Jéhovah[1],
Comme le soir tombait, l'homme sombre arriva
5 _ Au bas d'une montagne en une grande plaine ;
Sa femme fatiguée et ses fils hors d'haleine
Lui dirent : « Couchons-nous sur la terre, et dormons. »
Caïn, ne dormant pas, songeait au pied des monts.
Ayant levé la tête, au fond des cieux funèbres,
10 _ Il vit un œil, tout grand ouvert dans les ténèbres,
Et qui le regardait dans l'ombre fixement.
« Je suis trop près », dit-il avec un tremblement.
Il réveilla ses fils dormant, sa femme lasse,
Et se remit à fuir sinistre dans l'espace.
15 _ Il marcha trente jours, il marcha trente nuits.
Il allait, muet, pâle et frémissant aux bruits,
Furtif[2], sans regarder derrière lui, sans trêve,
Sans repos, sans sommeil ; il atteignit la grève[3]

NOTES
1. Prononciation déformée de Yahvé, Dieu des Juifs dans la Bible.
2. De manière à échapper à l'attention d'autrui.
3. Rivage.

Des mers dans le pays qui fut depuis Assur.
20 _ « Arrêtons-nous, dit-il, car cet asile est sûr.
Restons-y. Nous avons du monde atteint les bornes. »
Et, comme il s'asseyait, il vit dans les cieux mornes[4]
L'œil à la même place au fond de l'horizon.
Alors il tressaillit en proie au noir frisson.
25 _ « Cachez-moi ! » cria-t-il ; et, le doigt sur la bouche,
Tous ses fils regardaient trembler l'aïeul farouche[5]. [...]
Hénoch[6] dit : « Il faut faire une enceinte de tours
Si terrible, que rien ne puisse approcher d'elle.
Bâtissons une ville avec sa citadelle,
30 _ Bâtissons une ville, et nous la fermerons. »
Alors Tubalcaïn, père des forgerons,
Construisit une ville énorme et surhumaine.
Pendant qu'il travaillait, ses frères, dans la plaine,
Chassaient les fils d'Énos[7] et les enfants de Seth[7],
35 _ Et l'on crevait les yeux à quiconque passait ;
Et, le soir, on lançait des flèches aux étoiles.
Le granit remplaça la tente aux murs de toiles,
On lia chaque bloc avec des nœuds de fer,
Et la ville semblait une ville d'enfer ;
40 _ L'ombre des tours faisait la nuit dans les campagnes ;
Ils donnèrent aux murs l'épaisseur des montagnes ;
Sur la porte on grava : « Défense à Dieu d'entrer. »
Quand ils eurent fini de clore et de murer,
On mit l'aïeul au centre en une tour de pierre ;
45 _ Et lui restait lugubre et hagard[8]. « Ô mon père !
L'œil a-t-il disparu ? » dit en tremblant Tsilla[9].
Et Caïn répondit : « Non, il est toujours là. »
Alors il dit : « Je veux habiter sous la terre
Comme dans son sépulcre un homme solitaire ;
50 _ Rien ne me verra plus, je ne verrai plus rien. »
On fit donc une fosse, et Caïn dit « C'est bien ! »
Puis il descendit seul sous cette voûte sombre.
Quand il se fut assis sur sa chaise dans l'ombre
Et qu'on eut sur son front fermé le souterrain,
55 _ L'œil était dans la tombe et regardait Caïn.

Victor Hugo, *La Légende des siècles*, livre I, 1859-1883.

NOTES

4. Qui inspirent la tristesse.
5. Sauvage, qui fuit quand on l'approche.
6. Autre héros biblique.
7. Autres descendants d'Adam et Ève.
8. À l'expression affolée.
9. Sa fille.

METHODE

→ Les figures d'images p. 130
→ Le sens des mots p. 126
→ L'expression du temps et du lieu p. 330
→ Les formes du discours rapporté p. 332

OBSERVATION ET ANALYSE

1 Trouvez un adjectif pour compléter le nom choisi par Hugo comme titre du poème ou proposez un autre mot qui en résume le sens global.

2 Observez les connecteurs temporels et les effets de répétition ; dégagez le principe de construction du poème.

3 Combien d'épisodes du récit identifiez-vous dans ce large extrait ? Comment se marque leur progression ?

4 Repérez les passages au style direct et précisez leurs effets.

5 Examinez les qualificatifs qui sont attribués au personnage de Caïn et caractérisez-le, physiquement et moralement.

6 Qu'incarne-t-il aux yeux de Victor Hugo ? Commentez la puissance d'évocation du dernier vers du poème.

Odelettes (1853)

Nerval
1808-1855

Proche de Victor Hugo et de Théophile Gautier, engagé dans toutes les aventures de la bohème littéraire dans les années 1830-1840, Gérard de Nerval témoigne toutefois très vite d'un génie singulier parmi les romantiques. D'un caractère tourmenté et d'une sensibilité à la fois raffinée et complexe, il ouvre sa poésie à des émotions et à des rêveries souvent étranges. Ainsi en va-t-il, dès 1831, de l'expression de sa « Fantaisie », au sens de représentation imaginaire, dont la musicalité lui vaudra plus tard de figurer, avec d'autres poèmes de la même époque, dans un recueil intitulé Odelettes rythmiques et lyriques.

Fantaisie

Il est un air pour qui je donnerais
Tout Rossini, tout Mozart et tout Weber[1],
Un air très vieux, languissant et funèbre,
Qui pour moi seul a des charmes secrets !

5 – Or, chaque fois que je viens à l'entendre,
De deux cents ans mon âme rajeunit...
C'est sous Louis treize ; et je crois voir s'étendre
Un coteau vert, que le couchant jaunit.

Puis un château de brique à coins de pierre,
10 – Aux vitraux teints de rougeâtres couleurs,
Ceint de grands parcs, avec une rivière
Baignant ses pieds, qui coule entre des fleurs ;

Puis une dame, à sa haute fenêtre,
Blonde aux yeux noirs, en ses habits anciens,
15 – Que, dans une autre existence, peut-être,
J'ai déjà vue – et dont je me souviens !

Gérard de Nerval, *Odelettes*, 1853.

NOTE
1. Compositeur allemand (1786-1826). Il faut ici prononcer « Wèbre » pour respecter la rime.

METHODE
→ Le registre lyrique p. 128
→ Éléments de versification p. 132
→ La modalisation d'un énoncé p. 416

OBSERVATION ET ANALYSE

1 Le dictionnaire *Petit Robert* définit l'ode comme « un poème lyrique destiné à être chanté ou accompagné de musique » et l'odelette comme « une petite ode d'un genre gracieux ». Relevez les différents effets qui justifient cette définition. Selon vous, ces définitions peuvent-elles ici se justifier ?

2 Quelles sensations se succèdent dans ce poème ? Quels vers marquent le passage de l'une à l'autre ?

3 Observez dans les trois derniers quatrains le jeu des couleurs. Commentez sa double fonction descriptive et symbolique.

4 Relevez toutes les notations temporelles qui scandent le poème ainsi que les modalisateurs* qui les accompagnent. Quelle temporalité ambiguë, entre impression présente et souvenirs lointains, est ainsi exprimée ?

5 De quelle complexité psychologique du poète narrateur cette ambiguïté est-elle à son tour symbolique ?

TEXTE **8**

Nerval
1808-1855

Les Chimères (1854)

Les douze sonnets des Chimères *constituent un petit recueil poétique d'une extraor-dinaire densité. Gérard de Nerval y met tout son art au service de la reconquête de son identité, à travers les chemins de l'Histoire ou des mythes anciens. Dernier poème de l'ensemble, « Vers dorés » emprunte son titre à l'ouvrage qui nous transmit les préceptes philosophiques de l'antique savant grec Pythagore. Selon la doctrine de ce dernier, « tout est sensible », autrement dit tout élément du monde est animé d'une étincelle du divin, tout être, avec ses émois et désarrois, est partie prenante de l'Univers. Le romantisme visionnaire de Hugo rejoint ici les intuitions du symbolisme d'un Baudelaire.*

Vers dorés

Eh quoi ! tout est sensible !
    (Pythagore)

Homme ! libre penseur – te crois-tu seul pensant
Dans ce monde où la vie éclate en toute chose :
Des forces que tu tiens ta liberté dispose,
Mais de tous tes conseils l'univers est absent.

5 – Respecte dans la bête un esprit agissant...
Chaque fleur est une âme à la Nature éclose ;
Un mystère d'amour dans le métal repose :
« Tout est sensible ! » – Et tout sur ton être est puissant !

Crains dans le mur aveugle un regard qui t'épie :
10 – À la matière même un verbe[1] est attaché...
Ne la fais pas servir à quelque usage impie !

Souvent dans l'être obscur habite un Dieu caché ;
Et comme un œil naissant couvert par ses paupières,
Un pur esprit s'accroît sous l'écorce des pierres !

      Gérard de Nerval, *Les Chimères*, 1854.

NOTE
: **1.** Une parole.

MÉTHODE
→ Les figures d'images p. 130
→ Les types et formes de phrases p. 220

OBSERVATION ET ANALYSE

1 Observez et commentez l'interpellation du premier hémistiche. Par quel mode verbal est-elle reprise dans la suite du sonnet ? Quel rôle joue aussi la ponctuation dans ce « message » ?

2 Examinez et commentez l'évocation de la nature dans le poème.

3 Quelle vision de l'homme dans l'univers propose le texte ? Quelle place pour le poète peut-on en déduire ?

4 Commentez l'expression « Dieu caché » du vers 12. En quoi est-elle à la fois mystérieuse et réconfortante ?

5 Quels termes s'opposent dans le dernier vers ? Quel sens faut-il donner à cette formule ?

6 Dans quelle mesure peut-on parler ici de « symbolisme » universel ?

TEXTE 1

Les Fleurs du mal (1857)

Baudelaire
1821-1867

L'un des tout premiers textes des Fleurs du mal, « *L'Albatros* », *exprime, à travers une forme symbolique encore très classique, la condition douloureuse de l'artiste moderne. Dans un monde fait de mesquineries et de petitesses, Baudelaire peint, sous les traits du grand oiseau entravé, l'homme de génie incompris et « maudit ».*

L'Albatros

Souvent, pour s'amuser, les hommes d'équipage
Prennent des albatros, vastes oiseaux des mers,
Qui suivent, indolents compagnons de voyage,
Le navire glissant sur les gouffres amers.

5 – À peine les ont-ils déposés sur les planches,
Que ces rois de l'azur, maladroits et honteux,
Laissent piteusement leurs grandes ailes blanches
Comme des avirons traîner à côté d'eux.

Ce voyageur ailé, comme il est gauche et veule[1] !
10 – Lui, naguère si beau, qu'il est comique et laid !
L'un agace son bec avec un brûle-gueule[2],
L'autre mime, en boitant, l'infirme qui volait !

Le Poète est semblable au prince des nuées
Qui hante la tempête et se rit de l'archer ;
15 – Exilé sur le sol au milieu des huées,
Ses ailes de géant l'empêchent de marcher.

Charles Baudelaire, *Les Fleurs du mal*, 1857.

NOTES
1. Faible, sans énergie.
2. Pipe à court tuyau.

MÉTHODE

→ Le sens des mots p. 126
→ Les figures d'images p. 130
→ Éléments de versification, p.132

OBSERVATION ET ANALYSE

1 Explicitez le sens des divers motifs symboliques du poème. Que représentent notamment « l'albatros », « les hommes d'équipage », « le navire », « les mers », « les nuées » ?

2 Pourquoi, selon vous, Baudelaire a-t-il fait le choix de « l'albatros » parmi les oiseaux qui s'offraient à sa transposition symbolique ? Quelles caractéristiques de l'oiseau l'intéressent particulièrement ?

3 Relevez les termes appartenant aux deux champs lexicaux opposés dont se sert Baudelaire pour l'évoquer.

4 Quelles contradictions de la condition de l'artiste en général et du poète en particulier révèlent-ils ?

5 Décrivez la structure strophique et le schéma de rimes du poème. Commentez-en la régularité.

6 Analysez la construction et le sens du dernier vers.

TEXTE 2

Baudelaire
1821-1867

Les Fleurs du mal (1857)

Si le symbole de l'albatros avait sans doute été fourni à Baudelaire par une scène vue lors de son voyage à l'île Bourbon (la Réunion) en 1841, le poète rapporta aussi des mers lointaines et des contrées exotiques d'autres images plus séduisantes et apaisées. Le sonnet intitulé « La vie antérieure » offre ainsi le spectacle rêvé d'un monde idéal où l'homme pourrait s'abandonner à la douce plénitude d'un bonheur pourtant fragile.

La vie antérieure

J'ai longtemps habité sous de vastes portiques[1]
Que les soleils marins teignaient de mille feux
Et que leurs grands piliers, droits et majestueux,
Rendaient pareils, le soir, aux grottes basaltiques[2].

5 – Les houles[3], en roulant les images des cieux,
Mêlaient d'une façon solennelle et mystique
Les tout-puissants accords de leur riche musique
Aux couleurs du couchant reflété par mes yeux.

C'est là que j'ai vécu dans les voluptés calmes,
10 – Au milieu de l'azur, des vagues, des splendeurs
Et des esclaves nus, tout imprégnés d'odeurs,

Qui me rafraîchissaient le front avec des palmes,
Et dont l'unique soin était d'approfondir
Le secret douloureux qui me faisait languir.

Charles Baudelaire, *Les Fleurs du mal*, 1857.

NOTES
1. Galeries ouvertes soutenues par deux rangées de colonnes.
2. Le basalte est une roche volcanique noire.
3. Grandes vagues marines.

METHODE

→ Contexte et paratexte p. 66
→ Éléments de versification p. 132

OBSERVATION ET ANALYSE

1 Recherchez dans une biographie de Baudelaire les éléments qui ont pu inspirer ce sonnet.

2 Quelles significations multiples peut-on donner au titre du poème et notamment à l'adjectif « antérieure » ?

3 Examinez successivement, dans les deux premiers quatrains, les dominantes sensorielles dans la description. Quels autres sens sont ensuite convoqués dans les tercets ?

4 Qualifiez la nature du bonheur « vécu » et remémoré par le poète narrateur.

5 Quel changement de tonalité intervient dans le second tercet ?

6 Quelles interprétations pouvez-vous proposer du « secret douloureux » évoqué dans le dernier vers ?

Les Fleurs du mal (1857)

Plusieurs poèmes des Fleurs du mal *portent le titre de « Spleen ». Charles Baudelaire emprunte ce mot anglais pour désigner le mal-être qui l'accable : malaise physique, « ennui » existentiel et désarroi moral de tout son être. Les décors et les objets du monde environnant deviennent ici autant de symboles de la faillite d'un corps et d'une âme.*

Baudelaire
1821-1867

Spleen (LXXV)

Pluviôse[1], irrité contre la ville entière,
De son urne à grands flots verse un froid ténébreux
Aux pâles habitants du voisin cimetière
Et la mortalité sur les faubourgs brumeux.

5 ⌐Mon chat sur le carreau cherchant une litière
Agite sans repos son corps maigre et galeux ;
L'âme d'un vieux poète erre dans la gouttière
Avec la triste voix d'un fantôme frileux.

Le bourdon[2] se lamente, et la bûche enfumée
10 ⌐Accompagne en fausset[3] la pendule enrhumée,
Cependant qu'en un jeu plein de sales parfums,

Héritage fatal d'une vieille hydropique[4],
Le beau valet de cœur et la dame de pique
Causent sinistrement de leurs amours défunts.

Charles Baudelaire, *Les Fleurs du mal*, 1857.

NOTES
1. Cinquième mois du calendrier républicain.
2. Grosse cloche au son grave.
3. D'une voix suraiguë.
4. Atteinte d'hydropisie, maladie due à une rétention d'eau dans l'abdomen.

METHODE

→ Les mots p. 124
→ Le sens des mots p. 126
→ Éléments de versification p. 132
→ Les figures d'images p. 130

OBSERVATION ET ANALYSE

1 Quelle atmosphère et quelle tonalité s'installent dès le premier quatrain ?

2 Repérez les deux lexiques dominants du poème correspondant à la double dimension physiologique et psychologique ou morale du *spleen*.

3 À quels détails remarque-t-on qu'il affecte aussi la création poétique ?

4 Dressez la liste des motifs métaphoriques ou symboliques de ce *spleen* : lieux, objets, animaux.

5 Montrez que le poète fait aussi appel aux cinq sens pour restituer la complexité de son malaise.

6 Quelle valeur symbolique particulière peut-on donner aux personnages mystérieux du second tercet ?

EXPRESSION

Exposé oral. Recherchez et lisez, dans *Les Fleurs du mal*, tous les poèmes qui portent le titre de « Spleen » et présentez, dans un exposé construit d'une dizaine de minutes, les éléments qui vous paraissent constitutifs de ce « malaise » baudelairien.

Brassaï
1899-1984

Gyula Halasz, connu à partir de 1932 sous le pseudonyme de Brassaï (de sa ville natale Brasso en Hongrie), apprit la photographie en autodidacte à Paris dans les années 1930. Ami de plusieurs surréalistes et de Pablo Picasso, il fit de la capitale secrète et nocturne le lieu d'un inlassable « reportage ». Par cela il rejoignait la thématique du Baudelaire du Spleen de Paris, *avec lequel il partageait aussi une attention particulière pour les chats mystérieux, comme en témoigne cette photographie de l'immédiat après-guerre.*

Brassaï,
*Chat se regardant
dans la glace,*
vers 1946,
collection particulière.

OBSERVATION ET ANALYSE

1 Examinez le cadrage de la photographie. Qu'a-t-il d'insolite ?

2 Observez et décrivez le jeu des reflets et des regards dans cette composition. Pourquoi est-il complexe ?

3 Quels objets inanimés percevez-vous à côté du chat ? Quels sens pouvez-vous donner à leur présence ?

4 Si vous aviez à donner vous-même un titre à cette photo lequel choisiriez-vous ? Justifiez votre réponse.

Le Spleen de Paris (posthume, 1862-1869)

Baudelaire
1821-1867

Au lendemain de la publication des Fleurs du mal, *Baudelaire songeait déjà à un recueil de poèmes en prose qui serait le pendant de son œuvre versifiée. Des textes de ce projet inachevé parurent en 1862 sous le titre* Le Spleen de Paris *avant d'être repris sous celui de* Petits Poèmes en prose *dans l'édition posthume des œuvres complètes. « Le joujou du pauvre », par sa forme et son inspiration, conjugue parfaitement dans cet ensemble symbolisme et modernité.*

Le joujou du pauvre

Sur une route, derrière la grille d'un vaste jardin, au bout duquel apparaissait la blancheur d'un joli château frappé par le soleil, se tenait un enfant beau et frais, habillé de ces vêtements de campagne si pleins de coquetterie.

Le luxe, l'insouciance et le spectacle habituel de la richesse rendent ces enfants-là 5 si jolis, qu'on les croirait faits d'une autre pâte que les enfants de la médiocrité ou de la pauvreté.

À côté de lui, gisait sur l'herbe un joujou splendide, aussi frais que son maître, verni, doré, vêtu d'une robe pourpre, et couvert de plumets et de verroteries. Mais l'enfant ne s'occupait pas de son joujou préféré, et voici ce qu'il regardait :

10 De l'autre côté de la grille, sur la route, entre les chardons et les orties, il y avait un autre enfant, sale, chétif[1], fuligineux[2], un de ces marmots-parias dont un œil impartial découvrirait la beauté, si, comme l'œil du connaisseur devine une peinture idéale sous un vernis de carrossier, il le nettoyait de la répugnante patine[3] de la misère.

À travers ces barreaux symboliques séparant deux mondes, la grande route et le 15 château, l'enfant pauvre montrait à l'enfant riche son propre joujou, que celui-ci examinait avidement comme un objet rare et inconnu. Or, ce joujou, que le petit souillon[4] agaçait, agitait et secouait dans une boîte grillée, c'était un rat vivant ! Les parents, par économie sans doute, avaient tiré le joujou de la vie elle-même.

Et les deux enfants se riaient l'un à l'autre fraternellement, avec des dents d'une 20 égale blancheur. […]

Charles Baudelaire, *Le Spleen de Paris*, posthume, 1862-1869.

NOTES
1. Faible, pauvre.
2. Qui a la couleur de la suie.
3. Coloration de surface prise par certains objets avec le temps.
4. Personne malpropre.

METHODE

→ Les figures de style p. 68
→ Les figures d'images p. 130
→ La construction des phrases chap 6

OBSERVATION ET ANALYSE

1 Comparez les deux « joujoux ». Pourquoi est-ce celui du « pauvre » qui donne son titre au poème ?

2 Confrontez ensuite les deux portraits des enfants. Qui sont-ils ? Par quoi se distinguent-ils ; par quoi se ressemblent-ils ?

3 Commentez précisément en ce sens la dernière phrase de l'extrait.

4 Donnez toute sa valeur, sociale et poétique, à l'expression « barreaux symboliques » (ligne 14).

5 Recherchez, au fil du texte, les indices stylistiques (rythmes, images, sonorités) qui font bien de ce texte un poème en prose et non une simple page de prose poétique.

TEXTE 5

Poésies (1870)

Rimbaud
1854-1891

Lecteur à la fois admiratif et critique de Baudelaire, Arthur Rimbaud lui emprunte, dans ses poèmes d'apprentissage, le sens de l'analogie* et de la suggestion. « Symbolistes », ses textes le sont par leur capacité à représenter, dans le flux des images, les rêveries, les fantasmes ou les angoisses de l'adolescent fugueur qui déteste le monde « mortel » des années 1870.

Le dormeur du val

C'est un trou de verdure où chante une rivière
Accrochant follement aux herbes des haillons[1]
D'argent ; où le soleil, de la montagne fière,
Luit : c'est un petit val qui mousse de rayons.

5 – Un soldat jeune, bouche ouverte, tête nue,
Et la nuque baignant dans le frais cresson[2] bleu,
Dort ; il est étendu dans l'herbe, sous la nue,
Pâle dans son lit vert où la lumière pleut.

Les pieds dans les glaïeuls[3], il dort. Souriant comme
10 – Sourirait un enfant malade, il fait un somme :
Nature, berce-le chaudement : il a froid.

Les parfums ne font pas frissonner sa narine ;
Il dort dans le soleil, la main sur sa poitrine
Tranquille. Il a deux trous rouges au côté droit.

Octobre 1870.

Arthur Rimbaud, *Poésies*, 1870.

NOTES
1. Lambeaux d'étoffe servant de vêtement.
2. Petite plante rampante et comestible.
3. Plante à longue tige droite et à grandes fleurs décoratives.

METHODE
→ Le sens des mots p. 126
→ Éléments de versification p. 132
→ Les figures d'images p. 130
→ L'organisation du récit p. 342

OBSERVATION ET ANALYSE

1 Observez la date que Rimbaud a inscrite en bas de son poème. Reportez-vous à une encyclopédie et expliquez son importance historique. Comment situe-t-elle également Rimbaud par rapport à Baudelaire ?

2 Que vous suggère la comparaison des mots du premier et du dernier vers ?

3 Relevez, dans l'intervalle, tous les termes appartenant aux lexiques de la couleur et de la sensation. Justifiez leur importance.

4 De quelle façon Rimbaud a-t-il construit l'« histoire » que conte ce sonnet ? Comment a-t-il ménagé, jusqu'à la chute, le « suspense » narratif ?

5 Quelle est, selon vous, la portée symbolique de ce poème ?

Rimbaud
1854-1891

Poésies (1870)

Daté, comme « Le dormeur du val », de l'automne 1870, « Roman » est, lui aussi, un poème à forme fixe d'allure assez classique. Toutefois, du caractère paradoxal du titre aux élans de la ponctuation en passant par les innovations du vocabulaire, c'est à un véritable apprentissage de la liberté que se livre ici le poète de seize ans, sur les chemins de la rêverie et de la sensualité.

Édouard Vuillard,
*Femme de profil
au chapeau vert,*
1890-1891. Paris,
musée d'Orsay.

Roman

I

On n'est pas sérieux quand on a dix-sept ans.
– Un beau soir, foin des¹ bocks² et de la limonade,
Des cafés tapageurs aux lustres éclatants !
– On va sous les tilleuls verts de la promenade.

5 – Les tilleuls sentent bon dans les bons soirs de juin !
L'air est parfois si doux, qu'on ferme la paupière ;
Le vent chargé de bruits – la ville n'est pas loin –
A des parfums de vigne et des parfums de bière...

NOTES
1. Cette interjection exprime le dédain ou le dégoût : « assez des... ».
2. Verres à bière d'environ un quart de litre.

II

– Voilà qu'on aperçoit un tout petit chiffon
10 – D'azur sombre, encadré d'une petite branche,
Piqué d'une mauvaise étoile, qui se fond
Avec de doux frissons, petite et toute blanche...

Nuit de juin ! Dix-sept ans ! – On se laisse griser.
La sève est du champagne et vous monte à la tête...
15 – On divague ; on se sent aux lèvres un baiser
Qui palpite là, comme une petite bête...

III

NOTES
3. S'ébat.
4. Petits airs chantés
dans un opéra.

Le cœur fou robinsonne[3] à travers les romans,
– Lorsque, dans la clarté d'un pâle réverbère,
Passe une demoiselle aux petits airs charmants,
20 – Sous l'ombre du faux col effrayant de son père...

Et, comme elle vous trouve immensément naïf,
Tout en faisant trotter ses petites bottines,
Elle se tourne, alerte et d'un mouvement vif...
– Sur vos lèvres alors meurent les cavatines[4]...

IV

25 – Vous êtes amoureux. Loué jusqu'au mois d'août.
Vous êtes amoureux. – Vos sonnets la font rire.
Tous vos amis s'en vont, vous êtes mauvais goût.
– Puis l'adorée, un soir, a daigné vous écrire !...

– Ce soir-là..., – vous rentrez aux cafés éclatants,
30 – Vous demandez des bocks ou de la limonade...
– On n'est pas sérieux, quand on a dix-sept ans
Et qu'on a des tilleuls verts sur la promenade.

Arthur Rimbaud, *Poésies*, 1870.

METHODE
→ L'énonciation p. 62
→ Les figures d'images p. 130
→ Éléments de versification p. 132

OBSERVATION ET ANALYSE

1 Décrivez l'organisation narrative du poème et donnez un titre à chacune de ses parties. Commentez en particulier la ponctuation.

2 Qui sont les deux acteurs principaux de cette « histoire » ? Étudiez plus particulièrement l'évocation suggestive de la jeune fille.

3 Observez le système pronominal au fil du poème et expliquez en quoi il complique la situation d'énonciation.

4 Recherchez les indicateurs temporels et établissez la chronologie de l'histoire. Quelle valeur particulière faut-il accorder ici au présent de l'indicatif ?

5 Relevez le vocabulaire du corps et des sensations. De quelle façon suggère-t-il l'avènement de la sensualité ?

6 Quelle place pour la littérature et la poésie dans cet avènement est évoquée par le texte ?

EXPRESSION

Commentaire. Au terme de votre lecture analytique, rédigez un paragraphe qui correspondrait à la conclusion du commentaire de ce texte.
Vous expliquerez notamment le sens que vous pouvez donner au titre paradoxal de ce poème.

Rimbaud
1854-1891

Illuminations (1886)

D'une chronologie incertaine, les poèmes en prose des Illuminations *apparaissent comme une ultime tentative de Rimbaud pour « trouver un lieu » et une « langue » définitivement libérés des « vieilleries » littéraires et authentiquement « modernes ». Dans ces textes où l'imaginaire se donne libre cours, l'« aube » fragile de l'espace naturel ou urbain se conjugue parfois symboliquement avec la mémoire de la libération adolescente, au cœur d'une langue poétique elle-même en pleine et vigoureuse genèse.*

Aube

J'ai embrassé l'aube d'été.

Rien ne bougeait encore au front des palais. L'eau était morte. Les camps d'ombres ne quittaient pas la route du bois. J'ai marché, réveillant les haleines vives et tièdes, et les pierreries regardèrent, et les ailes se levèrent sans bruit.

5 _ La première entreprise[1] fut, dans le sentier déjà empli de frais et blêmes éclats, une fleur qui me dit son nom.

Je ris au wasserfall[2] blond qui s'échevela à travers les sapins : à la cime argentée je reconnus la déesse.

Alors je levai un à un les voiles. Dans l'allée, en agitant les bras. Par la plaine, où
10 _ je l'ai dénoncée au coq. À la grand'ville elle fuyait parmi les clochers et les dômes, et courant comme un mendiant sur les quais de marbre, je la chassais.

En haut de la route, près d'un bois de lauriers, je l'ai entourée avec ses voiles amassés, et j'ai senti un peu son immense corps. L'aube et l'enfant tombèrent au bas du bois.

Au réveil il était midi.

Arthur Rimbaud, *Illuminations*, 1886.

NOTES
1. À qui je m'adressais.
2. Chute d'eau, en allemand.

MÉTHODE
→ Le registre lyrique p. 128
→ Les figures d'images p. 130
→ Éléments de versification p. 132
→ Narrateur et points de vue p. 336

OBSERVATION ET ANALYSE

1 Décrivez l'organisation de ce poème en prose. La première et la dernière phrases sont des vers blancs*. De quel type ? Pour quel effet ?

2 Que raconte le poème ? Qui en est le narrateur ? Qui en sont les deux personnages principaux ? Que symbolise le personnage féminin ?

3 Observez les changements de décors et de rythmes au fil du poème. De quels états psychologiques du narrateur sont-ils les métaphores ?

4 Analysez l'expression « j'ai senti un peu son immense corps » (ligne 13). Quelle figure de style la structure ? En quoi est-elle représentative de l'ensemble du récit ?

5 Selon vous, sur quelle tonalité convient-il de lire la dernière phrase ?

Champs de blé aux corbeaux (1890)

Van Gogh
1853-1890

Comme Rimbaud, Van Gogh a construit son œuvre dans le contrepoint d'une existence tragiquement écourtée. Verlaine avait accompagné le meilleur de la production du poète ; Gauguin révéla à Van Gogh, dans les années 1880, la puissance des couleurs et la force des traits simplifiés. Mais, dans les deux cas, ces tentatives de vie et de travail en commun s'achevèrent dans la brouille et le drame. En 1889, Van Gogh se mutile l'oreille gauche et s'enfonce dans la maladie. Retiré l'année suivante à Auvers-sur-Oise, il retrouve un peu de sérénité auprès du docteur Gachet. Mais le désespoir qui le ronge aura le dessus. Il peint ses dernières toiles, dont les Champs de blé aux corbeaux au symbolisme torturé, avant de se suicider fin juillet 1890.

Vincent Van Gogh, *Champs de blé aux corbeaux*, 1890 (huile sur toile, 50,5 cm x 100,5 cm). Amsterdam, Rijksmuseum Vincent Van Gogh.

OBSERVATION ET ANALYSE

1 Quelles sont les quatre couleurs qui structurent cette toile ?

2 Caractérisez le « trait » et la « manière » de Van Gogh dans l'application ici de ces couleurs.

3 Que reste-t-il de la perspective dans une telle composition ? Quelle impression visuelle provoquent notamment « les champs » du premier plan ?

4 Qu'a d'insolite le dessin des chemins ?

5 Quels autres motifs du tableau vous semblent dégager une forte puissance d'évocation ? En quel sens peut-on parler ici de « symbolisme » ?

Poèmes saturniens (1866)

Verlaine
1844-1896

Dans son recueil d'apprentissage intitulé Poèmes saturniens, *Paul Verlaine laisse entrevoir les inspirateurs qui furent les siens : Baudelaire, bien sûr, et les poètes du* Parnasse contemporain *(voir p. 55), où il rêvait d'être publié ; mais aussi Hugo, Nerval et les romantiques auxquels il emprunte, dans un poème comme «* Mon rêve familier *», la thématique de la femme aimée idéale, mystérieusement présente et absente à la fois.*

Mon rêve familier

Je fais souvent ce rêve étrange et pénétrant
D'une femme inconnue, et que j'aime, et qui m'aime
Et qui n'est, chaque fois, ni tout à fait la même
Ni tout à fait une autre, et m'aime et me comprend.

5 ‒ Car elle me comprend, et mon cœur, transparent
Pour elle seule, hélas ! cesse d'être un problème
Pour elle seule, et les moiteurs[1] de mon front blême,
Elle seule les sait rafraîchir, en pleurant.

Est-elle brune, blonde ou rousse ? ‒ Je l'ignore.
10 ‒ Son nom ? Je me souviens qu'il est doux et sonore
Comme ceux des aimés que la Vie exila.

Son regard est pareil au regard des statues,
Et, pour sa voix, lointaine, et calme, et grave, elle a
L'inflexion[2] des voix chères qui se sont tues.

Paul Verlaine, *Poèmes saturniens*, 1866.

NOTES
1. Transpirations, sueurs.
2. Accent, tonalité d'une voix.

MÉTHODE
→ Le registre lyrique p. 128
→ Éléments de versification p. 132

OBSERVATION ET ANALYSE

1 Observez ce sonnet et recensez les divers effets (rythmes, rimes, coupes, ponctuation) qui permettent à Verlaine de rompre ici l'ordre du sonnet traditionnel.

2 Décrivez et commentez le système pronominal utilisé par le poète.

3 Que nous apprend-il sur les acteurs du « rêve » évoqué ? Dans quelle ambiguïté nous laisse-t-il aussi ?

4 Mettez en évidence, dans les deux tercets, l'importance du registre sonore.

5 Que peut symboliser, dans ce contexte, la « voix » féminine du dernier distique ?

Verlaine
1844-1896

Jadis et naguère (1884)

Publié par Verlaine en 1884 avec les poèmes de Jadis et Naguère, « *Art poétique* »
*avait été rédigé dès 1874 lors de la liaison du poète avec Rimbaud. Bien que son auteur
s'en soit défendu (« N'allez pas prendre au pied de la lettre mon "Art poétique" qui
n'est qu'une chanson »), ce poème fut salué par les poètes de la dernière génération
du XIXe siècle comme l'un des manifestes du courant symboliste. Verlaine y définit ses
principes : accompagner impressions et sensations par la mélodie des mots et par un
mètre impair original.*

Art poétique

À Charles Morice[1].

De la musique avant toute chose,
Et pour cela préfère l'Impair
Plus vague et plus soluble dans l'air,
Sans rien en lui qui pèse ou qui pose.

5 ‒Il faut aussi que tu n'ailles point
Choisir tes mots sans quelque méprise :
Rien de plus cher que la chanson grise
Où l'Indécis au Précis se joint.

C'est des beaux yeux derrière des voiles,
10 ‒C'est le grand jour tremblant de midi,
C'est par un ciel d'automne attiédi,
Le bleu fouillis des claires étoiles !

Car nous voulons la Nuance encor,
Pas la Couleur, rien que la nuance !
15 ‒Oh ! la nuance seule fiance[2]
Le rêve au rêve et la flûte au cor !

Fuis du plus loin la Pointe assassine[3],
L'Esprit cruel et le Rire impur,
Qui font pleurer les yeux de l'Azur,
20 ‒Et tout cet ail de basse cuisine[4] !

Prends l'éloquence et tords-lui son cou !
Tu feras bien, en train d'énergie[5],
De rendre un peu la Rime assagie.
Si l'on n'y veille, elle ira jusqu'où ?

25 ‒Ô qui dira les torts de la Rime ?
Quel enfant sourd ou quel nègre fou
Nous a forgé ce bijou d'un sou
Qui sonne creux et faux sous la lime ?

NOTES
1. Poète et critique
symboliste (1861-1919).
2. Allie, mêle.
3. L'ironie méchante.
4. Vulgaire.
5. Tournure familière
signifiant : « dans la
foulée », « pendant que
tu y es ».

De la musique encore et toujours !
30 – Que ton vers soit la chose envolée
Qu'on sent qui fuit d'une âme en allée
Vers d'autres cieux à d'autres amours.

Que ton vers soit la bonne aventure
Éparse au vent crispé du matin
35 – Qui va fleurant[6] la menthe et le thym...
Et tout le reste est littérature.

Paul Verlaine, *Jadis et naguère*, 1884.

NOTE
: **6.** Sentant bon.

MÉTHODE
→ Éléments de versification p. 132
→ Démontrer p. 418
→ Convaincre et persuader p 420

Gustav Klimt, *La Musique*, 1895.
Munich, Neue Pinakothek.

OBSERVATION ET ANALYSE

1 Comptez les syllabes de ces vers et identifiez le nom du mètre ici utilisé.

2 Dressez, sous forme de tableau, la liste des « refus » et des « préférences » poétiques énoncés par Verlaine.

3 Analysez, dans les strophes 1 et 3, ses arguments en faveur de « l'impair » et de « la nuance ».
À quels choix esthétiques plus généraux renvoient-ils ?

4 Observez les rimes et les effets sonores des strophes 6 et 7. À quel jeu s'y amuse Verlaine ?

5 Recensez et commentez le champ lexical de la musique. Par quels procédés Verlaine obtient-il, dans ce poème même, le type de mélodie poétique qu'il dit préférer ?

Mallarmé
1842-1898

TEXTE 10

Poésies (1862-1883)

Après avoir été d'abord influencé, dans ses années d'apprentissage, par la poésie de Baudelaire, dont il reprit les grands thèmes (l'ennui, l'impuissance créatrice, l'appel inassouvi de l'idéal), Mallarmé mit son style, tout en légèreté et transparence, au service d'un symbolisme impressionniste et suggestif. Son poème « Apparition », publié seulement en 1883 mais composé sans doute une vingtaine d'années plus tôt, témoigne ainsi d'une inspiration sentimentale élégamment renouvelée.

Apparition

La lune s'attristait. Des séraphins[1] en pleurs
Rêvant l'archet aux doigts, dans le calme des fleurs
Vaporeuses, tiraient de mourantes violes[2]
De blancs sanglots glissant sur l'azur des corolles[3].
5 – C'était le jour béni de ton premier baiser.
Ma songerie, aimant à me martyriser,
S'enivrait savamment du parfum de tristesse
Que même sans regret et sans déboire laisse
La cueillaison d'un Rêve au cœur qui l'a cueilli.
10 J'errais donc, l'œil rivé sur le pavé vieilli,
Quand, avec du soleil aux cheveux, dans la rue
Et dans le soir, tu m'es en riant apparue,
Et j'ai cru voir la fée au chapeau de clarté
Qui jadis sur mes beaux sommeils d'enfant gâté
15 Passait, laissant toujours de ses mains mal fermées
Neiger de blancs bouquets d'étoiles parfumées.

Stéphane Mallarmé, *Poésies*, 1862-1883.

NOTES
1. Anges.
2. Anciens instruments à cordes.
3. Ensemble des pétales d'une fleur.

MÉTHODE
→ Le sens des mots p. 126
→ Le registre lyrique p. 128
→ Les figures de style p. 68

OBSERVATION ET ANALYSE

1 Dégagez les deux mouvements qui structurent ce poème. À quel moment sentimental correspond chacun d'eux ?

2 Observez dans chaque mouvement les mots et images qui se font écho et/ou s'opposent terme à terme.

3 Répertoriez les champ lexicaux du rêve et de la sensation. Quelle atmosphère contribuent-ils à créer ?

4 Analysez l'évocation de la femme aimée dans le poème. Pourquoi peut-on parler d'idéalisation ?

5 Au terme de votre lecture, quels sens multiples pouvez-vous donner au titre du poème ?

Parce qu'ils ont pris conscience d'un certain épuisement de la poésie moderne depuis le surréalisme et ses extrêmes libérations formelles, les membres de l'Oulipo ont décidé, dans les années 1970, de restaurer ou d'inventer de nouvelles contraintes littéraires. Ils retrouvent par exemple la saveur du lipogramme qui consiste à rédiger un texte en supprimant une ou plusieurs lettres de l'alphabet. Ils pratiquent aussi le monovocalisme qui n'autorise, lui, que le choix d'une voyelle dans un texte donné. Dans tous les cas, l'humour et la fantaisie sont au rendez-vous de l'écriture...

TEXTE 1

Queneau
1903-1976

Lipogramme en E (1973)

Au son d'un ocarina qui jouait l'*Or du Rhin*, Ali Baba, un pacha nain plus lourd qu'un ours, un gros patapouf, baffrait riz, pois, macaroni gisant dans un jus suri, un jus qui aurait trop bouilli, un jus qui aurait acquis un goût ranci ou moisi. Sous son divan, son chat goûtait à son mou. Ali Baba rota, puis il avala un rôti.
5 – Bon, dit-il, allons-y. Hardi, il prit son fusil, son arc, son bazooka, son tambour. Il allait, battant champs, bois, monts, vallons, montant son dada favori. Sans savoir où il irait ainsi, il chassa un lion qui, à coup sûr, broutait l'ananas dans la pampa ; l'animal croyait qu'il y avait alluvion sous roc. Ali Baba cria : à quoi bon ? Avait-il la solution du truc ? du machin ? Il aurait fallu pour ça l'addition, la soustraction,
10 – la multiplication, la division. Il ajouta trois à cinq, il trouva huit ; il ajouta six à un, il trouva huit moins un. Quoi, dit l'idiot abruti, un calcul ? Il tua Ali Baba ; quant au lion, il courut si fort qu'il mourut.

Raymond Queneau, « Lipogramme en E »,
in *Oulipo, La Littérature potentielle*, © Gallimard, 1973.

Henri Rousseau,
Tigre dans un orage tropical, 1891
(huile sur toile,
129,8 cm x 161,5 cm).
Londres,
National Gallery.

TEXTE 2

Monovocalisme en A (1981)

Perec
1936-1982

Smart à falzar d'alpaga nacarat, frac à rabats, brassard à la Franz Hals, chapka d'Astrakhan à glands à la Cranach, bas blancs, gants blancs, grand crachat d'apparat à strass, raglan afghan à falbalas, Andras MacAdam, mâchant d'agaçants partagas, ayant à dada l'art d'Allan Ladd, cavala dans
5 la pampa.

Passant par là, pas par hasard, marchant à grands pas, bras ballants, Armand d'Artagnan, crack pas bancal, as à la San A, l'agrafa. Car, l'an d'avant, dans l'Arkansas...

FLASH-BACK !
10 — Caramba ! clama Max.

— Pas cap ! lança Andras.

— Par Allah, t'as pas la baraka ! cracha Max.

— Par Satan ! bava Andras.

Match pas banal : Andras MacAdam, campagnard pas bavard, bravant
15 Max Van Zapatta, malabar pas marrant.

Ça barda. Ça castagna dans la cagna cracra. Ça balafra. Ça alla mal. Ah la la ! Splatch ! Paf ! Scratch ! Bang ! Crac ! Ramdam astral ! [...]

Georges Perec, extrait de « What a man ! »,
in *Atlas de littérature potentielle*, © Gallimard, 1981.

METHODE
→ Les mots p. 124
→ Le sens des mots p. 126

→ Les mots p. 124
→ Le sens des mots p. 126

OBSERVATION ET ANALYSE

1 Observez le lipogramme en E de Queneau et décrivez les contraintes qu'il impose en particulier au système verbal.

2 Faites le même travail pour le monovocalisme en A de Perec et dites ce qu'il reste de possible :
– dans le jeu des temps ;
– dans le système pronominal.

3 Cherchez dans un dictionnaire le sens des noms communs ou noms propres que vous ne connaissez

pas. Relevez ceux qui appartiennent à une autre langue que le français.

4 Quelle est la tonalité commune à ces deux textes ?

EXPRESSION

Lecture et diction. Lisez et déclamez à haute voix le texte 2. Quelles difficultés rencontrez-vous ?
Variez les tonalités de la diction. Quels effets particuliers provoque cette lecture sur votre auditoire ?

Au-delà des lettres et des sons, les oulipiens proposent d'autres contraintes qui peuvent porter sur des syllabes, des mots ou des phrases entières, comme les palindromes qui imposent que le texte créé puisse se lire de gauche à droite... et inversement !

TEXTE **3**

Palindrome syllabique (1981)

« Holà ! Perds-tu, vicieux, les sens ? Les cieux vitupèrent là-haut ! »

Luc Étienne, « Palindrome syllabique »,
in *Atlas de littérature potentielle*, © Gallimard, 1981.

TEXTE **4**

Palindrome de mots (1981)

« La lave est jetée là, sur lui, à côté, là ; mais la côte a lui sur la jetée Est : lave-là ! »

Paul Braffort, « Palindrome de mots »,
in *Atlas de littérature potentielle*, (©) Gallimard, 1981.

Autre contrainte sur les mots et les phrases, la technique dite des « Variations en S + N » inventée par Raymond Queneau et pratiquée par de nombreux oulipiens. Il s'agit de remplacer chaque substantif d'un texte connu par le énième qui suit dans un dictionnaire donné. Ainsi en va-t-il d'une fameuse série de variations en S + 1, S + 2, S + 4, etc. de Jean Lescure sur une formulation du postulat d'Euclide.

TEXTE **5**

Variation sur le postulat d'Euclide (1973)

« Si deux droites situées dans un plan font avec une même sécante des angles intérieurs du même côté dont la somme soit plus petite que deux droits, ces deux droites se rencontrent de ce côté. »
N.B. Licence : on remplacera la préposition « de » dans l'expression « de ce côté »
5 – par la préposition « dans » si le sens l'exige. (Dico de ref : Hatier, 1929)

S+2 : « Si deux drôles situés dans un plancher font avec une même sécession des angoisses intérieures de la même côtelette dont le sommeil soit plus petit que deux droitures, ces deux drôles se rencontrent dans cette côtelette. »

S+4 : « Si deux drôlesses situées dans une planète font avec une même sécheresse
10 – des âniers intérieurs du même cothurne dont le sommet soit plus petit que deux drôleries, ces deux drôlesses se rencontrent dans ce cothurne. »

114

S+5 : « Si deux dromadaires situés dans un plan font avec un même séchoir des animaux intérieurs du même cotillon dont le sommier soit plus petit que deux drôlesses, ces deux dromadaires se rencontrent dans ce cotillon. »

15 _ **S+6** : « Si deux druides situés dans une plantation font avec une même seconde des animations intérieures de la même cotisation dont la sommité soit plus petite que deux dromadaires, ces deux druides se rencontrent dans cette cotisation. »

Jean Lescure, « La Méthode S + 7 »,
in *Oulipo, La Littérature potentielle*, © Gallimard, 1973.

Jack Vanarsky (né en 1936),
*La Baigneuse de Rembrandt se mirant
à la Source d'Ingres*, 1977.
Vanarsky est l'un des principaux artistes
de l'Oupeinpo (Ouvroir de Peinture
Potentielle). Il s'est ici donné comme
contrainte de rapprocher deux tableaux,
en jouant sur le reflet dans l'eau et en
découpant en «lamelles» les bords des
deux tableaux.

OBSERVATION ET ANALYSE

1 Identifiez très précisément les contraintes des deux palindromes et précisez la différence entre les deux.

2 Examinez les variations en « S + N » de Lescure et précisez la contrainte.

3 Quelle « licence » admet-il ? Pourquoi à votre avis ?

4 Quels éléments lexicaux dans le texte original du postulat d'Euclide favorisent la production de ces « variations » ?

5 Quel effet particulier se produit d'une variante sur l'autre ?

EXPRESSION

Écriture d'invention. Choisissez dans le chapitre un court poème ou une strophe et essayez-vous à une variation en « S + N » à votre convenance.

Perec
1936-1982

Rail (1981)

Inventeurs de vers, les oulipiens le sont parfois aussi de strophes ou de formes poétiques auxquelles ils imposent des contraintes inattendues. Témoin, ce poème de Georges Perec intitulé « Rail » et qui consiste en un ensemble de 4 strophes de 4 vers, de 4 mots, de 4 lettres...

Tout sera pâle, gris
tout sera trop long
aube, soir, jour, mois
faim, soif, rêve noir.

5 – Vers quel état muet
tend leur fils aimé,
noué dans tels sacs
dont sort même gêne ?

Midi doré, élan haut,
10 – ciel bleu, eaux dont
Éole ride vent doux
pour dire code bête

Cela veut dire quoi ?
Plus rien : lieu sans
15 – joie, rues sans fête,
dure nuit sans lune.

Georges Perec, « Rail »,
in *Atlas de littérature potentielle*, © Gallimard, 1981.

MÉTHODE
→ Les mots p. 124
→ Le sens des mots p. 126
→ Éléments de versification p. 132
→ Les figures d'images p. 130

OBSERVATION ET ANALYSE

1 En relisant le poème de Perec à la lumière de la contrainte qui le structure, commentez le titre qu'il lui a donné.

2 Quelle vous semble être la tonalité de ce texte ? Au-delà du jeu, quelle portée pouvons-nous lui donner ?

EXPRESSION

Invention. En respectant la contrainte de Perec, ou en la modulant sur une « base 5 » par exemple, essayez de rédiger un poème de cette veine. Quelles sont les difficultés lexicales, syntaxiques et métriques que vous rencontrez dans cet exercice « oulipien » ?

Le romantisme

■ Un mouvement européen

Le romantisme a été préparé dans le dernier tiers du XVIIIᵉ siècle par des œuvres qui, telles celles de Rousseau, témoignaient de nouvelles formes de sensibilité. Mais il est redevable aussi aux influences des mouvements européens qui l'ont précédé et que les émigrés, chassés de France sous la Révolution, découvrent alors.

L'influence anglaise...

L'Angleterre offre ainsi d'imposants « modèles » : Shakespeare et son théâtre, écrit au XVIᵉ siècle, qui est redécouvert comme une alternative aux rigidités de la scène classique ; Ossian, le « barde » dont les poèmes mythiques vont, avec ceux de Young, Shelley ou Keats, marquer l'inspiration lyrique* et élégiaque* française ; Lord Byron surtout, que son existence romanesque va poser en symbole d'un nouvel héroïsme admiré de tous.

... et l'influence allemande

Constitué en Allemagne vers 1770, le mouvement préromantique *Sturm und Drang* (« Tempête et assaut ») a, lui, rassemblé plusieurs génies qui furent parmi les initiateurs les plus marquants du romantisme français : Schiller et Schlegel dont les œuvres inspireront le drame romantique, Goethe dont *Les Souffrances du jeune Werther*, héros mélancolique, et *Faust*, savant révolté en quête d'absolu, eurent une influence considérable sur l'imaginaire de nos écrivains de 1820.

■ Courants et batailles

Romantisme et conservatisme

Mûri à l'étranger, au contact de ces littératures anglo-saxonnes, le premier romantisme français a en effet pris son essor dans les milieux de l'émigration puis de l'opposition à l'Empire. C'est là que naîtront ses premiers manifestes tels que *Génie du christianisme* (1802) de Chateaubriand ou les essais de Mme de Staël qui précisera, dans *De l'Allemagne* (1810), l'origine étrangère du mot : « Le nom de *romantique* a été introduit nouvellement en Allemagne pour désigner la poésie dont les chants des troubadours ont été l'origine, celle qui est née de la chevalerie et du christianisme. »

De cette origine le mouvement gardera durablement une première coloration « conservatrice », prônant le retour aux puissances de l'émotion contre le « culte de la raison », discrédité par les excès révolutionnaires qu'il passait pour avoir inspirés. Lamartine, Vigny et même Hugo (qui dans ses années d'apprentissage voulait « être Chateaubriand ou rien » !) participent à ce courant conservateur initial.

Vers un romantisme libéral

Toutefois, sous la Restauration, ces écrivains vont progressivement rallier le courant libéral inspiré par Benjamin Constant et Stendhal. En 1827, la création du Cénacle, sous l'autorité de Hugo, marque la fusion provisoire de ces deux tendances décidées à faire front commun pour exprimer leurs exigences de renouvellements esthétiques face aux défenseurs de la tradition. Trois ans plus tard, la « bataille d'*Hernani* » (p. 36) fera date en imposant le drame comme la forme la plus spectaculaire de la révolte romantique.

■ Libertés en tous genres

Variété du roman

C'est entre les deux révolutions de 1830 et de 1848 que le romantisme va dès lors donner le meilleur de lui-même, dans tous les genres littéraires.

Le roman autobiographique (*René* de Chateaubriand, *Adolphe* de Benjamin Constant), qui avait offert sa première expression au « mal du siècle », s'ouvre aux dimensions historique (Vigny, Dumas), sociale (Sand, Hugo, Sue) et fantastique (Nodier, Mérimée).

Avec Stendhal et Balzac, le roman concilie expression des ambitions de l'individu et représentation critique de la société (voir chapitre 4).

Audaces et mystères de la poésie

D'abord dédiée au lyrisme (p. 88), la poésie fait à ses auteurs un devoir de parole partout où la liberté des hommes est menacée : Lamartine, Vigny ou Hugo entreprennent désormais d'accomplir la mission d'engagement et de voyance que ce dernier s'assignait dans *Les Rayons et les Ombres* (1840) : « Le poète en des jours impies/Vient préparer des jours meilleurs/Il est l'homme des utopies/Les pieds ici, les yeux ailleurs. »

À côté d'eux, dans l'obscurité tapageuse de la bohème*, nombreux sont ceux qui joignent les comportements provocants au programme libéral du romantisme, en assumant dans la vie quotidienne la même volonté d'émancipation.

Avec eux affleure un peu plus cette part d'ombre du mouvement, ancrée en lui depuis toujours. Après l'échec de la révolution de 1848, quand se seront éteintes les lumières de la « fête » romantique, c'est elle, symbolisée notamment par les divagations imaginaires d'un Nerval, qui fera le trait d'union avec la modernité littéraire et le symbolisme de la seconde moitié du XIXᵉ siècle.

La poésie symboliste

▮ Un courant plus qu'un mouvement

D'un symbole à l'autre

Longtemps le mot *symbole* a désigné dans notre tradition la représentation d'une idée ou d'une valeur abstraite par une réalité concrète (par exemple le courage dans « La Mort du loup » de Vigny, p. 86). Les poètes qu'on appelle symbolistes dans la deuxième moitié du XIXe siècle reviennent, eux, au plus près de l'étymologie du mot symbole qui, dans la Grèce antique, désignait une poterie brisée dont deux cités alliées conservaient chacune une moitié en signe de reconnaissance. Avec Baudelaire et ses successeurs, le symbole devient ainsi la moitié visible d'une réalité qui a sa part immatérielle, surréelle ou surnaturelle. Le poème sera le lieu où s'opèrera l'acte magique de la « correspondance » entre les fragments séparés de la réalité, de l'analogie entre le réel et l'idéal, le dicible et l'indicible.

De grandes figures « en marge »

Déjà des écrivains romantiques comme Hugo et surtout Nerval (p. 96-97) avaient pressenti cette part « obscure » des choses et de l'existence qui allait inspirer tout un courant d'écriture à partir de 1850.

On parlera de « courant » en effet pour qualifier le symbolisme des trois décennies qui suivent, dans la mesure où le mot ne désigne en rien au départ une « école » structurée mais au contraire un simple état d'esprit qui s'oppose aux théories (comme le positivisme*), aux mouvements (comme le réalisme, p 54) ou aux groupes constitués (comme celui du Parnasse contemporain*) qui tiennent le devant de la scène littéraire (voir p. 54 à 56).

Les trois figures majeures de ce courant, Baudelaire, le poète condamné des *Fleurs du mal* (p. 98) et après lui Rimbaud, le « voyou voyant » (p. 103) et Verlaine, proche des « décadents* » (p. 108), ne sont ainsi que de géniaux créateurs « en marge » des institutions littéraires et voués à se désigner eux-mêmes comme des « poètes maudits ».

La constitution d'un groupe

Il faut attendre les années 1880 pour que le symbolisme se constitue enfin sous la forme d'un mouvement tel que nous l'avons défini (chapitre 1).

La théorisation du courant n'est d'ailleurs faite que par des poètes mineurs qui, comme Jean Moréas, lui fournissent un tardif corps de doctrines et des « manifestes ». Mais Mallarmé (p. 111) s'impose dans son salon parisien comme un « Maître » à de jeunes disciples venus des divers domaines de la création littéraire, musicale ou plastique.

▮ L'esthétique symboliste

Le primat de la poésie

Si, pour les symbolistes, la conviction majeure est que choses et êtres sont tout autant signes et représentations que chair et matière, il est normal que la poésie ait tenu une place majeure dans leur esthétique.

Le texte du poème devient chez eux la « scène » même de manipulation de ces signes délivrés, dit Mallarmé, de leur fonction de « numéraire facile », c'est-à-dire de reproduction asservie de la réalité. Les mots et les images de la poésie symboliste rayonnent de leur capacité d'analogie, de suggestion et d'impression. Les effets rythmiques ou sonores couplés à l'invention de nouveaux mètres, comme les mètres impairs ou le vers libre affranchi des contraintes de la rime, permettent d'y déployer toutes les ressources de l'harmonie et de la musicalité du langage.

Le symbolisme et les autres genres

En littérature, on notera encore deux domaines dans lesquels le symbolisme chercha à s'exprimer durant les deux dernières décennies du siècle :
– L'écriture narrative avec les contes du poète Laforgue (*Les Moralités légendaires*, 1887), les nouvelles de Barbey d'Aurevilly (*Les Diaboliques*, 1874) et les romans de Villiers de L'Isle-Adam ou de Huysmans, dont le célèbre *À Rebours* (1884) restera comme le roman-culte de la mouvance décadente et symboliste « fin de siècle ».
– Le théâtre ensuite avec les œuvres de l'écrivain belge Maurice Maeterlinck (*Pelléas et Mélisande*, 1892) et les débuts prometteurs de Paul Claudel (*Tête d'or*, 1890).

Le symbolisme et les autres arts

Enfin, le rayonnement du courant symboliste influença aussi le champ des arts plastiques :
– en peinture et gravure avec de grands artistes comme Puvis de Chavanne (1824-1898), Odilon Redon (1840-1916) ou Gustave Moreau (1826-1898) ;
– en musique avec des compositeurs tels Claude Debussy (1862-1918), Gabriel Fauré (1845-1924) ou Maurice Ravel (1875-1937), dont les œuvres s'inspirèrent souvent des productions de leurs aînés en poésie, comme Verlaine ou Mallarmé.

L'Oulipo

▉ Histoire d'un groupe

Des personnalités de tous horizons

C'est en 1960 que se constitua, à l'initiative de Raymond Queneau (1903-1976), philosophe, mathématicien et écrivain, un groupe de personnalités littéraires et scientifiques qui prit le nom d'OU. LI. PO. (pour « Ouvroir de littérature potentielle »). Parmi les membres les plus influents du groupe d'origine, on retiendra principalement François Le Lionnais, cofondateur, Georges Perec, le cruciverbiste surdoué, Jean Lescure, à l'humour toujours subtil, Jacques Roubaud, « mathématicien et littérateur », ou encore le conteur italien Italo Calvino.

Un projet original

Loin de se vouloir une « école » ou un « mouvement », l'Oulipo se considère comme « une sorte de groupe de recherches de littérature expérimentale ». « Nous appelons littérature potentielle, disait Queneau, la recherche de formes et de structures nouvelles [...], dans lesquelles le poète ira choisir à partir du moment où il aura envie de sortir de ce qu'on appelle inspiration. »

Continuant ou prolongeant la tradition des troubadours et des grands rhétoriqueurs* du XVe siècle, les Oulipiens affirment ainsi la prééminence des formes et effets rhétoriques dans la fabrication des objets littéraires. Leur travail consistera à réactiver ces contraintes anciennes de production ou à en inventer d'autres, avec l'aide des instruments de la modernité que sont par exemple les mathématiques et l'informatique.

Une inlassable activité

Les actuels membres du groupe (Bens, Latis, Arnaud, Fournel, Braffort, etc.) conduit par Bénabou et Roubaud sont restés fidèles à ce projet original. La page d'accueil de leur site web réaffirme avec humour en ces termes le projet d'origine : « OULIPO. [...] OU c'est OUVROIR, un atelier. Pour fabriquer quoi ? De la LI. LI, c'est la littérature, ce qu'on lit et ce qu'on rature. Quelle sorte de LI ? La LIPO. PO signifie potentiel. De la littérature en quantité illimitée... »

À l'atelier littéraire, romanesque et poétique, d'origine, se sont en fait ajoutés au fil des décennies de nombreux sous-ateliers consacrés à d'autres domaines d'expression comme l'OuPeinPo (peinture), l'OuBaPo (bande dessinée), l'OuPhoPo (Photographie), l'OuCiPo (Cinéma) et même un OuCuiPo consacré aux créations-inventions culinaires !

▉ Des contraintes par dizaines

Contraintes et « anoulipisme »

Ce néologisme plein d'humour désigne la démarche analytique de l'Oulipo. Il s'agit d'« analyser » les œuvres de la tradition, poétique notamment, riches en contraintes, et de les reproduire, transformer ou détourner.

C'est ainsi que les Oulipiens raffolent des effets générés par les contraintes métriques ou strophiques dont Queneau donna un exemple époustouflant dans ses *Cent mille milliards de poèmes*, produits à partir de 10 sonnets matriciels !

Mais surtout ils affectionnent et multiplient les contraintes phonétiques et lexicales, y compris en les appliquant à d'anciens poèmes très connus, dont ils offrent ainsi de savoureuses « traductions ».

Parmi les contraintes de ce type, on retiendra particulièrement les lipogrammes (textes écrits sans une ou plusieurs lettres, voir p. 112), les monovocalismes ou tautogrammes (par répétition exclusive au contraire de la ou des mêmes lettres, voir p. 113) ou les palindromes (textes à lecture réversible, voir p. 114).

Manipulations et transformations

À ces effets, les Oulipiens associent volontiers la « recherche de méthodes de transformations automatiques de textes ». La plus célèbre, pleine d'effets amusants, est la méthode du « S + N » inventée par Queneau, qui consiste à remplacer chaque substantif d'un texte connu par le énième qui suit dans un dictionnaire (voir p. 114).

Inventions et synthoulipisme

Au-delà, les Oulipiens appellent synthoulipisme l'invention, dans l'espace littéraire, romanesque ou poétique, de structures entièrement nouvelles suggérées par leurs recherches mathématiques, « périmathématiques » ou plus récemment informatiques.

Le roman de Perec, *La Vie mode d'emploi* (p. 447) développe ainsi la fonction mathématique connue sous le nom de « bi-carré latin orthogonal d'ordre 10 » tandis que plusieurs contes de Calvino ou de Roubaud exploitent des figures d'équations (du type « x prend y pour z ») ou encore les combinatoires fécondes des jeux de go ou de tarot.

Comment l'art suggère :
la peinture romantique

Comme en littérature, c'est dès la fin du XVIIIe siècle que le romantisme s'est exprimé dans la peinture à travers l'Europe, avec des artistes majeurs comme Turner en Angleterre, Goya en Espagne, Friedrich en Allemagne ou Delacroix en France. S'ils pratiquent souvent eux-mêmes une tradition picturale figurative, ces peintres ouvrent aussi la représentation à une forme d'expression innovante en abordant des thèmes nouveaux, en particulier ceux de la confrontation de l'homme avec les puissances de la Nature et de l'Histoire. Suggérer plutôt que montrer, émouvoir plutôt que décrire, voilà ce que leurs œuvres proposent, à travers des effets inédits de dessins, de perspectives et de couleurs.

1

Caspar David Friedrich (1774-1840), *Deux hommes au bord de la mer, au coucher du soleil* (1817), huile sur toile, 51 cm × 66 cm. Berlin, National Galerie.

Paysagiste allemand, Friedrich est l'un des artistes les plus représentatifs de la peinture romantique européenne. Habité par le contraste cher à ses contemporains entre l'homme solitaire et la nature immense, il propose de vastes paysages, qu'il se refuse à signer. Par leur puissance allégorique, ceux-ci suggèrent superbement l'« âme romantique », entre méditation et mélancolie.

QUESTIONS

1. On dit souvent des toiles de Friedrich qu'elles sont « sans encadrement ». Justifiez cette remarque en observant le document.

2. Quel élément constitue le point central de l'œuvre ? Quelle forme a-t-il ? Pour quel effet ? Où et comment se situent les « deux hommes » par rapport à lui ?

3. Quelle image des rapports « homme/nature » suggère cette œuvre ?

Francisco de Goya (1746-1828),
Le Colosse ou la Panique (1808-1810),
huile sur toile, 116 cm × 105 cm.
Madrid, musée du Prado.

2

Peintre espagnol, Goya fut d'abord le portraitiste officiel de la cour royale de Madrid à la fin du XVIIIe siècle avant que son inspiration ne dérive vers l'imaginaire et même le fantastique. Marqué par la maladie et les tourments de la guerre entre son pays et la France napoléonienne, l'artiste livre ici une image hallucinée de la puissance du destin écrasant l'humanité.

QUESTIONS

1. Justifiez, en examinant ses motifs, le double titre donné à cette toile.

2. Que représente la figure mythologique du « colosse » ?

3. Quels choix de l'artiste, dans la composition et dans le jeu des couleurs, contribuent à la suggestion de l'effet de « panique » ?

3

William Turner (1775-1851),
La Fin du vaisseau « Le Téméraire » (1838),
huile sur toile, 90, 8 cm × 121, 9 cm.
Londres, National Gallery.

Peintre anglais, Turner se fit d'abord remarquer par de nombreuses marines et études traditionnelles de la campagne anglaise avant de se tourner vers une forme d'expression où les effets de lumière l'emportent sur la représentation des motifs. Cette tendance à la « dématérialisation » des sujets se lit dans cette œuvre de la maturité où « Le Téméraire », un vaisseau de la flotte de Nelson, est remorqué jusqu'à son dernier mouillage.

QUESTIONS

1. Observez la composition de la toile. Pourquoi peut-on dire qu'il s'agit d'une sorte de diptyque ? Quel est le sujet de chacune des deux « moitiés » ?

2. A quoi tient la modernité du sujet de cette œuvre ?

3. Quels grands thèmes chers au romantisme suggère-t-elle en même temps ?

4 **Anne-Louis Girodet** (1767-1824),
Atala portée au tombeau (1808), huile sur toile,
207 cm × 267 cm. Paris, musée du Louvre.

La peinture de Girodet reste marquée par une forme de néo-classicisme sensible dans la pureté du trait et un certain académisme des poses. Toutefois sa sensibilité personnelle le conduisit à la rencontre de grands inspirateurs (Ossian) ou maîtres du romantisme naissant comme Chateaubriand. Son interprétation des funérailles d'Atala révèle ainsi une douloureuse intuition des liens entre mort et passion amoureuse.

QUESTIONS

1. Observez les positions respectives des personnages et la manière dont ils sont liés entre eux.

2. Lisez un résumé du roman de Chateaubriand et dites en quoi elles résument tout le drame d'Atala.

3. Décrivez la qualité de la lumière dans cette œuvre. Quelles valeurs symboliques peut-on lui attribuer ?

Antoine Gros est l'auteur de très grandes compositions qui témoignent de la naissance du romantisme pictural sous l'Empire. Cette immense toile (plus de 7 mètres sur 5 !) conjugue la veine historique (l'œuvre fut commandée par Napoléon) et le goût naissant pour le pittoresque orientalisant. L'énergie du trait et la vigueur des couleurs préfigurent ici le génie de Delacroix.

Baron Antoine Gros (1771-1835).
Bonaparte visitant les pestiférés de Jafa (1804),
532 cm × 720 cm. Paris, musée du Louvre. **5**

QUESTIONS

1. Renseignez-vous sur les événements tragiques dont témoigne l'œuvre.

2. Examinez l'agencement vertical et horizontal de la toile. Comment la figure du « héros » est-elle mise en valeur ?

3. Soulignez les contrastes entre évocation de la souffrance et souci de l'exotisme oriental.

6   **Eugène Delacroix** (1798-1863), *La Mort de Sardanapale* (1827),
392 cm × 496 cm. Paris, musée du Louvre.

Chef de file de l'école romantique française en peinture, Delacroix proposa dans son *Journal* qu'un tableau
soit « un pont jeté entre l'esprit du peintre et celui du
spectateur ». Pour obtenir cette puissance de suggestion, il n'hésita pas, dans ses grandioses compositions, à
bousculer certaines lois de la perspective, à estomper les
contours des figures et des objets, à « outrer » surtout
les éclats de lumière et le jeu des couleurs.

Ce très grand tableau (5 m sur 4 m), exposé au Salon
de 1827, conjugue le goût orientalisant du romantisme
avec une manière très personnelle d'imposer une forme
de violence visuelle au spectateur. Le thème illustre la
légende d'un antique roi assyrien, assiégé par des insurgés, qui, avant de se tuer, fait égorger ses femmes et ses
chevaux.

QUESTIONS

1. Recherchez des éléments de la légende qui a
inspiré cette œuvre. Pourquoi ne pouvait-elle que
séduire un romantique ?

2. Décrivez la perspective qui organise « cette cohue
d'êtres vivants et agonisants » (René Huyghe).

3. Observez notamment la ligne qui conduit des
yeux de Sardanapale à ceux de la courtisane égorgée.
Que suggère-t-elle ?

4. Qualifiez la gamme chromatique de ce tableau.
Commentez sa puissance symbolique.

1. Les mots

1 Signifiant et signifié

→ La **langue** fonctionne comme un **code** dont les mots sont les **signes**.

→ Comme tous les signes, les mots sont composés de deux éléments :
- **le signifiant** : une forme visible et sonore, constituée de lettres ;
- **le signifié** : le sens des mots, que ce soit une donnée concrète ou abstraite.

Les poètes en particulier jouent sur les rapports entre signifiant et signifié.

> *Pas d'autre mot qui sonne comme cruche. Grâce à cet U qui s'ouvre en son milieu, cruche est plus creux que creux et l'est à sa façon. C'est un creux entouré d'une terre fragile : rugueuse et fêlable à merci. [...]*
> Francis Ponge, *Pièces*, « La Cruche », © Gallimard, 1961.

2 La formation des mots

→ Les mots sont formés à partir d'un **radical,** souvent issu du latin ou du grec.

> *Le nom latin* caballus *a donné* cheval, chevalier, chevalière, chevalerie, chevalet, chevalin, chevaleresque.
> *Le mot grec* hippos *a donné* hippodrome, hippique, hippopotame, hippocampe.

Une **famille de mots** regroupe tous les mots qui ont le même radical.

→ La langue s'enrichit sans cesse de mots nouveaux qui sont formés :
- **par dérivation** : on ajoute un préfixe et/ou un suffixe au radical.

Les **préfixes** précèdent le radical dont ils changent le sens mais pas la classe grammaticale.

> *Correct →* **in***correct.*

Les **suffixes** suivent le radical, en changent le sens et souvent la classe grammaticale.

> *Adroite (adjectif) → adroite***ment** *(adverbe).*

- **par composition** : on juxtapose des radicaux français, latins ou grecs :

> *Télé (qui signifie* loin *en grec) + vision → télévision.*

- **par emprunt** direct au latin ou à d'autres langues :

> *Veto signifie j'*interdis *en latin → un* veto *est une interdiction.*
> *Graffiti vient de l'italien.*

3 Les relations entre les mots

→ **Les synonymes** sont des mots de même classe grammaticale et de sens voisins. Ils appartiennent parfois à des niveaux de langue différents (voir p. 222)

> *Fringues, habits, effets sont respectivement synonymes de* vêtements *en langage familier, courant et soutenu.*

→ **Les antonymes** sont des mots de même classe grammaticale mais de sens opposés. Ils sont parfois formés à partir du même radical grâce à des préfixes.

> *Social → asocial / importer → exporter.*

Tous les mots n'ont pas d'antonyme. *Cheval ou vert n'ont pas d'antonyme, par exemple.*

→ Deux mots sont **homonymes** lorsqu'ils se prononcent de la même façon mais qu'ils ont des sens différents.

> *Amande (fruit) et* amende *(punition) sont des homonymes.*

→ **Des paronymes** sont des mots différents et de sens différents, mais dont la prononciation et l'orthographe se ressemblent.

> *Prescrire (donner un médicament par ordonnance) et* proscrire *(interdire) sont des paronymes.*

La paronomase consiste à rapprocher deux paronymes, pour un effet souvent humoristique.

> *Qui se ressemble s'assemble.*

Bien heureux les Romains qui avaient les Césars
Pour tyrans, amateurs des armes et des arts :
Mais mal-heureux celui qui vit esclave infâme
Sous une femme hommace et sous un homme femme !

Agrippa d'Aubigné, *Les Tragiques*, ⟿ p. 403.

__ antonymes

▨ adjectifs créés

COMMENTAIRE

L'orthographe du XVIe siècle souligne la création par dérivation des deux adjectifs : *bien heureux* et *mal-heureux*. Leur antonymie renforce la violence du pamphlet pour lequel d'Aubigné crée deux autres adjectifs. *Hommace* dérive d'*homme* avec un suffixe péjoratif. *Femme* change de classe grammaticale. Le poète dénonce ainsi l'ambiguïté de Charles IX.

EXERCICES

Retour sur les textes du chapitre

La formation des mots

1 **Baudelaire, « Spleen » LXXV,** ⟿ p. 100, vers 1 à 8
Repérez les adjectifs qui riment entre eux. Comment sont-ils formés ? À partir de quels radicaux ? Quelle tonalité apportent-ils au poème ?

2 **Queneau, « Lipogramme en E »,** ⟿ p. 112, l. 1 à 5
Dans ces deux phrases, Queneau emprunte des mots de diverses origines : latine, anglaise, italienne, turque. Retrouvez-les en vous aidant d'un dictionnaire. Quel est l'effet produit ?

Les relations entre les mots

3 **Lamartine, « L'Isolement »,** ⟿ p. 82, vers 25 à 32
Dans ces deux quatrains, relevez tous les antonymes en donnant leur classe grammaticale. Pourquoi sont-ils aussi nombreux ? Que montre ainsi le poète ?

4 **Beckett, *En attendant Godot*,** ⟿ p. 168, l. 48 à 54
Pourquoi Estragon est-il surpris par la demande de Vladimir ? D'où vient son erreur ? Que révèle-t-elle sur la communication entre les deux personnages ?

Signifiant et signifié

Florence est ville et fleur et femme, elle est ville-fleur et ville-femme et fille-fleur tout à la fois. Et l'étrange objet qui paraît ainsi possède la liquidité du *fleuve*, la douceur fauve de l'*or* et, pour finir, s'abandonne avec décence et prolonge indéfiniment par l'affaiblissement continu de l'*e* muet son épanouissement plein de réserve.

Sartre, *Qu'est-ce que la littérature ?*, © Gallimard.

5 Que signifie le mot latin *flor* ? Quelles images fait surgir l'étymologie du mot dans la première phrase ?

6 Dans la deuxième phrase, Sartre joue sur le signifiant. Par quel procédé typographique le montre-t-il ? Sur quels éléments s'appuie-t-il ?

Texte d'entraînement

François faisant florir France
Royalement règnera
Amour aimable aura
N'y aura nulle nuisance
Conseil constant conduira,
Ordonnant obéissance
Injustice il illustrera
Sur ses sujets sans souffrance.

Étienne Tabourot, *Les Bigarrures*,
« Poème à François II », 1572.

Questions d'analyse

1 Quelle est la particularité de chaque vers ?

2 À partir de quels mots grecs est formé *tautogramme* ?

3 Où apparaît le destinataire de ce poème ? Regardez les lettres initiales de chaque vers. Comment s'appelle ce procédé ?

2. Le sens des mots

1 La polysémie

→ Un même mot peut avoir **plusieurs sens.** Il est **polysémique** (de *poly-* : plusieurs, et *sème* : sens). Le dictionnaire donne tous les sens, souvent du sens le plus ancien au plus récent.

> SOURIS *n.f.* **1.** *Petit mammifère rongeur de la même famille que le rat.* **2.** *Muscle charnu à l'extrémité de l'os du gigot.* **3.** INFORM. *Dispositif mobile, permettant de repérer un point sur l'écran.*
>
> (Dictionnaire universel de poche, © *Hachette*, 1993)

→ L'ensemble des sens d'un mot constitue son **champ sémantique**. Seul le contexte permet de comprendre dans quel sens un mot est employé.

> *Ma souris ne répond plus ; elle est en panne.* → sens 3
> *J'ai mangé la souris ; c'est la meilleure partie du gigot.* → sens 2
> *Une souris a pénétré dans la maison.* → sens 1

→ Un mot a un **sens propre** qui désigne un objet, une personne, ou une notion. Il prend parfois un **sens figuré**.

> *J'ai acheté 4 m de tissu pour faire des rideaux.* → sens propre
> *C'est un tissu de mensonges.* → sens figuré.

Le jeu entre sens propre et sens figuré crée des effets humoristiques ou poétiques comme dans ce vers d'Apollinaire, avec le mot *éclat*.

> *Mon verre s'est brisé comme un éclat de rire.*

2 Les réseaux de significations

→ Les mots ont un sens neutre, explicite : **c'est le sens dénoté.**
Certains d'entre eux ont aussi un sens second, **implicite : le sens connoté.**

> *Rouge : couleur* (= sens dénoté) // *sang* (= sens connoté).

Les connotations sont l'ensemble des idées et des notions qui peuvent être associées à ce mot, en fonction **des intentions et des émotions** de l'émetteur ou du destinataire, en fonction aussi de leurs **références culturelles et historiques.**

> *La* campagne *peut évoquer les vacances, le calme chez certains ; chez d'autres l'ennui, l'isolement.*

→ Un **champ lexical** est composé de l'ensemble des mots qui se réfèrent à un **même thème ou à une même notion**. Plusieurs champs lexicaux peuvent s'entrecroiser. Il est important de les repérer pour interpréter un texte.

> *Gervaise **haussait le menton**, examinait la façade. Sur la rue, la maison avait **cinq** étages, alignant **chacun à la file quinze** fenêtres, dont les persiennes* <u>noires</u>, *aux lames* <u>cassées</u>, *donnaient un air de* <u>ruine</u> *à cet **immense** pan de muraille.*
>
> (Émile Zola, *L'Assommoir*)

En gras : le champ lexical de la grandeur.
En souligné : le champ lexical de la dégradation.

→ Un **terme générique** (ou **hyperonyme**) est un mot dont le sens général recouvre le sens de plusieurs mots de sens plus précis (ou **hyponymes**).

> *Meuble est l'hyperonyme de lits, sièges, tables, armoires…*
> *Siège est lui-même l'hyperonyme de canapé, chaise, fauteuil…*

→ Les **reprises nominales** permettent de désigner un même personnage ou une même réalité avec des mots différents. Elles évitent ainsi les répétitions tout en apportant souvent de nouvelles informations.

> *Jeanne pleurait toujours, implorant **son fils**. [...] Et le **grand enfant** surpris promettait :* « *Non, maman.* »
>
> (Guy de Maupassant, *Une vie*)

L'albatros

Souvent, pour s'amuser, les hommes d'équipage
Prennent des albatros, vastes oiseaux des mers,
Qui suivent, indolents compagnons de voyage,
Le navire glissant sur les gouffres amers.

5 À peine les ont-ils déposés sur les planches,
Que ces rois de l'azur, maladroits et honteux,
Laissent piteusement leurs grandes ailes blanches
Comme des avirons traîner à côté d'eux.

Ce voyageur ailé, comme il est gauche et veule !
10 Lui, naguère si beau, qu'il est comique et laid !
L'un agace son bec avec un brûle-gueule,
L'autre mime, en boitant, l'infirme qui volait !

Le Poète est semblable au prince des nuées
Qui hante la tempête et se rit de l'archer ;
15 Exilé sur le sol au milieu des huées,
Ses ailes de géant l'empêchent de marcher.

Baudelaire, *Les Fleurs du mal*, ↪ p. 98.

— reprises nominales pour les albatros

champ lexical de la grandeur

champ lexical de l'infirmité

COMMENTAIRE

Au vers 4, l'adjectif *amers* est employé au sens propre à cause de l'amertume de l'eau salée, mais aussi au sens figuré : il introduit la notion de douleur reprise par le champ lexical de l'infirmité qui commence à la deuxième strophe. L'entrecroisement de deux champs lexicaux, celui de la grandeur et celui de l'infirmité, permet à Baudelaire de dégager les deux facettes du poète qui, comme l'albatros, vole au-dessus des hommes mais est aussi leur victime. Toutefois les reprises nominales désignant les albatros, soulignent pour la plupart la grandeur de l'oiseau.

Retour sur les textes du chapitre

La polysémie

1 **Hugo**, *Les Châtiments*, ↪ **p. 92, vers 33 à 40**
1. Que signifie le vers 33 ? Les mots sont-ils pris au sens propre ou au sens figuré ?
2. Donnez le sens du vers 39. Que souligne le jeu entre sens propre et sens figuré dans toute la strophe ?

Les réseaux de significations

2 **Rimbaud**, « **Le dormeur du val** », ↪ **p. 103**
1. Quelle est la connotation d'ensemble de la première strophe ? Citez les mots qui construisent cette connotation.
2. Quel mot introduit une autre connotation dans la deuxième strophe ? Quelle est-elle ?
3. Montrez que cette connotation s'accentue dans les 3e et 4e strophes.

3 **Lamartine**, « **L'isolement** », ↪ **p. 82, vers 1 à 20**
Quels sont les deux champs lexicaux qui se développent dans les 4 premières strophes ? Par quels mots sont-ils repris dans la 5e strophe ? Faites un relevé précis de chacun de ces champs.

4 **Vigny**, « **La mort du loup** »,
↪ **p. 86, vers 20 à 40**
Relevez les reprises nominales qui désignent le loup et sa famille. Quelle image du loup est ainsi construite ?

Texte d'entraînement

Rond
– Qu'est-ce qu'il y a donc
De plus rond que la pomme ?

– Si lorsque tu dis : rond,
Vraiment c'est rond que tu veux dire,
Mais la boule à jouer
Est plus ronde que la pomme.

Mais si, quand tu dis : rond,
C'est plein que tu veux dire,
Plein de rondeur
Et rond de plénitude,

Alors il n'y a rien
De plus rond que la pomme.

Guillevic, *Sphères*, © Gallimard.

Questions d'analyse

1 Dans quels vers l'adjectif *rond* est-il pris dans son sens dénoté ?

2 Quels sens introduit la 3e strophe ?

3 Interprétez le mot *Alors*.

4 Faites une phrase dans laquelle l'adjectif *rond* est pris dans un sens figuré.

1. Le registre lyrique

1 Histoire et définition

→ **Le lyrisme** est le registre des **sensations** et des **sentiments personnels**. Bien que le genre premier et privilégié du lyrisme soit la poésie, on le retrouve dans les autres genres littéraires.

→ Le mot rappelle le lien originel qui unit **poésie** et **musique**. La mythologie grecque attribue au dieu Hermès l'invention de la lyre et montre à travers le poète **Orphée** la puissance et la vocation du chant lyrique, capable d'apaiser les dieux et d'exprimer la souffrance et l'amour.

→ La poésie des troubadours et des trouvères, au Moyen Âge, allie la définition du lyrisme comme musique à son sens moderne, celui de l'expression des sentiments. Toutefois, c'est au début du XIXᵉ siècle, avec le romantisme, que le lyrisme prend toute son ampleur dans l'expression et la célébration des sentiments personnels.

→ **L'élégiaque** est une tonalité lyrique plus particulièrement tournée vers le regret et la plainte.

2 Les thèmes et les formes fixes du lyrisme

→ **Les thèmes lyriques** les plus fréquents exaltent la beauté de la nature, l'amour, la mélancolie et la fuite du temps.

→ **Les formes fixes** de poème lyrique sont variées : on trouve le sonnet, l'ode ou les stances (plus solennelles), l'élégie (réservée aux regrets), enfin, le rondeau ou la ballade.

3 Les caractéristiques de l'écriture lyrique

→ **L'énonciation**
• **Le lyrisme** met au centre de son expression le *je* et ses émotions. Lamartine le définit comme le « soulagement de [son] propre cœur qui se berce de ses propres sanglots ».
• **L'énonciation lyrique** est aussi marquée par la présence de l'autre, interlocuteur célébré ou sollicité.

→ **Les figures**
• Au niveau **stylistique**, le lyrisme privilégie **les figures d'images**, métaphores et comparaisons, allégories, et les **figures d'intensification**, comme les hyperboles ou les gradations pour exprimer l'ampleur du sentiment.
• **La musicalité,** par la recherche d'allitérations et d'assonances, traduit aussi le sentiment du locuteur.

→ **Les marques syntaxiques et rhétoriques**
• Le texte lyrique se distingue enfin par une **rhétorique** et une **syntaxe** particulièrement expressives. « Le lyrisme est le développement d'une exclamation », écrivait Paul Valéry. Les phrases exclamatives et interrogatives sont nombreuses.
• Invocations, apostrophes et interjections rythment le poème, afin de susciter la compassion ou l'enthousiasme.

→ La **versification**
• Elle obéit à ces mouvements discordants ou harmonieux de la sensibilité, en travaillant les **rythmes**, binaires ou ternaires, les coupes et accents brisés ou enchaînés.
• **L'alexandrin,** qui offre des coupes, des enjambements et des rejets expressifs, reste souvent privilégié dans la poésie lyrique régulière.

Seul et triste au milieu des chants des matelots,
Le soir, sous la falaise, à cette heure où les flots,
S'ouvrant et se fermant comme autant de narines,
Mêlent au vent des cieux mille haleines marines,
Où l'on entend dans l'air d'ineffables échos
Qui viennent de la terre et qui viennent des eaux,
– Ainsi je songe ! – à vous, enfants, maison, famille,
À la table qui rit, au foyer qui pétille […]

Victor Hugo, *Les Voix intérieures*, 1837 ➥ **p. 89.**

- énonciation lyrique
- thèmes lyriques
- métaphore et comparaison

COMMENTAIRE

Cet extrait des *Voix intérieures* relève du **registre lyrique**. Le poète exprime, dans une tonalité élégiaque, sa souffrance et son regret d'être séparé des siens. On retrouve également les **thèmes lyriques** de la solitude, de l'amour et de la nature. La mer se trouve notamment personnifiée par les comparaisons et les métaphores. Enfin, le **rythme** de l'alexandrin, travaillé par des enjambements, des coupes, des gradations et une syntaxe expressive, souvent exclamative, participe de l'écriture lyrique.

EXERCICES

Retour sur les textes du chapitre

1 Repérez les marques de l'énonciation lyrique dans « L'isolement » de Lamartine (➥p. 82). Dites en quoi cette étude éclaire la souffrance du poète et sa vision de la nature.

2 Comparez les thèmes lyriques dominants de *Fantaisie* de Gérard de Nerval (➥ p. 96) et de « Nuit de décembre » d'Alfred de Musset (➥p. 84) Dites ce qui les rapproche et ce qui les oppose.

3 Mettez en valeur, dans « Mon rêve familier » de Paul Verlaine (➥p. 108), l'importance de la versification (rythme, sonorités) et de la syntaxe (types et formes de phrases, enchaînement des phrases entre elles) dans l'expression du sentiment.

4 Relevez des figures d'images, comparaisons ou métaphores dans « Apparition » de Mallarmé (➥p. 111). Quels sont les thèmes lyriques qui s'en dégagent ?

5 Dans « Aube » de Rimbaud (➥p. 106), relevez les métaphores et métamorphoses de « la déesse » (l. 8). Que célèbre le poème par ces images ?

Texte d'entraînement

L'étude porte sur les quatre premières strophes du poème « Mareï » de Guillaume Apollinaire.

Mareï

Dis-le moi mon amour est-il vrai que tu m'aimes
Une étoile a donc lui sur nos fronts certains soirs
Ah mon corps connaîtra tous les deuils des carêmes
Pour payer le bonheur que lui vaut cet espoir

Dis-le moi mon amour est-il vrai que tu m'aimes
Car je veux si c'est vrai le crier dans la nuit
Se peut-il que ma bouche et mes tristes poèmes
N'aient encore en ton âme apporté quelque ennui

Car Orphée amoureux fut tué par les femmes
Et je sais que souvent la nature entend mieux
Les sanglots de la lyre et les pleurs de nos âmes
Que les belles Ô toi vers qui vont nos grands yeux

Mon amour si tu veux nous irons par les sentes
Près de nous voleront les oiseaux en émoi
Nous aurons pour calmer nos deux bouches ardentes
Des myrtilles pour toi mais ta bouche pour moi.
[…]

Apollinaire, *Le Guetteur mélancolique*, « Stavelot »,
1899, © Gallimard.

Question d'analyse

Analysez le registre lyrique de ce passage de « Mareï » dans ces différentes composantes : énonciation, thèmes, expression des sentiments à travers le lexique, les figures de style et la versification. Quel est l'effet recherché par l'adoption du registre lyrique ?

2. Les figures d'images

Les figures d'images, très présentes dans le langage poétique, opèrent des rapprochements entre des univers différents (figures d'analogie) ou déplacent une réalité dans une autre (figures de substitution), pour mieux suggérer ou définir. Les principales figures d'images sont la comparaison, la métaphore, la métonymie, la synecdoque, la personnification et l'allégorie.

1 La comparaison

Grammaticalement, on la reconnaît à la présence d'un mot ou d'une expression de comparaison : *comme*, *ainsi que* ; d'un verbe, *ressemble à*, *pareil à*, *en forme de,* qui met en relation **le comparé** (réalité faisant l'objet du rapprochement) et **le comparant** (terme rapproché du comparé).

> *Le poète est semblable au prince des nuées.* (Baudelaire, p. 98)

> *Et comme un œil naissant couvert par ses paupières*
> *Un pur esprit s'accroît sous l'écorce des pierres.* (Nerval, p. 97)

2 La métaphore

→ C'est une figure d'analogie qui unit un comparé et un comparant **sans outil de comparaison** exprimé.
- • La métaphore peut maintenir les deux éléments, comparé et comparant :
> *La **sève** est du **champagne** et vous monte à la tête...* (Rimbaud, p.105)
- • Elle peut passer sous silence le comparé :
> *Le navire glissant sur les **gouffres amers**.* (Baudelaire, p. 98)

→ On dit que la **métaphore** est **filée** lorsqu'elle se déploie sur plusieurs phrases ou vers, autour d'un même thème et dans un même champ lexical (par exemple « L'albatros », de Baudelaire, p. 98).

3 La métonymie

→ Cette figure de substitution consiste à désigner une chose par une autre qui lui est proche ou qui entretient avec elle une relation logique (l'effet pour la cause ou inversement) ou de contiguïté (contenant pour le contenu) facilement identifiable.

> Effet pour la cause : *vivre de son travail* pour *vivre de ce qu'on gagne en travaillant.*

4 La synecdoque

Forme particulière de métonymie, elle désigne une réalité par l'une de ses parties.

> *Une voile* pour *un bateau.*

5 La personnification

Elle consiste à prêter à un être inanimé ou à un animal des comportements ou des sentiments humains.

> Voir « *La Mort du loup* », de Vigny, p. 86-87.

6 L'allégorie

Elle représente une valeur ou une idée abstraite sous l'apparence d'un être humain ou d'une réalité concrète. Elle est souvent repérable typographiquement à sa majuscule.

> *Ô Mort, vieux capitaine, il est temps ! levons l'ancre.* (Baudelaire)

À quoi je songe ? Hélas ! loin du toit où vous êtes,
Enfants, je songe à vous, mes jeunes têtes,
Espoir de mon été déjà penchant et mûr,
Rameaux dont, tous les ans, l'ombre croît sur mon mur !
Douces âmes, à peine au jour épanouies,
Des rayons de votre aube encor tout éblouies !
Je songe aux deux petits qui pleurent en riant,
Et qui font gazouiller sur leur seuil verdoyant,
Comme deux jeunes fleurs qui se heurtent entre elles,
Leurs jeux charmants mêlés de charmantes querelles !

Victor Hugo, *Les Voix intérieures*, ➤ **p. 89.**

▪ synecdoques (partie pour le tout)
▪ métonymies (temps cosmique pour le temps humain, saisons pour les âges de la vie)
▪ métaphores
▪ comparaison

COMMENTAIRE

Cet extrait est très riche en figures d'images : métonymies, synecdoques, métaphores et comparaisons désignent, soit la maison, soit les enfants du poète, soit le poète lui-même. Ces figures expriment principalement le sentiment de tendresse, renforcé par l'éloignement, d'un père pour ces enfants.

EXERCICES

Retour sur les textes du chapitre

L'allégorie et la synecdoque

1 Identifiez l'allégorie dans le poème de Lamartine « L'isolement » (➤ p. 82) ainsi que dans le poème de Hugo « La conscience » (➤ p. 94).
2 Dans ce dernier, expliquez le choix de la synecdoque pour exprimer l'allégorie.

La personnification

3 Quelle personnification structure le poème de Rimbaud « Aube » (➤ p. 106) ? Montrez-en les différentes composantes. À votre avis, pourquoi le poète a-t-il fait ce choix de personnification ?

La métaphore

4 Quelles sont les métaphores utilisées dans la première strophe de la « Chanson VI » des *Châtiments* de Victor Hugo (➤ p. 92) ? Expliquez leur opposition et qualifiez le registre qu'elles créent.
5 Dans « Vers dorés » de Nerval (➤ p. 97), repérez les métaphores.

La comparaison

6 Dans « La Mort du loup » de Vigny (➤ p. 86), relevez la figure de comparaison concernant la louve et dites quel est son intérêt dans ce poème.

Texte d'entraînement

« Ma bohème »

Je m'en allais, les poings dans mes poches crevées ;
Mon paletot soudain devenait idéal ;
J'allais sous le ciel, Muse, et j'étais ton féal ;
Oh! là là! que d'amours splendides j'ai rêvées !

Mon unique culotte avait un large trou.
Petit-Poucet rêveur, j'égrenais dans ma course
Des rimes. Mon auberge était à la Grande-Ourse.
Mes étoiles au ciel avaient un doux frou-frou.

Et je les écoutais, assis au bord des routes,
Ces bons soirs de septembre où je sentais des gouttes
De rosée à mon front, comme un vin de vigueur ;

Où, rimant au milieu des ombres fantastiques,
Comme des lyres, je tirais les élastiques
De mes souliers blessés, un pied près de mon cœur !

Arthur Rimbaud, *Poésies*, 1870.

Question d'analyse

Relevez et identifiez les figures d'images, puis analysez leur rôle dans ce poème, en précisant quelle représentation du poète elles contribuent à construire.

3. Éléments de versification

1 Le vers régulier

Les vers se reconnaissent à leur disposition typographique, le retour à la ligne, ainsi qu'à leur unité rythmique.

→ **Les syllabes et les mètres**
- Le vers français est syllabique. C'est le nombre de syllabes qui définit le type de mètre utilisé.
- Les mètres pairs les plus fréquents sont l'hexasyllabe (6), l'octosyllabe (8), le décasyllabe (10) ; l'alexandrin (12) ; les mètres impairs, le pentasyllabe (5), l'heptasyllabe (7), l'hendécasyllabe (11).

→ **Le décompte des syllabes**
- Pour mesurer la longueur d'un vers, il faut faire attention au *e* muet : il ne se prononce pas et ne compte pas en fin de vers.
- À l'intérieur du vers, il ne compte que s'il est suivi d'une consonne.

→ **La diérèse** scinde un groupe vocalique en deux syllabes (*O/ri/ent*), **la synérèse** rassemble les éléments vocaliques en une seule syllabe (*O/rient*).

2 L'agencement des vers et le rythme

→ Le vers est rythmé par des **accents d'intensité** et des **coupes**. L'accent d'intensité ou **accent tonique** tombe sur la dernière syllabe d'un ensemble de mots ou sur l'avant-dernière si la dernière se termine par un *e* (le *e*, même prononcé, n'est jamais accentué) : *Napoléon, dans la bataille.*

→ Les **coupes** rythment des groupes de syllabes. La coupe centrale est appelée **césure**. Elle sépare l'alexandrin en deux **hémistiches** de six syllabes.

    Lui/, na/guè/re/si/beau//qu'il/est/co/mi/que et/laid ! (Baudelaire, « L'albatros » p. 98)

3 Le vers et la phrase

→ Quand une phrase se prolonge sur le vers suivant, on parle d'**enjambement** (vers 15 et 16 de « L'Isolement » de Lamartine, p. 82).

→ Quand ce prolongement se limite à deux ou trois syllabes sur le vers suivant, on parle de **rejet**.

→ À l'inverse, on nomme **contre-rejet** l'isolement à la rime d'un groupe de syllabes syntaxiquement rattaché au vers suivant (Rimbaud, p. 103, v 9-10).

4 Les strophes et la rime

→ **La strophe** est un ensemble de vers typographiquement séparés des autres par un espace blanc. Les vers d'une même strophe ont une cohérence sémantique et formelle. Ils sont unis par la rime et/ou le rythme.

→ Les principales strophes classiques sont le **distique** (2 vers), le **tercet** (3), le **quatrain** (4), le **quintil** (5), le **sizain** (6), le **huitain** (8), le **dizain** (10).

→ **La rime** est la répétition d'une même sonorité à la fin de deux vers différents. On classe les rimes selon leur nature, leur qualité et leur disposition.

    • **La nature**
Une rime est dite féminine quand elle s'achève sur une syllabe se terminant par un *e* muet : *image, finissent.* Elle est dite masculine dans tous les autres cas.

    • **La qualité**
Quand une seule sonorité est prononcée, on dit la rime « **pauvre** » *(remplit/finit)* ; elle est « **suffisante** » avec deux sonorités *(aimé/fermé)* ; au-delà, elle est dite « **riche** » (plus de deux sons en commun).

    • **La disposition**
On distingue principalement trois schémas de rimes classiques ; les rimes **plates** ou **suivies** (AABB) ; les rimes **alternées** ou **croisées** (ABAB) et les rimes **embrassées** (ABBA).

Sa grandeur éblouit l'histoire.
Quinze ans, **il fut**
Le dieu qui traînait la victoire
Sur un affût ;
L'Europe sous la loi guerrière
Se débattit.
Toi, son singe, marche derrière,
Petit, petit.

Victor Hugo, *Les Châtiments*, ➥ p. 92-93.

Gras : enjambement
▭ rimes féminines
▭ rimes masculines

COMMENTAIRE

Le poème est composé de strophes de huit vers, des huitains, faisant alterner des vers de huit syllabes ou octosyllabes et des vers de quatre syllabes ou tétrasyllabes. Ce huitain présente un enjambement. Les rimes sont croisées et, en alternance, féminines et masculines. Les rimes féminines sont riches et les rimes masculines sont suffisantes.

EXERCICES

Retour sur les textes du chapitre

1 Quel est le mètre utilisé dans l'« Art poétique » de Verlaine (➥ p. 109), dans « La vie antérieure » de Baudelaire (➥ p. 99) et dans « Fantaisie » de Nerval (➥ p. 96) ?
Placez les césures et les coupes dans les trois premiers vers de chacun de ces poèmes.

2 Dans « Le dormeur du val » de Rimbaud (➥ p. 103), repérez les décalages entre le vers et la phrase (enjambement, rejet, contre-rejet). Quel est, pour chacun des cas, l'intérêt poétique de cette versification ?

3 Identifiez les types de strophes dans « Spleen » de Baudelaire (➥ p. 100). Quel type de poème l'ensemble des strophes forme-t-il ?

4 Dans les deux premières strophes de « Roman » de Rimbaud (➥ p. 104) , trouvez une diérèse et une synérèse et interprétez l'effet produit par ce jeu de sonorités.

5 Donnez la qualité, la nature et la disposition des rimes dans « Fantaisie » de Nerval (➥ p. 96) .

Texte d'entraînement

Sous le pont Mirabeau coule la Seine
Et nos amours
Faut-il qu'il m'en souvienne
La joie venait toujours après la peine

Vienne la nuit sonne l'heure
Les jours s'en vont je demeure

Les mains dans les mains restons face à face
Tandis que sous
Le pont de nos bras passe
Des éternels regards l'onde si lasse

Vienne la nuit sonne l'heure
Les jours s'en vont je demeure

L'amour s'en va comme cette eau courante
L'amour s'en va
Comme la vie est lente
Et comme l'Espérance est violente

Vienne la nuit sonne l'heure
Les jours s'en vont je demeure

Passent les jours et passent les semaines
Ni temps passé
Ni les amours reviennent
Sous le pont Mirabeau coule la Seine

Vienne la nuit sonne l'heure
Les jours s'en vont je demeure

Guillaume Apollinaire, *Alcools*, 1913, © Gallimard.

Question d'analyse

Analysez le rythme de ce poème (longueur des vers, coupes et accents, enjambements, types de strophes) et sa musicalité. Vous vous interrogerez par ailleurs sur l'effet créé par l'absence de ponctuation et sur le rôle du refrain.

Commenter un poème

Le commentaire littéraire d'un poème implique une lecture qui prenne en compte les caractéristiques propres au genre poétique. Il faut être attentif au langage poétique, au rythme, aux effets sonores et visuels ; au travail stylistique, aux formes, traditionnelles ou non, du poème pour en apprécier le sens et proposer des interprétations.

1 Caractéristiques globales

→ **Quelle est la forme du poème ?** On distinguera les formes fixes et régulières (ballade, rondeau, sonnet) des formes libres (poème en prose, poème en vers libres).

→ **Quelle est la disposition** typographique choisie ?

→ **Quels genres de discours ?** Le poème est-il construit sur des formes narratives, descriptives ? Propose-t-il un discours, un dialogue ?

→ **Quel est son principe d'organisation :** répétitions régulières de structures syntaxiques ou anaphores ? organisation thématique ou chronologique ?

→ **Qu'évoque le poème ?** Quel est son cadre spatio-temporel ? Qui parle et éventuellement à qui ou de qui ? On s'appuiera sur l'étude de l'énonciation et les indices de temps et de lieu.

2 Cerner la spécificité du poème étudié

→ **Le lexique**
- Quels sont les champs lexicaux majeurs ?
- Quel type de lexique est utilisé : affectif, abstrait, concret, technique ?
- Les mots sont-ils chargés de connotations ou sont-ils au contraire utilisés de façon dénotative ?

→ **Les figures d'images et de style**
- Quelles sont les figures d'images ? et les autres figures de style utilisées ? (voir p. 130 et p. 68).

→ **La versification** (voir p. 132)
- Étudier le rythme : Quel est le mètre utilisé ? Y a-t-il des discordances entre vers et syntaxe (enjambement, rejet, contre-rejet) ?
- Étudier les sonorités : allitérations, assonances, rimes.

3 Étudier le registre et le mode de représentation du réel

- La caractérisation et l'interprétation du poème dépend de la justesse avec laquelle on aura identifié l'émotion dominante et la vision du réel adoptée par le poète.
- Quel est ou quels sont **les registres utilisés** (voir les registres p. 70) ? Quelle émotion le poème cherche-t-il à susciter chez le lecteur ?
- Le réel est-il présenté de façon réaliste, fantastique, sur le mode du merveilleux ? Relever les indices qui ont permis de répondre à cette question.

4 Élaborer le plan

→ **L'introduction** présente globalement le texte en le situant et en le caractérisant. Elle annonce aussi le plan qui peut être thématique ou analytique.

→ **Le développement** organise les réponses aux questions précédentes (1, 2 et 3) de façon construite afin de présenter les caractéristiques majeures et une analyse en fonction de l'écriture poétique mise en valeur. L'ordre des parties ira du plus évident (caractéristiques générales de genre et de registre, thème dominant) au moins évident (les valeurs symboliques, la réécriture d'un thème ou d'un style poétique), du plus concret au plus abstrait.

→ **La conclusion** rappelle les points majeurs de l'analyse et propose un élargissement à d'autres poèmes, poètes ou thèmes associés.

SUJET

> **« Un homme passe sous la fenêtre et chante »**

Nous étions faits pour être libres
Nous étions faits pour être heureux
Comme la vitre pour le givre
Et les vêpres pour les aveux
Comme la grive pour être ivre
Le printemps pour être amoureux
Nous étions faits pour être libres
Nous étions faits pour être heureux

Toi qui avais des bras des rêves
Le sang rapide et soleilleux
Au joli mois des primevères
Où pleurer même est merveilleux
Tu courais des chansons aux lèvres
Aimé du Diable et du Bon Dieu
Toi qui avais des bras des rêves
Le sang rapide et soleilleux

Ma folle ma belle et ma douce
Qui avais la beauté du feu
La douceur de l'eau dans ta bouche
De l'or pour rien dans tes cheveux

Qu'as-tu fait de ta bouche rouge
Des baisers pour le jour qu'il pleut
Ma folle ma belle et ma douce
Qui avais la beauté du feu

Le temps qui passe passe passe
Avec sa corde fait des nœuds
Autour de ceux-là qui s'embrassent
Sans le voir tourner autour d'eux
Il marque leur front d'un sarcasme
Il éteint leurs yeux lumineux
Le temps qui passe passe passe
Avec sa corde fait des nœuds

On n'a tiré de sa jeunesse
Que ce qu'on peut et c'est bien peu
Si c'est ma faute eh bien qu'on laisse
Ma mise à celui qui dit mieux
Mais pourquoi faut-il qu'on s'y blesse
Qui donc a tué l'oiseau bleu
On n'a tiré de sa jeunesse
Que ce qu'on peut et c'est bien peu […]

Louis Aragon, *Elsa*, 1959, © Gallimard.

ÉTAPE 1

Caractéristiques générales

1. Trouvez des renseignements sur Louis Aragon, sur Elsa Triolet, son épouse, et sur ses engagements littéraires et politiques.

2. Le poème est-il composé de vers réguliers ou libres ? Identifiez le type de strophes et de vers.

3. Analysez la construction des différentes strophes du poème. Que remarquez-vous ?

4. Étudiez l'énonciation : qui parle, à qui ? Relevez les différentes figures représentant le locuteur et le destinataire.

5. De quoi parle le poème ? Rapportez le thème du poème à des circonstances particulières (les événements qui ont traversé la vie de l'auteur : Première et Seconde guerres mondiales, occupation allemande) mais aussi à une émotion et une expérience universelles.

6. Donnez un titre à chaque strophe pour étudier la progression thématique du poème.

ÉTAPE 2

Analysez registres et thèmes

1. Quelle est l'émotion ressentie par le poète ?

2. Quel est le niveau de langue ? À quel autre genre littéraire le poème fait-il songer ?

3. Quels sont les champs lexicaux majeurs ? Quels sont les deux thèmes majeurs entrelacés dans ce poème ? Déduisez le ou les registres du poème.

ÉTAPE 3

Étudiez le langage poétique : figures et versification

1. Relevez et analysez les métaphores et les comparaisons.

2. Étudiez les effets sonores et rythmiques du poème, et soulignez à quoi tient sa fluidité.

ÉTAPE 4

Construisez un plan

Il est souvent utile de noter ses idées en prenant une feuille pour chaque partie.

1. Précisez les aspects traditionnels de ce poème au niveau thématique et stylistique (première partie).

2. Rapprochez ce poème de la poésie populaire (deuxième partie).

3. Notez le renouvellement du thème par la modernité et l'originalité de l'écriture, et l'entrelacement des deux thèmes majeurs du poème (troisième partie).

ÉTAPE 5

Organisez chaque partie

Pour chaque partie, proposez un plan détaillé à partir du travail effectué à l'étape 4.

Soutenir une thèse

Un sujet de dissertation peut inviter à soutenir, défendre ou étayer un point de vue exprimé dans une citation. Dans les trois cas, il s'agit de construire une argumentation en faveur d'une thèse, argumentée et illustrée.

1 Les sujets du type « soutenir une thèse »

Sujet 1 : « Quelle que soit l'intensité de sa souffrance ou de sa joie, un poète en les exprimant vous fera peut-être mieux sentir les vôtres... » Vous étayerez cette affirmation du poète Pierre Reverdy dans un développement construit, argumenté et illustré d'exemples précis.

Sujet 2 : Vous défendrez la définition que Victor Hugo donne de la poésie, quand il la qualifie de « grand jardin [...] où il n'y a pas de fruit défendu » (Préface des *Orientales*, 1829).

2 Comment défendre une thèse ?

Pour défendre une thèse, il faut :

→ **Clarifier la problématique** soulevée par le sujet (quelles sont les questions de fond que soulève le sujet ?) et cerner les présupposés et les limites du sujet.

→ **Expliquer la thèse soutenue** dans le sujet :
Sujet 1 : Le poète éveille des émotions, ceci sans avoir besoin de les ressentir lui-même.
Sujet 2 : Le poète explore et crée librement, sans tabou ni interdit d'aucune sorte.

→ **S'interroger sur les raisons de soutenir cette thèse :**
Pourquoi Pierre Reverdy et Victor Hugo défendent-ils ce point de vue sur la poésie ? Quelles confusions, quelles restrictions veulent-ils éviter ?

→ **Trouver des arguments en faveur de la thèse**
Les arguments peuvent être d'ordre intellectuel ou logique. On peut également avoir recours à l'argument d'autorité par le biais de citations pour renforcer ses propres arguments.

→ **Trouver des exemples pertinents,** tirés de domaines de référence pour le sujet en question : les sciences exactes ou humaines, les arts, la littérature, l'histoire, voire l'actualité.

→ **Prévoir et prévenir les objections** aux arguments qu'on aura mis en avant, en trouvant et en proposant des contre-arguments à ces éventuelles objections.

3 Adopter un plan argumentatif

Pour soutenir une thèse, on adopte un plan argumentatif qui présente :

→ **une introduction.** Citer le sujet, expliquer et problématiser la thèse à défendre.

→ **un développement**
Il est constitué de deux ou trois grandes parties. Chacune d'entre elles est construite autour d'une idée directrice majeure pour la défense de la thèse et est développée en deux ou trois paragraphes.
• Trouver les arguments successifs, dans un ordre d'importance croissant, regroupés en deux ou trois parties et reliés entre eux par un lien logique d'addition : *de surcroît, de plus, d'ailleurs*. Les arguments visant à prévenir toute objection peuvent être introduits par des formules concessives : *certes, on pourrait...* ou d'opposition : *on ne saurait...*
• Accompagner les arguments par des exemples pertinents.

→ **une conclusion**
• Un rappel de la thèse défendue et l'énoncé rapide des raisons supplémentaires décisives que l'on aura trouvées pour la défendre.
• Une ouverture vers d'autres champs de la réflexion, d'autres questions associées à la thèse.

> **SUJET**
>
> ❯ *Partant de ce qu'il y a de plus intime en lui, le poète exprime pourtant une expérience universelle.*
>
> Vous défendrez ce point de vue en vous appuyant sur votre expérience de lecteur et sur votre connaissance de la poésie et en vous référant à des textes précis.

ÉTAPE 1

Analysez le sujet

1. Que signifie le mot *intime* ? Rapprochez et différenciez ce terme d'autres mots approchants : *subjectivité*, *sensibilité personnelle* ou *histoire privée*.

2. Que signifie *universel* ?

3. Quelle opposition contient la première phrase ? S'agit-il d'une contradiction ?

4. Quelles limites la poésie cherche-t-elle à abolir ?

5. Comment l'intimité peut-elle être une des sources de l'expression poétique ?

6. Pourquoi la poésie aurait-elle besoin d'atteindre un élargissement universel ?
Reformulez la proposition établie par le sujet.

ÉTAPE 2

Formulez une problématique

1. À l'aide de vos précédentes réponses, énoncez les présupposés du sujet en vous appuyant sur le paradoxe soulevé et sur le pouvoir dévolu à la poésie pour le résoudre.

2. Remettez en cause le paradoxe en situant la notion clef d'intimité poétique par rapport à d'autres notions comme la subjectivité, les sentiments réels et vécus et les sentiments exprimés sans être ancrés dans l'histoire personnelle.

3. Demandez-vous à quelles conditions la poésie peut dépasser l'opposition évoquée en rappelant en quoi ce dépassement est nécessaire.

ÉTAPE 3

Recherchez un type de plan

À quel type de plan vous invite la consigne du sujet ? Quels seront les liens logiques entre les différentes parties ? *certes... mais... donc ?* ou bien : *tout d'abord... ensuite... enfin ?*

ÉTAPE 4

Trouvez des arguments et des exemples

1. Aidez-vous des poèmes du manuel pour montrer que le poète exprime « ce qu'il y a de plus intime en lui ». Plus particulièrement, vous identifierez les sentiments dominants dans « L'isolement » de Lamartine (p. 82) et « La Mort du loup » de Vigny (p. 86), dans *Les Voix intérieures* de Hugo, (p. 89) et dans « Roman » de Rimbaud (p. 104).

2. Montrez que certains poèmes, qui ont une valeur apparemment plus générale, peuvent traduire une expérience intime du poète. Appuyez-vous sur « L'Albatros » (p. 98) ou « La vie antérieure » (p. 99) de Baudelaire.

3. Inversement, montrez que les sentiments subjectifs, parfois ancrés dans la vie des auteurs, ont une valeur universelle et peuvent exprimer une expérience humaine partagée. Appuyez-vous sur l'énonciation (pronom personnels utilisés) des poèmes cités précédemment pour argumenter ce point de vue.

4. Étudiez « Art poétique » de Verlaine (p. 109) et « Vers dorés » (p. 97) de Nerval pour montrer comment le poète exprime le passage de l'intime à l'universel.
Plus précisément, proposez une explication des vers 10 et 11 de « Vers dorés » : « À la matière même un verbe est attaché/Ne le fais pas servir à quelque usage impie. »

ÉTAPE 5

Organisez les idées et élaborez le plan au brouillon

Présentez sur deux feuilles différentes les idées qui peuvent défendre le sujet en différenciant les types d'arguments et en les accompagnant d'exemples précis.

1. Défendez l'idée que le poète exprime ce qu'il y a de plus intime en lui. Vous vous appuierez sur votre analyse précédente et l'illustrerez par des poèmes précis.

2. Montrez que le poète atteint et traduit une expérience universelle en vous aidant des poèmes choisis et en montrant les moyens propres à la poésie pour relier « intimité » et « universalité ».

ÉTAPE 6

Rédigez une partie au choix.

Vers l'écriture d'invention

Écrire une lettre sur la poésie

L'écriture d'invention fait appel à l'imagination et à la maîtrise des codes d'écriture. Dans le cas d'une écriture d'invention épistolaire, on doit identifier le type de lettre demandée, respecter les règles du genre et les consignes du sujet.

1 Les types de lettres

On peut vous demander, en vous appuyant ou non sur un texte support, de rédiger :

→ **une lettre à caractère privé en votre nom**
Sujet 1 : Rédigez une lettre à un ami où vous faites l'éloge d'un poète que vous aimez particulièrement.

→ **une lettre à caractère public**
Sujet 2 : Rédigez une lettre à un journal, dans laquelle vous défendez le rôle et la fonction de la poésie aujourd'hui.

→ **une lettre ouverte** (cf. définition et sujet ci-contre)

→ **une lettre fictive, privée ou publique, écrite par une autre personne que vous**
Sujet 3 : Dans une lettre à un journal, un lecteur critique l'idée que les slogans publicitaires constituent une expression poétique particulière. La lettre, qui adoptera un ton ironique, sera adressée à un publicitaire qui défend la thèse inverse.

2 Les caractéristiques du genre épistolaire

→ La lettre précise la date, le lieu d'écriture et se termine par une signature.

→ L'énonciation prend en compte le rapport qui lie les correspondants (tutoiement ou vouvoiement). La signature varie également en fonction de ce lien.

→ Les formules d'adresse et de politesse, les formules introductives et conclusives, caractéristiques du genre, revêtent un caractère spontané et affectif ou formel, voire protocolaire.

→ Des références au contexte de la vie personnelle, voire au contexte historique, sont souvent nécessaires pour ancrer la lettre dans la situation d'énonciation de l'épistolier. On pourra notamment faire appel à des souvenirs dans le cadre d'une lettre entre proches.

3 Respecter les consignes

→ La lettre proposera, si la consigne l'exige, des arguments et des exemples à l'appui d'une thèse.

→ L'enjeu de la lettre, qu'il soit argumentatif ou non, sera rappelé : qu'il s'agisse de convaincre ou de dissuader, ou encore de provoquer une réaction, la lettre doit convoquer tous les moyens propres à atteindre cet objectif.

4 Préparation au brouillon

La préparation au brouillon est une étape essentielle et décisive. On veillera à :

→ **fixer le cadre énonciatif :** l'identité du destinataire (nom, surnom), le cadre de la rédaction de la lettre (date et lieu). On pensera à disposer çà et là des adresses et des apostrophes en fonction du rapport entre les correspondants ;

→ **trouver des références exactes** et pertinentes. Pour le genre poétique, on s'appuiera sur des textes poétiques précis et/ou des textes théoriques sur la poésie ;

→ **orienter l'écriture en fonction de l'enjeu proposé.** En particulier, on en tiendra compte pour élaborer une construction argumentative, si elle est demandée : les arguments s'inscriront dans le cadre énonciatif de la lettre et se différencieront ainsi de l'essai.

SUJET

La lettre ouverte est une lettre publique destinée à tout lecteur et qui peut être adressée à un personnage officiel ou une catégorie de personnes. Elle est généralement diffusée par la presse ou publiée sous forme de livre. La lettre ouverte défend une opinion, celle de l'épistolier, et nourrit un débat. Elle est proche du texte argumentatif mais le cadre énonciatif personnel (un expéditeur à un destinataire) permet de donner une dimension plus concrète voire plus théâtrale à la réflexion. Elle peut recourir à des registres variés (polémique, lyrique, comique…).

Ainsi, « J'accuse » de Zola est une lettre ouverte au président de la République, publiée dans un journal, *L'Aurore*, le 13 janvier 1898.

> Vous rédigerez une lettre ouverte destinée à un quotidien et adressée à des directeurs d'édition pour dire combien vous attachez d'importance à la diffusion de la poésie dans la culture contemporaine. Vous préciserez les raisons de votre opinion et vous vous appuierez sur des exemples précis, notamment sur les textes proposés dans le chapitre sur la poésie.

ÉTAPE **1**

Analysez le sujet

1. Quel est le thème abordé ? dans quel contexte historique doit-il être examiné ? quel point de vue faut-il choisir pour traiter le sujet ?
2. Quelles sont les contraintes et les consignes du sujet ?
3. Quelles sont les caractéristiques de l'énonciation dans une lettre ouverte ?
4. Quel autre type de texte ou genre de discours doit être intégré à la lettre ?

ÉTAPE 2

Choisissez les modalités énonciatives

1. Quel pronom personnel désignera le destinataire ? Quelles seront les apostrophes, les formules introductives et conclusives de la lettre ?
2. Quel est le cadre spatio-temporel de la lettre ?

ÉTAPE 3

Choisissez un ou plusieurs registres

1. Quel choix de registre est encouragé par l'expression « combien vous attachez d'importance » ?
2. Trouvez les procédés de style et les champs lexicaux susceptibles de traduire cet « attachement ».

ÉTAPE 4

Trouvez des arguments

Pour trouver des arguments, répondez aux questions suivantes.
1. La place de la poésie dans la culture contemporaine est-elle importante ?
2. Quelles sont les formes de discours et d'expression dominantes dans la société contemporaine ?

3. Dans quelle mesure la poésie propose-t-elle une échappatoire à ces formes de discours, ouvrant d'autres perspectives, plus singulières, sur le monde qui nous entoure ?
4. Quelle dimension de la nature humaine, négligée par la société contemporaine, la poésie développe-t-elle ?
5. La poésie change-t-elle le regard sur le monde contemporain ?
6. Quelles seraient les conséquences, d'un point de vue personnel et/ou collectif, si l'on adoptait ce regard différent qu'encourage la poésie ?

ÉTAPE 5

Trouvez des exemples précis

1. Quels sont les poètes qui vous ont ouvert d'autres horizons que ceux proposés par la culture qui vous entoure ?
2. Trouvez des exemples de poèmes.
3. Pensez aux textes de réflexion générale sur la place et la fonction de la poésie.

ÉTAPE 6

Construisez les étapes de la lettre au brouillon

1. Quel sera le point de départ de la réflexion ?
2. Quel sera l'ordre des arguments le plus convaincant ?
3. Quels seront les exemples les plus adaptés à certaines de vos idées et à certains de vos arguments ?
4. En combien de parties, bien différenciées du point de vue de l'argumentation, sera rédigée la lettre ?
5. Quels seront les liens logiques majeurs ?
6. À quels moments sera-t-il judicieux d'introduire des apostrophes aux destinataires et sous quelles formes ?

TEXTE 1   **Victor Hugo, « Oceano Nox » (1840)**

« Oceano nox » compte huit strophes de six vers chacune. Voici les trois premières.

Oh ! Combien de marins, combien de capitaines
Qui sont partis joyeux pour des courses lointaines,
Dans ce morne horizon se sont évanouis !
Combien ont disparu, dure et triste fortune !
Dans une mer sans fond, par une nuit sans lune,
Sous l'aveugle océan à jamais enfouis !

Combien de patrons morts avec leurs équipages !
L'ouragan de leur vie a pris toutes les pages,
Et d'un souffle il a tout dispersé sur les flots !
Nul ne saura leur fin dans l'abîme plongée,
Chaque vague en passant d'un butin s'est chargée ;
L'une a saisi l'esquif, l'autre les matelots !

Nul ne sait votre sort, pauvres têtes perdues !
Vous roulez à travers les sombres étendues,
Heurtant de vos fronts morts des écueils inconnus,
Oh ! que de vieux parents, qui n'avaient plus qu'un rêve,
Sont morts en attendant tous les jours sur la grève
Ceux qui ne sont pas revenus !

Victor Hugo, *Les Rayons et les Ombres*.

~~~~~~~~~~~~~~~~~~~~~~~~~~~~~~~~~

TEXTE 2   **Baudelaire, « L'Homme et la mer » (1857)**

Homme libre, toujours tu chériras la mer !
La mer est ton miroir ; tu contemples ton âme
Dans le déroulement infini de sa lame,
Et ton esprit n'est pas un gouffre moins amer.

Tu te plais à plonger au sein de ton image ;
Tu l'embrasses des yeux et des bras, et ton cœur
Se distrait quelquefois de sa propre rumeur
Au bruit de cette plainte indomptable et sauvage.

Vous êtes tous les deux ténébreux et discrets :
Homme, nul n'a sondé le fond de tes abîmes,
Ô mer, nul ne connaît tes richesses intimes,
Tant vous êtes jaloux de garder vos secrets !

Et cependant voilà des siècles innombrables
Que vous vous combattez sans pitié ni remord,
Tellement vous aimez le carnage et la mort,
Ô lutteurs éternels, ô frères implacables !

Baudelaire, *Les Fleurs du mal*.

TEXTE 3 **Mallarmé, « Brise marine » (1862-1864)**

La chair est triste, hélas ! et j'ai lu tous les livres.
Fuir ! là-bas fuir ! Je sens que des oiseaux sont ivres
D'être parmi l'écume inconnue et les cieux !
Rien, ni les vieux jardins reflétés par les yeux
Ne retiendra ce cœur qui dans la mer se trempe,
Ô nuits ! ni la clarté déserte de ma lampe
Sur le vide papier que la blancheur défend
Et ni la jeune femme allaitant son enfant.
Je partirai ! Steamer balançant ta mâture,
Lève l'ancre pour une exotique nature !

Un ennui, désolé par les cruels espoirs,
Croit encore à l'adieu suprême des mouchoirs !
Et, peut-être, les mâts, invitant les orages
Sont-ils de ceux qu'un vent penche sur les naufrages
Perdus, sans mâts, sans mâts, ni fertiles îlots…
Mais, ô mon cœur, entends le chant des matelots !

Mallarmé, *Poésies.*

Bob Lescaux
(né en 1928),
Paquebot vu d'une plage,
coll. particulière.

ANALYSE DU CORPUS

1 Quels sont les points communs, thématiques ou formels, qui justifient le regroupement de ces textes en un corpus ?

2 Étudiez la versification de chaque poème : type de poème, type de strophes, longueur des vers, agencement du vers et de la phrase, étude des sonorités. Interprétez la qualité musicale (sonore et rythmique) recherchée en fonction du thème.

3 Quels aspects de la sensibilité et de l'écriture romantiques retrouve-t-on dans les deux premiers poèmes ?

4 Identifiez le registre ou la tonalité dominante de chacun de ces poèmes.

5 Dans chaque poème, analysez les figures d'images et dites à quoi la mer est associée et ce qu'elle représente pour l'homme.

TRAVAIL D'ÉCRITURE

Dans son livre *La Mer*, l'historien Jules Michelet (1798-1874) écrit : « Trois formes de la nature étendent et grandissent notre âme, la font sortir d'elle-même et voguer dans l'infini, parmi elles, l'Océan ».
En travaillant le vocabulaire des sens (vue, ouïe, odorat, toucher, goût), vous exprimerez en une quarantaine de lignes les sentiments et les souvenirs que la mer éveille en vous.

Coda, création du théâtre du Radeau,
mise en scène de François Tanguy.
Théâtre de l'Odéon, Paris, 2005.

Le théâtre

3

TEXTE 1

Iphigénie (1674)

Racine
1639-1699

Durant l'antique guerre de Troie, le roi grec Agamemnon s'est soumis à l'ordre des dieux de faire périr en sacrifice sa propre fille, Iphigénie. Pour cela, il la fait venir à son camp sous prétexte de la donner en mariage à Achille, un autre héros grec. Un dialogue équivoque met alors en présence le père et sa fille, ignorante du tragique projet.

IPHIGÉNIE

Seigneur, où courez-vous ? et quels empressements[1]
Vous dérobent sitôt à nos embrassements ?
À qui dois-je imputer[2] cette fuite soudaine ?
Mon respect a fait place aux transports[3] de la Reine.
5 _ Un moment à mon tour ne vous puis-je arrêter ?
Et ma joie à vos yeux n'ose-t-elle éclater ?
Ne puis-je… ?

AGAMEMNON

Hé bien ! ma fille, embrassez votre père,
Il vous aime toujours.

IPHIGÉNIE

Que cette amour m'est chère !
Quel plaisir de vous voir et de vous contempler
10 _ Dans ce nouvel éclat dont je vous vois briller !
Quels honneurs ! Quel pouvoir ! Déjà la Renommée
Par d'étonnants récits m'en avait informée ;
Mais que voyant de près ce spectacle charmant[4],
Je sens croître ma joie et mon étonnement[5] !
15 _ Dieux ! avec quel amour la Grèce vous révère[6] !
Quel bonheur de me voir la fille d'un tel père !

AGAMEMNON

Vous méritiez, ma fille, un père plus heureux.

IPHIGÉNIE

Quelle félicité[7] peut manquer à vos vœux ?
À de plus grands honneurs un roi peut-il prétendre ?
20 _ J'ai cru n'avoir au ciel que des grâces à rendre.

AGAMEMNON (*à part*)

Grands Dieux ! à son malheur dois-je la préparer ?

IPHIGÉNIE

Vous vous cachez, Seigneur, et semblez soupirer ;
Tous vos regards sur moi ne tombent qu'avec peine.
Avons-nous sans votre ordre abandonné Mycène[8] ?

NOTES
1. Affaires pressées, urgentes.
2. Attribuer la cause de.
3. Manifestations d'affection.
4. Merveilleux.
5. Stupéfaction.
6. Honore, respecte.
7. Bonheur.
8. Ville de Grèce d'où est originaire Iphigénie.

AGAMEMNON

25 ⎯ Ma fille, je vous vois toujours des mêmes yeux.
Mais les temps sont changés, aussi bien que les lieux.
D'un soin cruel ma joie est ici combattue.

IPHIGÉNIE

Hé ! mon père, oubliez votre rang à ma vue.
Je prévois la rigueur d'un long éloignement.
30 ⎯ N'osez-vous sans rougir être père un moment ?
Vous n'avez devant vous qu'une jeune princesse[9]
À qui j'avais pour moi vanté votre tendresse.
Cent fois lui promettant mes soins, votre bonté,
J'ai fait gloire à ses yeux de ma félicité.
35 ⎯ Que va-t-elle penser de votre indifférence ?
Ai-je flatté[10] ses vœux d'une fausse espérance ?
N'éclaircirez-vous point ce front chargé d'ennuis[11] ?

NOTES
9. Ériphile, la jeune prisonnière d'Achille, est une protégée d'Iphigénie et elle assiste à la scène.
10. Trompé.
11. Tourments, graves soucis.

AGAMEMNON
Ah, ma fille !

IPHIGÉNIE
Seigneur, poursuivez.

AGAMEMNON
                              Je ne puis.

IPHIGÉNIE
Périsse le Troyen auteur de nos alarmes !

AGAMEMNON
40 _ Sa perte à ses vainqueurs coûtera bien des larmes.

IPHIGÉNIE
Les Dieux daignent surtout prendre soin de vos jours !

AGAMEMNON
Les Dieux depuis un temps me sont cruels et sourds.

IPHIGÉNIE
Calchas[12], dit-on, prépare un pompeux sacrifice.

AGAMEMNON
Puissé-je auparavant fléchir leur injustice !

IPHIGÉNIE
45 _ L'offrira-t-on bientôt ?

AGAMEMNON
                              Plus tôt que je ne veux.
IPHIGÉNIE
Me sera-t-il permis de me joindre à vos vœux ?
Verra-t-on à l'autel votre heureuse famille ?

AGAMEMNON
Hélas !

IPHIGÉNIE
Vous vous taisez ?

AGAMEMNON
                              Vous y serez, ma fille.
Adieu.

Jean Racine, *Iphigénie*, acte II, scène 2, 1674.

METHODE

→ Les types et les formes de phrases p. 220
→ L'énonciation théâtrale p. 224
→ L'action dramatique p.226
→ Les registres tragique et pathétique p. 228

146

OBSERVATION ET ANALYSE

1 Aidez-vous d'un dictionnaire de la mythologie grecque pour préciser les circonstances de cette scène.

2 Identifiez dans ce dialogue les passages construits sur l'échange des répliques et le passage de stichomythie*. Justifiez l'ordre choisi par Racine pour ces deux types de dialogues.

3 Repérez l'unique aparté* de cette scène. Le spectateur est-il seul ici à le remarquer ?

4 Pourquoi Iphigénie a-t-elle du mal à engager le dialogue avec son père ?

5 Comparez, dans la première partie de la scène, les registres des répliques d'Iphigénie

et d'Agamemnon. Que vous inspire ce contraste ? Le ton des propos de la jeune fille est-il toujours le même ?

6 Quels vers font de ce dialogue une sorte de quiproquo ? Pourquoi peut-on parler d'ironie tragique dans les dernières répliques (v. 40-48) ? Commentez en ce sens l'ultime hémistiche* du roi.

EXPRESSION

Exposé oral. Iphigénie pose ici avec naïveté plusieurs questions à son père, principalement aux vers 3, 5, 6, 18, 24, 35, 36, 45. Vous reformulerez, de manière simple et en prose, ces questions et inventerez les réponses qu'aurait pu faire Agamemnon s'il avait dû répondre à sa fille en toute sincérité.

TEXTE 2

La guerre de Troie n'aura pas lieu (1935)

La menace de la guerre grandit entre Troie et la Grèce. Jupiter a ordonné de « laisser face à face les négociateurs. » Un subtil échange a lieu alors entre Hector, le prince troyen, et Ulysse, l'ambassadeur des Grecs. Pessimiste, ou fataliste, ce dernier vient de constater : « L'univers le sait, nous allons nous battre. »

Giraudoux
1882-1944

HECTOR. – L'univers peut se tromper. C'est à cela qu'on reconnaît l'erreur, elle est universelle.

ULYSSE. – Espérons-le. Mais quand le destin, depuis des années, a surélevé deux peuples, quand il leur a ouvert le même avenir d'invention et d'omnipotence[1], quand il
5 – a fait de chacun, comme nous l'étions tout à l'heure sur la bascule[2], un poids précieux et différent pour peser le plaisir, la conscience et jusqu'à la nature, quand par leurs architectes, leurs poètes, leurs teinturiers, il leur a donné à chacun un royaume opposé de volumes, de sons et de nuances, quand il leur a fait inventer le toit en charpente troyen et la voûte thébaine, le rouge phrygien[3] et l'indigo[4] grec, l'univers sait bien qu'il
10 – n'entend pas préparer ainsi deux chemins de couleur et d'épanouissement, mais se ménager son festival, le déchaînement de cette brutalité et de cette folie humaines qui seules rassurent les dieux. C'est de la petite politique, j'en conviens. Mais nous sommes chefs d'État, nous pouvons bien entre nous deux le dire : c'est couramment celle du Destin.
15 – HECTOR. – Et c'est Troie et c'est la Grèce qu'il a choisies cette fois ?

ULYSSE. – Ce matin j'en doutais encore. J'ai posé le pied sur votre estacade[5], et j'en suis sûr.

HECTOR. – Vous vous êtes senti sur un sol ennemi ?

ULYSSE. – Pourquoi toujours revenir à ce mot *ennemi* ! Faut-il vous le redire ? Ce
20 – ne sont pas les ennemis naturels qui se battent. Il est des peuples que tout désigne pour une guerre, leur peau, leur langue et leur odeur, ils se jalousent, ils se haïssent, ils ne peuvent pas se sentir… Ceux-là ne se battent jamais. Ceux qui se battent, ce sont ceux que le sort a lustrés et préparés pour une même guerre : ce sont les adversaires.

NOTES
1. Toute-puissance.
2. Au début de la scène, Hector et Ulysse ont comparé leur confrontation à une « pesée ».
3. Troie se trouve en Phrygie.
4. Teinture bleue.
5. Sorte de digue contre la mer.

HECTOR. – Et nous sommes prêts pour la guerre grecque ?

25 ULYSSE. – À un point incroyable. Comme la nature munit les insectes dont elle prévoit la lutte, de faiblesses et d'armes qui se correspondent, à distance, sans que nous nous connaissions, sans que nous nous en doutions, nous nous sommes élevés tous deux au niveau de notre guerre. Tout correspond de nos armes et de nos habitudes comme des roues à pignon[6]. Et le regard de vos femmes et le teint de vos filles sont les 30 seuls qui ne suscitent en nous ni la brutalité ni le désir, mais cette angoisse du cœur et de la joie qui est l'horizon de la guerre. Frontons et leurs soutaches[7] d'ombre et de feu, hennissements des chevaux, peplums[8] disparaissant à l'angle d'une colonnade, le sort a tout passé chez vous à cette couleur d'orage qui m'impose pour la première fois le relief de l'avenir. Il n'y a rien à faire. Vous êtes dans la lumière de la guerre grecque.

35 HECTOR. – Et c'est ce que pensent aussi les autres Grecs ?

ULYSSE. – Ce qu'ils pensent n'est pas plus rassurant. Les autres Grecs pensent que Troie est riche, ses entrepôts magnifiques, sa banlieue fertile. Ils pensent qu'ils sont à l'étroit sur du roc. L'or de vos temples, celui de vos blés et de votre colza[9] ont fait à chacun de nos navires, de nos promontoires, un signe qu'il n'oublie pas. Il n'est pas 40 très prudent d'avoir des dieux et des légumes trop dorés.

HECTOR. – Voilà enfin une parole franche… La Grèce en nous s'est choisi une proie. Pourquoi alors une déclaration de guerre ? Il était plus simple de profiter de mon absence pour bondir sur Troie. Vous l'auriez eue sans coup férir.

ULYSSE. – Il est une espèce de consentement à la guerre que donnent seulement 45 l'atmosphère, l'acoustique et l'humeur du monde. Il serait dément d'entreprendre une guerre sans l'avoir. Nous ne l'avions pas.

HECTOR. – Vous l'avez maintenant !

ULYSSE. – Je crois que nous l'avons.

Jean Giraudoux, *La guerre de Troie n'aura pas lieu*,
acte II, scène 13, © Grasset, 1935.

NOTES
6. Roues dentées des engrenages.
7. Galons d'ornement.
8. Amples vêtements sans manches.
9. Plante cultivée pour ses graines oléagineuses.

METHODE

→ Les niveaux de langue p. 222
→ Contexte et paratexte p. 66
→ L'énonciation théâtrale p. 224
→ Les registres tragique et pathétique p. 228

OBSERVATION ET ANALYSE

1 En vous aidant d'un dictionnaire et d'une biographie de Giraudoux, recherchez les événements de l'entre-deux-guerres qui ont inspiré au dramaturge sa transformation du mythe antique.

2 Quels sont les éléments caractéristiques (dimension, tonalités) des répliques des deux personnages ? Précisez le rôle de chacun dans le déroulement du dialogue.

3 Les deux héros dialoguent ici en diplomates, en soldats et en personnages de l'Antiquité. Repérez les champs lexicaux et les figures de style qui illustrent ces trois profils.

4 Recherchez au fil du texte plusieurs « indices » stylistiques de l'écriture théâtrale de Giraudoux : un jeu de mots – un anachronisme – un aphorisme* – des images poétiques.

5 Justifiez la distinction linguistique opérée par Ulysse (lignes 19 à 23) entre « ennemis » et « adversaires ». Quelle argumentation lui permet-elle de développer ?

6 Au terme de ce dialogue, quelle « idée » de la guerre vous semble faire sienne le dramaturge ?

Le monologue

Le Retour au désert (1988)

Koltès
1948-1989

Dans le théâtre contemporain, le monologue occupe une place qui va bien au-delà de la fonction de « pause » dans l'action qu'il a dans les pièces classiques. Son développement accompagne la crise du personnage et de la communication. Dans Le Retour au désert, *Koltès raconte, sur fond de guerre d'Algérie, le retour en France de Mathilde. Elle souhaite reprendre possession de la maison d'enfance habitée par son frère Adrien, un notable raciste et un père possessif. Au chevet de sa sœur endormie, celui-ci déverse un flot de paroles aigries et venimeuses.*

ADRIEN. – Mathilde, tu dors ? Tant mieux. Mathieu part à l'armée. Ils ont fini par le repérer. Mes amis m'ont tout à fait lâché, je crois. À moins que tu y sois pour quelque chose. C'est probable ; il n'y a pas de fumée sans feu. Quoi qu'il en soit, il va aller en Algérie, il se fera massacrer dans le bled et on le ramènera en morceaux avec
5 les honneurs. Alors je n'aurai plus d'héritier. Mais je te préviens, ma vieille : l'usine, tu ne l'auras pas.

D'abord, j'ai failli aller au cimetière pour me tirer une balle dans la tête, comme notre grand-père l'a fait quand son fils est parti à l'armée, et comme notre arrière-grand-père l'a fait pour notre grand-père. C'est une tradition de famille, et il faut
10 respecter les traditions. Mais j'y ai renoncé, parce que, d'abord, mon père ne l'a pas fait pour moi, ensuite il pleut et mes chaussures me font mal, et puis enfin tu aurais hérité de l'usine et cela, ma vieille, je ne le veux pas.

Je n'aime pas tes enfants. Tu les as mal dressés. Des enfants, il faut les dresser à coups de taloches et de sages préceptes, sinon ils te chient dans les pattes à la première occasion.
15 Ils te chieront dans les pattes, ma vieille, et ce n'est pas moi qui te nettoierai.

Mathieu est mort, ou, en tous les cas, c'est tout comme, il est déjà pratiquement massacré dans un fossé algérien, alors maintenant je m'en fous ; je ne suis pas du genre à aller sur sa tombe en disant : « S'il était vivant… » Le cadavre prochain de mon fils ne m'intéresse pas. Alors, j'hérite de moi-même ; je me désigne comme héritier universel ;
20 et personne d'autre ne touchera à mon héritage. […]

C'est quand tu dors que je te préfère : tu fermes ta gueule, tu ne la ramènes pas, tu écoutes sagement ce que je te dis, comme une sœur doit écouter quand son frère parle. Peut-être que je vais dormir le jour et vivre la nuit, comme cela, on sera des frère et sœur exemplaires. En attendant dors, Mathilde, ton sommeil te protège.
25 *Il sort.*

Bernard-Marie Koltès, *Le Retour au désert*, acte IV, scène 2, © Minuit, 1988.

MÉTHODE

→ Les niveaux de langue p. 222
→ L'énonciation théâtrale p. 224

OBSERVATION ET ANALYSE

1 Qu'a d'insolite la situation de ce monologue ?

2 Caractérisez les registres des divers paragraphes. Êtes-vous choqué(e) par le ton et le niveau de langue du troisième paragraphe ?

3 Quel verbe revient au début et à la fin de ce texte ? Sous quelles formes ? Quelle situation d'énonciation insolite pour un monologue ce verbe détermine-t-il ?

4 Qu'apprenez-vous dans ce monologue sur : l'intrigue de la pièce ; le contexte socio-historique ; le personnage de Mathilde ; le caractère d'Adrien ?

5 Quelles relations complexes celui-ci entretient-il avec sa sœur ? avec son fils ?

Le récit

TEXTE 4

Corneille
1606-1684

Horace

Corneille, chez qui souvent l'action est foisonnante, use largement du récit, qui permet d'entendre de la bouche d'un témoin ou d'un « rapporteur » ce qui n'a pu être montré sur scène. Dans Horace, *le récit à rebondissements du combat entre les Horaces, représentants de Rome, et les Curiaces, représentants de sa rivale, Albe, ne dure ainsi pas moins de deux longues scènes, séparées par un temps de doute et de quiproquo. Le vieil Horace a d'abord cru en effet (III, 6) ses fils vaincus ou en fuite ; la suite du récit, à l'acte IV, n'en est que plus spectaculaire.*

LE VIEIL HORACE, VALÈRE, CAMILLE

    VALÈRE
Envoyé par le roi pour consoler un père,
Et pour lui témoigner…

    LE VIEIL HORACE
            N'en prenez aucun soin :
C'est un soulagement dont je n'ai pas besoin ;
Et j'aime mieux voir morts que couverts d'infamie
5 Ceux que vient de m'ôter une main ennemie.
Tous deux pour leur pays sont morts en gens d'honneur ;
Il me suffit.

    VALÈRE
      Mais l'autre est un rare bonheur ;
De tous les trois chez vous il doit tenir la place.

    LE VIEIL HORACE
Que n'a-t-on vu périr en lui le nom d'Horace !

    VALÈRE
10 Seul vous le maltraitez après ce qu'il a fait.

    LE VIEIL HORACE
C'est à moi seul aussi de punir son forfait.

    VALÈRE
Quel forfait trouvez-vous en sa bonne conduite ?

    LE VIEIL HORACE
Quel éclat de vertu trouvez-vous en sa fuite ?

    VALÈRE
La fuite est glorieuse en cette occasion.

LE VIEIL HORACE

15 – Vous redoublez ma honte et ma confusion.
Certes, l'exemple est rare et digne de mémoire
De trouver dans la fuite un chemin à la gloire.

VALÈRE

Quelle confusion, et quelle honte à vous
D'avoir produit un fils qui nous conserve tous,
20 – Qui fait triompher Rome, et lui gagne un empire ?
À quels plus grands honneurs faut-il qu'un père aspire ?

LE VIEIL HORACE

Quels honneurs, quel triomphe, et quel empire enfin,
Lorsqu'Albe sous ses lois range notre destin ?

VALÈRE

Que parlez-vous ici d'Albe et de sa victoire ?
25 – Ignorez-vous encor la moitié de l'histoire ?

LE VIEIL HORACE

Je sais que par sa fuite il a trahi l'État.

VALÈRE

Oui, s'il eût en fuyant terminé le combat ;
Mais on a bientôt vu qu'il ne fuyait qu'en homme
Qui savait ménager l'avantage de Rome.

LE VIEIL HORACE

30 – Quoi, Rome donc triomphe !

VALÈRE

Apprenez, apprenez
La valeur de ce fils qu'à tort vous condamnez.
Resté seul contre trois, mais en cette aventure
Tous trois étant blessés, et lui seul sans blessure,
Trop faible pour eux tous, trop fort pour chacun d'eux,
35 – Il sait bien se tirer d'un pas si dangereux ;
Il fuit pour mieux combattre, et cette prompte ruse
Divise adroitement trois frères qu'elle abuse.
Chacun le suit d'un pas ou plus ou moins pressé,
Selon qu'il se rencontre ou plus ou moins blessé ;
40 – Leur ardeur est égale à poursuivre sa fuite ;
Mais leurs coups inégaux séparent leur poursuite.
Horace, les voyant l'un de l'autre écartés,
Se retourne, et déjà les croit demi-domptés :
Il attend le premier, et c'était votre gendre.
45 – L'autre, tout indigné qu'il ait osé l'attendre,
En vain en l'attaquant fait paraître un grand cœur,
Le sang qu'il a perdu ralentit sa vigueur.
Albe à son tour commence à craindre un sort contraire ;
Elle crie au second qu'il secoure son frère ;
50 – Il se hâte et s'épuise en efforts superflus ;
Il trouve en les joignant que son frère n'est plus.

CAMILLE

Hélas !

VALÈRE

Tout hors d'haleine il prend pourtant sa place,
Et redouble bientôt la victoire d'Horace :
Son courage sans force est un débile appui ;
55 _ Voulant venger son frère, il tombe auprès de lui.
L'air résonne des cris qu'au ciel chacun envoie ;
Albe en jette d'angoisse, et les Romains de joie.
Comme notre héros se voit près d'achever,
C'est peu pour lui de vaincre, il veut encor braver :
60 _ « J'en viens d'immoler deux aux mânes de mes frères ;
Rome aura le dernier de mes trois adversaires ;
C'est à ses intérêts que je vais l'immoler »,
Dit-il ; et tout d'un temps on le voit y voler.
La victoire entre eux deux n'était pas incertaine ;
65 _ L'Albain percé de coups ne se traînait qu'à peine ;
Et comme une victime aux marches de l'autel,
Il semblait présenter sa gorge au coup mortel :
Aussi le reçoit-il, peu s'en faut, sans défense,
Et son trépas de Rome établit la puissance.

LE VIEIL HORACE

70 _ Ô mon fils ! ô l'honneur de nos jours !
Ô d'un État penchant l'inespéré secours !
Vertu digne de Rome, et sang digne d'Horace !
Appui de ton pays, et gloire de ta race !
Quand pourrai-je étouffer dans tes embrassements
75 _ L'erreur dont j'ai formé de si faux sentiments ?
Quand pourra mon amour baigner avec tendresse
Ton front victorieux de larmes d'allégresse ?

Pierre Corneille, *Horace*, acte IV, scène 2, 1640.

METHODE

→ Les temps dans
  le récit p. 328
→ La construction
  des phrases p. 482
→ L'énonciation
  théâtrale p. 224
→ L'action dramatique
  p. 226

OBSERVATION ET ANALYSE

1 Retrouvez la structure de cette scène. Jusqu'où dure
le quiproquo dans l'esprit du vieil Horace ?
Par quoi est-il entretenu ?

2 Où commence et où s'achève le récit proprement
dit ? Observez et justifiez les choix opérés
par Corneille pour les temps et modes verbaux.

3 Quelles valeurs morales incarne ici le vieil Horace ?
Quels effets le récit de Valère cherche-t-il à
provoquer chez ses auditeurs et, au-delà,
chez les spectateurs ?

4 Comment préserve-t-il toutefois les conventions
de bienséance* ? Donnez un ou deux exemples précis.

5 Lisez un résumé de la pièce et justifiez la très brève
réplique de Camille au v. 52. Confrontez sa tonalité
à celle de la dernière tirade du vieil Horace.

EXPRESSION

Écriture d'invention. Vous réécrirez le récit de Valère
en prose, en respectant l'ordre de la narration, mais
sans tenir compte des règles de bienséance, comme
s'il s'agissait d'un récit réaliste ; vous vous efforcerez
notamment de restituer la dimension visuelle
et sonore du combat.

Le Serment des Horaces (1784)

David
1748-1825

Lors d'un séjour à Rome de 1775 à 1780, le peintre David avait déjà largement ouvert son inspiration à l'Histoire et aux mythes romains. Ayant reçu en 1784 une commande d'un aristocrate français pour une grande toile dans le style néoclassique alors à la mode, il choisit le thème du « serment des Horaces » et revint dans la Ville éternelle pour mieux s'imprégner de l'atmosphère « antique ». Exposée en 1785 à Paris, son œuvre remporta un succès éclatant.

Jacques-Louis David, *Le Serment des Horaces*, 1784 (huile sur toile, 330 cm × 425 cm). Paris, musée du Louvre.

OBSERVATION ET ANALYSE

1 Examinez l'organisation de la toile. Pourquoi peut-on dire qu'elle est « théâtrale » ? En combien de sous-ensembles peut-on facilement la diviser ? Que contient chacun d'eux ?

2 Vers quoi convergent les mouvements des personnages masculins ? Dans quelle intention ?

3 Par opposition, décrivez la position du groupe des femmes et commentez sa valeur d'expression.

4 Quelle couleur assure à cette toile sa force symbolique ? Pourquoi ? Avec quels contrastes ?

AU-DELÀ DE L'IMAGE

1 Relisez un résumé d'*Horace* de Corneille et situez l'épisode du tableau dans l'intrigue de la pièce.

2 Quels personnages de la tragédie pensez-vous reconnaître dans le tableau ?

2 L'action théâtrale
L'exposition

TEXTE 1

Molière
1622-1673

Tartuffe (1664-1669)

En créant avec son Tartuffe, *hypocrite et faux dévot, le héros le plus controversé du répertoire comique, Molière avait ouvert un conflit religieux, politique et littéraire qui défraya pendant plusieurs années la chronique de la cour de Louis XIV. Molière réalisa dans l'ouverture de sa pièce une exposition qui est considérée comme un modèle du genre, en attendant, autre exploit, l'entrée en scène de son personnage principal qui n'interviendra qu'au début de l'acte III…*

MADAME PERNELLE
Allons, Flipote, allons, que d'eux je me délivre.

ELMIRE
Vous marchez d'un tel pas qu'on a peine à vous suivre.

MADAME PERNELLE
Laissez, ma bru, laissez, ne venez pas plus loin :
Ce sont toutes façons dont je n'ai pas besoin.

ELMIRE
5 _ De ce que l'on vous doit envers vous on s'acquitte.
Mais, ma mère, d'où vient que vous sortez si vite ?

MADAME PERNELLE
C'est que je ne puis voir tout ce ménage-ci[1],
Et que de me complaire on ne prend nul souci.
Oui, je sors de chez vous fort mal édifiée :
10 _ Dans toutes mes leçons j'y suis contrariée,
On n'y respecte rien, chacun y parle haut,
Et c'est tout justement la cour du roi Pétaud[2].

DORINE
Si…

MADAME PERNELLE
Vous êtes, ma mie, une fille suivante[3]
Un peu trop forte en gueule, et fort impertinente :
15 _ Vous vous mêlez sur tout de dire votre avis.

DAMIS
Mais…

MADAME PERNELLE
Vous êtes un sot en trois lettres, mon fils ;
C'est moi qui vous le dis, qui suis votre grand-mère ;

NOTES
1. Conduite, manière de vivre.
2. Élu par la corporation des marchands, ce « roi » n'avait pas d'autorité réelle (d'où le mot de « pétaudière »).
3. Demoiselle de compagnie.

Et j'ai prédit cent fois à mon fils, votre père,
Que vous preniez tout l'air d'un méchant garnement,
20 _ Et ne lui donneriez jamais que du tourment.

MARIANE

Je crois…

MADAME PERNELLE

Mon Dieu, sa sœur, vous faites la discrète,
Et vous n'y touchez pas, tant vous semblez doucette ;
Mais il n'est, comme on dit, pire eau que l'eau qui dort,
Et vous menez sous chape⁴ un train que je hais fort.

ELMIRE

25 _ Mais, ma mère…

MADAME PERNELLE

Ma bru, qu'il ne vous en déplaise,
Votre conduite en tout est tout à fait mauvaise ;
Vous devriez leur mettre un bon exemple aux yeux,
Et leur défunte mère en usait beaucoup mieux.
Vous êtes dépensière ; et cet état⁵ me blesse,
30 _ Que vous alliez vêtue ainsi qu'une princesse.
Quiconque à son mari veut plaire seulement,
Ma bru, n'a pas besoin de tant d'ajustement.

CLÉANTE

Mais, Madame, après tout…

MADAME PERNELLE

Pour vous, Monsieur son frère,
Je vous estime fort, vous aime, et vous révère ;
35 _ Mais enfin, si j'étais de mon fils, son époux,
Je vous prierais bien fort de n'entrer point chez nous.
Sans cesse vous prêchez des maximes de vivre
Qui par d'honnêtes gens ne se doivent point suivre.
Je vous parle un peu franc ; mais c'est là mon humeur,
40 _ Et je ne mâche point ce que j'ai sur le cœur.

DAMIS

Votre Monsieur Tartuffe est bien heureux sans doute…

MADAME PERNELLE

C'est un homme de bien, qu'il faut que l'on écoute ;
Et je ne puis souffrir sans me mettre en courroux
De le voir querellé⁶ par un fou comme vous.

DAMIS

45 _ Quoi ? je souffrirai, moi, qu'un cagot⁷ de critique
Vienne usurper céans un pouvoir tyrannique,
Et que nous ne puissions à rien nous divertir,
Si ce beau Monsieur-là n'y daigne consentir ?

NOTES

4. Sous cape, secrètement.

5. Manière d'être et de se présenter socialement.

6. Accusé.

7. Dévot, homme dont la piété est soupçonnée d'hypocrisie.

Mise en scène
de Marcel Bozonnet
(Gérard Giroudon,
Catherine Hiegel),
Comédie-Française,
Paris, 2005.

DORINE

S'il le faut écouter et croire à ses maximes,
50 – On ne peut faire rien qu'on ne fasse des crimes ;
Car il contrôle tout, ce critique zélé.

MADAME PERNELLE

Et tout ce qu'il contrôle est fort bien contrôlé.
C'est au chemin du Ciel qu'il prétend vous conduire,
Et mon fils à l'aimer vous devrait tous induire.

Molière, *Tartuffe*, acte I, scène 1, 1664-1669.

MÉTHODE

→ Les types et les formes de phrases p. 220
→ Les niveaux de langue p. 222
→ L'action dramatique p. 226
→ Les formes et procédés du comique p. 230

OBSERVATION ET ANALYSE

1 Combien de personnages sont présents dans cette scène d'exposition ? Qui sont-ils ? Qu'apprenons-nous ici de chacun d'entre eux : caractère, situation, histoire ?

2 Qui conduit le dialogue ? Comment se manifeste cette maîtrise dans le jeu des répliques ?

3 À quels éléments reconnaît-on que nous sommes dans une comédie ?

4 Qu'apprenons-nous, et par qui, du personnage de Tartuffe ? Caractérisez les registres de ces divers propos. Quelle image contrastée du héros s'en dégage-t-il ?

5 Quels éléments essentiels de l'intrigue se mettent en place ? Comment se dessine le problème social et moral qui sera au cœur de l'œuvre ?

TEXTE 2

L'Atelier (1974)

Grumberg
Né en 1939

La scène 1 de L'Atelier *de Jean-Claude Grumberg présente un tout autre type d'exposition. Une didascalie initiale apporte de brèves informations sur le moment supposé de l'intrigue et le statut des deux femmes en scène. Mais le dialogue, morcelé et parfois « silencieux », qu'elles entament va davantage fournir au spectateur une série de suppositions et de questions que lui offrir une source de renseignements.*

Un matin très tôt de l'année 1945. Simone assise en bout de table, dos au public, travaille. Debout près d'une autre table, Hélène, la patronne, travaille également. De temps en temps elle jette un œil sur Simone.

HÉLÈNE. – Ma sœur aussi ils l'ont pris en 43…

5 SIMONE. – Elle est revenue ?

HÉLÈNE. – Non… elle avait vingt-deux ans *(Silence)*. Vous étiez à votre compte ?

SIMONE. – Oui, juste mon mari et moi, en saison on prenait une ouvrière… J'ai dû vendre la machine le mois dernier, il pourra même pas se remettre à travailler… J'aurais pas dû la vendre mais…

10 HÉLÈNE. – Une machine ça se trouve…

SIMONE *(approuve de la tête)*. – J'aurais pas dû la vendre… On m'a proposé du charbon et…

Silence.

HÉLÈNE. – Vous avez des enfants ?

15 SIMONE. – Oui, deux garçons…

HÉLÈNE. – Quel âge ?

SIMONE. – Dix et six.

HÉLÈNE. – C'est bien comme écart… Enfin c'est ce qu'on dit… J'ai pas d'enfants.

SIMONE. – Ils se débrouillent bien, l'aîné s'occupe du petit. Ils étaient à la campagne
20 en zone libre, quand ils sont revenus le grand a dû expliquer au petit qui j'étais, le petit se cachait derrière le grand il voulait pas me voir, il m'appelait madame…

Jean-Claude Grumberg, *L'Atelier*, scène 1,
© Actes Sud-Papiers, 1985.

MÉTHODE

→ Les niveaux de langue p. 222
→ L'énonciation théâtrale p. 224
→ L'action dramatique p. 226
→ Les registres tragique et pathétique p. 228

OBSERVATION ET ANALYSE

1 Quels éléments explicites de la didascalie d'ouverture et du dialogue permettent de situer le moment de l'intrigue ? Qu'apprend-on en particulier sur les deux femmes en présence ?

2 Quels événements de la guerre et quels drames sont par ailleurs évoqués dans ce passage ?

3 Comment s'exprime la souffrance probablement vécue par les deux femmes durant cette période ?

4 Caractérisez le type de répliques de ce dialogue. Quelle tonalité particulière lui donnent les didascalies ?

5 Observez le système pronominal de la première et de la dernière réplique de cet extrait. De quelle intention de l'auteur est-il porteur ?

6 Étudiez le traitement du temps et les multiples notations chronologiques dans ce passage. En quoi justifient-elles l'expression d'œuvre de « mémoire » souvent employée pour *L'Atelier* ?

TEXTE 3

Andromaque (1667)

Racine
1639-1699

Dans la tragédie, en raison de sa gravité ou de sa violence, la crise est un moment particulièrement important. Elle peut être liée, comme souvent chez Corneille, à telle ou telle péripétie*, mais elle peut aussi culminer dans un simple déchirement du héros. Chez Racine, le tragique s'exprime par l'intensité d'une crise intérieure dans laquelle le héros paraît condamné au sacrifice d'une partie de lui-même.

Andromaque, après la chute de Troie, est devenue la prisonnière du roi Pyrrhus qui s'est épris d'elle. Dans un dialogue pathétique avec sa confidente, elle exprime ainsi tous les tourments d'une lutte intérieure terrible : doit-elle céder aux avances de Pyrrhus et sauver son fils Astyanax ou rester jusqu'au bout fidèle à Hector, son époux mort ?

ANDROMAQUE

Songe, songe, Céphise, à cette nuit cruelle¹
Qui fut pour tout un peuple une nuit éternelle,
Figure-toi Pyrrhus, les yeux étincelants,
Entrant à la lueur de nos palais brûlants,
5 – Sur tous mes frères morts se faisant un passage,
Et, de sang tout couvert, échauffant² le carnage ;
Songe aux cris des vainqueurs, songe aux cris des mourants,
Dans la flamme étouffés, sous le fer expirants ;
Peins-toi dans ces horreurs Andromaque éperdue :
10 – Voilà comme Pyrrhus vint s'offrir à ma vue,
Voilà par quels exploits il sut se couronner,
Enfin voilà l'époux que tu me veux donner.
Non, je ne serai point complice de ses crimes ;
Qu'il nous prenne, s'il veut, pour dernières victimes.
15 – Tous mes ressentiments lui seraient asservis.

CÉPHISE

Hé bien, allons donc voir expirer votre fils :
On n'attend plus que vous… Vous frémissez, Madame ?

ANDROMAQUE

Ah ! De quel souvenir viens-tu frapper mon âme !
Quoi ! Céphise, j'irai voir expirer encor
20 – Ce fils, ma seule joie, et l'image d'Hector ?
Ce fils que de sa flamme il me laissa pour gage ?
Hélas ! je m'en souviens, le jour que son courage
Lui fit chercher Achille, ou plutôt le trépas,
Il demanda son fils et le prit dans ses bras :
25 – « Chère épouse, dit-il en essuyant mes larmes,
J'ignore quel succès³ le sort garde à mes armes ;
Je te laisse mon fils pour gage de ma foi :
S'il me perd, je prétends⁴ qu'il me retrouve en toi.
Si d'un heureux hymen⁵ la mémoire t'est chère,
30 – Montre au fils à quel point tu chérissais le père. »
Et je puis voir répandre un sang si précieux ?
Et je laisse avec lui périr tous ses aïeux ?

NOTE
1. La nuit de la chute de Troie.
2. Stimulant, excitant.
3. Résultat, bon ou mauvais.
4. J'aspire à ce que…
5. Mariage, union.

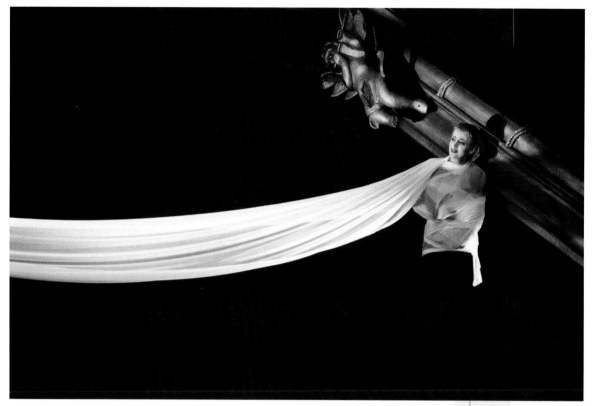

Mise en scène de
Daniel Mesguich,
avec Claude Mathieu.
Théâtre du Vieux
Colombier, Paris,
1999.

Roi barbare, faut-il que mon crime l'entraîne[6] ?
Si je te hais, est-il coupable de ma haine ?
35 _ T'a-t-il de tous les siens reproché le trépas ?
S'est-il plaint à tes yeux des maux qu'il ne sent pas ?
Mais cependant, mon fils, tu meurs si je n'arrête
Le fer que le cruel tient levé sur ta tête.
Je l'en puis détourner, et je t'y vais offrir ?
40 _ Non, tu ne mourras point, je ne le puis souffrir.
Allons trouver Pyrrhus. Mais non, chère Céphise,
Va le trouver pour moi.

CÉPHISE
Que faut-il que je dise ?

ANDROMAQUE
Dis-lui que de mon fils l'amour est assez fort…
Crois-tu que dans son cœur il ait juré sa mort ?
45 _ L'amour peut-il si loin pousser sa barbarie ?

CÉPHISE
Madame, il va bientôt revenir en furie.

ANDROMAQUE
Hé bien, va l'assurer…

CÉPHISE
De quoi ? de votre foi[7] ?

NOTES
6. Entraîne sa perte.
7. Amour et fidélité.

ANDROMAQUE

Hélas ! pour la promettre est-elle encore à moi ?
Ô cendres d'un époux ! ô Troyens ! ô mon père !
50 Ô mon fils, que tes jours coûtent cher à ta mère !
Allons.

NOTE
8. Le cénotaphe
(tombeau sans corps)
élevé par Andromaque
à la mémoire d'Hector.

CÉPHISE

Où donc, Madame, et que résolvez-vous ?

ANDROMAQUE

Allons sur son tombeau[8] consulter mon époux.

Jean Racine, *Andromaque*, acte III, scène 8, 1667.

MÉTHODE

→ Les types et formes
  de phrases p. 220
→ Les formes du discours
  rapporté p. 332
→ Les figures de style
  p. 68
→ Les registres tragique
  et pathétique p. 228

OBSERVATION ET ANALYSE

1 Décrivez l'organisation de ce dialogue.

2 Observez la première tirade d'Andromaque.
Quelle figure de style contribue principalement
à son rythme ?

3 Quelles obsessions traduisent ces premiers propos
de l'héroïne ? Quelles images les accompagnent ?
Qualifiez l'atmosphère que celles-ci construisent.

4 Identifiez, dans la seconde tirade d'Andromaque,
les divers interlocuteurs qu'elle se donne
et caractérisez la nature de la crise qu'elle traverse,
du conflit qui la déchire.

5 Quel type de phrase est systématiquement utilisé
dans les répliques de la confidente* ? Expliquez la

fonction de ce personnage dans la scène.
En quoi apparaît-elle extérieure à la crise tragique ?

6 Identifiez dans la seconde tirade d'Andromaque
le passage au style direct, dans les vers 25 à 30.
Quel autre vers prépare-t-il ?

EXPRESSION

Écriture d'invention. Dans sa seconde tirade,
Andromaque exprime son désarroi en proférant
plusieurs questions (v. 20, 33, 35, 36, 39). Vous rédigerez
pour chacune d'elles une réponse de quelques
lignes fondée sur les arguments vraisemblables
que pourraient lui fournir les interlocuteurs absents
auxquels elle s'adresse.

Antigone (1944)

Dans son Antigone *moderne, Jean Anouilh fait exprimer par le chœur le « ressort »
de la tragédie.*

Anouilh
1910-1987

LE CHŒUR : Et voilà. Maintenant le ressort est bandé. Cela n'a plus qu'à se dérouler
tout seul. C'est cela qui est commode dans la tragédie. On donne le petit coup de pouce
pour que cela démarre, rien, un regard pendant une seconde à une fille qui passe et lève
les bras dans la rue, une envie d'honneur un beau matin, au réveil, comme de quelque
5 chose qui se mange, une question de trop qu'on se pose un soir… C'est tout. Après, on
n'a plus qu'à laisser faire. On est tranquille. Cela roule tout seul. C'est minutieux, bien
huilé depuis toujours […]. C'est reposant, la tragédie, parce qu'on sait qu'il n'y a plus
d'espoir, le sale espoir ; qu'on est pris, qu'on est enfin pris comme un rat, avec tout le
ciel sur son dos, et qu'on n'a plus qu'à crier.

Jean Anouilh, *Antigone*, © La Table ronde, 1944.

Les péripéties

Hugo
1802-1885

Ruy Blas (1838)

Les événements les plus importants de l'action sont les péripéties. Selon que ces faits sont représentés sur scène ou seulement rapportés, bien ou mal interprétés par les personnages, ils donnent lieu à des situations particulièrement riches en effets pour le spectateur comme les coups de théâtre et les quiproquos.

Dans Ruy Blas, drame romantique de Hugo, don Salluste, un grand seigneur disgracié, a monté une machination visant à faire du valet Ruy Blas le favori et l'amant de la reine. La ruse n'a qu'un but : discréditer la souveraine en révélant sa liaison avec un domestique devenu son favori ! Usant d'un billet qu'il avait fait rédiger au valet dès l'acte I, don Salluste monte à la fin de la pièce un guet-apens pour démasquer et perdre les deux amants.

LA REINE, *entrant.*   Don César[1] !

RUY BLAS, *se retournant*   Dieu ! c'est elle ! – Au piège horrible
avec un mouvement   Elle est prise !
d'épouvante et fermant   (*Haut.*)
précipitamment la robe   Madame… !
qui cache sa livrée[2].

LA REINE   Eh bien ! quel cri d'effroi !
                        César…

RUY BLAS   Qui vous a dit de venir ici ?

LA REINE   Toi.

RUY BLAS   Moi ? – Comment ?

LA REINE   J'ai reçu de vous…

RUY BLAS, *haletant.*   Parlez donc vite !

LA REINE   5 _Une lettre.

RUY BLAS   De moi !

LA REINE   De votre main écrite.

RUY BLAS   Mais c'est à se briser le front contre le mur !
                Mais je n'ai pas écrit, pardieu, j'en suis bien sûr !

LA REINE, *tirant*   Lisez donc.
de sa poitrine un billet   (*Ruy Blas prend la lettre avec emportement,*
qu'elle lui présente.   *se penche vers la lampe et lit.*)

NOTES
1. Ruy Blas est en réalité un valet, ancien compagnon du noble proscrit, Don César de Bazan, sous l'identité duquel il est devenu le favori et l'amant de la reine d'Espagne par une machination de don Salluste.
2. Tenue de laquais.

Mise en scène de Brigitte Jacques (T. Hancisse, T Brakni),
Comédie-Française, Paris, 2002.

RUY BLAS, *lisant.*   « Un danger terrible est sur ma tête.
                                            « Ma reine seule peut conjurer la tempête…
                                            (*Il regarde avec stupeur, comme ne pouvant aller plus loin.*)

LA REINE, *continuant,*   10 _ « En venant me trouver ce soir dans ma maison.
et lui montrant du doigt   « Sinon, je suis perdu. »
la ligne qu'elle lit.

RUY BLAS,   Oh ! quelle trahison !
d'une voix éteinte.   Ce billet !

LA REINE,   « Par la porte au bas de l'avenue,
continuant de lire.   « Vous entrerez la nuit sans être reconnue.
                          « Quelqu'un de dévoué vous ouvrira. »

RUY BLAS, *à part.*   J'avais
                          15 _ Oublié ce billet.
(*À la reine,*   Allez-vous-en !
d'une voix terrible.)

LA REINE   Je vais
                          M'en aller, don César. Ô mon Dieu ! que vous êtes
                          Méchant ! Qu'ai-je donc fait ?

RUY BLAS   Ô ciel ! Ce que vous faites ?
                          Vous vous perdez !

LA REINE   Comment ?

RUY BLAS

                                        Je ne puis l'expliquer.

              Fuyez vite.

LA REINE

                              J'ai même, et pour ne rien manquer,

20 – Eu le soin d'envoyer ce matin une duègne³…

RUY BLAS

              Dieu ! – mais, à chaque instant, comme d'un cœur qui saigne,

              Je sens que votre vie à flots coule et s'en va.

              Partez !

LA REINE,

comme frappée

d'une idée subite.

                        Le dévouement que mon amour rêva

              M'inspire. Vous touchez à quelque instant funeste.

25 – Vous voulez m'écarter de vos dangers ! – Je reste.

RUY BLAS

              Ah ! Voilà, par exemple, une idée ! Ô mon Dieu !

              Rester à pareille heure et dans un pareil lieu !

LA REINE

              La lettre est bien de vous. Ainsi…

NOTE

: **3.** gouvernante.

RUY BLAS, *levant les*

bras au ciel de désespoir.

                                        Bonté divine !

LA REINE

              Vous voulez m'éloigner.

RUY BLAS,

lui prenant les mains.

                              Comprenez !

LA REINE

                                        Je devine.

30 – Dans le premier moment vous m'écrivez, et puis…

RUY BLAS

              Je ne t'ai pas écrit. Je suis un démon. Fuis !

              Mais c'est toi, pauvre enfant, qui te prends dans un piège !

              Mais c'est vrai ! mais l'enfer de tous côtés t'assiège

              Pour te persuader je ne trouve donc rien ?

35 – Écoute, comprends donc, je t'aime, tu sais bien.

              Pour sauver ton esprit de ce qu'il imagine,

              Je voudrais arracher mon cœur de ma poitrine !

              Oh ! je t'aime. Va-t'en !

LA REINE

                              Don César…

RUY BLAS

                                        Oh ! Va-t'en.

              Mais, j'y songe, on a dû t'ouvrir ?

LA REINE

                                        Mais oui.

RUY BLAS

                                                  Satan !

40 – Qui ?

LA REINE

              Quelqu'un de masqué, caché par la muraille.

RUY BLAS	Masqué ! Qu'a dit cet homme ? Est-il de haute taille ?
	Cet homme, quel est-il ? Mais parle donc ! j'attends !
	(*Un homme en noir et masqué paraît à la porte du fond.*)
L'HOMME MASQUÉ	C'est moi !
	(*Il ôte son masque. C'est don Salluste. La reine et Ruy Blas*
	le reconnaissent avec terreur.)

Victor Hugo, *Ruy Blas*, acte II, scène 2, 1838.

MÉTHODE

→ Les types et les formes de phrases p. 220
→ L'énonciation théâtrale p. 224
→ L'action dramatique p. 226
→ Eléments de versification p. 132

OBSERVATION ET ANALYSE

1 Lisez un résumé de l'intrigue du drame et expliquez le piège dans lequel sont tombés Ruy Blas et la reine.

2 Cette scène allie le quiproquo et le coup de théâtre grâce à deux objets. Lesquels ? Pour quels effets dramatiques ?

3 Caractérisez le registre de cette scène. En quoi se démarque-t-il de celui d'une scène de tragédie classique ?

4 Quels sentiments expriment successivement les deux amants compromis ?

5 On dit souvent de l'alexandrin dans les drames de Hugo qu'il est « désarticulé ». Comment ceci se manifeste-t-il visuellement dans cette scène ?

6 Observez et décrivez le jeu des coupes dans les vers 2, 3, 5, 39 et 40. Quel effet supplémentaire a voulu Hugo dans le vers 15 ?

EXPRESSION

Lecture et interprétation

– Lisez une première fois, à voix haute, cette scène, y compris les didascalies.

– Interprétez ensuite, et à trois, cette même scène en taisant les didascalies mais en respectant les consignes d'intonation ou de jeu.

– Le fait que le texte soit versifié vous aide-t-il ou vous gêne-t-il dans votre diction ? Discutez-en entre interprètes de la scène.

Histoire *littéraire*

Le personnage de théâtre

La fonction actantielle

C'est par le personnage, à travers ses gestes, actes et paroles, que se déploie l'action théâtrale. Il participe donc prioritairement au schéma actantiel de la pièce en remplissant l'une des grandes fonctions : sujet, objet, adjuvant ou opposant de l'action.

Ainsi, dans *Phèdre* de Racine, l'héroïne est sujet de la crise passionnelle ; Hippolyte en est l'objet ; Aricie et Thésée des opposants ; Œnone, la confidente, une adjuvante.

Des objets comme, par exemple une lettre (*Ruy Blas*, de Victor Hugo, p. 161), peuvent également faire partie du schéma actantiel.

Des types

Dans le théâtre classique, on peut aussi caractériser et analyser le personnage à l'intérieur d'une typologie. Au-delà de leur fonction actantielle, les personnages y sont en effet identifiables comme :

– **des types sociaux :** le maître, le valet, le médecin, la mondaine, le tyran, etc. Leur niveau de langue (familier, grossier, élégant) contribue fortement à cette caractérisation ;

– **des types psychologiques,** qu'on appelle des « **caractères** » : l'ingénu, l'avare, le « barbon », l'amoureux, l'hypocrite, etc.

Dans le théâtre contemporain, cette double caractérisation, principalement héritée des « emplois » de la *commedia dell'arte* italienne, s'est souvent effacée, témoignant d'une véritable crise du sujet et du personnage.

Le dénouement

Molière
1622-1673

Dom Juan (1665)

Le spectateur attend du dénouement d'une pièce qu'il résolve le conflit inscrit au cœur de l'action. Souvent dans la logique des caractères et des événements que l'exposition puis la crise ont « noués », cette « fin » peut aussi être accompagnée ou précipitée par des péripéties ultimes, voire commandée par l'intervention extérieure d'un « deus ex machina »*. L'ultime scène de Dom Juan *combine ces divers moyens : le héros a accepté l'invitation que lui a faite la statue d'un « commandeur » naguère tué par lui et qui symbolise la vengeance divine.*

Mise en scène
de Marcel Maréchal,
avec Pierre Arditi,
Bobigny,
MC 1993, 1989.

SCÈNE 5

DOM JUAN, *un* SPECTRE, *en femme voilée,* SGANARELLE

LE SPECTRE. – Dom Juan n'a plus qu'un moment à pouvoir profiter de la miséricorde du Ciel ; et s'il ne se repent ici, sa perte est résolue.

SGANARELLE. – Entendez-vous, Monsieur ?

DOM JUAN. – Qui ose tenir ces paroles ? Je crois connaître cette voix.

5 _ SGANARELLE. – Ah ! Monsieur, c'est un spectre : je le reconnais au marcher.

DOM JUAN – Spectre, fantôme, ou diable, je veux voir ce que c'est.

Le Spectre change de figure et représente le Temps avec sa faux à la main.

SGANARELLE. – Ô Ciel ! voyez-vous, Monsieur, ce changement de figure ?

DOM JUAN. – Non, non, rien n'est capable de m'imprimer de la terreur, et je veux

10 – éprouver avec mon épée si c'est un corps ou un esprit[1].

Le Spectre s'envole dans le temps que Dom Juan le veut frapper.

SGANARELLE. – Ah ! Monsieur, rendez-vous à tant de preuves, et jetez-vous vite dans le repentir.

DOM JUAN. – Non, non, il ne sera pas dit, quoi qu'il arrive, que je sois capable de

15 – me repentir. Allons, suis-moi.

NOTES

1. Être immatériel, fantôme.

2. Une variante des didascalies précise : « Le tonnerre tombe avec un grand bruit et de grands éclairs sur Dom Juan, la terre s'ouvre et l'abîme ; et il sort de grands feux de l'endroit où il est tombé. »

3. Appointement, salaire.

SCÈNE 6
LA STATUE, DOM JUAN, SGANARELLE

LA STATUE. – Arrêtez, Dom Juan : vous m'avez hier donné parole de venir manger avec moi.

DOM JUAN. – Oui. Où faut-il aller ?

LA STATUE. – Donnez-moi la main.

20 – DOM JUAN. – La voilà.

LA STATUE. – Dom Juan, l'endurcissement au péché traîne une mort funeste, et les grâces du Ciel que l'on renvoie ouvrent un chemin à sa foudre.

DOM JUAN. – Ô Ciel ! que sens-je ? Un feu invisible me brûle, je n'en puis plus et tout mon corps devient…[2]

25 – SGANARELLE. — Ah ! mes gages[3], mes gages ! voilà par sa mort un chacun satisfait : Ciel offensé, lois violées, filles séduites, familles déshonorées, parents outragés, femmes mises à mal, maris poussés à bout, tout le monde est content. Il n'y a que moi seul de malheureux. Mes gages, mes gages, mes gages !

Molière, *Dom Juan*, acte V, scènes 5-6, 1665.

MÉTHODE

→ Les sens des mots p. 126
→ L'énonciation théâtrale p. 224
→ L'action dramatique p. 226
→ Les registres p. 70

OBSERVATION ET ANALYSE

1 Dressez la liste des divers effets spectaculaires (visuels et sonores) mis en scène dans ce dénouement.

2 Pourquoi, en dépit de l'intervention de la « machine », ce dénouement n'est-il pas artificiel ? Dans quelle logique des caractères et de l'action s'inscrit-il ?

3 Quels éléments du dialogue et de la didascalie donnent une connotation religieuse à ce dénouement ? Dom Juan apparaît-il pour autant seulement « châtié » dans ce contexte ? Quelle ambiguïté demeure dans ses ultimes gestes et paroles ?

4 La dernière réplique de Sganarelle dresse la liste des victimes de Dom Juan et rend ainsi compte des intrigues multiples qui se sont entrecroisées au fil de l'action. Reportez-vous à un résumé de la pièce et établissez le schéma de ces diverses intrigues.

5 Caractérisez les tonalités respectives des trois dernières répliques de la toute dernière scène. Pourquoi Molière a-t-il donné le « mot de la fin » à Sganarelle ?

Dom Juan et la statue
du Commandeur (vers 1830)

Fragonard
1780-1850

Le mythe de Dom Juan a inspiré non seulement de nombreux écrivains mais aussi de nombreux artistes. Ceux-ci ont donné au héros de Molière des visages et des attitudes qui s'apparentent à autant de « mises en scène » picturales. Au XIXᵉ siècle, Alexandre Fragonard propose ainsi une « représentation » de la fin de la comédie de Molière qui gomme le dramatique de la situation au profit d'une certaine esthétisation.

Alexandre E. Fragonard
*Dom Juan et la statue
du Commandeur,*
vers 1830 (huile sur toile,
40,5 cm × 32 cm).
Strasbourg,
musée des Beaux-Arts.

OBSERVATION ET ANALYSE

1 Relisez les dernières scènes de la pièce de Molière, précisez qui sont les trois personnages ici représentés et quels éléments de l'intrigue vous retrouvez dans l'« histoire » proposée par la toile.

2 Observez le personnage de Dom Juan lui-même. Quel choix de silhouette et d'« allure » a fait le peintre pour le héros ?

3 Faites de même avec le personnage que Molière appelait lui-même tantôt « le Spectre », tantôt

« le Commandeur ». Comment Fragonard l'évoque-t-il ? Par quelle astuce picturale ?

4 Pourquoi, selon vous, le personnage de droite est-il à terre ?

5 Quels éléments, dans la composition de l'œuvre, le choix des couleurs ou les attitudes des personnages, permettent quand même de parler ici de « châtiment » du héros ?

Beckett
1906-1989

TEXTE 6

En attendant Godot (1953)

Pour finir et se dénouer, une action dramatique doit avoir commencé… Or de nombreuses pièces contemporaines prennent de grandes libertés avec la chronologie linéaire habituelle de la scène classique. Dans En attendant Godot, *Vladimir et Estragon, « plantés » sous leur arbre, « passent le temps » des deux journées indéterminées de l'action à attendre un Godot qui ne viendra pas. Dans la dernière « scène » reviennent alors les mêmes répliques, dérisoires et insignifiantes, que dans la première, laissant personnages et spectateurs interloqués devant l'énigme d'un temps vide et sans fin.*

Mise en scène
de Lluis Pasqual
(Eduard Fernandez,
Anna Lizaran).
Théâtre national
de Strasbourg,
1999.

VLADIMIR. – Il faut revenir demain.

ESTRAGON. – Pour quoi faire ?

VLADIMIR. – Attendre Godot.

ESTRAGON. – C'est vrai. (*Un temps.*) Il n'est pas venu ?

5 _ VLADIMIR. – Non.

ESTRAGON. – Et maintenant il est trop tard.

VLADIMIR. – Oui, c'est la nuit.

ESTRAGON. – Et si on le faisait tomber ? (*Un temps.*) Si on le faisait tomber ?

VLADIMIR. – Il nous punirait. (*Silence. Il regarde l'arbre.*) Seul l'arbre vit.

10 _ ESTRAGON, *regardant l'arbre.* – Qu'est-ce que c'est ?

VLADIMIR. – C'est l'arbre.

ESTRAGON. – Non, mais quel genre ?

VLADIMIR. – Je ne sais pas. Un saule.

ESTRAGON. – Viens voir. (*Il entraîne Vladimir vers l'arbre. Ils s'immobilisent devant.*

15 _   *Silence.*) Et si on se pendait ?

VLADIMIR. – Avec quoi ?

ESTRAGON. – Tu n'as pas un bout de corde ?

VLADIMIR. – Non.

ESTRAGON. – Alors on ne peut pas.

20 _ VLADIMIR. – Allons-nous-en.

ESTRAGON. – Attends, il y a ma ceinture.

VLADIMIR. – C'est trop court.

ESTRAGON. – Tu tireras sur mes jambes.

VLADIMIR. – Et qui tirera sur les miennes ?

25 _ ESTRAGON. – C'est vrai.

VLADIMIR. – Fais voir quand même. (*Estragon dénoue la corde qui maintient son pantalon. Celui-ci, beaucoup trop large, lui tombe autour des chevilles. Ils regardent la corde.*) À la rigueur ça pourrait aller. Mais est-elle solide ?

ESTRAGON. – On va voir. Tiens.

30_ *Ils prennent chacun un bout de la corde et tirent. La corde se casse. Ils manquent de tomber.*

VLADIMIR. – Elle ne vaut rien.

Silence.

ESTRAGON. – Tu dis qu'il faut revenir demain ?

VLADIMIR. – Oui.

35_ ESTRAGON. – Alors on apportera une bonne corde.

VLADIMIR. – C'est ça.

Silence.

ESTRAGON. – Didi.

VLADIMIR. – Oui.

40_ ESTRAGON. – Je ne peux plus continuer comme ça.

VLADIMIR. – On dit ça.

ESTRAGON. – Si on se quittait ? Ça irait peut-être mieux.

VLADIMIR. – On se pendra demain. (*Un temps.*) À moins que Godot ne vienne.

ESTRAGON. – Et s'il vient ?

45_ VLADIMIR. – Nous serons sauvés.

Vladimir enlève son chapeau – celui de Lucky[1] regarde dedans, y passe la main, le secoue, le remet ;

ESTRAGON. – Alors, on y va ?

VLADIMIR. – Relève ton pantalon.

50_ ESTRAGON. – Comment ?

VLADIMIR. – Relève ton pantalon.

ESTRAGON. – Que j'enlève mon pantalon ?

VLADIMIR. – Relève ton pantalon.

ESTRAGON. – C'est vrai.

55_ *Il relève son pantalon. Silence.*

VLADIMIR. – Alors, on y va ?

ESTRAGON. – Allons-y.

Ils ne bougent pas.

RIDEAU.

Samuel Beckett, *En attendant Godot*, acte II, © Minuit, 1953.

NOTE
1. Personnage formant avec Pozzo un autre duo dans la pièce.

METHODE
→ Les niveaux de langue p. 222
→ L'énonciation théâtrale p. 224
→ L'action dramatique p. 226
→ Les registres tragique et pathétique p. 228

OBSERVATION ET ANALYSE

1 Quels sont les motifs ou objets matériels qui structurent ce dénouement ?

2 Quelle valeur dramaturgique et symbolique possède ici la corde du pantalon d'Estragon ?

3 Pourquoi l'auteur a-t-il éprouvé le besoin de mentionner « RIDEAU » en fin de texte ?

4 Quelle conception du temps s'exprime dans cette « fin » ? Quelle représentation de l'espace l'accompagne dans les ultimes répliques ?

5 Comment et par quoi se manifeste dans le dialogue le mélange de comique et de tragique ? Quel registre vous paraît dominer ?

6 Comparez ce dénouement à celui de *Dom Juan* (p. 165).

EXPRESSION

Écriture d'invention. Vous inventerez, en respectant la tonalité et le rythme du dialogue beckettien, une courte scène qui pourrait constituer une « suite » à ce dénouement problématique. Lisez, pour vous aider, les deux débuts des « journées » de la pièce.

3 Les grands genres théâtraux |

La tragédie classique

TEXTE **1**

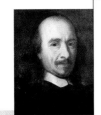

Corneille
1606-1684

Le Cid (1637)

Représentée en 1637, la tragi-comédie Le Cid *est acclamée par le public mais contestée par des dramaturges, ce qui fait l'objet d'une célèbre « querelle » arbitrée par l'Académie française. Corneille s'inspire d'une pièce espagnole qui romance les exploits d'un grand seigneur castillan du Moyen Âge. Rodrigue et Chimène s'aiment. Cependant, don Gomès, le père de Chimène, gifle don Diègue, le père de Rodrigue, qui a obtenu le poste convoité de précepteur du prince. Don Diègue demande à son fils de venger cet affront en provoquant en duel don Gomès. Resté seul, le jeune homme, incarnation du héros cornélien, exprime son désespoir dans un monologue en forme de « stances », strophes lyriques ayant chacune un sens particulier et s'achevant par une pause fortement marquée.*

Mise en scène
Th. Le Douarec
(G. Nicoleau,
N. Dalies), Paris.
Théâtre Marigny,
1999.

RODRIGUE

Percé jusques au fond du cœur
D'une atteinte imprévue aussi bien que mortelle,
Misérable[1] vengeur d'une juste querelle,
Et malheureux objet d'une injuste rigueur,
5 _ Je demeure immobile, et mon âme abattue
Cède au coup qui me tue.
Si près de voir mon feu[2] récompensé,
Ô Dieu, l'étrange peine !
En cet affront mon père est l'offensé,
10 _ Et l'offenseur le père de Chimène !

Que je sens de rudes combats !
Contre mon propre honneur mon amour s'intéresse[3] :
Il faut venger un père, et perdre une maîtresse[4].
L'un m'anime le cœur, l'autre retient mon bras.
15 _ Réduit au triste choix ou de trahir ma flamme,
Ou de vivre en infâme,
Des deux côtés mon mal est infini.
Ô Dieu, l'étrange peine !
Faut-il laisser un affront impuni ?
20 _ Faut-il punir le père de Chimène ?

Père, maîtresse, honneur, amour,
Noble et dure contrainte, aimable tyrannie,
Tous mes plaisirs sont morts, ou ma gloire ternie.
L'un me rend malheureux, l'autre indigne du jour.
25 _ Cher et cruel espoir[5] d'une âme généreuse[6],
Mais ensemble[7] amoureuse,
Digne ennemi de mon plus grand bonheur,
Fer qui causes ma peine,
M'es-tu donné pour venger mon honneur ?
30 _ M'es-tu donné pour perdre ma Chimène ?

Il vaut mieux courir au trépas.
Je dois à[8] ma maîtresse aussi bien qu'à mon père ;
J'attire en me vengeant sa haine et sa colère ;
J'attire ses mépris en ne me vengeant pas.
35 _ À mon plus doux espoir l'un me rend infidèle,
Et l'autre indigne d'elle.
Mon mal augmente à le vouloir guérir ;
Tout redouble ma peine.
Allons, mon âme ; et puisqu'il faut mourir,
40 _ Mourons du moins sans offenser Chimène.

NOTES
1. Qui inspire la pitié.
2. Mon amour (métaphore précieuse).
3. Prend parti.
4. Femme que l'on aime et dont on est aimé (sens du XVIIᵉ siècle).
5. Désigne son épée.
6. Noble, courageuse.
7. En même temps.
8. J'ai des devoirs envers.

Mourir sans tirer ma raison[9] !
Rechercher un trépas si mortel à ma gloire !
Endurer que l'Espagne impute à ma mémoire
D'avoir mal soutenu l'honneur de ma maison[10] !
45 – Respecter un amour dont mon âme égarée
Voit la perte assurée !
N'écoutons plus ce penser suborneur[11],
Qui ne sert qu'à ma peine.
Allons, mon bras, sauvons du moins l'honneur,
50 – Puisqu'après tout il faut perdre Chimène.

Oui, mon esprit s'était déçu[12].
Je dois tout à mon père avant qu'à ma maîtresse :
Que je meure au combat, ou meure de tristesse,
Je rendrai mon sang pur comme je l'ai reçu.
55 – Je m'accuse déjà de trop de négligence ;
Courons à la vengeance ;
Et tout honteux d'avoir tant balancé[13],
Ne soyons plus en peine,
Puisqu'aujourd'hui mon père est l'offensé,
60 – Si l'offenseur est père de Chimène.

Pierre Corneille, *Le Cid*, acte I, scène 6, 1637.

NOTES
9. Obtenir réparation d'un affront.
10. Lignée d'une famille noble.
11. Cette pensée trompeuse, qui détourne du devoir.
12. Trompé.
13. Hésité.

METHODE

→ L'énonciation théâtrale p. 224
→ L'action dramatique p. 226
→ Eléments de versification p. 132
→ Les figures de style p. 68

OBSERVATION ET ANALYSE

1 Exposez le dilemme auquel est confronté Rodrigue. Identifiez les deux champs lexicaux qui, dans chaque strophe, désignent cette alternative.

2 Relevez quelques exemples de procédés rhétoriques* qui renforcent l'expression de ce dilemme. Comment le rythme de certains vers suggère-t-il également la situation difficile du héros ?

3 Quels mots, dans chaque strophe, reviennent à la fin des huitième et dixième vers ? Quel effet produit la répétition de cette rime ? Relevez et commentez d'autres rimes signifiantes dans l'ensemble du monologue.

4 Analysez la composition du monologue en dégageant les étapes de l'argumentation du héros.

5 Quelle valeur morale conduit Rodrigue à rejeter la tentation du suicide ? Quelle décision finale prend-il ?

EXPRESSION

Écriture d'invention. En vous inspirant des registres et des figures de style mis en œuvre dans les stances de Rodrigue, rédigez le monologue (en prose ou en vers) d'un personnage confronté à un dilemme tragique. Sa délibération intérieure devra le conduire à faire un choix définitif.

Phèdre (1677)

Racine
1639-1699

Rival de Corneille, Racine s'inspire de la mythologie antique pour mettre en scène des personnages accablés par la fatalité et victimes de leurs passions aliénantes. En 1677, Phèdre *marque l'apogée de ce théâtre de la cruauté et de la fureur tragiques.*

Tandis que le roi d'Athènes, Thésée, est porté disparu, son épouse Phèdre est rongée par sa passion interdite et secrète pour Hippolyte, fils d'un premier mariage de Thésée. À la fausse nouvelle de la mort de son mari, Phèdre avoue son amour à son beau-fils, de manière d'abord détournée, en feignant de confondre le père et le fils.

HIPPOLYTE

Madame, pardonnez. J'avoue, en rougissant,
Que j'accusais à tort un discours innocent.
Ma honte ne peut plus soutenir votre vue ;
Et je vais…

PHÈDRE

Ah ! cruel, tu m'as trop entendu[1].
5 Je t'en ai dit assez pour te tirer d'erreur.
Hé bien ! connais donc Phèdre et toute sa fureur[2].
J'aime. Ne pense pas qu'au moment que je t'aime,
Innocente à mes yeux, je m'approuve moi-même ;
Ni que du fol amour qui trouble ma raison
10 Ma lâche complaisance ait nourri le poison.
Objet infortuné des vengeances célestes,
Je m'abhorre[3] encor plus que tu ne me détestes.
Les dieux m'en sont témoins, ces dieux qui dans mon flanc,
Ont allumé le feu fatal à tout mon sang[4],
15 Ces dieux qui se sont fait une gloire cruelle
De séduire[5] le cœur d'une faible mortelle.
Toi-même en ton esprit rappelle le passé.
C'est peu de t'avoir fui, cruel, je t'ai chassé ;
J'ai voulu te paraître odieuse, inhumaine ;
20 Pour mieux te résister, j'ai recherché ta haine.
De quoi m'ont profité[6] mes inutiles soins ?
Tu me haïssais plus, je ne t'aimais pas moins.
Tes malheurs te prêtaient encor de nouveaux charmes[7].
J'ai langui[8], j'ai séché, dans les feux, dans les larmes.
25 Il suffit de tes yeux pour t'en persuader,
Si tes yeux un moment pouvaient me regarder.
Que dis-je ? Cet aveu que je te viens de faire,
Cet aveu si honteux, le crois-tu volontaire ?
Tremblante pour un fils[9] que je n'osais trahir,
30 Je te venais prier de ne le point haïr.
Faibles projets d'un cœur trop plein de ce qu'il aime !
Hélas ! je ne t'ai pu parler que de toi-même.
Venge-toi, punis-moi d'un odieux amour.
Digne fils du héros qui t'a donné le jour,
35 Délivre l'univers d'un monstre qui t'irrite.
La veuve de Thésée ose aimer Hippolyte !

NOTES

1. Comprise.
2. Folie violente.
3. Je me hais.
4. La famille de Phèdre, victime de la fatalité.
5. Tromper.
6. À quoi m'ont servi.
7. Pouvoirs d'envoûtement.
8. Dépéri.
9. Allusion à l'enfant de Phèdre et de Thésée.

Crois-moi, ce monstre affreux ne doit point t'échapper.
Voilà mon cœur. C'est là que ta main doit frapper.
Impatient déjà d'expier son offense,
40 _ Au-devant de ton bras je le[10] sens qui s'avance.
Frappe. Ou si tu le crois indigne de tes coups,
Si ta haine m'envie[11] un supplice si doux,
Ou si d'un sang trop vil ta main serait trempée,
Au défaut de ton bras prête-moi ton épée.
45 _ Donne.

Jean Racine, *Phèdre*, acte II, scène 5, 1677.

NOTES
10. Désigne le cœur de Phèdre.
11. Me refuse.

Mise en scène de Jonathan Kent (Joanna Roth et Toby Stephens), Albery Theatre, Londres, 1998.

MÉTHODE

→ Les temps dans le récit p. 328
→ Les types et formes de phrases p. 220
→ Les registres tragique et pathétique p. 228
→ Les figures de style p. 68

OBSERVATION ET ANALYSE

1 Relevez les termes et les procédés de style qui présentent l'amour de Phèdre pour son beau-fils comme une passion coupable.

2 À qui Phèdre attribue-t-elle la responsabilité de sa passion interdite ? En quoi cela renforce-t-il la dimension tragique et pathétique de l'héroïne ?

3 Commentez le terme de *monstre* par lequel Phèdre se qualifie (v. 35 et 37).

4 En étudiant notamment les changements de temps et de modes des verbes, la ponctuation et le rythme de certains vers, distinguez les principales étapes de la tirade et montrez la progression de la violence verbale et gestuelle.

5 Imaginez la mise en scène de cet aveu : quel jeu vous paraîtrait approprié à la tirade de Phèdre et en particulier aux huit derniers vers ? Observez les diverses adresses ou injonctions de Phèdre à Hippolyte pour en déduire l'attitude que peut adopter le comédien, silencieux durant cette tirade.

EXPRESSION

Vers la dissertation. En vous référant aux règles de bienséance* de la tragédie classique (voir p. 213), rédigez un paragraphe expliquant pourquoi cette scène pouvait paraître audacieuse, voire inconvenante aux yeux des contemporains de Racine.

Susciter la crainte et la pitié

Aristote
384-322 av. J.-C.

La Poétique d'Aristote est un traité sur les différents genres littéraires. Seul le premier volume, consacré à l'épopée et à la tragédie, a été conservé ; redécouvert par les humanistes du XVIᵉ siècle, cette œuvre a été une référence fondamentale pour les théoriciens de la tragédie classique.

Puisque donc la composition, dans la tragédie la plus belle, ne doit pas être simple mais complexe, et que de plus la tragédie doit imiter des faits qui suscitent la crainte et la pitié[1] (car c'est là le propre d'une imitation de ce genre), d'abord il est évident qu'on ne doit pas y voir les bons passant du bonheur au malheur (ce spectacle n'inspire ni
5 _ crainte ni pitié mais répugnance), ni les méchants passant du malheur au bonheur (c'est de tous les cas le plus éloigné du tragique car il ne remplit aucune des conditions requises : il n'éveille ni sentiment d'humanité, ni pitié, ni crainte), ni d'autre part l'homme foncièrement mauvais tomber du bonheur dans le malheur.

Reste par conséquent le héros qui occupe une situation intermédiaire entre celles-
10 _ là. C'est le cas de l'homme qui, sans être éminemment vertueux et juste, tombe dans le malheur non à raison de sa méchanceté et de sa perversité mais à la suite de l'une ou l'autre erreur qu'il a commise, et qui est de ceux qui sont situés dans un haut degré de renommée et de prospérité, comme, par exemple, Œdipe, Thyeste et les membres fameux de pareilles familles. Il faut donc que la fable pour être bien soit simple, plutôt
15 _ que d'être double, comme le veulent certains, et il doit y avoir revirement non du malheur au bonheur mais au contraire du bonheur au malheur, ce revirement survenant non à cause de la perversité mais à cause d'une erreur grave d'un héros ou tel que je viens de dire ou meilleur plutôt que pire.

Aristote, *Poétique*, IVᵉ siècle av. J.-C.

NOTE
1. Il s'agit de la « catharsis » ou purgation des passions.

Histoire *littéraire*

Racine contre Corneille : deux univers

Rival victorieux de Corneille dès le succès d'*Andromaque* (1667), le jeune Racine a écrit des pièces qui contrastent délibérément avec celles de son aîné. Voici comment on peut opposer ces deux univers tragiques :

	Corneille	Racine
L'action	– complexe	– dépouillée
	– tentée par le « romanesque »	– simple et « vraisemblable »
	– multiples péripéties	– resserrée sur le drame des consciences
	– déborde les règles d'unité	– respecte ces règles
	– correspond à un conflit	– correspond à une crise
Les héros	– dynamiques et énergiques	– souvent accablés ou résignés
	– revendiquent leur liberté	– victimes de la malédiction
	– soucieux de leur « gloire »	– écrasés par le destin
	– valorisent leurs passions	– sont aliénés par elles
Le style	– une langue « ornée »	– une langue « épurée »
	– un lyrisme* éloquent	– une élégie* discrète
	– l'influence du baroque	– la rigueur du classicisme

Lire une *œuvre*

→ *La Place Royale*
de Corneille

La place royale
Pierre Corneille

La bibliothèque **Gallimard**

L'ŒUVRE

▶ Une comédie à la mode des années 1630

Publiée en 1637, *La Place Royale ou L'Amoureux extravagant* est la cinquième des « premières comédies » de Corneille, écrites avant *Le Cid* (1637), qui fit la gloire du jeune auteur.

La Place Royale illustre bien le genre des comédies alors à la mode. Son titre, d'abord, renvoie à un lieu parisien réel (devenu l'actuelle place des Vosges), très prisé des jeunes aristocrates. L'intrigue, d'autre part, s'inspire du genre sinon des personnages de la pastorale, qui met en scène les amours de bergers et de bergères.

Quant au thème de l'inconstance amoureuse, il renvoie à la sensibilité baroque prédominante à l'époque. Enfin, il s'agit d'une comédie plus divertissante que franchement comique : le rire et les formes traditionnelles du comique étaient alors réservés aux genres de la farce et de la *commedia dell'arte*. Il faudra attendre Molière pour concilier le rire et la dignité d'une « grande comédie ».

▶ Une comédie paradoxale

La Place Royale est une pièce singulière par son ambiguïté, qui se manifeste à différents niveaux :
• Alidor veut rompre avec la jeune fille qu'il aime parce que sa passion menace sa liberté ;
• cette comédie finit mal, puisque les deux amants se séparent au lieu de s'épouser ;
• bien accueillie par le public contemporain, *La Place Royale* influença probablement des comédies ultérieures (dont celles de Marivaux au XVIIIe siècle ou de Musset au XIXe siècle) mais elle resta ensuite peu connue jusqu'à la fin du XXe siècle (où la mise en scène de Brigitte Jaques-Wajeman en 1992, au théâtre de la Commune d'Aubervilliers, contribua à sa redécouverte).

QUESTIONNAIRE DE LECTURE

Structure et dramaturgie

❶ Résumez brièvement ce qui constitue l'exposition, le nœud et le dénouement de la pièce.

❷ Quelle importance dramaturgique et symbolique ont le décor représentant *La Place Royale* et les objets montrés sur scène (les lettres : acte II, sc. 2 et acte IV, sc. 3 et 8 ; le miroir : acte II, sc. 2 ; l'épée : acte III, sc. 6) ?

❸ Cherchez quelques exemples de procédés ou de répliques qui inscrivent la pièce dans le genre et le registre comiques.

Personnages et action

❹ Dans la scène 4 de l'acte I, relevez quelques vers qui expriment la contradiction intime d'Alidor et la stratégie qu'il prétend adopter envers Angélique et, en vous référant à d'autres scènes, justifiez le sens du sous-titre (« *L'Amoureux extravagant* »).

❺ Montrez en quoi Angélique est un personnage passionné et pathétique.

❻ Analysez la fonction jouée dans l'intrigue par les quatre personnages secondaires (Phylis, Cléandre, Doraste, Lysis) et les valeurs ou le caractère qu'incarne chacun d'eux.

❼ Quels points communs voyez-vous entre Alidor et Phylis d'une part, Angélique et Cléandre d'autre part ? Pourquoi, dans la pièce, qui se ressemble ne s'assemble pas ?

Formes et style des discours

❽ Comparez brièvement la structure et la fonction des monologues de Cléandre (acte I, scène 3), d'Angélique (acte IV, sc. 8) et d'Alidor (acte V, sc. 8).

❾ Identifiez les figures de style employées dans les vers suivants : « Je veux que l'on soit libre au milieu de ses fers. » (v. 211, I, 4) ; « Si j'aime on me trahit, je trahis si l'on m'aime. » (v. 1239, IV, 8).

La comédie, de Molière à Beaumarchais

TEXTE **3**

Les Fourberies de Scapin (1671)

Molière
1622-1673

Héritier des auteurs comiques des XVᵉ et XVIᵉ siècles, inspiré aussi par la comme-dia dell'arte italienne (Histoire littéraire, p. 185), Molière n'a cessé d'utiliser le genre de la farce. Dominé par les jeux de scènes bouffons (coups de bâton, déguisements) et les jeux de mots faciles, il lui offre les ressources d'un comique spectaculaire et efficace. Tous les procédés de la farce traditionnelle sont mobilisés dans Les Fourberies de Scapin pour mettre en valeur les facéties de ce valet au fil d'une intrigue de mariages contrariés par la volonté de deux pères coléreux, avares mais crédules. Scapin veut se venger de l'un d'eux, nommé Géronte : il le persuade de se dissimuler dans un sac pour échapper à d'imaginaires ennemis qui voudraient l'assassiner.

Mise en scène
de Jean-Louis Benoit
(Gérard Giroudon,
Philippe Torreton),
Comédie-Française,
Paris, 1997.

SCAPIN. – Cachez-vous, voici un spadassin¹ qui vous cherche. (*En contrefaisant sa voix.*) « Quoi ! jé n'aurai pas l'abantage² dé tuer cé Géronte et quelqu'un par charité né m'enseignera pas où il est ? » (*À Géronte, avec sa voix ordinaire.*) Ne branlez pas³. (*Reprenant son ton contrefait.*) « Cadédis⁴ ! jé lé trouberai, se cachât-il au centre de la terre. » (*À*
5 *Géronte, avec son ton naturel.*) Ne vous montrez pas. (*Tout le langage gascon est supposé de celui qu'il contrefait, et le reste de lui.*) « Oh ! l'homme au sac. – Monsieur. – Jé té vaille un louis⁵, et m'enseigne où put être Géronte. – Vous cherchez le seigneur Géronte ? – Oui, mordi ! jé lé cherche. – Et pour quelle affaire, Monsieur ? – Pour quelle affaire ? – Oui. – Jé beux, cadédis ! lé faire mourir sous les coups dé vâton. – Oh ! Monsieur, les coups
10 de bâton ne se donnent point à des gens comme lui, et ce n'est pas un homme à être traité de la sorte. – Qui, cé fat de Géronte, cé maraud, cé vélître⁶ ? – Le seigneur Géronte, Monsieur, n'est ni fat, ni maraud, ni bélître, et vous devriez, s'il vous plaît, parler d'autre façon. – Comment ! tu mé traîtes, à moi, avec cette hauteur ? – Je défends, comme je dois, un homme d'honneur qu'on offense. – Est-ce que tu es des amis dé cé Géronte ? – Oui,
15 Monsieur, j'en suis. – Ah ! cadédis ! tu es dé ses amis, à la vonne hure⁷ ! (*Il donne plusieurs coups de bâton sur le sac.*) Tiens ! boilà cé qué jé té vaille pour lui. – Ah ! ah ! ah ! ah ! Monsieur. Ah ! ah ! Monsieur, tout beau⁸ ! Ah ! doucement, ah ! ah ! ah ! – Va, porte-lui cela dé ma part. Adiusias⁹ ! » – Ah ! Diable soit le Gascon ! Ah ! (*en se plaignant et remuant le dos, comme s'il avait reçu les coups de bâton*).

NOTES
1. Homme d'épée, tueur à gages.
2. Avantage (imitation fantaisiste de l'accent gascon, par interversion du v et du b).
3. Ne bougez pas.
4. Tête (cap) de Dieu (juron).
5. Je te donne un louis si…
6. Injures : bélître, gueux.
7. À la bonne heure.
8. Doucement, du calme !
9. Adieu.

20 _ GÉRONTE, *mettant la tête hors du sac.* – Ah ! Scapin, je n'en puis plus.

SCAPIN. – Ah ! Monsieur, je suis tout moulu, et les épaules me font un mal épouvantable.

GÉRONTE. – Comment ! c'est sur les miennes qu'il a frappé.

SCAPIN. – Nenni, Monsieur, c'était sur mon dos qu'il frappait.

25 _ GÉRONTE. – Que veux-tu dire ? J'ai bien senti les coups, et les sens bien encore.

SCAPIN. – Non, vous dis-je, ce n'était que le bout du bâton qui a été jusque sur vos épaules.

GÉRONTE. – Tu devais donc te retirer un peu plus loin pour m'épargner.

Molière, *Les Fourberies de Scapin,* acte III, scène 2, 1671.

MÉTHODE

→ Les formes et les procédés du comique p. 230
→ Contexte et paratexte p. 66

OBSERVATION ET ANALYSE

1 Analysez les différentes formes du comique (situation, caractère, mots, gestes) et le rôle des didascalies*.

2 Montrez que cette scène est caractéristique du registre de la farce.

3 La règle de la vraisemblance vous paraît-elle respectée dans cette scène ?

4 Quel plaisir se donne le valet en jouant un double rôle ? En quoi cet extrait fait-il écho au titre de la pièce ?

5 Quel trait de son personnage de maître révèle la dernière réplique de Géronte ?

EXPRESSION

Expression orale. Interprétez cette scène en classe, en cherchant différentes possibilités de mise en scène. Commentez ensuite les difficultés du rôle de Scapin.

TEXTE **4**

Le Misanthrope (1666)

Molière
1622-1673

Avec son mélange de comique et de gravité, Le Misanthrope *est l'une des « comédies sérieuses » les plus ambiguës de Molière : « Lorsqu'on vient d'en rire, on devrait en pleurer », déclarait Musset (*Une soirée perdue*, 1840). Le héros, Alceste, dénonce l'hypocrisie et l'artifice des relations mondaines ; il est cependant amoureux de la brillante et coquette Célimène. Dans cette scène, Oronte, qui est le type même du courtisan flatteur, vient soumettre son sonnet au jugement du misanthrope.*

ORONTE

« Sonnet… » C'est un sonnet. « L'espoir… » C'est une dame
Qui de quelque espérance avait flatté ma flamme[1].
« L'espoir… » Ce ne sont point de ces grands vers pompeux[2],
Mais de petits vers doux, tendres et langoureux[3].
(*À toutes ces interruptions, il regarde Alceste.*)

ALCESTE

5 _Nous verrons bien.

NOTES
1. Sentiment amoureux (métaphore précieuse).
2. Majestueux, solennels (sans nuance péjorative au XVIIe siècle).
3. Amoureux.

Mise en scène
de Jacques Lassalle
(A. Seweryn,
A Libolt),
Bobigny, 1999.

ORONTE

« L'espoir… » Je ne sais si le style
Pourra vous en paraître assez net et facile,
Et si du choix des mots vous vous contenterez.

ALCESTE

Nous allons voir, monsieur.

ORONTE

Au reste, vous saurez
Que je n'ai demeuré qu'un quart d'heure à le faire.

ALCESTE

10 – Voyons, monsieur ; le temps ne fait rien à l'affaire.

ORONTE

L'espoir, il est vrai, nous soulage
Et nous berce un temps notre ennui ;
Mais, Philis, le triste avantage
Lorsque rien ne marche après lui !

PHILINTE

15 – Je suis déjà charmé de ce petit morceau.

ALCESTE, *bas.*

Quoi ! vous avez le front de trouver cela beau ?

ORONTE

Vous eûtes de la complaisance ;
Mais vous en deviez moins avoir
Et ne vous pas mettre en dépense[4]
20 – Pour ne me donner que l'espoir.

PHILINTE

Ah ! qu'en termes galants ces choses-là sont mises !

NOTE
: **4.** Faire des efforts.

ALCESTE, *bas.*

Morbleu ! vil[5] complaisant, vous louez des sottises ?

ORONTE

S'il faut qu'une attente éternelle
Pousse à bout l'ardeur de mon zèle[6],
25 — Le trépas sera mon recours.

Vos soins ne m'en peuvent distraire[7] ;
Belle Philis, on désespère
Alors qu'on espère toujours.

NOTES
5. Méprisable.
6. Ferveur amoureuse.
7. Détourner, dissuader.
8. Fin d'un poème, marquée par un paradoxe ou une image surprenante (Alceste emploie ensuite le mot « chute » au sens propre).

PHILINTE

La chute[8] en est jolie, amoureuse, admirable.

ALCESTE, *bas.*

30 — La peste de ta chute, empoisonneur au diable !
En eusses-tu fait une à te casser le nez !

PHILINTE

Je n'ai jamais ouï de vers si bien tournés.

ALCESTE, *bas.*

Morbleu !

ORONTE

Vous me flattez, et vous croyez peut-être…

PHILINTE

Non, je ne flatte point.

ALCESTE, *bas.*

Et que fais-tu donc, traître ?

ORONTE, *à Alceste.*

35 — Mais, pour vous, vous savez quel est notre traité :
Parlez-moi, je vous prie, avec sincérité.

Molière, *Le Misanthrope*, acte I, scène 2, 1666.

METHODE

→ Les types et les formes
de phrases p. 220
→ Les niveaux de langue p. 222
→ L'énonciation théâtrale p. 224
→ Les formes et les procédés
du comique p. 230

OBSERVATION ET ANALYSE

1 Caractérisez brièvement chacun des trois personnages en vous fondant sur leurs comportements et leurs niveaux de langage.

2 Pourquoi Oronte diffère-t-il la lecture de son sonnet ? Quels effets sur Alceste et auprès du spectateur produisent ces hésitations ?

3 Recherchez dans un dictionnaire les caractéristiques du courant de la préciosité* et montrez en quoi le sonnet d'Oronte relève de ce style.

4 Analysez et commentez le recours aux apartés* et au contrepoint, c'est-à-dire à l'entrecroisement des répliques à voix haute et basse.

5 En vous aidant de l'Histoire littéraire p. 212, relevez les différentes formes de comique mises en œuvre dans cette scène.

6 En observant notamment le dernier mot de l'extrait, montrez comment cette scène fait écho au thème principal de la pièce.

TEXTE 5

L'Ile des esclaves (1725)

Marivaux
1688-1763

Marivaux inscrit plusieurs de ses comédies dans l'espace imaginaire et expérimental d'une utopie*, qui permet d'inverser les hiérarchies sociales pour mieux éprouver la sincérité des sentiments.

À la suite d'un naufrage, Iphicrate et son valet Arlequin, ainsi qu'Euphrosine et sa servante Cléanthis échouent sur une île régie par d'anciens esclaves. Leur chef, Trivelin, ordonne aux nouveaux venus un échange des rôles entre maîtres et valets. Arlequin et Cléanthis s'amusent ici à parodier le discours galant de leurs maîtres.

CLÉANTHIS. – Tenez, tenez, promenons-nous plutôt de cette manière-là, et tout en conversant vous ferez adroitement tomber l'entretien sur le penchant que mes yeux vous ont inspiré pour moi. Car encore une fois nous sommes d'honnêtes gens à cette heure ; il faut songer à cela, il n'est plus question de familiarité domestique. Allons,
5 _ procédons noblement, n'épargnez ni compliments, ni révérences.

ARLEQUIN. – Et vous, n'épargnez point les mines[1]. Courage ! Quand ce ne serait que pour nous moquer de nos patrons. Garderons-nous nos gens[2] ?

CLÉANTHIS. – Sans difficulté : pouvons-nous être sans eux ? C'est notre suite ; qu'ils s'éloignent seulement.

10 _ ARLEQUIN, *à Iphicrate*. – Qu'on se retire à dix pas !

Iphicrate et Euphrosine s'éloignent en faisant des gestes d'étonnement et de douleur. Cléanthis regarde aller Iphicrate, et Arlequin Euphrosine.

ARLEQUIN, *se promenant sur le théâtre avec Cléanthis*. – Remarquez-vous, Madame, la clarté du jour ?

15 _ CLÉANTHIS. – Il fait le plus beau temps du monde ; on appelle cela un jour tendre.

ARLEQUIN. – Un jour tendre ? Je ressemble donc au jour, Madame.

CLÉANTHIS. – Comment, vous lui ressemblez ?

ARLEQUIN. – Eh palsambleu[3] ! le moyen de n'être pas tendre, quand on se trouve tête à tête avec vos grâces ? (*À ce mot il saute de joie.*) Oh ! oh ! oh ! oh !

20 _ CLÉANTHIS. – Qu'avez-vous donc, vous défigurez notre conversation ?

ARLEQUIN. – Oh ! ce n'est rien, c'est que je m'applaudis.

CLÉANTHIS. – Rayez ces applaudissements, ils nous dérangent. (*Continuant.*) Je savais bien que mes grâces entreraient pour quelque chose ici. Monsieur, vous êtes galant, vous vous promenez avec moi, vous me dites des douceurs ; mais finissons, en
25 _ voilà assez, je vous dispense des compliments.

ARLEQUIN. – Et moi, je vous remercie de vos dispenses.

CLÉANTHIS. – Vous m'allez dire que vous m'aimez, je le vois bien ; dites, Monsieur, dites, heureusement on n'en croira rien ; vous êtes aimable, mais coquet[4], et vous ne persuaderez pas.

30 _ ARLEQUIN, *l'arrêtant par le bras, et se mettant à genoux*. – Faut-il m'agenouiller, Madame, pour vous convaincre de mes flammes, et de la sincérité de mes feux ?

CLÉANTHIS. – Mais ceci devient sérieux. Laissez-moi, je ne veux point d'affaire[5], levez-vous. Quelle vivacité ! Faut-il vous dire qu'on vous aime ? Ne peut-on en être quitte à moins ? Cela est étrange !

35 _ ARLEQUIN, *riant à genoux*. – Ah ! ah ! ah ! que cela va bien ! Nous sommes aussi bouffons que nos patrons ; mais nous sommes plus sages.

Marivaux, *L'Ile des esclaves*, scène 6, 1725.

NOTES
1. Grimaces, minauderies.
2. Valets.
3. Juron (« par le sang de Dieu »).
4. Qui cherche à plaire.
5. Au double sens d'affaires de cœur et d'embarras.

Mise en scène
d'Anne Alvaro
(A. Feffer).
Lycée Honoré
de Balzac,
Paris, 2000.

MÉTHODE

→ Les formes et les procédés du comique p. 230
→ Les figures de style p. 68

OBSERVATION ET ANALYSE

1 Cléanthis et Arlequin parodient un langage qui ne leur est pas familier. Identifiez quelques figures de style caractéristiques de ce discours galant. Lequel des deux domestiques joue le mieux son rôle d'emprunt ?

2 Comment comprenez-vous la dernière phrase d'Arlequin : « Nous sommes aussi bouffons que nos patrons ; mais nous sommes plus sages » ?

3 Montrez que cette scène de « théâtre dans le théâtre » a une double portée comique et critique.

4 Quel intérêt offre la présence sur scène des maîtres, Iphicrate et Euphrosine ? Quelles contraintes impose-t-elle à la mise en scène de ce passage ?

TEXTE 6

La Folle Journée
ou Le Mariage de Figaro (1784)

Beaumarchais
1732-1799

Second volet d'une trilogie (entre Le Barbier de Séville *et* La Mère coupable*),* Le Mariage de Figaro *multiplie les rebondissements et les quiproquos au fil d'une intrigue complexe qui allie la verve comique à la satire sociale et politique.*

Près de Séville, le comte Almaviva, libertin*, veut séduire Suzanne, la femme de chambre de son épouse Rosine, qui s'apprête pourtant à épouser Figaro, le valet du comte. Les deux femmes conviennent d'un stratagème contre le mari volage : la comtesse se fait passer pour Suzanne lors d'un rendez-vous galant avec Almaviva, le soir dans le parc du château. Suzanne et Figaro, cachés chacun de leur côté, assistent à la scène, et Figaro, ignorant la supercherie des deux femmes, croit que sa bien-aimée le trompe.

LE COMTE *prend la main de sa femme.–* Mais quelle peau fine et douce, et qu'il s'en faut que la Comtesse ait la main aussi belle !

LA COMTESSE, *à part.–* Oh ! la prévention[1] !

LE COMTE.– A-t-elle ce bras ferme et rondelet ? ces jolis doigts pleins de grâce et d'es-
5 _ pièglerie ?

LA COMTESSE, *de la voix de Suzanne.–* Ainsi l'amour ?…

LE COMTE.– L'amour… n'est que le roman du cœur : c'est le plaisir qui en est l'histoire ; il m'amène à tes genoux.

LA COMTESSE.– Vous ne l'aimez plus ?

10 _ LE COMTE.– Je l'aime beaucoup ; mais trois ans d'union rendent l'hymen si respectable !

LA COMTESSE.– Que vouliez-vous en elle ?

LE COMTE, *la caressant.–* Ce que je trouve en toi, ma beauté…

LA COMTESSE.– Mais dites donc.

LE COMTE.–… Je ne sais : moins d'uniformité peut-être, plus de piquant[2] dans les
15 _ manières ; un je ne sais quoi qui fait le charme ; quelquefois un refus, que sais-je ?
Nos femmes croient tout accomplir en nous aimant : cela dit une fois, elles nous
aiment, nous aiment ! (quand elles nous aiment.) Et sont si complaisantes, et si
constamment obligeantes, et toujours, et sans relâche, qu'on est tout surpris, un
beau soir, de trouver la satiété, où l'on recherchait le bonheur !

20 _ LA COMTESSE, *à part.–* Ah ! quelle leçon !

LE COMTE.– En vérité, Suzon, j'ai pensé mille fois que si nous poursuivons ailleurs ce
plaisir qui nous fuit chez elles, c'est qu'elles n'étudient pas assez l'art de soutenir
notre goût, de se renouveler à l'amour, de ranimer, pour ainsi dire, le charme de
leur possession, par celui de la variété.

25 _ LA COMTESSE, *piquée[3].–* Donc elles doivent tout ?….

LE COMTE, *riant.–* Et l'homme rien ? Changerons-nous la marche de la nature ? Notre
tâche, à nous, fut de les obtenir : la leur…

LA COMTESSE.– La leur ?

LE COMTE.– Est de nous retenir : on l'oublie trop.

30 _ LA COMTESSE.– Ce ne sera pas moi[4].

LE COMTE.– Ni moi.

FIGARO, *à part .–* Ni moi.

SUZANNE, *à part.–* Ni moi.

LE COMTE *prend la main de sa femme.–* Il y a de l'écho ici ; parlons plus bas. Tu n'as
35 _ nul besoin d'y songer, toi que l'amour a faite et si vive et si jolie ! avec un grain

NOTES
1. Préjugé, idée toute faite.
2. Qui stimule l'intérêt.
3. Vexée.
4. Sous-entendu « qui l'oublierai ».

de caprice tu seras la plus agaçante[5] maîtresse ! (*Il la baise au front.*) Ma Suzanne, un Castillan n'a que sa parole. Voici tout l'or promis pour le rachat du droit que je n'ai plus sur le délicieux moment que tu m'accordes. Mais comme la grâce que tu daignes y mettre est sans prix, j'y joindrai ce brillant, que tu porteras pour
40 _ l'amour de moi.

LA COMTESSE, *une révérence.*– Suzanne accepte tout.

FIGARO, *à part.*– On n'est pas plus coquine que cela.

SUZANNE, *à part.*– Voilà du bon bien qui nous arrive.

LE COMTE, *à part.*– Elle est intéressée ; tant mieux.

45 _ LA COMTESSE *regarde au fond.*– Je vois des flambeaux.

LE COMTE.– Ce sont les apprêts de ta noce : entrons-nous un moment dans l'un de ces pavillons, pour les laisser passer ?

LA COMTESSE.– Sans lumière ?

LE COMTE *l'entraîne doucement.*– À quoi bon ? nous n'avons rien à lire.

50 _ FIGARO, *à part.*– Elle y va, ma foi ! Je m'en doutais.

Beaumarchais, La Folle Journée ou Le Mariage de Figaro, acte V, scène 7, 1784.

NOTE
: **5.** Aguichante.

METHODE

→ L'énonciation théâtrale p. 224
→ Les formes et les procédés du comique p. 230
→ Le registre satirique p. 424

Mise en scène de J.-F Sivadier.
Théâtre national de Bretagne, Rennes, 2000.

1 Expliquez la situation de quiproquo dans cette scène.

2 Analysez les procédés du double jeu de la comtesse. Quel sens donnez-vous à sa réplique : « Ah ! quelle leçon ! » (l. 20) ?

3 Par quels arguments le comte justifie-t-il son libertinage* ?

4 La double méprise d'Almaviva et de Figaro vous paraît-elle vraisemblable ?

5 Montrez comment Beaumarchais exploite les effets comiques du déguisement, du quiproquo, et des interventions des témoins cachés que sont Suzanne et Figaro.

6 Quels éléments de satire morale et sociale comporte également cette scène ?

7 En quoi la mise en scène de cet extrait peut-elle être à la fois un plaisir et un défi ?

Histoire
littéraire

La *commedia dell'arte*

La *commedia dell'arte* est née en Italie au XVIᵉ siècle : l'expression signifie à l'origine la " comédie de l'art ", c'est-à-dire le théâtre professionnel, par opposition aux amateurs, mais peu à peu elle désigne une forme de comédie masquée, à personnages codés, et en partie improvisée.

■ Des personnages typés

Les comédiens portent un masque et un costume correspondant à des personnages bien définis :
– **Les " *zanni* ", valets facétieux et rusés :** Arlequin (masque noir et costume à losanges bariolés), Brighella (plus cynique, habillé et masqué en blanc et vert), Pedrolino ou Pierrot (le candide amoureux, tout de blanc vêtu), Polichinelle (le bossu, également habillé en blanc), Colombine (costume de soubrette)...
– **Les deux vieillards,** lubriques et stupides : Pantalon avec sa barbe en pointe, son caleçon rouge sous un manteau noir, est une caricature de l'avarice tandis que le Docteur, habillé de noir, est un imbécile pédant. Tous deux se détestent, sont trompés par leurs proches et ridiculement dupés par leurs valets.
– **Les deux jeunes amoureux** incarnent la sentimentalité sous des costumes et des prénoms variés : Silvio, Léandre ou Lélio pour le jeune homme raffiné ; Isabelle, Béatrice ou Rosalinde pour la jeune fille au cœur tendre.
– **Le Capitan : soldat fanfaron** et poltron affublé du costume de " l'occupant espagnol ".

■ Un jeu improvisé

Les intrigues amoureuses, à dimension satirique, sont improvisées à partir d'un canevas, scénario élémentaire décidé à l'avance. Le jeu accorde une large place au corps, au comique de gestes et aux acrobaties, tandis que les personnages de valets multiplient les « *lazzi* », intermèdes mimés ou dialogués, ou bien apartés* plaisants sur l'actualité politique.

■ Une influence durable

Revivifiée au XVIIIᵉ siècle par les dramaturges italiens Carlo Goldoni et Carlo Gozzi, la *commedia dell'arte* a également influencé le théâtre français. Molière s'est ainsi inspiré d'Arlequin et de Brighella pour créer son Scapin, ou de Pantalon pour ses personnages de vieillards obtus ou avares (Harpagon dans *L'Avare*).

Marivaux revendique ouvertement cette tradition, puisque ses comédies, telles que *Le Jeu de l'amour et du hasard*, sont jouées par une troupe de comédiens italiens. Les noms des personnages (Arlequin ou Silvia) ainsi que le motif du déguisement et du masque sont également des emprunts à la *commedia dell'arte*. Plus tard, Musset fera de ses héros Octave et Cœlio (dans *Les Caprices de Marianne*, 1833) des héritiers romantiques d'Arlequin et de Pierrot.

Les Comédiens italiens (1720)

Watteau
1684-1721

Antoine Watteau est connu comme le peintre des « fêtes galantes », représentant des scènes de badinage amoureux dans des parcs ou des décors naturels. Son œuvre est aussi étroitement liée à l'univers du théâtre, et particulièrement de la commedia dell'arte, qu'il a découvert grâce à son maître, le peintre et graveur Claude Gillot.

Antoine Watteau, *Les Comédiens italiens*, 1720 (huile sur toile, 64 cm × 76 cm). Washington, National Gallery of Art.

OBSERVATION ET ANALYSE

1 Quels indices permettent de reconnaître l'univers du théâtre ?

2 Quel personnage est le plus mis en valeur et par quels moyens ?

3 En observant notamment les lignes de force et la répartition des couleurs, décrivez la composition du tableau.

4 En vous aidant de la liste des personnages types de la *commedia dell'arte* (p. 185), essayez d'identifier ceux qui sont peints sur ce tableau.

5 Quelle atmosphère et quelle image du théâtre suggère Watteau ?

Le drame romantique

TEXTE 7

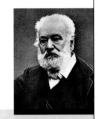

Hugo
1802-1885

Cromwell (1827)

Par la démesure de ses 6 413 vers et de ses soixante personnages, Cromwell illustre l'ambition et les écueils du drame romantique. L'histoire littéraire n'a retenu que sa retentissante Préface qui présente le drame romantique comme un « art total » fondé sur le refus des règles du théâtre classique, le libre mélange des genres et l'alliance du « sublime » et du « grotesque », déjà pratiqués par le modèle des romantiques, Shakespeare (p. 189). La pièce elle-même, considérée comme injouable, ne sera mise en scène qu'en 1956 !

Dans l'Angleterre du XVIIᵉ siècle, Cromwell figure un héros à la fois génial et maudit : hanté par son régicide (il a fait exécuter Charles Iᵉʳ), il songe à devenir roi tout en se heurtant à une coalition de royalistes et de républicains. Il demande à Manassé, rabbin et astrologue, de lui révéler son avenir.

CROMWELL
Révèle à mon âme étonnée[1]

Le secret de ma vie et de ma destinée.
Écoute. – Étant enfant, j'eus une vision.
J'avais été chassé, pour basse extraction[2],
5 _ De ces nobles gazons[3] que tout Oxford renomme,
Et qu'on ne peut fouler sans être gentilhomme.
Rentré dans ma cellule, en mon cœur indigné,
Je pleurais, maudissant le rang où j'étais né.
La nuit vint ; je veillais assis près de ma couche.
10 _ Soudain ma chair se glace au souffle d'une bouche,
Et j'entends près de moi, dans un trouble mortel,
Une voix qui disait : *Honneur au roi Cromwell !*
Elle avait à la fois, cette voix presqu'éteinte,
L'accent de la menace et l'accent de la plainte.
15 _ Dans les ténèbres, pâle, et de terreur saisi,
Je me lève, cherchant qui me parlait ainsi.
Je regarde : – c'était une tête coupée ! –
De blafardes lueurs dans l'ombre enveloppée,
Livide, elle portait sur son front pâlissant
20 _ Une auréole… – oui, de la couleur du sang.
Il s'y mêlait encore un reste de couronne.
Immobile, – vieillard, regarde, j'en frissonne ! –
Elle me contemplait avec un ris[4] cruel,
Et murmurait tout bas : *Honneur au roi Cromwell !*
25 _ Je fais un pas. Tout fuit ! – sans laisser de vestige
Que mon cœur, à jamais glacé par ce prodige !
Honneur au roi Cromwell ! – Manassé, tu comprends ?
Qu'en dis-tu ? – Cette nuit, ces feux dans l'ombre errants,
Une tête hideuse, un lambeau de fantôme,
30 _ Dans un rire sanglant promettant un royaume…
Ah ! c'est vraiment horrible ! est-ce pas, Manassé ?

NOTES
1. Bouleversée, effrayée.
2. Cromwell est issu d'une famille de petite noblesse moderne, puritaine, qui s'oppose à la noblesse ancienne, conservatrice et catholique.
3. La prestigieuse université d'Oxford, très traditionaliste au XVIIᵉ siècle.
4. Rire.

Cette tête !…. – Depuis, un jour terne et glacé,
Un jour d'hiver, au sein d'une foule inquiète,
Je l'ai revue encor, – mais elle était muette.
35 _ Écoute, – elle pendait à la main du bourreau !

Victor Hugo, *Cromwell*, 1827, acte III, scène 17, 1827.

MÉTHODE

→ Les registres tragique et pathétique p. 228
→ Les figures de style p. 68
→ Éléments de versification p. 132
→ Contexte et paratexte p. 66

Robert Walber,
Olivier Cromwell,
1646, Londres,
National Portrait
Gallery.

OBSERVATION ET ANALYSE

1 _ Quel champ lexical domine le récit de l'hallucination de Cromwell ?

2 _ Quels procédés rhétoriques* et quels effets rythmiques renforcent son expressivité ?

3 _ Quel événement évoquent les quatre derniers vers ? Qu'apportent-ils à l'interprétation de la vision de Cromwell enfant ?

4 _ Identifiez les différents registres mis en œuvre dans le texte.

5 _ Quelle image du héros et de son destin présente cette tirade ?

6 _ À quel événement de l'histoire de France fait songer la vision d'un roi décapité ? Quelle importance pouvait avoir ce souvenir en 1827 ?

Macbeth (1605)

Shakespeare
1564-1616

Au retour d'une campagne militaire victorieuse, Macbeth et Banquo, généraux de Duncan, roi d'Écosse, rencontrent trois sorcières sur une lande en pleine tempête : celles-ci prophétisent que Macbeth sera roi et que Banquo engendrera des rois. Tenté par ce destin, et poussé par sa femme, Macbeth assassinera d'abord le roi Duncan, puis Banquo, mais sera poursuivi par le remords.

MACBETH. – Je n'ai jamais vu un jour si sombre et si beau.

BANQUO. – À quelle distance sommes-nous de Forres ? Quelles sont ces créatures si flétries et si farouches dans leur accoutrement, qui ne ressemblent pas aux habitants de la terre, et pourtant sont sur la terre ?.... Vivez-vous ? Êtes-vous quelque chose
5 _ qu'un homme puisse questionner ? On dirait que vous me comprenez, à voir chacune de vous placer son doigt noueux sur ses lèvres de parchemin… Vous devez être femmes, et pourtant vos barbes m'empêchent de croire que vous l'êtes.

MACBETH. – Parlez, si vous pouvez… Qui êtes-vous ?

PREMIÈRE SORCIÈRE. – Salut, Macbeth ! salut à toi, thane[1] de Glamis !
10 _ DEUXIÈME SORCIÈRE. – Salut, Macbeth ! salut à toi, thane de Cawdor !

TROISIÈME SORCIÈRE. – Salut, Macbeth, qui plus tard seras roi !

BANQUO. – Mon bon seigneur, pourquoi tressaillez-vous, et semblez-vous craindre des choses qui sonnent si bien ? (*Aux sorcières.*) Au nom de la vérité, êtes-vous fantastiques, ou êtes-vous vraiment ce qu'extérieurement vous paraissez ? Vous saluez
15 _ mon noble compagnon de ses titres présents et de la haute prédiction d'une noble fortune et d'un avenir royal, si bien qu'il en semble ravi. À moi vous ne parlez pas. Si vous pouvez voir dans les germes du temps, et dire quelle graine grandira et quelle ne grandira pas, parlez-moi donc, à moi qui ne mendie et ne redoute ni vos faveurs ni votre haine.

20 _ PREMIÈRE SORCIÈRE. – Salut !

DEUXIÈME SORCIÈRE. – Salut !

TROISIÈME SORCIÈRE. – Salut !

PREMIÈRE SORCIÈRE. – Moindre que Macbeth, et plus grand !

DEUXIÈME SORCIÈRE. – Pas si heureux, pourtant bien plus heureux !
25 _ TROISIÈME SORCIÈRE. – Tu engendreras des rois, sans être roi toi-même… Donc, salut, Macbeth et Banquo !

PREMIÈRE SORCIÈRE. – Banquo et Macbeth, salut !

MACBETH. – Demeurez, oracles imparfaits ! dites-m'en davantage. Par la mort de Sinel, je le sais, je suis thane de Glamis ; mais comment de Cawdor ? Le thane de
30 _ Cawdor vit, gentilhomme prospère… Et, quant à être roi, cela n'est pas plus dans la perspective de ma croyance que d'être thane de Cawdor. Dites de qui vous tenez cet étrange renseignement, ou pourquoi sur cette bruyère désolée vous barrez notre chemin de ces prophétiques saluts. Parlez ! je vous l'ordonne. (*Les sorcières s'évanouissent.*)

William Shakespeare, *Macbeth*, acte I, scène 3, 1605 ;
trad. Fr.-V. Hugo.

NOTE
1. En Écosse, titre que le roi accordait à certains nobles, équivalent à celui de baron.

TEXTE 8

On ne badine pas avec l'amour (1834)

Musset
1810-1857

Musset a repris et enrichi le genre du proverbe dramatique, hérité d'un jeu de salon du XVIIᵉ siècle : il s'agissait d'illustrer par une saynète* un proverbe ou une maxime. On ne badine pas avec l'amour mêle ainsi les registres comique et tragique pour montrer les risques de la séduction et de l'orgueil.

Camille, élevée au couvent, est promise en mariage à son cousin Perdican. Mais la jeune fille se méfie des hommes et de l'amour. Lors d'une longue scène de confrontation, elle demande à son cousin si elle a raison de vouloir prendre le voile au lieu de se marier. Perdican finit par exprimer sa propre défiance envers « l'amour divin » et dénoncer l'influence pernicieuse des religieuses.

PERDICAN. – Sais-tu ce que c'est que des nonnes[1], malheureuse fille ? Elles qui te représentent l'amour des hommes comme un mensonge, savent-elles qu'il y a pis encore, le mensonge de l'amour divin ? Savent-elles que c'est un crime qu'elles font, de venir chuchoter à une vierge des paroles de femme ? Ah ! comme elles t'ont fait la
5 – leçon ! Comme j'avais prévu tout cela quand tu t'es arrêtée devant le portrait de notre vieille tante ! Tu voulais partir sans me serrer la main ; tu ne voulais revoir ni ce bois, ni cette pauvre petite fontaine[2] qui nous regarde tout en larmes ; tu reniais les jours de ton enfance, et le masque de plâtre que les nonnes t'ont placé sur les joues me refusait un baiser de frère ; mais ton cœur a battu ; il a oublié sa leçon, lui qui ne sait pas lire,
10 – et tu es revenue t'asseoir sur l'herbe où nous voilà. Eh bien ! Camille, ces femmes ont bien parlé ; elles t'ont mise dans le vrai chemin ; il pourra m'en coûter le bonheur de ma vie ; mais dis-leur cela de ma part : le ciel n'est pas pour elles.

CAMILLE. – Ni pour moi, n'est-ce pas ?

PERDICAN. – Adieu Camille, retourne à ton couvent, et lorsqu'on te fera de ces
15 – récits hideux qui t'ont empoisonnée, réponds ce que je vais te dire : Tous les hommes sont menteurs, inconstants[3], faux, bavards, hypocrites, orgueilleux ou lâches, méprisables et sensuels ; toutes les femmes sont perfides, artificieuses[4], vaniteuses, curieuses et dépravées ; le monde n'est qu'un égout sans fond où les phoques les plus informes rampent et se tordent sur des montagnes de fange[5] ; mais il y a au monde une chose
20 – sainte et sublime, c'est l'union de deux de ces êtres si imparfaits et si affreux. On est souvent trompé en amour, souvent blessé et souvent malheureux ; mais on aime, et quand on est sur le bord de sa tombe, on se retourne pour regarder en arrière, et on se dit : J'ai souffert souvent, je me suis trompé quelquefois, mais j'ai aimé. C'est moi qui ai vécu, et non pas un être factice créé par mon orgueil et mon ennui[6]. *(Il sort.)*

Alfred de Musset, *On ne badine pas avec l'amour*, acte II, scène 5, 1834.

NOTES
1. Religieuses.
2. La scène se passe dans un bois, près d'une fontaine où Camille a donné rendez-vous à Perdican.
3. Infidèles.
4. Hypocrites, rusées.
5. Boue, symbole de souillure.
6. La fin de cette tirade est inspirée d'une lettre de George Sand à Musset (voir p. 191).

METHODE
→ Le registre lyrique p. 128
→ L'énonciation théâtrale p. 224
→ L'action dramatique p. 226
→ Démontrer et argumenter p. 418

Mise en scène
d'Isabelle Ronayette
(O. Cote, R. Carteaux).
Théâtre Jean Vilar,
Suresnes, 2003.

1 Comment se répartit la parole dans cette scène ? Quel rapport de force entre les deux interlocuteurs suggère cette distribution ?

2 Quels thèmes et quels registres lient les deux tirades de Perdican ?

3 Qu'est-ce que Perdican veut prouver à Camille dans sa première tirade ? Quels moyens utilise-t-il pour la persuader ?

4 Dégagez les étapes de l'argumentation dans sa seconde tirade. Analysez notamment le rôle de la conjonction « mais » et l'emploi des pronoms personnels.

5 Quels procédés rhétoriques soutiennent l'éloquence lyrique de cette dernière tirade ?

6 En quoi la conception de l'amour exposée par Perdican est-elle caractéristique de la sensibilité romantique ?

Exposé oral. Musset s'inspire à la fin de la tirade d'une lettre que lui avait adressée sa maîtresse, George Sand, à la suite d'une rupture. Elle y écrivait notamment :
« Mais ton cœur, mais ton bon cœur, ne le tue pas, je t'en prie. Qu'il se mette tout entier ou en partie dans toutes les amours de ta vie, mais qu'il y joue toujours son rôle noble, afin qu'un jour tu puisses regarder en arrière et dire comme moi :
« J'ai souffert souvent, je me suis trompé quelquefois ; mais j'ai aimé. C'est moi qui ai vécu, et non pas un être factice créé par mon orgueil et mon ennui. »
(Lettre du 12 mai 1834).

Vous exposerez oralement les réflexions que vous inspire la confrontation entre ce fragment de lettre et la tirade de Perdican.

TEXTE **1**

Cocteau
1889-1963

La Machine infernale (1932)

Comme plusieurs dramaturges de la même époque, Jean Cocteau réactualise au théâtre des figures et des mythes de l'Antiquité. La Machine infernale *est ainsi inspirée de la tragédie de Sophocle,* Œdipe roi *(p. 194). Avec une virtuosité pleine de fantaisie, Cocteau mêle les registres tragique et comique et multiplie les anachronismes pour montrer la mécanique implacable de la fatalité : sans le savoir, Œdipe, roi de Thèbes, a tué son père Laïus et épousé sa mère Jocaste, accomplissant ainsi le destin prédit par l'oracle à sa naissance.*

L'extrait suivant est le dénouement de la pièce : accablés par la révélation du parricide et de l'inceste, Jocaste s'est suicidée tandis qu'Œdipe s'est crevé les yeux et s'apprête à quitter Thèbes. C'est alors qu'apparaît le fantôme de Jocaste.

ŒDIPE. – Femme ! ne me touche pas…

JOCASTE. – Ta femme est morte pendue, Œdipe. Je suis ta mère. C'est ta mère qui vient à ton aide… Comment ferais-tu rien que pour descendre seul cet escalier, mon pauvre petit ?

5 _ ŒDIPE. – Ma mère !

JOCASTE. – Oui, mon enfant, mon petit enfant… Les choses qui paraissent abomina-bles aux humains, si tu savais, de l'endroit où j'habite, si tu savais comme elles ont peu d'importance.

ŒDIPE. – Je suis encore sur la terre.

10 _ JOCASTE. – À peine…

CRÉON[1]. – Il parle avec des fantômes, il a le délire, la fièvre, je n'autoriserai pas cette petite…

TIRÉSIAS[2]. – Ils sont sous bonne garde.

CRÉON. – Antigone[3] ! Antigone ! je t'appelle…

15 _ ANTIGONE. – Je ne veux pas rester chez mon oncle ! Je ne veux pas, je ne veux pas rester à la maison. Petit père, petit père, ne me quitte pas ! Je te conduirai, je te dirigerai…

CRÉON. – Nature ingrate.

ŒDIPE. – Impossible, Antigone. Tu dois être sage… je ne peux pas t'emmener.

20 _ ANTIGONE. – Si ! si !

ŒDIPE. – Tu abandonnerais Ismène[4] ?

ANTIGONE. – Elle doit rester auprès d'Étéocle et de Polynice[5]. Emmène-moi, je t'en supplie ! Je t'en supplie ! Ne me laisse pas seule ! Ne me laisse pas chez mon oncle ! Ne me laisse pas à la maison.

25 _ JOCASTE. – La petite est si fière. Elle s'imagine être ton guide. Il faut le lui laisser croire. Emmène-la. Je me charge de tout.

ŒDIPE. – Oh !….

Il porte la main à sa tête.

JOCASTE. – Tu as mal ?

30 _ ŒDIPE. – Oui, dans la tête et dans la nuque et dans les bras… C'est atroce.

JOCASTE. – Je te panserai à la fontaine.

ŒDIPE, *abandonné.* – Mère…

NOTES
1. Frère de Jocaste ; il sera roi de Thèbes après l'exil d'Œdipe.
2. Le devin, aveugle mais voyant.
3. Fille d'Œdipe et de Jocaste.
4. Sœur d'Antigone.
5. Frères d'Antigone.

JOCASTE. – Crois-tu ! cette méchante écharpe[6] et cette affreuse broche[7] ! L'avais-je assez prédit.

35 CRÉON. – C'est im-pos-si-ble. Je ne laisserai pas un fou sortir en liberté avec Antigone. J'ai le devoir…

TIRÉSIAS. – Le devoir ! Ils ne t'appartiennent plus ; ils ne relèvent plus de ta puissance.

CRÉON. – Et à qui appartiendraient-ils ?

TIRÉSIAS. – Au peuple, aux poètes, aux cœurs purs.

40 JOCASTE. – En route ! Empoigne ma robe solidement… n'aie pas peur…

Ils se mettent en route.

ANTIGONE. – Viens, petit père… partons vite…

ŒDIPE. – Où commencent les marches ?

JOCASTE et ANTIGONE. – Il y a encore toute la plate-forme…

45 *Ils disparaissent… On entend Jocaste et Antigone parler exactement ensemble.*

JOCASTE et ANTIGONE. – Attention… compte les marches… Un, deux, trois, quatre, cinq…

CRÉON. – Et en admettant qu'ils sortent de la ville, qui s'en chargera, qui les recueillera ?….

50 TIRÉSIAS. – La gloire.

CRÉON. – Dites plutôt le déshonneur, la honte…

TIRÉSIAS. – Qui sait ?

RIDEAU

Jean Cocteau, *La Machine infernale*, acte IV, © Grasset, 1932.

METHODE

→ Les types et les formes de phrases p. 220
→ L'action dramatique p. 226
→ Les registres tragique et pathétique p. 228

Mise en scène de Gloria Paris (Delphin, Dominique Fortin, Christine Gagnieux). Théâtre de l'Athénée, Paris, 2002.

OBSERVATION ET ANALYSE

1 À quoi perçoit-on le caractère surnaturel de Jocaste, personnage fantôme dans ce dénouement ? Quel rôle joue-t-elle auprès d'Œdipe ?

2 Repérez et commentez les conceptions opposées de Créon et de Tirésias.

3 En vous aidant du résumé de l'histoire d'Antigone (p. 196), recherchez dans cette scène des allusions au destin de la jeune fille et expliquez ce qu'elles apportent au dénouement de la tragédie.

4 Comment Cocteau rend-il familiers et pathétiques ces héros tragiques ?

5 Qu'est-ce qui fait l'ambiguïté de ce dénouement ?

Œdipe roi (430 av. J.-C.)

Sophocle
496-406 av. J.-C.

La tragédie de Sophocle est construite comme une enquête : en cherchant à savoir pourquoi la peste sévit sur Thèbes, Œdipe, le roi, va découvrir la vérité sur ses propres origines et sur ses crimes involontaires.

L'extrait suivant est le dénouement : Œdipe, déchu et mutilé, vient d'exprimer sa détresse auprès de ses filles et s'apprête à fuir Thèbes d'où il est banni.

CRÉON. – Tu as assez pleuré, rentre dans la maison.

ŒDIPE. – Je ne puis qu'obéir, même s'il m'en coûte.

CRÉON. – Ce qu'on fait quand il faut est toujours bien fait.

ŒDIPE. – Sais-tu mes conditions pour m'éloigner d'ici ?

5 – CRÉON. – Dis-les-moi, et je les saurai.

ŒDIPE. – Veille à me faire mener hors du pays.

CRÉON. – La réponse appartient au dieu.

ŒDIPE. – Mais je fais horreur aux dieux désormais.

CRÉON. – Eh bien ! alors tu l'obtiendras sans doute.

10 – ŒDIPE. – Dis-tu vrai ?

CRÉON. – Je n'ai pas l'habitude de parler contre ma pensée.

ŒDIPE. – Emmène-moi donc tout de suite.

CRÉON. – Viens alors, et laisse tes filles.

ŒDIPE. – Non, pas elles ! non, ne me les enlève pas !

15 – CRÉON. – Ne prétends donc pas triompher toujours : tes triomphes n'ont pas accompagné ta vie.

On ramène les fillettes dans le gynécée, tandis qu'on fait rentrer Œdipe par la grande porte du palais.

LE CORYPHÉE[1]. – Regardez, habitants de Thèbes, ma patrie. Le voilà, cet Œdipe, cet
20 – expert en énigmes fameuses, qui était devenu le premier des humains. Personne dans sa ville ne pouvait contempler son destin sans envie. Aujourd'hui, dans quel flot d'effrayante misère est-il précipité ! C'est donc ce dernier jour qu'il faut, pour un mortel, toujours considérer. Gardons-nous d'appeler jamais un homme heureux, avant qu'il ait franchi le terme de sa vie sans avoir subi un chagrin.

Sophocle, *Œdipe roi*, trad. A. Dain et P. Magon,
© Les Belles Lettres, 1958.

NOTE
1. Chef du chœur
dans la tragédie grecque.

Œdipe et le sphinx.
Coupe attique (détail),
Vᵉ siècle av. J.-C.
Musée du Vatican.

La Machine infernale de Jean Cocteau

L'ŒUVRE

▶ Une version moderne du mythe d'Œdipe

La Machine infernale (1934) s'inscrit dans ce courant du théâtre français du XXe siècle qui a actualisé les mythes et tragédies antiques (voir Histoire littéraire p. 198).

Jean Cocteau s'inspire ainsi de la tragédie grecque de Sophocle, *Œdipe roi* (écrite vers 430 av. J.-C), qu'il réinterprète à la lumière de la conscience moderne du tragique et des apports de la psychanalyse de Freud. Le destin d'Œdipe, héros tragique qui tue son père et épouse sa mère sans le savoir, a suggéré à Freud sa théorie dite du « complexe d'Œdipe », selon laquelle le jeune enfant désire inconsciemment le parent du sexe opposé et réagit agressivement envers l'autre.

Dans la pièce de Cocteau, Œdipe apparaît comme la victime d'une machination des dieux : après avoir tué par hasard son père Laïus, il remporte une victoire truquée contre le Sphinx et devient l'époux incestueux de sa mère Jocaste, jusqu'à ce que, dix-sept ans plus tard, la maudite vérité éclate.

▶ Un mélange des registres

Tout en présentant une vision pessimiste de la condition humaine soumise à une fatalité absurde, *La Machine infernale* illustre la fantaisie burlesque de son auteur, qui se plaît à mélanger les genres et les registres tragique, comique et fantastique.

QUESTIONNAIRE DE LECTURE

La structure et le titre de la pièce

1 Résumez brièvement le contenu des quatre actes.

2 À quel moment a lieu l'action présentée dans le deuxième acte, par rapport au premier ? Quelle durée sépare le quatrième acte du troisième ? Quels effets produit ce traitement particulier du temps ?

3 Interprétez le sens du titre de la pièce, en vous référant notamment au texte écho p. 160.

Une tragédie moderne

4 Œdipe paraît-il victime ou responsable de son destin ? Qu'est-ce qui fait de lui un personnage tragique ?

5 Quels éléments de l'action ou du discours d'Œdipe visent toutefois à désacraliser celui-ci ?

6 Quels changements observez-vous dans la caractérisation du personnage de Jocaste au fil de la pièce ?

7 Analysez la représentation et le rôle donné aux dieux dans la pièce, en expliquant notamment le sens de la phrase prononcée par Anubis au début de l'acte II.

8 Quelle fonction ont les interventions de « La Voix » ?

9 Cherchez trois ou quatre exemples de méprises ou de quiproquos durant lesquels les spectateurs savent ce qu'ignorent les personnages, et expliquez l'effet produit par ce décalage.

Une parodie burlesque

10 Donnez deux ou trois exemples précis du recours au registre burlesque (voir p. 230).

11 Quels effets produisent, tout au long de la pièce, le mélange du tragique et du comique, ainsi que des niveaux de langue familier et soutenu ?

12 Relevez trois ou quatre exemples d'anachronismes et expliquez l'effet visé par ce procédé.

13 À quels moments interviennent des éléments fantastiques ou surnaturels ? Expliquez leur importance dans la pièce et imaginez de quelle manière ils peuvent être représentés sur scène.

Pour prolonger la lecture

14 Lisez la tragédie de Sophocle, *Œdipe roi*, pour évaluer les différences de contenu, de forme et de registres avec la pièce de Cocteau.

Antigone (1946)

Anouilh
1910-1987

Née de l'inceste entre Œdipe et Jocaste, Antigone est poursuivie par la malédiction qui pèse sur sa famille. Ses deux frères, Étéocle et Polynice, se disputent le trône à la mort de leur père et s'entretuent. Leur oncle Créon, devenu roi de Thèbes, interdit qu'on inhume Polynice. Mais Antigone, éprise de justice, brave les ordres de Créon, et tente durant la nuit de recouvrir de terre le cadavre de Polynice. Elle sera condamnée à être emmurée vivante tandis que son fiancé, Hémon, le fils de Créon, se suicide.

Jean Anouilh actualise la tragédie de Sophocle : son héroïne incarne non seulement l'idéalisme adolescent face aux compromis désabusés de Créon mais aussi l'esprit de résistance contre l'injustice du pouvoir.

Mise en scène de Nicolas Briançon (B. Schulz, R Hossein, B. Dhéran, B. Henry, C. Fanny). Théâtre de Marigny, Paris, 2003.

CRÉON. – Marie-toi vite, Antigone, sois heureuse. La vie n'est pas ce que tu crois. C'est une eau que les jeunes gens laissent couler sans le savoir, entre leurs doigts ouverts. Ferme tes mains, ferme tes mains, vite. Retiens-la. Tu verras, cela deviendra une petite chose dure et simple qu'on grignote, assis au soleil. Ils te diront tous le contraire parce
5 qu'ils ont besoin de ta force et de ton élan. Ne les écoute pas. Ne m'écoute pas quand je ferai mon prochain discours devant le tombeau d'Étéocle. Ce ne sera pas vrai. Rien n'est vrai que ce qu'on ne dit pas… Tu l'apprendras toi aussi, trop tard : la vie c'est un livre qu'on aime, c'est un enfant qui joue à vos pieds, un outil qu'on tient bien dans sa main, un banc pour se reposer le soir devant sa maison. Tu vas me mépriser encore,
10 mais de découvrir cela, tu verras, c'est la consolation dérisoire de vieillir : la vie ce n'est peut-être tout de même que le bonheur !

ANTIGONE, *murmure, le regard perdu.* – Le bonheur…

CRÉON, *a un peu honte soudain.* – Un pauvre mot, hein ?

ANTIGONE, *doucement.* – Quel sera-t-il mon bonheur ? Quelle femme heureuse
15 deviendra-t-elle, la petite Antigone ? Quelles pauvretés faudra-t-il qu'elle fasse elle

aussi, jour par jour, pour arracher avec ses dents son petit lambeau de bonheur ? Dites,
à qui devra-t-elle mentir, à qui sourire, à qui se vendre ? Qui devra-t-elle laisser mourir
en détournant le regard ?

CRÉON, *hausse les épaules.* – Tu es folle, tais-toi.

20_ ANTIGONE. – Non, je ne me tairai pas. Je veux savoir comment je m'y prendrai, moi
aussi, pour être heureuse. Tout de suite, puisque c'est tout de suite qu'il faut choisir. Vous
dites que c'est si beau la vie. Je veux savoir comment je m'y prendrai pour vivre.

CRÉON. – Tu aimes Hémon ?

ANTIGONE. – Oui, j'aime Hémon. J'aime un Hémon dur et jeune ; un Hémon exi-
25_ geant et fidèle, comme moi. Mais si votre vie, votre bonheur doivent passer sur lui avec
leur usure, si Hémon ne doit plus pâlir quand je pâlis, s'il ne doit plus me croire morte
quand je suis en retard de cinq minutes, s'il ne doit plus se sentir seul au monde et me
détester quand je ris sans qu'il sache pourquoi, s'il doit devenir près de moi le monsieur Hémon, s'il doit apprendre à dire « oui », lui aussi, alors je n'aime plus Hémon !

30_ CRÉON. – Tu ne sais plus ce que tu dis. Tais-toi.

ANTIGONE. – Si, je sais ce que je dis, mais c'est vous qui ne m'entendez plus. Je vous
parle de trop loin maintenant, d'un royaume où vous ne pouvez plus entrer avec vos
rides, votre sagesse, votre ventre.

Elle rit.

35_ Ah ! je ris, Créon, je ris parce que je te vois à quinze ans, tout d'un coup ! C'est le
même air d'impuissance et de croire qu'on peut tout. La vie t'a seulement ajouté tous
ces petits plis sur le visage et cette graisse autour de toi.

CRÉON, *la secoue.* – Te tairas-tu, enfin ?

ANTIGONE. – Pourquoi veux-tu me faire taire ? Parce que tu sais que j'ai raison ? Tu
40_ crois que je ne lis pas dans tes yeux que tu le sais ? Tu sais que j'ai raison, mais tu ne l'avoue-
ras jamais parce que tu es en train de défendre ton bonheur en ce moment comme un os.

CRÉON. – Le tien et le mien, oui, imbécile !

ANTIGONE. – Vous me dégoûtez tous avec votre bonheur ! Avec votre vie qu'il faut
aimer coûte que coûte. On dirait des chiens qui lèchent tout ce qu'ils trouvent. Et cette
45_ petite chance, pour tous les jours si on n'est pas trop exigeant. Moi, je veux tout, tout de
suite, – et que ce soit entier, – ou alors je refuse ! Je ne veux pas être modeste, moi, et me
contenter d'un petit morceau si j'ai été bien sage. Je veux être sûre de tout aujourd'hui
et que cela soit aussi beau que quand j'étais petite – ou mourir.

Jean Anouilh, *Antigone*, © La Table ronde, 1946.

MÉTHODE

→ L'énonciation théâtrale p. 224
→ Les registres tragique et pathétique p. 228
→ Les figures d'images p. 130
→ Convaincre et persuader p. 420

OBSERVATION ET ANALYSE

1 En étudiant les images employées par Créon dans
sa première réplique, expliquez la conception de la vie
et du bonheur que propose ce personnage.

2 Comment Antigone exprime-t-elle son refus
d'une telle conception du bonheur ?

3 Montrez comment la progression du dialogue
souligne l'exacerbation du conflit entre les deux
personnages.

4 Quels arguments, quelles expressions font d'Antigone
l'incarnation de l'idéalisme et de la jeunesse ?

5 Analysez la dimension tragique du personnage
d'Antigone.

6 Comment Anouilh a-t-il actualisé les personnages
et les enjeux de la tragédie antique ?

La réactualisation des mythes

▊ Le retour du mythe

Durant la première moitié du XXᵉ siècle, plusieurs dramaturges français puisent leur inspiration dans la mythologie et la tragédie antiques. Modernisés par le mélange des genres et des registres tragique et comique, ou parodiés avec un humour burlesque*, les mythes et les héros de la Grèce antique permettent d'exprimer les conflits de la modernité.

Après l'irrévérencieux *Prométhée mal enchaîné* (1899) d'André Gide ou *Protée* (1916), drame satirique de Paul Claudel, Jean Cocteau réactualise les figures d'Orphée (dans sa pièce du même nom créée en 1926, et ses films *Orphée,* 1949 ; *Le Testament d'Orphée,* 1960), d'*Antigone* (1922), ou d'Œdipe (dans ses pièces *Œdipus rex* en 1927 et *La Machine infernale* en 1934). Jean Giraudoux s'inspire de l'Antiquité grecque pour écrire aussi bien un vaudeville* (*Amphitryon 38* en 1929) que des sortes de tragédies modernes traitant de la folie meurtrière des guerres ou du conflit entre la raison d'État et l'idéal de justice (*La guerre de Troie n'aura pas lieu,* 1935 ; *Électre,* 1937). Contre l'interprétation de Giraudoux, Jean-Paul Sartre reprend les personnages d'Oreste et d'Électre dans sa pièce *Les Mouches* (1943), parabole de la liberté existentialiste, philosophie sartrienne selon laquelle l'homme est « condamné à être libre » et donc responsable de ses actes. En 1944, dans la France occupée, Jean Anouilh présente son *Antigone* moderne comme un emblème de l'idéalisme protestataire. Le même auteur a également écrit *Eurydice* (1942) et *Médée* (1953).

▊ Un tragique moderne

Plusieurs raisons peuvent expliquer ce retour du mythe ancien dans le théâtre moderne. En « dépoussiérant les bustes antiques », comme le disait Giraudoux, les dramaturges témoignent de la puissance symbolique des mythes grecs qui mettent l'homme à l'épreuve de la fatalité. Cette notion a bien sûr des acceptions différentes au XXᵉ siècle. Certains auteurs, tels que Jean Cocteau, réinterprètent les mythes antiques à la lumière de la théorie psychanalytique des pulsions inconscientes (le « complexe d'Œdipe » dans *La Machine infernale* (voir p. 192 à 195) ; d'autres, comme Giraudoux, montrent comment l'individu est le jouet de forces historiques qui le dépassent ou la victime de la sottise générale. L'angoisse générée par les grands conflits mondiaux ainsi que la crise des valeurs morales et le déclin des croyances religieuses ont ainsi motivé la modernisation des mythes antiques, porteurs d'interrogations universelles et polysémiques*.

Antigone d'Anouilh.
Mise en scène
d'André Barsacq.
Théâtre de l'Atelier,
Paris, 1944.

Le théâtre de l'absurde

La Leçon (1951)

Ionesco
1909-1994

Définie par son auteur Eugène Ionesco comme un « drame comique », La Leçon met en scène le cours particulier donné par un professeur quinquagénaire à une jeune fille de dix-huit ans. Face à l'incompréhension croissante de son élève, le professeur révèle ses pulsions sadiques et finit par poignarder la jeune fille, comme il a tué auparavant une quarantaine d'autres jeunes élèves ! Ici, la leçon d'arithmétique témoigne du dérèglement du langage, aussi absurde que loufoque : le professeur tente de faire comprendre à son élève que trois est inférieur à quatre…

Le Professeur. – Tenez. Voici trois allumettes. En voici encore une, ça fait quatre. Regardez bien, vous en avez quatre, j'en retire une, combien vous en reste-t-il ?
On ne voit pas les allumettes, ni aucun des objets, d'ailleurs, dont il est question ; le Professeur se lèvera de table, écrira sur un tableau inexistant avec une craie inexistante, etc.

5 L'Élève. – Cinq. Si trois et un font quatre, quatre et un font cinq.

Le Professeur. – Ce n'est pas ça. Ce n'est pas ça du tout. Vous avez toujours tendance à additionner. Mais il faut aussi soustraire. Il ne faut pas uniquement intégrer. Il faut aussi désintégrer. C'est ça la vie. C'est ça la philosophie. C'est ça la science. C'est ça le progrès, la civilisation.

10 L'Élève. – Oui, monsieur.

Le Professeur. – Revenons à nos allumettes. J'en ai donc quatre. Vous voyez, elles sont bien quatre. J'en retire une, il n'en reste plus que…

L'Élève. – Je ne sais pas, monsieur.

Le Professeur. – Voyons, réfléchissez. Ce n'est pas facile, je l'admets. Pourtant, vous

15 êtes assez cultivée pour pouvoir faire l'effort intellectuel demandé et parvenir à comprendre. Alors ?

L'Élève. – Je n'y arrive pas, monsieur. Je ne sais pas, monsieur.

Le Professeur. – Prenons des exemples plus simples. Si vous aviez eu deux nez, et je vous en aurais arraché un… combien vous en resterait-il maintenant ?

20 L'Élève. – Aucun.

Le Professeur. – Comment aucun ?

L'Élève. – Oui, c'est justement parce que vous n'en avez arraché aucun, que j'en ai un maintenant. Si vous l'aviez arraché, je ne l'aurais plus.

Le Professeur. – Vous n'avez pas compris mon exemple. Supposez que vous n'avez

25 qu'une seule oreille.

L'Élève. – Oui, après ?

Le Professeur. – Je vous en ajoute une, combien en auriez-vous ?

L'Élève. – Deux.

Eugène Ionesco, *La Leçon*, © Gallimard, 1951.

MÉTHODE

→ L'énonciation théâtrale p. 224

→ Les formes et les procédés du comique p. 230

→ Le registre satirique p. 424

OBSERVATION ET ANALYSE

1 Quel effet produit l'absence sur scène des objets (allumettes, tableau, craie) pourtant mentionnés dans le discours ?

2 Identifiez les éléments du dialogue caractéristiques de l'absurde et précisez leurs effets comiques.

3 Quels propos du professeur peuvent être lus comme des allusions à son crime final ?

4 Que dénonce Ionesco à travers cette leçon bouffonne ?

Oh les beaux jours (1963)

Beckett
1906-1989

D'abord écrite et jouée en anglais, sous le titre de Happy days *en 1961, la pièce de Samuel Beckett* Oh les beaux jours *fut deux ans plus tard créée en français par Roger Blin. Au fil de la pièce, Winnie, âgée de cinquante ans, s'enlise au milieu d'une « étendue d'herbe brûlée s'enflant au centre en petit mamelon ». Elle monologue en inventoriant les objets contenus dans son sac autant que les souvenirs épars de ses « beaux jours » passés. Son compagnon Willie, la soixantaine, avec qui elle tente inlassablement de communiquer, reste quasiment muet et à peine visible. Cet extrait constitue la fin de la pièce : Willie, en tenue de cérémonie, tente d'avancer à quatre pattes vers Winnie, immobile et enterrée jusqu'au cou.*

WINNIE. – Regarde-moi encore, Willie. (*Un temps.*) Encore une fois, Willie. (*Il lève les yeux vers elle. Heureuse.*) Ah ! (*Un temps. Choquée.*) Qu'est-ce que tu as, jamais vu une tête pareille ! (*Un temps.*) Couvre-toi, chéri, c'est le soleil, pas de chichis, je permets. (*Il lâche chapeau et gants et commence à grimper vers elle. Joyeuse.*) Oh mais
5 _ dis donc, c'est fantastique ! (*Il s'immobilise, une main s'agrippant au mamelon, l'autre jetée en avant.*) Allons, mon cœur, du nerf, vas-y, je t'applaudirai. (*Un temps.*) C'est moi que tu vises, Willie, ou c'est autre chose ? (*Un temps.*) Tu voulais me toucher… le visage… encore une fois ? (*Un temps.*) C'est un baiser que tu vises, Willie, ou c'est autre chose ? (*Un temps.*) Il fut une époque où j'aurais pu te donner un coup de main.
10 _ (*Un temps.*) Et une autre, avant, où je te donnais un coup de main. (*Un temps.*) Tu avais toujours bougrement besoin d'un coup de main. (*Il lâche prise, dégringole en bas du mamelon.*) Brrroum ! (*Il se remet à quatre pattes, lève les yeux vers elle.*) Essaie encore une fois, Willie, je t'acclamerai. (*Un temps.*) Ne me regarde pas comme ça. (*Un temps. Véhémente.*) Ne me regarde pas comme ça ! (*Un temps. Bas.*) As-tu perdu la raison,
15 _ Willie ? (*Un temps. De même.*) Tes pauvres vieux restes de raison ?
Un temps.
WILLIE. – (*Bas.*) Win.
Un temps. Les yeux de Winnie reviennent de face. Expression heureuse.
WINNIE. – Win ! (*Un temps.*) Oh le beau jour encore que ça aura été. (*Un temps.*)
20 _ Encore un. (*Un temps.*) Après tout. (*Fin de l'expression heureuse.*) Jusqu'ici.
Un temps. Elle s'essaie à chantonner le début de l'air, celui de la boîte à musique, puis chante doucement.
Heure exquise
Qui nous grise
25 _ Lentement,
La caresse,
La promesse
Du moment,

L'ineffable étreinte
30 _ De nos désirs fous,
Tout dit, Gardez-moi
Puisque je suis à vous[1].
Un temps. Elle ferme les yeux. Sonnerie perçante. Elle ouvre les yeux aussitôt. Elle sourit, yeux de face. Yeux à droite sur Willie, toujours à quatre pattes, le visage levé vers
35 _ *elle. Fin du sourire. Ils se regardent. Temps long.*

Samuel Beckett, *Oh les beaux jours*, © Minuit, 1963.

NOTE
1. Chanson extraite de *La Veuve joyeuse* (1905), opérette de Franz Lehar.

METHODE

→ Les mots p. 124
→ L'action dramatique p. 226
→ Les formes et les procédés du comique p. 230
→ Les registres tragique et pathétique p. 228

Mise en scène d'Arthur Nauzyciel
(M. Marine, M Toupince).
Théâtre de l'Odéon, Paris, 2003.

OBSERVATION ET ANALYSE

1 Que symbolise l'enlisement de Winnie dans le tas de terre ?

2 Quelle relation pouvez-vous établir entre ce jeu de scène et la teneur du discours des personnages ?

3 Quelle importance ont ici les didascalies ?

4 Quel effet produit la chanson extraite de l'opérette *La Veuve joyeuse* ?

5 Que signifient les mots anglais « will » et « win » ? Aidez-vous de cette traduction pour interpréter le choix des prénoms Willie et Winnie ainsi que l'unique réplique de Willie.

6 Commentez ce dénouement en le rapportant au titre de la pièce.

Mise en scène de En attendant Godot (1999)

Beckett
1906-1989

En 1999, au théâtre de l'Odéon, Luc Bondy a présenté une mise en scène remarquée de la pièce la plus célèbre de Beckett. Le décor était réalisé par Gilles Aillaud, peintre et scénographe.

En attendant Godot de Samuel Beckett.
Mise en scène de Luc Bondy (G. Desarthe, Fr. Chattot).
Théâtre de l'Odéon, Paris, 1999.

OBSERVATION ET ANALYSE

1 Décrivez les éléments du décor, les accessoires, l'attitude et le costume des comédiens.
Si vous avez lu la pièce, identifiez le passage qui est ici mis en scène.

2 Caractérisez l'effet produit par la couleur dominante bleue et par le givre blanc qui recouvre le sol.

3 À quoi peut faire penser l'arbre dépouillé ?

4 Commentez l'attitude des deux personnages qui sont reliés par la corde attachée au cou de l'un d'eux.
Quel type de relation est ainsi suggéré ?

La scène au quotidien

Sarraute
1900-1999

Pour un oui ou pour un non (1982)

Une grande partie de l'œuvre romanesque et théâtrale de Nathalie Sarraute explore les « tropismes » : l'auteur nomme ainsi les mouvements involontaires ou les émotions infimes qui sous-tendent les relations humaines, ces non-dits ou ces « presque rien » qui signifient beaucoup.

Au début de Pour un oui ou pour un non, *un personnage, désigné par l'initiale H1, vient demander à son ami d'enfance, H2, la raison de sa froideur et de son éloignement récents. Après quelques hésitations, H2 consent à s'expliquer.*

H. 1 : Ah tu vois, j'ai donc raison…

H. 2 : Que veux-tu… je t'aime tout autant, tu sais… ne crois pas ça… mais c'est plus fort que moi…

H. 1 : Qu'est-ce qui est plus fort ? Pourquoi ne veux-tu pas le dire ? Il y a donc eu
5 _ quelque chose…

H. 2 : Non… vraiment rien… Rien qu'on puisse dire…

H. 1 : Essaie quand même…

H. 2 : Oh non… je ne veux pas…

H. 1 : Pourquoi ? Dis-moi pourquoi ?

10 _ H. 2 : Non, ne me force pas…

H. 1 : C'est donc si terrible ?

H. 2 : Non, pas terrible… ce n'est pas ça…

H. 1 : Mais qu'est-ce que c'est, alors ?

H. 2 : C'est… c'est plutôt que ce n'est rien… ce qui s'appelle rien… ce qu'on appelle
15 _ ainsi… en parler seulement, évoquer ça… ça peut vous entraîner… de quoi on
aurait l'air ? Personne, du reste… personne ne l'ose… on n'en entend jamais
parler…

H. 1 : Eh bien, je te demande au nom de tout ce que tu prétends que j'ai été pour toi…
au nom de ta mère… de nos parents… je t'adjure solennellement, tu ne peux plus
20 _ reculer… Qu'est-ce qu'il y a eu ? Dis-le… tu me dois ça…

H. 2, *piteusement* : Je te dis : ce n'est rien qu'on puisse dire… rien dont il soit permis
de parler…

H. 1 : Allons, vas-y…

H. 2 : Eh bien, c'est juste des mots…

25 _ H. 1 : Des mots ? Entre nous ? Ne me dis pas qu'on a eu des mots… ce n'est pas possible… et je m'en serais souvenu…

H. 2 : Non, pas des mots comme ça… d'autres mots… pas ceux dont on dit qu'on les
a « eus »… Des mots qu'on n'a pas « eus », justement… On ne sait pas comment
ils vous viennent…

30 _ H. 1 : Lesquels ? Quels mots ? Tu me fais languir… tu me taquines…

H. 2 : Mais non, je ne te taquine pas… Mais si je te les dis…

H. 1 : Alors ? Qu'est-ce qui se passera ? Tu me dis que ce n'est rien…

H. 2 : Mais justement, ce n'est rien… Et c'est à cause de ce rien…

H. 1 : Ah on y arrive… C'est à cause de ce rien que tu t'es éloigné ? Que tu as voulu
35 _ rompre avec moi ?

H. 2, *soupire* : Oui… c'est à cause de ça… Tu ne comprendras jamais… Personne, du
reste, ne pourra comprendre…

H. 1 : Essaie toujours… Je ne suis pas si obtus…

H. 2 : Oh si… pour ça, tu l'es. Vous l'êtes tous, du reste.

METHODE

→ Les types et
  les formes de phrases
  p. 220
→ Le sens des mots
  p. 126
→ Les formes et
  procédés du comique
  p. 230

40 ‿ H. 1 : Alors, chiche… on verra…

H. 2 : Eh bien… tu m'as dit il y a quelque temps… tu m'as dit… quand je me suis vanté de je ne sais plus quoi… de je ne sais plus quel succès… oui… dérisoire… quand je t'en ai parlé… tu m'as dit : « C'est bien… ça… »

H. 1 : Répète-le, je t'en prie… j'ai dû mal entendre.

45 ‿ H. 2, *prenant courage* : Tu m'as dit : « C'est bien… ça… » Juste avec ce suspens… cet accent…

H. 1 : Ce n'est pas vrai. Ça ne peut pas être ça… ce n'est pas possible…

H. 2 : Tu vois, je te l'avais bien dit… à quoi bon ?….

H. 1 : Non mais vraiment, ce n'est pas une plaisanterie ? Tu parles sérieusement ?

50 ‿ H. 2 : Oui. Très. Très sérieusement.

H. 1 : Écoute, dis-moi si je rêve… si je me trompe… Tu m'aurais fait part d'une réussite… quelle réussite d'ailleurs…

H. 2 : Oh peu importe… une réussite quelconque…

H. 1 : Et alors je t'aurais dit : « C'est bien, ça ? »

55 ‿ H. 2, *soupire* : Pas tout à fait ainsi… il y avait entre « C'est bien » et « ça » un intervalle plus grand : « C'est biiien… ça… » Un accent mis sur « bien »… un étirement : « biiien… » et un suspens avant que « ça » arrive… ce n'est pas sans importance.

Nathalie Sarraute, *Pour un oui ou pour un non*,
© Gallimard, 1982.

Mise en scène de J. Lassalle (H. Quester, J.-D. Barbin).
Théâtre de la Colline, Paris, 1998.

1 Quels effets produisent l'anonymat et l'indétermination des deux personnages ?

2 Que suggère l'emploi répété des points de suspension ?

3 Relevez au fil du dialogue les expressions et les périphrases par lesquelles H2 désigne le motif de son malaise.

4 Quels sous-entendus, quelles connotations H. 2 a-t-il pu prêter aux mots « C'est bien... ça » pour en être à ce point offusqué ?

5 En quoi cet extrait révèle-t-il les différentes sensibilités de chacun des deux interlocuteurs ?

6 Analysez la portée comique du dialogue.

Le théâtre contemporain

Les Travaux et les Jours de Michel Vinaver. Mise en scène de Robert Cantarella (Stéphanie Farison, Sylvie Herriot, Émilien Tessier). Théâtre de l'Est Parisien, Paris, 2003.

La consécration des metteurs en scène

Depuis les années 1950, une importance grandissante est donnée aux metteurs en scène qui ont parfois pris le pas sur les auteurs pour créer de nouvelles dramaturgies. Antoine Vitez (mort en 1990), Roger Planchon, Patrice Chéreau, Daniel Mesguich, Stéphane Braunschweig entre autres, revisitent le répertoire classique dont ils proposent des mises en scène audacieuses et modernistes.

D'autres mettent en scène leurs propres pièces (Joël Jouanneau) ou forment un duo avec un auteur dramatique qu'ils contribuent à révéler (Patrice Chéreau et Bernard-Marie Koltès). Avec sa compagnie Le Théâtre du Soleil, Ariane Mnouchkine a en outre créé une forme de théâtre collectif qui fait participer le public au spectacle.

Tout en scène

Un autre aspect remarquable du théâtre d'aujourd'hui tient à la grande diversité des formes de spectacle et des textes mis en scène. La représentation théâtrale recourt souvent à des formes artistiques variées (danse, musique, mime, cirque même dans les spectacles de Jérôme Savary, par exemple) tandis qu'on adapte pour la scène des textes relevant d'autres genres littéraires (roman, conte, poésie, correspondance, journaux intimes). Des acteurs, tel Fabrice Luchini, lisent ou récitent, seuls en scène, des classiques de la littérature. Enfin, la scène française s'est largement ouverte aux textes de tous horizons qu'on traduit ou qui sont joués en version originale surtitrée.

Le théâtre du quotidien

Au sein d'une production très diversifiée se distingue la tendance à mettre en scène le quotidien de vies ordinaires, dont les auteurs révèlent la violence cachée, la détresse ou la dimension loufoque (Nathalie Sarraute, p. 203 ; Marie Ndiaye, p. 206 et Jean-Michel Ribes, p. 207). Michel Vinaver (p. 209-210) a ainsi ancré plusieurs de ses pièces dans l'univers des grandes entreprises qui lui sert toutefois de cadre plus symbolique que réaliste.

Selon les auteurs, l'exploration de la banalité va dans le sens de la satire sociale ou de la veine comique (Yasmina Reza, Jean-Michel Ribes) ou bien de la fantaisie grinçante. Bernard-Marie Koltès (p. 149), mort en 1989, a beaucoup influencé la production contemporaine : ses pièces mêlent le lyrisme d'une langue poétique à la représentation de personnages marginaux, déshérités, qui s'affrontent dans des lieux désertés ou sordides.

Hilda (1999)

Ndiaye
Née en 1967

Marie Ndiaye a publié son premier roman en 1985, à l'âge de dix-sept ans. Elle est venue plus tard au théâtre avec Hilda. *Cette pièce ironique et féroce actualise le thème, traditionnel au théâtre, de la relation entre maître et valet : Mme Lemarchand a engagé comme domestique une jeune femme, Hilda, qui la fascine et qu'elle va peu à peu transformer en esclave.*

Dans l'extrait suivant (issu du deuxième tableau de la pièce, qui en compte six), Mme Lemarchand vient remettre à Franck, le mari d'Hilda, le salaire de la domestique contre laquelle elle exprime certains reproches.

MME LEMARCHAND. – Hilda refuse systématiquement ce que je lui offre. Franck ! Connaissez-vous beaucoup de patronnes qui aient comme moi le désir sincère, généreux, gratuit, de prendre un petit café en compagnie de leur servante, toutes les deux assises à la table de la cuisine ou bien debout, Franck, un coin de fesse au comptoir
5 – de mon bar américain, et ainsi conversant et riant comme deux amies ? Il me faut, Franck, de ces conversations de femmes qui rapprochent les esprits et unissent subtilement, quelle qu'en soit la légèreté. Je veux qu'Hilda soit mon égale. Je veux déjeuner avec Hilda et bavarder avec Hilda entre deux tâches ménagères. Enfin, Franck, comprenez-vous qu'Hilda ne veuille être qu'une domestique ? Elle peut être mon amie :
10 – quelle servante refuserait ? Hilda me dédaigne. Hilda préfère bouffer, oui, bouffer, en même temps que les enfants, derrière leur chaise, debout, rapidement, se nourrir et en finir, comme une esclave. Hilda m'insulte, Franck. Merci bien, voilà tout ce qu'elle me répond. Merci bien, et elle s'éloigne. Hilda est payée, Franck. Hilda est bien payée et bien traitée. Pourquoi joue-t-elle à l'esclave ? Hilda est ma servante, mon employée, ma
15 – femme à tout faire, et mon amie si elle y consent. Connaissez-vous, dans notre petite ville, Franck, beaucoup de dames qui voudraient faire leur amie de leur bonne ? C'est un honneur et un privilège que d'être considérée ainsi. Pourquoi Hilda me repousse-t-elle, Franck ?

FRANCK. – Oui. C'est comme ça.

20 – MME LEMARCHAND. – Hilda devrait avoir honte. Je ne suis que sa maîtresse, pas son bourreau. Et je veux faire monter Hilda jusqu'à moi. Merci bien. Je ne mérite pas cela. Franck, est-ce qu'une dame de mon espèce ne mérite pas plus d'égards ?

FRANCK. – Je ne sais pas.

MME LEMARCHAND. – Hilda manque de respect humain, Hilda se déshonore et
25 – se rabaisse. Pourquoi ne veut-elle pas s'asseoir et bavarder ? Elle aime mieux être une bête et travailler sans lever le nez, pour avoir plus vite terminé. Hilda n'a pas d'amour pour mes enfants.

FRANCK. – Oui. Peut-être. De l'amour ?

Marie Ndiaye, *Hilda*, © Minuit, 1999.

METHODE

→ L'énonciation théâtrale p. 224
→ L'action dramatique p. 226
→ Le registre satirique p. 424
→ Écrire un dialogue p. 236

OBSERVATION ET ANALYSE

1 Comment se manifeste le rapport de force entre les deux interlocuteurs ?

2 Caractérisez la teneur des répliques de Franck.

3 Quel effet produit la répétition du prénom « Hilda » dans le discours de Mme Lemarchand ? Quelles sont les connotations du patronyme « Lemarchand » ?

4 Relevez différentes expressions qui témoignent des contradictions et des sentiments ambigus de Mme Lemarchand envers son employée.

5 Pourquoi, selon vous, Hilda refuse-t-elle les offres d'amitié de Mme Lemarchand ?

6 Récapitulez les procédés et les cibles de la satire dans cet extrait.

TEXTE 7

Ribes
Né en 1946

Tragédie (2001)

Auteur, metteur en scène et réalisateur, Jean-Michel Ribes s'est illustré dans le genre de la comédie fantaisiste et satirique. Théâtre sans animaux *est un recueil de « neuf pièces facétieuses » démontrant de façon loufoque l'absurdité et la mauvaise foi qui régissent les rapports humains les plus ordinaires.*

L'extrait suivant est issu de la pièce intitulée Tragédie : *à l'issue d'une représentation de* Phèdre, *de Racine, à la Comédie-Française, Louise supplie son mari Jean-Claude de venir féliciter dans sa loge Simone, la sœur de Louise, pour la première fois interprète du rôle-titre. Jean-Claude, qui s'est profondément ennuyé durant le spectacle, ne veut pas même dire un simple « bravo » à sa belle-sœur, mais Louise insiste.*

LOUISE. – Et o ?

JEAN-CLAUDE. – Hein ?

LOUISE. – O ? Est-ce que tu peux lui dire juste « o » ? Elle sort de sa loge, c'est toi qu'elle
regardera le premier j'en suis sûre, tu la serres aussitôt dans tes bras et tu lui dis
5 _   « o », tu n'as même pas besoin de le dire fort, tu lui susurres dans l'oreille : O !

JEAN-CLAUDE. – O… ?

LOUISE. – Oui, je pense que dans « bravo » ce qui compte surtout c'est le o, les autres
lettres sont pour ainsi dire inutiles… Tu as entendu pendant les rappels à la fin
de la pièce, les gens applaudissaient en criant bravo (*elle les imite*), vo ! vo ! vo !….
10 _   C'était surtout le o qui résonnait, vo ! vo ! avec, pour être honnête, un petit rien
de v, vo !…. Voilà, « vo ! vo », ce serait parfait.

JEAN-CLAUDE. – Tu me demandes de dire « vo » à ta sœur ?

LOUISE. – S'il te plaît.

Un temps.

15 _ JEAN-CLAUDE. – Vo ?

LOUISE. – Oui.

Un temps.

JEAN-CLAUDE. – Louise, est-ce que le moment n'est pas venu de faire le point sur notre
couple.

20 _ LOUISE. – J'en étais sûre ! La fuite, la tangente, l'esquive, une fois de plus tu cherches à
échapper à ce que je te demande, jamais le moindre effort pour me comprendre,
pour me satisfaire !

JEAN-CLAUDE. – Parce que toi tu en fais des efforts ?

LOUISE. – Beaucoup, Jean-Claude, beaucoup !

25 _ JEAN-CLAUDE. – Je rêve !

LOUISE. – Je te signale par exemple que je t'ai proposé d'enlever 75 % du mot
« bravo » !

JEAN-CLAUDE. – Après m'avoir fourgué quatre heures et demie de ta sœur !

LOUISE. – Trois heures et demie !

30 _ JEAN-CLAUDE. – Et l'heure qu'on est en train de passer à piétiner devant sa loge, ça
compte pour du beurre ! ?

LOUISE. – Elle se lave ! Tu ne vas quand même pas compter de la même façon Simone
dans *Phèdre* et Simone sous sa douche ! !

JEAN-CLAUDE. – C'est toi que je compte en ce moment, Louise ! Toi qui m'épuises autant
35 _   qu'elle sur scène ! qui t'additionnes à ta sœur, j'ai la double ration ! Je réalise que
dans un théâtre vous êtes les mêmes, aussi assommantes l'une que l'autre !

LOUISE (*haineuse*). – Détrompe-toi, Jean-Claude, je suis très loin d'être comme Simone, très loin ! Parce que moi, dis-toi bien que si un jeune homme aux cheveux bouclés, les mollets sanglés par des lanières de cuir, traversait un jour ma vie, je pars

40 _ avec lui illico ! illico ! sans hésiter, sans me retourner, je file avec Hippolyte… à Skiathos, à Skopélos, à Mykonos[1]… où il voudra, et je te plante là, toi et ton cerveau de cœlacanthe[2] !

(Jean-Claude, impassible, ne répond pas. Il reste muet, fixant le mur. Décontenancée, Louise fait un pas vers lui.)

45 _ Tu ne dis rien ?

JEAN-CLAUDE – Non.

LOUISE. – Ça ne te fait rien ?

JEAN-CLAUDE. – Quoi ?

LOUISE. – Ce que je t'ai dit.

50 _ JEAN-CLAUDE. – Non.

LOUISE. – Que je parte avec Hippolyte, ça ne te fait rien ?

JEAN-CLAUDE. – Non.

LOUISE. – Même dans une île grecque ?

JEAN-CLAUDE. – Non. *(Un temps.)* « Cerveau de cœlacanthe », c'était dans *Phèdre* ?

55 _ LOUISE. – Non.

JEAN-CLAUDE. – On aurait dit.

LOUISE. – C'est normal, ça vient du grec *koilos*, « creux », et *akantha*, « épine »… C'est un gros poisson…c'est notre ancêtre… avant le singe…

JEAN-CLAUDE. – Ah quand même…

60 _ LOUISE. – Pardonne-moi je ne pensais pas ce que je disais… Tu ne m'aimes plus ?…. *(Jean-Claude ne répond pas.)* Et tu me le dis à la Comédie-Française…

Jean-Michel Ribes, *Tragédie*, in *Théâtre sans animaux,* © Actes Sud-Papiers, 2001.

NOTES
1. Îles grecques.
2. Grand poisson osseux, primitif, que l'on croyait fossile avant qu'on le découvre vivant en 1935.

MÉTHODE

→ Les formes et les procédés du comique p. 230
→ Réécritures et adaptations p. 490

OBSERVATION ET ANALYSE

1 Par quel type d'expression usuelle peut-on qualifier ce type de scène ?

2 Étudiez la progression du dialogue.

3 Analysez les différentes formes de comique (p. 212) mises en œuvre dans cette scène : comique de mots, de caractère et de situation.

4 Repérez les références à *Phèdre* (p. 173-174) et expliquez le rôle qu'elles jouent dans la dispute conjugale.

5 Expliquez l'ironie du titre *Tragédie*. Quel dénouement laisse-t-il supposer ?

TEXTE 8

Vinaver
Né en 1927

11 septembre 2001 (2002)

Depuis sa première pièce, Les Coréens (1956), Michel Vinaver a théorisé autant que réalisé un projet de « théâtre ancré dans le quotidien ». Son œuvre explore le monde contemporain à travers des situations de crise sociale ou politique.

C'est d'abord en langue anglaise qu'a été écrite la pièce 11 septembre 2001, peu de temps après les attentats new-yorkais ; l'auteur a ensuite traduit son texte en français et publié les deux versions en regard l'une de l'autre. Dans un préambule, Michel Vinaver rapproche la forme de sa pièce de « celle des cantates et des oratorios, se composant d'airs (à une, deux ou trois voix), de parties chorales […] et de récitatifs pris en charge par un « journaliste », fonction qui peut faire penser à celle de l'évangéliste dans les Passions de J.-S. Bach ». Le texte se présente en effet comme un entrecroisement de voix d'acteurs, de victimes ou de témoins de la catastrophe.

VOIX DE FEMME
Je m'appelle Katherine Ilachinski j'ai soixante-dix ans je suis architecte
Mon bureau est
Je devrais dire était
Au quatre-vingt-onzième étage du 2 World Trade Center
5 ⁻ C'est la tour sud
C'était
J'ai été éjectée de mon siège c'était le souffle de l'explosion de la tour voisine
Que faire ? C'est l'autre tour me suis-je dit mais je me suis dit quand même qu'il fallait
    fuir
10 ⁻ C'était irraisonné je me suis dirigée vers l'escalier

AUTRE VOIX DE FEMME
Je m'appelle Judy Wein
Tour sud cent troisième étage
Je crois que j'ai hurlé j'ai pris mes jambes à mon cou

VOIX D'HOMME
Je m'appelle Nat Alamo
15 ⁻ Je travaille chez Morgan Stanley
J'étais au téléphone avec ma fiancée
Elle m'a dit fuis
J'ai entrepris la descente
Il y avait ce type avec son mégaphone au quarante-quatrième étage qui beuglait des
20 ⁻   instructions
Remontez il n'y a pas de danger ici je ne l'ai pas écouté
Quelques instants plus tard ma tour a été percutée
J'ai déboulé les escaliers je ne sais plus comment parmi les pans de murs et de plafond
    qui tombaient

AUTRE VOIX D'HOMME
25 ⁻ Mon nom est Richard Jacobs je travaille à la banque Fuji
J'ai quitté le soixante-dix-neuvième étage avec tous mes collègues
Au quarante-huitième nous avons entendu l'annonce que tout était en ordre
Plusieurs ont pris l'ascenseur et sont remontés

À peu près deux minutes avant que le deuxième avion vienne s'encastrer chez nous
30 _ dans notre étage
Je ne sais pas au juste ce qui leur est arrivé

RUMSFELD[1]
À la fin ils s'effondreront de l'intérieur
C'est cela qui constituera la victoire

JOURNALISTE
Dans l'incertitude sur ce qu'il y avait de mieux à faire
35 _ Certains partirent d'autres restèrent
Certains s'engagèrent dans la descente et quand ils entendirent l'annonce
Remontèrent
Les décisions prises en ces instants se sont révélées capitales
Parce que beaucoup de ceux qui résolurent de rejoindre leur poste de travail
40 _ Périrent lorsque le deuxième jet s'abattit sur la tour sud
Environ une heure s'écoula
Entre la première frappe et l'affaissement de la dernière des deux tours

Feuillet d'instructions aux terroristes
La dernière nuit
45 _ Rappelle-toi qu'au cours de cette nuit
Tu auras à faire face à plusieurs épreuves
Mais tu auras à les surmonter
Et à tout bien comprendre

Michel Vinaver, *11 septembre 2001*, © L'Arche, 2002.

NOTE
1. Nom du secrétaire d'État américain à la Défense.

METHODE

→ Les temps dans le récit p. 328
→ Contexte et paratexte p. 66
→ Les registres tragique et pathétique p. 228

OBSERVATION ET ANALYSE

1 De quoi est composé le montage des textes cités ? Quel rapport aux attentats du 11 septembre ont les différents personnages qui prennent la parole ?

2 Quel effet produisent l'absence de ponctuation et la disposition typographique des « répliques » ?

3 Analysez la valeur des temps verbaux dans les propos de Katherine Ilachinski et du journaliste.

4 Justifiez la comparaison proposée par l'auteur entre la forme de sa pièce et celle d'une « cantate » ou d'un « oratorio ».

5 Comment cette pièce pourrait-elle être mise en scène ?

EXPRESSION

Référez-vous à l'édition du texte bilingue et expliquez pourquoi, selon vous, l'auteur a initialement rédigé sa pièce en anglais et publié cette version originale en regard de la traduction française.

La tragédie

▌ La tragédie grecque

Une cérémonie

Apparue en Grèce dès le VIe siècle av. J.- C., la tragédie connaît son apogée durant la démocratie athénienne au Ve siècle avant notre ère. Les représentations théâtrales donnaient lieu à des concours lors de fêtes organisées deux fois par an en l'honneur de Dionysos, dieu du vin, de l'ivresse et du délire extatique.

Le mot « tragédie » vient du grec *tragos* désignant un bouc, animal souvent associé à Dionysos ou qui faisait peut-être l'objet d'un sacrifice rituel. La tragédie était donc une cérémonie à la fois religieuse et civile, représentée dans des théâtres en plein air où se réunissaient tous les citoyens, riches comme pauvres (ces derniers recevaient une subvention de l'État pour assister aux spectacles).

L'espace de la représentation comportait deux lieux nettement séparés : le *proskenion*, scène réservée au jeu et à la parole des acteurs masqués incarnant les héros tragiques, et l'*orchestra* circulaire, lieu des chants et des danses du chœur, constitué de quinze jeunes citoyens et dirigé par un chef, le coryphée. Celui-ci interrogeait les acteurs et commentait les actions au nom de la sagesse populaire.

Une fonction morale

Les sujets des tragédies grecques sont empruntés à la mythologie, principalement aux légendes des deux grandes familles royales, les Atrides (descendants d'Atrée, roi légendaire de Mycènes, qui seront les héros de la guerre de Troie) et les Labdacides (famille royale de Thèbes, à laquelle appartient Œdipe).

Les personnages, aux prises avec leur destin, soumis ou révoltés contre la volonté des dieux, agissent de façon contradictoire et semblent à la fois coupables et innocents, lucides et aveugles, à l'instar d'Œdipe, modèle du héros tragique. La tragédie est ainsi un écho symbolique aux interrogations des hommes sur le sens de leur existence.

Dans son ouvrage théorique, la *Poétique*, écrit au IVe siècle av. J.-C., le philosophe Aristote définit **la fonction morale et initiatique de la tragédie** à l'aide de la notion de *catharsis*, c'est-à-dire de « purgation des passions » : le spectacle des passions des « grands », sublimées par l'héroïsme ou déformées par le vice, suscite dans le public un double sentiment de pitié et de terreur. S'identifiant aux héros par l'effet d'illusion mais protégé du tragique par l'effet de distance, le spectateur éprouve et rejette en même temps ces passions génératrices de souffrances.

Trois auteurs, vainqueurs des concours, dominent la tragédie grecque au Ve siècle av. J.-C. : **Eschyle** (vers 526-456), **Sophocle** (vers 495-406), **Euripide** (vers 484- 406).

Dans la Rome antique, les pièces de Sénèque (4 av. J.-C. - 65 apr. J.-C.) imitent les tragédies grecques en accentuant la dimension monstrueuse des héros et la part du discours philosophique.

▌ La tragédie classique

Un genre prestigieux

Au XVIIe siècle, les dramaturges français Pierre **Corneille** et Jean **Racine** s'inspirent des préceptes d'Aristote et du théâtre antique pour écrire des tragédies obéissant à des règles strictes (voir « Les règles du théâtre classique » p. 213).

Dans les années 1640-1680, la tragédie classique sera le genre littéraire le plus prestigieux et l'un des divertissements favoris du roi, de la Cour et du public mondain.

Sous le règne personnel de Louis XIV (1661-1715), le château de Versailles devient le cadre de somptueuses fêtes et représentations théâtrales, tandis qu'à Paris des troupes rivales jouent les tragédies du répertoire dans quelques salles permanentes créées dès la première moitié du XVIIe siècle. Le parterre, proposant les places les moins chères, réunit le public populaire, debout, souvent bruyant et avide d'émotions intenses, tandis que des places sur les côtés de la scène ou dans des loges sont réservées à l'élite aristocratique et à la grande bourgeoisie. Des chandelles éclairent la salle et la scène où les décors sont rudimentaires.

Corneille et Racine

Les sujets de la tragédie classique sont empruntés à la mythologie ou à l'histoire gréco-latine. Les héros, face à une situation de crise ou de conflit, doivent prendre une décision cruciale impliquant un sacrifice ou risquant d'entraîner leur mort.

Déchirés entre leur raison et leurs passions, **les héros de Corneille** parviennent généralement à maîtriser celles-ci tandis que **les personnages de Racine** se trouvent irrémédiablement aliénés ou vaincus par l'amour ou l'ambition. Ainsi, les tragédies de Corneille (*Horace, Cinna, Polyeucte*...) exaltent-elles la « gloire » et l'honneur du héros affrontant son destin, alors que celles de Racine (*Andromaque, Britannicus, Bérénice, Phèdre*...) marquent sa déchéance sous l'effet de la fatalité.

Au XVIIIe siècle, la tragédie est **en déclin**, même si certains auteurs, comme Voltaire, cherchent à imiter les dramaturges classiques. Le drame romantique au XIXe siècle (voir p. 214) a fait disparaître la tragédie comme genre codifié, mais les metteurs en scène contemporains **renouvellent l'approche** des tragédies antiques et classiques.

La comédie

■ les origines de la comédie

La comédie antique

Comme la tragédie, la comédie est née en Grèce antique, en relation avec le culte de Dionysos. Le mot grec *Kômoi*, d'où provient la *cômodia*, désignait des **processions carnavalesques** et des chants burlesques en l'honneur de ce dieu du vin et de l'ivresse poétique. Fête populaire à l'origine, la comédie fut ensuite institutionnalisée lors des concours de théâtre où elle s'opposait à la tragédie par ses personnages et ses situations empruntés à la vie quotidienne et par sa **finalité à la fois divertissante et satirique**. Les onze comédies d'Aristophane (Ve s. av. J.-C.) qui nous sont parvenues se caractérisent par leur fantaisie verbale et leur dimension contestataire. Au siècle suivant, Ménandre privilégie la peinture réaliste des mœurs à visée morale et crée des types de personnages (vieillards, jeunes amoureux, esclaves rusés), qui deviendront des rôles traditionnels.

Tout en s'inspirant du répertoire grec, les dramaturges latins Plaute (IIIe s. av. J.-C.) et Térence (IIe s. av. J.-C.) créent deux traditions comiques différentes : l'un cherche à faire rire par la caricature et le burlesque, l'autre réduit les éléments comiques au profit d'une réflexion plus moralisante.

La farce médiévale

Au Moyen Âge, la comédie est essentiellement un **spectacle populaire :** les farces, aux intrigues rudimentaires et aux personnages typés, exploitent les ressources du quiproquo et du comique de gestes. Cette forme élémentaire sera plus tard stylisée par la *commedia dell'arte*, théâtre initialement improvisé à partir de scénarios qui, apparu en Italie au XVIe siècle, va connaître un grand développement en Europe et notamment en France au siècle suivant.

■ La comédie classique

Les comédies de Molière

C'est **au XVIIe siècle** que le genre comique français va trouver **ses lettres de noblesse.** Avant de s'illustrer dans la tragédie, **Corneille** écrit six comédies qui présentent, dans une langue élégante, les intrigues amoureuses de jeunes gens de la bourgeoisie aisée ; l'analyse délicate des sentiments laisse peu de place aux effets comiques.

En revanche, **l'œuvre de Molière**, constituée d'une trentaine de pièces, parvient à mêler les ressorts élémentaires de la farce à la forme plus noble de la « grande comédie » en cinq actes, chargée d'une dimension polémique qui fait écho aux préoccupations et aux débats de l'époque (l'éducation des filles dans *L'École des femmes*, l'hypocrisie religieuse ou mondaine dans *Tartuffe, Dom Juan* ou *Le Misanthrope*).

C'est pourquoi ses comédies connurent à la fois le succès et la contestation ou même la censure. Inventeur de la comédie-ballet (qui mêle théâtre, musique et danse, dans *Le Bourgeois gentilhomme* par exemple), Molière contribua à codifier les formes de la comédie d'intrigue, de caractère ou de mœurs et à donner au genre comique un prestige comparable à celui de la tragédie : chargée de plaire autant que d'instruire pour « corriger les vices des hommes », elle devient le **miroir critique de la société** contemporaine.

La comédie au XVIIIe siècle

Tandis que la comédie classique se fige dans un certain académisme, **Marivaux** puis **Beaumarchais** créent des formes originales.

Le premier, inspiré par la ***commedia dell'arte***, écrit des comédies sentimentales qui mettent à l'épreuve le sentiment amoureux à l'aide de stratagèmes et de déguisements.

Le second confère à la comédie d'intrigue une dimension satirique et contestataire, tout en jouant d'un langage virtuose, de coups de théâtre et d'ingénieux jeux de scènes.

■ L'évolution ultérieure

Au XIXe siècle

Le drame romantique comme les comédies dramatiques ou les « proverbes » de Musset expérimentent le mélange des genres et des registres tragique et comique : le rire y est souvent amer et la bouffonnerie devient pathétique.

À partir des années 1850, le genre de la comédie proprement dite évolue vers les formes du **vaudeville** et du **théâtre de boulevard** : les pièces de Scribe, de Labiche, de Feydeau ou de Courteline visent surtout le rire à travers des schémas conventionnels.

Au XXe siècle

La pièce parodique et grotesque de Jarry, *Ubu roi* (1896), fait figure de révolution théâtrale et annonce le théâtre dit de l'absurde ou le « Nouveau théâtre » des années 1950.

Après la seconde guerre mondiale, des dramaturges tels que Ionesco ou Beckett, représentants de ce courant, écriront chacun à leur façon des **farces tragiques** : l'humour et le rire grinçant accompagnent la vision désespérée de pantins humains au langage insignifiant ou incohérent. Moins pessimistes, certaines comédies contemporaines (Jérôme Deschamps et Macha Makeieff, J-M. Ribes) transforment en **fantaisies loufoques** nos comportements les plus ordinaires.

Les règles du théâtre classique

■ L'origine d'une codification

C'est principalement après la **« querelle » du** *Cid* (1636), qui opposa partisans d'un théâtre réglementé et tenants d'une création en liberté, que s'est constitué un corps de règles, de doctrines et de recommandations qui se sont peu à peu imposées à ce qu'on appelle le théâtre classique, et en particulier à la tragédie qui en était la forme la plus « élevée ».

Les **« doctes »** de l'époque (érudits, académiciens) se sont inspirés, pour cette codification, des **œuvres antiques** (tragédie grecque, comédie latine) ou de traités théoriques comme la célèbre *Poétique* d'Aristote (IVe siècle av. J.-C., p. 175). Par ailleurs, de nombreuses **préfaces** de tragédies de Corneille et de Racine ont contribué à compléter ce corpus de règles.

Les règles d'unité

Le développement de la pièce classique doit obéir au **principe d'unité** qui se décline lui-même en **trois règles** résumées ainsi par Boileau (*Art poétique*, 1674) : « Qu'en un lieu, en un jour, un seul fait accompli/Tienne jusqu'à la fin le théâtre rempli. »

L'unité d'action

Elle vise à supprimer les intrigues secondaires ou anecdotiques ; elle concentre l'intérêt dramatique sur le sujet principal de l'œuvre et en assure la cohérence.

L'unité de temps

Elle resserre les faits dans les limites de vingt-quatre heures. Même si le temps de l'action peut s'écouler durant les entractes, cette règle cherche à entretenir l'illusion d'une coïncidence entre la durée de la fiction et le temps de la représentation.

L'unité de lieu

Conséquence des deux premières, elle répond au désir d'installer l'action en un espace unique et polyvalent (entrée de palais, salle du trône) qui réponde à l'unicité de l'espace scénique lui-même.

Une quatrième exigence, celle de l'**unité de ton,** découle de la volonté de **séparation des genres** chez les classiques (tragédie d'un côté, comédie de l'autre) et impose à chacun d'eux (à la différence de la tragi-comédie*) sa spécificité en matière de sujet, de héros et de niveau de langue et de ton.

■ Les règles de bienséance

Une fonction morale

Les bienséances accompagnent ce mode de communication collectif qu'est le théâtre, auquel les classiques assignent l'antique mission de catharsis* : édifier le spectateur, « purger » ses passions par le spectacle de **situations exemplaires**, vraisemblables plus que vraies, dont il tirera leçon du déroulement et du dénouement.

Une triple exigence

Cette ambition morale et intellectuelle justifie ainsi trois types de bienséances :
• les bienséances internes qui supposent, parfois au détriment de la vérité psychologique, la cohérence des caractères des personnages d'un bout à l'autre de l'action ;
• les bienséances externes qui, dans un souci de ne pas choquer les spectateurs, excluent en principe de la scène tout ce qui (violence, amour) irait contre la morale établie ;
• les bienséances linguistiques enfin, qui interdisent au langage lui-même (dialogue, récit) de rapporter de manière trop « réaliste » ce qui n'est pas montré sur la scène.

■ Des règles controversées

Chez les tragiques, **Corneille** surtout, mais aussi Racine (Préface de *Bérénice*) ont dû batailler avec ces contraintes. **Molière** lui-même a maintes fois plaidé pour un bon usage de ces conventions. Attaqué après la représentation de *L'École des femmes*, il écrivit une autre pièce intitulée *La Critique de L'École des femmes* (1662), dans laquelle ses personnages se moquaient avec humour des défenseurs intégristes des règles :

« Vous êtes de plaisantes gens avec vos règles », s'exclame Dorante, « dont vous embarrassez les ignorants, et nous étourdissez tous les jours. Il semble, à vous ouïr parler, que ces règles de l'art soient les plus grands mystères du monde ; et cependant ce ne sont que quelques observations aisées, que le bon sens a faites sur ce qui peut ôter le plaisir que l'on prend à ces sortes de poèmes ; et le même bon sens qui a fait autrefois ces observations, les fait aisément sans le secours d'Horace et d'Aristote. Je voudrais bien savoir si la grande règle de toutes les règles n'est pas de plaire, et si une pièce de théatre qui a attrapé son but n'a pas suivi son chemin. »

Le drame

■ Le drame bourgeois

Au XVIIIe siècle, le déclin relatif de la comédie et de la tragédie classiques favorise l'apparition de nouvelles formes théâtrales. Chacun à leur façon, **Marivaux** (p. 181) et **Beaumarchais** (p. 183) innovent dans le genre de la comédie. Outre ces créations singulières, apparaît un nouveau genre théâtral, le drame bourgeois.

Diderot est le théoricien et l'un des auteurs de cette forme intermédiaire entre la comédie et la tragédie. Censé exprimer les valeurs de la bourgeoisie et du peuple, le drame bourgeois a une vocation moralisatrice et vise à toucher la sensibilité du spectateur. L'intrigue se limite à la sphère familiale, tandis que l'analyse des « conditions sociales » se substitue à celle des types ou des caractères universels. Une importance nouvelle est donnée à la mise en scène et au jeu théâtral (la « pantomime ») pour renforcer la dimension pathétique de « tableaux » dramatiques, comparables à l'œuvre édifiante du peintre Greuze.

La postérité a retenu la théorie du drame bourgeois plus que son répertoire d'œuvres : on juge aujourd'hui médiocres des pièces qui connurent pourtant un grand succès jusqu'à la fin du XIXe siècle, comme *Le Philosophe sans le savoir* (1765) de Sedaine ou *La Brouette du vinaigrier* (1775) de Mercier. Si ces œuvres sont désormais oubliées, le théâtre du XVIIIe siècle a pourtant ouvert la voie de la dramaturgie moderne, en assouplissant la stricte distinction entre les genres tragique et comique.

■ Le drame romantique

Une révolution théâtrale

Au XIXe siècle, ère des révolutions et des bouleversements politiques et sociaux, le théâtre est un champ d'expérimentation esthétique et de bataille idéologique. Les écrivains romantiques veulent renouveler l'écriture et la représentation théâtrales pour conférer au genre dramatique une portée politique et sociale et en faire l'expression de la modernité conflictuelle.

Trois essais polémiques (**Stendhal**, *Racine et Shakespeare*, 1823 ; **Victor Hugo**, *Préface de Cromwell*, 1827, et **Alfred de Vigny**, *Lettre à Lord* ***) constituent une sorte de manifeste du drame romantique. La « bataille » qui opposa les partisans du romantisme aux tenants du classicisme le soir de la première représentation d'***Hernani*** de Victor Hugo, le 25 février 1830, montre la violence des débats (voir p. 36).

Le rejet du classicisme

Érigeant en modèle le théâtre de **Shakespeare**, les romantiques veulent se libérer des contraintes de la tragédie classique, assimilées à un carcan démodé. Victor Hugo juge notamment artificielles et rigides les unités de lieu et de temps mais tolère l'unité d'action.

Est rejeté également le code de la bienséance* classique qui excluait l'emploi d'un vocabulaire courant ou familier autant que la représentation sur scène d'actes violents : à la fin de *Ruy Blas*, le héros s'empoisonne après avoir tué d'un coup d'épée – certes donné dans les coulisses ! – son ennemi Don Salluste.

Le mélange des genres et des registres

Puisque le drame romantique se veut un « miroir » du monde et de la nature humaine, le tragique doit y côtoyer le comique, comme dans la vie. Le mélange des genres et des registres est donc pratiqué autant que l'alliance du vocabulaire noble et trivial ou de ce que Hugo appelle **le « grotesque » et le « sublime »**.

Histoire moderne et couleur locale

Rejetant la référence à la mythologie ou à l'histoire antiques, les dramaturges romantiques empruntent leurs sujets au **passé récent**, qui fait écho au présent (*Henri III et sa cour* d'Alexandre Dumas, la décadence de la monarchie espagnole du XVIIe siècle dans *Ruy Blas*).

Les effets de « **couleur locale** » visent à recréer ces atmosphères historiques par des éléments concrets (décor, costumes, lexique), évocateurs d'un lieu et d'une époque.

Le héros romantique, un être divisé

Issu du peuple (Ruy Blas), proscrit (Hernani) ou aristocrate (Lorenzaccio), le héros romantique est un personnage tourmenté, déchiré entre ses passions ou ses idéaux et les situations que lui impose un destin tragique. Habité de doutes et de contradictions, il cherche, tel l'Hamlet de Shakespeare, le sens de sa vie, qui lui apparaît parfois absurde. Individualiste et idéaliste, il se heurte à la société qu'il tente de changer mais qui le brise.

Il incarne **la grandeur et la misère de la condition humaine**, à la fois tragique et comique. « C'était un être complexe, hétérogène, multiple, composé de tous les contraires, mêlé de beaucoup de mal et de beaucoup de bien, plein de génie et de petitesse », dit Hugo de son héros Cromwell.

Le théâtre de l'absurde

▌ Le sentiment de l'absurde

Le contexte historique

Les désastres de la Seconde Guerre mondiale et des divers totalitarismes ont donné la vision d'**un monde déshumanisé**. Le sentiment de l'absurde, c'est-à-dire d'une existence dépourvue de sens, vouée au chaos ou au néant, trouve alors différents échos chez les philosophes, romanciers ou dramaturges européens. Dès 1938, dans son roman *La Nausée*, Jean-Paul Sartre avait donné forme à cette expérience de la vacuité (p. 35) ; après-guerre, sa philosophie dite « existentialiste » tente de dépasser ce sentiment d'une vie absurde en prônant l'engagement. Pour Albert Camus, le constat de l'absurdité ne peut être conjuré que par la conscience et la solidarité entre les hommes (l'essai *Le Mythe de Sisyphe*, 1942, ou le roman *La Peste*, 1947).

Le Nouveau Théâtre

Dans les années 1950, diverses œuvres théâtrales, réunies sous le terme de « Nouveau Théâtre », offrent une vision de l'absurde bien différente des discours rationnels de Sartre ou de Camus.

Figures de l'avant-garde, Arthur Adamov, René de Obaldia, Jean Tardieu ou Jean Genet s'inspirent de précurseurs tels qu'**Alfred Jarry** et **Antonin Artaud**. En rupture avec toutes les conventions de la scène, ils élaborent une nouvelle esthétique théâtrale, dont les œuvres de **Beckett** et de **Ionesco** seront les illustrations majeures.

▌ Beckett et Ionesco

Dislocation et prolifération du langage

Les personnages de Beckett ou de Ionesco passent le temps en échangeant des propos dérisoires (*En attendant Godot*, p. 168), soliloquent inlassablement (*Oh les beaux jours*, p. 200) ou encore profèrent des absurdités avec une apparente logique (*La Leçon*, p. 199). Principal ressort du théâtre de l'absurde, ce langage délabré manifeste la **crise du sens et de la communication** dans le monde moderne. Pour écrire *La Cantatrice chauve* (1950), Ionesco s'amuse ainsi à « dérégler » les formules stéréotypées d'un manuel de conversation anglaise : « Ma femme est l'intelligence même. Elle est même plus intelligente que moi. En tout cas, elle est beaucoup plus féminine », débite l'un des personnages, M. Smith.

Des anti-héros pathétiques ou bouffons

À l'opposé des « caractères » ou des héros du théâtre classique, les personnages sont des pantins grotesques (le professeur sadique face à la jeune fille stupide dans *La Leçon*, p. 199 ; les deux clochards d'*En attendant Godot*, p. 168). Tandis que Ionesco privilégie **la caricature** ou **la parodie**, Beckett met en scène des **corps meurtris** (Ham, aveugle et paralysé dans *Fin de partie*), enlisés (*Oh les beaux jours*) comme pour montrer la lente agonie de l'**être humain voué au néant**.

Incapables d'agir, de comprendre le monde et de donner sens à leur vie, ces personnages incarnent le tragique moderne dans un univers privé de toute transcendance. Le titre même de *En attendant Godot* suggère la vaine attente d'un Dieu qui n'existe pas. Ces bouffons tragiques, désespérément seuls, suscitent autant la compassion que le rire amer.

Humour et désespoir

Aussi pessimiste soit-elle, cette vision de la condition humaine est mise en scène avec force effets comiques, de la farce grinçante à l'humour noir en passant par la fantaisie ludique ou onirique. *En attendant Godot* s'achève sur une tentative de suicide manquée qui tient de la pitrerie, tandis que Ionesco qualifiait certaines de ses pièces de « drames comiques » ou de « farces tragiques ».

Le mélange des genres et des registres est une constante dans l'œuvre de ces deux auteurs ; néanmoins, la dimension comique reste dominante dans les pièces de Ionesco, marquées par l'inflation des mots ou des objets, tandis que celles de Beckett tendent davantage vers le tragique et le silence.

Une nouvelle dramaturgie

Le théâtre de l'absurde a inventé non seulement un langage dramatique spécifique mais aussi **une nouvelle utilisation de l'espace et du décor**. La présence sur scène d'objets insolites ou envahissants suggère la critique de la société de consommation où règnent à la fois l'abondance et le vide (*Les Chaises* de Ionesco, ou les personnages de *Fin de partie*, de Beckett, enfouis dans des poubelles).

L'enlisement progressif dans un tas de sable de Winnie, l'héroïne de *Oh les beaux jours,* figure la mort lente sous l'effet inexorable du temps. Le travail des metteurs en scène (Roger Blin, Jacques Mauclair) et de **nouvelles conditions de représentation** (abandon de la salle à l'italienne), ont favorisé l'inventivité de ces pièces d'avant-garde, caractéristiques de la modernité théâtrale.

Comment l'art met en scène : **Caravage**

En peinture, comme sur scène, la théâtralité se mesure aux procédés employés et aux effets produits. Selon une mise en scène épurée, mais d'autant plus efficace, le peintre italien Caravage (1571-1610) donne à voir non seulement des histoires mais surtout des corps éloquents, dans leur gestuelle ou leur simple présence physique. Cette orchestration des corps sert une visée émotionnelle : le spectateur (du tableau, comme du théâtre) éprouve des sentiments intenses, provoqués et canalisés par la mise en scène, jusqu'à l'identification complète avec les personnages.

1 *Les Tricheurs*, 1596
(huile sur toile, 90 x 112 cm).
Fort Worth, Kimbell Art Museum.

Caravage sait observer le théâtre de la rue, du tripot, où des comédiens jouent avec leurs victimes et à leur insu !

QUESTIONS

1. Repérez qui est la victime puis détaillez l'habillement des tricheurs ; que pouvez-vous en dire ?

2. En caractérisant le jeu théâtral des tricheurs, proche de la farce, imaginez quelle alliance le peintre souhaite produire entre le spectateur et les personnages.

2 *Bacchus*, 1596 (huile sur toile, 95 x 85 cm).
Florence, galerie des Offices.

Comme au théâtre, la peinture joue des codes vestimentaires pour définir des personnages. Par exemple, Bacchus, le dieu du vin dans la Rome antique, qui est plus souvent représenté comme un homme barbu en longue toge, figure ici sous l'apparence d'un jeune homme au visage poupin.

QUESTIONS

1. Examinez le visage, la coiffure et le linge qui drape le personnage ; croit-on avoir affaire à un dieu ?

2. Si la mythologie n'est qu'un prétexte, pourquoi donc un tel déguisement ? Aidez-vous, pour répondre, du geste et du regard du jeune homme.

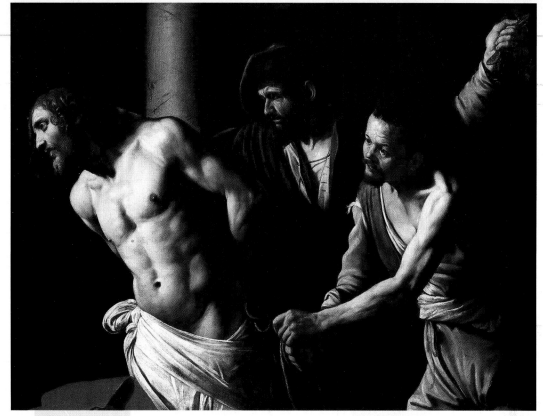

3 *Le Christ à la colonne*, 1607 (huile sur toile, 134,5 x 175,4 cm). Rouen, musée des Beaux-Arts.

Ce tableau représente un épisode de la passion du Christ. Attaché à une colonne, le Christ subit un premier châtiment corporel. Cette scène de torture doit tirer les larmes du spectateur. Pour ce faire, Caravage simplifie à l'extrême le décor et les accessoires, et utilise la lumière comme un procédé d'amplification.

QUESTIONS

1. Observez la disposition des personnages par rapport à la colonne ; quel effet produit-elle ?

2. Caractérisez le corps du Christ et la façon dont il est mis en lumière. Quel rôle pourrait avoir, selon vous, la beauté parfaite de ce corps ?

4

Judith, 1598 (huile sur toile, 145 x 195 cm). Rome, Galerie nationale d'art antique.

Recherche préliminaire : Documentez-vous au CDI sur l'histoire de Judith et Holopherne.

QUESTIONS

1. Montrez comment la violence de la scène est circonscrite à une seule zone.

2. Observez et qualifiez les expressions des deux femmes.

3. Quels sentiments contradictoires l'artiste cherche-t-il à faire éprouver au spectateur ?

5

La Mort de la Vierge,
1606 (huile sur toile,
369 x 245 cm). Paris,
musée du Louvre.

Depuis la Renaissance, l'épisode biblique de la mort de la Vierge est l'occasion pour les peintres de représenter une scène de dévotion collective, dans un riche environnement qui signifie la dignité et la majesté des personnages saints. Ici, Caravage opère tout autrement, pour souligner surtout le pathétique d'un tel événement.

QUESTIONS

1. En vous basant sur le format et le cadrage de la toile, quelle taille et quelle force de présence pouvez-vous attribuer aux personnages ?

2. Détaillez les costumes et les gestes des personnages ; observez la disposition de la morte et dites quel unique élément signale qu'elle est une sainte femme.

3. Pourquoi, selon vous, le peintre a-t-il représenté l'événement dans un milieu pauvre, comme une mort accidentelle ?

L'Incrédulité de saint Thomas,
1602 (huile sur toile,
107 x 146 cm). Potsdam,
château de Sans-Souci, Bilder Galerie.

6

Le retour du Christ ressuscité auprès de ses compagnons est une scène fréquemment illustrée par les peintres. À la fin de l'Évangile selon saint Jean, Thomas n'en croit pas ses yeux, n'admet pas que le Christ puisse être mort et revenu d'entre les morts, jusqu'à ce que ce dernier lui laisse toucher ses blessures.

QUESTIONS

1. Observez le jeu de mains et la disposition des têtes des personnages. Pouvez-vous repérer un signe de la nature divine du Christ ? Que pouvez-vous en dire ?

2. Remarquez que les personnages sont coupés à mi-cuisses ; ils sont donc grandeur nature et à la même hauteur que le spectateur. À qui celui-ci peut-il alors s'identifier ?

7

Saint Jérôme écrivant, 1606 (huile sur toile, 112 x 157 cm). Rome, galerie Borghèse.

Saint Jérôme est un ermite et un savant qui a fait une traduction de la Bible en latin et des commentaires théologiques.
Caravage surmonte la difficulté du sujet (car un travail d'écriture est une activité immobile, on ne peut moins spectaculaire) en organisant un **mo**ment de théâtre minimaliste, qui soit source de réflexion.

QUESTIONS

1. Observez la position du personnage et imaginez quelle relation symbolique s'instaure entre le vieillard et le crâne posé sur les livres.

2. Décrivez les accessoires de travail du saint, son vêtement et son attitude. Que pouvez-vous en déduire de son rapport au monde et de la leçon de vie qu'il donne au spectateur ?

1. Les types et les formes de phrases

1 Les types de phrases

→ **La phrase déclarative**
- Elle se termine par un **point**, parfois par des points de suspension et l'intonation est montante puis descendante.
- Le verbe principal est le plus souvent à **l'indicatif.**

→ **La phrase interrogative**
- Elle se termine par **un point d'interrogation** et l'intonation est montante.
- Elle se construit par l'inversion du sujet ou par la reprise du sujet par un pronom après le verbe.
  Viendra-t-il avec toi ? Jean viendra-t-il avec toi ?
- Quand la question porte sur toute la phrase, l'interrogation est **totale** et la réponse est oui ou non. *Viendras-tu demain ?*
Lorsque l'interrogation porte sur une partie de la phrase, c'est une interrogation partielle.
  À quelle heure viendras-tu ?

→ **La phrase exclamative**
- Elle se termine par un **point d'exclamation** qui indique une intonation (surprise, colère...).
- Elle peut commencer par un **mot exclamatif** : adverbe (*comme, que*) ou adjectif exclamatif (*quel*). Elle est parfois non verbale et se limite à une simple interjection ou onomatopée : *Zut !*

→ **La phrase injonctive**
- Elle sert à **donner un ordre, un conseil**, ou à formuler une prière ou une interdiction.
- Le verbe est souvent à **l'impératif** ou au **subjonctif présent** pour la 3e personne. Il peut aussi être à **l'infinitif.**
  Viens. Qu'il vienne. Frapper avant d'entrer.
- Elle se termine par un **point ou un point d'exclamation.**

2 Les formes de phrases

→ **La forme affirmative et la forme négative**
La phrase affirmative certifie la réalité d'un fait. La forme négative se forme :
- **avec des locutions adverbiales** : *ne... pas, ne... jamais, ne... plus, ne... que, ne... guère* ;
- avec des **pronoms indéfinis** : *ne... rien, ne... personne* ;
- avec des **adjectifs indéfinis** : *aucun, nul* ;
- avec des **conjonctions de coordination** : *ni... ni.*

→ **La forme neutre et la forme emphatique**
- Dans la forme neutre, l'ordre des mots est le plus souvent : sujet + verbe + compléments.
- Dans **la forme emphatique**, l'un des éléments de la phrase est **mis en relief**.
- La mise en relief se fait par **détachement** au début ou à la fin de la phrase avec **reprise de l'élément détaché par un pronom.** Cette construction est fréquente à l'oral.
Forme neutre : *J'ai entendu les enfants crier.*
Forme emphatique : *Les enfants, je les ai entendu crier.*
Elle peut aussi se faire **par une tournure présentative :**
Forme neutre : *J'ai préparé ce gâteau.*
Forme emphatique : *C'est moi qui ai préparé ce gâteau.*

→ **La forme active et la forme passive**
- Une phrase passive est issue de la transformation d'une phrase active : le **sujet** de la phrase active devient le **complément d'agent** de la phrase passive. Le **COD** de la phrase active devient le **sujet** de la phrase passive.
  Phrase active : *Des milliers de personnes ont acheté ce CD.*
              Sujet   COD
  Phrase passive : *Ce CD a été acheté par des milliers de personnes.*
             Sujet   C. d'agent

Ruy Blas

Je ne t'ai pas écrit. Je suis un démon. Fuis !
Mais c'est toi, pauvre enfant, qui te prends dans un piège !
Mais c'est vrai ! mais l'enfer de tous côtés t'assiège
Pour te persuader je ne trouve donc rien ?
Écoute, comprends donc, je t'aime, tu sais bien.
Pour sauver ton esprit de ce qu'il imagine,
Je voudrais arracher mon cœur de ma poitrine !
Oh ! je t'aime. Va-t'en !

Victor Hugo, *Ruy Blas*, ➥ **p. 161.**

▬ type injonctif
▬ type exclamatif
▬ type interrogatif
Italique : forme négative
— forme emphatique

COMMENTAIRE

Cette courte réplique de Ruy Blas présente un entrelacement de types et de formes de phrases variés. Le héros, en peu de mots, demande à la Reine de fuir (type injonctif), exprime son amour (type exclamatif et forme emphatique) et son désarroi devant la situation (type interrogatif et forme négative).

Retour sur les textes du chapitre

Les types de phrases

1 **Racine, *Iphigénie*,** ➥ **p. 144, vers 1 à 16**
Quel type de phrase Iphigénie emploie-t-elle dans sa première réplique ? Pourquoi ? et dans sa deuxième réplique ? À quoi correspond ce changement ?

2 **Beckett, *En attendant Godot*,**
➥ **p. 169, l. 48 à 58**
Quel type de phrase Vladimir emploie-t-il ? et Estragon ? En apparence comment se présente ce dialogue ? Pourquoi n'est-ce qu'une apparence ?

3 **Molière, *Le Misanthrope*,** ➥ **p. 177, vers 11 à 33**
Comparez les types de phrases employés par Philinte et Oronte. En quoi reflètent-ils le caractère des deux personnages ?

4 **Nathalie Sarraute, *Pour un oui ou pour un non*,**
➥ **p. 203, l. 1 à 37**
Quels sont les types de phrases qu'emploie H. 1 ? Pourquoi ? Quelle forme de phrase envahit les répliques de H. 2 ? Que dénote cette opposition entre type et forme ?

Les formes de phrases

5 **Anouilh, *Antigone*,** ➥ **p. 196, l. 1 à 9**
Quelle tournure négative revient sans cesse ? Quelle caractéristique de la tragédie le Chœur met-il ainsi en évidence ?

6 **Molière, *Tartuffe*,** ➥ **p. 154, vers 16 à 44**
Madame Pernelle s'adresse à tour de rôle aux membres de sa famille. Observez ses répliques du point de vue de la répartition des formes de phrases. Par quelle forme finit-elle chacune de ses interventions ? Pourquoi ?

7 **Racine, *Iphigénie*,** ➥ **p. 145, vers 25 à 47**
a. « D'un soin cruel ma joie est ici combattue, » déclare Agamemnon (vers 27). Quelle serait la forme active de cette phrase ? Pourquoi le roi utilise-t-il la forme passive ?
b. Dans la fin de la scène, cherchez une autre phrase à la forme passive dans la bouche d'Iphigénie et justifiez le choix de cette forme.

8 **Cocteau, *La Machine infernale*,**
➥ **p. 192, l. 1 à 14**
Relevez les différents procédés de mise en relief dans le début de cette scène : tournures présentatives et détachements. Quels sentiments traduisent-ils ?

Texte d'entraînement

Béatrice (*à part, découvrant Brighella*). – Ciel ! Brighella ici ? Comment diable est-il arrivé là ? Il va sûrement me reconnaître ; je ne voudrais pas qu'il révèle qui je suis. (*Haut, à Brighella.*) Mon ami, j'ai l'impression de vous connaître.

Brighella. – Oui monsieur, vous ne vous rappelez pas, à Turin, Brighella Cavicchio ?

Béatrice (*se rapprochant de Brighella*). – Ah oui, maintenant je vous reconnais. Que faites-vous à Venise, mon brave homme ? (*Bas.*) Pour l'amour du ciel, ne me trahissez pas.

Brighella (*bas, à Béatrice*). – Ne craignez rien. (*Haut.*) Je suis aubergiste, pour vous servir.

Goldoni, *Arlequin, serviteur de deux maîtres,* 1745
trad. V. Tasca, © Aubier.

Questions d'analyse

1 Lisez les paroles qui sont prononcées à voix haute. Quels types de phrases relevez-vous ? Lisez maintenant les paroles prononcées en aparté. Quel type de phrase apparaît ? Pourquoi ?

2 Relevez les formes de phrases dans les paroles prononcées à voix haute et dans les apartés. Que remarquez-vous ? Expliquez.

2. Les niveaux de langue

1 Le niveau familier

→ Il se caractérise par :
- un **vocabulaire particulier**, souvent argotique.

    Tune, avoine, blé pour *argent ; bahut* pour *lycée, caisse* pour *voiture.*

    Certains mots du niveau courant sont **déformés** : *bourge* pour *bourgeois, bibal* pour
    bibliothèque municipale, ou **inversés** en verlan : *relou* pour *lourd, ouf* pour *fou.*
- des **constructions de phrases** avec **détachement** (voir p. 220, Les types et les formes de phrases).

    Ce livre, je l'ai adoré !
- des **tournures incorrectes sur le plan syntaxique :** construction de la négation sans *ne, on* pour *nous*, ajout de *est-ce que* en phrase déclarative.

    Je sais plus où est-ce que j'ai mis mon MP3.
- une **prononciation** qui coupe certaines syllabes.

    J'voudrais bien qu'tu m'dises ce que t'as fait hier soir.

→ Ce niveau de langue s'emploie **dans certaines situations orales**. Certains romans ou pièces de théâtre l'adoptent également, pour mieux transcrire la réalité. Toutefois il n'est absolument pas admis dans les exercices écrits de type scolaire, dans les lettres officielles…

2 Le niveau courant

→ Il se caractérise par :
- des **mots usuels**, compris par tous, sans particularités.
- des **constructions de phrases correctes** mais sans recherche.
- une **prononciation de toutes les syllabes.**

→ C'est le niveau employé oralement dans les journaux télévisés, à l'écrit dans la plupart des romans du XXe siècle mais aussi dans la presse quotidienne.

3 Le niveau soutenu

→ Il se caractérise par :
- un **vocabulaire riche et recherché**, parfois rare et choisi avec soin.

    Boulot : niveau familier

    Travail : niveau courant

    Labeur : niveau soutenu
- des **constructions complexes** et parfaitement correctes : nombreuses propositions subordonnées, emploi de tous les temps du subjonctif, en particulier l'imparfait et le plus-que-parfait, emploi du conditionnel passé 2e forme au lieu du conditionnel passé.

    Il avait souhaité que son fils fît des études d'Histoire pour *Il avait souhaité que son fils fasse des études d'Histoire* (niveau courant)

    Qui l'eût dit ? pour *Qui l'aurait dit ?* (niveau courant)

→ Ce niveau est caractéristique de la **langue littéraire écrite**, celle des romans du XIXe siècle ou d'une langue orale où la personne fait particulièrement attention à sa façon de parler (conférence, par exemple).

Méthode

JEAN-CLAUDE. – C'est toi que je compte en ce moment, Louise ! Toi qui m'épuises autant qu'elle sur scène ! qui t'additionnes à ta sœur, j'ai la double ration ! Je réalise que dans un théâtre vous êtes les mêmes, aussi assommantes l'une que l'autre !

LOUISE (*haineuse*). – Détrompe-toi, Jean-Claude, je suis très loin d'être comme Simone, très loin ! Parce que moi, dis-toi bien que si un jeune homme aux cheveux bouclés, les mollets sanglés par des lanières de cuir, traversait un jour ma vie, je pars avec lui illico ! illico ! sans hésiter, sans me retourner, je file avec Hippolyte… à Skiathos, à Skopélos, à Mykonos… où il voudra, et je te plante là, toi et ton cerveau de cœlacanthe !

Jean-Michel Ribes, *Tragédie,* ➥ **p. 207.**

░ le vocabulaire familier
░ les allusions à *Phèdre*

COMMENTAIRE

La scène de ménage entre Jean-Claude et Louise passe par l'emploi d'un certain nombre de tournures familières qui font entrer cette dispute dans un cadre quotidien. Toutefois l'objet de la discussion crée un effet de décalage comique car Louise, qui vient d'assister à une représentation de *Phèdre*, imagine que le monde de la tragédie fait irruption dans sa vie, sous les traits du bel Hippolyte.

EXERCICES

Retour sur les textes du chapitre

Le niveau familier

1 Koltès, *Le Retour au désert,*
➥ **p. 149, l. 13 à17**
Relevez toutes les marques d'un niveau de langue familier.

2 Grumberg, *L'Atelier,* ➥ **p. 157, l. 14 à 21**
Montrez que ce texte se situe entre le niveau familier et le niveau courant. Appuyez-vous sur la construction des phrases, en particulier interrogatives, les choix de vocabulaire et les incorrections.

Le niveau courant

3 Molière, *Tartuffe,* ➥ **p. 154, vers 16 à 24**
Par quoi se caractérise le vocabulaire employé par Madame Pernelle ? Observez la construction des phrases et montrez qu'elle est simple. À quelle classe sociale appartient le personnage ? À quel genre appartient la pièce ?

4 Beckett, *En attendant Godot,*
➥ **p. 168-169, l. 48 à 58**
Quelles sont les caractéristiques de ce dialogue : vocabulaire, type et construction de phrases ? Comparez les quatre premières répliques avec la variation suivante très familière :
« Alors, on se bouge ?
– Relève ton froc.
– Quoi ?
– Relève ton froc. »
En quoi le texte de Beckett révèle-t-il davantage le tragique des personnages ?

Le niveau soutenu

5 Racine, *Iphigénie,* ➥ **p. 144, vers 1 à 16**
Relevez les mots qui appartiennent à un niveau de langue soutenu dans les répliques d'Iphigénie. Commentez la façon dont sont construites les phrases interrogatives. À quelle classe sociale appartient le personnage ? À quel genre appartient la pièce ?

6 Jean Giraudoux, *La guerre de Troie n'aura pas lieu,*
➥ **p. 147-148, l. 25 à 34**
La réplique d'Ulysse donne-t-elle une impression d'oralité ? Pourquoi ? Quelle dimension Giraudoux donne-t-il ainsi à son personnage ?

Texte d'entraînement

CLITANDRE. – Eh ! madame, à quoi bon un pareil
[embarras ?
Et pourquoi voulez-vous penser ce qui n'est pas ?
BÉLISE. – Mon Dieu, point de façons : cessez de vous
[défendre
De ce que vos regards m'ont souvent fait entendre.
Il suffit que l'on est contente du détour
Dont s'est adroitement avisé votre amour,
Et que, sous la figure où le respect l'engage,
On veut bien se résoudre à souffrir son hommage,
Pourvu que ses transports, par l'honneur éclairés,
N'offrent à mes autels que des vœux épurés.
CLITANDRE. – Mais...
[BÉLISE. – Adieu. Pour ce coup, ceci doit vous suffire,
Et je vous ai plus dit que je ne voulais dire.
CLITANDRE. – Mais votre erreur...
[BÉLISE. – Laissez. Je rougis maintenant
Et ma pudeur s'est fait un effort surprenant.
CLITANDRE. – Je veux être pendu si je vous aime, et sage...
BÉLISE. – Non, non, je ne veux rien entendre davantage.
(*Elle sort.*)
CLITANDRE. – Diantre soit de la folle avec ses visions !
Molière, *Les Femmes savantes,* acte I, scène 4, 1672.

1 Dans quel niveau de langue s'exprime Bélise ? et Clitandre ? Justifiez votre jugement par des analyses précises du vocabulaire et de la syntaxe.

2 Que montre ainsi Molière ? De qui le public prend-il le parti ?

1. L'énonciation théâtrale

Une pièce de théâtre est à la fois destinée à la représentation et à la lecture sur scène. Cette dualité caractérise, à différents niveaux, le texte théâtral.

1 La double composante du texte théâtral

Deux types de textes se côtoient dans une pièce de théâtre :

→ **les didascalies**, inscrites en italique, sont des indications données par l'auteur, qui ne seront pas prononcées par les comédiens : elles précisent le découpage en actes et scènes, les lieux et les décors, l'identité des personnages, leurs déplacements, gestes et intonations.

→ les **paroles** des personnages, que les acteurs prononceront sur scène.

2 La double énonciation

→ Au théâtre, les personnages échangent des paroles qui visent deux destinataires à la fois : le ou les interlocuteurs présents sur la scène, et les spectateurs dans la salle qui assistent aux dialogues sans y participer. À travers les paroles des personnages, l'auteur s'adresse ainsi indirectement à son public.

→ C'est ce qu'on appelle la double énonciation, qui rend possibles des effets tels que l'**aparté**, ou encore le **quiproquo** et le **malentendu**, qui permettent aux spectateurs de comprendre ce que les personnages ignorent.

3 Les différentes formes de la parole théâtrale

Au cours d'une pièce ou d'une scène alternent diverses modalités de prise de parole.

→ Le **dialogue** entre deux ou plusieurs personnages est composé de répliques plus ou moins longues qui s'enchaînent de manière logique (reprise de mots ou questions/réponses) ou sur le mode de la rupture (refus de répondre, changement de ton ou de thème).

→ La **stichomythie** est un dialogue composé de brèves répliques de même longueur (un hémistiche, un vers ou une phrase) que les personnages s'échangent comme en un duo ou un duel verbal.

→ Au contraire, la **tirade** est une longue réplique qui suspend momentanément l'échange verbal. Elle est constituée d'un **récit** relatant les actions qui ne peuvent être représentées sur scène, pour des raisons de vraisemblance, de bienséance (théâtre classique) ou encore d'impossibilité technique.

→ Le **monologue** est un discours prononcé par un personnage seul sur scène, qui analyse sa conscience, ses sentiments (introspection) ou qui examine les choix et décisions qu'il doit prendre lors d'un dilemme notamment (délibération).

Le personnage peut s'apostropher lui-même ou s'adresser à des destinataires absents ou imaginaires. Par le jeu de la double énonciation, le public est dans tous les cas récepteur du monologue.

Fréquent dans le théâtre classique (comme « morceau de bravoure » à la gloire de l'auteur et de l'acteur), le monologue s'est beaucoup développé dans le théâtre moderne et contemporain, où il exprime souvent le désarroi ou le délire de personnages solitaires.

→ L'**aparté** est une réplique qu'un personnage dit « à part », pour lui-même et pour le public, tandis que les autres personnages sont censés ne pas l'entendre.

→ L'**adresse au public** interpelle directement les spectateurs lors de prologues ou d'épilogues notamment.

Méthode

LE COMTE *prend la main de sa femme* : Mais quelle peau fine et douce, et qu'il s'en faut que la Comtesse ait la main aussi belle !

LA COMTESSE , *à part* : Oh ! la prévention !

LE COMTE : A-t-elle ce bras ferme et rondelet ? ces jolis doigts pleins de grâce et d'espiè-glerie ?

LA COMTESSE, *de la voix de Suzanne* : Ainsi l'**amour** … ?

LE COMTE : L'**amour** … n'est que le roman du cœur : c'est le plaisir qui en est l'histoire ; il m'amène à tes genoux.

LA COMTESSE : Vous ne l'**aimez** plus ?

LE COMTE : Je l'**aime** beaucoup ; mais trois ans d'union rendent l'hymen si respectable !

LA COMTESSE : Que vouliez-vous **en elle** ?

LE COMTE, *la caressant* : Ce que je trouve **en toi**, ma beauté …

Beaumarchais, *Le Mariage de Figaro*, ➠ p. 183.

▭ didascalies

▭ quiproquo dû à la méprise du comte

en gras : reprise de mots ou de tournures

COMMENTAIRE

Les didascalies et le jeu sur la double énonciation permettent ici au public d'être complice du stratagème de la comtesse et de se moquer de l'aveuglement du mari libertin pris au piège. L'enchaînement des répliques brèves souligne également l'ironie de la situation : un jeu d'échos entre les deux interlocuteurs fait valoir l'opposition entre l'amour conjugal et le plaisir libertin.

EXERCICES

Retour sur les textes du chapitre

1 Caractérisez les différents types d'indications qu'apportent les didascalies dans les extraits de *L'Atelier* (➠p. 157), de *Ruy Blas* (➠p. 161) et de *Dom Juan* (➠p. 165).

2 Observez le rapport entre les paroles des personnages et la didascalie finale dans le dénouement d'*En attendant Godot* (➠p. 168) ; la didascalie initiale dans l'extrait de *La Leçon* (➠p.199). Que constatez-vous dans les deux cas ? Quel effet produit ce décalage ?

3 Lisez les extraits d'*Iphigénie* (➠p. 144) et d'*Horace* (➠p. 150). Expliquez la situation que connaissent les spectateurs mais qu'ignorent certains personnages, et qui constitue une forme d'ironie tragique ou un quiproquo.

4 Dans les extraits d'*On ne badine pas avec l'amour* (➠p. 190) et de *Hilda* (➠p. 206), quel rapport de force entre les interlocuteurs suggèrent la longueur et le ton de leurs répliques respectives ?

5 Comparez le monologue de Sganarelle à la fin de *Dom Juan* (➠p. 165), à celui de Rodrigue dans la scène *du Cid* (➠p. 170). Dans quelle situation se trouve chacun des deux personnages ? Quelles sont les fonctions de leurs monologues respectifs ?

6 Quelle importance ont les apartés dans les extraits de *Ruy Blas* (➠p. 161) et du *Mariage de Figaro* (➠p. 183) ?

Texte d'entraînement

Brillant esprit au physique ingrat, Cyrano est secrètement amoureux de sa cousine Roxane qui aime Christian, bel homme peu doué pour l'éloquence. Un soir, caché sous le balcon de Roxane, Cyrano se fait passer pour Christian, présent à ses côtés, pour faire une déclaration d'amour poétique à la jeune fille.

CYRANO
Mon langage jamais jusqu'ici n'est sorti
De mon vrai cœur …

ROXANE   Pourquoi ?

CYRANO   Parce que … jusqu'ici
Je parlais à travers …

ROXANE   Quoi ?

CYRANO   … le vertige où tremble
Quiconque est sous vos yeux ! … Mais, ce soir, il me
                                    [semble …
Que je vais vous parler pour la première fois !

ROXANE
C'est vrai que vous avez une tout autre voix.

CYRANO, *se rapprochant avec fièvre.*
Oui, tout autre, car dans la nuit qui me protège
J'ose être enfin moi-même, et j'ose …
Il s'arrête et, avec égarement.
                        Où en étais-je ?
Je ne sais … tout ceci, – pardonnez mon émoi, –
C'est si délicieux … c'est si nouveau pour moi !

Edmond Rostand, *Cyrano de Bergerac*, acte III, scène 7, 1897.

Question d'analyse

Analysez la fonction des didascalies et l'enchaînement des répliques dans ce dialogue, puis montrez comment la scène exploite les ressorts de la double énonciation théâtrale.

2. L'action dramatique

1 La construction de l'action

Dans une pièce de théâtre, tragique ou comique, l'histoire est constituée par une succession d'événements et d'actions conduisant d'une situation initiale à une situation finale, et généralement construite autour d'un **conflit** ou d'une **crise**. L'action, ou la structure dramatique (du grec *drama* = action), se compose de trois grandes phases :

→ **L'exposition**

• Elle présente les éléments nécessaires à la **compréhension de l'intrigue** : lieu et époque de l'action, personnages, données de l'intrigue et du conflit à venir, genre (comédie, tragédie, drame...) et registres (lyrique, burlesque... etc.) de la pièce.

• Ce début de l'action connaît une durée et des modalités variables selon les pièces. Ainsi, la première scène consiste souvent, dans le théâtre classique, en un dialogue entre deux ou plusieurs personnages principaux ou secondaires qui permet au spectateur de **comprendre la situation initiale**.

→ **Le nœud**

• Il correspond au développement du conflit mis en place dans l'exposition, au surgissement d'obstacles qui contrecarrent la volonté des personnages. La crise est alors rythmée par des **péripéties** ou des **coups de théâtre** (événements imprévus, retournements de situation), qui sont autant de rebondissements destinés à maintenir l'intérêt du spectateur.

• Certaines de ces péripéties ont lieu sur scène, tandis que celles qui ne peuvent être représentées (pour des raisons techniques ou en fonction des codes de vraisemblance et de bienséance) sont racontées par un personnage (au moyen d'un récit, voir « L'énonciation théâtrale », p. 224).

→ **Le dénouement**

• Il apporte en principe la **résolution heureuse ou malheureuse** du conflit et règle le sort des personnages, en offrant une sorte de morale ou de leçon dans le théâtre classique.

• S'il correspond souvent à l'aboutissement logique des tensions développées au fil de l'intrigue, il peut aussi être le fruit d'une ultime péripétie, d'un retournement imprévu de situation ou encore de l'intervention inattendue d'une force extérieure venue « trancher » le nœud de l'intrigue (c'est ce qu'on désigne par l'expression latine de *deus ex machina*, signifiant littéralement « un dieu intervenant sur scène grâce à une machine théâtrale »).

• Toutefois, dans certaines pièces modernes ou contemporaines, le dénouement n'apporte aucune fin déterminée à l'action, qui semble alors pouvoir indéfiniment se poursuivre ou recommencer.

2 Le découpage de l'action

→ **Dans le théâtre classique**

Les pièces classiques (tragédies et comédies), les drames romantiques et les vaudevilles sont pour la plupart structurés en trois ou cinq **actes**, qui correspondent à des étapes de l'action. Chaque acte est divisé en trois à huit **scènes** définies par l'entrée ou la sortie d'un ou de plusieurs personnages (voir « Les règles du théâtre classique », p. 213).

→ **Dans le théâtre contemporain**

Les dramaturges modernes et contemporains ont généralement substitué à ce découpage en actes une succession de « **tableaux** » ou de scènes, qui jouent souvent sur des effets de rupture temporelle ou spatiale.

ŒDIPE : Emmène-moi donc tout de suite.

CRÉON : Viens alors, et laisse tes filles.

ŒDIPE : Non, pas elles ! Non, ne me les enlève pas !

CRÉON : Ne prétends donc pas triompher toujours : tes triomphes n'ont pas accompagné ta vie.

On ramène les fillettes dans le gynécée, tandis qu'on fait rentrer Œdipe par la grande porte du palais.

LE CORYPHÉE : Regardez, habitants de Thèbes, ma patrie. Le voilà, cet Œdipe, cet expert en énigmes fameuses, qui était devenu le premier des humains. Personne dans sa ville ne pouvait contempler son destin sans envie. Aujourd'hui, dans quel flot d'effrayante misère est-il précipité ! C'est donc ce dernier jour qu'il faut, pour un mortel, toujours considérer. Gardons-nous d'appeler jamais un homme heureux, avant qu'il ait franchi le terme de sa vie sans avoir subi un chagrin.

Sophocle, *Œdipe roi* p. 194.

— détermination du sort final des personnages

— allusion à la malédiction du héros victime de la fatalité tragique

— formulation de la morale de la pièce

COMMENTAIRE

Dans ce dénouement tragique, le nœud du conflit est résolu par la découverte de la véritable identité d'Œdipe, maudit et banni de la cité. Le sort du héros est donc fixé, ainsi que celui de sa famille. Créon, qui assure désormais le pouvoir, fait la leçon au roi déchu en évoquant son malheureux destin. Cette morale de la pièce va être reprise par le Coryphée auquel revient le mot de la fin : une adresse directe au public invite à interpréter le revirement tragique du sort d'Œdipe comme une mise en garde contre les aléas du destin et les risques de l'orgueil humain.

EXERCICES

Retour sur les textes du chapitre

1 Comparez les scènes d'exposition de *Tartuffe* (p. 154) et de *L'Atelier* (p. 157). Pourquoi celle de *Tartuffe* peut-elle être considérée comme un modèle d'exposition classique ? En quoi le début de *L'Atelier* se démarque-t-il de ce modèle traditionnel ?

2 Caractérisez la nature du conflit ou de la crise dans les extraits d'*Iphigénie* (p. 144), du *Cid* (p. 170), d'*On ne badine pas avec l'amour* (p. 190) et de *Hilda* (p. 206).

3 Montrez que les extraits d'*Horace* (p. 150) et de *Ruy Blas* (p. 161) illustrent deux manières différentes de recourir à un « coup de théâtre ».

4 Comparez quatre dénouements : ceux de *Dom Juan* (p. 172), d'*En attendant Godot* (p. 177) de *La Machine infernale* (p. 192) et de *Oh les beaux jours* (p. 200). Lesquels vous paraissent déterminer l'issue du conflit et le sort des personnages, lesquels au contraire semblent vouer l'action à un éternel recommencement ?

Texte d'entraînement

ACTE PREMIER

Scène première – *George Dandin, seul.*

Ah ! qu'une femme Demoiselle[1] est une étrange affaire, et que mon mariage est une leçon bien parlante à tous les paysans qui veulent s'élever au-dessus de leur condition, et s'allier, comme j'ai fait, à la maison d'un gentilhomme ! La noblesse, de soi, est bonne, c'est une chose considérable assurément ; mais elle est accompagnée de tant de mauvaises circonstances, qu'il est très bon de ne s'y point frotter[2]. Je suis devenu là-dessus savant à mes dépens, et connais le style des nobles lorsqu'ils nous font, nous autres, entrer dans leur famille. L'alliance qu'ils font est petite avec nos personnes : c'est notre bien seul qu'ils épousent ; et j'aurais bien mieux fait, tout riche que je suis, de m'allier en bonne et franche paysannerie, que de prendre une femme qui se tient au-dessus de moi, s'offense de porter mon nom, et pense qu'avec tout mon bien je n'ai pas assez acheté la qualité de son mari[3]. George Dandin, George Dandin, vous avez fait une sottise, la plus grande du monde. Ma maison m'est effroyable maintenant, et je n'y rentre point sans y trouver quelque chagrin.

Molière, *George Dandin ou Le Mari confondu*[4] (1668), acte I, scène 1.

1. Jeune fille ou jeune femme noble.
2. Ne pas entrer en relation.
3. … elle pense que malgré toute ma fortune je ne mérite pas d'être son mari.
4. Participe passé du verbe *confondre*, à prendre ici au sens de « déconcerter » et « humilier » quelqu'un en lui prouvant publiquement ses torts, réels ou supposés.

Question d'analyse

Dégagez d'abord l'intérêt du procédé choisi par Molière pour exposer la situation. Ensuite, à la lumière de cette scène d'exposition et du sous-titre de la pièce, imaginez en quelques lignes ce que pourraient être le nœud (comportant deux ou trois péripéties ou coups de théâtre) et le dénouement de cette comédie.

3. Les registres tragique et pathétique

Les registres tragique et pathétique sont à l'origine liés au genre théâtral de la tragédie, mais ils se rencontrent également dans les autres genres littéraires (roman, poésie notamment) ou les arts (peinture, cinéma). Ils caractérisent une vision du monde ainsi qu'un mode d'expression. L'un comme l'autre font ressortir le malheur de la condition humaine mais ils se distinguent en exploitant différentes émotions et dimensions :

→ **le registre tragique** suscite une réflexion sur la lutte des hommes face à leur destin ou à la fatalité ;

→ **le registre pathétique** privilégie la portée affective, en suscitant la compassion envers les victimes du malheur ou de l'injustice.

1 Le lexique et les thèmes tragiques

→ Références au **destin ou à la fatalité** qui prive les individus de leur liberté, par l'effet de la volonté ou de la malédiction des dieux, de l'emprise de passions destructrices, du déterminisme social ou historique, des tragédies historiques ou encore de la vision absurde d'une existence privée de sens.

→ Évocation de la **mort**, du **malheur** et de la **souffrance** des héros, qui se savent condamnés à l'échec ou à l'impuissance.

→ Situations de **dilemme** ou de **déchirement** entre des aspirations contradictoires, ou encore de **combat voué à l'échec** de l'individu contre la société.

2 Le lexique et les thèmes pathétiques

→ Situations **poignantes** mettant en scène des individus innocents ou fragiles, victimes d'injustices et de malheurs, d'acharnement du sort.

→ Expression de la **douleur et de l'émotion** éprouvées face à ces injustices, aux séparations ou aux déceptions sentimentales, à la solitude, la maladie, le deuil, etc.

3 Les procédés d'écriture tragique et pathétique

→ **Tournures syntaxiques et modes d'énonciation**
 • Interrogations et exclamations rhétoriques, qui expriment l'indignation, l'incompréhension, la stupeur.
 • Interpellations ou invocations des puissances divines, des responsables du malheur, des figures du destin ou des valeurs morales (le devoir, l'honneur…).
 • Imprécations qui vouent quelqu'un au malheur ou à la malédiction.
 • Lamentations du héros sur son sort.

→ **Figures de style privilégiées**
 • Procédés d'insistance qui dramatisent l'expression des sentiments : hyperboles, anaphores, répétitions, accumulations, gradations, parallélismes.
 • Figures d'opposition qui font ressortir les situations de conflit ou de combat : antithèses, oxymores, chiasmes.
 • Recours à des images qui expriment la violence ou l'intensité des émotions : comparaisons, métaphores, personnifications, allégories.

→ Ces divers moyens d'expression, souvent associés à un niveau de langage soutenu, visent à éveiller les sentiments de « crainte » et de « pitié », ressorts traditionnels du tragique et du pathétique (voir p. 211).

Toutefois, certains textes modernes ou contemporains privilégient au contraire une écriture sobre, voire dépouillée, qui suggère plus qu'elle ne souligne ces sentiments d'effroi ou de compassion.

Méthode

Il demanda son fils et le prit dans ses bras :
« Chère épouse, dit-il en essuyant mes larmes,
J'ignore quel succès le sort garde à mes armes ;
Je te laisse mon fils pour gage de ma foi :
S'il me perd, je prétends qu'il me retrouve en toi.
Si d'un heureux hymen la mémoire t'est chère,
Montre au fils **à quel point** tu chérissais le père. »
Et je puis voir répandre un sang **si précieux** ?
Et je laisse avec lui périr tous ses aïeux ?

Racine, *Andromaque*, acte III, ➥ **p. 158.**

- situation et lexique pathétiques, suscitant la compassion du public
- interrogation rhétorique soulignant la détresse et l'indignation de l'héroïne
- champs lexicaux de la mort ou de la fatalité caractéristiques du registre tragique

en gras : hyperboles et intensifs suscitant l'effroi ou la pitié du public

COMMENTAIRE

Andromaque est confrontée à un dilemme tragique, dont la résolution implique le sacrifice soit de sa fidélité conjugale soit de son fils. Les interrogations rhétoriques et l'apostrophe à un destinataire absent, Pyrrhus, soulignent la détresse de l'héroïne. L'intensité tragique de la situation est manifestée par des hyperboles et des références à la mort ou à la violence tandis que les personnages pathétiques éveillent la compassion du public. Ainsi le dramaturge exploite-t-il les ressorts de la « crainte » et de la « pitié » propres à l'effet « cathartique » de la tragédie.

EXERCICES

Retour sur les textes du chapitre

1 Quelle caractéristique de l'héroïne tragique révèle la dernière réplique dans l'extrait *d'Antigone* (➥p. 196) ? Comparez ensuite cette réplique à l'extrait du roman *Belle du Seigneur* (➥p. 287).

2 Relevez les mots ou expressions désignant la fatalité dans les extraits d'*Iphigénie* (➥p. 144), de *La guerre de Troie n'aura pas lieu* (➥p. 147), d'*Antigone* (➥p. 196), de *Phèdre* (➥p. 173), et de *Cromwell* (➥p. 187) ? Comment se manifeste, dans chacun de ces extraits, l'impuissance ou l'irresponsabilité des héros tragiques ?

3 Comparez l'extrait de *Cromwell* (➥p. 187) à celui de *Macbeth* (➥p. 189) en montrant comment, dans les deux scènes, l'intervention du registre fantastique soutient la dimension tragique.

4 Quel thème ou quelle interrogation caractéristique de la conscience tragique moderne illustre chacun des extraits suivants : *La guerre de Troie n'aura pas lieu* (➥p. 147), *L'Atelier* (➥p. 157), *En attendant Godot* (➥p. 168), *11 septembre 2001* (➥p. 209) ?

5 Comparez le dénouement d'*Œdipe roi* (➥p. 194) à celui de *La Machine infernale* (➥p. 192). Lequel privilégie le registre tragique, lequel exploite davantage la dimension pathétique ? Justifiez votre réponse à l'aide de références précises aux deux textes.

6 Comparez la scène d'exposition de *L'Atelier* (➥p. 157) aux extraits des récits de Duras, *La Douleur* (➥p. 255) et de Modiano, *Dora Bruder* (➥p. 258). En quoi ces trois textes illustrent-ils ce qu'on appelle une « émotion indicible » ?

Texte d'entraînement

En Afrique de l'Ouest, sur un chantier, Alboury, un Africain, vient réclamer à Horn, un Européen, chef du chantier, le corps de son « frère », un ouvrier qui aurait été écrasé par un camion mais dont le cadavre a disparu.

ALBOURY. – Souvent, les petites gens veulent une petite chose, très simple ; mais cette petite chose, ils la veulent ; rien ne les détournera de leur idée ; et ils se feraient tuer pour elle ; et même quand on les aurait tués, même morts, ils la voudraient encore.

HORN. – Qui était-il, Alboury, et vous, qui êtes-vous ?

ALBOURY. – Il y a très longtemps, je dis à mon frère : je sens que j'ai froid ; il me dit : c'est qu'il y a un petit nuage entre le soleil et toi ; je lui dis : est-ce possible que ce petit nuage me fasse geler alors que tout autour de moi, les gens transpirent et le soleil les brûle ? Mon frère me dit : moi aussi, je gèle ; nous nous sommes donc réchauffés ensemble. Je dis ensuite à mon frère : quand donc disparaîtra ce nuage, que le soleil puisse nous chauffer nous aussi ? Il m'a dit : il ne disparaîtra pas, c'est un petit nuage qui nous suivra partout, toujours entre le soleil et nous. Et je sentais qu'il nous suivait partout, et qu'au milieu des gens riant tout nus dans la chaleur, mon frère et moi nous gelions et et nous nous réchauffions ensemble. Alors mon frère et moi, sous ce petit nuage qui nous privait de chaleur, nous nous sommes habitués l'un à l'autre, à force de nous réchauffer.

Koltès, *Combat de nègre et de chiens*, © éd. de Minuit, 1989.

Question d'analyse

Identifiez les éléments et les procédés d'écriture qui donnent à ce texte une dimension à la fois tragique et pathétique.

4. Les formes et les procédés du comique

Le comique naît toujours d'un décalage entre ce qui est attendu ou vraisemblable dans une situation donnée et ce qui se produit effectivement.

1 Les formes du comique théâtral

→ Le **comique de gestes** est un ressort comique élémentaire, issu de la tradition de la farce et de la *commedia dell'arte*, et fondé sur des jeux de scène : mimiques, tics, gestes mécaniques, cabrioles, chutes, coups de bâton.

→ Le **comique de mots** exploite le lexique familier ou grossier, le mélange des niveaux de langue, les jeux sur le sens ou le son des mots (double entente, antiphrases, calembours, homonymie, contrepèteries...), les déformations verbales et les effets de grossissement (hyperboles, répétitions).

→ Le **comique de situation** consiste en quiproquos, travestissements, présence d'un témoin caché, vraies ou fausses reconnaissances, effets de surprise, répétitions d'une même situation (on parle dans ce dernier cas de « **comique de répétition** »).

→ Le **comique de caractère** caricature les vices et les défauts des hommes ou des catégories sociales que les personnages incarnent.

Issus de la tradition de la comédie, ces différents ressorts du comique sont également exploités au cinéma, dans les sketchs, ou bien dans des romans et récits.

2 Les variations comiques

Le comique joue sur une gamme de registres et d'effets qui peuvent se combiner.

→ L'**humour** consiste à se moquer de soi-même ou à présenter d'une manière distanciée et moqueuse des défauts, des usages pour en faire ressortir les méfaits ou le ridicule. **L'humour noir**, souvent grinçant, consiste à rire des sujets graves (maladie, mort, guerre, etc.) pour tenter de dépasser la souffrance qu'ils génèrent.

→ L'**ironie** consiste à dire le contraire de ce qu'on veut faire entendre, ce qui suppose la complicité du destinataire chargé d'interpréter le véritable sens des propos. Le plus souvent, l'ironie vise non seulement à faire rire, mais aussi à critiquer des personnages ou des situations.

→ La **veine satirique** vise à dénoncer quelque chose ou quelqu'un en le ridiculisant. Elle recourt notamment à la caricature.

→ La **parodie** est une forme de réécriture qui imite un genre, une œuvre ou un énoncé célèbre en le détournant de manière comique. Cette transposition passe souvent par l'exagération caricaturale des caractéristiques du texte initial.

→ Le **burlesque** exploite la discordance entre le sujet traité et le style adopté. On peut ainsi traiter de manière familière et plaisante un sujet sérieux et noble. Dans un sens plus large, le burlesque désigne une forme de comique outré, extravagant.

→ L'**héroï-comique** est l'inverse du burlesque puisqu'il consiste à traiter un sujet anodin ou grossier dans un style noble (tel que l'épopée) et de manière solennelle.

→ Le **comique de l'absurde** présente des situations saugrenues qui vont à l'encontre de la logique habituelle, des paroles qui semblent dénuées de sens. À la fois comique et tragique, il tourne en dérision le non-sens de l'existence, la vanité du langage et des êtres humains.

JEAN-CLAUDE.– Et l'heure qu'on est en train de passer à piétiner devant sa loge, ça compte pour du beurre ! ?

LOUISE.– Elle se lave ! Tu ne vas quand même pas compter de la même façon Simone dans *Phèdre* et Simone sous sa douche !

JEAN-CLAUDE. – C'est toi que je compte en ce moment, Louise ! Toi qui m'épuises autant qu'elle sur scène ! qui t'additionnes à ta sœur, j'ai la double ration ! Je réalise que dans un théâtre vous êtes les mêmes, aussi assommantes l'une que l'autre !

LOUISE (*haineuse*).– Détrompe-toi, Jean-Claude, je suis très loin d'être comme Simone, très loin ! Parce que moi, dis-toi bien que si un jeune homme aux cheveux bouclés, les mollets sanglés par des lanières de cuir, traversait un jour ma vie, je pars avec lui illico ! illico ! sans hésiter, sans me retourner, je file avec Hippolyte … à Skiathos, à Skopélos, à Mykonos … où il voudra, et je te plante là, toi et ton cerveau de cœlacanthe !

(*Jean-Claude, impassible, ne répond pas. Il reste muet, fixant le mur* […].)

Jean-Michel Ribes, *Tragédie,* **in** *Théâtre sans animaux,* ⮡ **p. 257.**

- comique de mots, recourant au langage familier, au mélange de niveaux de langue ou au jeu sur les mots
- parodie burlesque de la tragédie de Racine, *Phèdre*
- comique de gestes

COMMENTAIRE

L'extrait de cette comédie, intitulée ironiquement *Tragédie*, exploite les formes et procédés comiques suivants :
- **comique de situation :** une scène de ménage privée à l'issue de la représentation d'une tragédie à la Comédie-Française ;
- **comique de caractère :** les deux époux, exaspérés l'un par l'autre, sont au bord de l'hystérie ;
- **comique de gestes :** la « haine » de Louise contraste avec la feinte « impassibilité » de Jean-Claude ;
- **comique de mots :** registre familier, jeu de mots à partir du verbe « compter » et de la notion de règlement de compte, réécriture parodique et burlesque de l'intrigue de *Phèdre*.

EXERCICES

Retour sur les textes du chapitre

1 Identifiez les différentes formes de comique dans l'extrait des *Fourberies de Scapin* (⮡p. 177).

2 Analysez les ressorts du comique de situation, de caractère et de mots dans les extraits de *Tartuffe* (⮡p. 154) et du *Misanthrope* (⮡p. 178). Dégagez ensuite la portée critique de chacune de ces deux scènes comiques.

3 À quoi tient le comique de situation dans l'extrait du *Mariage de Figaro* (⮡p. 183) ? Connaissez-vous d'autres scènes de théâtre qui exploitent ces mêmes procédés comiques ?

4 Quels éléments signalent une dimension parodique dans l'extrait de *L'Île des esclaves* (⮡p. 181) ? Quelles fonctions, selon vous, revêt ce jeu ?

5 Quelles caractéristiques du comique de l'absurde présentent les extraits de *La Leçon* (⮡p. 199) et de *Rhinocéros* (⮡p. 366) ?

Texte d'entraînement

Philaminte et sa belle-sœur Bélise, deux « femmes savantes », veulent congédier leur servante Martine en raison des fautes de français que commet celle-ci.

MARTINE
Mon Dieu ! je n'avons pas étugué[1] comme vous,
Et je parlons tout droit comme on parle cheux nous.

PHILAMINTE
Ah ! peut-on y tenir ?

BÉLISE
Quel solécisme[2] horrible !

PHILAMINTE
En voilà pour tuer une oreille sensible !

BÉLISE
Ton esprit, je l'avoue, est bien matériel[3].
Je n'est qu'un singulier, *avons* est pluriel.
Veux-tu toute ta vie offenser la grammaire ?

MARTINE
Qui parle d'offenser grand-mère ni grand-père ?

PHILAMINTE
Ô ciel !

BÉLISE
Grammaire est prise à contresens par toi,
Et je t'ai déjà dit d'où vient ce mot.

MARTINE
Ma foi,
Qu'il vienne de Chaillot, d'Auteuil ou de Pontoise,
Cela ne me fait rien.

Molière, *Les Femmes savantes,* **1672.**

1. Déformation populaire du mot « étudié ».
2. Faute de syntaxe.
3. Bas, terre à terre.

Questions d'analyse

Lisez la scène à voix haute ou jouez-la avant de répondre aux questions suivantes :

1. Qu'est-ce qui prête immédiatement à rire dans cette scène, avant toute analyse ?

2. Recensez, en les classant, les différents ressorts du comique mis en œuvre dans cet extrait.

3. Est-ce la servante ou bien les femmes savantes qui vous paraissent les plus ridicules ? D'après cet extrait, pouvez-vous deviner la visée satirique de la pièce ?

Commenter une page de théâtre

Pour commenter un extrait de pièce, il faut d'abord prendre en compte la spécificité du texte théâtral, qui est destiné non seulement à la lecture mais à la représentation sur scène.
D'autre part, le théâtre est par excellence un genre codé, marqué par des courants littéraires, des règles et des conventions que les auteurs peuvent respecter ou détourner.

1 Situer et caractériser le texte

→ **Situer la pièce** dont est extrait le texte par rapport à l'époque de publication et aux éventuels courants littéraires dans lesquels elle s'inscrit.

→ **Reconnaître le genre** auquel la pièce appartient : tragédie, comédie, drame romantique, etc.

→ **Situer** le texte en identifiant **le moment de l'action dramatique** : exposition, nœud et péripéties, dénouement.

→ **Caractériser la forme du texte** (dialogue, monologue) et préciser s'il est en vers ou en prose.

→ **Identifier le sujet, la situation** (affrontement, révélation, quiproquo...) et le ou les registres dominants de l'extrait.

→ **Réfléchir à l'utilisation du lieu scénique**, à la fonction des décors et des objets éventuels.

2 Caractériser les personnages

→ Quel rôle jouent-ils dans la pièce ? Quel est leur statut social ?

→ Les personnages incarnent-ils des types théâtraux traditionnels (maîtres et serviteurs, rois ou princes, valets bouffons, etc.) ?

→ Quelle relation, complice ou conflictuelle, entre les personnages le dialogue révèle-t-il ou établit-il ?

→ Peut-on déterminer la fonction actantielle de chaque personnage dans la pièce ou la scène ?

3 Analyser le système de l'énonciation

→ Étudier la part et le rôle des didascalies par rapport aux répliques, et les spécificités de l'énonciation dans le dialogue.

→ Identifier le jeu sur la double énonciation en repérant les éléments qui le mettent en évidence (voir « L'énonciation théâtrale », p 224).

4 Étudier la progression et les enjeux du discours

→ Analyser la construction du dialogue ou du monologue en en dégageant les étapes.

→ Dégager les enjeux du dialogue ainsi que le rôle qu'il peut jouer dans l'intrigue de la pièce.

→ Identifier les diverses formes d'échange employées : longueur et enchaînement des répliques, stichomythie, tirades.

→ Identifier la fonction principale du monologue : expressif (expression de sentiments sur un mode lyrique ou comique) ou délibératif (exposé d'un dilemme ou d'un moment de crise conduisant à une prise de décision).

5 Étudier les registres

Identifier les thèmes et les procédés stylistiques caractéristiques d'un registre ou d'un genre théâtral.

6 Élaborer un plan détaillé

Dégager un projet de lecture à partir des observations et des interprétations effectuées puis construire un plan de commentaire ou de lecture analytique de l'extrait.

SUJET

L'action se passe au XVIᵉ siècle, à Florence, sous le règne d'un duc tyrannique, Alexandre de Médicis. Son cousin, Lorenzo, surnommé Lorenzaccio, partage la débauche du duc pour gagner sa confiance car il prévoit secrètement de l'assassiner. Parallèlement, un groupe de républicains, dirigé par le patriarche Philippe Strozzi, prépare une conspiration contre le tyran. Dans une longue scène, au centre de la pièce, Lorenzo confie son dessein à Philippe et explique ici ses motivations.

LORENZO. Tu me demandes pourquoi je tue Alexandre ? Veux-tu donc que je m'empoisonne, ou que je saute dans l'Arno[1] ? veux-tu donc que je sois un spectre, et qu'en frappant sur ce squelette… (*il frappe sa poitrine*) il n'en sorte aucun son ? Si je suis l'ombre de moi-même, veux-tu donc que je rompe le seul fil qui rattache aujourd'hui mon cœur à quelques fibres de mon cœur d'autrefois[2] ! Songes-tu que ce meurtre, c'est tout ce qui me reste de ma vertu ? Songes-tu que je glisse depuis deux ans sur un rocher taillé à pic, et que ce meurtre est le seul brin d'herbe où j'aie pu cramponner mes ongles ? Crois-tu donc que je n'aie plus d'orgueil, parce que je n'ai plus de honte, et veux-tu que je laisse mourir en silence l'énigme de ma vie ? Oui, cela est certain, si je pouvais revenir à la vertu, si mon apprentissage du vice pouvait s'évanouir, j'épargnerais peut-être ce conducteur de bœufs[3] – mais j'aime le vin, le jeu et les filles, comprends-tu cela ? Si tu honores en moi quelque chose, toi qui me parles, c'est mon meurtre que tu honores, peut-être justement parce que tu ne le ferais pas. Voilà assez longtemps, vois-tu, que les républicains me couvrent de boue et d'infamie ; voilà assez longtemps que les oreilles me tintent, et que l'exécration[4] des hommes empoisonne le pain que je mâche. J'en ai assez de me voir conspué[5] par des lâches sans nom, qui m'accablent d'injures pour se dispenser de m'assommer, comme ils le devraient. J'en ai assez d'entendre brailler en plein vent le bavardage humain ; il faut que le monde sache un peu qui je suis, et qui il est. Dieu merci, c'est peut-être demain que je tue Alexandre ; dans deux jours j'aurai fini. […]

Alfred de Musset, *Lorenzaccio*, acte III, scène 3, 1834.

1. Nom du fleuve qui traverse Florence.
2. Lorenzo a confié auparavant à Philippe qu'il avait la nostalgie de son enfance pure et vertueuse.
3. Désigne Alexandre.
4. Dégoût, répulsion.
5. Hué, humilié en public.

> Après avoir lu attentivement le texte et élucidé les difficultés ponctuelles de compréhension, procédez aux étapes d'analyse suivantes.

ÉTAPE 1

Situez et caractérisez le texte
1. Recherchez le genre théâtral et le courant littéraire auxquels se rattache *Lorenzaccio*.
2. À quel moment de l'action dramatique correspond généralement le troisième acte ?
3. Identifiez la forme, le sujet et le registre principal du texte.

ÉTAPE 2

Caractérisez les personnages
1. En vous aidant des conseils de la page 232, caractérisez le personnage de Lorenzo.
2. En étudiant la façon dont Lorenzo apostrophe son interlocuteur, expliquez l'idée qu'on peut se faire de celui-ci et de la relation entre les deux personnages.

ÉTAPE 3

Analysez les caractéristiques du dialogue
1. Analysez le système d'énonciation et le processus de la double énonciation.

2. Étudiez la progression et les enjeux du texte :
– Dégagez la structure de l'extrait et la manière dont Lorenzo répond à la question qui lui est posée.
– Montrez la dimension paradoxale de la justification du meurtre.
3. Étudiez les principaux champs lexicaux, les procédés stylistiques et les registres dominants.

ÉTAPE 4

Élaborez le commentaire
En organisant et en synthétisant les analyses précédemment effectuées, détaillez les trois parties de ce plan de commentaire.

Projet de lecture
Comment Lorenzo justifie-t-il son projet de tuer le tyran ?

Proposition de plan
Première partie : une justification passionnée et paradoxale du meurtre.
Deuxième partie : une interrogation lyrique et pathétique sur le sens de la vie.
Troisième partie : un autoportrait du héros romantique.

Réfuter un point de vue

1 Qu'est-ce que réfuter ?

Réfuter signifie contester, en partie ou entièrement, une thèse ou un point de vue en démontrant le caractère trop partiel, partial ou erroné des arguments avancés. C'est seulement après avoir exposé les limites ou la fausseté de ce point de vue que l'on pourra proposer une autre thèse, qui paraît plus juste.

2 Dans quels cas réfute-t-on un point de vue ?

→ La réfutation est un exercice souvent pratiqué lors de débats oraux ou à l'occasion de sujets d'écriture d'invention tels que le dialogue opposant deux points de vue contraires.
Elle est aussi une étape dans un sujet de dissertation invitant à débattre, à discuter une thèse.

→ Ce type de sujet se traite à l'aide d'un plan dit « dialectique », traditionnellement construit en trois temps (la thèse – l'antithèse – la synthèse). C'est la deuxième étape, l' **« antithèse »,** qui consiste à réfuter ou du moins à nuancer le point de vue exposé dans la première partie.

3 Pour quels types de sujets ?

→ Les sujets de dissertation qui impliquent un exercice de réfutation sont formulés à l'aide de **questions fermées invitant à la discussion,** au débat, souvent à la suite de citations qui proposent un jugement tranché sur un genre littéraire ou bien sur une pratique d'écriture ou de lecture des œuvres. La question peut comporter des formules telles que « Pensez-vous que ... ? », « Selon vous ... » ou encore l'injonction : « Commentez et discutez l'affirmation suivante ». En voici quelques exemples :

Partagez-vous l'avis d'Eugène Ionesco qui écrit dans Notes et Contre-Notes *(Gallimard, 1966) : « [...] le théâtre peut être le lieu de la plus grande liberté, de l'imagination la plus folle » ?*

Un auteur a-t-il raison d'utiliser son image pour faire connaître son œuvre ?

→ Plus exceptionnellement, on pourra demander la seule réfutation d'un point de vue, par exemple :
Molière a écrit, dans la préface de l'une de ses comédies, que les pièces de théâtre « ne sont faites que pour être jouées ». Vous nuancerez ou réfuterez ce point de vue.

4 Comment réfuter ?

→ Il faut **d'abord comprendre et expliquer** le point de vue ou la citation à contester ou à nuancer. Pour ce faire, on procède à une analyse minutieuse de l'énoncé du sujet avant de le reformuler pour en dégager les arguments explicites ou implicites qu'il s'agira ensuite de réfuter.

→ Il convient d'**expliciter le contexte et les présupposés** au nom desquels un tel point de vue peut être soutenu.

→ Il faut ensuite **démontrer point par point les limites, la partialité** (c'est-à-dire le parti pris trop subjectif, abusif ou injustifié) ou même **la fausseté** du point de vue proposé. On utilise alors des **contre-arguments** et des **contre-exemples** qu'il faut **enchaîner logiquement** et regrouper en deux ou trois parties qui soulignent ces étapes de la réflexion.

→ On aboutit enfin à **formuler une nouvelle thèse** qui prend le contre-pied du point de vue proposé ou bien qui modifie celui-ci pour le rendre acceptable.

Méthode

ENTRAÎNEMENT

SUJET

Dans sa *Lettre à d'Alembert sur les spectacles* (1758), Jean-Jacques Rousseau écrit : « La tragédie est si loin de nous, elle nous présente des êtres si gigantesques, si boursouflés, si chimériques que l'exemple de leurs vices n'est plus guère contagieux que celui de leurs vertus n'est utile. »

> **En vous référant aux tragédies que vous connaissez, dans leur intégralité ou par extraits, vous chercherez à réfuter ou à nuancer l'affirmation de Rousseau.**

ÉTAPE 1

Analysez la citation

1. À qui renvoie le pronom « nous » employé dans la citation ?

2. Définissez le sens des trois adjectifs et identifiez les deux figures de style employées dans l'expression « si gigantesques, si boursouflés, si chimériques ». En quoi cette formule explicite-t-elle la première proposition : « La tragédie est si loin de nous » ?

3. Quelles autres figures de style reconnaissez-vous dans la deuxième partie de la citation « que l'exemple [...] utile » ?

4. Quelle fonction dévolue au théâtre suggèrent les mots « vices », « vertus », « contagieux », « utile » ?

5. Reformulez la condamnation de la tragédie que prononce Rousseau, puis dégagez-en la problématique qui va guider votre tentative de réfutation.

ÉTAPE 2

Explicitez le contexte et les présupposés de la citation

1. En vous aidant d'un dictionnaire ou d'une encyclopédie, recherchez le motif qui conduisit Rousseau à écrire cette lettre à d'Alembert.

2. Recherchez quelques éléments sur l'œuvre et la pensée de Rousseau, qui vous permettront de mieux comprendre ses critiques contre le théâtre.

3. En vous reportant aux pages d'histoire littéraire sur la tragédie (p. 211), expliquez brièvement pourquoi on peut parler de « déclin » ou de « crise » du genre de la tragédie classique au XVIIIᵉ siècle.

ÉTAPE 3

Cherchez des contre-arguments et des contre-exemples

1. Lisez l'extrait de la *Poétique* d'Aristote p. 175 et reportez-vous à la définition de l'effet de « catharsis » proposée

p. 211 : en quoi ces définitions antiques de la tragédie vont-elles à l'encontre de l'affirmation de Rousseau ?

2. La définition de la tragédie proposée par le Chœur dans *Antigone* d'Anouilh (p. 160) vous semble-t-elle rejoindre ou contredire le point de vue de Rousseau ?

3. Recherchez des exemples de héros tragiques hors du commun dans les tragédies classiques que vous avez pu lire ou dans les extraits proposés (*Iphigénie, Horace, Andromaque, Le Cid, Phèdre*). Pouvez-vous, à leur propos, contester les qualificatifs employés par Rousseau (« si gigantesques, si boursouflés, si chimériques ») ? Quels effets peut avoir auprès du public le spectacle des « vices » et des « vertus » de ces personnages ?

4. Comment la mise en scène et le jeu des acteurs peuvent-ils permettre de réfuter l'avis de Rousseau qui affirme que « la tragédie est si loin de nous » ?

5. Connaissez-vous des héros tragiques, dans des pièces postérieures au XVIIIᵉ siècle et dans un contexte culturel bien différent, qui démentent le portrait fait par Rousseau d' « êtres si gigantesques, si boursouflés, si chimériques » ? Pour vous aider, reportez-vous aux extraits suivants : *La guerre de Troie n'aura pas lieu* (p. 147), *En attendant Godot* (p. 168), *La Machine infernale* (p. 195), *Antigone* (p. 196), *Oh les beaux jours* (p. 200), *11 septembre 2001* (p. 209).

6. Quelles fonctions autres que l'exemplarité morale ou l' « utilité » peuvent avoir la lecture et le spectacle des tragédies ?

ÉTAPE 4

Construisez la réfutation

1. Classez et organisez, selon un enchaînement logique en deux ou trois partie, les contre-arguments et les contre-exemples que vous avez pu trouver pour réfuter le point de vue de Rousseau.

2. Quelle autre définition des héros, des effets ou des finalités de la tragédie se dégage de votre réfutation ?

Vers l'écriture d'invention |

Écrire un dialogue théâtral

Plusieurs types de sujets sont envisageables : poursuivre une scène de dialogue, inventer un dialogue à partir d'une autre scène de théâtre, actualiser un dialogue extrait d'une pièce de théâtre classique, transposer une scène de dialogue dans un autre registre, ou encore transformer un extrait de roman en un dialogue de théâtre.

1 Cerner le sujet

Exemple de sujet : écrire un dialogue théâtral à partir de l'extrait de *Hilda*, de Marie Ndiaye, p. 206.

De retour chez lui, Franck rapporte à Hilda les plaintes de Madame Lemarchand et engage une conversation à ce sujet avec sa femme. Vous rédigerez le dialogue théâtral (d'environ deux pages) entre les deux époux, qui permettra de révéler le point de vue de chacun d'eux sur l'emploi et la patronne de Hilda, et de mettre en scène une situation d'entente ou de conflit conjugal, à votre choix.

Il s'agit de déterminer les consignes et les contraintes qu'impose le sujet :

→ la **forme** et la **longueur** approximative du texte à écrire : un dialogue théâtral de deux pages. Il faudra donc respecter les conventions et la mise en page propres au genre théâtral : indiquer le prénom du personnage avant chaque réplique, insérer des didascalies précisant le lieu et le moment du dialogue, et éventuellement le ton, les gestes ou les déplacements des personnages ;

→ les **circonstances** du dialogue : ici, après l'entrevue entre Madame Lemarchand et Franck, au domicile de celui-ci ;

→ les **personnages en présence** : ici, dialogue entre les deux époux ;

→ le **sujet, l'enjeu et la construction du dialogue** : Franck commencera par relater sa conversation avec Madame Lemarchand, en résumant les propos de celle-ci. Le dialogue s'orientera ensuite vers une discussion sur les conditions de travail de Hilda, sur ses relations avec sa patronne, et débouchera peut-être sur une décision ;

→ le **registre, le ton et le niveau de langue du dialogue** : ici, le sujet implique un langage courant, adapté à l'époque et à la caractérisation socioculturelle des personnages, dans un échange qui pourra prendre une dimension comique, satirique ou dramatique. L'alternative proposée conduit en effet à choisir entre l'hypothèse de l'entente ou bien de la dispute conjugale.

2 Exploiter le texte de référence

→ **Tenir compte des données de l'histoire ;** par exemple, recenser les récriminations de Madame Lemarchand, en cherchant à les reformuler pour les placer dans la bouche de Franck.

→ **Respecter le profil des personnages :** interroger le sens des brèves répliques de Franck pour caractériser le personnage ; imaginer le caractère et les motivations de Hilda à partir des propos de sa patronne.

3 Rédiger au brouillon le canevas du dialogue

On suivra pour cela le « cahier des charges » recensées à partir de l'analyse du sujet, en déterminant :

→ la **caractérisation des personnages,** leur point de vue sur la question, la nature harmonieuse ou conflictuelle de leur conversation ;

→ le **rythme du dialogue ;**

→ la **progression du dialogue,** depuis le lancement de la conversation jusqu'au mot de la fin, la « chute », qui pourra être une prise de décision ou une réplique mettant un terme à l'échange verbal. C'est en fonction de cette chute que seront construites les étapes antérieures du dialogue.

SUJET

> Transposez en un dialogue théâtral de deux à trois pages l'épisode raconté dans l'extrait du roman *Au bonheur des ogres*, de Daniel Pennac, p. 268-269. Votre texte respectera la situation évoquée dans le roman, la caractérisation des personnages et le registre dominant mais il adoptera la mise en page et les conventions propres au genre théâtral.

ÉTAPE 1

Cernez le sujet

Analysez la consigne du sujet à l'aide des questions suivantes.

1. En quoi consiste un exercice de « transposition » d'un texte ?

2. Quelles contraintes de forme et de sens vous impose le sujet ?

3. Comment la mise en page d'un texte de théâtre se distingue-t-elle de celle d'une page de roman ?

4. Quelles autres spécificités peut recouvrir l'expression « conventions propres au genre théâtral » ?

ÉTAPE 2

Exploitez le texte de référence

1. Où et quand se passe l'action ? En quoi consiste-t-elle ?

2. Quels personnages prennent la parole ? Lequel est sincère, lesquels jouent un rôle convenu ?

3. Repérez les répliques rapportées au style direct (que vous pourrez intégrer telles quelles dans votre dialogue) et les discours rapportés au style indirect ou indirect libre.

4. Distinguez les étapes de l'épisode.

5. Identifiez le registre dominant et les procédés stylistiques qui le caractérisent.

ÉTAPE 3

Bâtissez au brouillon le canevas du dialogue

1. Quels seront les premiers et derniers mots du dialogue ?

2. Quels éléments du texte romanesque vont être transcrits sous forme de didascalies ?

3. Quels éléments ou phrases du texte romanesque ne pourront être transposés dans le dialogue ?

4. Quels éléments du discours des personnages, rapportés au style indirect ou indirect libre dans le roman, devront être développés dans votre dialogue ?

5. Comment va se répartir la parole entre les personnages ? Comment vont alterner les tirades et les brèves répliques ?

6. Comment rendre compte, dans votre dialogue, de la présence muette du bébé ?

7. Quel mot doit être répété à plusieurs reprises par Lehmann ? Pourquoi ?

8. Entraînez-vous à reformuler au style direct et sous forme adaptée au genre théâtral les paroles rapportées au style indirect ou indirect libre dans le roman. Veillez à ce qu'elles reflètent bien le caractère et les intentions des personnages, le ton et le style qu'ils emploient, ainsi que le registre de la scène.

9. Entrecroisez ces répliques avec des paroles rapportées au style direct dans le roman.

ÉTAPE 4

Rédigez la version définitive

1. Rédigez votre dialogue en veillant au respect des contraintes de forme et de contenu imposées par le sujet, et à l'enchaînement logique des répliques.

2. Relisez soigneusement votre travail pour assurer la correction de la syntaxe et de l'orthographe.

ÉTAPE 5

Jouez ce dialogue

Constituez plusieurs groupe de trois élèves. Chaque groupe choisit l'un des dialogues écrits par les trois élèves puis réfléchit à une possible mise en scène du passage.

En modules, chaque groupe joue devant le reste de la classe.

TEXTE 1 Beaumarchais, Préface du *Mariage de Figaro*, 1784

Les vices, les abus, voilà ce qui ne change point, mais qui se déguise en mille formes sous le masque des mœurs dominantes : leur arracher ce masque et les montrer à découvert, telle est la noble tâche de l'homme qui se voue au théâtre. […] On ne peut corriger les hommes qu'en les faisant voir tels qu'ils sont.

TEXTE 2 Molière, *Le Malade imaginaire*, 1673, Acte III, scène 10

Argan, un père de famille bourgeois, se croit malade alors qu'il est la dupe de médecins charlatans. Toinette, sa servante, se fait ici passer pour un célèbre médecin dont elle a revêtu le costume.

TOINETTE. – Que diantre faites-vous de ce bras-là ?

ARGAN. – Comment ?

TOINETTE. – Voilà un bras que je me ferais couper tout à l'heure si j'étais que de vous.

ARGAN. – Et pourquoi ?

TOINETTE. – Ne croyez-vous pas qu'il tire à soi toute la nourriture, et qu'il empêche ce côté-là de profiter ?

ARGAN – Oui, mais j'ai besoin de mon bras.

TOINETTE. – Vous avez là aussi un œil droit que je me ferais crever, si j'étais en votre place.

ARGAN. – Crever un œil ?

TOINETTE. – Ne voyez-vous pas qu'il incommode l'autre et lui dérobe sa nourriture ? Croyez-moi, faites-vous-le crever au plus tôt, vous en verrez plus clair de l'œil gauche.

ARGAN. – Cela n'est pas pressé.

TOINETTE. – Adieu. Je suis fâché de vous quitter si tôt, mais il faut que je me trouve à une grande consultation qui se doit faire pour un homme qui mourut hier.

ARGAN. – Pour un homme qui mourut hier ?

TOINETTE. – Oui, pour aviser et voir ce qu'il aurait fallu lui faire pour le guérir. Jusqu'au revoir.

TEXTE 3 Musset, *On ne badine pas avec l'amour*, 1834, Acte II, scène 2

Maître Bridaine, curé de village, est en rivalité avec maître Blazius, gouverneur (c'est-à-dire précepteur) du fils du baron chez qui se passe l'action. Dénoncé comme ivrogne et glouton par Blazius (qui l'est tout autant), Bridaine se croit en disgrâce auprès du baron.

La salle à manger. On met le couvert.

Entre MAÎTRE BRIDAINE. Cela est certain, on lui donnera encore aujourd'hui la place d'honneur. Cette chaise que j'ai occupée si longtemps à la droite du Baron sera la proie du gouverneur. Ô malheureux que je suis ! Un âne bâté, un ivrogne sans pudeur, me relègue au bas bout de la table ! Le majordome lui versera le premier verre de Malaga, et lorsque les plats arriveront à moi, ils seront à moitié froids, et les meilleurs morceaux déjà avalés ; il ne restera plus autour des perdreaux ni choux ni carottes. Ô sainte Église catholique ! Qu'on lui ait donné cette place hier, cela se concevait ; il venait d'arriver ; c'était la première fois, depuis nombre d'années, qu'il s'asseyait à cette table. Dieu ! comme il dévorait ! Non, rien ne me restera que des os et des pattes de poulet. Je ne souffrirai pas cet affront. Adieu, vénérable fauteuil où je me suis renversé tant de fois gorgé de mets succulents ! Adieu, bouteilles cachetées, fumet sans pareil de venaisons[1] cuites à point ! Adieu, table splendide,

NOTES

1. Viande de bon gibier.

2. Prière dite au début du repas.

3. Désigne ici la maison du curé.

4. Allusion à une citation de Jules César qui, en traversant un petit village, aurait déclaré qu'il aimerait mieux y être le premier (le chef) que se retrouver en position de « second dans Rome ».

238

noble salle à manger, je ne dirai plus le bénédicité[2] ! Je retourne à ma cure[3] ; on ne me verra pas confondu parmi la foule des convives, et j'aime mieux, comme César, être le premier au village que le second dans Rome[4] ! (*Il sort*).

TEXTE 4 Camus, *Caligula*, 1944, Acte II, scène 5

Caligula (surnom de Caïus Caesar Germanicus) est un empereur romain qui exerce son pouvoir de manière tyrannique et sanguinaire.

[…]

Il mange, les autres aussi. Il devient évident que Caligula se tient mal à table. Rien ne le force à jeter ses noyaux d'olives dans l'assiette de ses voisins immédiats, à cracher ses déchets de viande sur le plat, comme à se curer les dents avec les ongles et à se gratter la tête frénétiquement. C'est pourtant autant d'exploits que, pendant le repas, il exécutera avec simplicité. Mais il s'arrête brusquement de manger et fixe avec insistance Lépidus, l'un des convives. Brutalement.

CALIGULA. – Tu as l'air de mauvaise humeur. Serait-ce parce que j'ai fait mourir ton fils ?

LEPIDUS, *la gorge serrée.* – Mais non, Caïus, au contraire.

CALIGULA, *épanoui.* – Au contraire ! Ah ! que j'aime que le visage démente les soucis du cœur. Ton visage est triste. Mais ton cœur ? Au contraire n'est-ce pas, Lépidus ?

LEPIDUS, *résolument.* – Au contraire, César.

CALIGULA, *de plus en plus heureux.* – Ah ! Lépidus, personne ne m'est plus cher que toi. Rions ensemble, veux-tu ? Et dis-moi quelque bonne histoire.

LEPIDUS, *qui a présumé de ses forces.* – Caïus !

CALIGULA. – Bon, bon. Je raconterai, alors. Mais tu riras, n'est-ce pas, Lépidus ? (*L'œil mauvais.*) Ne serait-ce que pour ton second fils. (*De nouveau rieur.*) D'ailleurs tu n'es pas de mauvaise humeur. (*Il boit, puis dictant.*) Au …, au … Allons, Lépidus.

LEPIDUS, *avec lassitude.* – Au contraire, Caïus.

CALIGULA. – À la bonne heure ! (*Il boit.*) Écoute, maintenant. (*Rêveur.*) Il était une fois un pauvre empereur que personne n'aimait. Lui, qui aimait Lépidus, fit tuer son plus jeune fils pour s'enlever cet amour du cœur. (*Changeant de ton.*) Naturellement, ce n'est pas vrai. Drôle, n'est-ce pas ? Tu ne ris pas. Personne ne rit ? Écoutez alors. (*Avec une violente colère.*) Je veux que tout le monde rie. Toi, Lépidus, et tous les autres. Levez-vous, riez. (*Il frappe sur la table.*) Je veux, vous entendez, je veux vous voir rire.

Tout le monde se lève. Pendant toute cette scène, les acteurs, sauf Caligula et Cæsonia[1], pourront jouer comme des marionnettes.

© Gallimard, 1944

NOTE
1. Épouse de Caligula.

ANALYSE DU CORPUS

1 Reformulez la fonction que Beaumarchais assigne au théâtre dans sa Préface du *Mariage de Figaro* (texte 1).

2 Les textes 2, 3 et 4 vous paraissent-ils remplir cette fonction ? Pour répondre à cette question, vous identifierez les cibles de la critique exposée dans chacun de ces extraits ainsi que les types codés de personnages qu'ils mettent en scène.

3 Quels sont le ou les registres employés dans les textes 2, 3 et 4 ? Vous justifierez votre réponse en repérant, dans chaque extrait, quelques éléments ou procédés caractéristiques du registre concerné.

4 Comment les extraits du *Malade imaginaire* (texte 2) et d'*On ne badine pas avec l'amour* (texte 3) exploitent-ils le jeu sur la double énonciation théâtrale ?

5 Comparez la formulation et le rôle des didascalies dans les extraits d'*On ne badine pas avec l'amour* (texte 3) et de *Caligula* (texte 4).

TRAVAIL D'ÉCRITURE

« Comment et pourquoi le théâtre se prête-t-il à une critique sociale et politique ? »
Vous répondrez à cette question dans un développement argumenté d'environ deux pages, en vous référant précisément aux textes du corpus et à d'autres pièces ou extraits de théâtre que vous connaissez.

Pierre Bonnard (1867-1947),
Jour d'hiver ou *Femme dans un intérieur*.
Paris, musée d'Orsay.

Le roman et le récit court

4

Le roman face à l'Histoire |
Le roman historique

Balzac
1799-1850

TEXTE 1

Les Chouans (1828)

Dans la première moitié du XIXᵉ siècle, sous l'influence de Walter Scott (auteur notamment d'Ivanhoé), les écrivains romantiques développent en France la mode du roman historique. En témoigne Les Chouans de Balzac, dont l'action se déroule en 1799, au moment où s'achève dans l'ouest de la France le mouvement insurrectionnel royaliste contre la Révolution. Le roman s'ouvre sur la description d'un détachement de Bretons que les Républicains viennent d'enrôler de force.

Charles Alexandre Coessin de la Fosse (1829-1900), *L'Embuscade* (détail). Cholet, musée d'Histoire et des Guerres de Vendée.

Dans les premiers jours de l'an VIII, au commencement de vendémiaire[1], ou, pour se conformer au calendrier actuel, vers la fin du mois de septembre 1799, une centaine de paysans et un assez grand nombre de bourgeois, partis le matin de Fougères pour se rendre à Mayenne, gravissaient la montagne de la Pèlerine, située à mi-
5 chemin environ de Fougères à Ernée, petite ville où les voyageurs ont coutume de se reposer. Ce détachement, divisé en groupes plus ou moins nombreux, offrait une collection de costumes si bizarres et une réunion d'individus appartenant à des locali-

NOTE
1. Premier mois du calendrier républicain qui commençait le 22 (ou 23) septembre.

tés ou à des professions si diverses, qu'il ne sera pas inutile de décrire leurs différences caractéristiques pour donner à cette histoire les couleurs vives auxquelles on met tant
10 – de prix aujourd'hui ; quoique, selon certains critiques, elles nuisent à la peinture des sentiments.

Quelques-uns des paysans, et c'était le plus grand nombre, allaient pieds nus, ayant pour tout vêtement une grande peau de chèvre qui les couvrait depuis le col jusqu'aux genoux, et un pantalon de toile blanche très grossière, dont le fil mal tondu
15 – accusait l'incurie[2] industrielle du pays. Les mèches plates de leurs longs cheveux s'unissaient si habituellement aux poils de la peau de chèvre et cachaient si complètement leurs visages baissés vers la terre, qu'on pouvait facilement prendre cette peau pour la leur et confondre, à la première vue, ces malheureux avec les animaux dont les dépouilles leur servaient de vêtement. Mais à travers ces cheveux l'on voyait bien-
20 – tôt briller leurs yeux comme des gouttes de rosée dans une épaisse verdure ; et leurs regards, tout en annonçant l'intelligence humaine, causaient certainement plus de terreur que de plaisir. Leurs têtes étaient surmontées d'une sale toque en laine rouge, semblable à ce bonnet phrygien[3] que la République adoptait alors comme emblème de la liberté. Tous avaient sur l'épaule un gros bâton de chêne noueux, au bout duquel
25 – pendait un long bissac de toile[4], peu garni. D'autres portaient, par-dessus leur bonnet, un grossier chapeau de feutre à larges bords et orné d'une espèce de chenille en laine de diverses couleurs qui en entourait la forme. Ceux-ci, entièrement vêtus de la même toile dont étaient faits les pantalons et les bissacs des premiers, n'offraient presque rien dans leur costume qui appartînt à la civilisation nouvelle. Leurs longs cheveux retom-
30 – baient sur le collet d'une veste ronde à petites poches latérales et carrées qui n'allait que jusqu'aux hanches, vêtement particulier aux paysans de l'Ouest. Sous cette veste ouverte on distinguait un gilet de même toile, à gros boutons. Quelques-uns d'entre eux marchaient avec des sabots ; tandis que, par économie, d'autres tenaient leurs souliers à la main. Ce costume, sali par un long usage, noirci par la sueur ou par la
35 – poussière, et moins original que le précédent, avait pour mérite historique de servir de transition à l'habillement presque somptueux de quelques hommes qui, dispersés çà et là, au milieu de la troupe, y brillaient comme des fleurs.

Honoré de Balzac, *Les Chouans*, chap. I, 1828.

NOTES

2. Négligence, absence de soin.

3. Symbole de la liberté et de l'affranchissement, adopté principalement par les sans-culottes au moment de la Convention.

4. Sorte de besace.

METHODE

→ Le nom et ses expansions p. 334
→ L'expression du temps et du lieu p. 330
→ Narrateur et point de vue p. 336
→ La description p. 338

OBSERVATION ET ANALYSE

1 Quelle réalité historique évoque précisément le titre du roman ?

2 Quelles peuvent être selon vous les attentes du lecteur à la première page d'un roman historique ? En quoi cet incipit* répond-il à ces attentes ?

3 Quels indices révèlent la présence du narrateur dans le récit ? Analysez-les.

4 Étudiez l'organisation de la description : à quelle logique obéit-elle ?

5 Comment se manifeste dans la description le souci du détail ? Quel est l'effet recherché ?

6 Que révèle ce début de roman, notamment le choix des personnages, sur les visées du roman historique pour Balzac ?

Hugo
1802-1885

TEXTE 2

Quatrevingt-treize (1874)

Quatrevingt-treize fut publié trois ans après la Commune de Paris, insurrection révolutionnaire parisienne de 1871, qui se solda par l'exécution ou la déportation des communards, dont Victor Hugo prit la défense. Ce roman brosse le tableau de 1793, « l'année terrible » de la Révolution française, celle de la guerre en Vendée, de la Convention et de la Terreur. Dans le contexte de l'insurrection vendéenne, le marquis de Lantenac, chef des troupes royalistes, débarque en Bretagne où sa tête est mise à prix et trouve refuge chez un mendiant, Tellmarch.

Le marquis se mit à interroger cet homme.

– Ainsi, tout ce qui arrive ou rien, c'est pour vous la même chose ?

– À peu près. Vous êtes des seigneurs, vous autres. Ce sont vos affaires.

– Mais enfin, ce qui se passe…

5 – – Ça se passe là-haut.

Le mendiant ajouta :

– Et puis il y a des choses qui se passent encore plus haut, le soleil qui se lève, la lune qui augmente ou diminue, c'est de celles-là que je m'occupe.

Il but une gorgée à la cruche et dit :

10 – – La bonne eau fraîche !

Et il reprit :

– Comment trouvez-vous cette eau, monseigneur ?

– Comment vous appelez-vous ? dit le marquis.

– Je m'appelle Tellmarch, et l'on m'appelle le Caimand.

15 – – Je sais. Caimand est un mot du pays.

– Qui veut dire mendiant. On me surnomme aussi le Vieux.

Il poursuivit :

– Voilà quarante ans qu'on m'appelle le Vieux.

– Quarante ans ! mais vous étiez jeune ?

20 – – Je n'ai jamais été jeune. Vous l'êtes toujours, vous, monsieur le marquis. Vous avez des jambes de vingt ans, vous escaladez la grande dune ; moi, je commence à ne plus marcher ; au bout d'un quart de lieue[1] je suis las. Nous sommes pourtant du même âge ; mais les riches, ça a sur nous un avantage, c'est que ça mange tous les jours. Manger conserve.

25 – Le mendiant, après un silence, continua :

– Les pauvres, les riches, c'est une terrible affaire. C'est ce qui produit les catastrophes. Du moins, ça me fait cet effet-là. Les pauvres veulent être riches, les riches ne veulent pas être pauvres. Je crois que c'est un peu là le fond. Je ne m'en mêle pas. Les événements sont les événements. Je ne suis ni pour le créancier[2], ni pour le débiteur[3].

30 – Je sais qu'il y a une dette et qu'on la paye. Voilà tout. J'aurais mieux aimé qu'on ne tuât pas le roi, mais il me serait difficile de dire pourquoi. Après ça, on me répond : Mais autrefois, comme on vous accrochait les gens aux arbres pour rien du tout ! Tenez, moi, pour un méchant coup de fusil tiré sur un chevreuil du roi, j'ai vu pendre un homme qui avait une femme et sept enfants. Il y a à dire des deux côtés.

Victor Hugo, *Quatrevingt-treize*, 1ʳᵉ partie : « En mer », 1874.

NOTES
1. Ancienne mesure itinéraire (4 km environ).
2. Personne à qui il est dû de l'argent.
3. Personne qui doit de l'argent à quelqu'un.

MÉTHODE

→ Les temps dans le récit p. 328
→ Les formes du discours rapporté p. 332
→ Contexte et paratexte p. 66
→ Le personnage de roman p. 340

OBSERVATION ET ANALYSE

1 Quel sens donnez-vous au titre du roman ?

2 Identifiez les personnages en présence. Comment se trouvent soulignées leurs conditions sociales respectives ?

3 Comment sont rapportées les paroles des personnages ? Pourquoi le romancier a-t-il choisi cette forme de discours ?

4 En quoi cette conversation échappe-t-elle au cadre attendu des relations entre ces deux types de personnages ?

5 Quelle est la position du mendiant sur la situation sociale et politique de la France en 1793 ? Que symbolise alors ce personnage ?

6 Peut-on dire que le romancier tente ici de proposer, au sein même du récit fictionnel, une leçon de l'Histoire ?

Gaetano Gandolfi, *Portrait d'un vieux mendiant aveugle*, 1780. Coll. d'Art et d'Histoire de la Caisse d'Épargne de Bologne.

TEXTE 3

La Reine Margot (1845)

Dumas
1802-1870

Infatigable auteur de romans-feuilletons historiques, Alexandre Dumas consacre l'une de ses œuvres au personnage de Marguerite de Valois (surnommée Margot), sœur de Charles IX, qui épouse, à la veille de la Saint-Barthélemy, Henri de Navarre, alors protestant. C'est précisément durant cette nuit de la Saint-Barthélemy, le 23 août 1572, que se déroule le massacre des protestants. Dans le passage proposé, un jeune gentilhomme provençal, le comte de La Mole, tente d'échapper à ses poursuivants.

    – Oh ! mille démons ! s'écria Coconnas, c'est M. de La Mole !

    – M. de La Mole ! répétèrent La Hurière et Maurevel[1].

    – C'est celui qui a prévenu l'amiral[2] ! crièrent plusieurs soldats.

    – Tue ! tue !…. hurla-t-on de tous côtés.

5   Coconnas, La Hurière et dix soldats s'élancèrent à la poursuite de La Mole, qui, couvert de sang et arrivé à ce degré d'exaltation qui est la dernière réserve de la vigueur humaine, bondissait par les rues, sans autre guide que l'instinct. Derrière lui, les pas et les cris de ses ennemis l'éperonnaient et semblaient lui donner des ailes. Parfois une balle sifflait à son oreille et imprimait tout à coup à sa course, près de se ralentir, une
10 nouvelle rapidité. Ce n'était plus une respiration, ce n'était plus une haleine qui sortait de sa poitrine, mais un râle sourd, mais un rauque hurlement. La sueur et le sang dégouttaient de ses cheveux et coulaient confondus sur son visage.

NOTES
1. Partisans du duc de Guise, chef de la ligue catholique.
2. L'amiral de Coligny, chef du parti protestant, qui, malgré l'intervention du comte de La Mole, vient d'être assassiné par les hommes du duc de Guise.

Bientôt son pourpoint devint trop serré pour les battements de son cœur, et il l'arracha. Bientôt son épée devint trop lourde pour sa main, et il la jeta loin de lui. Parfois
15 il lui semblait que les pas s'éloignaient et qu'il était près d'échapper à ses bourreaux ;
mais aux cris de ceux-ci, d'autres massacreurs qui se trouvaient sur son chemin et plus
rapprochés quittaient leur besogne sanglante et accouraient. Tout à coup il aperçut la
rivière coulant silencieusement à sa gauche ; il lui sembla qu'il éprouverait, comme le
cerf aux abois, un indicible plaisir à s'y précipiter, et la force suprême de la raison put
20 seule le retenir. À sa droite c'était le Louvre³, sombre, immobile, mais plein de bruits
sourds et sinistres. Sur le pont-levis entraient et sortaient des casques, des cuirasses, qui
renvoyaient en froids éclairs les rayons de la lune. La Mole songea au roi de Navarre⁴
comme il avait songé à Coligny : c'étaient ses deux seuls protecteurs. Il réunit toutes
ses forces, regarda le ciel en faisant tout bas le vœu d'abjurer⁵ s'il échappait au massa-
25 cre, fit perdre par un détour une trentaine de pas à la meute qui le poursuivait, piqua
droit vers le Louvre, s'élança sur le pont pêle-mêle avec les soldats, reçut un nouveau
coup de poignard qui glissa le long des côtes, et, malgré les cris de : « Tue ! tue ! » qui
retentissaient derrière lui et autour de lui, malgré l'attitude offensive que prenaient les
sentinelles, il se précipita comme une flèche dans la cour, bondit jusqu'au vestibule,
30 franchit l'escalier, monta deux étages, reconnut une porte⁶ et s'y appuya en frappant
des pieds et des mains.

Alexandre Dumas, *La Reine Margot*, chap. VIII, 1845.

METHODE

→ L'expression du temps et du lieu p. 330
→ Les figures d'images p. 130
→ Narrateur et point de vue p. 336
→ L'organisation du récit p. 342

François Dubois
(1529-1584),
*La Saint-Barthélémy
le 24 août 1572.*
Lausanne, musée
des Beaux-Arts.

OBSERVATION ET ANALYSE

1 Proposez un titre pour cet extrait du roman.

2 Quels éléments contribuent à ancrer l'action dans son contexte historique ?

3 Identifiez le point de vue narratif adopté dans cette page en justifiant votre réponse. Commentez ce choix du romancier.

4 Quelle métaphore filée le passage utilise-t-il pour désigner la poursuite entre le comte de La Mole et ses ennemis ? Commentez la valeur de ce procédé.

5 Décrivez le rythme de la narration. Montrez comment le roman historique devient ici roman d'aventures.

EXPRESSION

Expression orale. Les cendres d'Alexandre Dumas ont été transférées au Panthéon en 2003. Renseignez-vous sur cette cérémonie en utilisant, par exemple, les sites Internet de la presse écrite et exposez oralement le récit de cet événement.

L'épaisseur du vécu

Le Bachelier (1881)

Vallès
1832-1885

Dédié « à ceux qui nourris de grec et de latin sont morts de faim », Le Bachelier constitue, entre L'Enfant *et* L'Insurgé, *le deuxième volet de la trilogie historique d'inspiration autobiographique de Jules Vallès, consacrée au personnage de Jacques Vingtras. Le 2 décembre 1851, le héros, jeune diplômé sans le sou, se trouve dans sa chambre d'hôtel et l'on vient lui apprendre la nouvelle du coup d'État de Louis Napoléon Bonaparte.*

« VINGTRAS ! »
On casse ma porte !
« Vingtras, Vingtras ! »
C'est comme un cri de terreur !
5 – Je saute du lit et je vais ouvrir, étourdi…
Rock ! pâle et bouleversé !
« Le coup d'État !…. »
Il me passe un frisson dans les cheveux.
« Les affiches sont mises ; l'Assemblée est dissoute ; la Montagne[1] est arrêtée…
10 – – Rendez-vous chez Renoul, tous, tous ! »

Je grimpe au sommet de l'hôtel et je tire de dessous une planche un pistolet et un sac de poudre. J'ai ce pistolet et cette poudre depuis longtemps, je les tenais en réserve pour le combat !

Alexandrine s'accroche à moi, – je l'avais oubliée.
15 – Elle ne compte plus, elle ne comptera pas un moment, tant que la bataille durera ; elle ne pèse pas une cartouche dans la balance.
Je ne lui dis que ces mots :
« Si je suis blessé, me soignerez-vous ?
– Vous ne serez pas blessé, – on ne se battra pas ! »

20 – On ne se battra pas ? – Je la souffletterais. Elle m'en fait venir la terreur dans l'âme !
C'est qu'au fond – tout au fond de moi, – il y a, caché et se tordant comme dans de la boue, le pressentiment de l'indifférence publique !….
L'hôtel n'est pas sens dessus dessous ! Les autres locataires ne paraissent pas indi-
25 – gnés, on n'a pas la honte, la fièvre. Je croyais que tous allaient sauter dans la salle, demandant comment on allait se partager la besogne, où l'on trouverait des armes, qui commanderait : « Allons ! en avant ! Vive la République ! En marche sur l'Élysée ! Mort au dictateur ! »

On ne se battra pas !

30 – La rue est-elle déjà debout et en feu ? Y a-t-il des chefs de barricades, les hommes des sociétés secrètes, les jeunes, ceux de 39, ceux de Juin[2], et derrière eux la foule frémissante des républicains ?
À peine de maigres rassemblements ! des gouttes de pluie sur la tête, de la boue sous les pieds, – les affiches blanches sont claires dans le sombre du temps, et crèvent,

NOTES
1. Terme hérité de la Révolution française : groupe constitué des républicains socialistes les plus radicaux.
2. Il s'agit des journées révolutionnaires ouvrières de 1839 (insurrection socialiste à Paris de Barbès et de Blanqui) et de juin 1848 (contre la dissolution des ateliers nationaux destinés à soutenir les chômeurs par des travaux d'utilité collective).

NOTE

3. La IIᵉ République, instaurée en 1848, sera abolie le 2 décembre 1852 avec la proclamation du Second Empire.

35 — comme d'une lueur, la brume grise. Elles paraissent seules vivantes en face de ces visages morts !

Les déchire-t-on ? hurle-t-on ?

Non. Les gens lisent les proclamations de Napoléon, les mains dans leurs poches, sans fureur !

40 — Oh ! si le pain était augmenté d'un sou, il y aurait plus de bruit !… Les pauvres ont-ils tort ou raison ?

On ne se battra pas !

Nous sommes perdus ! Je le sens, mon cœur me le crie ! mes yeux me le disent !… La République³ est morte, morte !

Jules Vallès, *Le Bachelier*, chap. XII, 1881.

METHODE

→ L'énonciation p. 62
→ Les types et formes de phrases p. 220
→ Narrateur et point de vue p. 336
→ Débattre p. 346

Ernest-Louis Pichio,
*Alphonse Baudin
sur la barricade
le 3 décembre 1851.*
Paris, musée
Carnavalet.

OBSERVATION ET ANALYSE

1 Justifiez, en fonction de l'extrait proposé, le titre donné à ce chapitre du roman, « 2 décembre ».

2 Dans quel « camp » se trouve Jacques Vingtras ? Justifiez votre réponse.

3 Comment le lecteur se trouve-t-il plongé au cœur de l'événement et comment est-il conduit à partager les émotions du héros ? Observez notamment l'énonciation, la ponctuation et le rythme du récit.

4 Quelle répétition scande le passage ? A-t-elle toujours le même sens ? Que permet-elle de mettre en valeur ?

5 Pensez-vous que, dans ce passage, l'Histoire serve seulement de toile de fond au développement d'une aventure romanesque ? Pourquoi peut-on parler de littérature engagée ?

TEXTE **5**

Marguerite Yourcenar
1903-1987

Mémoires d'Hadrien (1951)

Marguerite Yourcenar rédige les mémoires qu'aurait pu écrire Hadrien, empereur romain qui régna de 117 à 138. Ces mémoires s'adressent à Marc Aurèle, destiné à devenir lui aussi empereur. Si Hadrien connaît un parcours historique et hors du commun, il est en même temps, dans l'œuvre de Marguerite Yourcenar, selon l'expression de Michel Tournier, le « double fraternel de chaque lecteur ». La page suivante est consacrée à l'évocation par Hadrien des débuts de son règne.

J'avais refusé tous les titres. Au premier mois de mon règne, le Sénat[1] m'avait paré à mon insu de cette longue série d'appellations honorifiques qu'on drape comme un châle à franges autour du cou de certains empereurs. Dacique, Parthique, Germanique[2]. Trajan[3] avait aimé ces beaux bruits de musiques guerrières, pareils aux cymbales
5 et aux tambours des régiments parthes[4], ils avaient suscité en lui des échos, des réponses ; ils ne faisaient que m'irriter ou m'étourdir. Je fis enlever tout cela ; je repoussai aussi, provisoirement, l'admirable titre de Père de la Patrie, qu'Auguste[5] n'accepta que sur le tard, et dont je ne m'estimais pas encore digne. Il en alla de même du triomphe[6], il eût été ridicule d'y consentir pour une guerre à laquelle mon seul mérite était d'avoir
10 mis fin. Ceux qui virent de la modestie dans ces refus se trompèrent autant que ceux qui m'en reprochaient l'orgueil. Mon calcul portait moins sur l'effet produit chez autrui que sur les avantages pour moi-même. Je voulais que mon prestige fût personnel, collé à la peau, immédiatement mesurable en termes d'agilité mentale, de force, ou d'actes accomplis. Les titres, s'ils venaient, viendraient plus tard, d'autres titres,
15 témoignages de victoires plus secrètes auxquelles je n'osais encore prétendre. J'avais pour le moment assez à faire de devenir, ou d'être, le plus possible Hadrien.

On m'accuse d'aimer peu Rome. Elle était belle pourtant, pendant ces deux années où l'État et moi nous essayâmes l'un l'autre, la ville aux rues étroites, aux Forums encombrés, aux briques couleur de vieille chair. Rome revue, après l'Orient et la Grèce,
20 se revêtait d'une espèce d'étrangeté qu'un Romain, né et nourri perpétuellement dans la Ville, ne lui connaîtrait pas. Je me réhabituais à ses hivers humides et couverts de suie, à ses étés africains tempérés par la fraîcheur des cascades de Tibur[7] et des lacs d'Albe[8], à son peuple presque rustique, provincialement attaché aux sept collines[9], mais chez qui l'ambition, l'appât du gain, les hasards de la conquête et de la servitude
25 déversent peu à peu toutes les races du monde, le Noir tatoué, le Germain velu, le Grec mince et l'Oriental épais. Je me débarrassais de certaines délicatesses : je fréquentais les bains publics aux heures populaires ; j'appris à supporter les Jeux[10], où je n'avais vu jusque-là que gaspillage féroce. Mon opinion n'avait pas changé : je détestais ces massacres où la bête n'a pas une chance ; je percevais pourtant peu à peu leur valeur
30 rituelle, leurs effets de purification tragique sur la foule inculte ; je voulais que la splendeur des fêtes égalât celles de Trajan, avec plus d'art toutefois, et plus d'ordre. Je m'obligeais à goûter l'exacte escrime des gladiateurs, à condition cependant que nul ne fût forcé d'exercer ce métier malgré lui. J'apprenais, du haut de la tribune du Cirque, à parlementer avec la foule par la voix des hérauts[11], à ne lui imposer silence qu'avec une
35 déférence[12] qu'elle me rendait au centuple, à ne jamais rien lui accorder que ce qu'elle avait raisonnablement le droit d'attendre, à ne rien refuser sans expliquer mon refus. Je n'emportais pas comme toi mes livres dans la loge impériale : c'est insulter les autres que de paraître dédaigner leurs joies.

Marguerite Yourcenar, *Mémoires d'Hadrien*, © Gallimard, 1951.

NOTES

1. La plus haute assemblée politique de l'Empire romain.

2. Ces trois titres que l'on donne à l'empereur correspondent aux territoires conquis par Rome.

3. Prédécesseur d'Hadrien.

4. Peuple scythe qui constitua jusqu'en 224 un puissant royaume et une grande force militaire.

5. Octavien, héritier de Jules César, prit le nom d'Auguste en 27 av. J.-C. et centralisa le pouvoir.

6. Entrée solennelle dans Rome d'un général ou d'un empereur qui avait remporté une grande victoire.

7. Aujourd'hui Tivoli, lieu de villégiature des Romains où Hadrien eut sa résidence.

8. Ancienne ville d'Italie.

9. Il s'agit des collines qui entourent le site de Rome.

10. Le terme, avec majuscules, désigne les jeux du cirque.

11. Personnes chargées de l'organisation des Jeux et de transmettre à la foule les paroles de l'empereur.

12. Respect.

MÉTHODE

→ Les temps dans le récit p. 328   → Narrateur et point de vue p. 336
→ L'énonciation p. 62   → Débattre p. 346

L'empereur Hadrien prononce au forum l'éloge funèbre de sa femme Sabine. Relief provenant de l'arc de Portogallo. Rome, musée du Capitole.

OBSERVATION ET ANALYSE

1 Définissez précisément le genre des mémoires. Quels traits caractéristiques présente cet extrait ? Pourquoi peut-on parler ici de mémoires fictifs ?

2 Quels éléments confèrent à cette peinture de l'Empire romain un caractère à la fois historique et pittoresque ? Qu'ajoute à cette évocation le fait que le narrateur soit Hadrien ?

3 Comment Hadrien souligne-t-il sa volonté de se distinguer de ses prédécesseurs ? Relevez et commentez quelques expressions et phrases significatives.

4 Montrez comment le texte met en valeur :
– d'une part le désir d'Hadrien de donner à ce début de règne l'empreinte de sa personnalité ;
– d'autre part l'influence que cet apprentissage du pouvoir exerce sur sa personnalité.

5 À quelles réflexions sur l'exercice du pouvoir Hadrien invite-t-il ainsi Marc Aurèle, destinataire de ses mémoires ?

TEXTE 6

Rouaud
Né en 1952

Les Champs d'honneur (1990)

Première œuvre de Jean Rouaud saluée lors de sa sortie comme un événement littéraire, couronnée du prix Goncourt, Les Champs d'honneur *est un « roman de la mémoire, commune en même temps qu'irréductiblement singulière ». Le narrateur y évoque les morts de sa famille. Apparaît ici la figure de Joseph, le grand-oncle, décédé durant la Première Guerre mondiale.*

C'est ainsi que Joseph vit se lever une aube olivâtre sur la plaine d'Ypres[1]. Dieu, ce matin-là, était avec eux. Le vent complice poussait la brume verte en direction des lignes françaises, pesamment plaquée au sol, grand corps mou épousant les moindres aspérités du terrain, s'engouffrant dans les cratères, avalant les bosses et les frises de
5 — barbelés, marée verticale comme celle en mer Rouge qui engloutit les chars de l'armée du pharaon[2].

L'officier ordonna d'ouvrir le feu. Il présumait que derrière ce leurre[3] se dissimulait une attaque d'envergure. C'était sans doute la première fois qu'on cherchait à tuer le vent. La fusillade libéra les esprits sans freiner la progression de l'immense nappe
10 — bouillonnante, méthodique, inexorable[4]. Et, maintenant qu'elle était proche à les toucher, levant devant leurs yeux effarés un bras dérisoire pour s'en protéger, les hommes se demandaient quelle nouvelle cruauté on avait encore inventée pour leur malheur. Les premiers filets de gaz se déversèrent dans la tranchée.

Voilà. La Terre n'était plus cette uniforme et magnifique boule bleue que l'on
15 — admire du fond de l'univers. Au-dessus d'Ypres, s'étalait une horrible tache verdâtre. Oh, bien sûr, l'aube de méthane[5] des premiers matins du monde n'était pas hospitalière, ce bleu qu'on nous envie, lumière solaire à nos yeux diffractée, pas plus que nos vies n'est éternel. Il virera selon les saisons de la nature et l'inclémence des hommes au pourpre ou au safran, mais cette coloration pistache le long de l'Yser[6] relevait, elle,
20 — d'une intention maléfique. Maintenant, le brouillard chloré rampe dans le lacis des boyaux[7], s'infiltre dans les abris (de simples planches à cheval sur la tranchée), se niche dans les trous de fortune, s'insinue entre les cloisons rudimentaires des casemates[8], plonge au fond des chambres souterraines jusque-là préservées des obus, souille le ravitaillement et les réserves d'eau, occupe sans répit l'espace, si bien que la recherche
25 — frénétique d'une bouffée d'air pur est désespérément vaine, confine à la folie dans des souffrances atroces. Le premier réflexe est d'enfouir le nez dans la vareuse[9], mais la provision d'oxygène y est si réduite qu'elle s'épuise en trois inspirations. Il faut ressortir la tête et, après de longues secondes d'apnée, inhaler l'horrible mixture. Nous n'avons jamais vraiment écouté ces vieillards de vingt ans dont le témoignage nous aiderait à
30 — remonter les chemins de l'horreur : l'intolérable brûlure aux yeux, au nez, à la gorge, de suffocantes douleurs dans la poitrine, une toux violente qui déchire la plèvre[10] et les bronches, amène une bave de sang aux lèvres, le corps plié en deux secoué d'âcres vomissements, écroulés recroquevillés que la mort ramassera bientôt, piétinés par les plus vaillants qui tentent, mains au rebord de la tranchée, de se hisser au-dehors,
35 — de s'extraire de ce grouillement de vers humains, mais les pieds s'emmêlent dans les fils téléphoniques agrafés le long de la paroi, et l'éboulement qui s'ensuit provoque la

NOTES
1. Ville belge. La « mêlée des Flandres », série de batailles meurtrières de la Première Guerre mondiale, s'y déroula de 1914 à 1918.
2. Allusion à un épisode biblique, celle du départ des Hébreux de l'Égypte sous la conduite de Moïse.
3. Ce qui abuse, trompe.
4. Impitoyable.
5. Gaz incolore.
6. Fleuve côtier qui traverse la France et la Belgique.
7. Minces couloirs souterrains reliant les positions de combat.
8. Abris enterrés.
9. Veste assez ample de certains uniformes.
10. Membrane enveloppant les poumons.

11. Au sens figuré, eau boueuse et sale.
12. Surface normalement imperméable pour empêcher les infiltrations.

réapparition par morceaux des cadavres de l'automne sommairement enterrés dans le parapet, et à peine en surface c'est la pénible course à travers la brume verte et l'infect marigot[11], une jambe soudain aspirée dans une chape[12] de glaise molle, et l'effort pour
40 — l'en retirer sollicite violemment les poumons, les chutes dans les flaques nauséabondes, pieds et mains gainés d'une boue glaciaire, le corps toujours secoué de râles brûlants, et, quand enfin la nappe est dépassée – ô fraîche transparence de l'air –, les vieilles recettes de la guerre par un bombardement intensif fauchent les rescapés.

Jean Rouaud, *Les Champs d'honneur*, © Minuit, 1990.

MÉTHODE

→ Les temps dans le récit p. 328
→ Les registres p. 70
→ La description p. 338
→ Narrateur et point de vue p. 336
→ Débattre p. 346

OBSERVATION ET ANALYSE

1 Qu'est, en réalité, « l'aube olivâtre » que découvrent les soldats ? Relevez les expressions qui vous ont permis d'identifier ce phénomène.

2 Quel est le point de vue adopté dans ce récit ? Pour quel effet ? Comment comprenez-vous en particulier la phrase : « Dieu, ce matin-là, était avec eux » (l. 1-2) ?

3 Commentez l'emploi des temps verbaux dans le passage.

4 Analysez les caractéristiques du registre épique. Dégagez sa valeur d'emploi. Dans quel but est-il employé : pour chanter la grandeur des combats ou pour en dénoncer l'absurdité ?

5 En étant attentif aux commentaires du narrateur et aux champs lexicaux dominants, dites quel sens on peut alors donner au titre du roman, *Les Champs d'honneur*.

6 Dans quelle mesure pourrait-on lire ce texte comme une sorte de témoignage indirect sur la Première Guerre mondiale ?

EXPRESSION

Écriture d'invention. À la manière de Jean Rouaud dans cet extrait, rédigez sur le mode épique un récit où le héros affronte une catastrophe qui serait ici naturelle : arrivée d'une tempête, d'un ouragan, irruption volcanique, etc.

Histoire *littéraire*

Le registre épique

■ Un héritage

Le registre épique est un héritage du genre de l'épopée antique (comme *L'Iliade et L'Odyssée* d'Homère) qui met en place un modèle de récit guerrier exaltant l'héroïsme, sur lequel se fonde la gloire d'une civilisation ou d'une dynastie. L'homme, même s'il y est le jouet des dieux, semble rivaliser avec eux. La reprise des procédés de l'épopée définit le registre épique, qui peut s'appliquer à tout récit d'action, guerrier ou non, à laquelle on veut donner une dimension hors du commun. Le registre épique permet donc de représenter des situations exceptionnelles où l'homme est en lutte contre des forces qui le dépassent, combat qui peut avoir aussi une valeur symbolique (le bien contre le mal, l'ombre contre la lumière etc.).

■ Caractéristiques formelles

Le registre épique repose sur plusieurs procédés :
– des champs lexicaux relatifs au combat et à la violence ;
– la mise en scène de figures héroïques souvent collectives sur le modèle de l'épopée homérique ;
– des énumérations d'actions (notamment avec des verbes de mouvement), des accumulations, des phrases longues et complexes ;
– des hyperboles*, des intensifs et des superlatifs, qui accentuent l'ampleur de l'événement et de l'action ;
– un jeu d'antithèses et de symétries qui permet d'opposer les forces en présence ;
– une référence au surnaturel, qui peut apparaître de manière imagée (métaphores, comparaisons) et qui confère à la scène un caractère à la fois symbolique et exceptionnel.

La Chartreuse de Parme (1839)

Stendhal
1783-1842

Roman de l'apprentissage du monde par un jeune aristocrate, La Chartreuse de Parme *offre parmi ses pages les plus célèbres le récit de la bataille de Waterloo en 1815, vue à travers le regard à la fois naïf et décalé de son héros, Fabrice Del Dongo.*

L'escorte s'arrêta ; Fabrice, qui ne faisait pas assez attention à son devoir de soldat, galopait toujours en regardant un malheureux blessé.

– Veux-tu bien t'arrêter, blanc-bec ! lui cria le maréchal des logis. Fabrice s'aperçut qu'il était à vingt pas sur la droite en avant des généraux, et précisément du côté où ils
5 – regardaient avec leurs lorgnettes. En revenant se ranger à la queue des autres hussards[1] restés à quelques pas en arrière, il vit le plus gros de ces généraux qui parlait à son voisin, général aussi, d'un air d'autorité et presque de réprimande ; il jurait. Fabrice ne put retenir sa curiosité ; et, malgré le conseil de ne point parler, à lui donné par son amie la geôlière[2], il arrangea une petite phrase bien française, bien correcte, et dit à
10 – son voisin :

– Quel est-il, ce général qui gourmande[3] son voisin ?

– Pardi, c'est le maréchal !

– Quel maréchal ?

– Le maréchal Ney[4], bêta ! Ah çà ! où as-tu servi jusqu'ici ?
15 – Fabrice, quoique fort susceptible, ne songea point à se fâcher de l'injure ; il contemplait, perdu dans une admiration enfantine, ce fameux prince de la Moskova, le brave des braves.

Tout à coup on partit au grand galop. Quelques instants après, Fabrice vit, à vingt pas en avant, une terre labourée qui était remuée d'une façon singulière. Le fond des
20 – sillons était plein d'eau, et la terre fort humide, qui formait la crête de ces sillons, volait en petits fragments noirs lancés à trois ou quatre pieds de haut. Fabrice remarqua en passant cet effet singulier ; puis sa pensée se remit à songer à la gloire du maréchal. Il entendit un cri sec auprès de lui : c'étaient deux hussards qui tombaient atteints par des boulets ; et, lorsqu'il les regarda, ils étaient déjà à vingt pas de l'escorte. Ce qui lui
25 – sembla horrible, ce fut un cheval tout sanglant qui se débattait sur la terre labourée, en engageant ses pieds dans ses propres entrailles ; il voulait suivre les autres : le sang coulait dans la boue.

Ah ! m'y voilà donc enfin au feu ! se dit-il. J'ai vu le feu ! se répétait-il avec satis-faction. Me voici un vrai militaire. À ce moment, l'escorte allait ventre à terre, et notre
30 – héros comprit que c'étaient des boulets qui faisaient voler la terre de toutes parts. Il avait beau regarder du côté d'où venaient les boulets, il voyait la fumée blanche de la batterie[5] à une distance énorme, et, au milieu du ronflement égal et continu produit par les coups de canon, il lui semblait entendre des décharges beaucoup plus voisines ; il n'y comprenait rien du tout.

Stendhal, *La Chartreuse de Parme*, chap. I, 1839.

NOTES
1. Soldats de la cavalerie napoléonienne.

2. Fabrice, pris pour un ennemi, avait été arrêté par les Français et s'était enfui grâce à la femme du geôlier.

3. Réprimande.

4. Prince de la Moskova et maréchal de France sous l'Empire, pair de France sous Louis XVIII, se ralliant de nouveau à Napoléon Ier au moment des Cent Jours et de la bataille de Waterloo.

5. Unité d'artillerie.

Officier de chasseurs à cheval chargeant (1812)

Géricault
1791-1824

Théodore Géricault appartient à la génération de Delacroix, qui a admiré les périples de l'armée napoléonienne. Alors que David a immortalisé la grandeur du général Bonaparte, devenu Napoléon Ier, Géricault imagine pour son premier Salon un drôle de portrait équestre : un immense mais anonyme Officier de chasseurs à cheval chargeant, *alors que les tableaux de ce format étaient réservés aux princes de l'Empire. Cette vision d'un fragment de bataille sans figure célèbre fait penser au procédé de Stendhal dans* La Chartreuse de Parme *(p. 253).*

Théodore Géricault,
Officier de chasseurs
à cheval chargeant,
1812 (huile sur toile,
349 x 266 cm). Paris,
musée du Louvre.

OBSERVATION ET ANALYSE

1 Analysez la posture du cavalier et du cheval : comment la bête se tient-elle ? Comment est produite l'impression de stabilité parfaite du cavalier ? À quel personnage mythologique fait penser ce couple si soudé dans l'instant de la charge ? Quel effet produit le placement du cheval dans la diagonale ?

2 D'après le format de la toile et sa situation au premier plan, le personnage est grandeur nature ; quelle est donc la place du spectateur dans la scène ? Quel effet cela peut-il produire sur lui ?

3 Comment le jeu des plans et les effets de lumière viennent-ils accentuer la dramatisation de la scène ?

4 Remarquez les traits impassibles du chasseur, par opposition à la fureur de sa monture ; essayez d'en fournir une interprétation psychologique.

5 Quels détails particuliers renforcent le souffle épique de la bataille ?

Un passé qui ne passe pas

Marguerite Duras
1914-1996

La Douleur (1985)

La Douleur ne constitue pas vraiment un roman. D'ailleurs, en avant-propos de son œuvre (qui se présente globalement comme un journal), Marguerite Duras écrit : « La Douleur est une des choses les plus importantes de ma vie. [...] Je me suis trouvée devant un désordre phénoménal de la pensée et du sentiment auquel je n'ai pas osé toucher et au regard de quoi la littérature m'a fait honte. » La Douleur est un récit autobiographique, aux limites du dicible, récit de l'attente et du retour de Robert Antelme (Robert L. dans le texte), le mari de Marguerite Duras, déporté en camp de concentration durant la Seconde Guerre mondiale.

Puis le temps a passé encore.

Ça a été le premier été de la paix, 1946.

Ça a été une plage en Italie, entre Livourne et La Spezia.

Il y a un an et quatre mois qu'il est revenu des camps. Il sait pour sa sœur[1], il sait
5 — pour notre séparation depuis de longs mois[2].

Il est là, sur la plage, il regarde venir des gens. Je ne sais pas qui. Comme il regarde, comme il fait pour voir, c'était ce qui mourait en premier dans l'image allemande de sa mort lorsque je l'attendais à Paris. Quelquefois il reste de longs moments sans parler, le regard au sol. Il ne peut pas encore s'habituer à la mort de la jeune sœur : vingt-quatre
10 — ans, aveugle, les pieds gelés, phtisique[3] au dernier degré, transportée en avion de Ravens-brück[4] à Copenhague, morte le jour de son arrivée, c'est le jour de l'armistice. Il ne parle jamais d'elle, il ne prononce jamais son nom.

Il a écrit un livre sur ce qu'il croit avoir vécu en Allemagne : *L'Espèce humaine*[5]. Une fois ce livre écrit, fait, édité, il n'a plus parlé des camps de concentration allemands. Il
15 — ne prononce jamais ces mots. Jamais plus. Jamais plus non plus le titre du livre.

C'est un jour de Libeccio[6].

Dans cette lumière qui accompagne le vent, l'idée de sa mort s'arrête.

Je suis allongée près de Ginetta, nous avons grimpé la pente de la plage et nous sommes allées profond dans les roseaux. Nous nous sommes déshabillées. Nous sor-
20 — tons de la fraîcheur du bain, le soleil brûle cette fraîcheur sans encore l'atteindre. La peau protège bien. À la base de mes côtes, dans un creux, sur ma peau, je vois battre mon cœur. J'ai faim.

Les autres sont restés sur la plage. Ils jouent au ballon. Sauf Robert L. Pas encore.

Au-dessus des roseaux on voit les flancs neigeux des carrières de marbre de Car-
25 — rare. Au-dessus il y a des montagnes plus hautes qui étincellent de blancheur. De l'autre côté, plus près, on voit Monte Marcello, juste au-dessus de l'embouchure de La Magra. On ne voit pas le village de Monte Marcello mais seulement la colline, les bois de figuiers et tout au sommet les flancs sombres des pins.

On entend : ils rient. Elio surtout. Ginetta dit : « Écoute-le, c'est comme un enfant. »
30 — Robert L. ne rit pas. Il est allongé sous un parasol. Il ne peut pas encore supporter le soleil. Il les regarde jouer.

NOTES

1. La sœur de Robert Antelme, Marie-Louise, déportée elle aussi, est morte dès la libération des camps.

2. La narratrice a pris la décision de divorcer.

3. Atteinte de la tuberculose.

4. Camp de déportation en Allemagne, réservé surtout aux femmes.

5. Ouvrage autobiographique de Robert Antelme publié en 1957, mais écrit en 1946-1947, dans lequel il revient sur son expérience des camps.

6. Nom d'un vent du Sud-Ouest en italien.

Le vent n'arrive pas à passer à travers les roseaux, mais il nous apporte les bruits de la plage. La chaleur est terrible.

Ginetta prend deux moitiés de citron dans son casque de bain, elle m'en tend une.
35 – On presse le citron au-dessus de nos bouches ouvertes. Le citron coule goutte à goutte dans notre gorge, il arrive sur notre faim et nous en fait mesurer la profondeur, la force. Ginetta dit que le citron est bien le fruit qu'il fallait quand il faisait cette chaleur. Elle dit : « Regarde les citrons de la plaine de Carrare comme ils sont énormes, ils ont la peau épaisse qui les garde frais sous le soleil, ils ont le jus comme les oranges, mais ils
40 – ont le goût sévère. »

On entend toujours les joueurs. Robert L. lui, on ne l'entend toujours pas. C'est dans ce silence-là que la guerre est encore présente, qu'elle sourd à travers le sable, le vent.

Marguerite Duras, *La Douleur*, © P.O.L, 1985.

MÉTHODE

→ L'expression du temps et du lieu p. 330
→ L'énonciation p. 62
→ Le personnage de roman p. 340
→ Narrateur et point de vue p. 336

Edvard Munch, *Désespoir*, 1893. Oslo, Munch-Museet.

OBSERVATION ET ANALYSE

1 Où et quand se déroule la scène ?

2 Étudiez le système narratif dans ce passage : statut du narrateur et temps de la narration.

3 Relevez les éléments qui suggèrent une sorte de retour à la paix et au bonheur dans cet après-guerre. Comment, dans le récit, Robert L. se distingue-t-il des autres personnages ?

4 Étudiez la façon dont le texte souligne que le passé douloureux de la guerre n'est pas révolu, mais contamine tout entier le présent.

5 Pour quelles raisons ce récit est-il empreint d'une grande pudeur, sans recherche d'effets romanesques ?

TEXTE 8

La mort n'oublie personne (1989)

Daeninckx
Né en 1949

Didier Daeninckx incarne depuis une vingtaine d'années une nouvelle génération d'auteurs, notamment par ses romans policiers originaux qui allient peinture de la réa-lité sociale contemporaine et réflexion sur l'Histoire et ses zones d'ombre. Ainsi, La mort n'oublie personne *est construit sur un va-et-vient entre présent et passé. Le narrateur, Marc, est le dépositaire d'un lourd secret, celui du suicide en 1963 d'un camarade de collège, Lucien Ricouard. Lors de son enquête, il rencontre, vingt-cinq ans plus tard, sous couvert de recherches sur la Seconde Guerre mondiale, le père de Lucien, Jean Ricouard, ouvrier retraité, ancien résistant, déporté.*

On nous transféra la veille du 14 juillet, au petit matin. Les matons, des Français pour la plupart, nous éjectèrent de nos cellules à coups de matraque et nous remi-rent aux Allemands qui nous attendaient dans la cour près de trois camions bâchés, mitraillettes braquées. Nous étions une bonne cinquantaine de prisonniers, tous plus
5 - abattus, plus inquiets les uns que les autres. Les soldats nous firent grimper dans les camions et asseoir sur les bancs de bois puis nous attachèrent ensemble à l'aide d'une longue chaîne qui passait dans une série d'anneaux soudés au plancher. Les lourdes portes de la prison s'ouvrirent et le convoi traversa Lille, longea la citadelle avant de prendre la direction de Marcq-en-Barœul. Je ne rencontrai que des regards mornes.
10 - Nous nous attendions tous au pire et n'avions aucune envie d'en parler.

Malheureusement ce n'est pas ce qui advint… ce fut encore pire… Je ne peux pas vous le raconter… Ça ne passe pas par les mots…

Jean Ricouart se lève et se tourne contre le mur. Il respire profondément pour retrouver son calme. J'entends son souffle oppressé. Instinctivement je coupe le
15 - magnétophone. La photo de Lucien m'oblige à baisser le regard. J'arrive à oublier sa présence lorsque son père parle mais le silence la ramène chaque fois devant mes yeux. J'ai envie de me lever à mon tour, de poser ma main sur son épaule, lui dire que je comprends, qu'on arrête tout… Il pivote lentement sur les talons, dégrafe le bouton de sa manche de chemise. Il retrousse le vêtement. Un numéro bleu, dix chiffres peut-
20 - être, tatoué à l'intérieur de l'avant-bras.

– Je suis un rescapé de l'enfer… Cette marque sur mon bras est là pour prouver que l'enfer est de ce monde.

Je suis fasciné par ce numéro. Des semaines que j'interroge des témoins, que je remue des archives, des photos, mais jamais la guerre n'a été aussi présente qu'à cet
25 - instant. Elle vient de quitter le terrain des petites histoires, des anecdotes. Jean Ricouart se rassied et se verse un verre de bière. J'allume une cigarette

– Excusez-moi… Je ne voulais pas…

Il trempe ses lèvres dans la mousse, repose son bock.

Didier Daeninckx, *La mort n'oublie personne*, © Denoël, 1989.

MÉTHODE

→ Les temps dans le récit p. 328

→ Les formes du discours rapporté p. 332

→ Narrateur et point de vue p. 336

→ Le personnage de roman p. 340

OBSERVATION ET ANALYSE

1 Quel événement de sa vie évoque ici Jean Ricouard ? Que désigne le terme « enfer » employé à la ligne 21 ?

2 À qui renvoie successivement le pronom « je » dans cette page ? Qu'en concluez-vous sur la construction de la narration ?

3 Analysez l'emploi des temps verbaux et leur rôle dans la structure du passage.

4 Justifiez l'emploi des points de suspension des lignes 11 et 12. Que soulignent-ils ?

5 Analysez les réactions du narrateur dans la seconde partie de ce passage, lignes 13 à 28.

Dora Bruder (1997)

Modiano
Né en 1945

En 1988, Patrick Modiano tombe sur un ancien avis de recherche réellement paru le 31 décembre 1941 dans Paris-Soir, concernant une jeune fugueuse de quinze ans, Dora Bruder.

Le livre, construit sur un jeu de miroirs entre le passé de l'occupation et celui du narrateur, entre hier et aujourd'hui, est le récit de l'enquête menée par Modiano sur les traces de l'adolescente disparue. Le passage proposé constitue la fin du récit.

À Drancy¹, dans la cohue, Dora retrouva son père, interné là depuis mars. En ce mois d'août, comme aux Tourelles², comme au dépôt de la Préfecture de police, le camp se remplissait chaque jour d'un flot de plus en plus nombreux d'hommes et de femmes. Les uns arrivaient de zone libre³, par milliers dans les trains de marchandises.

5 – Des centaines et des centaines de femmes, que l'on avait séparées de leurs enfants, venaient des camps de Pithiviers et de Beaune-la-Rolande⁴. Et quatre mille enfants arrivèrent à leur tour, le 15 août et les jours suivants, après qu'on eut déporté leurs mères. Les noms de beaucoup d'entre eux, qui avaient été écrits à la hâte sur leurs vêtements, au départ de Pithiviers et de Beaune-la-Rolande, n'étaient plus lisibles.

10 – Enfant sans identité n° 122. Enfant sans identité n° 146. Petite fille âgée de trois ans. Prénommée Monique. Sans identité.

À cause du trop-plein du camp et en prévision des convois qui viendraient de zone libre, les autorités décidèrent d'envoyer de Drancy au camp de Pithiviers les juifs de nationalité française, le 2 et le 5 septembre. Les quatre filles qui étaient arri-

15 – vées le même jour que Dora aux Tourelles et qui avaient toutes seize ou dix-sept ans : Claudine Winerbett, Zélie Strohlitz, Marthe Nachmanowicz et Yvonne Pitoun, firent partie de ce convoi d'environ mille cinq cents juifs français. Sans doute avaient-ils l'illusion qu'ils seraient protégés par leur nationalité. Dora, qui était française, aurait pu elle aussi quitter Drancy avec eux. Elle ne le fit pas pour une raison qu'il est facile

20 – de deviner : elle préféra rester avec son père.

Tous les deux, le père et la fille, quittèrent Drancy le 18 septembre, avec mille autres hommes et femmes, dans un convoi pour Auschwitz.

La mère de Dora, Cécile Bruder, fut arrêtée le 16 juillet 1942, le jour de la grande rafle⁵, et internée à Drancy. Elle y retrouva son mari pour quelques jours, alors que

25 – leur fille était aux Tourelles. Cécile Bruder fut libérée de Drancy le 23 juillet, sans doute parce qu'elle était née à Budapest et que les autorités n'avaient pas encore donné l'ordre de déporter les juifs originaires de Hongrie.

A-t-elle pu rendre visite à Dora aux Tourelles un jeudi ou un dimanche de cet été 1942 ? Elle fut de nouveau internée au camp de Drancy le 9 janvier 1943, et elle partit

30 – dans le convoi du 11 février 1943 pour Auschwitz⁶, cinq mois après son mari et sa fille.

Le samedi 19 septembre, le lendemain du départ de Dora et de son père, les autorités d'occupation imposèrent un couvre-feu en représailles à un attentat qui avait été commis au cinéma Rex. Personne n'avait le droit de sortir, de trois heures de l'après-midi jusqu'au lendemain matin. La ville était déserte, comme pour marquer l'absence de Dora.

35 – Depuis, le Paris où j'ai tenté de retrouver sa trace est demeuré aussi désert et silencieux que ce jour-là. Je marche à travers les rues vides. Pour moi elles le restent, même le soir, à l'heure des embouteillages, quand les gens se pressent vers les bouches de

NOTES
1. Camp de transit français pour les détenus juifs de 1941 à 1944.
2. Centre de détention.
3. Zone non occupée jusqu'en 1942.
4. Villes du Loiret.
5. La rafle du Vélodrome d'Hiver.
6. Camp d'extermination situé en Pologne, où périrent un million de Juifs durant la Seconde Guerre mondiale.

métro. Je ne peux pas m'empêcher de penser à elle et de sentir un écho de sa présence dans certains quartiers. L'autre soir, c'était près de la gare du Nord.

40 _ J'ignorerai toujours à quoi elle passait ses journées, où elle se cachait, en compagnie de qui elle se trouvait pendant les mois d'hiver de sa première fugue et au cours des quelques semaines de printemps où elle s'est échappée à nouveau. C'est là son secret. Un pauvre et précieux secret que les bourreaux, les ordonnances, les autorités dites d'occupation, le Dépôt, les casernes, les camps, l'Histoire, le temps – tout ce qui

45 _ vous souille et vous détruit – n'auront pas pu lui voler.

Patrick Modiano, *Dora Bruder*, © Gallimard, 1997.

MÉTHODE

→ L'expression du temps et du lieu p. 330
→ Les temps dans le récit p. 328
→ L'énonciation p. 62
→ Les types et formes de phrases p. 220
→ Narrateur et point de vue p. 336

Femmes juives déportées dans le camp de Drancy vers 1942.

OBSERVATION ET ANALYSE

1 Quelles informations nous donne ce texte sur Dora et sa famille ?

2 Analysez la construction du passage en vous appuyant notamment sur l'étude des temps verbaux et de l'énonciation*.

3 Relevez dans les trois premières parties (l. 1-30) les éléments stylistiques qui apparentent ce texte à une sorte d'enquête.

4 Les détails donnés par Modiano correspondent-ils seulement au souci de précision de son enquête sur Dora ? Concernent-ils d'ailleurs seulement Dora ? Quelles peuvent être alors leurs fonctions ?

5 Comment les lignes 31 à 45 soulignent-elles le lien entre passé et présent ? Pourquoi pourrait-on parler de « présente absence » de Dora pour le narrateur ?

6 Analysez la construction de la dernière phrase du roman : que met-elle en valeur ?

EXPRESSION

Écriture d'invention. Lisez intégralement *Dora Bruder*. Rédigez ensuite un article destiné à un journal de lycéens, dans lequel vous ferez part de vos impressions de lecture.

Flaubert
1821-1880

TEXTE 1

Bouvard et Pécuchet (1881)

La rédaction de ce roman a occupé les dix dernières années de la vie de Gustave Flaubert. À travers les aventures et le regard étroit et naïf de ses deux personnages, Bouvard et Pécuchet, Flaubert nous propose une véritable anthologie de la bêtise humaine et des « idées reçues » de son temps, balayant tous les domaines du savoir et de la pensée. Le passage proposé constitue l'incipit* du roman.

**Estampe
de Charles Huard**
pour *Bouvard
et Pécuchet*
de Flaubert, 1881.
Paris, BNF.

Comme il faisait une chaleur de trente-trois degrés, le boulevard Bourdon se trouvait absolument désert.

Plus bas, le canal Saint-Martin[1], fermé par les deux écluses, étalait en ligne droite son eau couleur d'encre. Il y avait au milieu un bateau plein de bois, et sur la berge
5 _ deux rangs de barriques[2].

Au-delà du canal, entre les maisons que séparent des chantiers, le grand ciel pur se découpait en plaques d'outremer, et sous la réverbération du soleil, les façades blanches, les toits d'ardoises, les quais de granit éblouissaient. Une rumeur confuse montait au loin dans l'atmosphère tiède ; et tout semblait engourdi par le désœuvrement du
10 _ dimanche et la tristesse des jours d'été.

NOTES
: **1.** La scène se déroule
: à Paris.
: **2.** Tonneaux.

Deux hommes parurent.

L'un venait de la Bastille, l'autre du Jardin des Plantes. Le plus grand, vêtu de toile, marchait le chapeau en arrière, le gilet déboutonné et sa cravate à la main. Le plus petit, dont le corps disparaissait dans une redingote[3] marron, baissait la tête sous une
15 – casquette à visière pointue.

Quand ils furent arrivés au milieu du boulevard, ils s'assirent, à la même minute, sur le même banc.

Pour s'essuyer le front, ils retirèrent leurs coiffures, que chacun posa près de soi ; et le petit homme aperçut, écrit dans le chapeau de son voisin : Bouvard ; pendant que
20 – celui-ci distinguait aisément dans la casquette du particulier[4] en redingote le mot : Pécuchet.

« Tiens, dit-il, nous avons eu la même idée, celle d'inscrire notre nom dans nos couvre-chefs.

– Mon Dieu, oui, on pourrait prendre le mien à mon bureau !
25 – – C'est comme moi, je suis employé. »

Alors ils se considérèrent.

L'aspect aimable de Bouvard charma de suite Pécuchet.

Ses yeux bleuâtres, toujours entre-clos, souriaient dans son visage coloré. Un pantalon à grand pont[5], qui godait[6] par le bas sur des souliers de castor, moulait son ventre,
30 – faisait bouffer sa chemise à la ceinture ; et ses cheveux blonds, frisés d'eux-mêmes en boucles légères, lui donnaient quelque chose d'enfantin.

Il poussait du bout des lèvres une espèce de sifflement continu.

L'air sérieux de Pécuchet frappa Bouvard.

On aurait dit qu'il portait une perruque, tant les mèches garnissant son crâne
35 – élevé étaient plates et noires. Sa figure semblait tout en profil, à cause du nez qui descendait très bas. Ses jambes prises dans des tuyaux de lasting[7] manquaient de proportion avec la longueur du buste ; et il avait une voix forte, caverneuse.

Gustave Flaubert, *Bouvard et Pécuchet*, 1881.

NOTES

3. Longue veste croisée d'homme, à basques.

4. Individu.

5. Pantalon comportant par-devant un pan d'étoffe qui se rabat.

6. Faisait un faux pli en tombant.

7. Étoffe brillante de laine rase.

MÉTHODE

→ Narrateur et point de vue p. 336

→ La description p. 338

→ L'organisation du récit p. 342

OBSERVATION ET ANALYSE

1 Quels éléments vous semblent destinés à satisfaire la curiosité et les attentes du lecteur dans ce début de roman ?

2 Analysez comment sont introduits dans le récit les deux personnages centraux ; étudiez notamment leur présentation alternée.

3 De nombreux romans commencent par une scène de « coup de foudre ». En quoi peut-on parler ici de parodie* de ce type de scène ?

4 Relevez et analysez les éléments du passage qui soulignent la volonté de représenter la banalité du quotidien.

5 Identifiez le registre dominant de l'extrait : quel regard semble porter le narrateur sur ses personnages ?

EXPRESSION

Écriture d'invention.
En vous appuyant sur le texte de Flaubert, rédigez un portrait caricatural et satirique de l'un des deux personnages présentés, Bouvard ou Pécuchet.

Désert (1980)

Le Clézio
Né en 1940

Désert, de J.-M. G. Le Clézio, est construit sur l'alternance et l'opposition de deux univers : d'un côté, le Sahara et son harmonie avec l'ordre de la nature ; de l'autre, la société occidentale, ses désordres et son désespoir. Le passage proposé évoque les promenades quotidiennes de l'héroïne, Lalla, fille des nomades du Sahara et immigrée à Marseille.

Il y a tant de rues, tant de noms ! Chaque jour, Lalla sort avant que sa tante soit réveillée, elle met un vieux morceau de pain dans la poche de son manteau marron, et elle commence à marcher, à marcher, d'abord en faisant des cercles autour du Panier[1], jusqu'à ce qu'elle arrive à la mer, par la rue de la Prison, avec le soleil qui éclaire les murs

5 de l'Hôtel de Ville. Elle s'assoit un moment, pour regarder passer les autos, mais pas trop longtemps parce que les policiers viendraient lui demander ce qu'elle fait là.

Ensuite elle continue vers le nord, elle remonte les grandes avenues bruyantes, la Canebière, le boulevard Dugommier, le boulevard d'Athènes. Il y a des gens de tous les pays du monde, qui parlent toutes sortes de langues ; des gens très noirs, aux yeux

10 étroits, vêtus de longues robes blanches et de babouches de plastique. Il y a des gens du Nord, aux cheveux et aux yeux pâles, des soldats, des marins, puis aussi des hommes d'affaires corpulents qui marchent vite en portant de drôles de petits cartables noirs.

Là aussi, Lalla aime bien s'asseoir, dans une encoignure de porte, pour regarder tous ces gens qui vont, qui viennent, qui marchent, qui courent. Quand il y a beaucoup de

15 monde, personne ne fait attention à elle. Peut-être qu'ils croient qu'elle est comme eux, qu'elle attend quelqu'un, quelque chose, ou bien qu'ils la prennent pour une mendiante.

Dans les quartiers où il y a du monde, il y a beaucoup de gens pauvres, et ce sont eux surtout que Lalla regarde. Elle voit des femmes en haillons, très pâles malgré le soleil, qui tiennent par la main de tout petits enfants. Elle voit des hommes vieux, vêtus

20 de longs manteaux rapiécés, des ivrognes aux yeux troubles, des clochards, des étrangers qui ont faim, qui portent des valises de carton et des sacs de provisions vides. Elle voit des enfants seuls, le visage sali, les cheveux hérissés, vêtus de vieux vêtements trop grands pour leurs corps maigres ; ils marchent vite comme s'ils allaient quelque part, et leur regard est fuyant et laid comme celui des chiens perdus. De sa cachette, derrière

25 les autos arrêtées, ou bien dans l'ombre d'une porte cochère, Lalla regarde tous ces gens qui ont l'air égaré, qui marchent comme s'ils étaient dans un demi-sommeil. Ses yeux sombres brillent étrangement tandis qu'elle les regarde, et à cet instant-là, il y a peut-être un peu de la grande lumière du désert qui vient sur eux, mais c'est à peine s'ils la sentent, sans savoir d'où elle vient. Peut-être qu'ils ressentent un frisson fugitif,

30 mais ils s'en vont vite, ils se perdent dans la foule inconnue.

J.-M. G. Le Clézio, *Désert*, © Gallimard, 1980.

NOTE
1. Quartier populaire de Marseille.

METHODE
→ Le nom et ses expansions p. 334
→ Les figures de style p. 68
→ La description p. 338
→ Le personnage de roman p. 340

OBSERVATION ET ANALYSE

1 Relevez les indices du récit qui permettent de comprendre qui est Lalla.

2 Analysez la valeur du présent dans cet extrait. Quelles conclusions en tirez-vous sur le rythme de la narration adopté dans cette page ?

3 Observez et interprétez l'opposition entre singulier et pluriel dans ce passage : que met-elle en évidence ?

4 Sur qui se porte principalement le regard de Lalla ? Quels détails retiennent son attention ? Pourquoi, selon vous ?

5 Quel sens pouvez-vous donner aux deux phrases finales de cet extrait ? En quoi éclairent-elles la visée du passage ?

6 Recherchez le mot « désert » dans l'extrait. Expliquez le rapport au titre de l'œuvre.

TEXTE 3

Un an (1997)

Echenoz
Né en 1947

Auteur d'une dizaine de romans, Jean Echenoz a reçu le prix Médicis pour Cherokee *et le prix Goncourt pour* Je m'en vais. Un an *est le récit de la fuite mystérieuse d'une jeune femme, Victoire, qui se trouve bientôt sans ressources. Son errance la conduit à la gare de Toulouse où elle tente de se joindre à un groupe de vagabonds.*

C'est en gare de Toulouse-Matabiau que Victoire finirait par se faire des amis. Mais pas tout de suite. Auparavant, à l'occasion, la force des choses l'avait amenée à côtoyer des gens comme elle sans abri mais elle préférait garder ses distances, n'osant pas prendre langue[1] avec eux. Peu d'entre eux d'ailleurs hantaient la campagne, pré-
5 férant les villes où ils se croisaient sur les places publiques et sur les marchés, devant les gares et les grandes surfaces. Victoire aimait mieux réduire les échanges quand eux parlaient de solidarité, de se tenir les coudes et d'envisager des actions. Il arrivait qu'ils se prennent de boisson[2], se cherchent querelle, il arrivait aussi qu'ils parussent pris de boisson n'ayant rien bu. Souvent ils étaient rouges, parlaient d'une voix rouge, esquis-
10 saient des élans mais se battaient rarement. Spontanément sociaux, ils semblaient n'aimer pas que l'on fît, dans leur condition, bande à part.

Isolée, Victoire rencontrait cependant des difficultés croissantes pour seulement se nourrir. Un jour elle envisagea bien de se prostituer comme elle l'avait projeté quelques semaines plus tôt, mais il était tard à présent : trop mal vêtue, trop malpropre,
15 elle n'était plus assez présentable pour être un tant soit peu désirée. Sans doute nul passant ne se laisserait tenter, seuls peut-être accepteraient ce marché ses semblables qui, justement, n'auraient pas les moyens de payer.

Ceux-ci, la plupart du temps, se tenaient en groupe et comparaient leurs projets, ou manifestaient seulement de l'amertume et grommelaient. Ils étaient égarés,
20 ils n'avaient pas beaucoup de conversation. Tant qu'elle se tint en marge de la société, il y en eut pour considérer Victoire avec méfiance, la suspectant d'on ne savait quoi. Bien qu'à la rue comme eux, bien que misérable, à certains détails sans doute n'offrait-elle pas le profil habituel des errants. Comme à plusieurs reprises on lui en faisait la remarque, forgeant des hypothèses et posant des questions, ce fut pour y mettre un
25 terme qu'elle décida de faire alliance et se protéger ainsi du soupçon. Ayant étudié les groupes déjà constitués près de la gare, Victoire finit par choisir un couple dont l'homme répondait au nom de Gore-Tex[3] et sa compagne à celui de Lampoule. Gore-Tex paraissant détenir sur les autres un semblant d'ascendant[4], quoique discret, peut-être ne serait-il pas mauvais de s'allier avec eux.

Jean Echenoz, *Un an*, © Minuit, 1997.

NOTES
1. Entrer en relation et en pourparlers.
2. S'enivrent.
3. Tissu à la fois aéré et imperméable.
4. Influence dominante, pouvoir.

METHODE

→ Narrateur et point de vue p. 336
→ Le personnage de roman p. 340

OBSERVATION ET ANALYSE

1 Quel milieu social décrit le passage ?

2 Quel est le point de vue dominant choisi dans cet extrait ? Pour quel effet ?

3 En quoi le milieu ici évoqué apparaît-il comme une société à part entière, avec ses règles et son fonctionnement ?

4 Pour quelles raisons peut-on dire que Victoire est doublement marginale ? Relevez les expressions qui le suggèrent.

5 Pouvez-vous relever des marques de jugement ou de sentiment du narrateur sur cet univers ? Qu'en déduisez-vous sur les enjeux possibles de cette page ?

La comédie sociale

Le Père Goriot (1835)

Balzac
1799-1850

Le Père Goriot, classé par Balzac dans les « Scènes de la vie privée » de sa Comédie humaine, dresse un tableau sans concession des mœurs de la Restauration, notamment à travers la figure d'Eugène de Rastignac, étudiant sans fortune, jeune provincial « monté » à Paris. Dans ce récit d'un apprentissage du monde, Rastignac est initié à la haute société et à ses règles par sa cousine, madame de Beauséant.

S'il était bien peint dans sa lutte avec Paris, le pauvre étudiant fournirait un des sujets les plus dramatiques de notre civilisation moderne. Madame de Beauséant regardait vainement Eugène pour le convier à parler, il ne voulut rien dire en présence du vicomte.

5 — Me menez-vous ce soir aux Italiens[1] ? demanda la vicomtesse à son mari.

— Vous ne pouvez douter du plaisir que j'aurais à vous obéir, répondit-il avec une galanterie moqueuse dont l'étudiant fut la dupe, mais je dois aller rejoindre quelqu'un aux Variétés[2].

— Sa maîtresse, se dit-elle.

10 — Vous n'avez donc pas d'Ajuda[3] ce soir ? demanda le vicomte.

— Non, répondit-elle avec humeur.

— Eh bien ! s'il vous faut absolument un bras, prenez celui de monsieur de Rastignac.

La vicomtesse regarda Eugène en souriant.

— Ce sera bien compromettant pour vous, dit-elle.

15 — *Le Français aime le péril, parce qu'il y trouve la gloire*, a dit monsieur de Chateaubriand[4], répondit Rastignac en s'inclinant.

Quelques moments après il fut emporté près de madame de Beauséant, dans un coupé[5] rapide, au théâtre à la mode, et crut à quelque féerie lorsqu'il entra dans une loge de face, et qu'il se vit le but de toutes les lorgnettes[6] concurremment avec la vicom-
20 tesse dont la toilette était délicieuse. Il marchait d'enchantements en enchantements.

— Vous avez à me parler, lui dit madame de Beauséant. Ha ! tenez, voici madame de Nucingen[7] à trois loges de la nôtre. Sa sœur et monsieur de Trailles sont de l'autre côté.

En disant ces mots, la vicomtesse regardait la loge où devait être mademoiselle de Rochefide, et, n'y voyant pas monsieur d'Ajuda, sa figure prit un éclat extraordinaire.

25 — Elle est charmante, dit Eugène après avoir regardé madame de Nucingen.

— Elle a les cils blancs.

— Oui, mais quelle jolie taille mince !

— Elle a de grosses mains.

— Les beaux yeux !

30 — Elle a le visage en long.

— Mais la forme longue a de la distinction.

— Cela est heureux pour elle qu'il y en ait là. Voyez comment elle prend et quitte son lorgnon ! Le Goriot perce dans tous ses mouvements, dit la vicomtesse au grand étonnement d'Eugène.

35 En effet, madame de Beauséant lorgnait la salle et semblait ne pas faire attention à madame de Nucingen, dont elle ne perdait cependant pas un geste. L'assemblée était exquisément belle. Delphine de Nucingen n'était pas peu flattée d'occuper exclusivement le jeune, le beau, l'élégant cousin de madame de Beauséant, il ne regardait qu'elle.

— Si vous continuez à la couvrir de vos regards, vous allez faire scandale, monsieur
40 de Rastignac. Vous ne réussirez à rien, si vous vous jetez ainsi à la tête des gens.

Honoré de Balzac, *Le Père Goriot*, chap. II, 1835.

NOTES
1. Théâtre parisien.
2. Autre théâtre de Paris.
3. L'amant de madame de Beauséant.
4. Écrivain romantique français.
5. Voiture à deux places tirée par des chevaux.
6. Petites lunettes d'approche portatives.
7. L'une des filles du père Goriot, ancien négociant en vermicelle et pâtes, qui a tout sacrifié pour ses deux filles, et qui loge misérablement, comme Rastignac, à la pension Vauquer.

Gravure du XIXᵉ siècle.

METHODE

→ Les formes du discours rapporté p. 332
→ Contexte et paratexte p. 66
→ Les registres p. 70
→ Le personnage de roman p. 340

OBSERVATION ET ANALYSE

1 En quoi la première phrase fournit-elle une clé de lecture pour l'ensemble du passage ?

2 Que révèle le dialogue inséré de la ligne 5 à la ligne 16 ? Pourquoi peut-on dire qu'il prépare la suite du récit ?

3 Quels éléments soulignent qu'Eugène découvre la société mondaine ? Analysez le rôle joué ici par madame de Beauséant.

4 Observez le jeu des regards dans cette page. Que montre-t-il ?

5 Comment se révèle, sous les apparences, la cruauté de ce milieu ? Quelle est la portée critique de cet extrait ?

Histoire *littéraire*

La Comédie humaine de Balzac

■ Un projet ambitieux

La Comédie humaine est le titre sous lequel Balzac décide en 1842 de regrouper ses romans. Ce vaste ensemble se divise en trois parties qui évoquent clairement les ambitions à la fois réalistes et philosophiques de l'auteur :

– « Étude de mœurs » (la plus fournie, comprenant six sous-parties parmi lesquelles « Scènes de la vie privée », « Scènes de la vie de province », « Scènes de la vie parisienne ») ;
– « Études philosophiques » ;
– « Études analytiques ».

Au total, y figurent 2 000 personnages fictifs, dont 460 reparaissent d'une œuvre à l'autre. Par exemple, Rastignac prend naissance dans *Le Père Goriot*, mais les lecteurs le retrouvent, entre autres, dans *La Peau de chagrin, Illusions perdues* et *La Maison Nucingen*. Ainsi se construit une biographie imaginaire du personnage, tissée d'un roman à l'autre.

■ L'influence de la pensée scientifique

L'avant-propos de *La Comédie humaine* souligne l'influence des sciences sur l'écriture romanesque. Balzac y révèle son projet de réaliser sur la société une étude comparable à celle de savants naturalistes comme Buffon (1707-1788) et les 36 volumes de son *Histoire naturelle* : « Si Buffon a fait un magnifique ouvrage en essayant de représenter dans un livre l'ensemble de la zoologie, n'y avait-il pas une œuvre de ce genre à faire pour la Société ? »

■ Être le « secrétaire » de son temps

L'autre ambition de l'œuvre est de donner un tableau, qui se veut fidèle, de la société de son temps, c'est-à-dire de la première moitié du XIXᵉ siècle. Entrent dès lors dans le roman les détails matériels, les événements sociaux et politiques, l'univers quotidien de Paris ou de la province. Toutefois, l'œuvre n'est pas seulement la copie du réel : le propos de Balzac est aussi d'éclairer et d'expliquer ce réel, d'en fournir une représentation critique.

⟹ *Le Père Goriot* de Balzac

Page de titre de l'édition originale du *Père Goriot*.

L'ŒUVRE

▶ Situation

Honoré de Balzac publie d'abord *Le Père Goriot* en épisodes dans *La Revue de Paris* entre décembre 1834 et février 1835 avant sa parution en volume la même année. Pour la première fois, Balzac établit un principe de retour des personnages de *La Comédie humaine* (Histoire littéraire, p. 265) ce qui va donner à son univers une cohérence remarquable.

▶ Sujet

Le roman illustre le jeu des forces sociales dans le Paris de la Restauration et ses drames. Ce jeu est notamment perceptible à travers le parcours de deux personnages centraux : le Père Goriot, un ancien vermicellier qui s'est ruiné pour permettre l'ascension sociale de ses filles, et Eugène de Rastignac, jeune provincial venu à Paris pour étudier le droit. Le roman offre donc à lire à la fois un drame de la paternité et un récit d'apprentissage, mais qui se rejoignent dans une même thématique : celle de l'ambition.

▶ Le réalisme balzacien

Le Père Goriot n'est, selon Balzac, « ni une fiction, ni un roman ». L'objectif de l'oeuvre est de dresser le tableau d'une « scène de la vie parisienne ». L'ambition de Balzac est de rivaliser avec les historiens, en écrivant « l'histoire oubliée », celle des mœurs. Il ne s'agit pas seulement de photographier la réalité, mais de la représenter par la fiction et l'écriture romanesque pour en donner le sens et mettre en évidence son fonctionnement. Ainsi, ce roman conjugue une esthétique réaliste par la description de cette société, de ses lieux et de ses personnages et un sentiment du tragique que rend par exemple sensible la mort de Goriot. Sans doute, par ce mélange du trivial et du sublime, le roman se rattache-t-il aussi à la sensibilité romantique.

QUESTIONNAIRE DE LECTURE

Le cadre spatiotemporel

1 Quel est le cadre temporel précis de l'histoire ?

2 Montrez que les principaux cadres spatiaux proposés dans le roman renvoient à un milieu social. Quelle place occupe la pension Vauquer parmi ces différents espaces ? Que symbolise le parcours de Rastignac entre ces différents espaces ?

Un personnage

3 Présentez le personnage d'Eugène de Rastignac et son évolution dans le roman.

4 Quel rôle jouent les personnages féminins dans cette évolution ?

5 Quelle est la fonction du Père Goriot dans le parcours de Rastignac ? et celle de Vautrin ?

6 Expliquez la phrase prononcée par Rastignac à la fin du roman et adressée à Paris : « À nous deux maintenant ».

La narration

7 Peut-on toujours parler de narrateur omniscient dans ce roman ?

8 Donnez quelques exemples d'intervention directe du narrateur et expliquez la fonction dans le récit de ces interventions.

Le sens du roman

9 Pourquoi Goriot peut-il être qualifié de « Christ de la paternité » ?

10 En quoi le roman révèle-t-il la cruauté implacable de la société qu'il met en scène ?

TEXTE **5**

Perec
1936-1982

Les Choses (1965)

Le roman Les Choses *offre une description de la société des années 1960, du monde des choses et de l'attrait qu'elles exercent. Georges Perec y adopte un style original : traitement distancié des personnages principaux, Jérôme et Sylvie, emploi particulier des temps verbaux (le récit commence au conditionnel, se poursuit à l'imparfait et s'achève au futur). Le passage proposé évoque les rêves de richesse du couple.*

Ils ne méprisaient pas l'argent. Peut-être, au contraire, l'aimaient-ils trop : ils auraient aimé la solidité, la certitude, la voie limpide vers le futur. Ils étaient attentifs à tous les signes de la permanence : ils voulaient être riches. Et s'ils se refusaient encore à s'enrichir, c'est qu'ils n'avaient pas besoin de salaire : leur imagination, leur culture
5 ne les autorisaient qu'à penser en millions.

Ils se promenaient souvent le soir, humaient le vent, léchaient les vitrines. Ils laissaient derrière eux le Treizième tout proche, dont ils ne connaissaient guère que l'avenue des Gobelins, à cause de ses quatre cinémas, évitaient la sinistre rue Cuvier, qui ne les eût conduits qu'aux abords plus sinistres encore de la gare d'Austerlitz, et
10 empruntaient, presque invariablement, la rue Monge, puis la rue des Écoles, gagnaient Saint-Michel, Saint-Germain, et, de là, selon les jours ou les saisons, le Palais-Royal, l'Opéra, ou la gare Montparnasse, Vavin, la rue d'Assas, Saint-Sulpice, le Luxembourg. Ils marchaient lentement. Ils s'arrêtaient devant chaque antiquaire, collaient leurs yeux aux devantures obscures, distinguaient, à travers les grilles, les reflets rougeâtres d'un
15 canapé de cuir, le décor de feuillage d'une assiette ou d'un plat en faïence, la luisance d'un verre taillé ou d'un bougeoir de cuivre, la finesse galbée d'une chaise cannée.

De station en station, antiquaires, libraires, marchands de disques, cartes des restaurants, agences de voyages, chemisiers, tailleurs, fromagers, chausseurs, confiseurs, charcuteries de luxe, papetiers, leurs itinéraires composaient leur véritable univers : là reposaient
20 leurs ambitions, leurs espoirs. Là était la vraie vie, la vie qu'ils voulaient connaître, qu'ils voulaient mener : c'était pour ces saumons, pour ces tapis, pour ces cristaux, que, vingt-cinq ans plus tôt, une employée et une coiffeuse les avaient mis au monde.

Georges Perec, *Les Choses*, © Julliard, 1965.

MÉTHODE

→ Les types et formes de phrases p. 220
→ Les temps dans le récit p. 328

OBSERVATION ET ANALYSE

1 Pourquoi le titre du roman, *Les Choses*, s'applique-t-il particulièrement bien à cet extrait ?

2 Comment sont désignés les personnages ? Quel est l'effet produit ?

3 Observez l'emploi des temps et précisez leur valeur.

4 Analysez l'itinéraire suivi par les personnages. Que révèle-t-il sur leurs préoccupations ?

5 Comment le texte souligne-t-il l'écart entre les « ambitions » des personnages et leur situation présente ? Analysez notamment l'ironie du narrateur dans la dernière phrase.

6 Cet extrait peut-il être lu comme une satire de la société de consommation ?

Au bonheur des ogres (1985)

Pennac
Né en 1944

Au Bonheur des ogres a pour personnage central et narrateur Benjamin Malaussène, que l'on retrouve dans quatre autres romans de Daniel Pennac (La Fée Carabine, La Petite Marchande de prose, Monsieur Malaussène et Aux fruits de la passion). Ces récits allient intrigue policière, humour et critique de la société contemporaine. L'extrait suivant a pour cadre un grand magasin parisien où Benjamin Malaussène exerce un drôle de métier, celui de bouc émissaire face au mécontentement des clients.

L'affaire est simple. Lehmann[1] me l'expose avec une tranquillité d'hypnotiseur. Le bébé obèse pose sur moi un regard gai comme le monde. Voilà, il y a trois jours, mes services auraient vendu à la dame ici présente un réfrigérateur d'une contenance telle qu'elle y a enfourné le réveillon de vingt-cinq personnes, hors-d'œuvre et desserts
5 – compris. « Enfourné » est d'ailleurs le mot juste, puisque cette nuit, pour une raison dont Lehmann aimerait bien que je lui fournisse l'explication, le frigo en question s'est transformé en incinérateur. Un miracle que madame n'ait pas été brûlée vive en ouvrant la porte ce matin. Je jette un bref coup d'œil à la cliente. Ses sourcils, en effet, sont roussis. La douleur qui perce à travers sa colère m'aide à prendre un air
10 – lamentable. Le bébé me regarde comme si j'étais la source de tout. Mes yeux à moi se portent avec angoisse sur Lehmann, qui, les bras croisés, s'est appuyé contre l'arête de son bureau et dit :
– J'attends.
Silence.
15 – – Le Contrôle Technique, c'est vous, non ?
J'en conviens d'un hochement de tête et balbutie que, justement, je ne comprends pas, les tests de contrôle avaient été effectués… – Comme pour la gazinière de la semaine dernière ou l'aspirateur du cabinet Boëry !
Dans le regard du môme, je lis clairement que le massacre des bébés phoques,
20 – c'est moi. Lehmann s'adresse de nouveau à la cliente. Il parle comme si je n'étais pas là. Il remercie la dame de n'avoir pas hésité à déposer sa plainte avec vigueur. (Dehors, Théo poirote toujours à la porte du photomaton. Il ne faudra pas que j'oublie de lui demander un double de sa photo pour l'album du Petit[2].) Lehmann estime qu'il est du devoir de la clientèle de participer à l'assainissement du Commerce. Il va sans dire que
25 – la garantie jouera et que le Magasin lui livrera séance tenante un autre réfrigérateur.
– Quant aux préjudices matériels annexes dont vous-même et les vôtres avez eu à pâtir (il parle comme ça, l'ex sous-off Lehmann, avec, au fond de la voix, le souvenir de la bonne vieille Alsace où le déposa la Cigogne – celle qui carbure au Riesling), M. Malaussène se fera un plaisir de les réparer. À ses frais, bien entendu.
30 – Et il ajoute :
– Joyeux Noël, Malaussène !
Maintenant que Lehmann lui retrace ma carrière dans la maison, maintenant que Lehmann lui affirme que, grâce à elle, cette carrière va prendre fin, ce n'est plus de la colère que je lis dans les yeux fatigués de la cliente, c'est de l'embarras, puis de
35 – la compassion, avec des larmes qui remontent à l'assaut, et qui tremblent bientôt à la pointe de ses cils.
Ça y est, le moment est venu d'amorcer ma propre pompe lacrymale. Ce que je fais en détournant les yeux. Par la baie vitrée, je plonge mon regard dans le maelström[3] du Magasin. Un cœur impitoyable pulse des globules supplémentaires dans les artères
40 – bouchées. L'humanité entière me paraît ramper sous un gigantesque paquet cadeau.

NOTES
1. Chef du bureau des réclamations.
2. L'un des frères de Malaussène, qui élève toute sa « tribu », une fratrie abandonnée au fil de ses aventures masculines par une mère absente.
3. Gouffre.

De jolis ballons translucides montent sans discontinuer du rayon des jouets pour s'agglutiner là-haut, contre la verrière dépolie. La lumière du jour filtre à travers ces grappes multicolores. C'est beau. La cliente essaye en vain d'interrompre Lehmann qui, impitoyable, dresse mon curriculum à venir. Pas brillant. Deux ou trois emplois
45_ minables, nouvelles exclusions, le chômage définitif, un hospice, et la fosse commune en perspective. Quand les yeux de la cliente se reportent sur moi, je suis en larmes. Lehmann n'élève pas la voix. Il enfonce méthodiquement le clou.

Ce que je vois dans les yeux de la cliente, maintenant, ne me surprend pas. *Je l'y vois, elle.* Il a suffi que je me mette à pleurer pour qu'elle prenne ma place. Compassion.
50_ Elle parvient enfin à interrompre Lehmann au milieu d'une respiration. Machine arrière toute. Elle retire sa plainte. Qu'on se contente de faire jouer la garantie du réfrigérateur, elle n'en demande pas plus. Inutile de me faire rembourser le réveillon de vingt-cinq personnes. (À un moment ou à un autre, Lehmann a dû parler de mon salaire.) Elle s'en voudrait de me faire perdre ma place une veille de fête. (Lehmann a
55_ prononcé le mot « Noël » une bonne vingtaine de fois.) Tout le monde peut faire des erreurs, elle-même il n'y a pas si longtemps, dans son travail…

Cinq minutes plus tard, elle quitte le bureau des Réclamations munie d'un bon de commande pour un réfrigérateur neuf. Le bébé et sa poussette restent coincés une seconde dans la porte. Elle pousse, avec un sanglot nerveux.
60_ Lehmann et moi restons seuls. Je le regarde un moment se fendre la pêche puis – coup de pompe ou quoi ? – je murmure :
– Belle équipe de salauds, hein ?

Daniel Pennac, *Au Bonheur des ogres*, © Gallimard, 1985.

MÉTHODE
→ Les formes du discours rapporté p. 332
→ Narrateur et point de vue p. 336
→ Les registres p. 70

OBSERVATION ET ANALYSE

1 Recherchez le sens du mot « bouc émissaire ». Pourquoi ce terme définit-il l'emploi occupé par le personnage du narrateur dans le grand magasin ?

2 Montrez que la structure de cet épisode narratif est comparable à celle d'une petite comédie : repérez-en les étapes : exposition, nœud de l'action et ses péripéties, dénouement.

3 Identifiez le registre dominant dans cette page, puis analysez les éléments ou procédés caractéristiques de ce registre tant au niveau de l'histoire que de la manière de la raconter.

4 Qualifiez le style et le niveau de langue.

5 Quel regard porte le narrateur sur lui-même, sur les autres et sur le monde qui l'entoure ?

Au Bonheur des Dames (1883)

Zola
1840-1902

Émile Zola, dans ce roman sur le commerce moderne, décrit la fièvre des achats dans un grand magasin parisien.

Ce n'était plus chose facile que de gagner l'escalier. Une houle compacte de têtes roulait sous les galeries, s'élargissant en fleuve débordé au milieu du hall. Toute une bataille du négoce montait, les vendeurs tenaient à merci ce peuple de femmes, qu'ils se passaient des uns aux autres, en luttant de hâte. L'heure était venue du branle formida-
5 _ ble de l'après-midi, quand la machine surchauffée menait la danse des clientes et leur tirait l'argent de la chair. À la soie surtout, une folie soufflait, le Paris-Bonheur ameu-tait une foule telle, que, pendant plusieurs minutes, Hutin ne put faire un pas ; et Hen-riette, suffoquée, ayant levé les yeux, aperçut en haut de l'escalier Mouret, qui revenait toujours à cette place, d'où il voyait la victoire. Elle sourit, espérant qu'il descendrait la
10 _ dégager. Mais il ne la distinguait même pas dans la cohue, il était encore avec Vallagnosc, occupé à lui montrer la maison, la face rayonnante de triomphe. Maintenant, la tré-pidation intérieure étouffait les bruits du dehors ; on n'entendait plus ni le roulement des fiacres, ni le battement des portières ; il ne restait, au-delà du grand murmure de la vente, que le sentiment de Paris immense, d'une immensité qui toujours fournirait
15 _ des acheteuses. Dans l'air immobile, où l'étouffement du calorifère attiédissait l'odeur des étoffes, le brouhaha augmentait, fait de tous les bruits, du piétinement continu, des mêmes phrases cent fois répétées autour des comptoirs, de l'or sonnant sur le cuivre des
20 _ caisses assiégées par une bous-culade de porte-monnaie, des paniers roulants dont les char-ges de paquets tombaient sans relâche dans les caves béantes.

Émile Zola,
Au Bonheur des Dames, 1883.

Affiche de Hamner,
Au Bon Marché,
XIXᵉ siècle. Paris,
bibliothèque
des Arts Décoratifs.

Les personnages et leur langage

L'Assommoir (1877)

Zola
1840-1902

Chef de file du naturalisme (Histoire littéraire, p. 320), Émile Zola dresse le tableau de la société du second Empire, attentif à l'influence de l'hérédité et du milieu sur ses personnages. L'Assommoir, « ce premier roman sur le peuple qui ait l'odeur du peuple » (Préface), raconte la lente déchéance d'une blanchisseuse, Gervaise, entraînée dans l'alcoolisme. L'une des originalités du récit est le travail du style, par l'emploi réaliste de la langue orale et populaire des faubourgs parisiens.

« Vous êtes joliment pincée¹, dit Virginie. Où avez-vous donc empoigné² ça ?

– Est-ce qu'on sait ! reprit Clémence, en s'essuyant la figure avec sa manche. Ça doit être l'autre soir. Il y en avait deux qui se dépiautaient³ à la sortie du Grand-Balcon. J'ai voulu voir, je suis restée là, sous la neige. Ah ! quelle roulée⁴ ! c'était à mourir de
5 _ rire. L'une avait le nez arraché ; le sang giclait par terre. Lorsque l'autre a vu le sang, un grand échalas⁵ comme moi, elle a pris ses cliques et ses claques… Alors, la nuit, j'ai commencé à tousser. Il faut dire aussi que ces hommes sont d'un bête, quand ils couchent avec une femme ; ils vous découvrent toute la nuit…

– Une jolie conduite, murmura Mme Putois. Vous vous crevez, ma petite.

10 _ – Et si ça m'amuse de me crever, moi !…. Avec ça que la vie est drôle. S'escrimer toute la sainte journée pour gagner cinquante-cinq sous, se brûler le sang du matin au soir devant la mécanique, non, vous savez, j'en ai par-dessus la tête !…. Allez, ce rhume-là ne me rendra pas le service de m'emporter ; il s'en ira comme il est venu. »

Il y eut un silence. Cette vaurienne de Clémence, qui, dans les bastringues⁶, menait
15 _ le chahut⁷ avec des cris de merluche⁸, attristait toujours le monde par ses idées de crevaison, quand elle était à l'atelier. Gervaise la connaissait bien et se contenta de dire :

« Vous n'êtes pas gaie, les lendemains de noce, vous ! »

Le vrai était que Gervaise aurait mieux aimé qu'on ne parlât pas de batteries de femmes. Ça l'ennuyait, à cause de la fessée du lavoir⁹, quand on causait devant elle et
20 _ Virginie de coups de sabot dans les quilles et de giroflées à cinq feuilles¹⁰. Justement, Virginie la regardait en souriant.

« Oh ! murmura-t-elle, j'ai vu un crêpage de chignons, hier. Elles s'écharpillaient¹¹…

– Qui donc ? demanda Mme Putois.

25 _ – L'accoucheuse du bout de la rue et sa bonne, vous savez, une petite blonde… Une gale, cette fille ! Elle criait à l'autre : « Oui, oui, t'as décroché un enfant à la fruitière, même que je vais aller chez le commissaire, si tu ne me paies pas. » Et elle en débagoulait¹², fallait voir ! L'accoucheuse, là-dessus, lui a lâché une baffre¹³, v'lan ! en plein museau. Voilà alors que ma sacrée gouine¹⁴ saute aux yeux de sa bourgeoise¹⁵, et
30 _ qu'elle la graffigne¹⁶, et qu'elle la déplume¹⁷, oh ! mais aux petits oignons ! Il a fallu que le charcutier la lui retirât des pattes. »

Les ouvrières eurent un rire de complaisance. Puis, toutes burent une petite gorgée de café, d'un air gueulard.

Émile Zola, *L'Assommoir*, chap. VI, 1877.

NOTES
1. Malade des bronches.
2. Attrapé.
3. Se donnaient des coups.
4. Correction, bagarre.
5. Personne grande et maigre.
6. Bals populaires.
7. Danse populaire, qui annonce le cancan.
8. Morue, au sens figuré : prostituée.
9. Allusion à un épisode du roman où Gervaise s'est battue avec Virginie.
10. Marques des cinq doigts laissées par une gifle.
11. Se bagarraient.
12. Elle lâchait des injures.
13. Gifle.
14. Femme de mœurs légères.
15. Patronne.
16. Griffe.
17. Arrache les cheveux.

MÉTHODE
→ Les formes du discours rapporté p. 332
→ Les niveaux de langue p. 222
→ Contexte et paratexe p. 66
→ Le personnage de roman p. 340

OBSERVATION ET ANALYSE

1 Identifiez les personnages de cette scène et leur milieu.

2 Sous quelle forme sont rapportées les paroles des personnages ? Dans quel but ?

3 Analysez le niveau de langue adopté dans le dialogue, en observant le vocabulaire et la construction des phrases.

4 Comparez ce niveau de langue avec celui utilisé dans les passages narratifs. Que remarquez-vous ? Quelle interprétation pouvez-vous en donner ?

5 Que révèle par ailleurs la conversation sur les conditions de vie des personnages ?

6 En quoi cette page vous semble-t-elle caractéristique du naturalisme ?

Histoire *littéraire*

Les Rougon-Macquart

▮ L'histoire naturelle d'une famille

En 1868, Émile Zola conçoit le projet de rédiger l'histoire d'une famille sur plusieurs générations en relation avec la question scientifique moderne de l'hérédité.

En 1869 est élaboré le premier arbre généalogique de cette famille à partir d'Adélaïde Fouque, mariée avec Rougon, un paysan solide (d'où la première lignée), devenue à la mort de son mari la maîtresse de Macquart, un contrebandier alcoolique (d'où la seconde lignée).

Adélaïde sombrant dans la « folie », les deux « branches » porteront la marque à la fois de cette « fêlure originelle » de l'aïeule commune et de l'héritage de Rougon ou de Macquart. Ainsi, Gervaise (*L'Assommoir*), petite-fille de Macquart et d'Adélaïde, sombre dans l'alcoolisme et ses fils, Claude (*L'Œuvre*) et Jacques Lantier (*La Bête humaine*), sont emportés par leur « névrose ».

▮ Un cadre historique et social

Très vite naît aussi l'idée de placer l'action dans le cadre historique du second Empire (1852-1870), même si, dans leur chronologie, certains romans débordent cette période. L'étude des facteurs héréditaires s'accompagne alors d'une peinture de la société et de l'influence des milieux sur l'individu. La plupart des romans mettent pour cela l'accent sur le parcours d'un seul personnage.

Par ailleurs, tous les milieux, de province ou de Paris, prennent place dans cette vaste fresque : la bourgeoisie dans *La Curée* (1872) ou *Le Docteur Pascal* (1893), la paysannerie dans *La Terre* (1887), le monde ouvrier dans *L'Assommoir* (1877) ou dans *Germinal* (1885), le clergé dans *La Conquête de Plassans* (1874) ou *La Faute de l'abbé Mouret* (1875), l'armée dans *La Débâcle* (1892), le monde politique dans *Son Excellence Eugène Rougon* (1876), celui du commerce ou des affaires avec *Au Bonheur des Dames* (1883) et *L'Argent* (1891, voir p. 453), ou encore le milieu des artistes avec *L'Œuvre* (1886, voir p. 37-38). Au total, de 1871 à 1893, sont publiés vingt romans depuis *La Fortune des Rougon* jusqu'au *Docteur Pascal*.

TEXTE 8

Céline
1894-1961

Voyage au bout de la nuit (1932)

L'originalité première de l'œuvre de Louis-Ferdinand Céline est un style qui abolit la distinction entre langage écrit et langage parlé. Roman autobiographique, Voyage au bout de la nuit *s'ouvre sur le déclenchement de la Première Guerre mondiale et l'engagement « absurde » du narrateur Bardamu dans l'armée. Celui-ci se trouve avec son ami, Arthur, à une terrasse de café.*

Justement la guerre approchait de nous deux sans qu'on s'en soye rendu compte et je n'avais plus la tête très solide. Cette brève mais vivace discussion m'avait fatigué. Et puis, j'étais ému aussi parce que le garçon m'avait un peu traité de sordide à cause du pourboire. Enfin, nous nous réconciliâmes avec Arthur pour finir, tout à fait. On
5 _était du même avis sur presque tout.

– C'est vrai, t'as raison en somme, que j'ai convenu, conciliant, mais enfin on est tous assis sur une grande galère, on rame tous à tour de bras, tu peux pas venir me dire le contraire !.... Assis sur des clous même à tirer tout nous autres ! Et qu'est-ce qu'on en a ? Rien ! Des coups de trique seulement, des misères, des bobards et puis des
10 _vacheries encore. On travaille ! qu'ils disent. C'est ça encore qu'est plus infect que tout le reste, leur travail. On est en bas dans les cales à souffler de la gueule, puants, suintants des rouspignolles ; et puis voilà ! En haut sur le pont, au frais, il y a les maîtres et qui s'en font pas, avec des belles femmes roses et gonflées de parfums sur les genoux. On nous fait monter sur le pont. Alors, ils mettent leurs chapeaux haut de forme et
15 _puis ils nous en mettent un bon coup de la gueule comme ça : « Bandes de charognes, c'est la guerre ! qu'ils font. On va les aborder, les saligauds qui sont sur la patrie n° 2, et on va leur faire sauter la caisse ! Allez ! Allez ! Y a de tout ce qu'il faut à bord ! Tous en chœur ! Gueulez voir d'abord
20 _un bon coup et que ça tremble : « Vive la Patrie n° 1 ! » Qu'on vous entende de loin ! Celui qui gueulera le plus fort, il aura la médaille et la dragée du bon Jésus ! Nom de Dieu ! Et puis
25 _ceux qui ne voudront pas crever sur mer, ils pourront toujours aller cre- ver sur terre où c'est fait bien plus vite encore qu'ici ! »

– C'est tout à fait comme ça !
30 _que m'approuva Arthur, décidément devenu facile à convaincre.

Mais voilà-t-y pas que juste devant le café où nous étions attablés un régiment se met à passer, et avec
35 _le colonel par-devant sur son cheval, et même qu'il avait l'air bien gentil et richement gaillard, le colonel ! Moi, je ne fis qu'un bond d'enthousiasme.

– J'vais voir si c'est ainsi ! que je
40 _crie à Arthur, et me voici parti m'en- gager, et au pas de course encore.

Gravure de Steinlen
(1859-1923).

METHODE

→ L'énonciation p. 62
→ Les registres p. 70
→ Narrateur et point de vue p. 336
→ Convaincre et persuader p. 420

– T'es rien c… Ferdinand ! qu'il me crie, lui Arthur en retour, vexé sans aucun doute par l'effet de mon héroïsme sur tout le monde qui nous regardait.

Ça m'a un peu froissé qu'il prenne la chose ainsi, mais ça m'a pas arrêté. J'étais au

45_ pas. « J'y suis, j'y reste ! » que je me dis.

– On verra bien, eh navet ! que j'ai même encore eu le temps de lui crier avant qu'on tourne la rue avec le régiment derrière le colonel et sa musique. Ça s'est fait exactement ainsi.

Louis-Ferdinand Céline, *Voyage au bout de la nuit*, © Gallimard, 1932.

OBSERVATION ET ANALYSE

1 Quand et où se déroule cette scène ? Qui sont les personnages en présence ?

2 Analysez la langue utilisée dans le récit et le dialogue : en quoi vous semble-t-elle caractéristique du langage oral ? Quels éléments montrent que ce style oral est cependant l'aboutissement d'un véritable travail d'écriture ?

3 Quelle critique de la société exprime le narrateur, de la ligne 6 à la ligne 28 ? Quels procédés renforcent la violence de ce réquisitoire* ?

4 Pour quelles raisons le narrateur s'engage-t-il dans l'armée ? Comment se trouve soulignée l'absurdité de la situation ?

5 En définitive, diriez-vous que le registre dominant de cet extrait est le comique ? Pourquoi ?

EXPRESSION

1. Écriture d'invention. Réécrivez, dans un niveau de langue soutenu, le discours de Bardamu (lignes 6 à 28).

2. Vers le commentaire. Comparez ensuite votre texte avec l'original. L'effet obtenu est-il le même ? Le texte conserve-t-il tout son sens ? Rédigez à la suite de votre réécriture une synthèse (vingt lignes environ) de cette comparaison.

Histoire *littéraire*

Langue populaire et argot

Une nouvelle langue

Au XIXᵉ siècle, le peuple devient personnage du roman. Les auteurs, par souci de réalisme, s'interrogent alors sur la manière de faire entendre la langue du peuple. Ainsi, Victor Hugo, dans *Les Misérables*, use de la langue des rues de Paris ; Maupassant emploie le patois normand dans ses contes : il s'agit de donner une couleur locale et sociale au récit.

Avec Zola s'effectue un véritable travail sur cette langue du peuple, à partir d'enquêtes réalisées sur le terrain et des listes de vocabulaire qu'il établit pour ses romans. La langue populaire utilisée « naturellement » dans les dialogues envahit aussi le récit proprement dit, lorsque le narrateur adopte le point de vue d'un personnage (*L'Assommoir*, p. 271). Zola parvient aussi à restituer le langage propre à certains milieux, celui des cheminots dans *La Bête humaine* ou celui des simples soldats dans *La Débâcle*.

Langue parlée et écriture

L'influence de Céline est considérable au XXᵉ siècle : il tente de redonner à l'écrit « l'émotion du parlé », par la syntaxe, le vocabulaire, les silences et les tonalités. Queneau, ou Pennac (p. 268) abolissent à leur tour, avec humour, la frontière entre l'écrit et l'oral. S'invente ainsi une écriture romanesque qui redonne force au langage et le revivifie par l'invention de nouveaux mots.

L'argot

Au sens strict, l'argot est la langue des mendiants et des voleurs, celle de la pègre. Au XIXᵉ siècle, *les Mémoires de Vidocq* (1828), bagnard puis policier (qui servira de modèle à Vautrin dans *Le Père Goriot* de Balzac) constituent un répertoire qu'exploitent les romanciers. Marginal dans la littérature du XIXᵉ siècle, l'argot se développe dans la littérature policière et le roman noir au XXᵉ siècle, notamment chez Alphonse Boudard (*La Métamorphose des cloportes*, 1962), Frédéric Dard (série des *San Antonio*) ou Léo Malet (Nestor Burma).

TEXTE **9**

Annie Ernaux
Née en 1940

La Place (1984)

Dans La Place, *récit à dominante autobiographique d'Annie Ernaux, la narratrice évoque son enfance et son adolescence en Normandie. Elle tente, grâce à une écriture « plate » qui rejette les artifices littéraires et romanesques traditionnels, de dire sans trahir, qui fut son père, ouvrier, puis cafetier épicier à Yvetot.*

Extrait 1

Depuis peu, je sais que le roman est impossible. Pour rendre compte d'une vie soumise à la nécessité, je n'ai pas le droit de prendre d'abord le parti de l'art, ni de chercher à faire quelque chose de « passionnant », ou d'« émouvant ». Je rassemblerai les paroles, les gestes, les goûts de mon père, les faits marquants de sa vie, tous les signes
5 objectifs d'une existence que j'ai aussi partagée.

Aucune poésie du souvenir, pas de dérision jubilante. L'écriture plate me vient naturellement, celle-là même que j'utilisais en écrivant autrefois à mes parents pour leur dire les nouvelles essentielles.

Extrait 2

Naturellement, aucun bonheur d'écrire, dans cette entreprise où je me tiens au
10 plus près des mots et des phrases entendues, les soulignant parfois par des italiques. Non pour indiquer un double sens au lecteur et lui offrir le plaisir d'une complicité, que je refuse sous toutes ses formes, nostalgie, pathétique ou dérision. Simplement parce que ces mots et ces phrases disent les limites et la couleur du monde où vécut mon père, où j'ai vécu aussi. Et l'on n'y prenait jamais un mot pour un autre.

Extrait 3

15 Sous le bonheur, la crispation de l'aisance gagnée à l'arraché. *Je n'ai pas quatre bras. Même pas une minute pour aller au petit endroit. La grippe, moi, je la fais en marchant.* Etc. Chant quotidien.

Comment décrire la vision d'un monde où tout *coûte cher.* Il y a l'odeur de linge frais d'un matin d'octobre, la dernière chanson du poste qui bruit dans la tête. Sou-
20 dain, ma robe s'accroche par la poche à la poignée du vélo, se déchire. Le drame, les cris, la journée est finie. « Cette gosse ne *compte rien* ! »

Sacralisation obligée des choses. Et sous toutes les paroles, des uns et des autres, les miennes, soupçonner des envies et des comparaisons. Quand je disais, « il y a une fille qui a visité les châteaux de la Loire », aussitôt, fâchés, « Tu as bien le temps d'y aller.
25 Sois heureuse avec ce que tu as ». Un manque continuel, sans fond.

Mais désirer pour désirer, car ne pas savoir au fond ce qui est beau, ce qu'il faudrait aimer. Mon père s'en est toujours remis aux conseils du peintre, du menuisier, pour les couleurs et les formes, *ce qui se fait.* Ignorer jusqu'à l'idée qu'on puisse s'entourer d'objets choisis un par un. Dans leur chambre, aucune décoration, juste des photos
30 encadrées, des napperons fabriqués pour la fête des mères, et sur la cheminée, un grand buste d'enfant en céramique, que le marchand de meubles avait joint en prime pour l'achat d'un cosy-corner[1].

Leitmotiv[2], *il ne faut pas péter plus haut qu'on l'a.*

Annie Ernaux, *La Place*, © Gallimard, 1984.

MÉTHODE
→ Les niveaux de langue p. 222
→ Les formes du discours rapporté p. 332
→ Narrateur et point de vue p. 336

1 Précisez les informations apportées par les extraits 1 et 2 sur les choix d'écriture de la narratrice.

2 En prenant appui sur l'extrait 2, commentez l'utilisation de l'italique dans l'extrait 3.

3 Expliquez les expressions « chant quotidien » et « leitmotiv » (extrait 3) ; justifiez leur emploi.

4 Pourquoi peut-on parler dans l'extrait 3 d'« écriture plate », comme le dit la narratrice dans l'extrait 2 ?

5 Comment est présenté le milieu auquel appartient la famille de la narratrice ? Quelle impression en garde-t-elle ?

6 Pourquoi, selon vous, la narratrice évoque-t-elle ainsi ces souvenirs de son enfance ?

7 Relisez la première phrase de l'extrait 1. Quel sens lui donnez-vous à la lumière de l'analyse ?

Lecture orale. Lisez à voix haute l'extrait 3, en réfléchissant aux intonations que vous donnez aux passages en italique.

Un monde d'objets

TEXTE 10

Madame Bovary (1857)

Flaubert
1821-1880

Avec Madame Bovary, *le réalisme devient synonyme d'un travail d'écriture où le style est tout. Le passage proposé constitue l'ouverture du roman. Gustave Flaubert introduit de manière originale, par le biais d'une étrange casquette, l'un de ses personnages, Charles Bovary, qui deviendra un médiocre médecin et épousera Emma, l'héroïne.*

Nous avions l'habitude, en entrant en classe, de jeter nos casquettes par terre, afin d'avoir ensuite nos mains plus libres ; il fallait, dès le seuil de la porte, les lancer sous le banc, de façon à frapper contre la muraille en faisant beaucoup de poussière ; c'était là le genre.

5 Mais, soit qu'il n'eût pas remarqué cette manœuvre ou qu'il n'eût osé s'y soumettre, la prière était finie que le nouveau tenait encore sa casquette sur ses deux genoux. C'était une de ces coiffures d'ordre composite, où l'on retrouve les éléments du bonnet à poil, du chapska[1], du chapeau rond, de la casquette de loutre et du bonnet de coton, une de ces pauvres choses, enfin, dont la laideur muette a des profondeurs d'expres-
10 sion comme le visage d'un imbécile. Ovoïde et renflée de baleines, elle commençait par trois boudins circulaires ; puis, s'alternaient, séparés par une bande rouge, des losanges de velours et de poils de lapin ; venait ensuite une façon de sac qui se terminait par un polygone cartonné, couvert d'une broderie en soutache[2] compliquée, et d'où pendait, au bout d'un long cordon trop mince, un petit croisillon de fils d'or, en manière de
15 gland. Elle était neuve ; la visière brillait.

NOTES
1. Bonnet de fourrure d'origine russe qui recouvre front, nuque et oreilles.
2. Tresse de galon.

– Levez-vous, dit le professeur.

Il se leva ; sa casquette tomba. Toute la classe se mit à rire.

Il se baissa pour la reprendre. Un voisin la fit tomber d'un coup de coude, il la ramassa encore une fois.

20 — – Débarrassez-vous donc de votre casque, dit le professeur, qui était un homme d'esprit.

Il y eut un rire éclatant des écoliers qui décontenança le pauvre garçon, si bien qu'il ne savait s'il fallait garder sa casquette à la main, la laisser par terre ou la mettre sur sa tête. Il se rassit et la posa sur ses genoux.

Gustave Flaubert, *Madame Bovary*, chap. I, 1857.

MÉTHODE

→ Les figures de style p. 68
→ La description p. 338
→ L'organisation du récit p. 342

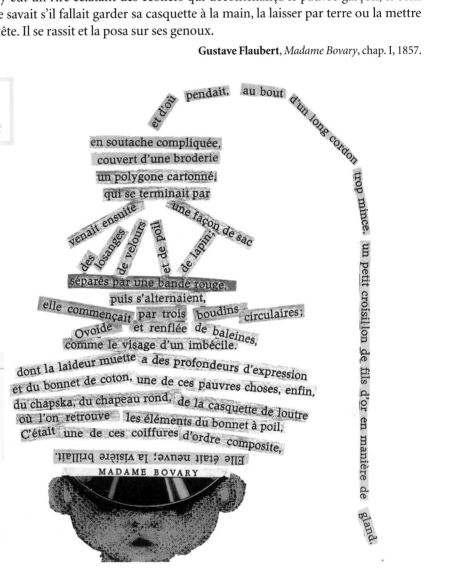

Pierre Etaix,
pour *La Casquette
de Charles Bovary*,
collectif, éd. Arléa,
Paris, 2002.

OBSERVATION ET ANALYSE

1 Qui peut être le narrateur si l'on se réfère aux premières lignes du texte ?

2 En vous appuyant sur l'organisation du passage, étudiez comment s'insère la description dans le récit.

3 Pourquoi peut-on dire que le texte relève ici le défi de décrire l'indescriptible ? Montrez notamment comment la description de la casquette développe l'expression initiale : « une de ces coiffures d'ordre composite ».

4 La description permet-elle au lecteur de se représenter l'objet ? Quelles conclusions en tirez-vous sur ce que l'on appelle le réalisme du roman (aidez-vous des pages 320 et 338) ?

5 Quels rapports établit le texte entre la casquette et son propriétaire ? Quelle est alors la fonction de la description dans le récit ?

La Femme à la cafetière (1890-1894)

Cézanne
1839-1906

Dans le sillage du groupe impressionniste, Paul Cézanne est d'abord un peintre de paysages et de natures mortes. Pour ses portraits, Cézanne travaille à rebours de la tradition du portrait psychologique, établie depuis la Renaissance : il réalise des portraits « objectifs » : sans se soucier de mettre en valeur la personne, il donne à voir des corps-objets.

Paul Cézanne,
*La Femme
à la cafetière*,
1890-1894
(huile sur toile,
130 x 97 cm).
Paris,
musée d'Orsay.

OBSERVATION ET ANALYSE

1 La figure dans le tableau est pratiquement en taille réelle mais ne semble pas présente pourtant. Pourquoi ? Analysez la neutralité du geste, du regard de la femme.

2 Observez la raideur de la pose et de la robe de la femme. Quel parallélisme, au sens strict, pouvez-vous établir entre elle, la cuillère et la cafetière ? Imaginez quelle « rime » entre les trois éléments a sans doute suggéré au peintre sa composition.

3 Devant un arrière-plan insignifiant, le jeu d'ombres sur le personnage est très marqué : après l'avoir précisément décrit, dites quel type de relief cela crée. En quoi cela contribue-t-il à transformer la femme en statue ?

TEXTE **11**

Robbe-Grillet
Né en 1922

Les Gommes (1953)

Alain Robbe-Grillet appartient au courant du nouveau roman (p. 57) qui remet en cause les structures traditionnelles du récit et qui propose des univers souvent énigmatiques, où les objets occupent une place importante. Dans cet extrait des Gommes, *Wallas, le héros, se trouve dans un restaurant « self-service ».*

Arrivé devant le dernier distributeur, Wallas ne s'est pas encore décidé. Son choix est d'ailleurs de faible importance, car les divers mets proposés ne diffèrent que par l'arrangement des articles sur l'assiette ; l'élément de base est le hareng mariné.

Dans la vitre de celui-ci Wallas aperçoit, l'un au-dessus de l'autre, six exemplaires
5 – de la composition suivante : sur un lit de pain de mie, beurré de margarine, s'étale un large filet de hareng, à la peau bleu argenté ; à droite cinq quartiers de tomate, à gauche trois rondelles d'œuf dur ; posées par-dessus, en des points calculés, trois olives noires. Chaque plateau supporte en outre une fourchette et un couteau. Les disques de pain sont certainement fabriqués sur mesure.

10 – Wallas introduit son jeton dans la fente et appuie sur un bouton. Avec un ronronnement agréable de moteur électrique, toute la colonne d'assiettes se met à descendre ; dans la case vide située à la partie inférieure apparaît, puis s'immobilise, celle dont il s'est rendu acquéreur. Il la saisit, ainsi que le couvert qui l'accompagne, et pose le tout sur une table libre. Après avoir opéré de la même façon pour une tranche du même
15 – pain, garni cette fois de fromage, et enfin pour un verre de bière, il commence à couper son repas en petits cubes.

Un quartier de tomate en vérité sans défaut, découpé à la machine dans un fruit d'une symétrie parfaite.

La chair périphérique, compacte et homogène, d'un beau rouge de chimie, est
20 – régulièrement épaisse entre une bande de peau luisante et la loge où sont rangés les pépins, jaunes, bien calibrés, maintenus en place par une mince couche de gelée verdâtre le long d'un renflement du cœur. Celui-ci, d'un rose atténué légèrement granuleux, débute, du côté de la dépression inférieure, par un faisceau de veines blanches, dont l'une se prolonge jusque vers les pépins – d'une façon peut-être un peu incertaine.

25 – Tout en haut, un accident à peine visible s'est produit : un coin de pelure, décollé de la chair sur un millimètre ou deux, se soulève imperceptiblement.

Alain Robbe-Grillet, *Les Gommes*, © Minuit, 1953.

METHODE

→ Le nom et ses expansions p. 334

→ Les temps dans le récit p. 328

→ Narrateur et point de vue p. 336

→ La description p. 338

OBSERVATION ET ANALYSE

1 Distinguez dans cet extrait les passages narratifs et descriptifs en vous appuyant sur leurs marques caractéristiques.

2 Confrontez le deuxième et le cinquième paragraphe. Les descriptions s'insèrent-elles de la même façon dans le récit ?

3 Analysez la description du plateau (l. 4-9). Pourquoi a-t-on l'impression que la description s'effectue à partir d'un regard purement objectif ?

4 Quels procédés caractérisent ce même souci d'objectivité dans la description du quartier

de tomate ? De quel type de description non littéraire pourrait-on rapprocher un tel passage ?

5 Étudiez comment le texte souligne le caractère mécanique des actions du personnage. Quel est l'effet produit ?

EXPRESSION

Écriture d'invention. À la manière de Robbe-Grillet dans *Les Gommes*, décrivez, en une vingtaine de lignes, un légume, un fruit ou tout autre aliment de votre choix.

Rousseau
1712-1778

Julie ou la Nouvelle Héloïse (1761)

Roman épistolaire, précurseur de la sensibilité romantique, La Nouvelle Héloïse de Jean-Jacques Rousseau retrace, par la voix même de ses protagonistes, la passion impossible qui unit deux jeunes gens, Julie et Saint-Preux. La mère de Julie meurt en découvrant cet amour car Saint-Preux est de condition inférieure ; la jeune fille décide alors de céder aux pressions familiales en acceptant le mariage que lui propose son père avec un homme digne de son rang, M. de Wolmar. Elle écrit en cette circonstance la lettre qui suit à Saint-Preux.

Doucet de Surin,
Portrait de femme écrivant,
XVIIIᵉ-XIXᵉ siècle. Paris, musée
du Louvre.

C'en est trop, c'en est trop. Ami, tu as vaincu. Je ne suis point à l'épreuve de tant d'amour ; ma résistance est épuisée. J'ai fait usage de toutes mes forces, ma conscience m'en rend le consolant témoignage. Que le Ciel ne me demande point compte de plus qu'il ne m'a donné. Ce triste cœur que tu achetas tant de fois et qui coûta si cher au
5 - tien t'appartient sans réserve ; il fut à toi du premier moment où mes yeux te virent ; il te restera jusqu'à mon dernier soupir. Tu l'as trop bien mérité pour le perdre, et je suis lasse de servir aux dépens de la justice une chimérique vertu[1].

Oui, tendre et généreux amant[2], ta Julie sera toujours tienne, elle t'aimera toujours : il le faut, je le veux, je le dois. Je te rends l'empire[3] que l'amour t'a donné ; il ne

NOTES
1. Vertu illusoire.
2. Celui que l'on aime, sans que cela évoque au XVIIIᵉ siècle une relation charnelle.
3. Pouvoir.

NOTES

4. Mouvement du cœur, émotion très forte.

5. Je renonce à.

6. Rappel par Julie de la mort de sa mère.

7. Plongera dans une tristesse profonde.

8. Écart commis par rapport à son devoir, considéré comme un acte lourd de conséquences.

9. Son père, Saint-Preux et sa cousine Claire.

10 – te sera plus ôté. C'est en vain qu'une voix mensongère murmure au fond de mon âme ; elle ne m'abusera plus. Que sont les vains devoirs qu'elle m'oppose contre ceux d'aimer à jamais ce que le Ciel m'a fait aimer ? Le plus sacré de tous n'est-il pas envers toi ? N'est-ce pas à toi seul que j'ai tout promis ? Le premier vœu de mon cœur ne fut-il pas de ne t'oublier jamais, et ton inviolable fidélité n'est-elle pas un nouveau lien pour la

15 – mienne ? Ah ! dans le transport[4] d'amour qui me rend à toi, mon seul regret est d'avoir combattu des sentiments si chers et si légitimes. Nature, ô douce nature, reprends tous tes droits ! j'abjure[5] les barbares vertus qui t'anéantissent. Les penchants que tu m'as donnés seront-ils plus trompeurs qu'une raison qui m'égara tant de fois ?

Respecte ces tendres penchants, mon aimable ami ; tu leur dois trop pour les haïr ;

20 – mais souffres-en le cher et doux partage ; souffre que les droits du sang et de l'amitié ne soient pas éteints par ceux de l'amour. Ne pense point que pour te suivre j'abandonne jamais la maison paternelle. N'espère point que je me refuse aux liens que m'impose une autorité sacrée. La cruelle perte de l'un des auteurs de mes jours m'a trop appris à craindre d'affliger l'autre[6]. Non, celle dont il attend désormais toute sa consolation ne

25 – contristera[7] point son âme accablée d'ennuis ; je n'aurai point donné la mort à tout ce qui me donna la vie. Non, non, je connais mon crime[8] et ne puis le haïr. Devoir, honneur, vertu, tout cela ne me dit plus rien ; mais pourtant je ne suis point un monstre ; je suis faible et non dénaturée. Mon parti est pris, je ne veux désoler aucun de ceux que j'aime. Qu'un père esclave de sa parole et jaloux d'un vain titre dispose de ma main

30 – qu'il a promise ; que l'amour seul dispose de mon cœur ; que mes pleurs ne cessent de couler dans le sein d'une tendre amie. Que je sois vile et malheureuse ; mais que tout ce qui m'est cher soit heureux et content s'il est possible. Formez tous trois[9] ma seule existence, et que votre bonheur me fasse oublier ma misère et mon désespoir.

Jean-Jacques Rousseau, *Julie ou la Nouvelle Héloïse*, chap. III, lettre XV, 1761.

METHODE

→ Les temps dans le récit p. 328
→ L'énonciation p. 62
→ Convaincre et persuader p. 420
→ Écrire une lettre p. 138

OBSERVATION ET ANALYSE

1 Quel est le message de cette lettre ? Pourquoi Julie l'écrit-elle à Saint-Preux ?

2 Dégagez les principales étapes de l'argumentation. Quelle phrase en constitue le pivot ?

3 Relevez les principaux temps et les modes verbaux utilisés. Précisez en la valeur.

4 Relevez le champ lexical de la lutte. Classez les termes qui appartiennent au domaine de la Nature et ceux qui renvoient à la Raison. Qu'en déduisez-vous ?

5 Quels avantages la forme épistolaire* apporte à l'expression des sentiments d'un personnage ?

EXPRESSION

Écriture d'invention. Rédigez, en une quarantaine de lignes, la lettre par laquelle Saint-Preux répond à Julie : vous veillerez à respecter les marques propres au genre épistolaire et à adopter un registre et un niveau de langue adéquats.

Le Rouge et le Noir (1830)

Stendhal
1783-1842

Le Rouge et le Noir retrace le parcours de Julien Sorel, jeune provincial de condition modeste, sensible et ambitieux, confronté à la société figée de la Restauration qui anéantit ses espoirs de réussite. La complexité du personnage apparaît notamment lorsque le roman nous donne accès aux pensées de Julien, au plus près de ses tourments et de ses contradictions. Dans le passage suivant nous sont livrées ses interrogations sur ses relations avec Mathilde, la fille du marquis de La Mole au service duquel il est entré.

Il serait plaisant qu'elle m'aimât. Qu'elle m'aime ou non, continuait Julien, j'ai pour confidente intime une fille d'esprit, devant laquelle je vois trembler toute la maison, et, plus que tous les autres, le marquis de Croisenois. Ce jeune homme si poli, si doux, si brave, et qui réunit tous les avantages de naissance et de fortune dont un seul
5 – me mettrait le cœur si à l'aise ! Il en est amoureux fou, il doit l'épouser. Que de lettres M. de La Mole m'a fait écrire aux deux notaires pour arranger le contrat ! Et moi qui me vois si subalterne la plume à la main, deux heures après, ici dans le jardin, je triomphe de ce jeune homme si aimable : car enfin, les préférences sont frappantes, directes. Peut-être aussi elle hait en lui un mari futur. Elle a assez de hauteur¹ pour cela. Et les
10 – bontés qu'elle a pour moi, je les obtiens à titre de confident subalterne.

Mais non, ou je suis fou, ou elle me fait la cour ; plus je me montre froid et respectueux avec elle, plus elle me recherche. Ceci pourrait être un parti pris, une affectation² ; mais je vois ses yeux s'animer quand je parais à l'improviste. Les femmes de Paris savent-elles feindre à ce point ? Que m'importe ! J'ai l'apparence pour moi,
15 – jouissons des apparences. Mon Dieu, qu'elle est belle ! Que ses grands yeux bleus me plaisent, vus de près, et me regardant comme ils le font souvent ! Quelle différence de ce printemps-ci à celui de l'année passée, quand je vivais malheureux et me soutenant à force de caractère, au milieu de ces trois cents hypocrites méchants et sales ! J'étais presque aussi méchant qu'eux.

20 – Dans les jours de méfiance : Cette jeune fille se moque de moi, pensait Julien. Elle est d'accord avec son frère pour me mystifier. Mais elle a l'air de tellement mépriser le manque d'énergie de ce frère ! Il est brave, et puis c'est tout, me dit-elle. Il n'a pas une pensée qui ose s'écarter de la mode. C'est toujours moi qui suis obligé de prendre sa défense. Une jeune fille de dix-neuf ans ! À cet âge peut-on être fidèle à chaque instant
25 – de la journée à l'hypocrisie qu'on s'est prescrite ?

D'un autre côté, quand Mlle de La Mole fixe sur moi ses grands yeux bleus avec une certaine expression singulière, toujours le comte Norbert s'éloigne. Ceci m'est suspect ; ne devrait-il pas s'indigner de ce que sa sœur distingue un *domestique* de leur maison ? Car j'ai entendu le duc de Chaulnes parler ainsi de moi. À ce souvenir
30 – la colère remplaçait tout autre sentiment. Est-ce amour du vieux langage chez ce duc maniaque ?

Eh bien, elle est jolie ! continuait Julien avec des regards de tigre. Je l'aurai, je m'en irai ensuite, et malheur à qui me troublera dans ma fuite !

Cette idée devint l'unique affaire de Julien ; il ne pouvait plus penser à rien autre
35 – chose. Ses journées passaient comme des heures.

Stendhal, *Le Rouge et le Noir*, partie II, chap. X, 1830.

NOTES
1. Fierté excessive, arrogance.
2. Manière d'agir qui manque de naturel, attitude adoptée volontairement pour tromper.

MÉTHODE
→ L'énonciation p. 62
→ Narrateur et point de vue p. 336
→ Débattre p. 346

OBSERVATION ET ANALYSE

1 Quels renseignements donne cet extrait sur les différents personnages évoqués ?

2 À quelle personne et selon quel point de vue s'effectue la narration ?

3 Le texte évoque-t-il les pensées de Julien à un moment précis de son histoire ? Expliquez.

4 Caractérisez les sentiments de Julien pour Mathilde. Sont-ils ambigus ?

5 Quelles expressions soulignent la conscience aiguë que Julien a de sa condition sociale et la révolte qui l'anime ?

TEXTE ECHO

La Princesse de Clèves (1678)

Madame de La Fayette
1634-1693

L'intrigue de ce roman prend place à la cour du roi Henri II. Mme de Clèves et le duc de Nemours tombent amoureux l'un de l'autre au cours d'un bal. Dans l'extrait suivant, le duc de Nemours évoque la passion qui l'attache à Mme de Clèves.

Il se mit à repasser toutes les actions de Mme de Clèves depuis qu'il en était amoureux ; quelle rigueur honnête et modeste elle avait toujours eue pour lui, quoiqu'elle l'aimât. Car, enfin, elle m'aime, disait-il ; elle m'aime, je n'en saurais douter ; les plus grands engagements et les plus grandes faveurs ne sont pas des marques si assurées
5 que celles que j'en ai eues. Cependant je suis traité avec la même rigueur que si j'étais haï, j'ai espéré au temps, je n'en dois plus rien attendre ; je la vois toujours se défendre également contre moi et contre elle-même. Si je n'étais point aimé, je songerais à plaire ; mais je plais, on m'aime, et on me le cache. Que puis-je donc espérer, et quel changement dois-je attendre dans ma destinée ? Quoi ! je serai aimé de la plus aima-
10 ble personne du monde et je n'aurai cet excès d'amour que donnent les premières certitudes d'être aimé que pour mieux sentir la douleur d'être maltraité ! Laissez-moi voir que vous m'aimez, belle princesse, s'écria-t-il, laissez-moi voir vos sentiments ; pourvu que je les connaisse par vous une fois en ma vie, je consens que vous repreniez pour toujours ces rigueurs dont vous m'accabliez. Regardez-moi du moins avec ces
15 mêmes yeux dont je vous ai vue cette nuit regarder mon portrait ; pouvez-vous l'avoir regardé avec tant de douceur et m'avoir fui moi-même si cruellement ? Que craignez-vous ? Pourquoi mon amour vous est-il si redoutable ? Vous m'aimez, vous me le cachez inutilement ; vous-même m'en avez donné des marques involontaires. Je sais mon bonheur ; laissez-m'en jouir, et cessez de me rendre malheureux. Est-il possible,
20 reprenait-il, que je sois aimé de Mme de Clèves et que je sois malheureux ? Qu'elle était belle cette nuit ! Comment ai-je pu résister à l'envie de me jeter à ses pieds ? Si je l'avais fait, je l'aurais peut-être empêchée de me fuir, mon respect l'aurait rassurée ; mais peut-être elle ne m'a pas reconnu ; je m'afflige plus que je ne dois, et la vue d'un homme, à une heure si extraordinaire, l'a effrayée.

Madame de La Fayette, *La Princesse de Clèves*, 1678.

Aurélien (1944)

Aragon
1897-1982

Aurélien, *dont l'histoire se déroule entre l'hiver 1921 et juin 1940, est un roman de Louis Aragon sur l'impossibilité du couple et sur les contradictions d'une génération, celle de l'entre-deux-guerres. Le passage proposé constitue un* incipit* *original, qui permet d'entrer directement dans la conscience et les rêveries du personnage principal.*

La première fois qu'Aurélien vit Bérénice, il la trouva franchement laide. Elle lui déplut, enfin. Il n'aima pas comment elle était habillée. Une étoffe qu'il n'aurait pas choisie. Il avait des idées sur les étoffes. Une étoffe qu'il avait vue sur plusieurs femmes. Cela lui fit mal augurer de celle-ci qui portait un nom de princesse d'Orient[1]
5 _ sans avoir l'air de se considérer dans l'obligation d'avoir du goût. Ses cheveux étaient ternes ce jour-là, mal tenus. Les cheveux coupés, ça demande des soins constants. Aurélien n'aurait pas pu dire si elle était blonde ou brune. Il l'avait mal regardée. Il lui en demeurait une impression vague, générale, d'ennui et d'irritation. Il se demanda même pourquoi. C'était disproportionné. Plutôt petite, pâle, je crois… Qu'elle se fût
10 _ appelée Jeanne ou Marie, il n'y aurait pas repensé, après coup. Mais Bérénice. Drôle de superstition. Voilà bien ce qui l'irritait.

Il y avait un vers de Racine que ça lui remettait dans la tête, un vers qui l'avait hanté pendant la guerre, dans les tranchées, et plus tard démobilisé. Un vers qu'il ne trouvait même pas un beau vers, ou enfin dont la beauté lui semblait douteuse, inex-
15 _ plicable, mais qui l'avait obsédé, qui l'obsédait encore :

Je demeurai longtemps errant dans Césarée…

En général, les vers, lui… Mais celui-ci revenait et revenait. Pourquoi ? c'est ce qu'il ne s'expliquait pas. Tout à fait indépendamment de l'histoire de Bérénice… l'autre, la vraie… D'ailleurs il ne se rappelait que dans ses grandes lignes cette romance, cette
20 _ scie[2]. Brune alors, la Bérénice de la tragédie. Césarée, c'est du côté d'Antioche, de Beyrouth. Territoire sous mandat[3]. Assez moricaude même, des bracelets en veux-tu en voilà, et des tas de chichis, de voiles. Césarée… un beau nom pour une ville. Ou pour une femme. Un beau nom en tout cas. Césarée… Je demeurai longtemps… je deviens gâteux. Impossible de se souvenir : comment s'appelait-il, le type qui disait ça, une
25 _ espèce de grand bougre ravagé, mélancolique, flemmard, avec des yeux de charbon, la malaria… qui avait attendu pour se déclarer que Bérénice fût sur le point de se mettre en ménage, à Rome, avec un bellâtre[4] potelé, ayant l'air d'un marchand de tissus qui fait l'article, à la manière dont il portait la toge. Tite[5]. Sans rire. Tite.

Je demeurai longtemps errant dans Césarée…

30 _ Ça devait être une ville aux voies larges, très vide et silencieuse. Une ville frappée d'un malheur. Quelque chose comme une défaite. Désertée. Une ville pour les hommes de trente ans qui n'ont plus de cœur à rien. Une ville de pierre à parcourir la nuit sans croire à l'aube. Aurélien voyait des chiens s'enfuir derrière des colonnes, surpris à dépecer une charogne. Des épées abandonnées, des armures. Les restes d'un combat
35 _ sans honneur.

Louis Aragon, *Aurélien*, © Gallimard, 1944.

NOTES
1. Princesse juive que Titus emmena à Rome après la prise de Jérusalem en 70 et dont l'histoire a inspiré en 1670 à Racine une tragédie du même nom et à Corneille une autre tragédie, *Tite et Bérénice*.
2. Terme familier désignant une rengaine, un thème obsédant.
3. Territoire sous tutelle.
4. Terme péjoratif pour qualifier un homme à la beauté fade et imbu de sa personne.
5. Empereur romain de 79 à 81 ; le nom de Tite évoque davantage la tragédie de Corneille que celle de Racine.

Marie Laurencin,
Portrait d'une jeune fille,
1946. Collection particulière.

MÉTHODE

→ Les formes du discours rapporté p. 332
→ Contexte et paratexte p. 66
→ Narrateur et point de vue p. 336
→ Le personnage de roman p. 340

OBSERVATION ET ANALYSE

1 Cet incipit vous semble-t-il surprenant ? Pourquoi ?

2 Qui raconte en ce début de roman ?

3 Montrez comment le récit utilise trois procédés
pour donner accès aux pensées d'Aurélien :
le point de vue interne, le style indirect libre,
le monologue intérieur (p. 332).

4. Relevez des passages ambigus où semblent se
superposer la voix du narrateur et celle d'Aurélien.

5 Relevez les indices qui suggèrent le caractère
discontinu de la pensée.

6 Comment pourriez-vous caractériser l'univers intime
d'Aurélien ? Que nous révèle-t-il sur le personnage
et sur son passé ?

EXPRESSION

Expression orale. Relisez les différents incipit
du chapitre 4, p. 260, 276 et 284. Lequel vous donne
le plus envie de lire le roman ? Justifiez votre réponse.

La Lectrice soumise (1928)

Magritte
1898-1967

Membre du groupe surréaliste, marqué par les tableaux de Giorgio De Chirico, partisan des libres associations d'idées comme Salvador Dalí, René Magritte s'est spécialisé dans la représentation lisse et glacée d'un quotidien bourgeois, dont les rêves, les déviances et les absurdités ont été mis au jour par la psychanalyse. À partir de quelques figures de prédilection, dont le nu féminin et l'homme en costume gris, auxquels il adjoint des accessoires ou des éléments banals mais incongrus, le peintre s'efforce toujours de faire affleurer l'inquiétante étrangeté du psychisme humain.

René Magritte,
La Lectrice soumise, 1928
(huile sur toile, 92 x 73 cm).
Londres, Ivor Braka Ltd.

OBSERVATION ET ANALYSE

1. Quelle émotion intense manifeste le personnage ? Cette femme est pratiquement représentée en taille réelle : quel effet sur le spectateur produit sa rencontre ?

2. Pouvons-nous connaître le motif de son émotion ? Essayez d'expliquer pourquoi il importe peu de le connaître.

3. Le titre du tableau évoque des connotations péjoratives. Lesquelles ? Le tableau n'est cependant pas une critique de ce type de lecture... Formulez l'antagonisme entre le titre et le tableau. En remplaçant « lectrice » par « spectateur/trice », revenez sur vos réponses aux questions précédentes.

4. Caractérisez le décor de la scène, les vêtements du personnage et sa coupe de cheveux : à quel univers peut faire penser cette neutralité froide ? Quel phénomène humain le peintre souhaite-t-il « isoler » ainsi ?

TEXTE **4**

Cohen
1895-1981

Belle du seigneur (1968)

Belle du Seigneur, d'Albert Cohen, roman à la fois satirique et lyrique, relate l'histoire d'un amour absolu, celui qui unit Ariane et Solal. L'extrait suivant se situe quelques pages avant la fin du roman, où Ariane et Solal choisiront la mort face à l'attiédissement de leur passion.

NOTE
1. Fête religieuse
chez les Juifs
(en souvenir des tables
de la Loi données
à Moïse) comme
chez les chrétiens
(en mémoire de
la descente de l'Esprit
Saint sur les apôtres).

Elle aspira de l'éther, sourit. Ô les débuts, leur temps de Genève, les préparatifs, son bonheur d'être belle pour lui, les attentes, les arrivées à neuf heures, et elle était toujours sur le seuil à l'attendre, impatiente et en santé de jeunesse, à l'attendre sur le seuil et sous les roses, dans sa robe roumaine qu'il aimait, blanche aux larges manches
5 serrées aux poignets, ô l'enthousiasme de se revoir, les soirées, les heures à se regarder, à se parler, à se raconter à l'autre, tant de baisers reçus et donnés, oui, les seuls vrais de sa vie, et après l'avoir quittée tard dans la nuit, quittée avec tant de baisers, baisers profonds, baisers interminables, il revenait parfois, une heure plus tard ou des minutes plus tard, ô splendeur de le revoir, ô fervent retour, je ne peux pas sans toi, il lui disait,
10 je ne peux pas, et d'amour il pliait genou devant elle qui d'amour pliait genou devant lui, et c'était des baisers, elle et lui religieux, des baisers encore et encore, baisers véritables, baisers d'amour, grands baisers battant l'aile, je ne peux pas sans toi, il lui disait entre des baisers, et il restait, le merveilleux qui ne pouvait pas, ne pouvait pas sans elle, restait des heures jusqu'à l'aurore et aux chants des oiseaux, et c'était l'amour. Et
15 maintenant ils ne se désiraient plus, ils s'ennuyaient ensemble, elle le savait bien.

Elle aspira de l'éther, sourit. Lorsqu'il partait en mission, les télégrammes qu'il lui envoyait en code si les mots étaient trop ardents, ô bonheur de déchiffrer, et elle ses longs télégrammes en réponse, télégrammes de centaines de mots, toujours des télégrammes pour qu'il sût tout de suite combien elle l'aimait, ô les préparatifs en vue
20 du retour sacré, les commandes chez le couturier, les heures à parfaire sa beauté, et elle chantait l'air de la Pentecôte[1], chantait la venue d'un divin roi. Et maintenant ils s'ennuyaient ensemble, ils ne se désiraient plus, ne se désiraient plus vraiment, ils se forçaient, essayaient de se désirer, elle le savait bien, le savait depuis longtemps.

Albert Cohen, *Belle du seigneur*, © Gallimard, 1968.

MÉTHODE

→ Les formes du discours rapporté p. 332
→ Les figures de style p. 68
→ Les registres p. 70

OBSERVATION ET ANALYSE

1 Quelle image contrastée de l'histoire d'amour propose ce texte ?

2 Observez l'organisation de chaque paragraphe en comparant le nombre de phrases, leur longueur et leur construction. Quel rythme particulier cela donne-t-il au texte ?

3 Par quels procédés le texte parvient-il à faire entrer le lecteur dans la passion amoureuse éprouvée et vécue autrefois par Ariane ?

4 Pourquoi pourrait-on qualifier la majeure partie de ce passage d'hymne à l'amour ? Quel en est alors le registre dominant ?

5 À quel autre registre pouvez-vous rattacher ce passage ? Justifiez votre réponse.

Le labyrinthe des souvenirs

Du côté de chez Swann (1913)

Proust
1871-1922

Dans la première partie de À la Recherche du temps perdu *de Marcel Proust, véritable monument de la littérature du XXᵉ siècle, le narrateur, dont on ignore le nom, fait revivre les souvenirs de son enfance. Le texte suivant constitue un passage célèbre où tout un univers enfoui dans le labyrinthe de la mémoire ressurgit dans le présent à la faveur de la dégustation d'une madeleine trempée dans une tasse.*

Et tout d'un coup le souvenir m'est apparu. Ce goût, c'était celui du petit morceau de madeleine que le dimanche matin à Combray[1] (parce que ce jour-là je ne sortais pas avant l'heure de la messe), quand j'allais lui dire bonjour dans sa chambre, ma tante Léonie[2] m'offrait après l'avoir trempé dans son infusion de thé ou de tilleul. La vue
5 - de la petite madeleine ne m'avait rien rappelé avant que je n'y eusse goûté ; peut-être parce que, en ayant souvent aperçu depuis, sans en manger, sur les tablettes des pâtissiers, leur image avait quitté ces jours de Combray pour se lier à d'autres plus récents ; peut-être parce que, de ces souvenirs abandonnés si longtemps hors de la mémoire, rien ne survivait, tout s'était désagrégé ; les formes – et celle aussi du petit coquillage
10 - de pâtisserie, si grassement sensuel sous son plissage sévère et dévot – s'étaient abolies, ou, ensommeillées, avaient perdu la force d'expansion qui leur eût permis de rejoindre la conscience. Mais, quand d'un passé ancien rien ne subsiste, après la mort des êtres, après la destruction des choses, seules, plus frêles mais plus vivaces, plus immatérielles, plus persistantes, plus fidèles, l'odeur et la saveur restent encore longtemps, comme
15 - des âmes, à se rappeler, à attendre, à espérer, sur la ruine de tout le reste, à porter sans fléchir, sur leur gouttelette presque impalpable, l'édifice immense du souvenir.

Et dès que j'eus reconnu le goût du morceau de madeleine trempé dans le tilleul que me donnait ma tante (quoique je ne susse pas encore et dusse remettre à bien plus tard de découvrir pourquoi ce souvenir me rendait si heureux), aussitôt la vieille
20 - maison grise sur la rue, où était sa chambre, vint comme un décor de théâtre, s'appliquer au petit pavillon donnant sur le jardin, qu'on avait construit pour mes parents sur ses derrières (ce pan tronqué que seul j'avais revu jusque-là) ; et avec la maison, la ville, depuis le matin jusqu'au soir et par tous les temps, la Place où on m'envoyait avant déjeuner, les rues où j'allais faire des courses, les chemins qu'on prenait si le
25 - temps était beau. Et comme dans ce jeu où les Japonais s'amusent à tremper dans un bol de porcelaine rempli d'eau, de petits morceaux de papier jusque-là indistincts qui, à peine y sont-ils plongés, s'étirent, se contournent, se colorent, se différencient, deviennent des fleurs, des maisons, des personnages consistants et reconnaissables, de même maintenant toutes les fleurs de notre jardin et celles du parc de M. Swann[3], et
30 - les nymphéas de la Vivonne[4], et les bonnes gens du village et leurs petits logis et l'église et tout Combray et ses environs, tout cela qui prend forme et solidité, est sorti, ville et jardins, de ma tasse de thé.

Marcel Proust, *Du côté de chez Swann*, in *À la recherche du temps perdu*, 1913.

NOTES
1. Ville imaginaire où le narrateur enfant et ses parents passaient leurs vacances.
2. Grand-tante du narrateur.
3. Voisin des parents du narrateur.
4. Rivière imaginaire.

MÉTHODE
→ L'expression du temps et du lieu p. 330
→ Les temps dans le récit p. 328
→ Narrateur et point de vue p. 336
→ Les figures d'images p. 130

Horst Janssen, *Marcel Proust,*
1988 (crayon et lavis, 32 x 20,2 cm).
Coll. part.

1 Quel phénomène précis enclenche le processus involontaire de la mémoire ? Quelle explication en donne le narrateur dans le premier paragraphe ?

2 Dégagez les principales étapes de la remontée du passé dans le présent de la fiction. Quelles perceptions sensorielles sont successivement mises en œuvre ?

3 Expliquez et justifiez la comparaison effectuée dans le second paragraphe entre cette expérience du souvenir et le jeu japonais.

4 Analysez la construction de la phrase : « Mais quand d'un passé [...] édifice immense du souvenir » (l. 12 à 16). Quelle complexité du processus de la mémoire reflète-t-elle ?

5 Comment les deux phrases qui constituent le second paragraphe rendent-elles sensibles le déploiement du souvenir ?

6 Quel titre pourrait-on donner à cet extrait : celui de l'ensemble du cycle romanesque, « À la recherche du temps perdu », ou celui donné à la dernière œuvre de ce cycle : « Le Temps retrouvé » ? Justifiez votre réponse.

Histoire
littéraire

À la recherche du temps perdu

▋ Une somme romanesque

En 1909, Proust (1871-1922) conçoit le projet d'une véritable somme romanesque qui occupera les treize dernières années de sa vie. Il s'agit d'un ensemble de sept romans, qui seront publiés entre 1913 (le premier à compte d'auteur) et 1927 (à titre posthume pour les deux derniers) :
– *Du côté de chez Swann*, 1913.
– *À l'ombre des jeunes filles en fleurs*, 1918.
– *Le Côté de Guermantes,* I et II, 1920-1921.
– *Sodome et Gomorrhe,* I et II, 1921-1922.
– *La Prisonnière*, 1922.
– *Albertine disparue,* 1925.
– *Le Temps retrouvé*, 1927.

Qu'il y ait une architecture globale de l'œuvre est indéniable : ainsi, selon Proust lui-même, le dernier chapitre du *Temps retrouvé* a été rédigé immédiatement après le premier chapitre de *Du côté de chez Swann* et donne finalement l'explication du souvenir heureux évoqué à l'ouverture du cycle.

▋ Originalité de l'œuvre

L'œuvre est d'abord l'histoire d'une conscience : celle du narrateur et personnage principal, dont les expériences correspondent parfois à l'auteur, même s'il ne s'agit pas d'une autobiographie. Le roman offre à lire une vision singulière du monde à traver le regard subjectif du narrateur. Il livre aussi, au-delà de l'introspection*, la peinture d'une époque et du milieu mondain que fréquenta Proust, et dont il sait la frivolité et l'aveuglement.

▋ Originalité du style

Le style de Proust se caractérise par son rythme particulier, qui introduit la poésie dans le récit. La phrase proustienne frappe par son expansion et par sa complexité : effets de reprise et de retour d'expressions, pauses ou détours qu'introduit l'usage des parenthèses, présence de nombreuses subordonnées qui inscrivent au cœur même de l'écriture les méandres de la pensée. De même, les métaphores, les jeux de correspondances et les harmonies sonores confèrent à l'ensemble de l'œuvre un lyrisme indéniable.

Les Escaliers de Chambord (1989)

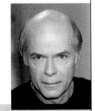

Quignard
Né en 1948

Le personnage central des Escaliers de Chambord, Édouard, se révèle incapable de rester avec les femmes qu'il rencontre. Il est hanté par un objet apparemment insignifiant : une petite barrette bleue. Lors d'un voyage en avion (texte écho, p. 292), face à une liste des femmes aimées et délaissées depuis un an, lui revient subitement un nom enfoui dans sa mémoire : Flora Dedheim, son amour d'enfance. Le passage proposé, situé vers la fin du roman, fait suite à cette première révélation et délivre la clé de l'histoire d'Édouard.

Fred Cuming
(né en 1930), *Winter Sea, Stormy Weather*.
Collection particulière.

Il était seul sur le bord du canal accroissant le Cosson[1]. Il contourna le château. Il poursuivit jusqu'à l'étang des Bonshommes. Il s'allongea près de l'eau, sur la levée. Il posa la tête sur l'herbe. Au-dessus de lui le ciel s'assombrissait. L'orage venait. Tout frémit. Les vaguelettes venaient crever près du rebord de la levée. Un patineur d'eau[2], sur
5 ses pattes miraculeuses, vint saluer Édouard, repartit, revint. La vaguelette s'accroissait, le patineur d'eau tanguait sur la vague. Le professeur appelait, hurlait :
— Remontez, les enfants ! Remontez vite !
Le ciel était tout à coup devenu noir comme la nuit, comme des morceaux luisants de boulets qu'on brise en voulant les enfourner dans le seau à charbon. Les enfants
10 hurlaient. Là où la plage descendait en pente raide, là où la mer une heure plus tôt — lorsque les élèves des petites classes de l'école Michelet étaient descendus du car qui les avait amenés de Paris sur cette étroite plage normande — venait doucement mourir sur les galets luisants, les vagues frappaient au dos, au ventre, à la tête les petits corps qui s'agrippaient les uns les autres en hurlant, qui glissaient à peine avaient-ils posé la
15 main ou le pied sur les galets ou sur les rochers.

NOTES
1. Rivière qui passe au sud d'Orléans.
2. Surnom d'un insecte.

La crête des vagues était devenue jaune. L'écume des rouleaux se détachait comme des dents sur le ciel noir. Les rouleaux dévoraient les corps des enfants.

La plupart des élèves parvinrent cependant à remonter en criant comme des animaux égarés, couraient vers le maître, couraient vers l'autocar frénétiquement.
20 — Mais soudain le maître avait tendu le doigt, repoussa autour de lui les enfants avec un regard épouvanté. Il montrait un petit corps qui hurlait encore. Un enfant tout blanc dans l'eau gesticulait, tombait sans cesse. Le petit corps blanc se relevait, une vague l'écrasait. Édouard Furfooz, huit ans, se tenait, pétrifié, auprès du maître. Il souriait, il contemplait : c'était Flora. Cruellement la mer jouait avec son petit corps à peu près
25 — nu, son slip rose, sa natte noire trempée, sous leurs yeux, soixante mètres plus bas, comme un jouet. Il s'élança. Le maître le retint.

Les vagues déferlantes s'élevaient de plus en plus haut, s'écrasaient de plus en plus violemment. Le maître le tirait par le bras et le gifla. Tandis qu'il s'apprêtait à le gifler une nouvelle fois, le maître glissa, le bas du pantalon se mêlant aux galets, tomba sur le
30 — derrière. Édouard en profita pour courir sur la pente raide en appelant :

— Flora ! Flora !

Elle remontait un peu, comme un ver, la pente, en se contorsionnant. Elle échappait peu à peu à la taille gigantesque des rouleaux, à la force des vagues jaunes qui étaient de plus en plus hautes et qui écumaient. Édouard arriva à vive allure vers elle,
35 — glissa, tomba sur elle qui se contorsionnait, s'accrocha à elle. Il sentit que le corps de la petite fille était mou. Il cria :

— Flora, ne fais pas semblant de dormir. Tu ne dors pas. Tu ne dors pas.

Elle fut de nouveau entraînée dans le ressac. Il était à quatre pattes. Il l'attrapa par les cheveux, tira, tira sur la natte, parvint à se mettre debout tout en tirant toujours sur
40 — la natte, fut renversé de nouveau par une vague colossale. Il étouffait. Il n'arrivait pas à tenir la tête au-dessus de l'eau à chaque reflux. Il ne chercha plus que cela : chaque fois que le poids de l'eau était moins pesant, il cherchait à lever la tête et à téter l'air. Il avait toujours la main serrée sur des cheveux. Il voulait revenir. La pente était trop raide pour bouger et respirer à la fois, l'eau bouillonnante remontait trop vite sur lui.
45 — Les galets fuyaient sans cesse sous les pieds, moulaient les chevilles. Une nouvelle vague déferlante le submergea alors. Il perdit connaissance.

Il se réveilla près de la roue de l'autocar, enveloppé dans la veste du maître, le maître appuyant sur sa poitrine, la bouche du maître pesant sur sa bouche. Le maître dit :
50 — — Il vit.

Il sentit qu'une main s'acharnait sur les doigts de sa main. Qu'un à un on soulevait les doigts avec force. Sa main s'ouvrit. Il vit qu'on en extirpait alors des bouts de cheveux noirs et une barrette bleue à laquelle des fragments de cheveux étaient demeurés accrochés. Il ressentit une douleur, un abandon inimaginables. Comme si tout l'océan
55 — se retirait de son corps en une seule vague, il s'évanouit de nouveau.

Il retourna à Anvers. Il fut hospitalisé durant cinq mois. Il recouvra l'usage de la parole. Il n'avait plus le souvenir de rien.

Pascal Quignard, *Les Escaliers de Chambord*, © Gallimard, 1989.

MÉTHODE

→ L'expression du temps et du lieu p. 330
→ Les temps dans le récit p. 328
→ Les registres p. 70
→ Le personnage de roman p. 340
→ Débattre p. 346

1 À quel moment du récit, dans le premier paragraphe, glisse-t-on du moment présent vécu par le personnage à une scène passée de son existence ? Comment avez-vous repéré ce changement ?

2 La narration gomme cependant la transition entre présent et passé. Pour quel effet ?

3 Quels éléments ont déclenché le processus de réminiscence chez Édouard ? Quelle est, selon vous, la part respective de la conscience et de l'inconscient dans ce souvenir ?

4 Analysez les différents registres employés dans le récit de la scène passée.

5 Ce récit semble-t-il renvoyer davantage à l'univers du cauchemar ou à celui de la réalité vécue ? Analysez quelques procédés significatifs et proposez une interprétation de ce phénomène.

6 Expliquez l'importance capitale de cet épisode pour le personnage comme pour le lecteur.

TEXTE ECHO

Les Escaliers de Chambord (1989)

Quignard
Né en 1948

Le passage suivant, qui se situe dans le roman avant la scène décrite dans le texte 6 (p. 290-291), constitue une première étape dans la reconstitution par Édouard de son passé.

Il s'arc-bouta et sortit la petite barrette bleue de sa poche.

« Tout a commencé par ce petit bout de matière plastique. Persuadé que j'étais d'être poursuivi par une petite âme. J'étais une proie poursuivie par un secret… »

Il posa la barrette. « Je suis chassé, se dit-il. J'ai une fanfare derrière moi, de sons,
5 de sabots, de rabatteurs, de chiens en meute, de chevaux au galop. Je suis talonné jusque dans les avions, dans les trains, dans les voitures, dans les jardins, dans les salles de vente, dans les appartements, dans les branches de Berchem, dans les branches des bonsaïs… » Il regarda les noms qu'il avait notés machinalement, les prénoms des femmes dont il s'était dépris depuis à peine un an. Ses coups de passion étaient devenus de
10 plus en plus instables et moins durables.

La liste n'était pas infinie, perdue entre les branchages et les chiffres :
Francesca
Laurence
Ottilia
15 Roza
Adriana

Il était en train d'hésiter sur ce dernier prénom. Il aurait mieux valu noter Alexandra. À ce moment-là, subitement, alors qu'il tergiversait ente ces deux prénoms, il songea que c'était la même lettre initiale et que cela ne changeait rien. Tout à coup – mais
20 avec lenteur et, à rebours d'une émotion intense, presque dans l'indifférence – il lut verticalement les lettres initiales de ces noms. Il rougit lentement. Il sut. Il retrouva les traits de son visage vivant en retrouvant son nom. Elle s'appelait Flora Dedheim. Ils allaient ensemble à l'école de la rue Michelet. Ils s'aimaient.

Pascal Quignard, *Les Escaliers de Chambord*, © Gallimard, 1989.

TEXTE 7

Enfance (1983)

Sarraute
1900-1999

Récit autobiographique original, Enfance *se présente comme un dialogue entre deux voix : l'une est celle de l'auteur qui tente de dire ses souvenirs ; l'autre, au statut énigmatique, interroge, souvent avec ironie, la narratrice sur les difficultés et les limites d'un tel projet. Nathalie Sarraute évoque ici ses premières rédactions d'écolière, sortes de coups d'essai pour celle qui deviendra écrivain.*

Maintenant c'est le moment[1]… je le retarde toujours… j'ai peur de ne pas partir du bon pied, de ne pas bien prendre mon élan… je commence par écrire le titre… « Mon premier chagrin »… il pourra me donner l'impulsion…

Les mots parmi lesquels je me suis posée ne sont pas mes mots de tous les jours,
5 ‑ des mots grisâtres, à peine visibles, assez débraillés… ces mots-ci sont comme revêtus de beaux vêtements, d'habits de fête… la plupart sont venus de lieux bien fréquentés, où il faut avoir de la tenue, de l'éclat… ils sont sortis de mes recueils de morceaux choisis, des dictées, et aussi…

— Était-ce des livres de René Boylesve, d'André Theuriet ou déjà de Pierre Loti[2] ?

10 ‑ — En tout cas ce sont des mots dont l'origine garantit l'élégance, la grâce, la beauté… je me plais en leur compagnie, j'ai pour eux tous les égards qu'ils méritent, je veille à ce que rien ne les dépare[3]… S'il me semble que quelque chose abîme leur aspect, je consulte aussitôt mon Larousse, il ne faut pas qu'une vilaine faute d'orthographe, un hideux bouton les enlaidisse. Et pour les relier entre eux il existe des règles
15 ‑ strictes auxquelles on doit se conformer… si je n'arrive pas à les retrouver dans ma grammaire, si le moindre doute subsiste, il vaut mieux ne pas y toucher, à ces mots, en chercher d'autres que je pourrai placer dans une autre phrase où ils seront à une place appropriée, dans le rôle qui leur convient. Même mes mots à moi, ceux dont je me sers d'ordinaire sans bien les voir, lorsqu'ils doivent venir ici acquièrent au contact des
20 ‑ autres un air respectable, de bonnes manières. Parfois je glisse ici ou là un mot rare, un ornement qui rehaussera l'éclat de l'ensemble.

Nathalie Sarraute, Enfance, © Gallimard, 1983.

NOTES
1. Il s'agit du moment où l'enfant doit commencer à écrire sa rédaction.
2. Écrivains français qui pourraient constituer des modèles pour l'institution scolaire du début du XXᵉ siècle.
3. Gâche l'harmonie.

MÉTHODE

→ Les temps dans le récit p. 328
→ Narrateur et point de vue p. 336
→ L'organisation du récit p. 342

OBSERVATION ET ANALYSE

1 Dégagez l'organisation du passage. Quelle ambiguïté le système d'énonciation présente-t-il ?

2 Observez le jeu des temps : correspond-il à ce que l'on attend habituellement d'un récit autobiographique ? Quel est l'effet produit ?

3 Quelles valeurs pouvez-vous donner aux points de suspension ?

4 Dans quelle mesure peut-on dire que les mots deviennent ici des sortes de personnages ?

5 Pourquoi selon vous ce souvenir est-il particulièrement important pour l'auteur ?

Perrault
1628-1703

Le Petit Chaperon rouge (1697)

Charles Perrault est l'un des conteurs français les plus connus. Homme de confiance de Colbert, il publie différents ouvrages, entre à l'Académie française et prend parti dans la Querelle des Anciens et des Modernes. Pourtant, c'est à ses Histoires ou Contes du temps passé *qu'il doit sa célébrité. Le conte du « Chaperon rouge » est une transcription littéraire héritée d'une tradition orale et populaire particulièrement riche.*

Illustration de René de La Nézière
in *Les Contes de Perrault*, Tours, © Mame, 1921.

Il était une fois une petite fille de village, la plus jolie qu'on eût su voir : Sa mère en était folle, et sa mère-grand plus folle encore. Cette bonne femme lui fit faire un petit chaperon[1] rouge qui lui seyait[2] si bien, que partout on l'appelait le Petit Chaperon rouge. Un jour, sa mère, ayant cuit et fait des galettes, lui dit : « Va voir comment
5 ⏤ se porte ta mère-grand, car on m'a dit qu'elle était malade. Porte-lui une galette et ce petit pot de beurre. »

Le Petit Chaperon rouge partit aussitôt pour aller chez sa mère-grand, qui demeurait dans un autre village. En passant dans un bois, elle rencontra compère le Loup, qui eut bien envie de la manger ; mais il n'osa, à cause de quelques bûcherons qui étaient
10 ⏤ dans la forêt. Il lui demanda où elle allait. La pauvre enfant, qui ne savait pas qu'il était dangereux de s'arrêter à écouter un loup, lui dit : – Je vais voir ma mère-grand, et lui porter une galette, avec un petit pot de beurre, que ma mère lui envoie. – Demeure-t-elle bien loin ? lui dit le Loup.

– Oh ! oui, dit le Petit Chaperon rouge ; c'est par-delà le moulin que vous voyez
15 ⏤ tout là-bas, à la première maison du village. – Eh bien ! dit le Loup, je veux l'aller voir aussi, je m'y en vais par ce chemin-ici, et toi par ce chemin-là ; et nous verrons qui plus tôt y sera.

Le Loup se mit à courir de toute sa force par le chemin qui était le plus court, et la petite fille s'en alla par le chemin le plus long, s'amusant à cueillir des noisettes, à cou-
20 ⏤ rir après des papillons, et à faire des bouquets des petites fleurs qu'elle rencontrait. Le Loup ne fut pas longtemps à arriver à la maison de la mère-grand ; il heurte : toc, toc.

– Qui est là ? – C'est votre fille, le Petit Chaperon rouge, dit le Loup en contre-faisant[3] sa voix, qui vous apporte une galette et un petit pot de beurre, que ma mère vous envoie.

25 ⏤ La bonne mère-grand, qui était dans son lit, à cause qu'elle se trouvait un peu mal, lui cria : « Tire la chevillette, la bobinette cherra[4]. » Le Loup tira la chevillette, et la porte s'ouvrit. Il se jeta sur la bonne femme, et la dévora en moins de rien, car il y avait plus de trois jours qu'il n'avait mangé. Ensuite il ferma la porte, et s'alla coucher dans le lit de la mère-grand, en attendant le Petit Chaperon rouge, qui, quelque temps
30 ⏤ après, vint heurter à la porte : toc, toc :

– Qui est là ? Le Petit Chaperon rouge, qui entendit la grosse voix du Loup, eut peur d'abord, mais, croyant que sa grand-mère était enrhumée, répondit : « C'est votre fille, le Petit Chaperon rouge, qui vous apporte une galette et un petit pot de beurre, que ma mère vous envoie. » Le Loup lui cria en adoucissant un peu sa voix : « Tire la
35 ⏤ chevillette, la bobinette cherra. »

Le Petit Chaperon rouge tira la chevillette, et la porte s'ouvrit. Le Loup, la voyant entrer, lui dit en se cachant dans le lit, sous la couverture : « Mets la galette et le petit pot de beurre sur la huche[5], et viens te coucher avec moi. » Le Petit Chaperon rouge se déshabille, et va se mettre dans le lit, où elle fut bien étonnée de voir comment sa
40 ⏤ mère-grand était faite en son déshabillé. Elle lui dit : – Ma mère-grand, que vous avez de grands bras ! – C'est pour mieux t'embrasser, ma fille ! – Ma mère-grand, que vous avez de grandes jambes ! – C'est pour mieux courir, mon enfant ! – Ma mère-grand, que vous avez de grandes oreilles ! – C'est pour mieux écouter, mon enfant ! – Ma mère-grand, que vous avez de grands yeux ! – C'est pour mieux te voir, mon enfant !
45 ⏤ – Ma mère-grand, que vous avez de grandes dents ! – C'est pour te manger ! Et, en disant ces mots, le méchant Loup se jeta sur le Petit Chaperon rouge, et la mangea.

NOTES

1. Capuchon qui couvre la tête et les épaules.

2. Allait.

3. Déguisant.

4. La porte est fermée par un système rudimentaire : en tirant sur une petite cheville, on fait s'ouvrir le loquet. Cherra est le futur du verbe choir (« tomber »).

5. Grand coffre en bois où l'on conservait le pain.

6. Agréable.

7. Familiers.

8. Chambres aménagées par les femmes de la bonne société pour y recevoir leurs visites mondaines.

MORALITÉ

On voit ici que de jeunes enfants,
Surtout de jeunes filles,
50 _ Belles, bien faites et gentilles
Font très mal d'écouter toutes sortes de gens,
Et que ce n'est pas chose étrange,
S'il en est tant que le loup mange.
Je dis le loup, car tous les loups
55 _ Ne sont pas de la même sorte :
Il en est d'une humeur accorte[6],
Sans bruit, sans fiel et sans courroux,
Qui, privés[7], complaisants et doux,
Suivent les jeunes demoiselles
60 _ Jusque dans les maisons, jusque dans les ruelles[8] ;
– Mais, hélas ! qui ne sait que ces loups doucereux,
De tous les loups sont les plus dangereux !

Charles Perrault, « *Le Petit Chaperon rouge* »,
in *Contes du temps passé*, 1697.

METHODE

→ Les registres p. 70
→ L'organisation du récit p. 342
→ Le personnage de roman p. 340
→ Convaincre et perduader p. 420

OBSERVATION ET ANALYSE

1 Dégagez la structure globale de ce conte et repérez les grandes étapes du récit.

2 Distinguez les éléments narratifs ou descriptifs hérités de la tradition populaire et ceux qui relèvent de la transposition littéraire.

3 Comment le conte combine-t-il narration, description et dialogue ?

4 Le dynamisme du récit tient en grande partie à la variété des registres : lesquels pouvez-vous identifier ?

5 Quelles sont les caractéristiques du dénouement ?

6 À qui s'adresse « la moralité » ? Quelle en est la fonction ?

TEXTE ECHO

Les Contes du chat perché (1937)

Marcel Aymé
1902-1967

En l'absence de leurs parents fermiers, deux fillettes, Delphine et Marinette, vivent des aventures et des expériences qui les font communier avec la nature, loin des préjugés des adultes. Un après-midi, les deux sœurs accueillent ainsi un loup qui va devenir leur compagnon de jeu.

– Mon Dieu ! soupirait le loup, comme c'est bon d'être assis au coin du feu. Il n'y a vraiment rien de meilleur que la vie en famille. Je l'avais toujours pensé.

Les yeux humides de tendresse, il regardait les petites qui se tenaient timidement à l'écart. Après qu'il eut léché sa patte endolorie, exposé son ventre et son dos à la chaleur
5 _ du foyer, il commença de raconter des histoires. Les petites s'étaient approchées pour écouter les aventures du renard, de l'écureuil, de la taupe ou des trois lapins de la lisière. Il y en avait de si drôles que le loup dut les redire deux et trois fois.

Marinette avait déjà pris son ami par le cou, s'amusant à tirer ses oreilles pointues, à le caresser à lisse-poil et à rebrousse-poil. Delphine fut un peu longue à se familiari-
10 _ ser, et la première fois qu'elle fourra, par manière de jeu, sa petite main dans la gueule du loup, elle ne put se défendre de remarquer :

– Ah ! comme vous avez de grandes dents…

Le loup eut un air si gêné que Marinette lui cacha la tête dans ses bras.

Par délicatesse, le loup ne voulut rien dire de la grande faim qu'il avait au ventre.
15 _ – Ce que je peux être bon, songeait-il avec délices, ce n'est pas croyable.

Après qu'il eut raconté beaucoup d'histoires, les petites lui proposèrent de jouer avec elles.

– Jouer ? dit le loup, mais c'est que je ne connais pas de jeux, moi.

En un moment, il eut appris à jouer à la main chaude, à la ronde, à la paume pla-
20 _ cée et à la courotte malade. Il chantait avec une assez belle voix de basse des couplets de *Compère Guilleri* ou de *La Tour, prends garde*. Dans la cuisine c'était un vacarme, de bousculades, de cris, de grands rires et de chaises renversées. Il n'y avait pas la moindre gêne entre les trois amis qui se tutoyaient comme s'ils s'étaient toujours connus.

– Loup, c'est toi qui t'y colles !
25 _ – Non, c'est toi ! tu as bougé, elle a bougé…

– Un gage pour le loup !

Le loup n'avait jamais tant ri de sa vie, il riait à s'en décrocher la mâchoire.

– Je n'aurais pas cru que c'était si amusant de jouer, disait-il. Quel dommage qu'on ne puisse pas jouer comme ça tous les jours !
30 _ – Mais, Loup, répondaient les petites, tu reviendras. Nos parents s'en vont tous les jeudis après-midi. Tu guetteras leur départ et tu viendras taper au carreau comme tout à l'heure.

Pour finir, on joua au cheval. C'était un beau jeu. Le loup faisait le cheval, la plus blonde était montée à califourchon sur son dos, tandis que Delphine le tenait par la
35 _ queue et menait l'attelage à fond de train au travers des chaises. La langue pendante, la gueule fendue jusqu'aux oreilles, essoufflé par la course et par le rire qui lui faisait saillir les côtes, le loup demandait parfois la permission de respirer.

– Pouce ! disait-il d'une voix entrecoupée. Laissez-moi rire… je n'en peux plus… Ah ! non, laissez-moi rire !
40 _ Alors, Marinette descendait de cheval, Delphine lâchait la queue du loup et, assis par terre, on se laissait aller à rire jusqu'à s'étrangler.

La joie prit fin vers le soir, quand il fallut songer au départ du loup. Les petites avaient envie de pleurer, et la plus blonde suppliait :

– Loup, reste avec nous, on va jouer encore. Nos parents ne diront rien, tu verras…
45 _ – Ah non ! disait le loup. Les parents, c'est trop raisonnable. Ils ne comprendraient jamais que le loup ait pu devenir bon. Les parents, je les connais.

– Oui, approuva Delphine, il vaut mieux ne pas t'attarder. J'aurais peur qu'il t'arrive quelque chose.

Les trois amis se donnèrent rendez-vous pour le jeudi suivant. Il y eut encore des
50 _ promesses et de grandes effusions. Enfin, lorsque la plus blonde lui eut noué un ruban bleu autour du cou, le loup gagna la campagne et s'enfonça dans les bois.

Marcel Aymé, « Le loup »,
in *Les Contes du chat perché*, © Gallimard, 1937.

La Belle au bois dormant (1812)

Jacob et Wilhelm Grimm
1785-1863
1786-1859

Pour sauver de l'oubli les contes populaires des pays germaniques, les frères Grimm entreprirent de collecter et de transcrire ces récits en leur conservant le plus possible leur forme naïve. Ils reprirent ainsi, dans leurs Contes des enfants et du foyer, *l'histoire de « La Belle au bois dormant », qui avait déjà été racontée par Charles Perrault un peu plus d'un siècle auparavant.*

Il y avait autrefois un roi et une reine qui disaient chaque jour : « Ah, que ne pouvons-nous avoir un enfant ! » et jamais il ne leur en venait. Or, un jour que la reine était au bain, une grenouille sortit de l'eau, vint à terre et lui dit :

« Ton souhait va être exaucé, avant qu'un an ne soit écoulé tu mettras une fille au
5 _ monde. » Ce que la grenouille avait dit s'accomplit et la reine eut une fille si jolie que le roi ne put se tenir de joie et donna une grande fête. Il n'y invita pas seulement ses parents, amis et connaissances, mais aussi les sages-femmes, afin qu'elles fussent propices et favorables à son enfant. Il y en avait treize dans tout le royaume, mais comme il ne possédait que douze assiettes d'or dans lesquelles les faire manger, il y en eut une
10 _ qui dut rester chez elle. La fête fut célébrée en grande pompe¹ et quand elle fut finie, les sages-femmes firent à l'enfant leurs dons merveilleux : l'une lui donna la vertu, l'autre la beauté, et la troisième la richesse et il en fut ainsi de tout ce que l'on peut désirer en ce monde. Onze d'entre elles venaient de prononcer leurs formules magiques quand la treizième entra soudain. Elle voulait se venger de n'être pas invitée, et sans un salut ou
15 _ même un regard pour personne, elle s'écria à haute voix : « Dans sa quinzième année, la princesse se piquera avec un fuseau² et tombera morte. » Puis sans dire un mot de plus, elle fit demi-tour et quitta la salle. Tous étaient effrayés, alors la douzième, qui avait encore un vœu à faire, s'avança, et comme elle ne pouvait pas annuler le mauvais sort, mais seulement l'adoucir, elle dit : « Ce n'est pas dans la mort que la princesse
20 _ tombera, mais dans un profond sommeil de cent ans. »

Le roi, qui aurait bien voulu préserver son enfant chérie du malheur, fit publier l'ordre de brûler les fuseaux de tout le royaume. Cependant, les dons des sages-femmes s'accomplissaient, car la fillette était si belle, modeste, aimable et intelligente que tous ceux qui la voyaient ne pouvaient s'empêcher de l'aimer. Or, il advint, juste le jour
25 _ de ses quinze ans, que le roi et la reine s'absentèrent et que la jeune fille resta seule au château. Alors elle se promena partout, visita salles et chambres à son gré, et finit par arriver ainsi devant un vieux donjon. Elle gravit l'étroit escalier en colimaçon et se trouva devant une petite porte. Il y avait une clé rouillée dans la serrure, et comme elle tournait, la porte s'ouvrit, et voici que dans un petit galetas³, une vieille femme était
30 _ assise, qui filait activement son lin avec son fuseau. « Bonjour, petite mère, dit la fille du roi, que fais-tu là ? – Je file, dit la vieille en hochant la tête. – Qu'est-ce donc que cette chose qui sautille si joyeusement ? » dit la jeune fille. Elle prit le fuseau et voulut filer à son tour. Mais à peine y eut-elle touché que la sentence magique s'accomplit et qu'elle se piqua le doigt.

35 _ Or, à l'instant où elle sentit la piqûre, elle tomba sur le lit qui se trouvait là, et resta plongée dans un profond sommeil. Et ce sommeil se propagea à tout le château. Le roi et la reine, qui revenaient justement et entraient dans la salle, commencèrent

NOTES
1. En grande cérémonie.
2. Lorsqu'on filait la laine, on la transformait en fil à tisser qu'on tordait et qu'on enroulait grâce à un fuseau en bois, renflé au milieu et effilé aux extrémités.
3. Logement modeste, voire misérable, placé sous les combles.

à s'endormir et toute leur suite avec eux. Alors les chevaux s'endormirent aussi dans l'écurie, les chiens dans la cour, les pigeons sur le toit, les mouches sur le mur, le feu
40 — lui-même, qui flambait dans l'âtre[4], se tut et s'endormit, le rôti cessa de rissoler et le cuisinier, qui s'apprêtait à tirer le marmiton[5] par les cheveux parce qu'il avait commis une bévue, le lâcha et dormit. Et le vent tomba, et sur les arbres, devant le château, pas une petite feuille ne continua à bouger.

Jacob et Wilhelm Grimm,
« La Belle au bois dormant », in *Contes*, 1812 et 1819.

METHODE

→ L'expression du temps et du lieu p. 330
→ Le personnage de roman p. 340
→ L'organisation du récit p. 342

J. D. Batten (1860-1932),
illustration pour *La Belle au bois dormant*.

OBSERVATION ET ANALYSE

1 Relevez les connecteurs temporels qui structurent le récit. Que remarquez-vous ?

2 Classez les différents personnages du conte en fonction de leur rôle narratif.

3 Qui sont les sages-femmes ? Par quelle précision narrative est révélée leur véritable fonction ?

4 Expliquez et justifiez l'expression employée à la ligne 33 : « la sentence magique ».

5 Quels sont les éléments du récit qui appartiennent au merveilleux* ?

Psychanalyse des contes de fées (1976)

Bettelheim
1903-1990

Psychiatre et psychanalyste, Bruno Bettelheim s'est insurgé contre la thèse selon laquelle les contes de fées sont traumatisants pour les enfants. Selon lui, ces récits sont une réponse à leurs angoisses et une préparation aux épreuves qu'ils seront amenés à affronter.

De nombreux princes tentent d'approcher la Belle au bois dormant avant le temps de sa maturité ; tous ces prétendants trop hâtifs périssent dans les épines. Les enfants et les parents sont ainsi avertis que l'éveil sexuel qui se produit avant que le corps et l'esprit ne soient prêts est très destructif. Mais quand la Belle est prête affectivement
5 _ et physiquement pour l'amour, et en même temps pour l'expérience sexuelle et le mariage, la muraille qui semblait infranchissable tombe d'elle-même. Les gigantesques buissons d'épines se transforment en « belles et grandes fleurs » qui s'écartent pour laisser passer le prince. On trouve le même message dans bien d'autres contes de fées : « Ne craignez rien et n'essayez pas de précipiter les choses ; quand le temps sera mûr,
10 _ le problème impossible sera résolu, comme de lui-même. »

Le long sommeil de la belle héroïne a encore d'autres correspondances. Qu'il s'agisse de Blanche-Neige dans son cercueil de verre ou de la Belle au bois dormant sur son lit, le rêve adolescent d'une beauté et d'une perfection éternelles est bel et bien un rêve. La Belle au bois dormant qui, selon la malédiction originelle, devait mourir, n'est
15 _ finalement condamnée qu'à un long sommeil, comme Blanche-Neige, ce qui montre bien qu'il n'y a pas de différence entre les deux héroïnes. Ceux qui ne veulent pas changer ni se développer n'ont qu'à demeurer dans un sommeil léthargique. Pendant leur sommeil, la beauté des deux jeunes filles est froide ; leur isolement est tout narcissique. La souffrance est exclue de ce repli sur soi-même qui ignore le reste du monde, mais en
20 _ sont exclues également la connaissance et l'expérience de nouveaux sentiments.

Aucun passage d'un stade de développement à un autre n'est à l'abri des dangers ; ceux de la puberté sont symbolisés par le sang qui coule de la piqûre. On réagit naturellement aux menaces de la croissance en se retirant de la vie et du monde qui les imposent. Le repliement narcissique est une réaction tentante devant les contraintes
25 _ de l'adolescence, mais, dit l'histoire, il conduit à une existence dangereuse, létale[1], quand il est considéré comme une fuite devant les incertitudes de la vie. Le monde entier est alors comme mort pour l'adolescent. Tels sont la signification symbolique et l'avertissement du sommeil semblable à la mort où sont plongés êtres et choses qui entourent la Belle au bois dormant. Le monde ne devient vivant que pour ceux qui le
30 _ réveillent. On ne peut se « réveiller » du danger de dormir sa vie sans se relier positivement à un autre. Le baiser du prince rompt le charme du narcissisme et réveille une féminité qui, jusqu'alors, était restée embryonnaire. La vie ne peut continuer que si la jeune fille évolue vers son état de femme.

Bruno Bettelheim, *Psychanalyse des contes de fées*,
© Robert Laffont, 1976.

NOTE
: **1.** Qui entraîne la mort.

Le conte philosophique

TEXTE 3

Candide (1759)

Voltaire
1694-1778

Onze ans après le succès du « conte oriental et philosophique » qu'était Zadig, Candide va devenir et rester le plus célèbre des contes philosophiques de Voltaire. En détournant la forme narrative et les personnages du conte traditionnel, le conte philosophique charge le récit d'intentions satiriques et critiques. C'est ce que fait Voltaire en relatant le périple de son héros, Candide, un jeune homme naïf, à la recherche de sa fiancée Cunégonde. Nous sommes ici au tout début du conte.

Il y avait en Westphalie[1] dans le château de monsieur le baron Thunder-ten-tronckh[2], un jeune garçon à qui la nature avait donné les mœurs les plus douces. Sa physionomie annonçait son âme. Il avait le jugement assez droit, avec l'esprit le plus simple ; c'est, je crois, pour cette raison qu'on le nommait Candide. Les anciens
5 domestiques de la maison soupçonnaient qu'il était fils de la sœur de monsieur le baron, et d'un bon et honnête gentilhomme du voisinage, que cette demoiselle ne voulut jamais épouser parce qu'il n'avait pu prouver que soixante et onze quartiers[3], et que le reste de son arbre généalogique avait été perdu par l'injure du temps.

Monsieur le baron était un des plus puissants seigneurs de Westphalie, car son
10 château avait une porte et des fenêtres. Sa grande salle même était ornée d'une tapisserie. Tous les chiens de ses basses-cours composaient une meute dans le besoin[4] ; ses palefreniers étaient ses piqueurs ; le vicaire du village était son grand aumônier. Ils l'appelaient tous Monseigneur, et ils riaient quand il faisait des contes.

Madame la baronne, qui pesait environ trois cent cinquante livres, s'attirait par là
15 une très grande considération, et faisait les honneurs de la maison avec une dignité qui la rendait encore plus respectable. Sa fille Cunégonde, âgée de dix-sept ans, était haute en couleur, fraîche, grasse, appétissante. Le fils du baron paraissait en tout digne de son père. Le précepteur Pangloss[5] était l'oracle de la maison[6], et le petit Candide écoutait ses leçons avec toute la bonne foi de son âge et de son caractère. Pangloss enseignait la
20 métaphysico-théologo-cosmolonigologie. Il prouvait admirablement qu'il n'y a point d'effet sans cause, et que, dans ce meilleur des mondes possibles, le château de monseigneur le baron était le plus beau des châteaux, et madame la meilleure des baronnes possibles.

Voltaire, *Candide*, 1759.

NOTES

1. Région du nord-ouest de l'Allemagne.

2. Nom imaginaire aux consonances germaniques.

3. Un quartier de noblesse représentait quatre ascendants nobles.

4. En cas de besoin.

5. Nom forgé à partir de deux mots grecs : *pan*, « tout », et *glossa*, « langue ».

6. Sa parole est donc presque sacrée.

MÉTHODE

→ Les registres p. 70
→ Les figures de style p. 68
→ La description p. 338
→ Le personnage de roman p. 340

OBSERVATION ET ANALYSE

1 Cherchez dans le dictionnaire le sens des mots suivants : « palefreniers », « piqueurs », « vicaire », « aumônier » (l. 12). Quels effets produit l'association de ces termes ?

2 Quelle vision de la noblesse est donnée par Voltaire ?

3 Comment est caractérisé le personnage de Candide ? Commentez le choix de son nom.

4 Quels détails appartiennent au genre du conte : temps, situation, personnages, lieux, choix des qualificatifs ?

5 Repérez les éléments humoristiques du texte.

6 Comment la philosophie de Pangloss est-elle ridiculisée ? Quelle critique implicite l'auteur adresse-t-il à cette philosophie ?

La nouvelle

Carmen (1845)

Mérimée
1803-1870

Carmen, *nouvelle romantique de Mérimée, est le récit d'une passion déraisonnable et tragique. Don José, le héros et narrateur principal, est un soldat devenu brigand et criminel par amour pour Carmen, une jeune bohémienne qu'il a rencontrée à Séville. Il raconte ici, à celui qui rapportera et écrira son histoire, cette rencontre fatale.*

John Augustus Edwin,
Gitane espagnole,
1921 (huile sur toile,
40,6 x 33 cm).
Collection particulière.

NOTES
1. Magistrat chargé de la police et de l'administration de la ville.
2. Les femmes roulent les cigares sur leurs cuisses et retroussent donc leur jupe ou leur robe.
3. Le déjeuner.
4. Écharpe de dentelle.

Vous saurez, monsieur, qu'il y a bien quatre à cinq cents femmes occupées dans la manufacture. Ce sont elles qui roulent les cigares dans une grande salle, où les hommes n'entrent pas sans une permission du Vingt-Quatre[1], parce qu'elles se mettent à leur aise[2], les jeunes surtout, quand il fait chaud. À l'heure où les ouvrières rentrent, après
5 — leur dîner[3], bien des jeunes gens vont les voir passer, et leur en content de toutes les couleurs. Il y a peu de ces demoiselles qui refusent une mantille[4] de taffetas, et les amateurs, à cette pêche-là, n'ont qu'à se baisser pour prendre le poisson, Pendant que les autres regardaient, moi, je restais sur mon banc, près de la porte. J'étais jeune alors ; je pensais toujours au pays, et je ne croyais pas qu'il y eût de jolies filles sans jupes bleues
10 — et sans nattes tombant sur les épaules. D'ailleurs, les Andalouses me faisaient peur ; je n'étais pas encore fait à leurs manières : toujours à railler, jamais un mot de raison.

302

J'étais donc le nez sur ma chaîne quand j'entends des bourgeois qui disaient :
« Voilà la gitanilla[5]… » Je levai les yeux, et je la vis. C'était un vendredi et je ne l'oublierai jamais. Je vis cette Carmen que vous connaissez, chez qui je vous ai rencontré il y
15 – a quelques mois.

Elle avait un jupon rouge fort court qui laissait voir des bas de soie blancs avec
plus d'un trou, et des souliers mignons de maroquin rouge attachés avec des rubans
couleur de feu. Elle écartait sa mantille afin de montrer ses épaules et un gros bouquet
de cassie[6] qui sortait de sa chemise. Elle avait encore une fleur de cassie dans le coin de
20 – la bouche, et elle s'avançait en se balançant sur ses hanches comme une pouliche du
haras de Cordoue. Dans mon pays, une femme en ce costume aurait obligé le monde à
se signer[7]. À Séville, chacun lui adressait quelque compliment gaillard sur sa tournure ;
elle répondait à chacun, faisant les yeux en coulisse, le poing sur la hanche, effrontée
comme une vraie bohémienne qu'elle était. D'abord elle ne me plut pas, et je repris
25 – mon ouvrage ; mais elle, suivant l'usage des femmes et des chats qui ne viennent pas
quand on les appelle et qui viennent quand on ne les appelle pas, s'arrêta devant moi
et m'adressa la parole :

« Compère, me dit-elle à la façon andalouse, veux-tu me donner ta chaîne pour
tenir les clefs de mon coffre-fort ?

30 – – C'est pour attacher mon épinglette, lui répondis-je.

– Ton épinglette ! s'écria-t-elle en riant. Ah ! monsieur fait de la dentelle, puisqu'il
a besoin d'épingles. »

Tout le monde qui était là se mit à rire, et moi je me sentais rougir, et je ne pouvais
trouver rien à lui répondre.

35 – « Allons, mon cœur, reprit-elle, fais-moi sept aunes[8] de dentelle noire pour une
mantille, épinglier de mon âme ! »

Et prenant la fleur de cassie qu'elle avait à la bouche, elle me la lança, d'un mouvement du pouce juste entre les deux yeux. Monsieur, cela me fit l'effet d'une balle qui
m'arrivait… Je ne savais où me fourrer, je demeurais immobile comme une planche.
40 – Quand elle fut entrée dans la manufacture, je vis la fleur de cassie qui était tombée à
terre entre mes pieds ; je ne sais ce qui me prit, mais je la ramassai sans que mes camarades s'en aperçussent et je la mis précieusement dans ma veste. Première sottise !

Prosper Mérimée, *Carmen*, 1845.

NOTES

5. Diminutif :
« la petite gitane ».

6. Grosse fleur jaune
et très odorante.

7. Faire le signe de
la croix (pour conjurer
ici l'apparition d'une
femme diabolique).

8. Mesure équivalant
à une longueur d'un
mètre.

METHODE

→ Les temps dans le récit p. 328
→ Le sens des mots p. 126
→ Narrateur et point de vue p. 336
→ Le personnage de roman p. 340

OBSERVATION ET ANALYSE

1 Quels éléments apparentent le récit à une scène
de théâtre ?

2 Quel rôle joue Carmen ? Comment peut-on qualifier
le type de personnage féminin qu'elle incarne ?

3 Cherchez dans un dictionnaire le sens des mots
« épinglette », « épingles », « épinglier »
(l. 30, 32, 36). Quelle connotation prennent-ils
dans la bouche de Carmen ?

4 Don José est un soldat : son attitude vous paraît-elle
correspondre à son statut ? Que trahit-elle ?

5 Que symbolise la fleur jetée par Carmen et ramassée
par Don José ? Justifiez votre réponse.

6 Quel est le point de vue adopté ici ? Que permet-il ?

La Parure

Maupassant
1850-1893

Les nouvelles de Maupassant s'inscrivent toujours, même lorsqu'elles sont fantas-tiques, dans la réalité de leur temps. L'ambition de l'auteur est de donner l'« illusion » du vrai : trouver le mot juste qui conduit à peindre un trait, proposer l'image concrète qui fait voir permettent à Maupassant de dresser en quelques pages, au travers d'une anecdote, un tableau saisissant de la réalité sociale ou quotidienne.

C'était une de ces jolies et charmantes filles, nées, comme par une erreur du destin, dans une famille d'employés. Elle n'avait pas de dot[1], pas d'espérances, aucun moyen d'être connue, comprise, aimée, épousée par un homme riche et distingué ; et elle se laissa marier avec un petit commis du ministère de l'Instruction publique.

5 ‒ Elle fut simple ne pouvant être parée ; mais malheureuse comme une déclassée ; car les femmes n'ont point de caste ni de race, leur beauté, leur grâce et leur charme leur servant de naissance et de famille. Leur finesse native, leur instinct d'élégance, leur souplesse d'esprit, sont leur seule hiérarchie, et font des filles du peuple les égales des plus grandes dames.

10 ‒ Elle souffrait sans cesse, se sentant née pour toutes les délicatesses et tous les luxes. Elle souffrait de la pauvreté de son logement, de la misère des murs, de l'usure des sièges, de la laideur des étoffes. Toutes ces choses, dont une autre femme de sa caste ne se serait même pas aperçue, la torturaient et l'indignaient. La vue de la petite Bretonne qui faisait son humble ménage éveillait en elle des regrets désolés et des rêves éper-

15 ‒ dus. Elle songeait aux antichambres muettes, capitonnées avec des tentures orientales, éclairées par de hautes torchères de bronze, et aux deux grands valets en culotte courte qui dorment dans les larges fauteuils, assoupis par la chaleur lourde du calorifère[2]. Elle songeait aux grands salons vêtus de soie ancienne, aux meubles fins portant des bibe-lots inestimables, et aux petits salons coquets, parfumés, faits pour la causerie de cinq

20 ‒ heures avec les amis les plus intimes, les hommes connus et recherchés dont toutes les femmes envient et désirent l'attention.

Quand elle s'asseyait, pour dîner, devant la table ronde couverte d'une nappe de trois jours, en face de son mari qui découvrait la soupière en déclarant d'un air enchanté : «Ah ! le bon pot-au-feu ! je ne sais rien de meilleur que cela…», elle songeait

25 ‒ aux dîners fins, aux argenteries reluisantes, aux tapisseries peuplant les murailles de personnages anciens et d'oiseaux étranges au milieu d'une forêt de féerie ; elle songeait aux plats exquis servis en des vaisselles merveilleuses, aux galanteries chuchotées et écoutées avec un sourire de sphinx, tout en mangeant la chair rose d'une truite ou des ailes de gelinotte[3].

30 ‒ Elle n'avait pas de toilettes, pas de bijoux, rien. Et elle n'aimait que cela ; elle se sen-tait faire pour cela. Elle eût tant désiré plaire, être enviée, être séduisante et recherchée.

Elle avait une amie riche, une camarade de couvent qu'elle ne voulait plus aller voir, tant elle souffrait en revenant. Et elle pleurait pendant des jours entiers, de cha-grin, de regret, de désespoir et de détresse.

35 ‒ Or, un soir, son mari rentra, l'air glorieux et tenant à la main une large enveloppe.

« Tiens, dit-il, voici quelque chose pour toi. »

Elle déchira vivement le papier et en tira une carte imprimée qui portait ces mots :

« Le ministre de l'Instruction publique et Mme Georges Ramponneau prient M.

40 ‒ et Mme Loisel de leur faire l'honneur de venir passer la soirée à l'hôtel du Ministère, le lundi 18 janvier. »

NOTES
1. Bien qu'apporte une femme en se mariant.
2. Appareil de chauffage.
3. Oiseau voisin de la perdrix.

Au lieu d'être ravie, comme l'espérait son mari, elle jeta avec dépit l'invitation sur la table, murmurant :

« Que veux-tu que je fasse de cela ?

45   - Mais, ma chérie, je pensais que tu serais contente. Tu ne sors jamais, et c'est une occasion, cela, une belle ! J'ai eu une peine infinie à l'obtenir. Tout le monde en veut ; c'est très recherché et on n'en donne pas beaucoup aux employés. Tu verras là tout le monde officiel. »

Elle le regardait d'un œil irrité, et elle déclara avec impatience :

50   « Que veux-tu que je me mette sur le dos pour aller là ? »

Il n'y avait pas songé ; il balbutia :

« Mais la robe avec laquelle tu vas au théâtre. Elle me semble très bien, à moi… »

Il se tut, stupéfait, éperdu, en voyant que sa femme pleurait. Deux grosses larmes descendaient lentement des coins des yeux vers les coins de la bouche ; il bégaya :

55   « Qu'as-tu ? qu'as-tu ? »

Mais, par un effort violent, elle avait dompté sa peine et elle répondit d'une voix calme en essuyant ses joues humides :

« Rien. Seulement je n'ai pas de toilette et par conséquent je ne peux aller à cette fête. Donne ta carte à quelque collègue dont la femme sera mieux nippée[4] que moi. »

60   Il était désolé. Il reprit :

« Voyons, Mathilde. Combien cela coûterait-il, une toilette convenable, qui pourrait te servir encore en d'autres occasions, quelque chose de très simple ? »

Elle réfléchit quelques secondes, établissant ses comptes et songeant aussi à la somme qu'elle pouvait demander sans s'attirer un refus immédiat et une exclamation

65   effarée du commis[5] économe.

Enfin, elle répondit en hésitant :

« Je ne sais pas au juste, mais il me semble qu'avec quatre cents francs je pourrais arriver. »

Il avait un peu pâli, car il réservait juste cette somme pour acheter un fusil et s'of-

70   frir des parties de chasse, l'été suivant, dans la plaine de Nanterre, avec quelques amis qui allaient tirer des alouettes, par là, le dimanche.

Il dit cependant :

« Soit. Je te donne quatre cents francs. Mais tâche d'avoir une belle robe. »

Le jour de la fête approchait, et Mme Loisel semblait triste, inquiète, anxieuse. Sa

75   toilette était prête cependant. Son mari lui dit un soir :

« Qu'as-tu ? Voyons, tu es toute drôle depuis trois jours. »

Et elle répondit :

« Cela m'ennuie de n'avoir pas un bijou, pas une pierre, rien à mettre sur moi. J'aurai l'air misère comme tout. J'aimerais presque mieux ne pas aller à cette soirée. »

80   Il reprit :

« Tu mettras des fleurs naturelles. C'est très chic en cette saison-ci. Pour dix francs tu auras deux ou trois roses magnifiques. »

Elle n'était point convaincue.

« Non… il n'y a rien de plus humiliant que d'avoir l'air pauvre au milieu de fem-

85   mes riches. »

Mais son mari s'écria :

« Que tu es bête ! Va trouver ton amie Mme Forestier et demande-lui de te prêter des bijoux. Tu es bien assez liée avec elle pour faire cela. »

Elle poussa un cri de joie :

90   « C'est vrai. Je n'y avais point pensé. »

Le lendemain, elle se rendit chez son amie et lui conta sa détresse.

Mme Forestier alla vers son armoire à glace, prit un large coffret, l'apporta, l'ouvrit, et dit à Mme Loisel :

NOTES
4. Habillée (langage familier).
5. Ici, employé de l'administration.

La Parure de Guy de Maupassant parue dans *La Vie populaire* du 7 mai 1885.

« Choisis, ma chère. »

95 ⎯ Elle vit d'abord des bracelets, puis un collier de perles, puis une croix vénitienne, or et pierreries, d'un admirable travail. Elle essayait les parures[6] devant la glace, hésitait, ne pouvait se décider à les quitter, à les rendre. Elle demandait toujours :

« Tu n'as plus rien d'autre ?

– Mais si. Cherche. Je ne sais pas ce qui peut te plaire. »

100 ⎯ Tout à coup elle découvrit, dans une boîte de satin noir, une superbe rivière[7] de diamants ; et son cœur se mit à battre d'un désir immodéré. Ses mains tremblaient en la prenant. Elle l'attacha autour de sa gorge, sur sa robe montante, et demeura en extase devant elle-même.

Puis, elle demanda, hésitante, pleine d'angoisse :

105 ⎯ « Peux-tu me prêter cela, rien que cela ?

– Mais oui, certainement. »

Elle sauta au cou de son amie, l'embrassa avec emportement, puis s'enfuit avec son trésor.

Le jour de la fête arriva. Mme Loisel eut un succès. Elle était plus jolie que toutes,
110 ⎯ élégante, gracieuse, souriante et folle de joie. Tous les hommes la regardaient, demandaient son nom, cherchaient à être présentés. Tous les attachés du cabinet voulaient valser avec elle. Le ministre la remarqua.

Elle dansait avec ivresse, avec emportement, grisée par le plaisir, ne pensant plus à rien, dans le triomphe de sa beauté, dans la gloire de son succès, dans une sorte de
115 ⎯ nuage de bonheur fait de tous ces hommages, de toutes ces admirations, de tous ces désirs éveillés, de cette victoire si complète et si douce au cœur des femmes.

Elle partit vers quatre heures du matin. Son mari, depuis minuit, dormait dans un petit salon désert avec trois autres messieurs dont les femmes s'amusaient beaucoup.

Il lui jeta sur les épaules les vêtements qu'il avait apportés pour la sortie, modestes
120 ⎯ vêtements de la vie ordinaire, dont la pauvreté jurait avec l'élégance de la toilette de bal. Elle le sentit et voulut s'enfuir, pour ne pas être remarquée par les autres femmes qui s'enveloppaient de riches fourrures.

NOTES
6. Ensemble de bijoux assortis.
7. Collier de diamants.

Loisel la retenait :

« Attends donc. Tu vas attraper froid dehors. Je vais appeler un fiacre[8]. »

125   Mais elle ne l'écoutait point et descendait rapidement l'escalier. Lorsqu'il furent dans la rue, ils ne trouvèrent pas de voiture ; et ils se mirent à chercher, criant après les cochers qu'ils voyaient passer de loin.

Ils descendaient vers la Seine, désespérés, grelottants. Enfin ils trouvèrent sur le quai un de ces vieux coupés[9] noctambules qu'on ne voit dans Paris que la nuit venue, 130   comme s'ils eussent été honteux de leur misère pendant le jour.

Il les ramena jusqu'à leur porte, rue des Martyrs, et ils remontèrent tristement chez eux. C'était fini, pour elle. Et il songeait, lui, qu'il lui faudrait être au ministère à dix heures.

Elle ôta les vêtements dont elle s'était enveloppé les épaules, devant la glace, afin 135   de se voir encore une fois dans sa gloire. Mais soudain elle poussa un cri. Elle n'avait plus sa rivière autour du cou !

Son mari, à moitié dévêtu déjà, demanda :

« Qu'est-ce que tu as ? »

Elle se tourna vers lui, affolée :

140   « J'ai… j'ai… je n'ai plus la rivière de Mme Forestier. »

Il se dressa, éperdu :

« Quoi !…. comment !…. Ce n'est pas possible ! »

Et ils cherchèrent dans les plis de la robe, dans les plis du manteau, dans les poches, partout. Ils ne la trouvèrent point.

145   Il demandait :

« Tu es sûre que tu l'avais encore en quittant le bal ? »

– Oui, je l'ai touchée dans le vestibule du ministère.

– Mais si tu l'avais perdue dans la rue, nous l'aurions entendue tomber. Elle doit être dans le fiacre.

150   – Oui. C'est probable. As-tu pris le numéro ?

– Non. Et toi, tu ne l'as pas regardé ?

– Non. »

Ils se contemplaient atterrés. Enfin Loisel se rhabilla.

« Je vais, dit-il, refaire tout le trajet que nous avons fait à pied, pour voir si je ne 155   la retrouverai pas. »

Et il sortit. Elle demeura en toilette de soirée, sans force pour se coucher, abattue sur une chaise, sans feu, sans pensée.

Son mari rentra vers sept heures. Il n'avait rien trouvé.

Il se rendit à la préfecture de Police, aux journaux, pour faire promettre une 160   récompense, aux compagnies de petites voitures, partout enfin où un soupçon d'espoir le poussait.

Elle attendit tout le jour, dans le même état d'effarement devant cet affreux désastre.

Loisel revint le soir, avec la figure creusée, pâlie ; il n'avait rien découvert.

« Il faut, dit-il, écrire à ton amie que tu as brisé la fermeture de sa rivière et que tu 165   la fais réparer. Cela nous donnera le temps de nous retourner. »

Elle écrivit sous sa dictée.

Au bout d'une semaine, ils avaient perdu toute espérance.

Et Loisel, vieilli de cinq ans, déclara :

« Il faut aviser à remplacer ce bijou. »

170   Ils prirent, le lendemain, la boîte qui l'avait renfermé, et se rendirent chez le joaillier, dont le nom se trouvait dedans. Il consulta ses livres :

« Ce n'est pas moi, Madame, qui ai vendu cette rivière ; j'ai dû seulement fournir l'écrin. »

NOTES
8 et 9. Voitures tirées
par des chevaux.

Alors ils allèrent de bijoutier en bijoutier, cherchant une parure pareille à l'autre,
175 _ consultant leurs souvenirs, malades tous deux de chagrin et d'angoisse.

Ils trouvèrent, dans une boutique du Palais-Royal, un chapelet de diamants qui leur parut entièrement semblable à celui qu'ils cherchaient. Il valait quarante mille francs. On le leur laisserait à trente-six mille.

Ils prièrent donc le joaillier de ne pas le vendre avant trois jours. Et ils firent condi-
180 _ tion qu'on le reprendrait, pour trente-quatre mille francs, si le premier était retrouvé avant la fin de février.

Loisel possédait dix-huit mille francs que lui avait laissés son père. Il emprunterait le reste.

Il emprunta, demandant mille francs à l'un, cinq cents à l'autre, cinq louis par-
185 _ ci, trois louis par-là. Il fit des billets, prit des engagements ruineux, eut affaire aux usuriers[10], à toutes les races de prêteurs. Il compromit toute la fin de son existence, risqua sa signature sans savoir même s'il pourrait y faire honneur, et, épouvanté par les angoisses de l'avenir, par la noire misère qui allait s'abattre sur lui, par la perspective de toutes les privations physiques et de toutes les tortures morales, il alla chercher la
190 _ rivière nouvelle, en déposant sur le comptoir du marchand trente-six mille francs.

Quand Mme Loisel reporta la parure à Mme Forestier, celle-ci lui dit, d'un air froissé :

« Tu aurais dû me la rendre plus tôt, car je pouvais en avoir besoin. »

Elle n'ouvrit pas l'écrin, ce que redoutait son amie. Si elle s'était aperçue de la
195 _ substitution, qu'aurait-elle pensé ? qu'aurait-elle dit ? Ne l'aurait-elle pas prise pour une voleuse ?

Mme Loisel connut la vie horrible des nécessiteux. Elle prit son parti, d'ailleurs, tout d'un coup, héroïquement. Il fallait payer cette dette effroyable.
200 _ Elle payerait. On renvoya la bonne ; on changea de logement ; on loua sous les toits une mansarde.

Elle connut les gros travaux du ménage, les odieuses besognes
205 _ de la cuisine. Elle lava la vaisselle, usant ses ongles roses sur les poteries grasses et le fond des casseroles. Elle savonna le linge sale, les chemises et les torchons, qu'elle faisait
210 _ sécher sur une corde ; elle descendit à la rue, chaque matin, les ordures, et monta l'eau, s'arrêtant à chaque étage pour souffler. Et, vêtue comme une femme du peuple, elle alla chez
215 _ le fruitier, chez l'épicier, chez le boucher, le panier au bras, marchandant, injuriée, défendant sou à sou son misérable argent.

Il fallait chaque mois payer
220 _ des billets[11], en renouveler d'autres, obtenir du temps.

Le mari travaillait, le soir, à mettre au net les comptes d'un commerçant, et la nuit, souvent, il faisait
225 _ de la copie à cinq sous la page.

NOTES

10. Personnes qui prêtent de l'argent en contrepartie d'intérêts excessifs.

11. Promesses de paiement écrites.

Henri de Toulouse-Lautrec, *La Blanchisseuse*, 1889. Collection particulière.

Et cette vie dura dix ans.

Au bout de dix ans, ils avaient tout restitué, tout, avec le taux de l'usure[12], et l'accumulation des intérêts superposés.

230 — Mme Loisel semblait vieille, maintenant. Elle était devenue la femme forte, et dure, et rude, des ménages pauvres. Mal peignée, avec les jupes de travers et les mains rouges, elle parlait haut, lavait à grande eau les planchers. Mais parfois, lorsque son mari était au bureau, elle s'asseyait auprès de la fenêtre, et elle songeait à cette soirée d'autrefois, à ce bal où elle avait été si belle et si fêtée.

Que serait-il arrivé si elle n'avait point perdu cette parure ? Qui sait ? qui sait ?

235 — Comme la vie est singulière, changeante ! Comme il faut peu de chose pour vous perdre ou vous sauver !

Or, un dimanche, comme elle était allée faire un tour aux Champs-Élysées pour se délasser des besognes de la semaine, elle aperçut tout à coup une femme qui promenait un enfant. C'était Mme Forestier, toujours jeune, toujours belle, toujours séduisante.

240 — Mme Loisel se sentit émue. Allait-elle lui parler ? Oui, certes. Et maintenant qu'elle avait payé, elle lui dirait tout. Pourquoi pas ?

Elle s'approcha.

« Bonjour, Jeanne. »

L'autre ne la reconnaissait point, s'étonnant d'être appelée ainsi familièrement

245 — par cette bourgeoise[13]. Elle balbutia :

« Mais… Madame !…. Je ne sais… Vous devez vous tromper.

— Non. Je suis Mathilde Loisel. »

Son amie poussa un cri :

« Oh !…. ma pauvre Mathilde, comme tu es changée !….

250 — — Oui, j'ai eu des jours bien durs, depuis que je ne t'ai vue ; et bien des misères… et cela à cause de toi !….

— De moi… Comment ça ?

— Tu te rappelles bien cette rivière de diamants que tu m'as prêtée pour aller à la fête du Ministère ?

255 — — Oui. Eh bien ?

— Eh bien, je l'ai perdue.

— Comment ! puisque tu me l'as rapportée.

— Je t'en ai rapporté une autre toute pareille. Et voilà dix ans que nous la payons. Tu comprends que ça n'était pas aisé pour nous, qui n'avions rien… Enfin c'est fini, et

260 — je suis rudement contente. »

Mme Forestier s'était arrêtée.

« Tu dis que tu as acheté une rivière de diamants pour remplacer la mienne ?

— Oui. Tu ne t'en étais pas aperçue, hein ? Elles étaient bien pareilles. »

Et elle souriait d'une joie orgueilleuse et naïve.

265 — Mme Forestier, fort émue, lui prit les deux mains.

« Oh ! ma pauvre Mathilde ! Mais la mienne était fausse. Elle valait au plus cinq cents francs !…. »

Guy de Maupassant, « La Parure », in *Contes du jour et de la nuit*, 1885.

NOTES
12. Pourcentage de l'intérêt prélevé sur une somme d'argent prêtée à quelqu'un.
13. Le terme a ici un sens péjoratif et désigne une femme sans distinction.

METHODE

→ Contexte et paratexte p. 66
→ Le personnage de roman p. 340
→ L'organisation du récit p. 342

OBSERVATION ET ANALYSE

1 Justifiez le titre choisi par Maupassant.

2 Dégagez le schéma narratif de cette nouvelle.

3 Pourquoi peut-on qualifier de chute la fin de la nouvelle ?

4 Relevez dans l'ensemble de la nouvelle les interventions du narrateur. Quel jugement porte-t-il sur ses personnages ?

5 En quoi cette nouvelle vous apparaît-elle réaliste ?

Le Médianoche amoureux (1989)

Tournier
Né en 1924

Révélé par son roman Vendredi ou les Limbes du Pacifique *(1967), Michel Tournier est aussi l'auteur de contes et de nouvelles. S'il fonde ses récits sur l'imaginaire et recourt volontiers aux ressources du mythe ou de la légende, il n'oublie pas la réalité humaine et sociale, comme l'atteste ce court récit qui raconte la visite du narrateur aux détenus d'un centre pénitentiaire.*

Le visiteur pénitentiaire du centre de Cléricourt m'avait prévenu : « Ils ont tous fait de grosses bêtises : terrorisme, prises d'otages, hold-up. Mais en dehors de leurs heures d'atelier de menuiserie, ils ont lu certains de vos livres, et ils voudraient en parler avec vous. » J'avais donc rassemblé mon courage et pris la route pour cette des-
5 – cente en enfer. Ce n'était pas la première fois que j'allais en prison. Comme écrivain, s'entend, et pour m'entretenir avec ces lecteurs particulièrement attentifs, des jeunes détenus. J'avais gardé de ces visites un arrière-goût d'une âpreté insupportable. Je me souvenais notamment d'une splendide journée de juin. Après deux heures d'entretien avec des êtres humains semblables à moi, j'avais repris ma voiture en me disant : « Et
10 – maintenant on les reconduit dans leur cellule, et toi tu vas dîner dans ton jardin avec une amie. Pourquoi ? »

On me confisqua mes papiers, et j'eus droit en échange à un gros jeton numéroté. On promena un détecteur de métaux sur mes vêtements. Puis des portes commandées électriquement s'ouvrirent et se refermèrent derrière moi. Je franchis des sas. J'enfilai
15 – des couloirs qui sentaient l'encaustique[1]. Je montai des escaliers aux cages tendues de filets, « pour prévenir les tentatives de suicide », m'expliqua le gardien.

Ils étaient réunis dans la chapelle, certains très jeunes en effet. Oui, ils avaient lu certains de mes livres. Ils m'avaient entendu à la radio. « Nous travaillons le bois, me dit l'un d'eux, et nous voudrions savoir comment se fait un livre. » J'évoquai mes
20 – recherches préalables, mes voyages, puis les longs mois d'artisanat solitaire à ma table (manuscrit = écrit à la main). Un livre, cela se fait comme un meuble, par ajustement patient de pièces et de morceaux. Il y faut du temps et du soin.

– Oui, mais une table, une chaise, on sait à quoi ça sert. Un écrivain, c'est utile ?

Il fallait bien que la question fût posée. Je leur dis que la société est menacée de
25 – mort par les forces d'ordre et d'organisation qui pèsent sur elle. Tout pouvoir – politique, policier ou administratif – est conservateur. Si rien ne l'équilibre, il engendrera une société bloquée, semblable à une ruche, à une fourmilière, à une termitière. Il n'y aura plus rien d'humain, c'est-à-dire d'imprévu, de créatif parmi les hommes. L'écrivain a pour fonction naturelle d'allumer par ses livres des foyers de réflexion, de
30 – contestation, de remise en cause de l'ordre établi. Inlassablement il lance des appels à la révolte, des rappels au désordre, parce qu'il n'y a rien d'humain sans création, mais toute création dérange. C'est pour quoi il est si souvent poursuivi et persécuté. Et je citai François Villon[2], plus souvent en prison qu'en relaxe[3], Germaine de Staël[4], défiant le pouvoir napoléonien et se refusant à écrire l'unique phrase de soumission qui lui
35 – aurait valu la faveur du tyran, Victor Hugo, exilé vingt ans sur son îlot[5]. Et Jules Vallès[6], et Soljenitsyne[7] et bien d'autres.

– Il faut écrire debout, jamais à genoux. La vie est un travail qu'il faut toujours faire debout, dis-je enfin.

L'un d'eux désigna d'un coup de menton le mince ruban rouge de ma boutonnière.
40 – – Et ça ? C'est pas de la soumission ?

La Légion d'honneur ? Elle récompense, selon moi, un citoyen tranquille, qui

NOTES

1. Préparation à base de cire qu'on utilise pour entretenir les parquets.

2. Poète français du XVe siècle. Il mena une vie d'aventures et connut la prison.

3. Décision judiciaire qui prononce la non-culpabilité d'un accusé.

4. Mme de Staël (1766-1815) ne put jouer le rôle politique auquel elle aspirait et fut exilée en 1803.

5. Opposant farouche de Napoléon III, Victor Hugo vécut sur l'île de Jersey puis sur celle de Guernesey.

6. Écrivain polémiste et communard (1832-1885), il dut lui aussi s'exiler.

7. Écrivain russe dissident, né en 1918, il fut condamné au bagne par le régime communiste, puis vécut en exil pendant près de vingt ans.

paie ses impôts et n'incommode pas ses voisins. Mais mes livres, eux, échappent à toute récompense, comme à toute loi. Et je leur citai le mot d'Erik Satie[8]. Ce musicien obscur et pauvre détestait le glorieux Maurice Ravel[9] qu'il accusait de lui avoir volé sa
45 place au soleil. Un jour Satie apprend avec stupeur qu'on a offert la croix de la Légion d'honneur à Ravel, lequel l'a refusée. « Il refuse la Légion d'honneur, dit-il, mais toute son œuvre l'accepte. » Ce qui était très injuste. Je crois cependant qu'un artiste peut accepter pour sa part tous les honneurs, à condition que son œuvre, elle, les refuse.

On se sépara. Ils me promirent de m'écrire. Je n'en croyais rien. Je me trompais.
50 Ils firent mieux. Trois mois plus tard, une camionnette du pénitencier de Cléricourt s'arrêtait devant ma maison. On ouvrit les portes arrière et on en sortit un lourd pupitre de chêne massif, l'un de ces hauts meubles sur lesquels écrivaient jadis les clercs de notaires, mais aussi Balzac, Victor Hugo, Alexandre Dumas. Il sortait tout frais de l'atelier et sentait bon encore les copeaux et la cire. Un bref message l'accompagnait :
55 « Pour écrire debout. De la part des détenus de Cléricourt. »

Michel Tournier, « *Écrire debout* »,
in *Le Médianoche amoureux*, © Gallimard, 1989.

NOTES
8. Compositeur français (1866-1925).
9. Compositeur français (1873-1937) dont l'œuvre est extrêmement riche et variée.

METHODE

→ Les formes du discours rapporté p. 332
→ L'organisation du récit p. 342
→ Écrire une nouvelle p. 348

Michel Tournier à sa table de travail (1977).

OBSERVATION ET ANALYSE

1 Qu'est-ce qui distingue ce récit des nouvelles que vous avez pu lire ? Quelle en est la spécificité ? À quel genre pourrait-il appartenir ?

2 Observez le titre, la composition et la progression du texte. Quelles intentions révèlent-ils ?

3 Le récit est placé sous le signe de l'échange : relevez les éléments qui mettent en relief cette thématique.

4 Expliquez la formule de la ligne 37 : « Il faut écrire debout, jamais à genoux. » Pourquoi est-elle pertinente dans cette situation de communication ?

5 Quelle signification faut-il attribuer au cadeau des détenus et au message qui l'accompagne ?

EXPRESSION

Dissertation. Partagez-vous l'opinion de Michel Tournier lorsqu'il affirme : « L'écrivain a pour fonction naturelle d'allumer par ses livres des foyers de réflexion, de contestation, de remise en cause de l'ordre établi » (l. 29-30) ?

→ **« Ce qu'en pense Gontabert » de Daniel Boulanger**

Daniel Boulanger
L'enfant de bohème

▶ Daniel Boulanger et l'art de la nouvelle

Né en 1922 à Compiègne, Daniel Boulanger est à la fois poète, romancier, scénariste, et auteur de nouvelles, genre qu'il contribue à remettre au goût du jour. Ses différents recueils (16 en tout jusqu'en 2003) rencontrent un vif succès : Prix de la nouvelle pour *Les Noces du merle* en 1963, Bourse Goncourt de la nouvelle pour *Fouette Cocher !* en 1974 et Prix du Livre Inter pour *L'Enfant de Bohème* en 1978, dont est extrait « Ce qu'en pense Gontabert ».

L'Enfant de Bohème comporte quinze nouvelles, qui peuvent être lues comme des variations, tantôt émouvantes, tantôt cruelles, autour du thème de l'amour dans des univers quotidiens et en apparence banals : dans « Une ombre dans le paysage », Achille, le vieux sacristain, finit par tuer son épouse ; dans « Le Portrait », Élise Fanisie est violée par un vagabond qui viendra déposer, comme une sorte d'offrande, jour après jour, un lapin mort à la porte de la demeure qu'elle a désormais quittée.

▶ « Ce qu'en pense Gontabert »

Cette nouvelle est la quatrième du recueil. Elle échappe en partie à la tonalité d'ensemble de l'ouvrage. Sans doute l'amour apparaît-il à travers la figure fugitive de la prostituée ou des deux épouses, mais c'est ici le souvenir, celui de Gontabert, l'ami tôt disparu, qui occupe la première place.

Le titre

1 Quel horizon d'attente dessine ce titre ? Quel sens lui donnez-vous après lecture de la nouvelle ?

Les personnages

2 Comment le choix et le traitement des personnages correspondent-ils à une logique de resserrement du récit propre à la nouvelle ?

3 Pourquoi peut-on dire que le personnage central est l'absent, c'est-à-dire Gontabert ? Que représente-t-il pour Savoisien et Chardonnet ?

4 Qu'apporte le personnage de Goldenbaum au récit ?

La dynamique narrative

5 Dégagez les principales étapes du récit.

6 Montrez comment s'opèrent des variations de rythme, en étant attentif aux sommaires, scènes et ellipses* narratives.

7 Pourquoi peut-on dire que les dernières lignes constituent une véritable chute* ?

Les registres

8 La nouvelle peut d'abord être lue comme une parodie du roman de Flaubert *Bouvard et Pécuchet*. Lisez l'extrait de ce roman proposé p. 260 : quels rapprochements pouvez-vous établir entre les traitement des personnages chez Flaubert et celui de Savoisien et Chardonnet chez Boulanger ?

9 La nouvelle fait aussi la satire du milieu social et professionnel auquel appartiennent Savoisien et Chardonnet. Précisez les cibles de cette satire.

10 Toutefois, la nouvelle est dans le même temps empreinte d'une vraie tristesse qui correspond à un registre plus grave :

– Que nous révèle sur l'existence des personnages leur constante référence à Gontabert comme sujet de conversation ?

– À quel registre correspond le passage où est évoquée la femme de Goldenbaum ?

Pour prolonger la lecture

Pour Daniel Boulanger : « Au roman de romancer, au conte de nous en conter, au récit de nous abréger une longue affaire. La nouvelle n'essaie pas de comprendre, de soulager ou d'expliquer, elle viole et livre. » Expliquez cette définition de la nouvelle et dites si elle correspond à votre lecture de « Ce qu'en pense Gontabert ».

TEXTE 7

Buzzati
1906-1972

Le K (1967)

Romancier et conteur italien, à la fois lucide et sensible, Dino Buzzati offre à son lecteur la vision d'un univers souvent pessimiste. Tout comme son roman Le Désert des Tartares, *« Le K » est une nouvelle qui illustre la thématique de l'attente. Elle raconte l'histoire de Stefano, qui se croit choisi comme victime et poursuivi comme tel par un squale monstrueux, être légendaire que les marins appellent « le K ».*

Naviguer, naviguer, c'était son unique pensée. À peine avait-il touché terre dans quelque port, après de longs mois de mer, que l'impatience le poussait à repartir. Il savait que le K l'attendait au large et que le K était synonyme de désastre. Rien à faire. Une impulsion irrépressible l'attirait sans trêve d'un océan à un autre.

5 — Jusqu'au jour où, soudain, Stefano prit conscience qu'il était devenu vieux, très vieux ; et personne de son entourage ne pouvait s'expliquer pourquoi, riche comme il l'était, il n'abandonnait pas enfin cette damnée existence de marin. Vieux et amèrement malheureux, parce qu'il avait usé son existence entière dans cette fuite insensée à travers les mers pour fuir son ennemi. Mais la tentation de l'abîme avait été plus forte

10 — pour lui que les joies d'une vie aisée et tranquille.

Et un soir, tandis que son magnifique navire était ancré au large du port où il était né, il sentit sa fin prochaine. Alors il appela le capitaine, en qui il avait une totale confiance, et lui enjoignit de ne pas s'opposer à ce qu'il allait tenter. L'autre, sur l'honneur, promit.

15 — Ayant obtenu cette assurance, Stefano révéla alors au capitaine qui l'écoutait bouche bée, l'histoire du K qui avait continué de le suivre pendant presque cinquante ans, inutilement.

« Il m'a escorté d'un bout à l'autre du monde, dit-il, avec une fidélité que même le plus noble ami n'aurait pas témoignée. Maintenant je suis sur le point de mourir. Lui

20 — aussi doit être terriblement vieux et fatigué. Je ne peux pas tromper son attente. »

Ayant dit, il prit congé, fit descendre une chaloupe à la mer et s'y installa après s'être fait remettre un harpon.

« Maintenant, je vais aller à sa rencontre, annonça-t-il. Il est juste que je ne le déçoive pas. Mais je lutterai de toutes mes dernières forces. »

25 — À coups de rames il s'éloigna. Les officiers et les matelots le virent disparaître là-bas, sur la mer placide, dans les ombres de la nuit. Au ciel il y avait un croissant de lune.

Il n'eut pas à ramer longtemps. Tout à coup le mufle hideux du K émergea contre la barque.

« Je me suis décidé à venir à toi, dit Stefano. Et maintenant, à nous deux ! » Alors,

30 — rassemblant ses dernières forces, il brandit le harpon pour frapper.

« Bouhouhou ! mugit d'une voix suppliante le K. Quel long chemin j'ai dû parcourir pour te trouver ! Moi aussi je suis recru[1] de fatigue… Ce que tu as pu me faire nager ! Et toi qui fuyais, fuyais… dire que tu n'as jamais rien compris !

– Compris quoi ? fit Stefano piqué.

35 — – Compris que je ne te pourchassais pas autour de la terre pour te dévorer comme tu le pensais. Le roi des mers m'avait seulement chargé de te remettre ceci. »

Et le squale tira la langue, présentant au vieux marin une petite sphère phosphorescente.

Stefano la prit entre ses doigts et l'examina. C'était une perle d'une taille phéno-

40 — ménale. Et il reconnut alors la fameuse Perle de la Mer qui donne à celui qui la possède fortune, puissance, amour, et paix de l'âme. Mais il était trop tard désormais.

NOTE
1. Épuisé.

« Hélas ! dit-il en hochant la tête tristement. Quelle pitié ! J'ai seulement réussi à gâcher mon existence et la tienne…

– Adieu, mon pauvre homme », répondit le K.

45　Et il plongea à jamais dans les eaux noires.

Deux mois plus tard, poussée par le ressac[2], une petite chaloupe s'échoua sur un écueil abrupt. Elle fut aperçue par quelques pêcheurs qui, intrigués, s'en approchèrent. Dans la barque, un squelette blanchi était assis : entre ses phalanges minces il serrait un petit galet arrondi.

50　Le K est un poisson de très grande taille, affreux à voir et extrêmement rare. Selon les mers et les riverains, il est indifféremment appelé kolomber, kahloubrha, kalonga, kalu, balu, chalung-gra. Les naturalistes, fait étrange, l'ignorent. Quelques-uns, même, soutiennent qu'il n'existe pas…

Dino Buzzati, *Le K*, trad. J. Rémillet, © Robert Laffont, 1967.

NOTE
2. Mouvement de la mer vers le large après le déferlement d'une vague.

METHODE
→ L'énonciation p. 62
→ Les registres p. 70

OBSERVATION ET ANALYSE

1 Quels sont les registres de cet extrait ?

2 Relevez les mots et expressions qui font évoluer notre perception du K. Que concluez-vous ?

3 Observez le dialogue de Stefano et du K. Quel rapport s'instaure entre eux ?

4 Pourquoi cette nouvelle relève-t-elle du fantastique ?

5 Observez la fin du texte. Que remarquez-vous ? Quel enseignement livre ce récit ?

6 Quel est notamment le statut du dernier paragraphe ? Quel effet produisent les précisions apportées ?

Histoire *littéraire*

Le fantastique

◼ Un instrument de contestation

C'est dans la seconde moitié du XVIIIe siècle qu'apparaît en France l'inspiration fantastique. Elle succède au merveilleux chrétien et païen du conte ou de la fable, qui faisait intervenir des personnages (fées, sorcières, ogres) et des événements surnaturels (miracles, apparitions, transformations). Perrault et La Fontaine au XVIIe siècle, les frères Grimm et Andersen au siècle suivant s'y étaient illustrés. Cette inspiration fantastique entre en réaction contre le rationalisme des Lumières*, ainsi qu'en témoigne *Le Diable amoureux de Cazotte* (1772), et subit l'influence du roman noir anglais (Walpole, Radcliffe) et des chefs-d'œuvre allemands comme les *Contes fantastiques* d'Hoffmann.

Grands lecteurs, souvent traducteurs, de ces récits anglo-saxons, les romantiques (Balzac, Gautier, Mérimée, Nodier) adoptent le récit fantastique comme une forme de libération de l'imaginaire et un instrument de contestation du conservatisme culturel et politique de l'époque. Dans la seconde moitié du XIXe siècle, Barbey d'Aurevilly (*Les Diaboliques*, 1874), Villiers de L'Isle-Adam (*Contes cruels*, 1883) et Maupassant (*Le Horla*, 1887), confirment le succès d'une littérature fantastique que les récentes décennies n'ont pas désavouée.

◼ Le registre fantastique

En voulant susciter chez son lecteur des réactions comme l'inquiétude, la peur, l'angoisse, voire l'épouvante, le fantastique peut se définir comme un registre des effets et des émotions. Il les suscite par un vocabulaire affectif, par des images et par des tournures hyperboliques. Au-delà, le fantastique déstabilise son lecteur par l'ambiguïté même de ces récits qui jouent aux frontières du réel et de l'imaginaire, du rationnel et de l'irrationnel. Les phrases interrompues ou inachevées, les exclamatives et les interrogatives, les modalisateurs (« je crus », « il me semblait », etc.) sont autant de procédés de rupture et de dramatisation.

Si le conte merveilleux supposait l'adhésion du lecteur à des conventions qu'il acceptait et qui étaient rassurantes, parce que données comme fictives, le récit fantastique rompt l'ordre normal des choses, menace la cohérence de l'univers et ne dit jamais qu'il est une fiction. Enfin beaucoup de récits fantastiques connaissent une fin pessimiste (*Le K*, p. 313), sinon sinistre (*La Vénus d'Ille* de Mérimée), presque toujours fatale (*Le Horla* de Maupassant), qui leur donnent une indéniable identité tragique.

Petits riens de la vie

TEXTE **8**

Un fait divers

Le récit de presse, reportage ou fait divers, est un des grands genres narratifs. Il a inspiré les romanciers qui ont souvent trouvé dans sa riche matière le point de départ d'une intrigue ou d'un personnage. Non fictionnel, il relate le quotidien et ses drames, petits ou grands, parfois avec humour, comme en témoigne l'article suivant, paru dans Le Figaro *du 15 octobre 1999.*

Au pays de Daudet :
La centenaire et le viager (1999)

Le propriétaire d'un Relais & Châteaux[1] de Fontvieille a versé, pendant quarante ans, une rente à Berthe Savoye.

Au pays d'Alphonse Daudet, l'histoire de Berthe Savoye, la centenaire de Fontvieille, s'est terminée par un caprice du hasard et son issue fatale. Cela pourrait deve-
5 nir un conte à rajouter aux *Lettres de mon moulin* ou aux *Lettres de mon pigeonnier* d'Yvan Audouard, qui a fait son nid dans le village.

En effet, on n'est pas près d'oublier cette vieille dame disparue la semaine dernière alors qu'elle aurait dû fêter hier son cent dixième anniversaire. Car Berthe Savoye avait un titre de gloire qu'elle cachait comme un secret de famille éventé depuis longtemps.
10 Elle touchait une rente viagère[2] depuis 1959, l'année où les parents de Jean-Pierre Michel, le propriétaire de l'auberge La Régalido, lui avaient acheté son ancien hôtel transformé au fil des ans jusqu'à ce que sa réputation en fasse un établissement classé Relais & Châteaux.

Une cérémonie

Suivant une habitude qui était devenue une cérémonie traditionnelle, Berthe
15 Savoye célébrait son anniversaire à La Régalido en compagnie d'amis et de parents. À la fin du repas, elle demandait le silence avant de lever son verre : « An que ven ! », lançait-elle en provençal. Un « À l'année prochaine ! » qui réjouissait les convives et même le maître de maison particulièrement fair-play en pareilles circonstances.

Le 13 octobre, si le destin ne lui avait pas joué un mauvais tour, elle se serait féli-
20 citée d'avoir battu un record insolite : quarante ans de viager, c'est-à-dire beaucoup mieux que celui de Jeanne Calment puisque l'ancienne doyenne de l'humanité, morte à cent vingt-deux ans et demi, n'avait vendu son appartement d'Arles qu'en 1969.

Plaisanteries douteuses

Coïncidence : Berthe Savoye était la grand-tante de la veuve de Mᵉ Ralfray, le notaire « victime » du viager de Jeanne Calment.
25 « Je lui versais près de 4 000 francs par mois, dit Jean-Pierre Michel. On ne peut pas se réjouir de la mort de quelqu'un. Moi aussi, je faisais l'objet de plaisanteries douteuses. D'ailleurs, des habitants du village, en apprenant la nouvelle de sa mort, sont venus à l'auberge pour que je leur offre le champagne ! Pour perpétuer le souvenir de Berthe, je vais faire encadrer son portrait et l'accrocher à la réception. »
30 Jusqu'à ce qu'elle aille à l'hôpital où elle est décédée, Berthe Savoye n'avait jamais quitté sa maison de Fontvieille.

Quand nous l'avions rencontrée, à cent huit ans, elle était fière de son autonomie,

NOTES
1. Chaîne hôtelière de luxe.
2. Revenu mensuel qu'une personne tire de la vente de son habitation, qu'elle continue d'occuper jusqu'à sa mort.

NOTE

3. Héros de l'une des *Lettres de mon moulin* d'Alphonse Daudet (1840-1897).

sans vouloir atteindre l'âge de Jeanne Calment. « La pauvre vieille », disait-elle en la voyant à la télévision.

35 _ « Elle refusait la publicité et avait mis en application le proverbe : pour vivre heureux, vivons cachés », poursuit Jean-Pierre Michel, qui se remémore la succession d'anniversaires. « Une année, je crois pour ses cent cinq ans, elle a demandé à me voir dans mon bureau avant de passer à table. Je la sentais un peu ennuyée. « Quelque chose ne va pas Berthe ? – Monsieur Michel, je n'ai pas reçu le chèque d'octobre. » Je venais de

40 _ changer de comptable et son remplaçant avait oublié d'envoyer la rente viagère… »

Aujourd'hui à Fontvieille, on souhaite beaucoup de bonheur à un vieux monsieur de cent un ans qui porte le joli nom de Cornille[3]. Dans le village des *Lettres de mon moulin*, on ne pouvait pas rêver mieux comme doyen.

Jean-Claude Lamy, in *Le Figaro*, 15 octobre 1999.

MÉTHODE

→ Le discours rapporté p. 332
→ Contexte et paratexte p. 66
→ Écrire un article de presse p. 76

OBSERVATION ET ANALYSE

1 À quoi reconnaît-on que l'on a affaire à un article de presse ?

2 Quel rôle jouent dans l'article les discours rapportés ?

3 Ce récit a un contenu dramatique ; par quels moyens pourtant l'auteur lui donne-t-il une tonalité humoristique ? Précisez le rôle joué par la chute de l'article.

4 Comparez le début et la fin de l'article : quels rapprochements faites-vous ?

5 Relevez les allusions littéraires et expliquez-les. Quels éléments donnent à ce récit l'allure d'un conte provençal à la manière de Daudet ?

6 D'après cet article, quelles sont les principales caractéristiques d'un fait divers ?

TEXTE **9**

Les Vrilles de la vigne (1901)

Colette
1873-1954

Reprenant le motif du chant du rossignol que Marie de France avait illustré au XIIe siècle dans une nouvelle en vers intitulée « Le Laostic », Colette ouvre le recueil intitulé Les Vrilles de la vigne *par un récit intimiste et symbolique qui en justifie le titre. L'histoire du rossignol et de son chant donne la tonalité, au sens presque musical du terme, des récits lyriques*, empreints de nostalgie et de mélancolie, qui composent ce recueil. L'extrait suivant en est le tout début.*

Autrefois, le rossignol ne chantait pas la nuit. Il avait un gentil filet de voix et s'en servait avec adresse du matin au soir, le printemps venu. Il se levait avec les camarades, dès l'aube grise et bleue, et leur éveil effarouché secouait les hannetons endormis à l'envers des feuilles de lilas.

5 _ Il se couchait sur le coup de sept heures, sept heures et demie, n'importe où, souvent dans les vignes en fleur qui sentent le réséda[1], et ne faisait qu'un somme jusqu'au lendemain.

Une nuit de printemps, le rossignol dormait debout sur un jeune sarment[2], le jabot en boule et la tête inclinée, comme avec un gracieux torticolis. Pendant son sommeil,

10 _ les cornes de la vigne, ces vrilles cassantes et tenaces, dont l'acidité d'oseille fraîche irrite et désaltère, les vrilles de la vigne poussèrent si dru, cette nuit-là, que le rossignol s'éveilla ligoté, les pattes empêtrées de liens fourchus, les ailes impuissantes…

NOTES

1. Fleur d'une couleur jaune-vert qu'on trouve souvent dans les champs en friches.
2. Rameau de vigne.

Il crut mourir, se débattit, ne s'évada qu'au prix de mille peines, et de tout le printemps se jura de ne plus dormir, tant que les vrilles de la vigne pousseraient.

15 _ Dès la nuit suivante, il chanta, pour se tenir éveillé :

Tant que la vigne pousse, pousse, pousse…
Je ne dormirai plus !
Tant que la vigne pousse, pousse, pousse…

Il varia son thème, l'enguirlanda de vocalises[3], s'éprit de sa voix, devint ce chanteur
20 _ éperdu, enivré et haletant, qu'on écoute avec le désir insupportable de le voir chanter.

J'ai vu chanter un rossignol sous la lune, un rossignol libre et qui ne se savait pas épié. Il s'interrompt parfois, le col penché, comme pour écouter en lui le prolongement d'une note éteinte… Puis il reprend de toute sa force, gonflé, la gorge renversée, avec un air d'amoureux désespoir. Il chante pour chanter, il chante de si belles choses qu'il
25 _ ne sait plus ce qu'elles veulent dire. Mais moi, j'entends encore à travers les notes d'or, les sons de flûte grave, les trilles[4] tremblés et cristallins, les cris purs et vigoureux, j'entends encore le premier chant naïf et effrayé du rossignol pris aux vrilles de la vigne :

Tant que la vigne pousse, pousse, pousse…

Colette, *Les Vrilles de la vigne,* © Librairie Arthème Fayard, 2004.

NOTES
3. Exercice mélodique qui consiste à chanter un ensemble de notes sur une seule voyelle.
4. Ornement musical qui produit un tremblement du chant ou d'un instrument sur deux notes.

MÉTHODE
→ L'énonciation p. 62
→ Les registres p. 70
→ L'organisation du récit p. 342
→ Le registre lyrique p. 128

Colette dans son jardin en 1930.

OBSERVATION ET ANALYSE

1 Quels éléments narratifs et énonciatifs apparentent ce récit à un conte ?

2 Pourquoi l'adjectif lyrique* s'applique-t-il particulièrement bien à cet extrait ?

3 Quel(s) autre(s) registre(s) pouvez-vous identifier dans ce récit ? Justifiez votre réponse.

4 Observez le système énonciatif. À quel moment constate-t-on une rupture dans la narration ?

5 Quel tour prend alors ce récit ? Quels types d'autres récits cet incipit* vous semble-t-il annoncer ?

6 Qui représente en fait le rossignol et son chant ? À quoi le devinons-nous ? Montrez que ce texte joue ainsi pleinement son rôle d'incipit.

La Première Gorgée de bière… (1997)

Delerm
Né en 1950

Composé d'une trentaine de textes brefs, l'ouvrage de Philippe Delerm se présente comme une succession d'instantanés de la vie ordinaire et des « petits riens » qui la composent. Ni nouvelles, ni contes, ni fables, ces textes sont des évocations variées de sujets très divers et tiennent autant du narratif que du descriptif. Le narrateur y fait part des impressions, sentiments ou sensations éprouvées, comme dans ce récit qui évoque l'achat de simples croissants.

On s'est réveillé le premier. Avec une prudence de guetteur indien on s'est habillé, faufilé de pièce en pièce. On a ouvert et refermé la porte de l'entrée avec une méticulosité d'horloger. Voilà. On est dehors, dans le bleu du matin ourlé de rose : un mariage de mauvais goût s'il n'y avait le froid pour tout purifier. On souffle un nuage de fumée
5 — à chaque expiration : on existe, libre et léger sur le trottoir du petit matin. Tant mieux si la boulangerie est un peu loin. Kerouac[1] mains dans les poches, on a tout devancé : chaque pas est une fête. On se surprend à marcher sur le bord du trottoir comme on faisait enfant, comme si c'était la marge qui comptait, le bord des choses. C'est du temps pur, cette maraude[2] que l'on chipe au jour quand tous les autres dorment.
10 — Presque tous. Là-bas, il faut bien sûr la lumière chaude de la boulangerie – c'est du néon, en fait, mais l'idée de chaleur lui donne un reflet d'ambre. Il faut ce qu'il faut de buée sur la vitre quand on s'approche, et l'enjouement de ce bonjour que la boulangère réserve aux seuls premiers clients – complicité de l'aube.

– Cinq croissants, une baguette moulée pas trop cuite !
15 — Le boulanger en maillot de corps fariné se montre au fond de la boutique, et vous salue comme on salue les braves à l'heure du combat.

On se retrouve dans la rue. On le sent bien : la marche du retour ne sera pas la même. Le trottoir est moins libre, un peu embourgeoisé par cette baguette coincée sous un coude, par ce paquet de croissants tenu de l'autre main. Mais on prend un
20 — croissant dans le sac. La pâte est tiède, presque molle. Cette petite gourmandise dans le froid, tout en marchant : c'est comme si le matin d'hiver se faisait croissant de l'intérieur, comme si l'on devenait soi-même four, maison, refuge. On avance plus doucement, tout imprégné de blond pour traverser le bleu, le gris, le rose qui s'éteint. Le jour commence, et le meilleur est déjà pris.

Philippe Delerm, « Le croissant du trottoir »,
in *La Première Gorgée de bière et autres plaisirs minuscules*, © Gallimard, 1997.

NOTES

1. Jack Kerouac (1922-1969) transposa dans son roman *Sur la route* (1957) son expérience de voyageur parcourant les États-Unis et le Mexique en pratiquant l'auto-stop. Son livre devint un modèle de vie vagabonde fondée sur la quête de soi et d'autrui.

2. Vol de fruits ou de légumes dans les jardins et les vergers. Le terme est ici prolongé par le verbe chiper qui signifie « prendre un objet en cachette ».

MÉTHODE

→ L'énonciation p. 62
→ Les temps dans le récit p. 328
→ Les registres p. 70

OBSERVATION ET ANALYSE

1 Observez et commentez les choix énonciatifs opérés : le pronom utilisé, les temps verbaux, la ponctuation, la nature et la longueur des phrases.

2 Relevez le vocabulaire des sensations et du « vécu ». Quel rôle joue-t-il ?

3 Quels éléments inscrivent ce récit dans une réalité ordinaire et familière ?

4 Quels principaux registres pouvez-vous distinguer dans ce récit ? Justifiez votre réponse en vous appuyant sur des éléments précis.

5 Expliquez la signification de « comme si c'était la marge qui comptait, le bord des choses » (l. 8).

6 Pourquoi le narrateur dit-il : « la marche du retour ne sera pas la même » (l. 17-18) ?

EXPRESSION

Vers le commentaire. Montrez que ce récit s'apparente à une quête et à une aventure. Vous montrerez aussi sur quel mode original il s'exprime.

Le roman réaliste

Le réalisme est une notion ambiguë qui renvoie d'une part à un mouvement littéraire du XIXᵉ siècle, d'autre part à toute œuvre qui se donne pour ambition de représenter la réalité.

■ Le mouvement réaliste au XIXᵉ siècle

Le terme *réalisme* apparaît pour la première fois en 1826 pour désigner une littérature qui s'efforce de peindre le vrai. Stendhal (p. 282), qui définit, dans *Le Rouge et le Noir*, le roman « comme un miroir que l'on promène sur une grande route » et Balzac, qui donne dans *La Comédie humaine* (p. 264-265) le tableau de la société contemporaine, en apparaissent comme les premiers représentants.

Le tournant des années 1850

L'adjectif *réaliste* est alors utilisé de manière péjorative pour condamner des œuvres littéraires et picturales. Le réalisme naît donc dans un contexte polémique.

Dès 1856, Duranty, appuyé par le romancier Champfleury et le peintre Courbet (*L'Enterrement à Ornans*), lance une revue intitulée *Réalisme*, retournant l'insulte en programme artistique et politique où il s'agit d'« étudier non seulement l'homme, mais son état social », et d'élever le peuple à la dignité de l'art où il était jusque-là absent.

Mais ce mouvement ne trouve pas de véritable chef de file : Flaubert en refuse l'étiquette comme les objectifs idéologiques : « J'exècre ce qu'on est convenu d'appeler le réalisme » (Lettre à George Sand, 6 février 1876). Au XIXᵉ siècle, le « réalisme socialiste », sous l'influence du marxisme, se réclamera cependant de ces doctrines.

Une tendance plus qu'une école

Finalement, le réalisme témoigne d'une volonté commune à la plupart des grands romans du XIXᵉ siècle de donner de la réalité une représentation la plus exacte possible, rejetant l'idéalisation romantique comme la visée moralisatrice de la littérature bien-pensante. Dans cette optique, le roman réaliste est une tentative pour atteindre le vrai, sans exclure aucun domaine de la réalité contemporaine, en revendiquant une liberté totale dans le choix des sujets comme dans l'art.

Limites du réalisme

Aucun des écrivains du XIXᵉ siècle que l'on considère habituellement, et parfois à tort, comme « réalistes » ne pense que l'on peut offrir de la réalité une pure reproduction.

Il s'agit davantage de créer l'illusion du vrai ou de la réalité, notion que revendiquent Flaubert (p. 260-261) comme Maupassant (p. 304 à 309) : le travail de l'écriture, le souci du style deviennent primordiaux et l'emportent sur la question du sujet abordé.

Pour d'autres, aux antipodes de l'objectivité qu'impliquerait l'idée de reproduction, toute perception de la réalité s'effectue à travers le filtre d'une conscience individuelle, celle du personnage (d'où le « réalisme subjectif » qui peut qualifier les œuvres de Stendhal, p. 253) ou celle du romancier.

■ L'ambition réaliste du roman et de l'art

Une approche élargie du réalisme

Limiter le terme *réaliste* aux seuls romans du XIXᵉ siècle serait par ailleurs réducteur. Il concerne toute œuvre qui, à quelque époque que ce soit, affiche le souci de la réalité et produit ce que Roland Barthes nomme l'effet de réel (cette ressemblance avec le réel que crée la multiplication des petits détails concrets).

Une ambition ancienne

Dans l'Antiquité (chez Aristote et Platon), « la mimésis » désigne la capacité de l'art à imiter la réalité. En ce sens, les satires de Boileau au XVIIᵉ siècle, *Jacques le Fataliste* de Diderot ou même *Manon Lescaut* de l'abbé Prévost au XVIIIᵉ siècle ont une visée réaliste parce qu'ils mettent en scène le monde contemporain et le quotidien.

Un réalisme moderne

Au XXᵉ siècle, on peut dégager différentes catégories de romans où le réalisme occupe une place importante :
– **les romans-fleuves** de la première moitié du siècle (Roger Martin du Gard, Georges Duhamel) constituant de véritables fresques sociales ;
– **le roman policier**, qui s'attache à la peinture du monde contemporain, y compris dans ses aspects les plus sordides (Pennac, p. 268 ; Daeninckx, p. 257) ;
– **les romans plus intimistes** ou personnels (Annie Ernaux, p. 275), qui offrent une image du quotidien dans toute sa banalité ;
– enfin, les romans qui comportent une **approche presque sociologique** du monde (Perec, p. 267 ou Echenoz, p. 263).

Le roman naturaliste

Naissance du naturalisme

Le terme *naturaliste* existe depuis le XVIᵉ siècle : il désigne un savant qui étudie la nature. À partir du XVIIᵉ siècle, le naturalisme désigne l'imitation de la nature dans les arts. Zola et les frères Goncourt adoptent ce terme en 1877, rassemblant autour d'eux un ensemble d'écrivains (le groupe de Médan, parmi lesquels Maupassant et Huysmans, p. 47). Dans la continuité du réalisme, ils tentent de définir de nouvelles ambitions pour le roman, notamment par l'adoption de sujets neufs et d'une perspective scientifique.

En 1880, le volume de nouvelles *Les Soirées de Médan* apparaît comme une sorte de manifeste du naturalisme. La même année, Zola publie *Le Roman expérimental* (p. 44).

Les principes du naturalisme

L'influence des sciences

Déjà présente dans *La Comédie humaine* de Balzac (Histoire littéraire, p. 265), qui prétendait étudier les « espèces sociales » à la manière d'un zoologiste, la référence aux sciences devient prédominante. Zola s'intéresse tout particulièrement aux facteurs de l'hérédité dont il tente de démontrer l'impact dans l'histoire d'une famille tout entière : les Rougon-Macquart (Histoire littéraire, p. 272).

Scientifique aussi est la méthode expérimentale du romancier, qui entend procéder par l'observation de la réalité sociale pour comprendre le rôle du milieu sur l'individu et son comportement. Le roman devient alors une sorte de laboratoire où le romancier expérimente la double influence du milieu et de l'hérédité sur un personnage donné. La démarche préalable du romancier est donc elle aussi scientifique : il s'appuie sur des documents précis et même, comme Zola, des enquêtes préliminaires.

La réalité tout entière

La prise en compte de la réalité, pour être la plus exacte possible, ne doit exclure aucun domaine : toutes les classes sociales sont représentées (s'impose ainsi, pour la première fois aussi nettement dans le roman, le peuple) ; le personnage est appréhendé dans toutes ses composantes physiologiques et psychologiques ; son langage même devient l'objet d'un travail spécifique ; aucun aspect de la vie sociale n'est omis : le roman s'intéresse tout à la fois à l'économie, aux progrès techniques, aux innovations artistiques, à la vie quotidienne.

La visée didactique et idéologique

L'ambition des naturalistes est aussi d'expliquer la réalité. Permettre au lecteur de comprendre le fonctionnement de la société et de l'homme s'accompagne d'un objectif de progrès social, voire politique. Cette représentation critique doit conduire le lecteur à une prise de conscience.

Le naturalisme en question

L'écriture romanesque face aux principes

Si les naturalistes tendent à reproduire de la manière la plus exacte possible la réalité, ils doivent néanmoins prendre en compte l'« écran » (Zola) qui s'interpose entre l'observateur (le romancier) et la réalité. Ainsi, Zola a conscience que toute représentation de la réalité dépend aussi du « tempérament » de l'écrivain.

Ses œuvres comportent ainsi un lyrisme épique, un élan visionnaire, qui l'emportent sur la rigueur de l'observation scientifique : les romans des Rougon-Macquart construisent alors une véritable mythologie du monde moderne.

De plus, la méthode expérimentale préconisée dans les principes naturalistes semble aboutir à une impasse dans le domaine littéraire : le roman ne propose de fait qu'un univers fictif, orchestré par un romancier tout-puissant, qui invente et sélectionne situations et personnages en fonction d'une « démonstration » dont il connaît les étapes et la conclusion.

Pour comprendre et analyser le naturalisme, sans doute convient-il par conséquent de faire la part entre ses principes et sa réalisation littéraire.

Une littérature scandaleuse

Les personnages des romans naturalistes constituent souvent des cas pathologiques (*Germinie Lacerteux* pour les Goncourt, *Nana* pour Zola). Zola est ainsi tour à tour accusé de corruption morale ou de mépris pour le peuple (il réfutera ces accusations dans la préface de *L'Assommoir*).

La contestation interne du naturalisme

Si Zola refuse le titre de chef de file, les romanciers du groupe de Médan restent néanmoins dans son ombre, situation de plus en plus intenable pour certains. Dès 1884, Huysmans rompt avec le groupe et se livre même, dans *À rebours*, à une virulente critique du naturalisme.

Le mouvement, bien qu'il ait influencé de nombreux écrivains du XXᵉ siècle, ne survécut pas, de fait, à Zola.

L'évolution du roman au XXᵉ siècle

▮ Héritages

L'héritage réaliste : les sommes romanesques

Sur le modèle de Balzac ou Zola apparaissent, notamment dans la première moitié du XXᵉ siècle, de véritables fresques sociales, à travers des « romans-fleuves » dans lesquels le rôle de l'Histoire devient essentiel : *Les Thibault* (8 tomes, 1922-1940) de Roger Martin du Gard, *La Chronique des Pasquier* (10 romans, 1933-1945) de Georges Duhamel, *Les Hommes de bonne volonté* (27 tomes, 1932-1946) de Jules Romains.

La question du « roman engagé »

L'œuvre de Zola et les théories du réalisme du XIXᵉ siècle (p. 319) ont aussi initié des formes diverses de romans « engagés » (qui se développent particulièrement au regard des deux conflits mondiaux et sous l'influence des idéologies du XXᵉ siècle) ou qui initient une réflexion critique sur le monde moderne (Pennac, p. 268 ; Perec, p. 267) ou sur l'Histoire récente (Daeninckx, p. 257).

En outre, *La Condition humaine* de Malraux (p. 341) conduit à une réflexion à la fois morale et politique sur l'action révolutionnaire.

Par ailleurs apparaît, de manière plus radicale, le « roman à thèse » qui, à travers une histoire exemplaire, véhicule une idéologie (Aragon, *Les Communistes*). Après la Seconde Guerre mondiale, Sartre théorise la « littérature engagée » : tout en revendiquant le devoir d'implication sociale et politique des écrivains.

▮ Le roman en question

Le surréalisme

Né en 1917, le surréalisme donne libre cours aux forces de l'imagination hors de « tout contrôle exercé par la raison » (Breton, *Manifeste du surréalisme*, 1924) et récuse les formes traditionnelles, dont le roman, jugé conformiste. Quelques surréalistes s'engagent cependant dans l'écriture romanesque (Aragon, p. 284, notamment dans ses dernières œuvres).

Le nouveau roman

À partir de 1939, un groupe de romanciers, parmi lesquels Sarraute (p. 293) et Robbe-Grillet (p. 279), rejette à son tour les formes traditionnelles du roman et l'illusion réaliste. La notion classique de personnage, souvent réduit à un « je » ou à un « il » anonyme, disparaît ; l'objet minutieusement et « objectivement » décrit occupe une place importante ; le récit ne suit plus une progression linéaire ou chronologique.

L'influence de l'Oulipo

L'Oulipo (voir chapitre 2) tente, à partir de contraintes arbitraires, de mobiliser la créativité : ainsi, Perec relève le défi d'écrire, avec *La Disparition* (1969), un roman sans « e ».

▮ Les nouvelles voies de l'écriture romanesque

Globalement, le XXᵉ siècle renouvelle, entre héritage et contestation, le champ de l'écriture romanesque.

Renouvellement des sujets

Le XXᵉ siècle renonce assez nettement à l'intrigue traditionnelle. Ainsi, Proust (p. 288) privilégie l'histoire d'une conscience. Annie Ernaux (p. 275) ne raconte pas à proprement parler une enfance dans *La Place*, mais évoque par touches successives la figure du père. L'errance (Echenoz, p. 263) et la quête de soi (Quignard, p. 290) constituent aussi des thèmes récurrents.

L'expression du « moi » brouille parfois la frontière entre fiction et réalité vécue, roman et autobiographie (Modiano, p. 258 ; Duras, p. 255 ; Ernaux, p. 275).

Enfin, le roman ou le travail de l'écrivain lui-même deviennent sujets du roman (Gide, *Les Faux Monnayeurs*, p. 438 ; Butor, *L'Emploi du temps*, p. 331).

Renouvellement de l'écriture

Au-delà du nouveau roman, le XXᵉ siècle rompt globalement avec la linéarité du récit, soit en proposant des structures complexes (Daeninckx, p. 257 ; Le Clézio, p. 262), soit en donnant une large place aux pensées et rêveries du personnage (Aragon, p. 284 ; Quignard, p. 290 ; Cohen p. 287), brisant ainsi la progression de la narration. La déconstruction est parfois telle que de nombreux auteurs préfèrent le terme de récit à celui de roman.

Le XXᵉ siècle se caractérise aussi par l'introduction d'une écriture plus proche de la parole (Céline, p. 273 ; Pennac, p. 268) – notamment dans le « polar » –, ou adoptant une neutralité du style (Duras, p. 255 ; Ernaux, p. 275), aux antipodes de ce que l'on appelait la « belle langue » littéraire.

Le récit emprunte aussi à l'écriture poétique ses procédés (reprises anaphoriques*, rythmes syntaxiques, jeux avec la ponctuation – Cohen, p. 287).

Qu'est-ce qu'un conte ?

Les origines du conte

Les origines historiques et géographiques du conte ne peuvent être définies avec précision. D'une part, les contes sont hérités de récits très anciens, dont certains semblent remonter à la préhistoire. Cela explique pourquoi nous avons parfois du mal à comprendre, comme pour les mythes, le sens profond de certains contes et pourquoi il peut y être question de monstres, d'animaux sauvages, d'ogres et de lieux périlleux.

D'autre part, un même conte peut se retrouver à travers toute l'Europe et toucher, parfois même, plusieurs continents. L'histoire de Cendrillon, par exemple, est connue, sous des formes diverses, jusqu'en Inde et même en certains lieux d'Afrique ou d'Amérique.

Une tradition orale

Si l'on ne perd pas de vue cette ancienneté du conte, on comprendra mieux qu'il est d'abord un récit primitif et qu'il appartient à la tradition orale d'un pays, d'une région, dont il a immanquablement subi les influences linguistiques et culturelles.

Transmis par un conteur qui développait son récit à partir d'un schéma et d'une trame narrative, le conte traditionnel n'était jamais transcrit ; il se transmettait et se transformait donc de bouche à oreille lors des veillées, offrant de multiples versions d'une même trame (« Le Petit Chaperon rouge », « La Belle au bois dormant », p. 294 à 299).

Une transposition littéraire

Avec le développement des savoirs et sous l'influence de la centralisation des pouvoirs, la tradition orale du conte a peu à peu cédé la place à une création plus littéraire qui a fixé ces récits en leur donnant une forme écrite. De populaire, le conte est devenu savant. Les marques de l'oralité se sont figées dans les formules d'ouverture ou de fermeture comme les fameux « Il était une fois » et « Ils se marièrent, vécurent heureux et eurent beaucoup d'enfants ».

En titrant leurs recueils *Histoires ou Contes du temps passé* ou *Contes de l'enfance et du foyer*, des écrivains comme Perrault ou les frères Grimm reconnaissent la dette qu'ils doivent à la veine orale et aux récits populaires. Pour conserver aux récits qu'ils collectent un parfum d'authenticité, ils gardent – et parfois créent – répétitions ou redoublements de mots, abondance des connecteurs* qui passaient pour des maladresses ou des naïvetés, alors qu'ils n'étaient jamais que les signes mêmes de la communication orale.

La morphologie du conte

Plusieurs chercheurs ont tenté d'établir une classification des contes. Ainsi le Russe Vladimir Propp a montré, dans *La Morphologie du conte* (1928), que tout conte obéit à un même schéma narratif qui combine des fonctions actantielles*. D'autres chercheurs ont recensé ce qu'ils appellent des contes types et ont élaboré une classification internationale qui distingue 2 340 types !

Les fonctions du conte

La première fonction du conte est ludique : il distrait et amuse un public. Sa deuxième fonction est d'ordre esthétique, en particulier par le biais du merveilleux qui offre de « belles histoires » en un lieu et un temps souvent idéalisés. La troisième fonction fait appel à la mémoire d'un temps personnel, familial, collectif, historique, mais aussi mythique (le « Il était une fois »). La quatrième fonction est informative : elle renseigne sur des réalités, des temps, des lieux, qui sont étrangers, lointains ou oubliés ; mais l'information livrée est invérifiable. La cinquième fonction est à la fois didactique* et morale : le conte renseigne autant qu'il enseigne en permettant de distinguer le vrai du faux, le bien du mal, le licite de l'illicite. Enfin la dernière fonction, qui est aussi la plus complexe, est d'ordre initiatique : le récit initierait, sur le mode symbolique, à des réalités de la vie adulte, en particulier dans le domaine de la sexualité ; cette fonction est souvent mise en avant pour des contes comme « Le Petit Chaperon rouge » ou « La Belle au bois dormant ».

CONTES À LIRE

– Perrault, *Histoires ou Contes du temps passé* ou *Contes de ma mère l'Oye,* 1697.
– Mme Leprince de Beaumont, *La Belle et la Bête*, 1756.
– Voltaire, *Zadig*, 1747 ; *Micromégas*, 1752 ; *Candide*, 1759 ; *L'Ingénu*, 1767 ; *L'Homme aux quarante écus*, 1768.
– *Les Mille et Une Nuits* : « Sindbad le Marin ».
– Grimm, *Contes d'enfants et du foyer*, 1812.
– Andersen, « La petite sirène », « La petite fille aux allumettes », « Le vilain petit canard ».
– Gautier, *La Morte amoureuse*, 1836.
– Flaubert, « La Légende de saint Julien l'Hospitalier », in *Trois contes*, 1877.
– Marcel Aymé, « Le Loup », in *Les Contes du chat perché*, 1934.

Qu'est-ce qu'une nouvelle ?

▮ Définition

Emprunté au mot italien *novella,* qui désigne au XVe siècle un récit imaginaire, le terme *nouvelle* désigne en français moderne un récit bref, de construction dramatique et mettant en scène des personnages peu nombreux. Par extension, il désigne un genre littéraire regroupant des récits de ce type dont les sujets et les registres peuvent être très divers.

▮ Évolution

Proche à l'origine encore du conte traditionnel, auquel elle emprunte un certain nombre de caractères (concentration du récit, faible nombre de personnages, rareté des descriptions), la nouvelle s'émancipe peu à peu du merveilleux au cours du XIXe siècle, pour prendre une double orientation réaliste et fantastique. Ainsi peuvent pleinement s'exprimer la tentation rationaliste héritée du classicisme et du siècle des Lumières et le goût romantique pour l'étrange ou l'irrationnel.

Au XIXe siècle, les frontières entre la nouvelle et le conte sont mal définies et les écrivains utilisent indifféremment l'un ou l'autre terme : Zola écrit ses *Contes à Ninon*, Villiers de L'Isle-Adam des *Contes cruels*, Flaubert publie *Trois contes* et Maupassant intitule ses récits *Contes*. C'est que la nouvelle est le plus souvent « contée » par un narrateur acteur ou simple témoin, comme le fait Mérimée dans *Carmen*.

Le même XIXe siècle voit s'épanouir la nouvelle. Tous les grands romanciers s'adonnent au genre : Balzac, Stendhal, Mérimée, Flaubert, Zola, Maupassant surtout, qui écrira plus de 300 nouvelles dans les grands journaux de son temps. Ce développement, comme celui du roman-feuilleton, est en effet lié à l'essor considérable de la presse.

▮ Les procédés de la nouvelle

L'énonciation

Comme le roman, la nouvelle varie les points de vue énonciatifs : troisième personne dans « La Parure » de Maupassant (p. 304) ou *Le K* de Buzzati (p. 313), première personne dans « Écrire debout » de Tournier (p. 310) ou « La demeure d'Astérion » de Borges. Celle-ci est la plus fréquente dans la nouvelle fantastique (*La Vénus d'Ille* de Mérimée ou *Le Horla* de Maupassant).

Double de l'auteur (le narrateur initial de *Carmen* est un archéologue) ou auteur lui-même comme dans « Écrire debout », le narrateur-personnage d'une nouvelle cautionne les événements et fonctionne la plupart du temps comme garant de la vérité du récit. Il peut même lui donner une dimension autobiographique ou pseudo-autobiographique et faire sortir la nouvelle du strict cadre fictionnel.

La concentration narrative

La nouvelle est construite sur un triple resserrement : dans le temps, l'espace et le nombre de personnages. Cette concentration résulte principalement de la contrainte de brièveté qu'imposent aux auteurs les journaux et les revues qui les accueillent. Les écrivains ont su exploiter cette contrainte pour en tirer un effet dramatique accru. Les faits se déroulent dans un temps généralement court. L'espace obéit au même principe de resserrement. Il est d'ailleurs le plus souvent clos : intérieur bourgeois des Loisel dans « La Parure » (p. 304 à 309), simple chambre dans *Le Horla*, diligence dans *Boule-de-Suif* (Maupassant).

Peu nombreux (trois dans « La Parure », deux dans *Carmen* et *Le K*), les personnages sont construits de manière contrastée, souvent réduits à quelques traits stylisés, qui contribuent à la dramatisation narrative comme dans *Carmen* de Mérimée (p. 302) ou *Le Horla* de Maupassant.

L'unité dramatique

Une autre caractéristique du genre est l'unité d'action : pas d'intrigue secondaire mais une intrigue unique dont tous les éléments convergent vers un dénouement bref, inattendu, surprenant ou frappant : la « chute » (« La Parure », *Le K*).

Enfin, la nouvelle est remarquable par son rythme. Elle ne s'attarde pas quand le roman prend son temps pour décrire et commenter. Ainsi, en quelques lignes, le narrateur de « La Parure » résume dix années de sacrifices et rend d'autant plus brutale la « chute » de son récit.

NOUVELLES À LIRE

– Maupassant, *Boule-de-Suif*, 1880 ; *La Peur*, 1884 ; *Le Horla*, 1887.

– Mérimée, *La Vénus d'Ille*, 1837 ; *Carmen*, 1845 ; *Lokis*, 1869.

– Nerval, *Sylvie*, 1853.

– Sartre, *Le Mur*, 1939.

– Camus, « L'Hôte », in *L'Exil et le royaume*, 1957.

– Tournier, *Lucie ou la Femme sans ombre, Pierrot ou les secrets de la nuit*, 1979.

– Le Clézio, *La Ronde* et *autres faits divers*, 1982 ; *Ariane*, 1982.

Comment l'art raconte : **le Minotaure**

La victoire de Thésée sur le Minotaure est un mythe fondateur de la cité athénienne. Thésée se porte volontaire pour partir avec les sept jeunes gens et sept jeunes filles envoyés chaque année en pâture au monstre du Labyrinthe, le sanguinaire Minotaure.

Il le tue et libère ainsi sa cité du joug de la Crète. Athènes fait de lui son roi, le premier roi d'une cité libre.

Ce mythe a connu de nombreuses variantes, sur différents supports et à des périodes très différentes puisqu'elles s'étalent sur deux millénaires.

Amphore attique à figures noires, *Thésée et le Minotaure*, vers 530 av. J.-C. (terre cuite). Paris, musée du Louvre.

1

L'archaïsme de ce vase, de l'espèce dite « à figures noires » (bien que les femmes soient représentées par convention avec la peau blanche…), se signale surtout par sa mise en page assez raide, qui juxtapose en frise les acteurs et les spectateurs de la scène. Pendant que Thésée, au centre, égorge le monstre, qui a cédé, un genou à terre, de part et d'autre deux couples de jeunes gens, représentant les victimes sacrificielles, assistent à la mise à mort : à la fois témoins (valeur historique) et spectateurs (valeur esthétique) de l'exploit, ils attestent la puissance civilisatrice du héros.

2 **Coupe à figures rouges**, *Thésée vainqueur du Minotaure*, vers 420 av. J.-C. (terre cuite, diam. 36 cm). Madrid, musée archéologique national.

Cette coupe plus tardive, dite « à figures rouges », représente une étape ultérieure du mythe : devant le décor d'une colonnade servant à indiquer l'entrée du Labyrinthe, la déesse Athéna (protectrice du héros et d'Athènes !) accompagne Thésée, qui traîne le cadavre du monstre hors de son repaire-sanctuaire. La disposition théâtrale des personnages est structurée par la ligne oblique qui part des regards, se prolonge dans le bras de Thésée, et aboutit à la tête du monstre.

3 Heim, *Thésée vainqueur du Minotaure*, 1807 (huile sur toile, 112 x 145 cm). Paris, École nationale supérieure des beaux-arts.

Au début du XIXᵉ siècle, l'esthétique néoclassique privilégie les sujets antiques dans un souci d'apprentissage des arts et d'éducation morale du public. Mais les personnages monstrueux, si fréquents dans les mythes grecs, suscitent des difficultés de représentation (invraisemblance et laideur conjuguées), que les artistes contournent avec plus ou moins d'habileté.

QUESTION

Dans ce tableau de concours, Heim a préféré reléguer au second plan, dans l'ombre épaisse, le monstre vaincu. Quel était l'intérêt de recentrer le tableau sur les victimes sauvées par Thésée ?

Ramey, *Thésée combattant le Minotaure*, 1822 (groupe, marbre, 208 x 195 x 85 cm). Paris, jardin des Tuileries. **4**

QUESTIONS

1. Quelle répartition physique des rôles suggère la composition du groupe de Ramey ?

2. Le choix du moment de l'histoire semble répondre aux conventions de la bienséance* comme dans la tragédie classique. Pourquoi ?

3. Ces partis pris de mise en scène concourent à un effet symbolique d'ordre moral. Lequel ?

Dossier *images*

Picasso, *couverture du premier numéro de la revue* Minotaure, 1933 (35 x 32 cm). Paris, musée Picasso.

5

En 1933, pour le lancement de leur deuxième revue, *Minotaure*, les surréalistes décident de faire appel à un artiste espagnol installé à Paris depuis le début du siècle, et qui fait déjà beaucoup parler de lui : Pablo Picasso. Cette commande va lancer l'artiste dans un long dialogue avec le Minotaure.

QUESTIONS

1. Analysez les proportions de la bête (taille relative des membres et du torse) et son rapport de proportion à l'environnement : que devient le Minotaure dans l'imaginaire de Picasso, alors que la tradition le voulait au moins aussi grand qu'un homme, et surtout terrifiant ?

2. Partisan provocateur du recyclage et du mélange des matériaux, l'artiste a rassemblé ici des matières relevant toutes d'un même univers. Lequel ? Montrez comment le monstre est ainsi devenu une sorte d'animal domestique.

6 Picasso, *Minotaure aveugle guidé par une jeune fille* (suite Vollard), 1934 (eau-forte sur cuivre, 31,6 x 45,2 cm). Paris, musée Picasso.

QUESTIONS

1. Cherchez à quelle autre figure de la Grèce antique se rattache la situation présente. La fillette est symbole de pureté, elle porte une colombe : dans quel « camp » ces indices placent-ils le Minotaure ?

2. À quoi servent les marins qui observent la scène ? Quel effet produit la densité de l'image et le resserrement des personnages ? Pourquoi Picasso a-t-il choisi un décor nocturne ?

3. Quel personnage a totalement disparu ? Qui est définitivement devenu le héros, dans cette image et dans la suivante ?

Comment l'art raconte : **le Minotaure**

7 Picasso, *Minotaure et jument*, 1936 (gouache et encre de Chine, 50 x 65 cm). Paris, musée Picasso.

La captive est ici remplacée par une jument, comme si l'univers de la corrida cher à Picasso, où s'affrontent taureaux et cavaliers, avait contaminé le mythe. Picasso y a ajouté une jeune mariée au voile gris, perchée sur le rocher au second plan. À qui peuvent bien appartenir les deux mains qui jaillissent de la caverne ? Difficile à dire, comme il est impossible de déceler le sens global de la scène : le Minotaure est-il un ravisseur ou un sauveur ?

Avec cette scène mystérieuse où les éléments sont peut-être cryptés par des références personnelles, on peut voir que le Minotaure devient l'emblème de l'homme tiraillé entre ses désirs et ceux de la femme.

8 Picasso avec une tête de taureau en osier, 1959, (photo E. Quinn). Archives du musée Picasso.

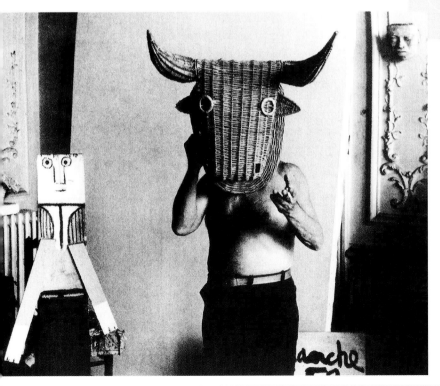

QUESTIONS

1. Cette photo illustre de manière ludique l'appropriation par l'artiste du mythe collectif ; définissez les particularités de ce mythe personnel.

2. Cherchez d'autres mythes antiques qui ont été revisités au début du XXe siècle.

1. Les temps dans le récit

1 Les valeurs du présent

→ **Présent d'énonciation :** le fait se déroule au moment où l'on parle. Il est employé en particulier dans les dialogues :

> *Je suis contente de vous voir.*

→ **Présent à valeur de passé récent ou de futur proche :**

> *Nous partons dans deux minutes.*

→ **Présent d'habitude** (valeur itérative) employé souvent avec un complément qui indique la répétition dans le présent :

> *Je pars tous les jours à 7h30.*

→ **Présent de vérité générale** pour des faits qui se vérifient de tout temps ou des idées présentées comme intemporelles :

> *Rien ne sert de courir. Il faut partir à temps.*

→ **Présent de narration :** dans une narration au passé, il rend l'événement plus actuel.

> *La maison était silencieuse. Tout à coup un hurlement se fait entendre.*

2 Les temps du passé et leurs valeurs

→ **Passé composé**

Il a deux valeurs :

• Il situe un événement dans un passé plus ou moins lointain et peut être remplacé par un passé simple. Il établit alors un « pont » temporel entre le passé et le présent.

> *Victor Hugo est né en 1802.*

• Le fait est présenté comme accompli par rapport au présent.

> *Voilà une semaine que je suis revenue de voyage.*

→ **Passé simple et passé antérieur**

• **Le passé simple** exprime l'aspect limité d'un fait dont on connaît le début et la fin ; dans un récit, il est employé pour évoquer une succession d'actions qui sont au « premier plan ».

> *Il prit sa clé, ouvrit la porte et la referma sans bruit.*

• **Le passé antérieur** s'emploie le plus souvent dans une proposition subordonnée qui marque l'antériorité par rapport au fait principal exprimé au passé simple.

> *Quand elle eut compris, elle éclata de rire.*

→ **Imparfait et plus-que-parfait**

• **L'imparfait** est employé pour une action passée dont on ne précise ni le début ni la fin. Il est souvent utilisé dans les descriptions. Dans un récit, il marque des actions de « second plan ».

> *Il pleuvait quand elle partit.*

Avec un complément de temps, il indique parfois une habitude passée.

> *Je partais tous les jours à 7h30.*

• **Le plus-que-parfait** est utilisé pour marquer l'antériorité d'un fait présenté comme accompli par rapport à un autre moment du passé.

> *Ils racontaient ce qu'ils avaient fait.*

3 L'expression du futur

→ **Futur simple et futur antérieur**

• **Le futur simple** situe un fait dans l'avenir par rapport au présent.

> *Qui vivra verra.*

• **Le futur antérieur** marque l'antériorité d'un fait par rapport à un autre fait encore non réalisé.

> *Quand tu auras fini, tu m'appelleras.*

→ **Conditionnel**

Dans un récit au passé, en particulier dans un discours rapporté indirectement, le conditionnel présent situe un fait après un autre fait : il s'agit alors d'un futur dans le passé.

> *Le chauffeur de taxi me disait que nous serions à la gare en dix minutes.*

Méthode

Le samedi 19 septembre, le lendemain du départ de Dora et de son père, les autorités d'occupation imposèrent un couvre-feu en représailles à un attentat qui avait été commis au cinéma Rex. Personne n'avait le droit de sortir, de trois heures de l'après-midi jusqu'au lendemain matin. La ville était déserte, comme pour marquer l'absence de Dora.

Depuis, le Paris où j'ai tenté de retrouver sa trace est demeuré aussi désert et silencieux que ce jour-là. Je marche à travers les rues vides.

Modiano, *Dora Bruder*, ➥ **p. 258-259.**

- passé simple ;
  fait limité dans le temps
- plus-que-parfait ;
  antériorité par rapport
  au passé simple
- imparfait ; fait non
  limité dans le temps
- passé composé ;
  pont entre le passé et
  le présent du narrateur
- présent d'énonciation

COMMENTAIRE

Le changement de paragraphe correspond à une rupture des temps verbaux : le premier paragraphe situe les faits dans le passé, le second par rapport au présent du narrateur.

EXERCICES

Retour sur les textes du chapitre

Les valeurs du présent

1 Mérimée, *Carmen*, ➥ p. 302, l. 1 à 15

1. Quelle est la valeur des présents de l'indicatif dans le premier paragraphe ?
2. « j'entends » (l. 12) : comment interprétez-vous l'emploi de ce présent ? Quel est l'effet produit ?
3. « vous connaissez » (l. 14) : à quelle époque renvoie ce présent ? Quelle est sa valeur ?

2 Hugo, *Quatrevingt-treize*, ➥ p. 244, l. 17 à 24

Dans cet extrait du dialogue entre le mendiant et le marquis, relevez les différentes valeurs du présent de l'indicatif.

Les temps du passé et leurs valeurs

3 Robbe-Grillet, *Les Gommes*, ➥ p. 279, l. 4 à 16

Réécrivez ce texte au passé et justifiez le choix soit de l'imparfait soit du passé simple. Quel est l'effet produit par l'emploi du présent ?

4 Stendhal, *La Chartreuse de Parme*, ➥ p. 253, l. 15 à 27

Observez l'alternance entre imparfaits et passés simples et expliquez-la. Que traduit ce passage permanent d'un temps à l'autre ?

5 M. Yourcenar, *Mémoires d'Hadrien*, ➥ p. 249, l. 1 à 8

Quels sont les temps simples et les temps composés qui sont utilisés dans cet extrait ? Comment se répartissent-ils ? Pourquoi ?

L'expression du futur dans le récit

6 Rousseau, *Julie ou la Nouvelle Héloïse*, ➥ p. 280, l. 4 à 11

Quels verbes sont au futur ? Où sont-ils situés dans les phrases ? Pourquoi ?

7 Modiano, *Dora Bruder*, ➥ p. 258, l. 12 à 22

Relevez les conditionnels. Justifiez leur emploi.

Texte d'entraînement

La loi de la réquisition avait singulièrement irrité encore la haine du paysan contre Cholet, contre les villes en général, les municipalités. [...]

Ces haines atroces éclatèrent le 10 à Machecoul. Au bruit du tocsin qui sonnait, une énorme masse rurale fond sur la petite ville. Les patriotes sortirent intrépidement, deux cents hommes contre plusieurs mille. La masse leur passa sur le corps. Elle entra d'un flot, remplit tout. C'était dimanche ; on venait se venger et s'amuser. Pour amusement, on crucifia de cent façons le curé constitutionnel. On le tua à petits coups, ne le frappant qu'au visage. Cela fait, on organisa la chasse des patriotes. En tête des masses joyeuses marchait un sonneur de cor. Ceux qui entraient dans les maisons pour faire sortir le gibier, de temps à autre, jetaient dans la rue un malheureux patriote ; le sonneur sonnait la vue, et l'on courait sus. La victime abattue par terre, on sonnait l'hallali. En l'assommant, on donnait le signal de la curée. Les femmes alors accouraient avec leurs ciseaux, leurs ongles ; les enfants achevaient à coups de pierres.

Jules Michelet, *Histoire de la Révolution française*, 1853.

Questions d'analyse

1 Quel est le temps composé utilisé dans le premier paragraphe ? Pourquoi ?

2 À quel temps est utilisé le verbe *fondre* à la l. 6 ? Pourquoi ? Quel est l'effet produit ?

3 Quelle est ici la valeur du passé simple ?

4 Quelle est la valeur de l'imparfait au début du deuxième paragraphe ? à partir de « Ceux qui entraient... » ? Quel jugement du narrateur révèle cette valeur de l'imparfait ?

2. L'expression du temps et du lieu

1 Les connecteurs spatiotemporels

→ Souvent placés au début des phrases, les connecteurs spatiotemporels sont des mots ou des groupes de mots qui situent les faits :
- **dans le temps et l'espace :**
  Le 4 septembre 1870, à l'Hôtel de Ville de Paris, la troisième République fut proclamée.
- **les uns par rapport aux autres :** *Quelques mois plus tard éclatait la Commune.*
- **par rapport à l'énonciateur :** *Hier nous avons suivi un cours sur la guerre de 1870.*

→ Certains connecteurs spatiotemporels ne changent pas, que le texte soit lié ou non à la situation d'énonciation. Ils expriment :
- **un lieu géographique ou une date :** *à New York, en 1929 ;*
- **une position dans l'espace ou le temps :** *après le déjeuner, dans la maison des Duval ;*
- **la répétition ou la fréquence :** *tous les lundis, parfois ;*
- **la durée :** *pendant quinze jours.*

→ Certains connecteurs sont liés à la position de l'énonciateur :
- **dans le temps :** *aujourd'hui, demain, hier, la semaine dernière ;*
- **dans l'espace :** *devant moi, à ma gauche, ici.*

2 L'expression du temps

→ Le temps s'exprime par des mots ou groupes de mots de natures différentes :
- **des adverbes ou des locutions adverbiales :**
  autrefois, maintenant, d'abord, ensuite, enfin, tout à coup ;
- **des groupes prépositionnels :** *dès le lever du jour, depuis son départ, avant de partir ;*
- **des groupes nominaux** sans préposition : *Mardi, je viendrai te voir ;*
- **des gérondifs** qui expriment la simultanéité : *En me voyant il a souri ;*
- **des propositions subordonnées circonstancielles** introduites par des conjonctions ou locutions conjonctives de subordination :
  quand, lorsque, avant que + subjonctif, *après que* + indicatif, *au moment où.*

→ La fonction syntaxique de ces mots ou groupes de mots varie :
- **complément circonstanciel de temps :**
  Envoie-moi un message quand tu seras arrivée (c. c. de temps).
- **complément essentiel :** *Le voyage dure une semaine.*
- **épithète détachée :** *Une fois prêts, nous sortirons.*

3 L'expression du lieu

→ Le lieu s'exprime par des mots ou groupes de mots de natures différentes :
- **des adverbes ou des locutions adverbiales :** *ici, ailleurs, plus loin, au-dessus ;*
- **des groupes prépositionnels :** *par ici, à l'extérieur de la ville ;*
- **des groupes nominaux, introduits ou non par des prépositions :**
  J'habite Londres près de la rivière ;
- **des propositions subordonnées relatives introduites par** *où* **:**
  La maison où je passe mes vacances…

→ La fonction syntaxique de ces mots ou groupes de mots varie :
- **complément circonstanciel de lieu :**
  Dans les pays chauds et humides, la végétation est luxuriante.
- **complément essentiel :** *Je vais à Paris.*
- **complément du nom :** *La maison près de la voie ferrée est à vendre.*
- **complément de l'antécédent :** *Je ne connais pas l'endroit où elle va en vacances.*

> Dans les premiers jours de l'an VIII, au commencement de vendémiaire, ou, pour se conformer au calendrier actuel, vers la fin du mois de septembre 1799, une centaine de paysans et un assez grand nombre de bourgeois, partis le matin de Fougères pour se rendre à Mayenne, gravissaient la montagne de la Pèlerine, située à mi-chemin environ de Fougères à Ernée, petite ville où les voyageurs ont coutume de se reposer.
>
> **Balzac, _Les Chouans_,** → **p. 242.**

▨ indications de temps
▨ indications de lieu

COMMENTAIRE

L'incipit d'un roman a pour fonction de donner au lecteur des informations, en particulier sur le lieu et le moment de l'action qui commence. Le début des _Chouans_ remplit pleinement cette fonction en concentrant en peu de lignes un très grand nombre de précisions spatiotemporelles. On notera la répartition des informations, d'abord temporelles puis spatiales.

Retour sur les textes du chapitre

Les connecteurs spatiotemporels

1 Dumas, _La Reine Margot_, → **p. 245, l. 13 à 22**
Relevez les connecteurs spatio-temporels. Comment sont-ils répartis dans cet extrait ? Pourquoi ?

2 Robbe-Grillet, _Les Gommes_, → **p. 279, l. 4 à 16**
Relevez les connecteurs spatiotemporels dans cet extrait et analysez leur répartition. Est-elle semblable à celle du texte de Dumas (exercice 1) ? Commentez.

L'expression du temps

3 Maupassant, « La Parure », → **p. 304, l. 10 à 15**
Relevez les indications de temps. Qu'expriment-elles ? Pourquoi sont-elles aussi nombreuses en quelques lignes ?

4 Modiano, _Dora Bruder_, → **p. 258, l. 21 à 34**
Relevez les indications de temps. Quelle forme prennent-elles le plus souvent ? Quel est l'effet produit par cette accumulation ?

5 Proust, _Du côté de chez Swann_, → **p. 288, l. 1 à 5**
Relevez les indications de temps et classez-les selon qu'elles expriment l'antériorité, la simultanéité ou la postériorité. Quelle idée du temps qui passe est ainsi suggérée ?

L'expression du lieu

6 Duras, _La Douleur_, → **p. 255, l. 24 à 28**
Relevez les indications de lieu. Quelle est la locution prépositionnelle qui revient ? Interprétez-la en fonction de la position de l'énonciatrice.

7 Rouaud, _Les Champs d'honneur_, → **p. 251, l. 20 à 44**
Quelle est la fonction grammaticale des indications de lieu :
– dans la première phrase ?
– dans la première partie de la deuxième phrase (jusqu'à « ce grouillement de vers humains ») ?
– dans la deuxième partie de la phrase ?
À quoi correspondent ces changements ?

8 Quignard, _Les Escaliers de Chambord_, → **p. 290, l. 1 à 14**
Relevez les indications de lieu. Pourquoi sont-elles aussi nombreuses en quelques lignes ? Quel est l'effet produit par leur accumulation ?

Texte d'entraînement

Ce récit de Michel Butor présente le journal d'un dénommé Jacques Revel. Le 28 juillet, Revel tente de reconstituer les événements de la journée du 1er mai où il a commencé à écrire. Il se penche ici sur la première page de son journal.

J'ai devant les yeux cette première page datée du jeudi 1er mai, que j'ai écrite tout entière à la lumière de ce jour finissant, voici trois mois, cette page qui se trouvait tout en bas de la pile qui s'est amassée lentement devant moi depuis ce temps-là, et qui va s'accroître dans quelques instants de cette autre page que je raye de mots maintenant ; et je déchiffre cette phrase que j'ai tracée en commençant : « Les lueurs se sont multipliées », dont les caractères se sont mis à brûler dans mes yeux quand je les ai fermés, s'inscrivant en flammes vertes sur fond rouge sombre, cette phrase dont j'ai retrouvé les cendres sur cette page quand j'ai rouvert mes paupières, ces cendres que je retrouve maintenant.

Michel Butor, _L'Emploi du temps_, © Minuit, 1956.

Questions d'analyse

1 Relevez les indications temporelles qui renvoient à la journée du 1er mai, c'est-à-dire au moment où il a commencé à écrire son journal.

2 Relevez les indications temporelles qui renvoient au 28 juillet, date à laquelle il relit cette première page de journal.

3 Quel effet est créé par l'imbrication des différentes notations temporelles ?

3. Les formes du discours rapporté

1 Le discours direct

Il se caractérise par :

→ **la présence d'un verbe introducteur de paroles :** *dire, murmurer…* ;

→ **des marques typographiques :**
deux-points après le verbe introducteur ; guillemets qui encadrent les paroles rapportées ; tirets qui signalent les changements d'interlocuteur.

→ **les indices de l'énonciation :**
1re et 2e personnes ; temps du discours : présent, passé composé et futur ; connecteurs spatiotemporels liés à l'énonciateur : *ici, aujourd'hui…*

→ **des marques éventuelles d'oralité :**
niveau de langue familier ; hésitations, phrases incomplètes.

→ Le discours direct permet de **donner un effet de réel** et de **ralentir le rythme du récit**. Il rend la narration plus vivante car le lecteur est comme le témoin des propos.

2 Le discours indirect

Les paroles rapportées sont **intégrées au récit**. Le discours direct se caractérise par :

→ **des verbes qui présentent les paroles :**
- dans des propositions subordonnées complétives introduites par *que* ;
- dans des propositions subordonnées interrogatives indirectes introduites par *si, où…*
- dans un groupe infinitif introduit par *de*.

→ **la disparition des indices de l'énonciation :**
- les connecteurs spatiotemporels sont indépendants de l'énonciateur : *là, ce jour-là…*
- les pronoms personnels des 1re et 2e personnes passent souvent à la 3e personne.

→ **la concordance des temps :**
- si le récit est au présent, le temps des verbes de la proposition subordonnée ne change pas.
  Elle demande : « Viendras-tu me voir demain ? »
  Elle demande s'il viendra la voir le lendemain.
- si le récit est au passé, la concordance des temps s'applique.

	Discours direct	Discours indirect
Antériorité	Passé composé	Plus-que-parfait
Simultanéité	Présent	Imparfait
Postériorité	Futur	Conditionnel présent

Elle lui dit : « J'ai bien compris. Je t'attends. Nous sortirons après le dîner. »
Elle lui dit qu'elle avait bien compris, qu'elle l'attendait et qu'ils sortiraient après le dîner. »

→ Le discours indirect permet au narrateur **de ne pas interrompre le récit** et parfois de **prendre ses distances par rapport aux propos tenus**.

3 Le discours indirect libre

Les paroles sont intégrées au récit mais sans verbe introducteur ni subordination. Le discours indirect libre se rapproche :

→ **du discours indirect** par les pronoms personnels, les adjectifs possessifs, les temps verbaux et les connecteurs spatiotemporels ;

→ **du discours direct** par les types de phrases : interrogatives, exclamatives ; par des marques d'oralité : interjections, hésitations, niveau de langue plus familier.

→ Le discours indirect libre permet au lecteur **d'entrer dans la subjectivité du personnage** sans interrompre le récit par des guillemets et par une rupture des temps verbaux.
Il se mit à regarder le paysage. Arriverait-il à oublier le départ de Claire ?

Méthode

Le vrai était que Gervaise aurait mieux aimé qu'on ne parlât pas de batteries de femmes. Ça l'ennuyait, à cause de la fessée du lavoir, quand on causait devant elle et Virginie de coups de sabot dans les quilles et de giroflées à cinq feuilles. Justement, Virginie la regardait en souriant.

« Oh ! murmura-t-elle, j'ai vu un crêpage de chignons hier. Elles s'écharpillaient… »

Zola, *L'Assommoir*, ➜ p. 271.

discours direct

discours indirect libre

COMMENTAIRE

Les marques d'oralité sont très présentes dans le discours direct : interjection, tournures familières, interruption de la phrase.
Le discours indirect libre nous fait pénétrer dans les pensées de Gervaise qui emploie un langage tout aussi imagé que celui des autres femmes.

EXERCICES

Retour sur les textes du chapitre

Le discours direct

1 Perrault, « Le Petit Chaperon rouge », ➜ p. 294, l. 36 à 46

Repérez les passages en discours direct. Comment se présente le dialogue final par rapport à la réplique précédente ? Quel est l'effet produit par ce procédé ?

2 Céline, *Voyage au bout de la nuit*, ➜ p. 273, l. 29 à 48

Repérez les verbes qui introduisent les paroles. Où sont-ils par rapport au discours direct ? Par quel mot sont-ils introduits ? Que pensez-vous de cette construction ? Relevez les marques d'oralité et comparez-les avec celles que vous avez découvertes dans l'exercice précédent.

Le discours indirect

3 Buzzati, *Le K*, ➜ p. 313-314, l. 5 à 14

Relevez les paroles rapportées au discours indirect. Pourquoi le narrateur a-t-il choisi cette forme ?

4 Mérimée, *Carmen*, ➜ p. 302-303, l. 28 à 36

Transcrivez le dialogue entre Carmen et Don José en discours indirect en gardant les mêmes verbes introducteurs. Quels mots disparaissent ? Pourquoi ? Qu'apporte le choix du discours direct ?

Le discours indirect libre

5 Maupassant, « La Parure », ➜ p. 308, l. 218 à 227

Repérez les paroles rapportées en discours indirect libre. À quels indices les avez-vous reconnues ? Si vous les supprimez, le récit reste-t-il cohérent ? Qu'apportent-elles cependant ?

6 Aragon, *Aurélien*, ➜ p. 284, l. 1 à 11

Repérez les phrases composées de groupes nominaux ou d'adjectifs qualificatifs. Que présentent-elles par rapport au récit ?

7 Cohen, *Belle du seigneur*, ➜ p. 287

De combien de phrases se compose chaque paragraphe ? Que représente la deuxième phrase par rapport à la première ? Quelles marques d'oralité sont communes aux deux paragraphes ?

Texte d'entraînement

Jeanne dit enfin : « Comme j'aimerais voyager ! »

Le vicomte reprit : « Oui, mais c'est triste de voyager seul, il faut être au moins deux pour se communiquer ses impressions. »

Elle réfléchit : « C'est vrai…, j'aime à me promener seule cependant… ; comme on est bien quand on rêve toute seule… »

Il la regarda longuement : « On peut aussi rêver à deux. »

Elle baissa les yeux. Était-ce une allusion ? Peut-être. Elle considéra l'horizon comme pour découvrir encore plus loin ; puis d'une voix lente : « Je voudrais aller en Italie… ; et en Grèce… ah ! oui, en Grèce… et en Corse ! ce doit être si sauvage et si beau ! »

Il préférait la Suisse à cause des chalets et des lacs.

Guy de Maupassant, *Une vie*, 1883.

Questions d'analyse

1 Relevez les passages de discours direct, et les passages de discours indirect libre.

2 Quelle remarque pouvez-vous faire sur la façon dont parle Jeanne ? Comment s'exprime le vicomte ?

3 Quelle différence apparaît ainsi entre les deux personnages ?

4. Le nom et ses expansions

1 Nom commun et nom propre

→ **Le nom commun** désigne une **catégorie d'êtres ou de choses.**
Le **nom propre** renvoie à un **être ou à une réalité unique**, souvent des personnes ou des lieux. Il commence par une **majuscule**.

→ Certains noms propres peuvent devenir des noms communs. Ce transfert correspond à une figure de style, l'antonomase :

> *Charleston est une ville des États-Unis où est née une danse, le charleston.*

→ **La substantivation** permet de transformer un mot (adjectif, verbe, préposition) en nom commun :

> *lever* (verbe) → *le lever* (nom) *du soleil*

2 Les déterminants

→ **Les déterminants définis :**
• articles définis : *le, la, les, au, aux, du, des*
• adjectifs possessifs : *mon, ma, mes, notre, votre, leur...*
• adjectifs démonstratifs : *ce, cet, cette, ces*
• adjectifs exclamatifs ou interrogatifs : *quel, quelle, quels, quelles*
Ils sont employés :
• pour **renvoyer à la situation d'énonciation**

> *Donne-moi ce livre.*

• pour **reprendre un élément cité auparavant dans le texte**

> Le Père Goriot *date de 1838. Ce roman raconte...*

• pour **désigner une réalité unique et connue de tous**

> *Le soleil a rendez-vous avec la lune.*

→ **Les déterminants indéfinis :**
• articles indéfinis : *un, une, des* ;
• adjectifs indéfinis : *tout, chaque, aucun...* ;
• adjectifs numéraux : *deux, deuxième...*

3 Les expansions du nom

→ **L'épithète**
• Elle est composée d'un adjectif qualificatif, d'un participe présent ou passé employé comme adjectif :

> *des eaux dormantes*

• Placée juste avant ou juste après le nom, c'est une **épithète liée**. Séparée de lui par une virgule, c'est une **épithète détachée** :

> *Assourdissante, la musique résonnait.* → épithète détachée

→ **L'apposition**
• Elle est composée d'un nom, d'un groupe nominal, d'un pronom, le plus souvent détaché du nom noyau par une virgule.

> *Les trains, eux, ne sont pas pris dans les embouteillages.*

• L'apposition donne souvent une explication, une précision sur le nom noyau.

→ **Le complément du nom (ou de détermination)**
• Il est composé d'un nom ou d'un groupe nominal, d'un pronom, d'un infinitif, d'un adverbe relié au nom noyau par une préposition (*de, à, sur, en, sans*) :

> *Un homme sans foi ni loi – le silence de certains –un yoghourt à boire – l'émission d'hier.*

→ **La proposition subordonnée relative**
• Elle est introduite par un pronom relatif simple (*qui, que, quoi, dont, où*) ou composé (*lequel, auquel, duquel*) et elle complète un nom qui est son antécédent.

> *La personne dont je te parle est péruvienne.* → C. de l'antécédent

Méthode

Il était une fois une petite fille de village, la plus jolie qu'on eût su voir : sa mère en était folle, et sa mère-grand plus folle encore. Cette bonne femme lui fit faire un petit chaperon rouge qui lui seyait si bien, que partout on l'appelait le Petit Chaperon rouge.

Charles Perrault, « Le Petit Chaperon rouge », → **p. 294.**

▬ déterminant
▬ expansions
▬ noms noyaux

COMMENTAIRE

Cet extrait est la situation initiale du conte, ce qui explique le nombre et la variété des expansions nominales (adjectifs, complément du nom, proposition subordonnée relative) : il s'agit de donner le plus d'informations possible en peu de mots.
On notera le passage de l'article indéfini « un » à l'article défini « le » puisque l'objet a déjà été cité ; de plus, on remarque le passage du nom commun au nom propre ; le chaperon n'est plus seulement un vêtement caractéristique de la fillette, il la désigne tout entière.

Retour sur les textes du chapitre

Nom commun et nom propre

1 Hugo, *Quatrevingt-treize*, → **p. 244, l. 13 à 18**
Repérez les différents noms propres. Lesquels sont devenus noms propres par substantivation ? Quelle était la catégorie grammaticale des mots avant leur substantivation ?

Les déterminants

2 Grimm, « La Belle au bois dormant »,
→ **p. 298, l. 21 à 26**
Relevez tous les déterminants de cet extrait et indiquez leur catégorie grammaticale.

3 Stendhal, *La Chartreuse de Parme*,
→ **p. 253, l. 11 à 14**
Pourquoi Fabrice dit-il « ce général » ?
Quelle est la valeur exacte de l'article défini « le » dans la réponse : « c'est le maréchal ! » ?

Les expansions du nom

4 G. Le Clézio, *Désert*, → **p. 262, l. 18 à 23**
Comment le narrateur classe-t-il les personnages qui entourent Lalla ? Pour répondre à cette question, repérez les noms noyaux des différents groupes nominaux.

5 Robbe-Grillet, *Les Gommes*, → **p. 279, l. 4 à 9**
Repérez les différents adjectifs de cet extrait. Quelle est la catégorie d'adjectif la plus représentée ? Quel est l'effet créé par cette accumulation ?

6 Rouaud, *Les Champs d'honneur*, → **p. 251, l. 1 à 6**
À quel mot se rapportent les différents groupes, de « pesamment plaquée » à « l'armée du pharaon » ?

Distinguez les épithètes détachées et les appositions. Quelle impression se dégage de ces expansions ?

7 Balzac, *Les Chouans*, → **p. 242-243, l. 22 à 27**
Relevez les compléments du nom. Pourquoi sont-ils aussi nombreux ?

Texte d'entraînement

C'était une de ces machines d'express, à deux essieux couplés, d'une élégance fine et géante, avec ses grandes roues légères réunies par des bras d'acier, son poitrail large, ses reins allongés et puissants, toute cette logique et toute cette certitude qui font la beauté souveraine des êtres de métal, la précision dans la force. Ainsi que les autres machines de la Compagnie de l'Ouest, en dehors du numéro qui la désignait, elle portait le nom d'une gare, celui de Lison, une station du Cotentin. Mais Jacques, par tendresse, en avait fait un nom de femme, la Lison, comme il disait, avec une douceur caressante.

Émile Zola, *La Bête humaine*, chap. V, 1890.

Questions d'analyse

1 Repérez les différentes expansions du mot « machines ». Quelles sont celles qui renvoient à une locomotive ? celles qui renvoient à une femme ?

2 Dans ces expansions, comment sont répartis les déterminants ?

3 Commentez le passage de « Lison » à « la Lison ».

Outils d'analyse littéraire

1. Narrateur et point de vue

1 Définitions

→ **Le narrateur**
C'est la « voix » qui raconte l'histoire. Cette voix appartient au domaine de la fiction littéraire. On ne doit donc pas confondre le narrateur avec l'auteur.

→ **Le point de vue (ou focalisation)**
Il concerne la manière dont sont perçus les événements par le narrateur. Une même œuvre peut offrir une variation de points de vue.

→ **Le cas du récit autobiographique**
Il fonctionne sur un pacte de lecture qui suppose que le lecteur accepte l'identité entre narrateur et auteur. Certains romans jouent avec cette identité en donnant l'illusion que le narrateur est en même temps l'auteur alors que ce n'est pas le cas.

2 Statuts du narrateur dans le récit

→ **Le narrateur présent dans l'histoire**
Celui qui raconte peut être **un personnage de l'histoire** (récit à la première personne.). Il peut jouer un rôle essentiel, être **le héros**. Il peut aussi se présenter comme **un témoin** ou comme une sorte d'enquêteur sur les faits qui constituent l'histoire proposée.

→ **Le narrateur extérieur à l'histoire**
Il s'agit **d'un narrateur anonyme qui se tient hors du récit**. Le récit s'effectue globalement à la troisième personne. Ce type de narration donne l'illusion que le narrateur s'efface totalement devant son récit. Cependant, différents **indices** peuvent témoigner de sa présence : interventions, marques subjectives de jugement et de sentiment.

→ **L'emboîtement des récits**
Dans le cas de deux récits emboîtés, **le narrateur du second récit** peut être **le personnage d'un premier récit** dont il n'est pas le narrateur. Pour identifier le narrateur, il faut donc être particulièrement vigilant aux différents niveaux narratifs.

3 Point de vue et focalisation

→ **Le point de vue omniscient (focalisation zéro)**
Le récit n'est focalisé sur aucun personnage. Le narrateur apparaît comme **tout-puissant** : il peut décrire la réalité sous tous ses aspects, y compris ceux qui échappent aux personnages : il voit tout et sait tout.

→ **Le point de vue interne (focalisation interne)**
Les événements sont donnés à travers **un champ de vision réduit**. Le récit s'adapte au point de vue particulier d'un personnage. Le lecteur reçoit alors les événements tels que le personnage les perçoit, de manière subjective et restreinte.

→ **Le point de vue externe (focalisation externe)**
L'histoire semble être racontée de manière neutre et **le narrateur en sait moins que le personnage,** comme s'il ne pouvait saisir que l'aspect extérieur des événements, des êtres et des choses.

Fabrice, quoique fort susceptible, ne songea point à se fâcher de l'injure ; il contemplait, perdu dans une admiration enfantine, ce fameux prince de la Moskova, le brave des braves.

Tout à coup on partit au grand galop. Quelques instants après, Fabrice vit, à vingt pas en avant, une terre labourée qui était remuée d'une façon singulière. Le fond des sillons était plein d'eau, et la terre fort humide, qui formait la crête de ces sillons, volait en petits fragments noirs lancés à trois ou quatre pieds de haut.

Stendhal, *La Chartreuse de Parme*, ➥ p. 253.

■ narration à la troisième personne

■ interventions du narrateur, marques de jugement

■ verbes de perception et de pensée

■ relation des événements selon le point de vue interne de Fabrice

COMMENTAIRE

Le narrateur est extérieur à l'histoire (malgré l'ambiguïté possible introduite par le « on »). Ici, la bataille de Waterloo est relatée en adoptant le point de vue interne de Fabrice, introduit par des verbes de pensée et de perception. Par exemple, l'expression « ce fameux prince de la Moskova, le brave des braves » correspond à l'admiration de Fabrice lui-même pour le maréchal Ney. Cependant, le narrateur intervient à deux reprises pour formuler un jugement sur son personnage, qui est ainsi mis à distance.

EXERCICES

Retour sur les textes du chapitre

1 Comparez le statut du narrateur dans les extraits suivants : *Voyage au bout de la nuit* de Céline (➥ p. 273), *Dora Bruder* (➥ p. 258) et *Mémoires d'Hadrien* (➥ p. 249). Que constatez-vous ?

2 Repérez dans le texte de Balzac extrait des *Chouans* (➥ p. 242) les interventions du narrateur et précisez, à partir de ce relevé, les différentes fonctions du narrateur dans ce récit.

3 Identifiez le point de vue narratif choisi dans les extraits des œuvres suivantes : *Bouvard et Pécuchet* (➥ p. 260), *Aurélien* (➥ p. 284) et *Les Chouans* (➥ p. 242). Justifiez votre réponse en vous appuyant sur des indices précis.

4 Recherchez des renseignements sur la vie de Vallès. Puis expliquez pourquoi on peut parler à propos de *L'Insurgé* (➥ p. 247) de roman autobiographique.

5 Lisez les extraits de contes proposés dans le chapitre.
– Quels points communs pouvez-vous relever dans les choix du système de narration ?
– En quoi ces choix vous semblent-ils correspondre au genre du conte ?

Texte d'entraînement

Maître Tainnebouy, puisque tel était le nom de mon compagnon de voyage, raffermit un énorme manteau bleu, posé en valise sur sa selle, brida sa jument, et lui grimpa prestement sur le dos avec l'aisance de l'habitude et un aplomb qui eût fait honneur à un écuyer consommé. J'ai vu bien des casse-cou dans ma vie, mais de ma vie, je n'en ai vu un qui ressemblât à celui-là ! Une fois tombé en selle, il serra entre ses cuisses l'animal qu'il montait, et le fit crier.

« Voilà qui vous prouvera – me dit-il avec l'orgueil un peu sauvage d'un fils des Normands de Rolon – que, si nous sommes attaqués dans notre traversée, je suis homme à vous donner, *tant seulement* avec mon *pied de frêne*, un bon coup de main ! »

J'avais payé comme lui l'hôtesse du *Taureau rouge*, et j'étais remonté sur mon cheval. Nous nous plaçâmes, comme il l'avait dit, botte à botte, et nous entrâmes dans cette lande de Lessay à la sombre renommée, et qui dès les premiers pas qu'on y faisait, surtout comme nous les faisions, à la chute du jour d'automne, semblait plus sombre que son nom.

Barbey d'Aurevilly, *L'Ensorcelée*, 1854.

Question d'analyse

Analysez le statut et les fonctions du narrateur dans cet extrait, puis déterminez l'effet produit par ce système de narration.

2. La description

Le texte descriptif signale, par différentes formules, son début et sa fin : il fonctionne en ce sens comme **un texte autonome**, souvent clairement délimité.

1 L'organisation de la description

→ La description peut s'organiser selon **une logique spatiale ou temporelle**, comme si l'on suivait le regard du personnage ou du narrateur. Elle peut aussi adopter le champ de vision du personnage en allant **d'un plan large aux détails les plus infimes.**

→ La description opère souvent **par expansion des noms** désignant les caractéristiques de l'objet, accumulant adjectifs, compléments du nom ou de l'adjectif et propositions relatives ou **par rapprochement avec d'autres objets** connus.

→ On peut aussi repérer **des verbes de mouvement** qui « animent » la description, même lorsque l'on décrit un élément inanimé.

2 L'insertion de la description dans le récit

→ **La description « motivée »**
Afin que la description n'apparaisse pas comme un pur artifice, le roman recourt à certains procédés destinés à la rendre « plus naturelle » :
• elle peut s'effectuer à partir du **regard d'un personnage**. Le texte décrit alors un objet (chose, personnage ou espace) parce que le personnage le voit ;
• la fin de la description peut obéir à certaines **nécessités narratives**, par exemple lorsque l'observation du personnage est interrompue ;
• le recours à la description peut également être motivé par **la volonté du narrateur d'informer le lecteu**r, notamment dans l'incipit.

→ **La description « arbitraire »**
Le narrateur peut refuser ces artifices et s'attacher à **décrire l'objet pour lui-même**, sans justifier le procédé sur le plan de la fiction.

3 Les fonctions de la description

→ **Les fonctions narratives**
• Toute description a une fonction par rapport à l'acte même de narration.
• Elle contribue parfois à donner **l'illusion de la réalité**, essentielle dans les romans réalistes et naturalistes du XIXe siècle.
• Elle véhicule également un certain savoir sur le monde : elle a donc **une fonction didactique et informative**. La précision des termes utilisés et l'usage d'un vocabulaire technique contribuent à cet effet.
• Elle joue aussi **un rôle dans le rythme et l'organisation du récit** : elle peut ralentir l'action à un moment clé de l'histoire, ou fournir des indices qui préparent la suite des événements.

→ **Les fonctions explicative et symbolique**
• La description d'un objet ou d'un lieu conduit parfois à **présenter de manière indirecte un personnage** ou à **l'expliquer**.
• Elle peut renvoyer, de manière implicite, à un système de valeurs ou à une conception du monde que porte le roman. Elle participe alors à la **construction du sens de l'œuvre**.

Ce détachement, divisé en groupes plus ou moins nombreux, offrait une collection de costumes si bizarres et une réunion d'individus appartenant à des localités et à des professions si diverses, qu'il ne sera pas inutile de décrire leurs différentes caractéristiques pour donner à cette histoire les couleurs vives auxquelles on met tant de prix aujourd'hui […].

Quelques-uns de ces paysans, et c'était le plus grand nombre, allaient pieds nus, ayant pour tout vêtement une grande peau de chèvre qui les couvrait depuis le col jusqu'aux genoux, et un pantalon de toile blanche très grossière, dont le fil mal tondu accusait l'incurie industrielle du pays.

Balzac, *Les Chouans*, ➥ **p. 242.**

▨ passage d'un plan large aux éléments de détail

▨ motivation de la description

▨ fonction explicative et symbolique de la description

COMMENTAIRE

Située dans l'incipit, cette description suit la progression d'un regard : on passe d'un plan large à un plan rétréci pour aboutir à la description d'un détail infime, « le fil mal tondu ». Le narrateur prend soin de justifier l'insertion de cette description par la volonté de donner à son récit une dimension pittoresque. Cependant, la description des hommes, à travers ce détail – celui du « fil mal tondu » – renvoie plus symboliquement à la situation économique de la région, ici la Bretagne de la fin du XVIIIe siècle.

Retour vers les textes du chapitre

1 Quand la dénomination de l'objet décrit intervient-elle dans les extraits de *Madame Bovary* (➥ p. 276) et des *Champs d'honneur* (➥ p. 251) ? Quel est l'effet produit ?

2 L'extrait du *Bonheur des Dames* (➥ p. 270) évoque la fièvre d'achat dans un grand magasin. Analysez, de la ligne 16 à la ligne 25, comment Zola réussit à décrire le bruit.

3 Comment les passages descriptifs s'insèrent-ils dans le récit dans les extraits de *Bouvard et Pécuchet* (➥ p. 260), *Les Choses* (➥ p. 267) *Les Gommes* (➥ p 279) ? Vous semblent-ils être justifiés par la logique du récit ? Pourquoi ?

4 Dans l'extrait de *Désert* (➥ p. 262), analysez le jeu de va-et-vient entre les passages purement narratifs et ceux qui sont plus descriptifs : quel rôle joue dans ce fonctionnement le personnage de Lalla ?

5 Dans le texte de Voltaire (*Candide*, ➥ p. 301), la description vous semble-t-elle avoir uniquement une fonction informative ? Justifiez votre réponse.

6 Montrez comment les différentes descriptions de Madame Loisel (« La Parure », ➥ p. 304-309) rendent sensible l'évolution du personnage et de l'action.

Texte d'entraînement

Cet extrait des Bestiaires *propose la description d'une arène.*

Pour la séparer plus encore du ciel, elle était écrasée sous un treillis de fils semblable à une grande toile d'araignée, et soutenant des lampes électriques, car on y donnait des courses nocturnes. Elle était faite de briques rouges réunies à la va-comme-je-te-pousse, et ses portes pareillement étaient rouges, mais d'un rouge plus foncé, couleur de vin ou de sang séché. Et ces briques mal jointes, posées à même sur le toit dénivelé, ces moellons hérissés dans le mur, ces panneaux de portes qui jouaient, le sol pelé et raboteux qui l'entouraient en moutonnant, lui donnaient un air hirsute et farouche, comme celui des taureaux, en hiver, quand ils ont le poil long. Jamais Alban n'avait vu des arènes manquer de luxe à ce point. Elles étaient vraiment réduites pour l'essentiel : la course, le culte, et hors cela, rien. Encore dans la technique même de la course, on n'imaginait pas qu'y pussent trouver place les fantaisies familières aux grands cirques : ce qu'on devait célébrer ici, c'était un duel sauvage et nu.

Montherlant, *Les Bestiaires*, 1926.

Question d'analyse

Analysez le fonctionnement de la description de l'arène, puis relevez et analysez les éléments qui annoncent l'expression finale : « ce qu'on devait célébrer ici, c'était un duel sauvage et nu ».

3. Le personnage de roman

Le personnage de roman est **un « être de papier »** (Valéry). Sa seule existence dans le récit est celle que lui donnent les mots.

1 L'illusion de la vie

Toutefois un certain nombre de procédés visent à construire le personnage comme être.

→ **Le nom**

Le nom propre constitue le personnage comme individu et fonctionne comme effet de réel. Le nom propre peut céder la place à **d'autres dénominations :** ainsi, « le père Goriot » situe le personnage sur un plan social et familial. **L'absence de nom** dans les romans modernes renvoie à **une crise du personnage.**

→ **Le portrait**

Au-delà d'une description en règle du personnage, se construit, au fil du roman, « **un portrait éparpillé** » qui le dote d'un corps, de vêtements, d'une voix et d'un passé.

→ **La vie intérieure**

Narration à la 1re personne, point de vue interne, monologue intérieur conduisent aussi à pénétrer dans **l'intimité d'une conscience**, donnant ainsi l'illusion d'une vie intérieure, faite de souvenirs, d'angoisses et d'obsessions.

2 Le personnage, actant du récit

→ Le personnage de roman peut aussi se définir comme **force qui agit**, comme **actant**. Il appartient alors à un système, le schéma actantiel, qui le place en relation avec les autres personnages.

→ Tout récit se présente en effet comme quête d'un **objet** par un **sujet**.

Cette quête a une origine (**le destinateur**, c'est-à-dire ce qui pousse le sujet à entreprendre sa quête) et une finalité (le ou **les destinataires**, c'est-à-dire, outre le sujet, les bénéficiaires de cette quête). La réalisation de cette quête fait apparaître des **adjuvants** (alliés du sujet dans sa quête) et des **opposants** (obstacles ou adversaires).

Comme actant, tout personnage occupe au moins l'une de ces six fonctions.

→ Peuvent aussi être définis comme actants un **objet** (la barrette bleue dans *Les Escaliers de Chambord*, p. 290) ou une **entité abstraite** (l'ambition chez Balzac, p. 264).

3 Le personnage, porteur de sens

→ **Le type romanesque**

Un personnage peut incarner un caractère, une classe, particulièrement dans le roman du XIXe siècle qui ambitionne de **créer des types**. Rastignac (p. 264) figure le type de l'ambitieux. Chez Zola, le personnage représente à la fois un milieu et une hérédité, comme Gervaise, p. 271.

→ **Le personnage, reflet d'une époque**

Aurélien (p. 284) illustre le drame d'une génération, celle qui a survécu au premier conflit mondial, avec ses traumatismes et son instabilité.

→ **Des personnages symboliques**

Enfin, les personnages peuvent symboliser **un système de valeurs** et devenir **le support d'une interrogation**. Le personnage du mendiant, dans *Quatrevingt-treize* (p. 244), est certes l'image du peuple victime, mais il signifie plus largement la part d'humanité à préserver, quels que soient le conflit et le parti que l'on prend.

Madame Loisel connut la vie horrible des nécessiteux. Elle prit son parti, d'ailleurs, tout d'un coup, héroïquement. Il fallait payer cette dette effroyable. Elle payerait. On renvoya la bonne ; on changea de logement ; on loua sous les toits une mansarde. […]

Au bout de dix ans, ils avaient tout restitué, tout, avec le taux de l'usure, et l'accumulation des intérêts superposés.

Madame Loisel semblait vieille, maintenant. Elle était devenue la femme forte, et dure, et rude, des ménages pauvres. Mal peignée, avec les jupes de travers et les mains rouges, elle parlait haut, lavait à grande eau les planchers.

Maupassant, « La parure », ➡ **p. 308.**

▬ nom propre

▬ incarnation d'un type romanesque

▬ éléments actantiels : objet et destinateur de la quête du personnage

▬ caractérisation du personnage

COMMENTAIRE

Le personnage de Madame Loisel se trouve à la fois individualisé par son nom propre et relié à un type romanesque et social (celui de l'ouvrière courageuse). Le passage permet de préciser le schéma actantiel dont le personnage est sujet : le parcours narratif a pour objet le remboursement de la dette et pour destinateur l'honneur et le devoir, suggérés par « héroïquement » et « il fallait ». Enfin, le portrait physique et psychologique de Madame Loisel contribue à donner à cet « être de papier » l'illusion du vivant et à souligner l'évolution du personnage.

EXERCICES

Retour vers les textes du chapitre

1 Comparez les noms et dénominations des personnages dans les extraits de *Candide* (➡ p. 301), d'*Un an* (➡ p. 263), et des *Choses* (➡ p. 267)

2 Le nom du personnage peut devenir l'objet même du récit. Expliquez de quelle manière, à partir de l'extrait d'*Aurélien* (➡ p. 284) et du texte écho *Les Escaliers de Chambord* (➡ p. 292).

3 La construction du personnage dans le conte de fées (➡ p. 294 à 299) est-elle comparable à celle d'un personnage romanesque ? Quelles sont selon vous les différences les plus remarquables ?

4 Relevez dans le texte de Daeninckx (➡ p. 257) les éléments qui constituent un portrait « éparpillé » du personnage de Jean Ricouart. Comparez ce personnage avec la figure de Robert L. dans *La Douleur* de Duras (➡ p. 255).

5 Précisez la fonction actantielle des personnages dans l'extrait de La « Belle au bois dormant » (➡ p. 298).

Texte d'entraînement

Le roman raconte le soulèvement communiste de Shanghai en 1927. Dans ce passage, Gisors, un vieil universitaire, évoque en pensée deux personnages engagés dans l'action révolutionnaire : Tchen, qui fut son élève et Kyo, son propre fils.

Tchen – l'oncle pris comme otage et n'ayant pu payer sa rançon, exécuté à la prise de Swatéou – s'était trouvé sans argent, nanti de diplômes sans valeur, en face de ses vingt-quatre ans et de la Chine. Chauffeur de camion tant que les pistes du Nord avaient été dangereuses, puis aide-chimiste, puis rien. Tout le précipitait à l'action politique : l'espoir d'un monde différent, la possibilité de manger quoique misérablement (il était naturellement austère, peut-être par orgueil), la satisfaction de ses haines, de sa pensée, de son caractère. Elle donnait un sens à sa solitude. Mais, chez Kyo, tout était plus simple. Le sens héroïque lui avait été donné comme une discipline, non comme une justification de la vie. Il n'était pas inquiet. Sa vie avait un sens, et il le connaissait : donner à chacun de ces hommes que la famine, en ce moment même, faisait mourir comme une peste lente, la possession de sa propre dignité. Il était des leurs, il avait les mêmes ennemis. Métis, hors caste, dédaigné des Blancs et plus encore des Blanches, Kyo n'avait pas tenté de les séduire : il avait cherché les siens et les avait trouvés.

Malraux, *La Condition humaine,* 1933 © Gallimard.

Question d'analyse

Montrez comment le passage construit, à travers les personnages, deux figures différentes de l'engagement révolutionnaire.

4. L'organisation du récit

1 La structure du récit

→ Toute intrigue semble obéir au modèle suivant : état initial, déclencheur (ou détonateur), action, conséquence (ou sanction), état final. Le récit se définit donc comme **un processus de transformation** (sociale, psychologique, historique, etc.).

→ L'**incipit** (l'ouverture du roman) comme l'**excipit** (la dernière page) sont des moments clés. On distingue **l'incipit *in medias res*** (ou **amorce**), où le lecteur est plongé dans une action en cours de réalisation, et **l'incipit descriptif** (ou **exposition**), qui vise à informer le lecteur.

2 L'ordre du récit

Pour déterminer l'ordre du récit, on compare la succession logique des événements qui constituent l'histoire et l'ordre dans lequel ils sont présentés dans le récit.

→ Les récits **linéaires** racontent les événements dans l'ordre chronologique de l'histoire.

→ D'autres récits présentent des perturbations par rapport à cet ordre chronologique :
• la **prolepse** consiste à évoquer par anticipation un événement à venir ;
• l'**analepse** (équivalent du « flash-back ») revient de manière rétrospective sur un événement ayant eu lieu dans le passé par rapport au moment présent de l'histoire.

3 Le moment de la narration

C'est le moment où est racontée l'histoire par rapport au moment où elle est censée s'être déroulée. On distingue ainsi :

→ **la narration ultérieure** (aux temps du passé), c'est-à-dire postérieure aux événements racontés ;

→ **la narration antérieure** (avec l'emploi du futur), plus rare, qui confère au récit une dimension prophétique ;

→ **la narration simultanée** (emploi du présent), qui donne l'illusion que le narrateur raconte au moment où l'histoire se déroule ;

→ **la narration intercalée** (mélange de narration simultanée et ultérieure), qui introduit un va-et-vient entre passé et présent.

4 La vitesse du récit

C'est le rapport entre la durée fictive des événements et la durée de la narration, qui crée des effets d'accélération et de ralentissement.

→ On parle de **scène** lorsque la durée de narration (et de lecture) de l'épisode semble coïncider avec la durée de son déroulement dans la fiction (en particulier, cas du dialogue).

→ **Le sommaire,** qui résume un long moment de l'histoire, et l'**ellipse***, qui consiste à passer sous silence un passage de l'histoire, créent une impression d'accélération.

→ **La pause** désigne un moment de ralentissement du récit où l'intrigue ne progresse pas (passages descriptifs, commentaires du narrateur).

→ **La mise en page du récit** (fragmentation en petits paragraphes, découpage en chapitres, blancs, etc.) contribue aussi à donner des impressions de vitesses différentes.

Méthode

Il y avait en Westphalie dans le château de monsieur le baron Thunder-ten-tronckh, un jeune garçon à qui la nature avait donné les mœurs les plus douces. Sa physionomie annonçait son âme. Il avait le jugement assez droit, avec l'esprit le plus simple ; c'est, je crois, pour cette raison qu'on le nommait Candide.

Voltaire, *Candide,* ➦ **p. 301.**

▬ Temps indéterminé
▬ Mise en place du cadre spatial
▬ Mise en place des personnages
▬ Caractérisation du héros

COMMENTAIRE

Cet incipit fonctionne comme une exposition par la mise en place de données informatives sur le cadre spatiotemporel et les personnages. Son analyse permet également de situer l'œuvre dans un genre, celui du conte : temps indéterminé (« il y avait »), univers idéal (« château »), apparition d'un héros innocent.

Les incipit

Retour vers les textes du chapitre

1 Comparez les incipit des récits brefs suivants : « Le Petit Chaperon rouge » (➦ p. 294), « La Belle au bois dormant » (➦ p. 298), *Candide* (voir ci-dessus et ➦ p. 301), et « La Parure » (➦ p. 304) : quel point commun et quelles différences relevez-vous ?

2 Quel horizon d'attente dessine pour le lecteur la première phrase de « Écrire debout » (in *Le Médianoche amoureux*, ➦ p. 310) ? Trouvez-vous cet incipit original ? Pourquoi ?

3 Relisez les incipit des romans suivants : *Les Chouans* (➦ p. 242), *Bouvard et Pécuchet* (➦ p. 260), *Madame Bovary*, (➦ p. 276), *Aurélien* (➦ p. 284) : lesquels constituent un incipit *in medias res* ? lesquels sont simplement descriptifs et informatifs ?

4 Reprenez les textes cités dans l'exercice 3. Comparez la première phrase de chacun de ces extraits en répondant aux questions suivantes.

1. Quelle écriture romanesque cette première phrase met-elle en place (statut du narrateur, moment de la narration, inscription dans un genre romanesque précis) ?

2. Quel type de relation au lecteur met-elle en place (effet de surprise, volonté de donner des repères, etc.) ?

3. Quel horizon d'attente construit-elle pour le lecteur, c'est-à-dire que peut attendre celui-ci de la suite du récit après la lecture de la première phrase ?

Texte d'entraînement

Comment s'étaient-ils rencontrés ? Par hasard, comme tout le monde. Comment s'appelaient-ils ? Que vous importe ? D'où venaient-ils ? Du lieu le plus prochain. Où allaient-ils ? Est-ce que l'on sait où l'on va ? Que disaient-ils ? Le maître ne disait rien ; et Jacques disait que son capitaine disait que tout ce qui nous arrive de bien ou de mal était écrit là-haut.

LE MAÎTRE. – C'est un grand mot que cela.

JACQUES. – Mon capitaine ajoutait que chaque balle qui partait d'un fusil avait son billet.

LE MAÎTRE. – Et il avait raison…

Après une courte pause, Jacques s'écria : « Que le diable emporte le cabaretier et son cabaret ! »

LE MAÎTRE. – Pourquoi donner au diable son prochain ? Ce n'est pas chrétien.

JACQUES. – C'est que, tandis que je m'enivre de son mauvais vin, j'oublie de mener nos chevaux à l'abreuvoir. Mon père s'en aperçoit ; il se fâche. Je hoche la tête ; il prend un bâton et m'en frotte un peu durement les épaules. Un régiment passait pour aller au camp devant Fontenoy ; de dépit, je m'enrôle. Nous arrivons ; la bataille se donne.

Diderot, *Jacques le fataliste et son Maître,* 1796.

Question d'analyse

Expliquez à quoi tient l'originalité de cet incipit de roman.

Commenter une page de récit

1 Caractériser globalement le passage

→ Le passage peut être **purement narratif** ou proposer **une description**. De même, il convient de repérer la présence de **discours rapportés**, leur forme et leurs effets.

→ Quelques questions simples doivent aussi être posées, en repérant les indices qui permettent d'y répondre : que raconte-t-on ou que décrit-on dans cet extrait ? Où et quand se déroule l'action ? Quels sont les personnages du récit ?

2 Étudier le système de narration

→ Il est toujours nécessaire d'identifier **le narrateur** en s'appuyant sur des indices précis et sur son statut : est-il un personnage de l'histoire ou extérieur à l'histoire ?

→ De même, les **interventions du narrateur** et/ou la présence explicite du **lecteur-narrataire** doivent être repérées. Ce repérage doit s'accompagner d'interrogations sur leur fonction.

→ Enfin on se demandera si le **point de vue** choisi est externe, omniscient ou interne et, dans le cas d'une focalisation interne, de quel personnage nous partageons la vision (pourquoi et pour quels effets ?).

3 Analyser l'organisation du récit

Rendre compte de **la composition d'un passage** permet d'en dégager l'intérêt et l'enjeu.

→ Ainsi, il convient d'observer **la progression du récit** à partir d'indices précis : progression linéaire, évocation par anticipation des événements à venir (prolepses) ou retours en arrière. Il faut en ce cas se demander quelle est la fonction de ces perturbations dans l'ordre du récit.

→ Puis, on identifiera les **différents mouvements du récit** que l'on peut dégager et ce qu'ils rendent perceptible : évolution d'une situation, d'un personnage, etc.

→ De même, on mènera l'étude de **l'organisation d'une description** (voir p. 338) pour en comprendre la fonction.

→ À partir du repérage des temps verbaux et de l'analyse de leur valeur (voir p. 328), on verra si le récit est **simultané** ou **rétrospectif** ; **singulatif** (qui raconte un événement particulier qui ne s'est passé qu'une seule fois) ou **itératif** (qui raconte un événement qui se répète) ; et quelles conclusions on peut en tirer sur les enjeux de la narration.

4 S'interroger sur les enjeux du passage

Ce dernier questionnement est essentiel pour construire le sens :

→ Le texte s'inscrit-il dans **une tradition romanesque** ou dans un **mouvement littéraire** ? Lequel ? Y a-t-il une volonté de **renouvellement de l'écriture narrative** ? Par quels procédés et pour quels objectifs ?

→ L'analyse des réseaux lexicaux et celle des **registres** dominants (voir p. 70) permettent de comprendre **les effets** que le récit cherche à produire chez le lecteur.
Registres et tonalités traduisent ainsi **« le discours » du narrateur ou même de l'auteur sur le monde évoqué dans la fiction narrative :** ils peuvent conduire par exemple à saisir la visée critique et les enjeux idéologiques du roman ou sa volonté de faire partager l'âme humaine et ses tourments.

→ Il convient enfin de comprendre **quel rapport avec le réel** le récit instaure : visée réaliste, transfiguration du réel, dimension fantastique ? Par le récit, le narrateur entend-il transmettre et faire partager un certain savoir et une certaine vision de l'homme et du monde, ou conduit-il le lecteur à s'interroger sur ses mystères et ses zones d'ombre ?

Méthode

SUJET

> Faites le commentaire littéraire du texte suivant.

Dans ce passage, le narrateur évoque l'arrivée de l'automne en montagne.

Horizons entièrement fermés de roches acérées, aiguilles de Lus, canines, molaires, incisives, dents de chiens, de lions, de tigres et de poissons carnassiers. De là, à votre gauche, piste pour les cheminées d'accès du Ferrand : alpinisme, panorama. À votre droite, traces imperceptibles dans des pulvérisations de rochasses couvertes de diatomées. Suivre ces traces qui contournent un épaulement, et, dans un creux comme un bol de faïence, trouver le plus haut quadrilatère forestier ; peut-être deux cents arbres avec, à l'orée nord, un frêne marqué au minium M 312. Là-bas devant, et à deux cent trente-cinq pas, planté directement dans la pente de faïence, un autre frêne. C'est là que l'automne commence.

C'est instantané. Est-ce qu'il y a eu une sorte de mot d'ordre donné, hier soir, pendant que vous tourniez le dos au ciel pour faire votre soupe ? Ce matin, comme vous ouvrez l'œil, vous voyez mon frêne qui s'est planté une aigrette de plumes de perroquet d'or sur le crâne. Le temps de vous occuper du café et de ramasser tout ce qui traîne quand on couche dehors et il ne s'agit déjà plus d'aigrette, mais de tout un casque fait de plumes les plus rares : des roses, des grises, des rouille. Puis, ce sont des buffleteries, des fourragères, des épaulettes, des devantiers, des cuirasses qu'il se pend et qu'il se plaque partout ; et tout ça est fait de ce que le monde a de plus rutilant et de plus vermeil. Enfin, le voilà dans ses armures et fanfreluches complètes de prêtre-guerrier qui frottaille de petites crécelles de bois sec.

Jean Giono, *Un roi sans divertissement*,© Gallimard, 1948.

ÉTAPE 1

Lecture
Lisez attentivement le texte et élucidez les difficultés de vocabulaire.

ÉTAPE 2

L'analyse de la narration
Procédez, comme proposé ci-contre dans la fiche méthode, à l'analyse de ce récit, en veillant à sélectionner ce qui vous semble le plus pertinent.

ÉTAPE 3

L'étude du style
1. Étudiez les caractéristiques lexicales du premier paragraphe : vous permettent-elles d'identifier le cadre spatial ?
2. Relevez les principaux réseaux lexicaux du second paragraphe : que révèlent-ils ?

3. Quelles sont les particularités syntaxiques du premier paragraphe ?

4. Quel rôle jouent les énumérations dans le second paragraphe ?

ÉTAPE 4

L'organisation du commentaire
Voici un projet de lecture de ce texte, suivi d'une proposition de plan possible de commentaire.

Projet de lecture
Comment le passage propose-t-il un récit original de l'arrivée de l'automne ?

Plan
Première partie : Une double approche de l'événement, dans l'espace et dans le temps.
Deuxième partie : Une évocation qui implique le lecteur.
Troisième partie : Un monde en métamorphose.

1. Parmi les analyses effectuées précédemment (étapes 2 et 3), lesquelles développerez-vous plus particulièrement dans la première partie ? Dans la seconde partie ? Dans la troisième partie ?

2. Proposez un plan détaillé de commentaire.

Expression écrite

Débattre

1 Qu'est-ce que débattre ?

→ **Débattre, c'est exprimer et confronter des positions différentes sur une question donnée.** Il s'agit donc de discuter un point de vue exprimé par le sujet.

→ Un sujet de dissertation peut inviter à **débattre à propos d'un sujet littéraire**, par exemple sur la question de la lecture romanesque.

2 La formulation des sujets invitant à débattre

→ Ce type de sujet offre toujours **une question invitant à discuter une position**. Sa formulation est variable :
– *La lecture des romans conduit-elle à s'évader du monde réel ?*
– *Selon vous, est-ce que la lecture des romans conduit à s'évader du monde réel ?*
– *Dans quelle mesure la lecture des romans conduit-elle à s'évader du monde réel ?*
– *Pour certains, la lecture des romans conduit à s'évader du monde réel.*
Partagez-vous ce point de vue ?
– *Pensez-vous que la lecture des romans conduit à s'évader du monde réel ?*

→ Chacun de ces sujets implique que vous devez débattre, et non répondre simplement par « oui » ou « non », même en argumentant cette réponse. Certaines formules comme « selon vous », « partagez-vous », « pensez-vous que », ne doivent pas vous tromper : **le sujet ne conduit pas à exprimer simplement votre « opinion ».** Il s'agit de confronter le sujet à votre réflexion, d'en comprendre les enjeux et les limites avant de dégager une position.

3 Comment débattre ?

Débattre implique que l'on est capable d'entrer dans des points de vue différents et de les exposer.
Il convient donc :

→ d'abord, **d'expliquer le sujet même du débat et de dégager la problématique :**
Que signifie l'idée selon laquelle la lecture des romans conduit à s'évader du monde réel ?

→ ensuite, de **comprendre pourquoi cette idée peut être soutenue :**
Pour quelles raisons peut-on dire que la lecture des romans conduit à s'évader du monde réel ?

→ puis de **s'interroger sur cette proposition** et de voir pourquoi on peut **discuter cette idée ou en cerner les limites :**
En quoi et pourquoi cette conception de la lecture peut-elle sembler « dangereuse » ?
Dans quelle mesure semble-t-elle réfutable ?

→ enfin, de **conclure** : l'examen de ces différentes questions conduit souvent la réflexion dans une sorte d'impasse ou de paradoxe : aucune des positions examinées ne paraît devoir raisonnablement l'emporter sur l'autre. Pour conclure sur la validité que l'on accorde à la proposition, il convient alors **d'en nuancer ou d'en préciser la formulation,** en tentant de **dépasser** l'impasse ou le paradoxe dans lesquels le débat peut avoir conduit la réflexion.

4 Quel plan ?

Pour débattre dans une dissertation, on adopte donc, comme ci-dessus, **un plan dialectique** (voir Analyser un sujet, p. 74) que l'on peut présenter sous forme d'un **raisonnement concessif :** « Certes…, mais…., donc… ».

SUJET

Nous sommes tous devant le romancier comme les esclaves devant l'empereur : d'un mot, il peut nous affranchir. Par lui, nous perdons notre ancienne condition pour connaître celle du général, du tisseur, de la chanteuse, du gentilhomme campagnard, la vie des champs, le jeu, la chasse, la haine, l'amour [...]. Par lui, nous sommes Napoléon, Savonarole, un paysan [...] Par lui, nous sommes le véritable Protée qui revêt successivement toutes les formes de la vie.

Proust, *Contre Sainte Beuve*, décembre 1908-octobre 1909.

❭ Votre expérience de lecteur de romans correspond-elle à la position exprimée ici par Marcel Proust ?

ÉTAPE ❶

Analysez la citation en répondant aux questions suivantes

1. À l'aide de la notice biographique en fin de volume et d'une encyclopédie, recherchez des renseignements sur l'auteur de la citation, Marcel Proust.
2. À qui renvoie dans la citation le pronom « nous » ?
3. Expliquez, à l'aide de la suite de la citation, le sens de la comparaison « comme les esclaves devant l'empereur » à la première ligne.
4. Élucidez les références à Protée et Savonarole. Expliquez pourquoi Proust utilise ici la référence mythologique : qu'exprime-t-elle ?
5. Reformulez l'expérience de lecture évoquée ici par Proust.

ÉTAPE ❷

Analysez le sujet en répondant aux questions suivantes

1. Quel est le thème principal de la réflexion ?
2. À quel type de plan la formulation de la question finale vous invite-t-elle ? Pour les types de plan, aidez-vous des fiches de méthode en fin d'ouvrage.

ÉTAPE ❸

Formulez une problématique
À l'aide de vos réponses aux questions précédentes, formulez la problématique à laquelle votre dissertation devra tenter de répondre.

ÉTAPE ❹

Recherchez des arguments et des exemples à l'aide des textes de ce chapitre

Piste 1 : Dites quels sont les différents moyens mis en œuvre par le roman pour que le lecteur « revête successivement toutes les formes de la vie. » Votre réflexion pourra prendre appui sur les textes du chapitre situés ➥ p. 245, 247, 249, 251, 282, 287, et 290.

Piste 2 : Selon vous, dans quels cas l'expérience évoquée par Proust ne se produit-elle pas ? Parcourez les textes du chapitre et sélectionnez ceux pour lesquels votre lecture ne correspond pas à l'expérience proustienne, en essayant d'en analyser les raisons.

ÉTAPE ❺

Organisez les premières idées
Classez dans un tableau à deux colonnes (correspondant aux deux pistes de l'étape 4) les idées retenues, accompagnées à chaque fois d'un exemple précis extrait du chapitre.

ÉTAPE ❻

Approfondissez la réflexion

1. Quel est, selon vous, l'intérêt de l'expérience de lecture donnée dans la citation ? Qu'est-ce que vous attendez de la lecture d'un roman ? Pourquoi ?
2. Quels peuvent être les dangers d'une telle expérience ? Effectuez une recherche sur le personnage de Madame Bovary chez Flaubert pour vous aider à répondre à cette question.
3. Tentez maintenant de formuler un autre axe de réponse possible au sujet, qui constituera une troisième partie.

ÉTAPE ❼

Présentez sur une page un plan détaillé de votre dissertation
Indiquez vos parties et, au sein de celles-ci, vos principaux arguments accompagnés d'exemples.

Écrire une nouvelle

1 Lire le sujet

« Perdu jeudi 8 décembre, 2 heures du matin, Quai des Bateaux ivres, carnet bleu de petit format, fermé par un cadenas argenté. Très forte récompense promise. M. Arthur. 4 Rue des Lilas. Paris. »

Rédigez une nouvelle dont cette petite annonce constituera le début.
Votre récit, qui pourra suivre ou non une progression linéaire, sera à la première personne.
Il comportera une soixantaine de lignes.

→ Ce sujet, qui propose l'écriture d'une nouvelle, repose aussi sur un certain nombre de **consignes** et de **contraintes :**
• une petite annonce qui sert d'impulsion au récit et qui sera reprise en début de nouvelle ;
• un récit à la première personne ;
• une longueur définie.

→ L'organisation du récit est laissée au choix : « suivre ou non une progression linéaire », mais cette précision a pour fonction d'attirer l'attention sur la nécessité d'organiser le récit.

→ Enfin, la petite annonce donne des éléments qui devront être respectés et exploités dans la nouvelle. Il convient donc de **toujours analyser le texte support** lorsque le sujet en comporte un.

2 Respecter les caractéristiques du genre

→ **resserrement du temps et de l'espace ;**
→ **concentration du système des personnages,** souvent rapidement mais fortement caractérisés et construits de manière contrastée pour accentuer l'intensité de l'effet recherché ;
→ **unité d'action,** la nouvelle privilégiant le développement d'une seule séquence narrative ;
→ **dénouement rapide** et surprenant, constituant une chute vers laquelle tend tout le récit (elle doit donc être préparée par des indices).

3 Préparer le récit au brouillon

→ fixer **le cadre spatiotemporel** et la **durée** de l'histoire ;
→ déterminer **les personnages** et leur relation, accompagnés de quelques éléments de caractérisation ;
→ choisir l'identité du **narrateur** ;
→ partir de la petite annonce pour **bâtir l'action** : quels possibles narratifs cette petite annonce ouvre-t-elle ?
→ décider d'une **chute** et, en fonction de cette chute*, déterminer les étapes du schéma narratif ;
→ adopter **l'ordre** dans lequel les événements seront relatés ;
→ choisir **un registre** en s'interrogeant sur l'effet que l'on cherche à produire et en précisant les marques de ce registre qu'il conviendra d'utiliser ;
→ noter **un rapide canevas** de la nouvelle récapitulant tous les éléments dans l'ordre de narration adopté.

4 Rédiger

Veiller à la cohérence des temps et des reprises pronominales, ainsi qu'à celle de l'histoire, tout en pensant à respecter les consignes.

SUJET

> En prenant appui sur les nouvelles proposées dans le chapitre (p. 302 à 314), écrivez à votre tour une nouvelle à partir du fait divers suivant. Le récit sera à la première personne. Votre travail comportera une soixantaine de lignes.

Le Mystère du Paris/Lille 7089

Un train bloqué sur les voies, ce n'est pas de chance. Quand il est bloqué en gare, c'est pire. Hier soir, le train 7089 au départ de Paris vers Lille est parti avec deux heures de retard, mais tout le temps de l'attente, ses portes sont restées closes. « C'est de la séquestration », s'indignait au téléphone M. B., un des passagers captifs. « Je n'ai aucune raison d'aller à Lille désormais, vu que ma réunion a déjà commencé depuis longtemps. Simplement, je veux sortir du train et rentrer chez moi. » La SNCF a confirmé hier que la foudre avait contribué à stopper la circulation des trains entre Lille et Paris. Mais l'entreprise n'a pas pipé mot des passagers du 7089, un responsable de la communication se disant même « très sceptique » sur le scénario décrit par les captifs. Pour information, le train est parti à 19 h 20. Ses portes ne s'étant jamais ouvertes, il a emporté M. B. à son bord.

Libération, 24 juin 2005.

ÉTAPE ①

Cernez le sujet et utilisez le texte support
1. Quelles sont les consignes et contraintes du sujet ?
2. Étudiez le texte support, le fait divers :
– Quel est le cadre spatiotemporel ?
– Qui sont les personnes évoquées ?
– Rétablissez le schéma de l'histoire racontée dans ce fait divers.

ÉTAPE ②

Choisissez le narrateur et les personnages de votre nouvelle
1. Qui est le narrateur ? Est-il témoin ou acteur de l'histoire ? Quelles possibilités de choix de la part du narrateur le fait divers offre-t-il ?
2. Quels personnages du fait divers pouvez-vous reprendre ?
3. Quelles seraient leurs caractéristiques dans votre récit ?

ÉTAPE ③

Déterminez l'action de votre nouvelle
1. Où se déroule l'histoire ? Pourquoi peut-on choisir l'ensemble de la gare, un bureau dans la gare ou le train lui-même ? Quels avantages narratifs offre chacun de ces différents choix ?

2. Quand l'histoire se déroule-t-elle ? Convient-il de respecter la durée de l'anecdote du fait divers ? Quelles extensions de la durée peut-on éventuellement envisager ?
3. Quelle sera la chute de la nouvelle ? Quel effet cette chute cherchera-t-elle à produire chez le lecteur ?
4. Quelle est la trame de l'histoire ?
5. Notez au brouillon les différentes étapes de l'action.

ÉTAPE ④

Construisez le récit
1. Dans quel ordre choisissez-vous de raconter les événements ? Ordre chronologique ou non ?
2. Quels temps du récit adoptez-vous ?
3. Par quels indices la chute sera-t-elle préparée ?
4. Quel registre vous semble pertinent, selon l'effet recherché ?

ÉTAPE ⑤

Bâtissez le canevas au brouillon, puis rédigez
Vous veillerez à respecter les consignes et à soigner votre style.

Évaluation

Méthode

TEXTE 1   Honoré de Balzac, Préface de *La Comédie humaine*, 1842

Le hasard est le plus grand romancier du monde : pour être fécond, il n'y a qu'à l'étudier. La Société française allait être l'historien, je ne devais être que le secrétaire. En dressant l'inventaire des vices et des vertus, en rassemblant les principaux faits des passions, en peignant les caractères, en choisissant les événements principaux de la Société, en composant des types par la réunion des traits de plusieurs caractères homogènes, peut-être pouvais-je arriver à écrire l'histoire oubliée par tant d'historiens, celle des mœurs. Avec beaucoup de patience et de courage, je réaliserais, sur la France au dix-neuvième siècle, ce livre que nous regrettons tous, que Rome, Athènes, Tyr, Memphis, la Perse, l'Inde ne nous ont malheureusement pas laissé sur leurs civilisations […].

TEXTE 2   Honoré de Balzac, *Eugénie Grandet*, 1833

L'action se situe en novembre 1819, à Saumur. Grandet, tonnelier qui a fait fortune, fête les vingt trois ans de sa fille Eugénie. Un jeu de loto a été organisé pour les convives.

À huit heures et demie du soir, deux tables étaient dressées. La jolie madame des Grassins avait réussi à mettre son fils[1] à côté d'Eugénie. Les acteurs de cette scène pleine d'intérêt, quoique vulgaire en apparence, munis de cartons bariolés, chiffrés, et de jetons en verre bleu, semblaient écouter les plaisanteries du vieux notaire, qui ne tirait pas un numéro sans faire une remarque ; mais tous pensaient aux millions de monsieur Grandet. Le vieux tonnelier contemplait vaniteusement les plumes roses, la toilette fraîche de madame des Grassins, la tête martiale du banquier, celle d'Adolphe, le président, l'abbé, le notaire, et se disait intérieurement : « Ils sont là pour mes écus. Ils viennent s'ennuyer ici pour ma fille. Hé ! ma fille ne sera ni pour les uns ni pour les autres, et tous ces gens-là me servent de harpons pour pêcher ! »

Cette gaieté de famille, dans ce vieux salon gris, mal éclairé par deux chandelles ; ces rires, accompagnés par le bruit du rouet de la Grande Nanon[2], et qui n'étaient sincères que sur les lèvres d'Eugénie ou de sa mère ; cette petitesse jointe à de si grands intérêts ; cette jeune fille qui, semblable à ces oiseaux victimes du haut prix auquel on les met et qu'ils ignorent, se trouvait traquée, serrée par des preuves d'amitié dont elle était la dupe ; tout contribuait à rendre cette scène tristement comique. N'est-ce pas d'ailleurs une scène de tous les temps et de tous les lieux, mais ramenée à sa plus simple expression ?

NOTES

1. Adolphe, que ses parents espèrent marier à Eugénie, richement dotée.

2. Il s'agit de la bonne des Grandet.

TEXTE 3   Émile Zola, *L'Assommoir*, 1877

L'extrait proposé se situe dans le chapitre XI, consacré au personnage de Nana, la fille de Gervaise et de Coupeau, un couple d'ouvriers qui a sombré dans la misère.

Non, cette sacrée vie-là ne pouvait point continuer, elle ne voulait point y laisser sa peau. Son père depuis longtemps ne comptait plus ; quand un père se soûle comme le sien se soûlait, ce n'est pas un père, c'est une sale bête dont on voudrait être débarrassé. Et, maintenant, sa mère dégringolait à son tour dans son amitié. Elle buvait, elle aussi. Elle entrait par goût chercher son homme chez le père Colombe, histoire de se faire offrir des consommations, et elle s'attablait très bien, sans afficher des airs dégoûtés comme la première fois, sifflant les verres d'un trait, traînant ses coudes pendant des heures et sortant de là avec les yeux hors de la tête. Lorsque Nana, en passant devant l'Assommoir[1], apercevait sa mère au fond, le nez dans la goutte, avachie au milieu des engueulades des hommes, elle était prise d'une colère bleue, parce que la jeunesse qui a le bec tourné à une autre friandise, ne comprend pas la boisson. Ces soirs-là, elle avait un beau tableau, le papa pochard, la maman pocharde, un tonnerre de Dieu de cambuse[2] où il n'y avait pas de pain et qui empoisonnait la liqueur. Enfin, une sainte ne serait pas restée là-dedans.

~~~~~~~~~~~~~~~~~~~~~~~~~~~~~~

TEXTE 4 Christiane Rochefort, *Les Petits Enfants du siècle*, 1961 (© Grasset)

L'extrait suivant constitue la première page de ce roman contemporain.

Je suis née des Allocations et d'un jour férié dont la matinée s'étirait, bienheureuse, au son de « Je t'aime Tu m'aimes » joué à la trompette douce. C'était le début de l'hiver, il faisait bon dans le lit, rien ne pressait.

À la mi-juillet, mes parents se présentèrent à l'hôpital. Ma mère avait les douleurs. On l'examina, et on lui dit que ce n'était pas encore le moment. Ma mère insista qu'elle avait les douleurs. Il s'en fallait de quinze bons jours, dit l'infirmière ; qu'elle resserre sa gaine.

Mais est-ce qu'on ne pourrait pas déclarer tout de même la naissance maintenant ? demanda mon père. Et on déclarerait quoi ? dit l'infirmière : une fille, un garçon, ou un veau ? Nous fûmes renvoyés sèchement.

Zut dit mon père c'est pas de la veine, à quinze jours on loupe la prime[1]. Il regarda le ventre de sa femme avec rancœur. On n'y pouvait rien. On rentra en métro. Il y avait des bals, mais on ne pouvait pas danser.

ANALYSE DU CORPUS

1 D'après la préface de Balzac pour *La Comédie humaine* (texte 1), la fonction du roman ?

2 En quoi les textes 2, 3 et 4, écrits à des époques différentes, font-ils écho au projet énoncé dans cette préface ? Quelle réalité précise chacun évoque-t-il ? Appuyez-vous sur des indices pour situer cette réalité dans son contexte social et historique.

3 Quel élément commun aux trois textes pouvez-vous dégager par ailleurs ? Donnez un titre à ce corpus.

4 Pour chaque texte, identifiez le narrateur. Quel regard porte-t-il sur l'univers qu'il présente ? Comment communique-t-il ce regard au lecteur ? Appuyez-vous pour chaque texte sur des analyses précises.

5 Par quels procédés les textes 2, 3 et 4 livrent-ils les pensées des personnages ? Justifiez votre réponse.

6 Analysez le langage du narrateur et des personnages dans les textes 2, 3 et 4. Pourquoi peut-on dire qu'il contribue à une représentation « réaliste » de la société ?

TRAVAIL D'ÉCRITURE

La fonction du roman est-elle d'être le miroir de son temps ?

Dans l'avant-propos de *La Comédie humaine* de Balzac, le romancier se décrit comme le « secrétaire » de la société française de son temps, alors que pour Montherlant (1896-1972), « il ne faut pas qu'un écrivain s'intéresse trop à son époque, sous peine de faire des œuvres qui n'intéressent que son époque ».

Imaginez et rédigez le dialogue entre deux amis qui débattent sur ce sujet et qui partagent deux points de vue opposés (l'un, celui de Balzac ; l'autre, celui de Montherlant). Votre dialogue comportera environ quarante lignes.

Filippino Lippi, *La Comparution de saint Pierre devant Néron*
1481-1483 (230 × 598 cm), fresque. Florence,
Santa Maria del Carmine, chapelle Brancacci.

Démontrer, convaincre, persuader

5

TEXTE **1**

Pensées (1669)

Pascal
1623-1662

Œuvre interrompue par la mort prématurée de leur auteur, les Pensées *se présentent sous la forme d'un vaste ensemble de notes qui devaient être rassemblées sous le titre d'*Apologie de la religion chrétienne. *Il s'agissait, dans l'esprit de Blaise Pascal, catholique fervent, de prendre la défense du christianisme contre les libertins* et de faire la démonstration de la supériorité de la foi chrétienne. C'est donc à l'un de ces « esprits forts » largement détachés du catholicisme, voire franchement athées, que s'adresse Pascal dans cet extrait. Pour le convaincre de croire, il applique à la religion une démarche démonstrative mathématique fondée sur le calcul des probabilités.*

Examinons donc ce point, et disons : « Dieu est, ou il n'est pas. » Mais de quel côté pencherons-nous ? La raison n'y peut rien déterminer : il y a un chaos infini qui nous sépare[1]. Il se joue un jeu, à l'extrémité de cette distance infinie, où il arrivera croix[2] ou pile. Que gagerez-vous[3] ? Par raison vous ne pouvez faire ni l'un ni l'autre ; par raison
5 vous ne pouvez défendre nul des deux. Ne blâmez donc pas de fausseté ceux qui ont pris un choix ; car vous n'en savez rien. – « Non ; mais je les blâmerai d'avoir fait, non ce choix, mais un choix ; car, encore que celui qui prend croix et l'autre soient en pareille faute, ils sont tous deux en faute : le juste est de ne point parier. » – Oui, mais il faut parier. Cela n'est pas volontaire : vous êtes embarqués[4]. Lequel prendrez-vous
10 donc ? Voyons. Puisqu'il faut choisir, voyons ce qui vous intéresse le moins. Vous avez deux choses à perdre : le vrai et le bien, et deux choses à engager : votre raison et votre volonté, votre connaissance et votre béatitude[5] ; et votre nature a deux choses à fuir : l'erreur et la misère. Votre raison n'est pas plus blessée, en choisissant l'un que l'autre, puisqu'il faut nécessairement choisir. Voilà un point vidé[6]. Mais votre béatitude ?
15 Pesons le gain et la perte, en prenant croix que Dieu est. Estimons ces deux cas : si vous gagnez, vous gagnez tout ; si vous perdez, vous ne perdez rien. Gagez donc qu'il est sans hésiter. – « Cela est admirable[7]. Oui, il faut gager ; mais je gage peut-être trop. »
– Voyons. Puisqu'il y a pareil hasard de gain et de perte, si vous n'aviez qu'à gagner deux vies pour une, vous pourriez encore gager ; mais s'il y en avait trois à gagner, il
20 faudrait jouer (puisque vous êtes dans la nécessité de jouer), et vous seriez imprudent, lorsque vous êtes forcé à jouer, de ne pas hasarder votre vie pour en gagner trois à un jeu où il y a pareil hasard de perte et de gain. Mais il y a une éternité de vie et de bonheur[8]. Et cela étant, quand il y aurait une infinité de hasards dont un seul serait pour vous, vous auriez encore raison de gager un pour avoir deux, et vous agiriez de mauvais
25 sens, étant obligé à jouer, de refuser de jouer une vie contre trois à un jeu où d'une infinité de hasards il y en a un pour vous, s'il y avait une infinité de vie infiniment heureuse à gagner. Mais il y a ici une infinité de vie infiniment heureuse à gagner, un hasard de gain contre un nombre fini[9] de hasards de perte, et ce que vous jouez est fini. Cela ôte tout parti[10] ; partout où est l'infini, et où il n'y a pas infinité de hasards de perte contre
30 celui de gain, il n'y a point à balancer[11], il faut tout donner. Et ainsi, quand on est forcé à jouer, il faut renoncer à la raison[12] pour garder la vie, plutôt que de la hasarder pour le gain infini aussi prêt à arriver que la perte du néant[13].

Blaise Pascal, « Le pari », *Pensées*, fragment 233, éd. Brunschvig, 1669.

NOTES
1. De la connaissance de Dieu.
2. Face d'une pièce de monnaie, celle-ci portant une croix du côté face.
3. Que parierez-vous ?
4. Condamnés à parier car vous vivez.
5. Bonheur éternel.
6. Réglé.
7. Digne d'étonnement.
8. À gagner.
9. Limité (la vie terrestre).
10. Toute hésitation.
11. Hésiter.
12. Il faudrait être fou.
13. C'est-à-dire notre malheureuse vie terrestre.

Georges de La Tour, *Les Joueurs de dés*,
vers 1650. Stockton-on-Tees, Preston Hall Museum.

MÉTHODE

→ Démontrer et argumenter p. 418
→ L'expression des relations logiques p. 414

OBSERVATION ET ANALYSE

1 Sous quelle forme se présente cet extrait ?
Justifiez votre réponse en observant la ponctuation,
l'emploi des impératifs, les marques énonciatives.

2 Relevez le champ lexical du jeu de hasard.
Quel rôle joue celui-ci dans l'argumentation ?

3 Quels indices donnent à ce texte l'allure
d'une démonstration mathématique ?

4 Dégagez les différentes étapes de cette
démonstration. Montrez par quels moyens (lexique,
temps verbaux, procédés de style) Pascal lui assure
une tournure rigoureuse et incontestable.

5 Quels sont les deux choix en présence ? Montrez que
le texte repose sur un jeu d'oppositions.
Quelles attitudes humaines sont ainsi confrontées ?

EXPRESSION

Exposé oral. Documentez-vous sur ce qu'on appelle le
courant libertin* au XVIIe siècle. Exposez par oral votre
travail de recherche. Même travail pour le jansénisme*.

Histoires extraordinaires (1856)

Poe
1809-1849

Edgar Allan Poe est l'inventeur du roman policier. Son héros, le détective Dupin, enquête sur un double crime : deux femmes, la mère et sa fille, ont été assassinées dans des conditions particulièrement atroces ; or la chambre où s'est produit le drame était hermétiquement close. Dupin donne ici une illustration de sa méthode déductive. Celle-ci l'a conduit à émettre l'hypothèse selon laquelle le double crime aurait été perpétré par un singe. Afin de vérifier son hypothèse, Dupin a fait paraître une annonce dans un journal, pour retrouver le propriétaire de l'animal. Ce dernier est selon lui un marin français embarqué sur un navire maltais. En attendant l'arrivée du marin, Dupin explique au narrateur comment il en est arrivé à de telles suppositions.

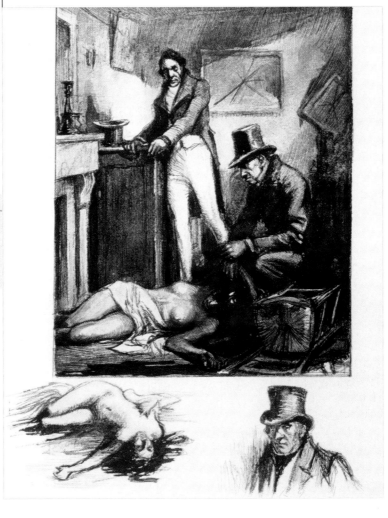

Illustration de
Charles Fouqueray pour
*Double assassinat dans
la rue Morgue*, 1841.

– Comment avez-vous pu, – demandai-je à Dupin, – savoir que l'homme était un marin, et qu'il appartenait à un navire maltais ?

– Je ne le sais pas, – dit-il, – je n'en suis pas sûr. Voici toutefois un petit morceau de ruban[1], qui, j'en juge par sa forme et son aspect graisseux, a évidemment servi à nouer

5 – les cheveux en une de ces longues queues qui rendent les marins si fiers et si farauds. En outre, ce nœud est un de ceux que peu de personnes savent faire, excepté les marins, et il est particulier aux Maltais. J'ai ramassé le ruban au bas de la chaîne[2] du paraton-

nerre. Il est impossible qu'il ait appartenu à l'une des deux victimes. Après tout, si je me suis trompé en induisant de ce ruban que le Français est un marin appartenant à
10 – un navire maltais, je n'aurai fait de mal à personne avec mon annonce. Si je suis dans l'erreur, il supposera simplement que j'ai été fourvoyé par quelque circonstance dont il ne prendra pas la peine de s'enquérir. Mais si je suis dans le vrai, il y a un grand point de gagné. Le Français, qui a connaissance du meurtre, bien qu'il en soit innocent, hésitera naturellement à répondre à l'annonce, – à réclamer son orang-outang. Il rai-
15 – sonnera ainsi : « Je suis innocent ; je suis pauvre ; mon orang-outang est d'un grand prix ; – c'est presque une fortune dans une situation comme la mienne ; – pourquoi le perdrais-je, par quelques niaises appréhensions de danger ? Le voilà, il est sous ma main. On l'a trouvé dans le bois de Boulogne, – à une grande distance du théâtre du meurtre. Soupçonnera-t-on jamais qu'une bête brute ait pu faire le coup ? La police
20 – est dépistée, – elle n'a pu retrouver le plus petit fil conducteur. Quand même on serait sur la piste de l'animal, il serait impossible de me prouver que j'aie eu connaissance de ce meurtre, ou de m'incriminer³ en raison de cette connaissance. Enfin, et avant tout, *je suis connu*. Le rédacteur de l'annonce me désigne comme le propriétaire de la bête. Mais je ne sais pas jusqu'à quel point s'étend sa certitude. Si j'évite de réclamer une
25 – propriété d'une aussi grosse valeur, qui est connue pour m'appartenir, je puis attirer sur l'animal un dangereux soupçon. Ce serait de ma part une mauvaise politique d'appeler l'attention sur moi ou sur la bête. Je répondrai décidément à l'avis du journal, je reprendrai mon orang-outang, et je l'enfermerai solidement, jusqu'à ce que cette affaire soit oubliée. »

30 – En ce moment, nous entendîmes un pas qui montait l'escalier.

– Apprêtez-vous, – dit Dupin, – prenez vos pistolets, mais ne vous en servez pas, – ne les montrez pas avant un signal de moi.

On avait laissé ouverte la porte cochère, et le visiteur était entré sans sonner, et avait gravi plusieurs marches de l'escalier. Mais on eût dit maintenant qu'il hésitait.
35 – Nous l'entendions redescendre. Dupin se dirigea vivement vers la porte, quand nous l'entendîmes qui remontait. Cette fois, il ne battit pas en retraite, mais s'avança délibérément, et frappa à la porte de notre chambre.

– Entrez, – dit Dupin d'une voix gaie et cordiale.

Un homme se présenta. C'était évidemment un marin…

Edgar Allan Poe, « Double assassinat dans la rue Morgue »,
Histoires extraordinaires, trad. Ch. Baudelaire, 1856.

NOTE
: **3.** Inculper.

METHODE

→ Démontrer et argumenter p. 418
→ L'expression des relations logiques p. 414
→ L'énonciation p. 62
→ L'organisation du récit p. 342

OBSERVATION ET ANALYSE

1 Relevez dans cet extrait le passage du discours au récit. Vous pouvez vous aider des pages 328, 332 et 342.

2 Quels indices (lexique, énonciation, temps et modes verbaux, syntaxe) montrent que l'on a affaire à un raisonnement dans la longue réplique de Dupin, lignes 3 à 29 ?

3 Ce raisonnement en inclut un autre : lequel ? Quelles en sont les étapes ?

4 Relevez les termes (adverbes et adjectifs) qui soulignent le caractère nécessaire et irréfutable des déductions de Dupin.

5 Commentez la chute de cet extrait.

Lettre à M. Félix Faure (1898)

Zola
1840-1902

Victime d'une machination judiciaire montée par l'État-major de l'armée française, le capitaine Dreyfus est condamné au bagne et déporté à l'île du Diable au large de la Guyane en 1895. Convaincu de l'innocence de Dreyfus, Émile Zola s'engage publiquement et publie en janvier 1898 dans le journal L'Aurore une lettre au titre célèbre, « J'accuse », qui prend la défense de Dreyfus et dénonce l'antisémitisme dont il est victime. Le passage suivant est un extrait de cette lettre, dans laquelle Zola se livre à une réfutation rigoureuse et éloquente des différentes accusations portées contre l'officier.

Ah ! le néant de cet acte d'accusation ! Qu'un homme ait pu être condamné sur cet acte, c'est un prodige d'iniquité[1]. Je défie les honnêtes gens de le lire, sans que leur cœur bondisse d'indignation et crie leur révolte, en pensant à l'expiation[2] démesurée, là-bas, à l'île du Diable. Dreyfus sait plusieurs langues[3], crime ; on n'a trouvé chez
5 — lui aucun papier compromettant, crime ; il va parfois dans son pays d'origine, crime ; il est laborieux, il a le souci de tout savoir, crime ; il ne se trouble pas, crime ; il se trouble, crime. Et les naïvetés de rédaction, les formelles assertions[4] dans le vide ! On nous avait parlé de quatorze chefs d'accusation : nous n'en trouvons qu'une seule en fin de compte, celle du bordereau[5], et nous apprenons même que les experts n'étaient
10 — pas d'accord, qu'un d'eux, M. Gobert, a été bousculé militairement, parce qu'il se permettait de ne pas conclure dans le sens désiré. On parlait aussi de vingt-trois officiers qui étaient venus accabler Dreyfus de leurs témoignages. Nous ignorons encore leurs interrogatoires, mais il est certain que tous ne l'avaient pas chargé ; et il est à remarquer, en outre, que tous appartenaient aux bureaux de la Guerre. C'est un procès de famille,
15 — on est là entre soi, et il faut s'en souvenir : l'État-major a voulu le procès, l'a jugé, et il vient de le juger une seconde fois.

Donc, il ne restait que le bordereau, sur lequel les experts ne s'étaient pas entendus. On raconte que, dans la chambre du conseil, les juges allaient naturellement acquitter. Et, dès lors, comme l'on comprend l'obstination désespérée avec laquelle, pour justifier
20 — la condamnation, on affirme aujourd'hui l'existence d'une pièce secrète, accablante, la pièce qu'on ne peut montrer, qui légitime tout, devant laquelle nous devons nous incliner, le bon Dieu invisible et inconnaissable ! Je la nie, cette pièce, je la nie de toute ma puissance ! Une pièce ridicule[6], oui, peut-être la pièce où il est question de petites femmes, et où il est parlé d'un certain D*** qui devient trop exigeant : quelque mari sans
25 — doute trouvant qu'on ne lui payait pas sa femme assez cher. Mais une pièce intéressant la défense nationale, qu'on ne saurait produire sans que la guerre fût déclarée demain, non, non ! c'est un mensonge ! Et cela est d'autant plus odieux et cynique[7] qu'ils mentent impunément sans qu'on puisse les en convaincre. Ils ameutent la France, ils se cachent derrière sa légitime émotion, ils ferment les bouches en troublant les cœurs, en perver-
30 — tissant les esprits. Je ne connais pas de plus grand crime civique.

Voilà donc, monsieur le Président, les faits qui expliquent comment une erreur judiciaire a pu être commise ; et les preuves morales, la situation de fortune de Dreyfus, l'absence de motifs, son continuel cri d'innocence, achèvent de le montrer comme une victime des extraordinaires imaginations du commandant Du Paty de Clam[8], du milieu
35 — clérical[9] où il se trouvait, de la chasse aux « sales juifs », qui déshonore notre époque.

Émile Zola, « Lettre au Président de la République », *L'Aurore*, 13 janvier 1898.

NOTES
1. Injustice.
2. Châtiment.
3. Dreyfus est alsacien et l'Alsace est devenue allemande à la suite de la défaite de 1870, d'où le soupçon de trahison.
4. Affirmations sans preuves.
5. Document sur lequel l'écriture de Dreyfus avait été imitée et principale pièce de l'accusation.
6. Pièce de l'accusation destinée à discréditer Dreyfus.
7. Sans scrupule.
8. Principal accusateur de Dreyfus et auteur du faux bordereau accusant ce dernier.
9. Milieu catholique.

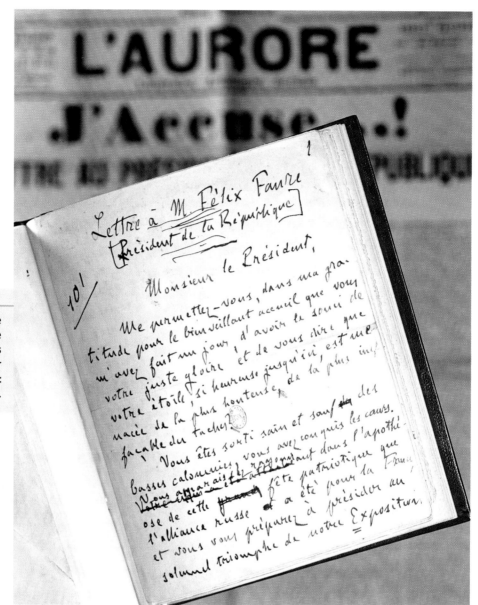

Manuscrit de la lettre de Zola destinée à être publiée dans *L'Aurore* du 13 janvier 1898 sous le titre : « J'accuse... ! ».

MÉTHODE

→ Démontrer, argumenter p. 418
→ Choisir et utiliser les exemples p. 428
→ L'expression des relations logiques p. 414
→ Les registres p. 70

OBSERVATION ET ANALYSE

1 Relevez les connecteurs logiques qui organisent ce passage.

2 Quelles accusations Zola récapitule-t-il et réfute-t-il successivement ? Avec quels arguments ?

3 Par quels procédés formels (syntaxe, figures de style, indices de jugement) Zola discrédite-t-il les accusations portées contre Dreyfus ?

4 Quels indices (énonciatifs, syntaxiques, lexicaux) suggèrent l'engagement personnel et la passion de Zola ?

5 Caractérisez le registre dominant de ce texte.

Les Ambassadeurs (1533)

Holbein le Jeune
1497-1543

Hans Holbein est à Londres lorsqu'il peint Les Ambassadeurs *à la demande de Jean de Dinteville, envoyé du roi de France François Ier auprès du roi d'Angleterre Henri VIII. Le tableau est un double portrait représentant le commanditaire et son ami, l'évêque français Georges de Selve. Ce dernier est à droite sur le tableau.*

Hans Holbein le Jeune, *Les Ambassadeurs,* 1533
(huile sur panneau de chêne, 207 cm x 209,5 cm). Londres, National Gallery.

OBSERVATION ET ANALYSE

1 Observez les deux personnages : vêtements, expression et attitude. Quelle impression s'en dégage ?

2 Décrivez les objets qui servent de décor. Recherchez dans un dictionnaire le sens des mots *turquet, clinomètre, cadran multiple* et *horloge de berger*. Mettez ces derniers en relation avec l'époque où a été peint le tableau. Pourquoi peut-on dire que les objets représentés ont une signification symbolique ?

3 Observez maintenant de plus près l'objet étrange entre les deux personnages. Que représente-t-il ?

4 Recherchez le sens du mot *anamorphose.* Trouvez d'autres exemples d'application de ce procédé.

5 Pourquoi peut-on dire que le tableau repose sur un secret et une opposition ? Dégagez la visée didactique et morale de l'œuvre.

Démonstrations en folie

TEXTE 4

Modeste proposition... (1729)

Swift
1667-1745

> *Écrivain irlandais, auteur des célèbres* Voyages de Gulliver *(1726), Jonathan Swift publie en 1729 un virulent pamphlet* dénonçant la misère du peuple irlandais alors sous occupation anglaise. L'extrait suivant, tiré de sa* Modeste proposition, *se présente sous la forme d'une démonstration froide et implacable exposant les avantages de vendre, pour les manger, les enfants d'Irlande âgés d'un an, afin de leur épargner la misère et de contribuer à la prospérité de la nation...*

J'expose donc humblement à la considération du public que des cent vingt mille enfants dont le calcul a été fait, vingt mille peuvent être réservés pour la reproduction de l'espèce, dont seulement un quart de mâles, ce qui est plus qu'on ne réserve pour les moutons, le gros bétail et les porcs ; et ma raison est que ces enfants sont rarement
5 le fruit du mariage ; circonstance à laquelle nos sauvages[1] font peu d'attention, c'est pourquoi un mâle suffira au service de quatre femelles ; que les cent mille restant peuvent, à l'âge d'un an, être offerts en vente aux personnes de qualité[2] et de fortune dans tout le royaume, en avertissant toujours la mère de les allaiter copieusement dans le dernier mois, de façon à les rendre dodus et gras pour une bonne table. Un enfant fera
10 deux plats dans un repas d'amis ; et quand la famille dîne seule, le train de devant ou de derrière[3] fera un plat raisonnable, et assaisonné avec un peu de poivre et de sel, sera très bon bouilli le quatrième jour, spécialement en hiver.

J'ai fait le calcul qu'en moyenne un enfant qui vient de naître pèse vingt livres, et que dans l'année solaire, s'il est passablement nourri, il ira à vingt-huit.
15 J'accorde que cet aliment sera un peu cher, et par conséquent il conviendra très bien aux propriétaires, qui, puisqu'ils ont déjà dévoré la plupart des pères[4], paraissent avoir plus de droits sur les enfants.

La chair des enfants sera de saison toute l'année, mais plus abondante en mars, et un peu avant et après, car il est dit par un grave auteur, un éminent médecin français,
20 que, le poisson étant une nourriture prolifique[5], il naît plus d'enfants dans les pays catholiques romains environ neuf mois après le carême[6] qu'à toute autre époque : c'est pourquoi, en comptant une année après le carême, les marchés seront mieux fournis encore que d'habitude, parce que le nombre des enfants papistes[7] est au moins de trois contre un dans ce royaume ; cela aura donc un autre avantage, celui de diminuer le
25 nombre des papistes parmi nous.

J'ai déjà calculé que les frais de nourriture d'un enfant de mendiant (et je fais entrer dans cette liste tous les *cottagers*[8], les journaliers[9] et les quatre cinquièmes des fermiers), étaient d'environ deux shillings par an, guenilles comprises ; et je crois qu'aucun gentleman ne se plaindra de donner dix shillings pour le corps d'un enfant
30 bien gras, qui, comme j'ai dit, fera quatre plats d'excellente viande nutritive, lorsqu'il n'aura que quelque ami particulier ou son propre ménage à dîner avec lui. Le squire[10] apprendra ainsi à être un bon propriétaire, et deviendra populaire parmi ses tenanciers[11] ; la mère aura huit shillings de profit net, et sera en état de travailler jusqu'à ce qu'elle produise un autre enfant.

Jonathan Swift, *Modeste proposition pour empêcher*
les enfants des pauvres en Irlande d'être à la charge de leurs parents
ou de leur pays et pour les rendre utiles au public, 1729.

NOTES
1. Terme méprisant pour désigner les Irlandais.

2. Les nobles.

3. Ici les bras et les jambes.

4. Les riches propriétaires ont réduit les pères à la misère.

5. Qui favorise la procréation.

6. Période de privation pour les catholiques pendant laquelle notamment on ne doit pas manger de viande.

7. Partisans du pape, catholiques.

8. Paysans.

9. Ouvriers agricoles payés à la journée.

10. Titre le plus bas de la noblesse.

11. Personnes qui dirigent un établissement : hôtel, maison de jeu, etc.

« Les mangeurs d'enfants, orgie sanguinaire », couverture du magazine *Les Faits-Divers Illustrés*, 1908.

METHODE

→ Démontrer et argumenter p. 418
→ L'expression des relations logiques p. 414
→ Louer et blâmer p. 422

OBSERVATION ET ANALYSE

1 Par quels moyens l'auteur donne-t-il à sa proposition l'allure d'une démonstration objective et argumentée ?

2 Quels termes emploie-t-il pour parler des enfants ? Quelle attitude reflète ce choix ?

3 Quels arguments avance-t-il successivement ? Ceux-ci sont-ils acceptables ?

4 Dégagez la tonalité du texte. Justifiez votre réponse. Expliquez l'efficacité de ce choix.

5 Recherchez dans un dictionnaire le sens de l'expression « humour noir ». Pourquoi est-elle ici appropriée ?

EXPRESSION

Écriture d'invention. Sur le modèle de Swift, vous exposerez de manière argumentée une solution absurde et effrayante à une question d'actualité d'ordre social, économique, sanitaire, etc.

Une démonstration par l'absurde (1750)

Dénonçant l'esclavage, « aussi opposé au droit civil qu'au droit naturel », Montesquieu dresse ici le catalogue de l'argumentaire esclavagiste.

Montesquieu
1689-1755

Si j'avais à soutenir le droit que nous avons eu de rendre les nègres esclaves, voici ce que je dirais :

Les peuples d'Europe ayant exterminé ceux de l'Amérique, ils ont dû mettre en esclavage ceux de l'Afrique, pour s'en servir à défricher tant de terres.

5 Le sucre serait trop cher, si l'on ne faisait travailler la plante qui le produit par des esclaves.

Ceux dont il s'agit sont noirs depuis les pieds jusqu'à la tête ; et ils ont le nez si écrasé, qu'il est presque impossible de les plaindre.

On ne peut se mettre dans l'esprit que Dieu, qui est un être très sage, ait mis une
10 âme, surtout une âme bonne, dans un corps tout noir.

Il est si naturel de penser que c'est la couleur qui constitue l'essence de l'humanité, que les peuples d'Asie qui font des eunuques[1], privent toujours les noirs du rapport qu'ils ont avec nous d'une façon plus marquée.

On peut juger de la couleur de la peau par celle des cheveux, qui, chez les Égyp-
15 tiens, les meilleurs philosophes du monde, étaient d'une si grande conséquence, qu'ils faisaient mourir tous les hommes roux qui leur tombaient entre les mains.

Une preuve que les nègres n'ont pas le sens commun, c'est qu'ils font plus de cas d'un collier de verre que de l'or, qui, chez des nations policées[2], est d'une si grande conséquence.

20 Il est impossible que nous supposions que ces gens-là soient des hommes ; parce que, si nous les supposions des hommes, on commencerait à croire que nous ne sommes pas nous-mêmes chrétiens.

De petits esprits exagèrent trop l'injustice que l'on fait aux Africains. Car, si elle était telle qu'ils le disent, ne serait-il pas venu dans la tête des princes d'Europe, qui
25 font entre eux tant de conventions[3] inutiles, d'en faire une générale en faveur de la miséricorde et de la pitié ?

Montesquieu, *De l'esprit des lois*, livre XV, chap. 5, 1750.

NOTES
1. Hommes châtrés qui gardaient les femmes dans les harems.
2. Civilisées, raffinées.
3. Au sens de traités.

École anglaise du XVIIIe siècle,
L'esclave à genoux (détail).
Hull City Museums and Art Galleries.

TEXTE 5

La Philosophie dans le boudoir (1795)

Sade
1740-1814

La Philosophie dans le boudoir *parut anonymement en 1795. L'ouvrage se présente sous la forme traditionnelle du dialogue philosophique, mais le genre est détourné par Donatien de Sade. Celui-ci met en scène deux libertins* de l'aristocratie, Mme de Saint-Ange et Dolmancé, qui font l'éducation sexuelle et philosophique d'une naïve jeune fille, Eugénie. Entre deux dialogues qui font l'éloge scandaleux du vice et du crime, les trois personnages se livrent à des ébats érotiques. Au cours du troisième dialogue dont le texte suivant est extrait, Dolmancé se lance dans une démonstration cynique et argumentée de la nécessité du mensonge.*

Pietro Longhi
(1702-1785), *L'Éléphant*
(détail). Vicence,
Palais Leoni Montanari.

EUGÉNIE. –[…] Approfondissons, je vous prie, cette fausseté que vous conseillez aux femmes de mettre en usage ; croyez-vous donc cette manière d'être absolument essentielle dans le monde ?

DOLMANCÉ. – Je n'en connais pas, sans doute, de plus nécessaire dans la vie ;
5 – une vérité certaine va vous en prouver l'indispensabilité : tout le monde l'emploie ; je vous demande, d'après cela, comment un individu sincère n'échouera pas toujours au milieu d'une société de gens faux ! Or s'il est vrai, comme on le prétend, que les vertus

soient de quelque utilité dans la vie civile, comment voulez-vous que celui qui n'a ni la volonté, ni le pouvoir, ni le don d'aucune vertu, ce qui arrive à beaucoup de gens,

10 – comment voulez-vous, dis-je, qu'un tel être ne soit pas essentiellement obligé de feindre pour obtenir à son tour un peu de la portion de bonheur que ses concurrents lui ravissent ? Et, dans le fait, est-ce bien sûrement la vertu, ou son apparence, qui devient réellement nécessaire à l'homme social ? Ne doutons pas que l'apparence seule lui suffise : il a tout ce qu'il faut en la possédant. Dès qu'on ne fait qu'effleurer les hommes

15 – dans le monde, ne leur suffit-il pas de nous montrer l'écorce ? Persuadons-nous bien, au surplus, que la pratique des vertus n'est guère utile qu'à celui qui la possède : les autres en retirent si peu que, pourvu que celui qui doit vivre avec nous paraisse vertueux, il devient parfaitement égal qu'il le soit en effet ou non. La fausseté, d'ailleurs, est presque toujours un moyen assuré de réussir ; celui qui la possède acquiert néces-

20 – sairement une sorte de priorité sur celui qui commerce ou qui correspond avec lui : en l'éblouissant par de faux dehors[1], il le persuade ; de ce moment il réussit. M'aperçois-je que l'on m'a trompé, je ne m'en prends qu'à moi, et mon suborneur[2] a d'autant plus beau jeu encore que je ne me plaindrai pas par orgueil ; son ascendant[3] sur moi sera toujours prononcé ; il aura raison quand j'aurai tort ; il s'avancera quand je ne serai

25 – rien ; il s'enrichira quand je me ruinerai ; toujours enfin au-dessus de moi, il captivera bientôt l'opinion publique ; une fois là, j'aurai beau l'inculper, on ne m'écoutera seulement pas. Livrons-nous donc hardiment et sans cesse à la plus insigne fausseté ; regardons-la comme la clé de toutes les grâces, de toutes les faveurs, de toutes les réputations, de toutes les richesses, et calmons à loisir le petit chagrin d'avoir fait des dupes

30 – par le piquant plaisir d'être fripon.

MME DE SAINT-ANGE. – En voilà, je le pense, infiniment plus qu'il n'en faut sur cette matière. Eugénie, convaincue, doit être apaisée, encouragée : elle agira quand elle voudra. J'imagine qu'il est nécessaire de continuer maintenant nos dissertations sur les différents caprices des hommes dans le libertinage[4] ; ce champ doit être vaste, par-

35 – courons-le ; nous venons d'initier notre élève dans quelques mystères de la pratique, ne négligeons pas la théorie.

Le marquis de Sade, *La Philosophie dans le boudoir ou les instituteurs immoraux*, « Troisième dialogue », 1795.

NOTES
1. Apparences trompeuses.
2. Trompeur.
3. Pouvoir, supériorité.
4. Débauche, recherche du plaisir

MÉTHODE

→ Démontrer et argumenter p. 418
→ Rédiger un discours p. 430
→ L'énonciation p. 62
→ Le personnage de roman, p. 340

OBSERVATION ET ANALYSE

1 Quelle thèse développe Dolmancé, lignes 4 à 12 ? Quels sont les deux arguments qu'il utilise pour réfuter celle-ci dans les lignes 7 à 21 ?

2 En observant les connecteurs logiques, dégagez les différentes étapes de la démonstration de Dolmancé. Commentez le changement de mode verbal dans les lignes 27 à 30.

3 Quels indices verbaux, énonciatifs et lexicaux donnent à l'exposé de Dolmancé une dimension pédagogique ?

4 Dans les lignes 4 à 18, relevez et commentez les procédés de style par lesquels le libertin rend sa démonstration plus convaincante.

5 Pourquoi peut-on dire que ce passage illustre le sous-titre du roman : « les instituteurs immoraux » ?

Rhinocéros (1958)

Ionesco
1912-1994

Rhinocéros est une pièce en trois actes d'Eugène Ionesco qui dénonce le confor-
misme idéologique et le fanatisme. L'action se déroule dans une ville de province qui
voit progressivement ses habitants se transformer en rhinocéros. Lorsque la pièce com-
mence, le rideau se lève sur une petite place tranquille, un dimanche d'été. Pendant
que Bérenger et Jean, deux collègues de bureau, discutent, « le logicien » fait devant un
vieux monsieur admiratif la démonstration de la supériorité de la logique.

LE LOGICIEN, *au Vieux Monsieur.* – Voici donc un syllogisme exemplaire. Le chat a
    quatre pattes. Isidore et Fricot ont chacun quatre pattes. Donc Isidore et Fricot
    sont chats.

LE VIEUX MONSIEUR, *au Logicien.* – Mon chien aussi a quatre pattes.

5 _ LE LOGICIEN, *au Vieux Monsieur.* – Alors, c'est un chat.

BÉRENGER, *à Jean.* – Moi, j'ai à peine la force de vivre. Je n'en ai plus envie peut-être.

LE VIEUX MONSIEUR, *au Logicien après avoir longuement réfléchi.* – Donc, logiquement,
    mon chien serait un chat.

LE LOGICIEN, *au Vieux Monsieur.* – Logiquement, oui. Mais le contraire est aussi vrai.

10 _ BÉRENGER, *à Jean.* – La solitude me pèse. La société aussi.

JEAN, *à Bérenger.* – Vous vous contredisez. Est-ce la solitude qui pèse, ou est-ce la mul-
    titude[1] ? Vous vous prenez pour un penseur et vous n'avez aucune logique.

LE VIEUX MONSIEUR, *au Logicien.* – C'est très beau, la logique.

LE LOGICIEN, *au Vieux Monsieur.* – À condition de ne pas en abuser.

15 _ BÉRENGER, *à Jean.* – C'est une chose anormale de vivre.

JEAN. – Au contraire. Rien de plus naturel. La preuve : tout le monde vit.

BÉRENGER. – Les morts sont plus nombreux que les vivants. Leur nombre augmente.
    Les vivants sont rares.

JEAN. – Les morts, ça n'existe pas, c'est le cas de le dire !…. Ah ! Ah !…. (*Gros rire.*) Ceux-
20 _   là aussi vous pèsent ? Comment peuvent peser des choses qui n'existent pas ?

BÉRENGER. – Je me demande moi-même si j'existe !

JEAN, *à Bérenger.* – Vous n'existez pas, mon cher, parce que vous ne pensez pas ! Pensez,
    et vous serez.

LE LOGICIEN, *au Vieux Monsieur.* – Autre syllogisme : tous les chats sont mortels.
25 _   Socrate est mortel. Donc Socrate est un chat[2].

LE VIEUX MONSIEUR. – Et il a quatre pattes. C'est vrai, j'ai un chat qui s'appelle
    Socrate.

LE LOGICIEN. – Vous voyez…

JEAN, *à Bérenger.* – Vous êtes un farceur, dans le fond. Un menteur. Vous dites que la
30 _   vie ne vous intéresse pas. Quelqu'un, cependant, vous intéresse !

BÉRENGER. – Qui ?

JEAN. – Votre petite camarade de bureau, qui vient de passer. Vous en êtes amoureux !

LE VIEUX MONSIEUR, *au Logicien.* – Socrate était donc un chat !

LE LOGICIEN, *au Vieux Monsieur.* – La logique vient de nous le révéler.

35 _ JEAN, *à Bérenger.* – Vous ne vouliez pas qu'elle vous voie dans le triste état où vous vous
    trouviez. (*Geste de Bérenger.*) Cela prouve que tout ne vous est pas indifférent.
    Mais comment voulez-vous que Daisy soit séduite par un ivrogne ?

LE LOGICIEN, *au Vieux Monsieur.* – Revenons à nos chats.

LE VIEUX MONSIEUR, *au Logicien.* – Je vous écoute.

40 _ BÉRENGER, *à Jean.* – De toute façon, je crois qu'elle a déjà quelqu'un en vue.

NOTES
1. Foule.
2. Allusion à un
syllogisme* célèbre.
Socrate (470-399 av.
J.-C.) est un philosophe
grec de l'Antiquité.

JEAN, *à Bérenger.* – Qui donc ?

BÉRENGER. – Dudard. Un collègue du bureau : licencié en droit, juriste, grand avenir dans la maison, de l'avenir dans le cœur de Daisy ; je ne peux pas rivaliser avec lui.

LE LOGICIEN, *au Vieux Monsieur.* – Le chat Isidore a quatre pattes.

45 _ LE VIEUX MONSIEUR. – Comment le savez-vous ?

LE LOGICIEN. – C'est donné par hypothèse.

BÉRENGER, *à Jean.* – Il est bien vu par le chef. Moi, je n'ai pas d'avenir, pas fait d'études, je n'ai aucune chance.

LE VIEUX MONSIEUR, *au Logicien.* – Ah ! par hypothèse.

50_ JEAN, *à Bérenger.* – Et vous renoncez, comme cela…

BÉRENGER, *à Jean.* – Que pourrais-je faire ?

LE LOGICIEN, *au Vieux Monsieur.* – Fricot aussi a quatre pattes. Combien de pattes auront Fricot et Isidore ?

LE VIEUX MONSIEUR, *au Logicien.* – Ensemble, ou séparément ?

55_ JEAN, *à Bérenger.* – La vie est une lutte, c'est lâche de ne pas combattre !

LE LOGICIEN, *au Vieux Monsieur.* – Ensemble, ou séparément, c'est selon.

BÉRENGER, *à Jean.* – Que voulez-vous, je suis désarmé.

JEAN. – Armez-vous, mon cher, armez-vous.

LE VIEUX MONSIEUR, *au Logicien, après avoir péniblement réfléchi.* – Huit, huit pattes.

60_ LE LOGICIEN. – La logique mène au calcul mental.

LE VIEUX MONSIEUR. – Elle a beaucoup de facettes !

BÉRENGER, *à Jean.* – Où trouver les armes ?

LE LOGICIEN, *au Vieux Monsieur.* – La logique n'a pas de limites !

Eugène Ionesco, *Rhinocéros*, acte I, © Gallimard, 1958.

METHODE

→ Démontrer et argumenter p. 418
→ L'expression des relations logiques p. 414
→ L'énonciation théâtrale, p. 224
→ Formes et procédés du comique p. 230

OBSERVATION ET ANALYSE

1 Recherchez le sens du mot *syllogisme** et un ou deux exemples de syllogismes célèbres. Quelles modifications le logicien fait-il subir au syllogisme dans les deux exemples qu'il donne aux lignes 1-3 et 24-25 ? Que révèlent ces erreurs de la part du logicien ?

2 En observant les répliques de Jean, caractérisez son attitude à l'égard de Bérenger. Relevez dans ces répliques les expressions toutes faites : que veut montrer par là Ionesco ?

3 La scène juxtapose deux discussions qui n'ont rien à voir entre elles. Identifiez la tonalité de chacune d'elle. Quel effet produit ce décalage sur le spectateur ?

4 Quelles relations peut-on établir entre ces deux discussions étrangères l'une à l'autre ?

5 Quel danger de la logique dénonce ici Ionesco ?

EXPRESSION

Exposé oral. On a parlé à propos de cette pièce de « théâtre de l'absurde » (voir p. 215). Justifiez dans un court exposé oral l'usage de cette expression à propos de ce passage.

Malherbe
1555-1628

Consolation à M. Du Périer (1598)

Avec ce poème, dont nous ne présentons pas l'intégralité (mais seulement les strophes 1 à 7 et 18 à 20), Malherbe renoue avec un genre antique, la consolation, illustré par l'écrivain latin Sénèque. Le poète s'adresse ici à son ami Du Périer, avocat au Parlement d'Aix, qui vient de perdre sa fille Marguerite, âgée de cinq ans. Malherbe cherche à apaiser la douleur de son ami en s'adressant à sa raison afin de le convaincre d'accepter son sort et les limites assignées à la condition humaine.

Ta douleur, Du Périer, sera donc éternelle,
　　　　Et les tristes discours[1]
Que te met en l'esprit l'amitié[2] paternelle
　　　　L'augmenteront toujours ?

5 – Le malheur de ta fille au tombeau descendue
　　　　Par un commun trépas[3],
Est-ce quelque dédale[4] ou ta raison perdue
　　　　Ne se retrouve pas ?

Je sais de quels appas[5] son enfance était pleine,
10 – 　　　　Et n'ai pas entrepris,
Injurieux ami[6], de soulager ta peine
　　　　Avecque son mépris[7].

Mais elle était du monde où les plus belles choses
　　　　Ont le pire destin,
15 – Et rose elle a vécu ce que vivent les roses[8],
　　　　L'espace d'un matin.

Puis, quand ainsi serait que[9], selon ta prière,
　　　　Elle aurait obtenu
D'avoir en cheveux blancs terminé sa carrière[10],
20 – 　　　　Qu'en fût-il advenu ?

Penses-tu que, plus vieille, en la maison céleste
　　　　Elle eût eu plus d'accueil ?
Ou qu'elle eût moins senti la poussière funeste
　　　　Et les vers du cercueil ?

25 – Non, non, mon Du Périer, aussitôt que la Parque[11]
　　　　Ôte l'âme du corps,
L'âge s'évanouit au deçà de la barque[12]
　　　　Et ne suit point les morts. […]

NOTES
1. Réflexions.
2. Affection.
3. Mort.
4. Labyrinthe où l'on s'égare.
5. Charmes.
6. En me conduisant comme un ami injuste.
7. En jugeant ta peine insignifiante.
8. Allusion à « L'Ode à Cassandre » de Ronsard (1550).
9. En admettant que.
10. Vie.
11. Déesse incarnant le destin dans la religion romaine.
12. Barque de Charon qui fait passer le fleuve des Enfers aux âmes des morts dans la mythologie antique.

La Mort a des rigueurs à nulle autre pareilles ;
30 _   On a beau la prier,
La cruelle qu'elle est se bouche les oreilles
         Et nous laisse crier.

NOTES
13. Résidence des rois de France.
14. Connaissance.

Le pauvre en sa cabane où le chaume le couvre
         Est sujet à ses lois,
35 _ Et la garde qui veille aux barrières du Louvre[13]
         N'en défend point nos rois.

De murmurer contre elle et perdre patience
         Il est mal à propos ;
Vouloir ce que Dieu veut est la seule science[14]
40 _   Qui nous met en repos.

François de Malherbe, *Consolation à M. Du Périer*, 1598.

MÉTHODE
→ L'expression de l'aspect p. 484
→ Eléments de versification p. 132
→ Convaincre et persuader p. 420
→ Le registre lyrique p. 128

Atelier Rembrandt,
Vieil Homme en prière,
1629-1630.

OBSERVATION ET ANALYSE

1 Comment le poète suggère-t-il le désarroi et la douleur de son ami dans les strophes 1 à 5 ? Commentez les conditionnels des strophes 5 et 6.

2 À quels indices voit-on que le poète s'adresse à la raison de son ami et non à son affectivité ?

3 Quels arguments sont employés par Malherbe ? Comment s'enchaînent-ils ? Relevez deux raisonnements de type concessif*.

4 Étudiez le thème de la fuite du temps en analysant le jeu des temps et des modes verbaux.

5 Observez la forme poétique adoptée par Malherbe (strophes, vers, rimes, rythmes) et montrez comment elle renforce le sens et l'efficacité de cette « consolation ».

EXPRESSION

Écriture d'invention. Vous adressez une consolation à l'un de vos amis ou parents dans la peine. Vous choisirez de vous adresser soit à sa raison soit à ses sentiments.

Les Liaisons dangereuses (1782)

Laclos
1741-1803

Les Liaisons dangereuses sont un roman épistolaire* de Choderlos de Laclos dont les personnages principaux sont deux séducteurs cyniques, la marquise de Merteuil et le vicomte de Valmont. Dans la lettre 125, adressée à sa complice madame de Merteuil, Valmont relate en détail les ultimes manœuvres qui lui ont permis de séduire madame de Tourvel, femme mariée et pieuse qui a jusqu'ici résisté à ses avances. Le récit montre le libertin en pleine action. Tout ici est calculé pour parvenir à la fin qu'il s'est fixée : séduire madame de Tourvel. Cette lettre est un parfait exemple des pouvoirs du langage et du corps dans la persuasion amoureuse.

Je jugeai devoir animer un peu cette scène languissante ; ainsi, me levant avec l'air du dépit[1] : « Votre fermeté, dis-je alors, me rend toute la mienne. Hé bien ! oui, Madame, nous serons séparés ; séparés même plus que vous ne pensez : et vous vous féliciterez à loisir de votre ouvrage. » Un peu surprise de ce ton de reproche, elle voulut
5 répliquer. « La résolution que vous avez prise… dit-elle. – N'est que l'effet de mon désespoir, repris-je avec emportement. Vous avez voulu que je sois malheureux ; je vous prouverai que vous avez réussi au-delà même de vos souhaits. – Je désire votre bonheur », répondit-elle. Et le son de sa voix commençait à annoncer une émotion assez forte. Aussi me précipitant à ses genoux, et du ton dramatique que vous me
10 connaissez : « Ah ! cruelle, me suis-je écrié, peut-il exister pour moi un bonheur que vous ne partagiez pas ? Où donc le trouver loin de vous ? Ah ! jamais ! jamais ! » J'avoue qu'en me livrant à ce point, j'avais beaucoup compté sur le secours des larmes : mais soit mauvaise disposition, soit peut-être seulement l'effet de l'attention pénible et continuelle que je mettais à tout, il me fut impossible de pleurer.
15 Par bonheur je me ressouvins que pour subjuguer[2] une femme, tout moyen était également bon ; et qu'il suffisait de l'étonner par un grand mouvement, pour que l'impression en restât profonde et favorable. Je suppléai[3] donc, par la terreur, à la sensibilité qui se trouvait en défaut ; et pour cela, changeant seulement l'inflexion de ma voix, et gardant la même posture : « Oui, continuai-je, j'en fais le serment à vos pieds, vous
20 posséder ou mourir. » En prononçant ces dernières paroles, nos regards se rencontrèrent. Je ne sais ce que la timide personne vit ou crut voir dans les miens : mais elle se leva d'un air effrayé, et s'échappa de mes bras dont je l'avais entourée. Il est vrai que je ne fis rien pour la retenir : car j'avais remarqué plusieurs fois que les scènes de désespoir menées trop vivement tombaient dans le ridicule dès qu'elles devenaient longues,
25 ou ne laissaient que des ressources vraiment tragiques, et que j'étais fort éloigné de vouloir prendre. Cependant, tandis qu'elle se dérobait à moi, j'ajoutai d'un ton bas et sinistre, mais de façon qu'elle pût m'entendre : « Hé bien ! la mort ! »

Je me relevai alors ; et gardant un moment le silence, je jetais sur elle, comme au hasard, des regards farouches[4] qui, pour avoir l'air d'être égarés, n'en étaient pas
30 moins clairvoyants et observateurs. Le maintien mal assuré, la respiration haute, la contraction de tous les muscles, les bras tremblants, et à demi élevés, tout me prouvait assez que l'effet était tel que j'avais voulu le produire : mais, comme en amour rien ne se finit que de très près, et que nous étions alors assez loin l'un de l'autre, il fallait avant tout se rapprocher. Ce fut pour y parvenir, que je passai le plus tôt possible à une
35 apparente tranquillité, propre à calmer les effets de cet état violent, sans en affaiblir l'impression.

Choderlos de Laclos, *Les Liaisons dangereuses*, lettre 125, 1782.

NOTES
1. Déception teintée de colère.
2. Séduire, conquérir.
3. Remplaçai.
4. Sauvages.

Fragonard, *Le Baiser à la dérobée*, 1788
(huile sur toile, 45 cm x 55 cm). Saint-Pétersbourg,
musée de l'Ermitage.

MÉTHODE

→ Convaincre et persuader p. 420
→ Les formes du discours rapporté, p. 332
→ Le personnage de roman, p. 340
→ L'énonciation p. 62

OBSERVATION ET ANALYSE

1 Quels éléments donnent à cette scène une dimension théâtrale ?

2 Repérez les termes qui montrent que Valmont calcule chacune de ses attitudes et joue la comédie.

3 Dégagez le rôle des aspects non verbaux (attitudes, gestes, voix) dans cette scène de séduction.

4 Étudiez l'effet du comportement de Valmont sur madame de Tourvel et la gradation* de l'émotion ressentie par celle-ci.

5 Pourquoi peut-on qualifier l'auteur de la lettre de libertin* ?

EXPRESSION

Écriture d'invention. Transposez ce passage en une scène de théâtre en restant fidèle au récit. Vous n'omettrez pas les didascalies et respecterez les conventions de la disposition du texte théâtral.

Histoire de la grandeur et de la décadence... (1837)

Balzac
1799-1850

Ce roman appartient à La Comédie humaine, *vaste cycle romanesque décrivant la société française de la première moitié du XIXᵉ siècle (p. 265). Grâce à son épouse, César Birotteau a mis au point deux produits miracle, la « Double Pâte des Sultanes » et l'« Eau Carminative ». Pour vendre ces nouveaux produits, il rédige un prospectus publicitaire. Balzac se livre ici à un pastiche* des procédés rhétoriques de la publicité naissante.*

DOUBLE PÂTE DES SULTANES ET EAU CARMINATIVE
DE CÉSAR BIROTTEAU
DÉCOUVERTE MERVEILLEUSE
Approuvée par l'Institut de France

NOTES
1. Désir excessif de l'argent et du gain.
2. Chimiste français (1763-1829).
3. Qui expulse les gaz intestinaux.
4. Atteintes.
5. Agissantes.
6. Qui ont l'odeur du baume.
7. Substance chimique, produit de la distillation.

5 ‒   Depuis longtemps une pâte pour les mains et une eau pour le visage, donnant un résultat supérieur à celui obtenu par l'Eau de Cologne dans l'œuvre de la toilette, étaient généralement désirées par les deux sexes en Europe. Après avoir consacré de longues veilles à l'étude du derme et de l'épiderme chez les deux sexes, qui, l'un comme l'autre, attachent avec raison le plus grand prix à la douceur, à la souplesse, au brillant,
10 ‒ au velouté de la peau, le sieur Birotteau, parfumeur avantageusement connu dans la capitale et à l'étranger, a découvert une Pâte et une Eau à juste titre nommées, dès leur apparition, merveilleuses par les élégants et par les élégantes de Paris. En effet, cette Pâte et cette Eau possèdent d'étonnantes propriétés pour agir sur la peau, sans la rider prématurément, effet immanquable des drogues employées inconsidérément jusqu'à
15 ‒ ce jour et inventées par d'ignorantes cupidités[1]. Cette découverte repose sur la division des tempéraments qui se rangent en deux grandes classes indiquées par la couleur de la Pâte et de l'Eau, lesquelles sont roses pour le derme et l'épiderme des personnes de constitution lymphatique, et blanches pour ceux des personnes qui jouissent d'un tempérament sanguin.

20 ‒   Cette Pâte est nommée *Pâte des Sultanes*, parce que cette découverte avait déjà été faite pour le sérail par un médecin arabe. Elle a été approuvée par l'Institut sur le rapport de notre illustre chimiste VAUQUELIN[2], ainsi que l'Eau établie sur les principes qui ont dicté la composition de la Pâte.

    Cette précieuse Pâte, qui exhale les plus doux parfums, fait donc disparaître les
25 ‒ taches de rousseur les plus rebelles, blanchit les épidermes les plus récalcitrants, et dissipe les sueurs de la main dont se plaignent les femmes non moins que les hommes.

    L'*Eau Carminative*[3] enlève ces légers boutons qui, dans certains moments, surviennent inopinément aux femmes, et contrarient leurs projets pour le bal ; elle rafraîchit et ravive les couleurs en ouvrant ou fermant les pores selon les exigences du
30 ‒ tempérament ; elle est si connue déjà pour arrêter les outrages[4] du temps que beaucoup de dames l'ont, par reconnaissance, nommée l'AMIE DE LA BEAUTÉ.

    L'Eau de Cologne est purement et simplement un parfum banal sans efficacité spéciale, tandis que la *Double Pâte des Sultanes* et l'*Eau Carminative* sont deux compositions opérantes[5], d'une puissance motrice agissant sans danger sur les qualités
35 ‒ internes et les secondant ; leurs odeurs essentiellement balsamiques[6] et d'un esprit[7] divertissant réjouissent le cœur et le cerveau admirablement, charment les idées et les réveillent ; elles sont aussi étonnantes par leur mérite que par leur simplicité ; enfin,

c'est un attrait de plus offert aux femmes, et un moyen de séduction que les hommes peuvent acquérir.

40 — L'usage journalier de l'Eau dissipe les cuissons occasionnées par le feu du rasoir ; elle préserve également les lèvres de la gerçure et les maintient rouges ; elle efface naturellement à la longue les taches de rousseur et finit par redonner du ton aux chairs. Ces effets annoncent toujours en l'homme un équilibre parfait entre les humeurs[8], ce qui tend à délivrer les personnes sujettes à la migraine de cette horrible maladie. Enfin,
45 — l'*Eau Carminative*, qui peut être employée par les femmes dans toutes leurs toilettes, prévient les affections cutanées en ne gênant pas la transpiration des tissus, tout en leur communiquant un velouté persistant.

S'adresser, franc de port[9], à M. CÉSAR BIROTTEAU, successeur de Ragon, ancien parfumeur de la reine Marie-Antoinette, à la Reine des Roses, rue Saint-Honoré, à
50 — Paris, près la place Vendôme.

Le prix du pain de Pâte est de trois livres, et celui de la bouteille est de six livres.

Monsieur César Birotteau, pour éviter toutes les contrefaçons, prévient le public que la Pâte est enveloppée d'un papier portant sa signature, et que les bouteilles ont un cachet incrusté dans le verre.

Honoré de Balzac, *Histoire de la grandeur et de la décadence de César Birotteau*, 1837.

NOTES
8. Liquides sécrétés par le corps. La médecine distinguait quatre humeurs : bile, atrabile, flegme, sang.
9. Expédié gratuitement.

MÉTHODE

→ Convaincre et persuader p. 420
→ L'expression des relations logiques p. 414
→ L'expression de l'aspect p. 484
→ Les mot p. 124
→ Le sens des mot p. 126
→ Les figures de style, p. 68

Publicité pour des parfums.
Paris, 1907.

OBSERVATION ET ANALYSE

1 À quoi correspondent les différentes typographies ? Justifiez le découpage en paragraphes.

2 Commentez les noms choisis pour les produits. Sur quelles connotations* joue-t-il ?

3 Quels sont les différents types d'arguments employés par Birotteau pour promouvoir ses produits ? Pourquoi ces arguments relèvent-ils de la persuasion plutôt que de la conviction ?

4 Relevez les termes et procédés qui valorisent les produits. Quelles sont ici les principales caractéristiques de la rhétorique publicitaire ?

5 À quels indices voit-on que le romancier se moque de son personnage ?

6 Par quoi cette publicité se distingue-t-elle de celles qui vous sont aujourd'hui familières ?

EXPRESSION

Écriture d'invention. Rédigez un prospectus d'une vingtaine de lignes vantant les qualités d'un produit de votre choix. Vous choisirez le nom de votre produit et un bref slogan incitatif.

La firme Peugeot a commencé par édifier au XVIIIe siècle des moulins à eau. Au cours du siècle suivant, elle a produit des objets manufacturés. En 1858, la marque dépose son « logo », un lion marchant sur une flèche d'acier : la firme Peugeot est devenue « la firme au lion ». À la fin du XIXe siècle, les frères Peugeot se lancent dans la production de cycles et leurs premiers modèles sont présentés à l'Exposition universelle de 1899. À la bicyclette succédera très vite l'automobile. Ces trois affiches illustrent l'évolution de la firme, des techniques publicitaires et, à travers celles-ci, des mœurs collectives.

Document 1. Cette affiche remonte à 1888, au moment où Peugeot commence à produire des bicyclettes en série. Un fils des frères Peugeot montre à un public de visiteurs ébahis sa gamme de cycles.

Document 2. Tableau datant de 1922, du peintre Charles Lemmel. Au lendemain de la Première Guerre mondiale, la firme Peugeot s'est considérablement développée et s'est lancée avec succès dans la production automobile.

Document 3.
Publicité insérée
dans un magazine
en 2003. Photographie
de Nick Meek.

OBSERVATION ET ANALYSE

1 La publicité mêle image et message écrit.
Comparez les textes qui figurent sur les publicités 1
et 3 : comment qualifierez-vous chacun d'eux ?

2 Par quels moyens, dans le texte et dans l'image,
le destinataire est-il impliqué dans la publicité 3 ?

3 Mettez la publicité 2 en relation avec le contexte
historique et justifiez les choix de l'auteur
de l'affiche : éléments représentés, couleurs, cadrage,
plan. Par quels arguments visuels la firme entend-elle
promouvoir ses automobiles ?

4 Comment comprenez-vous la scène représentée
sur la publicité 3 ? Mettez-la en relation avec
le slogan.

5 Repérez dans les publicités 1 et 3 les arguments
explicites ou implicites mis en avant par Peugeot.

6 D'après l'observation de ces trois publicités et
en vous aidant des pages de méthode de ce chapitre,
diriez-vous que le discours publicitaire cherche
davantage à démontrer, à convaincre ou à persuader ?
Argumentez votre réponse sur des exemples précis.

Germinal (1885)

Zola
1840-1902

Germinal est le treizième roman du cycle des Rougon-Macquart *(p. 272). Il raconte une grève dans le bassin minier du nord de la France en 1865-1866. La scène se déroule au début du mois de janvier, par une froide nuit d'hiver, dans la clairière du Plan-des-Dames. Les mineurs se sont réunis pour décider de la continuation de la grève. Le héros, Étienne Lantier, qui a pris la tête du mouvement, s'adresse à la foule et tente de la convaincre pour l'inciter à poursuivre la grève avec une force de conviction communicative.*

Un silence profond tomba du ciel étoilé. La foule, qu'on ne voyait pas, se taisait dans la nuit, sous cette parole qui lui étouffait le cœur ; et l'on n'entendait que son souffle désespéré, au travers des arbres.

Mais Étienne, déjà, continuait d'une voix changée. Ce n'était plus le secrétaire
5 _ de l'association qui parlait, c'était le chef de bande, l'apôtre[1] apportant la vérité. Est-ce qu'il se trouvait des lâches pour manquer à leur parole ? Quoi ! depuis un mois, on aurait souffert inutilement, on retournerait aux fosses, la tête basse, et l'éternelle misère recommencerait ! Ne valait-il pas mieux mourir tout de suite, en essayant de détruire cette tyrannie du capital[2] qui affamait le travailleur ? Toujours se soumettre
10 _ devant la faim jusqu'au moment où la faim, de nouveau, jetait les plus calmes à la révolte, n'était-ce pas un jeu stupide qui ne pouvait durer davantage ? Et il montrait les mineurs exploités, supportant à eux seuls les désastres des crises, réduits à ne plus manger, dès que les nécessités de la concurrence abaissaient le prix de revient. Non ! le tarif de boisage[3] n'était pas acceptable, il n'y avait là qu'une économie déguisée, on
15 _ voulait voler à chaque homme une heure de son travail par jour. C'était trop cette fois, le temps venait où les misérables, poussés à bout, feraient justice.

Il resta les bras en l'air.

La foule, à ce mot de justice, secouée d'un long frisson, éclata en applaudissements, qui roulaient avec un bruit de feuilles sèches. Des voix criaient :
20 _ « Justice !… Il est temps, justice ! »

Peu à peu, Étienne s'échauffait. Il n'avait pas l'abondance facile et coulante de Rasseneur[4]. Les mots lui manquaient souvent, il devait torturer sa phrase, il en sortait par un effort qu'il appuyait d'un coup d'épaule. Seulement, à ces heurts continuels, il rencontrait des images d'une énergie familière, qui empoignaient son auditoire ;
25 _ tandis que ses gestes d'ouvrier au chantier, ses coudes rentrés, puis détendus et lançant les poings en avant, sa mâchoire brusquement avancée, comme pour mordre, avaient eux aussi une action extraordinaire sur les camarades. Tous le disaient, il n'était pas grand, mais il se faisait écouter.

« Le salariat est une forme nouvelle de l'esclavage, reprit-il d'une voix plus
30 _ vibrante. La mine doit être au mineur, comme la mer est au pêcheur, comme la terre est au paysan… Entendez-vous ! la mine vous appartient, à vous tous qui, depuis un siècle, l'avez payée de tant de sang et de misère ! »

Carrément, il aborda des questions obscures de droit, le défilé des lois spéciales sur les mines, où il se perdait. Le sous-sol, comme le sol, était à la nation : seul, un
35 _ privilège odieux en assurait le monopole à des Compagnies[5], d'autant plus que, pour Montsou[6], la prétendue légalité des concessions[7] se compliquait des traités passés jadis avec les propriétaires des anciens fiefs[8], selon la vieille coutume du Hainaut[9]. Le peuple des mineurs n'avait donc qu'à reconquérir son bien ; et, les mains tendues, il indiquait le pays entier, au-delà de la forêt. À ce moment, la lune, qui montait de l'horizon,

NOTES
1. Terme qui désigne les premiers compagnons du Christ ; par extension, personne qui propage une cause.

2. Métonymie désignant les capitalistes par opposition aux travailleurs.

3. Somme allouée aux mineurs pour rendre la mine étanche avec un soutènement en bois.

4. Autre dirigeant de la grève.

5. Grandes sociétés propriétaires des mines.

6. Village ouvrier où se trouve la mine.

7. Droit accordé aux compagnies minières d'exploiter les mines.

8. Au Moyen Âge, domaines donnés par un seigneur à son vassal.

9. Région du nord de la France où se déroule l'action.

40 _ glissant des hautes branches, l'éclaira. Lorsque la foule, encore dans l'ombre, l'aperçut ainsi, blanc de lumière, distribuant la fortune de ses mains ouvertes, elle applaudit de nouveau d'un battement prolongé.

Émile Zola, *Germinal*, IV, 7, 1885.

Illustration d'Édouard Zier pour *Germinal*, in *La Vie populaire* du 2 avril 1885.

1 Distinguez les passages au discours* direct, indirect, indirect libre. Quel est l'intérêt du style indirect libre ?

2 Caractérisez, en vous appuyant sur des indices précis, l'attitude du narrateur à l'égard de l'orateur. Se contente-t-il seulement de rapporter les paroles d'Étienne ?

3 Montrez l'importance des éléments non verbaux (gestes, voix) dans le discours d'Étienne. Qu'apportent-ils au discours ?

4 Quels moyens rhétoriques rendent le discours plus convaincant ? Analysez-les.

5 Restituez les arguments les plus convaincants pour la foule employés par Étienne.

EXPRESSION

Écriture d'invention. Réécrivez au style direct le passage des lignes 4 à 16.

TEXTE 5

Camus
1913-1960

L'Étranger (1942)

L'action de L'Étranger *se déroule en Algérie dans l'entre-deux-guerres. Elle est racontée à la première personne par le héros, Meursault, modeste employé qui, se croyant menacé, a tué un jeune Arabe. Jugé quelques mois plus tard, il relate ici le réquisitoire sévère du procureur qui demande la peine capitale. Avec le détachement du témoin objectif, Meursault note les paroles et les effets de manche de son accusateur. Le passage est l'occasion pour Albert Camus de faire la satire de la justice, notamment des arguments et des procédés rhétoriques qu'elle utilise au détriment de ceux qu'elle accuse.*

Moi j'écoutais et j'entendais qu'on me jugeait intelligent. Mais je ne comprenais pas bien comment les qualités d'un homme ordinaire pouvaient devenir des charges écrasantes contre un coupable. Du moins, c'était cela qui me frappait et je n'ai plus écouté le procureur jusqu'au moment où je l'ai entendu dire : « A-t-il seulement
5 – exprimé des regrets ? Jamais, messieurs. Pas une seule fois au cours de l'instruction cet homme n'a paru ému de son abominable forfait. » À ce moment, il s'est tourné vers moi et m'a désigné du doigt en continuant à m'accabler sans qu'en réalité je comprenne bien pourquoi. Sans doute, je ne pouvais pas m'empêcher de reconnaître qu'il avait raison. Je ne regrettais pas beaucoup mon acte. Mais tant d'acharnement m'éton-
10 – nait. J'aurais voulu essayer de lui expliquer cordialement, presque avec affection, que je n'avais jamais pu regretter vraiment quelque chose. J'étais toujours pris par ce qui allait arriver, par aujourd'hui ou par demain. Mais naturellement, dans l'état où l'on m'avait mis, je ne pouvais parler à personne sur ce ton. Je n'avais pas le droit de me montrer affectueux, d'avoir de la bonne volonté. Et j'ai essayé d'écouter encore parce
15 – que le procureur s'est mis à parler de mon âme.

Il disait qu'il s'était penché sur elle et qu'il n'avait rien trouvé, messieurs les jurés. Il disait qu'à la vérité, je n'en avais point, d'âme, et que rien d'humain, et pas un des principes moraux qui gardent le cœur des hommes ne m'était accessible. « Sans doute, ajoutait-il, nous ne saurions le lui reprocher. Ce qu'il ne saurait acquérir, nous ne pou-

20 _ vons nous plaindre qu'il en manque. Mais quand il s'agit de cette cour, la vertu toute
négative de la tolérance doit se muer en celle, moins facile, mais plus élevée, de la justice. Surtout lorsque le vide du cœur tel qu'on le découvre chez cet homme devient un
gouffre où la société peut succomber. » C'est alors qu'il a parlé de mon attitude envers
maman. Il a répété ce qu'il avait dit pendant les débats. Mais il a été beaucoup plus

25 _ long que lorsqu'il parlait de mon crime, si long même que, finalement, je n'ai plus senti
que la chaleur de cette matinée. Jusqu'au moment, du moins, où l'avocat général s'est
arrêté et, après un moment de silence, a repris d'une voix très basse et très pénétrée[1] :
« Cette même cour, messieurs, va juger demain le plus abominable des forfaits : le
meurtre d'un père. » Selon lui, l'imagination reculait devant cet atroce attentat. Il osait

30 _ espérer que la justice des hommes punirait sans faiblesse. Mais, il ne craignait pas de le
dire, l'horreur que lui inspirait ce crime le cédait presque à celle qu'il ressentait devant
mon insensibilité. Toujours selon lui, un homme qui tuait moralement sa mère[2] se
retranchait de la société des hommes au même titre que celui qui portait une main
meurtrière sur l'auteur de ses jours. Dans tous les cas, le premier préparait les actes du

35 _ second, il les annonçait en quelque sorte et il les légitimait. « J'en suis persuadé, messieurs, a-t-il ajouté en élevant la voix, vous ne trouverez pas ma pensée trop audacieuse,
si je dis que l'homme qui est assis sur ce banc est coupable aussi du meurtre que cette
cour devra juger demain. Il doit être puni en conséquence. » Ici, le procureur a essuyé
son visage brillant de sueur. Il a dit enfin que son devoir était douloureux, mais qu'il

40 _ l'accomplirait fermement.

Il a déclaré que je n'avais rien à faire avec une société dont je méconnaissais les
règles les plus essentielles et que je ne pouvais pas en appeler à ce cœur humain dont
j'ignorais les réactions élémentaires. « Je vous demande la tête de cet homme, a-t-il dit,
et c'est le cœur léger que je vous la demande. Car s'il m'est arrivé au cours de ma déjà

45 _ longue carrière de réclamer des peines capitales, jamais autant qu'aujourd'hui, je n'ai
senti ce pénible devoir compensé, balancé, éclairé par la conscience d'un commande-
ment impérieux[3] et sacré et par l'horreur que je ressens devant un visage d'homme où
je ne lis rien que de monstrueux. »

Albert Camus, *L'Étranger*, II, 4, © Gallimard, 1942.

NOTES
1. Convaincue.
2. Allusion
au comportement
de Meursault lors
de l'enterrement
de sa mère : celui-ci a
fumé et n'a pas pleuré.
3. Auquel on ne
peut résister.

MÉTHODE

→ Convaincre et persuader p. 420
→ L'énonciation p. 62
→ Narrateur et point de vue p. 336

OBSERVATION ET ANALYSE

1 Distinguez récit et discours. En vous aidant des pages 328 et 332, repérez les différents types de discours. À quoi sont consacrés les fragments de récit ?

2 Relevez par ordre d'apparition les arguments du procureur. Vous paraissent-ils tous acceptables (arguments de fait, de valeur, de mauvaise foi, etc.) ?

3 Repérez et commentez dans le discours du procureur les principaux procédés rhétoriques. Quel moyen utilise-t-il pour faire condamner Meursault à la peine capitale ?

4 Quels autres moyens non verbaux (attitude, gestes, voix) appuient l'efficacité du discours ?

5 Qualifiez l'attitude du narrateur. Justifiez votre réponse.

EXPRESSION

Écriture d'invention. Vous êtes l'avocat de Meursault et vous répondez au réquisitoire du procureur dans une plaidoirie argumentée et appuyée sur la connaissance du roman.

Les Géants (1973)

Le Clézio
Né en 1940

Dans ce roman, J.-M. G. Le Clézio décrit l'apparition et le développement tenta-culaire des grandes surfaces que l'on n'appelle pas encore hypermarchés. Hyperpolis est l'une d'entre elles. L'héroïne, « la jeune fille Tranquilité », déambule dans les galeries de l'immense centre commercial, soumise à la tentation douloureuse d'acheter. Le romancier décrit ici la puissance de persuasion qu'exerce la mise en scène commerciale sur des clients manipulés à leur insu par des maîtres qu'ils ignorent.

La jeune fille passait maintenant à travers la salle des nourritures, et elle voyait les boîtes bleues et blanches qui dansaient devant elle. Puis des carrés blancs, marqués d'un triangle rouge. Des boîtes de métal, si belles et désirables que ses mains malgré elle se posaient dessus, caressaient les couvercles froids. Des paquets de biscuits, des paquets
5 – de chocolat au lait, des paquets de crème. Des tubes. Des berlingots de lait, torsades de carton très belles et très compliquées. Des pots de carton de toutes les tailles et de toutes les couleurs, qui contenaient sans doute la même chose. Personne ne voyait plus rien. On avançait comme en dormant à travers un immense nuage de papillons. On oubliait tout. La jeune fille Tranquilité aurait voulu tout saisir dans ses mains. Elle aurait voulu entasser
10 – des milliers de boîtes dans un chariot à roulettes. C'était l'ordre qui venait jusqu'à elle, depuis les cachettes des sous-sols, depuis les cabines de Plexiglas en haut des piliers, près du ciel. C'est pour cela qu'elle marchait dans un cerveau étranger, et qu'elle n'était qu'une pensée, une simple pensée dans la machine à ordonner les pensées.

Autour d'elle, les gens empilaient les objets dans les chariots de métal, avec fré-
15 – nésie. Ils avaient des visages sérieux, contractés, et leurs paupières battaient de façon anormalement lente. Les femmes tendaient les mains vers les étals. Elles fouillaient dans les réfrigérateurs et elles prenaient des pots, des cubes, des paquets. Elles pre-naient des dizaines de fromages mous, des cartons de lait, des tubes de crème, des paquets de gélatine, des godets en matière plastique pleins de yoghourt, de flan, de
20 – sorbets au chocolat, au café, à la crème, aux pêches, aux fraises, aux ananas. Elles ne s'arrêtaient jamais. Les enfants eux-mêmes piochaient dans les étals à leur hauteur, et ils empilaient les marchandises dans de petits chariots jouets qu'ils poussaient devant eux. Personne ne savait ce qu'il faisait. Comment l'auraient-ils su ? Ce n'étaient pas eux qui saisissaient la marchandise, elle se collait d'elle-même à leurs mains, elle attirait les
25 – rayons des yeux et les doigts des mains, elle entrait directement dans les bouches, tra-versait très vite les tubes digestifs. La nourriture n'était plus que des formes, et des cou-leurs. Les yeux dévoraient les couleurs rouge, blanche, verte, orange, les yeux avaient faim de sphères et de pyramides, faim de plastiques lisses et de capsules de fer-blanc.

Jean-Marie Gustave Le Clézio, *Les Géants*, © Gallimard, 1973.

METHODE

→ Convaincre et persuader p. 420

→ Rédiger un discours p. 430

→ Le sens des mots p. 126

→ Les registres p. 70

→ Narrateur et point de vue, p. 336

OBSERVATION ET ANALYSE

1 Relevez les termes et les procédés désignant les clients. Que veut signifier le romancier ?

2 Étudiez le comportement de Tranquilité : en quoi se distingue-t-il de celui des autres clients ?

3 Retrouvez et commentez les termes évoquant les maîtres d'*Hyperpolis*.

4 Pourquoi peut-on qualifier le registre de ce passage de polémique* ?

5 Par quels moyens l'auteur donne-t-il progressivement à son texte une dimension angoissante et fantastique ?

EXPRESSION

Exposé oral. Décrivez la structure d'un centre commercial ou d'un hypermarché que vous connaissez. Commentez les stratégies mises en œuvre pour inciter à l'achat.

TEXTE **7**

Discours à l'Assemblée nationale (1981)

Badinter
Né en 1928

Robert Badinter est avocat, et depuis longtemps partisan de l'abolition de la peine de mort, lorsqu'en mai 1981, il est nommé ministre de la Justice par François Mitterrand, qui vient d'être élu président de la République. Il est chargé par celui-ci d'accomplir une promesse majeure de son programme électoral : l'abolition de la peine capitale. Voici la fin de ce long plaidoyer abolitionniste prononcé devant les députés. Le projet de loi présenté par Robert Badinter sera approuvé par 363 voix contre 117 le 18 septembre 1981.

Il s'agit bien, en définitive, dans l'abolition, d'un choix fondamental, d'une certaine conception de l'homme et de la justice. Ceux qui veulent une justice qui tue, ceux-là sont animés par une double conviction : qu'il existe des hommes totalement coupables, c'est-à-dire des hommes totalement responsables de leurs actes, et qu'il
5 – peut y avoir une justice sûre de son infaillibilité¹ au point de dire que celui-là peut vivre et que celui-là doit mourir.

À cet âge de ma vie, l'une et l'autre affirmations me paraissent également erronées. Aussi terribles, aussi odieux que soient leurs actes, il n'est point d'hommes en cette terre dont la culpabilité soit totale et dont il faille pour toujours désespérer tota-
10 – lement. Aussi prudente que soit la justice, aussi mesurés et angoissés que soient les femmes et les hommes qui jugent, la justice demeure humaine, donc faillible². Et je ne parle pas seulement de l'erreur judiciaire absolue, quand, après une exécution, il se révèle, comme cela peut encore arriver, que le condamné à mort était innocent et qu'une société entière – c'est-à-dire nous tous –, au nom de laquelle le verdict a été
15 – rendu, devient ainsi collectivement coupable puisque sa justice rend possible l'injustice suprême. Je parle aussi de l'incertitude et de la contradiction des décisions rendues qui font que les mêmes accusés, condamnés à mort une première fois, dont la condamnation est cassée pour vice de forme, sont de nouveau jugés et, bien qu'il s'agisse des mêmes faits, échappent, cette fois-ci, à la mort, comme si, en justice, la
20 – vie d'un homme se jouait au hasard d'une erreur de plume d'un greffier³. Ou bien tels condamnés, pour des crimes moindres, seront exécutés, alors que d'autres, plus coupables, sauveront leur tête à la faveur de la passion de l'audience, du climat ou de l'emportement de tel ou tel.

Cette sorte de loterie judiciaire, quelle que soit la peine qu'on éprouve à pronon-
25 – cer ce mot quand il y va de la vie d'une femme ou d'un homme, est intolérable. […]

Le choix qui s'offre à vos consciences est donc clair : ou notre société refuse une justice qui tue et accepte d'assumer, au nom de ses valeurs fondamentales – celles qui l'ont faite grande et respectée entre toutes –, la vie de ceux qui font horreur, déments ou criminels ou les deux à la fois, et c'est le choix de l'abolition ; ou cette société croit,
30 – en dépit de l'expérience des siècles, faire disparaître le crime avec le criminel, et c'est l'élimination.

Cette justice d'élimination, cette justice d'angoisse et de mort, décidée avec sa marge de hasard, nous la refusons. Nous la refusons parce qu'elle est pour nous l'anti-justice, parce qu'elle est la passion et la peur triomphant de la raison et de l'humanité. […]
35 – J'en ai terminé.

Les propos que j'ai tenus, les raisons que j'ai avancées, votre cœur, votre conscience vous les avaient déjà dictés aussi bien qu'à moi. Je tenais simplement, à ce moment essentiel de notre histoire judiciaire, à les rappeler, au nom du gouvernement.

Je sais que dans nos lois, tout dépend de votre volonté et de votre conscience. Je
40 – sais que beaucoup d'entre vous, dans la majorité comme dans l'opposition, ont lutté

NOTES
1. Sûre de ne pas se tromper.
2. Susceptible de se tromper.
3. Officier de justice chargé de rédiger les actes des procédures judiciaires.

NOTES

4. Qu'on cache.

5. Tenture tendue au-dessus de la guillotine afin de la cacher aux regards.

pour l'abolition. Je sais que le Parlement aurait pu aisément, de sa seule initiative, libérer nos lois de la peine de mort. Vous avez accepté que ce soit sur un projet du gouvernement que soit soumise à vos votes l'abolition, associant ainsi le gouvernement et moi-même à cette grande mesure. Laissez-moi vous en remercier.

45   Demain, grâce à vous la justice française ne sera plus une justice qui tue. Demain, grâce à vous, il n'y aura plus, pour notre honte commune, d'exécutions furtives[4], à l'aube, sous le dais[5] noir, dans les prisons françaises. Demain, les pages sanglantes de notre justice seront tournées.

    À cet instant plus qu'à aucun autre, j'ai le sentiment d'assumer mon ministère,
50 au sens ancien, au sens noble, le plus noble qui soit, c'est-à-dire au sens de « service ». Demain, vous voterez l'abolition de la peine de mort. Législateur français, de tout mon cœur, je vous en remercie. *(Applaudissements sur les bancs des socialistes et des communistes et sur quelques bancs du Rassemblement pour la République et de l'Union pour la démocratie française. Les députés socialistes et quelques députés communistes se lèvent et*
55 *applaudissent longuement.)*

        Robert Badinter, *Discours à l'Assemblée nationale*, 17 septembre 1981.

METHODE

→ Convaincre et persuader p. 420

→ Choisir et utiliser les exemples p. 428

→ La modalisation d'un énoncé p 416

→ Contexte et paratexte p. 66

OBSERVATION ET ANALYSE

1 Quels sont les présupposés des partisans de la peine capitale dans les trois premiers paragraphes ? Quels arguments leur oppose Robert Badinter ? Relevez les termes qui révèlent le plan suivi par ce dernier.

2 Quels termes expriment l'émotion de l'orateur (l. 1 à 34) ? Par quels procédés cherche-t-il à rallier les députés à sa cause ?

3 À plusieurs reprises l'orateur procède à des distinctions binaires ; montrez-le et expliquez le but visé.

4 La péroraison* est la conclusion d'un discours. À partir de la ligne 36, par quels moyens Robert Badinter donne-t-il une dimension solennelle à son discours ? Quelle est la tonalité dominante de ce passage ?

Histoire *littéraire*

La rhétorique ou l'art de persuader

La rhétorique désigne **l'ensemble des règles de l'art de la parole et des techniques de l'argumentation.** Elle s'est développée au sein de la cité grecque et du monde romain, où la parole jouait un rôle central dans la vie sociale et politique. De nombreux traités de rhétorique exposaient les meilleurs moyens de composer un discours afin de le rendre efficace. Traditionnellement, ceux-ci distinguaient cinq grandes parties, désignées par des termes latins, dans l'élaboration d'un discours :

– **l'invention** (*inventio*) consiste à rechercher les idées, les faits, les arguments développés par l'orateur ;

– **la disposition** (*dispositio*) correspond à ce que nous appelons aujourd'hui « le plan », autrement dit le meilleur moyen d'organiser la présentation et l'enchaînement des idées ;

– **l'élocution** (*elocutio*) concerne aussi bien l'écrit que l'oral et enseigne les figures de style destinées à « orner » le discours afin de séduire l'auditoire ;

– **l'action** (*actio*) désigne la partie proprement orale du discours, les techniques pour le rendre plus convaincant : mouvements du corps, du visage, voix ;

– **la mémoire** (*memoria*) donne des « recettes » pour mémoriser le discours lorsque l'orateur doit improviser ou parler sans notes.

Ces distinctions nous sont utiles et régissent même à notre insu aussi bien l'argumentation orale qu'écrite. Ainsi, les trois premières parties nous sont encore familières au lycée et doivent être mises en œuvre pour rédiger une argumentation ou une dissertation.

La Controverse de Valladolid
de Jean-Claude Carrière

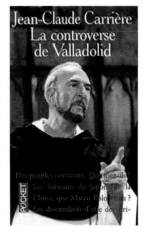

▶ Le récit et l'Histoire

Valladolid (Espagne), 1550 : sous l'autorité du Pape et de son envoyé (le légat) s'ouvre un débat public et contradictoire entre le père Bartolomé de Las Casas, un missionnaire qui connaît bien les terres d'Amérique récemment découvertes, et le théologien cordouan Ginès de Sepulveda. La question est d'importance dans la chrétienté alors toute-puissante : ces Indiens d'Amérique sont-ils fils de Dieu ? Ont-ils une âme ? Sont-ils bien des hommes? Le débat est lancé ; Las Casas et Sepulveda vont s'affronter sur le terrain de la religion, sur celui de la politique, mais aussi sur celui de l'Humanisme. Au terme de la controverse, des décisions seront prises qui engageront l'Histoire pour longtemps.

Jean-Claude Carrière, romancier, homme de théâtre et de cinéma, s'inspirant d'un authentique débat – épistolaire celui-là –, reconstitue en 1992, avec ce récit, les moments les plus dramatiques de cette controverse où l'on voit s'affronter deux puissantes personnalités dont les arguments ont un écho qui dépasse de loin l'Espagne coloniale du XVe siècle.

▶ Un modèle de débat argumentatif

Défendant deux thèses radicalement opposées, les deux débatteurs mettent toute leur conviction pour démontrer, convaincre et persuader ; ils vont user des ressources infinies de la stratégie argumentative, tour à tour s'interpellant ou s'adressant au légat qui est censé rendre sa décision. Des personnages secondaires interviennent pour donner chair à tel exemple ou à tel argument, tandis que le narrateur guide le lecteur au plus secret de la conscience des protagonistes.

Les personnages

1 Las Casas : quelle thèse centrale défend-il ? Quels sont ses arguments principaux ?

2 Sepulveda : quelle thèse centrale défend-il ? Quels sont ses arguments principaux ?

3 Le légat : étudiez l'évolution de sa position.

L'argumentation

4 Cherchez un passage illustrant nettement la différence entre un argument et un exemple.

5 Trouvez un passage où, à un argument, répond ce que l'on appelle un contre-argument.

6 Donnez un exemple d'argument d'autorité.

7 Donnez un exemple d'attaque *ad hominem**.

Les enjeux de l'œuvre

8 Le texte se clôt sur un regard. À quelles réflexions ce regard nous invite-t-il ?

9 Cette controverse sur l'âme des Indiens est aujourd'hui sans objet. Dans quelle mesure peut-on dire pourtant qu'elle trouve des échos dans la réflexion contemporaine sur la *différence* et le regard porté sur *l'Autre* ?

10 Au siècle des Lumières, des écrivains français (les philosophes) avaient déjà abordé des questions semblables ; cherchez dans les manuels de littérature de votre CDI ou sur Internet (mots clés : *Lumières – philosophes – liberté – sauvage – esclavage*) des textes connus traitant de ces sujets.

Pour prolonger la lecture

La version filmée : *La Controverse de Valladolid*, mise en scène de J.-D. Verhaeghe (avec J. Carmet, J.-L. Trintignant et J.-P. Marielle). Disponible en DVD.

Un débat en prolongement de l'ECJS

Août 1491, palais des souverains de Castille : deux hommes s'affrontent en présence de la reine Isabelle et du roi Ferdinand. D'un côté Christophe Colomb, de l'autre un personnage de votre choix.

Le premier défend l'idée d'une expédition vers les Indes Occidentales, le second s'y oppose. Imaginez et mettez en scène le dialogue argumenté de ces personnages.

3 Les formes de l'éloge |
L'éloge funèbre

Oraison funèbre d'Henriette d'Angleterre (1670)

En 1670, Henriette d'Angleterre, femme de Philippe d'Orléans, le frère de Louis XIV, décède brutalement à l'âge de vingt-six ans. Bossuet est chargé de l'oraison funèbre, éloge prononcé au cours de la messe des funérailles. Il évoque l'émoi provoqué par l'annonce inattendue de la nouvelle.

Bossuet
1627-1704

Bossuet, satuette en terre cuite
d'Augustin Pajou (1730-1809).
Paris, musée du Louvre.

NOTES

1. Au XVII⁰ siècle, le mot signifie « qui frappe de stupeur », à la manière de la foudre. Voir, plus bas, « étonnement ».

2. Titre donné à la femme du frère du roi, lui-même dénommé Monsieur.

3. La Bible, Ézéchiel, 7, 27.

Ô nuit désastreuse ! ô nuit effroyable, où retentit tout à coup, comme un éclat de tonnerre, cette étonnante[1] nou-
5 velle : MADAME[2] se meurt, MADAME est morte ! Qui de nous ne se sentit frappé à ce coup, comme si quelque tragique accident avait désolé
10 sa famille ? Au premier bruit d'un mal si étrange, on accourut à Saint-Cloud de toutes parts ; on trouve tout consterné, excepté le cœur de cette princesse. Partout on entend des cris, partout on voit la douleur et le désespoir, et l'image de la mort. Le roi, la reine, Monsieur, toute la cour, tout le peuple, tout est abattu, tout est désespéré, et il me semble que je vois l'accomplis-
15 sement de cette parole du prophète : *le roi pleurera, le prince sera désolé, et les mains tomberont au peuple, de douleur et d'étonnement*[3].

NOTE
4. Évêque de Milan au IVᵉ siècle, l'un des Pères de l'Église.

Mais et les princes et les peuples gémissaient en vain. En vain Monsieur, en vain le roi même tenait MADAME serrée par de si étroits embrassements. Alors ils pouvaient dire l'un et l'autre, avec saint Ambroise[4] : *Stringebam brachia, sed jam amiseram* 20 *quam tenebam* ; je serrais les bras, mais j'avais déjà perdu ce que je tenais. La princesse leur échappait parmi des embrassements si tendres, et la mort plus puissante nous l'enlevait entre ces royales mains. Quoi donc, elle devait périr si tôt ! Dans la plupart des hommes, les changements se font peu à peu, et la mort les prépare ordinairement à son dernier coup. MADAME cependant a passé du matin au soir, ainsi que l'herbe 25 des champs.

Bossuet, *Oraison funèbre d'Henriette d'Angleterre*, 1670.

METHODE
→ Louer et blâmer p. 422
→ Les figures de style p. 68
→ Les figures d'image p. 130
→ Les types et formes de phrases p. 220

OBSERVATION ET ANALYSE

1 À quels temps sont les verbes du premier paragraphe ? Quel changement se produit au milieu du paragraphe ? Justifiez-le.

2 Comment Bossuet rend-il sensibles la surprise et l'émotion à l'annonce de la nouvelle de la mort d'Henriette d'Angleterre ?

3 Étudiez la forme et le rythme des phrases qui décrivent le comportement de l'entourage. Quelles figures de style sont ici utilisées ?

4 Quel rôle jouent les citations ?

5 Relevez deux images ou comparaisons dans le second paragraphe et étudiez leur rôle.

6 Quelle fonction remplit le second paragraphe ? Quelle leçon morale souhaite donner Bossuet ?

TEXTE **2**

Oraison funèbre de Jean Moulin (1964)

Malraux
1901-1976

NOTES
1. Abréviation de *Geheime Staatspolizei*, police secrète d'État. Police allemande chargée de la sécurité pendant la Seconde Guerre mondiale.
2. Supplice infligé par la Gestapo à ses prisonniers pour obtenir des informations.

En 1964, le général de Gaulle décide le transfert au Panthéon des cendres de Jean Moulin, chef de la Résistance torturé et assassiné par les nazis. L'écrivain André Malraux, alors ministre de la Culture, est chargé de prononcer l'oraison funèbre, occasion de rappeler l'héroïsme de ceux qui résistèrent à l'occupant.

Chef de la Résistance martyrisé dans des caves hideuses, regarde dans tes yeux disparus toutes ces femmes noires qui veillent nos compagnons, elles portent le deuil de la France, et le tien. Regarde glisser sous les chênes nains du Quercy, avec un drapeau fait de mousselines nouées, les maquis que la Gestapo[1] ne trouvera jamais parce 5 qu'elle ne croit qu'aux grands arbres. Regarde le prisonnier qui entre dans une villa luxueuse et se demande pourquoi on lui donne une salle de bains – il n'a pas encore entendu parler de la baignoire[2]. Pauvre roi supplicié des ombres, regarde ton peuple d'ombres se lever dans la nuit de juin constellée de tortures. Voici le fracas des chars allemands qui remontent vers la Normandie à travers les longues plaintes des bestiaux

3. Maréchal de France, rallié au général De Gaulle. Il conduisit la 2ᵉ division blindée qui participa au débarquement en Normandie et libéra Paris, avec l'aide des résistants insurgés, en août 1944.

4. Division SS, qui porte notamment la responsabilité du massacre des habitants d'Oradour-sur-Glane le 10 juin 1944. Les maquis du Limousin retardèrent sa marche vers la Normandie, l'empêchant d'arriver à temps au moment du débarquement, en juin 1944.

5. Les troupes de Leclerc partirent de Libye.

6. Traduction de *Nacht und Nebel*, nom donné par les nazis aux détenus destinés à périr dans les camps sans laisser de trace.

7. Camp de concentration réservé aux femmes.

réveillés : grâce à toi, les chars n'arriveront pas à temps. Et quand la trouée des Alliés commence, regarde, préfet, surgir dans toutes les villes de France les commissaires de la République – sauf lorsqu'on les a tués. Tu as envié, comme nous, les clochards épiques de Leclerc[3] : regarde, combattant, tes clochards sortir à quatre pattes de leurs maquis de chênes, et arrêter avec leurs mains paysannes formées aux bazookas, l'une des premières divisions cuirassées de l'empire hitlérien, la division *Das Reich*[4].

Comme Leclerc entra aux Invalides, avec son cortège d'exaltation dans le soleil d'Afrique[5] et les combats d'Alsace, entre ici, Jean Moulin, avec ton terrible cortège. Avec ceux qui sont morts dans les caves sans avoir parlé, comme toi ; et même, ce qui est peut-être plus atroce, en ayant parlé ; avec tous les rayés et tous les tondus des camps de concentration, avec le dernier corps trébuchant des affreuses files de *Nuit et Brouillard*[6], enfin tombé sous les crosses ; avec les huit mille Françaises qui ne sont pas revenues des bagnes, avec la dernière femme morte à Ravensbrück[7] pour avoir donné asile à l'un des nôtres. Entre, avec le peuple né de l'ombre et disparu avec elle – nos frères dans l'ordre de la Nuit...

André Malraux, *Discours pour le transfert des cendres de Jean Moulin au Panthéon*,
© Gallimard, 1964.

Jean Moulin
(1899-1943).

MÉTHODE

→ Louer et blâmer p. 422
→ Contexte et paratexte p. 66
→ L'énonciation p. 62

OBSERVATION ET ANALYSE

1 À qui s'adresse l'auteur ? Avec quels moyens ? Quel effet cherche-t-il à obtenir ?

2 Quel est le mot dont la répétition organise l'ensemble du premier paragraphe ? Quelles scènes introduit-il ?

3 Quel est le mot qui, à son tour, rythme le second paragraphe ?

4 Quelle ressemblance et quelle différence sont perceptibles dans le parallèle entre Jean Moulin et le maréchal Leclerc ? Que veut ainsi montrer l'auteur ?

5 Quels sont les champs lexicaux les plus utilisés sur l'ensemble du texte ? Quelle tonalité donnent-ils au texte ?

EXPRESSION

1. Expression orale. Lisez ce texte à voix haute en vous appuyant sur son rythme et sur ses effets.

2. Expression orale. Retrouvez en cassette audio ou en vidéo l'enregistrement du discours de Malraux. Débattez à plusieurs du style de l'orateur.

Refus d'inhumer (1924)

Breton
1896-1966

À la mort d'Anatole France en 1924, le groupe surréaliste (voir chap. 1) publie un court pamphlet intitulé « Un cadavre », dans lequel les auteurs s'en prennent à cet auteur reconnu, couvert d'honneurs et de louanges de son vivant. Le texte d'André Breton, « Refus d'inhumer », subvertit jusque dans son titre par sa violence la tradition du respect que l'on doit aux morts.

Si, de son vivant, il était déjà trop tard pour parler d'Anatole France, bornons-nous à jeter un regard de reconnaissance sur le journal qui l'emporte, le méchant quotidien qui l'avait amené. Loti, Barrès, France, marquons tout de même d'un beau signe blanc l'année qui coucha ces trois sinistres bonshommes : l'idiot, le traître et le
5 _ policier. Ayons, je ne m'y oppose pas, pour le troisième, un mot de mépris particulier. Avec France, c'est un peu de la servilité humaine qui s'en va. Que ce soit fête le jour où l'on enterre la ruse, le traditionalisme, le patriotisme, l'opportunisme, le scepticisme, le réalisme et le manque de cœur ! Songeons que les plus vils comédiens de ce temps ont eu Anatole France pour compère et ne lui pardonnons jamais d'avoir paré des
10 _ couleurs de la Révolution son inertie souriante. Pour y enfermer son cadavre, qu'on vide si l'on veut une boîte des quais de ces vieux livres « qu'il aimait tant » et qu'on jette le tout à la Seine. Il ne faut plus que mort cet homme fasse de la poussière.

André Breton, « Refus d'inhumer », in *Un cadavre*, 1924, tract surréaliste reproduit dans Maurice Nadeau, *Histoire du surréalisme*, © Le Seuil, « Points Essais », 1970.

Histoire *littéraire*

L'oraison funèbre

▌ De l'éloge des morts...

La pratique de l'éloge comme genre oratoire est inséparable de la célébration des morts. À Athènes en Grèce, un orateur était chargé chaque année de faire l'éloge des guerriers morts. L'éloge visait à resserrer les liens sociaux en mettant en relation le sort des défunts et l'intérêt supérieur de la Cité.

À l'époque chrétienne, l'éloge devient une oraison funèbre qui doit servir à l'édification des fidèles. L'évocation de la vie du défunt est l'occasion pour l'officiant de méditer sur l'enseignement de l'Église autour d'un ou plusieurs thèmes en invitant les auditeurs à se rassembler autour de la parole du Christ. Le genre, particulièrement prisé au XVIIe siècle, est illustré par de remarquables prédicateurs, dont le plus célèbre est Bossuet (p. 384).

▌ ... aux pratiques laïques

Dans les sociétés modernes, la pratique de l'éloge funèbre subsiste sous des formes laïcisées. Les séances de réception à l'Académie française, où il est d'usage que le nouvel entrant fasse l'éloge de son prédécesseur, les cérémonies d'entrée au Panthéon, comme celle de Jean Moulin (p. 385), perpétuent la tradition en appelant l'auditoire à s'unir autour de valeurs communes.

Dans cette perspective, l'outrage aux morts (Breton, ci-dessus), apparaît comme une forme de transgression et de provocation iconoclastes, qui rompt délibérément cet accord tacite fondant le genre.

TEXTE 3

Marot
1496-1544

Blason du beau tétin (1535)

Bien que n'étant pas le créateur du genre, Clément Marot, avec le « Blason du beau tétin », suscite une mode qui parcourt toute la première moitié du XVIᵉ siècle et lui vaut de nombreuses imitations. Forme particulière de l'éloge, cette célébration du corps féminin s'inscrit dans une évolution de sa représentation qui trouve un écho dans la peinture de l'époque de la Renaissance, avec ses audaces et ses limites.

Tétin refait, plus blanc qu'un œuf,
Tétin de satin blanc tout neuf,
Toi qui fais honte à la rose,
Tétin plus beau que nulle chose,
5 _ Tétin dur, non pas tétin, voire[1]
Mais petite boule d'ivoire
Au milieu duquel est assise
Une fraise ou une cerise
Que nul ne voit, ne touche aussi,
10 _ Mais je gage[2] qu'il en est ainsi :
Tétin donc au petit bout rouge,
Tétin qui jamais ne se bouge,
Soit pour venir, soit pour aller,
Soit pour courir, soit pour baller[3],
15 _ Tétin gauche, tétin mignon,
Toujours loin de son compagnon,
Tétin qui portes témoignage
Du demeurant[4] du personnage,
Quand on te voit, il vient à maints[5]
20 _ Une envie dedans les mains
De te tâter, de te tenir :
Mais il se faut bien contenir
D'en approcher, bon gré ma vie,
Car il viendrait une autre envie.
25 _ Ô tétin, ni grand ni petit,
Tétin mûr, tétin d'appétit,
Tétin qui nuit et jour criez
« Mariez moi tôt, mariez ! »
Tétin qui t'enfles, et repousses
30 _ Ton gorgias de deux bons pouces[6] :
À bon droit heureux on dira
Celui qui de lait t'emplira[7],
Faisant d'un tétin de pucelle,
Tétin de femme entière et belle.

Clément Marot, « Blason du beau tétin »,
in *Épigrammes*, 1535.

NOTES
1. Vraiment, à vrai dire.
2. Je parie.
3. Danser.
4. Du reste.
5. À de nombreuses personnes.
6. *Gorgias* est dérivé de *gorge* : échancrure du corsage. Le pouce est une ancienne unité de mesure valant 2,5 cm environ.
7. Allusion au lait maternel.

École de Fontainebleau, *Gabrielle d'Estrées et une de ses sœurs*, XVIe siècle. Paris, musée du Louvre.

METHODE

→ Eléments de versification p. 132
→ Les figures d'image p. 130
→ Le sens des mot p. 126
→ Louer et blâmer p. 422

OBSERVATION ET ANALYSE

1 Par quels procédés poétiques Marot fait-il l'éloge du « tétin » ? Pour quel effet ?

2 Observez les images auxquelles recourt Marot dans les neuf premiers vers. De quel type sont-elles ?

3 Qui est, en réalité, représenté par le « tétin » ? Relevez des expressions qui justifient votre réponse. Comment s'appelle cette figure de style ?

4 Comment Marot suggère-t-il ce que la bienséance* lui interdit d'écrire ? Relevez des expressions ou tournures qui font allusion à ce qu'il ne peut dire explicitement.

5 Analysez la progression du poème, en relevant notamment les termes et expressions relatifs à la vue et au toucher. Que remarquez-vous ?

6 Commentez les quatre derniers vers du poème. En quoi lui confèrent-ils un éclairage nouveau ? Vous donnerez librement votre opinion sur l'image de la femme proposée, en relation avec l'ensemble du texte.

Senghor
1906-2001

Chants d'ombre (1945)

Originaire du Sénégal, président de 1960 à 1980 de son pays devenu indépendant, Léopold Sédar Senghor fit ses études à l'École normale supérieure où il eut pour compagnon Georges Pompidou. Son œuvre poétique, placée sous le signe de la négritude, réhabilite l'homme noir à l'heure où se prépare la décolonisation. Dans le poème suivant, il mêle l'évocation de la femme noire, symbole de l'Afrique, à la tradition occidentale de l'éloge du corps féminin.

Femme noire

Femme nue, femme noire
Vêtue de ta couleur qui est vie, de ta forme qui est beauté !
J'ai grandi à ton ombre ; la douceur de tes mains bandait mes yeux.
Et voilà qu'au cœur de l'Été et de Midi, je te découvre, Terre promise, du haut d'un
    haut col calciné
5 _ Et ta beauté me foudroie en plein cœur, comme l'éclair d'un aigle.

Femme nue, femme obscure
Fruit mûr à la chair ferme, sombres extases du vin noir, bouche qui fais lyrique ma
    bouche
Savane aux horizons purs, savane qui frémis aux caresses ferventes du Vent d'Est
Tamtam sculpté, tamtam tendu qui grondes sous les doigts du vainqueur
10 _ Ta voix grave de contralto est le chant spirituel de l'Aimée.
Femme nue, femme obscure
Huile que ne ride nul souffle, huile calme aux flancs de l'athlète, aux flancs des princes
    du Mali
Gazelle aux attaches célestes, les perles sont étoiles sur la nuit de ta peau
Délices des jeux de l'esprit, les reflets de l'or rouge sur ta peau qui se moire
15 _ À l'ombre de ta chevelure, s'éclaire mon angoisse aux soleils prochains de tes yeux.

Femme nue, femme noire
Je chante ta beauté qui passe, forme que je fixe dans l'Éternel
Avant que le Destin jaloux ne te réduise en cendres pour nourrir les racines de la vie.

Léopold Sédar Senghor, *Chants d'ombre*, 1945, © Le Seuil, 1990.

METHODE
→ Éléments de versification p. 132
→ Les figures d'images p. 130
→ L'énonciation p. 62

OBSERVATION ET ANALYSE

1 Observez et décrivez le début de chaque strophe. Quelles ressemblances et quelles différences notez-vous ? Comment les interprétez-vous ?

2 Le poème s'adresse-t-il à une femme particulière ? Comment peut-on caractériser ce procédé ?

3 Relevez au fil du texte les mots qui commencent par une majuscule (à l'exception des débuts de ligne). Que révèle, selon vous, cet emploi sur la signification générale du poème ?

4 Relevez les marques respectives de la première et de la deuxième personne du singulier. Comment sont-elles distribuées ? Quel effet le poète recherche-t-il ?

5 Faites un inventaire des images du poème. Classez-les en fonction des thèmes, puis des procédés stylistiques utilisés. Quel rôle jouent-elles ?

L'amour sacré et l'amour profane (vers 1515)

Titien
v. 1488-1576

Peintre d'origine vénitienne, Titien est l'un des artistes les plus importants du XVIᵉ siècle en Italie. Cette œuvre énigmatique du début de sa carrière est vraisemblablement une allégorie* qui exalte l'idée de beauté à travers la représentation du corps féminin.

Titien, *L'Amour sacré et l'Amour profane*,
vers 1515 (118 cm x 179 cm). Rome, galerie Borghèse.

OBSERVATION ET ANALYSE

1 Observez la physionomie des deux jeunes femmes : que remarquez vous ? Que sont-elles en train de faire ? Qui est, selon la tradition mythologique, l'enfant placé entre elles ?

2 Étudiez l'organisation du tableau, en vous aidant notamment des effets de symétrie et d'opposition. Que représente vraisemblablement le monument sur lequel sont assises les jeunes femmes ?

3 Que tiennent respectivement les deux femmes dans leur main gauche ? Que symbolise, selon vous, l'objet tenu par la femme dévêtue ?

4 Observez les effets de lumière et les décors de l'arrière-plan. Que constatez-vous ? Peut-on les rapprocher de la représentation des deux personnages féminins ?

5 En fonction de vos réponses précédentes, identifiez dans les deux figures féminines l'amour sacré et l'amour profane.

6 En quoi ce tableau peut-il être mis en rapport avec le genre du blason ?

L'éloge paradoxal

Éloge du parasite (IIᵉ siècle)

**Lucien
de Samosate**
vers 120-180

*Lucien de Samosate perpétue la tradition de la pensée grecque. Admirateur de
Platon, il recourt au dialogue philosophique, mais en lui conférant une tonalité résolument satirique. Il est l'un des maîtres de l'éloge paradoxal : tout en reprenant les
procédés rhétoriques* du genre, il les met ironiquement au service d'une notion ou
d'un comportement habituellement réprouvé.*

Que ce soit un métier[1] d'être parasite, ce qui précède l'a prouvé. Mais il reste à
montrer que c'est le meilleur des métiers. Je vais le faire en deux temps : d'abord je
montrerai que ce métier est supérieur à l'ensemble des autres ; ensuite qu'il l'emporte
sur chacun.

5 Tous les métiers nécessitent un apprentissage pénible, dans la crainte et les coups
– désagréments que tout le monde aimerait éviter. Tous les métiers, sauf le nôtre. C'est
le seul, semble-t-il, qu'on puisse apprendre sans peine. Qui, en effet, a jamais pleuré
sur son sort à l'issue d'un banquet comme un élève sortant de cours ? Qui voit-on se
rendre à un festin avec la mine sombre de ceux qui vont à l'école ? Impatient d'exercer
10 son art, le parasite ne se fait pas prier pour venir au festin ; alors que certains apprentis
détestent à ce point leur métier qu'ils préfèrent s'enfuir[2]. Comment les parents récom-
pensent-ils les enfants qui font des progrès dans leur apprentissage ? En leur donnant
précisément ce que reçoit chaque jour le parasite. « Cet enfant a bien travaillé, disent-
ils, donnez-lui à manger ; il n'a pas bien travaillé, ne lui donnez rien. » Car le châtiment
15 qui porte sur la nourriture revêt toujours beaucoup d'importance.

Celui qui apprend un métier n'en recueille le fruit que tardivement, car il est
long et raide le chemin qui mène au but[3]. Le parasite, lui, tire profit de son savoir-faire
dès l'apprentissage. À peine a-t-il débuté qu'il a déjà atteint la perfection. Point de
métier qui ait d'autre fin que la nourriture. Or c'est dès le moment qu'il commence
20 à travailler que le parasite a de quoi manger. Le paysan ne laboure pas pour le plaisir
de labourer ; le menuisier ne travaille pas le bois pour le plaisir de couper ; le parasite,
lui, n'a d'autre but que son travail, qui est à lui-même sa propre fin. Personne n'ignore
que les travailleurs sont presque toujours à la peine : ils célèbrent un ou deux jours
saints par mois, prennent part aux fêtes mensuelles ou annuelles de la cité, voilà leurs
25 seules réjouissances. Le parasite, lui, est à la fête trente jours par mois : chaque jour
lui paraît consacré aux dieux. Ceci encore : dans les autres métiers, il faut être sobre
et tempérant comme un malade, car on n'a pas l'esprit à sa tâche quand on mange et
boit à l'excès. En outre, on peut bien avoir appris un art, à quoi cela sert-il si l'on n'a
pas l'outil requis : pas de musique sans flûte, ou sans lyre, pas d'équitation sans cheval.
30 Notre métier à nous est si léger, si bien adapté à l'artiste, qu'il rend tout équipement
inutile. Sans oublier que, pour apprendre les autres métiers, il faut payer. Le nôtre, on
l'apprend en recevant. Et si les autres arts nécessitent des maîtres, le nôtre, lui, s'en
passe fort bien.

Lucien de Samosate, *Éloge du parasite*, trad. Cl. Terreaux, © Éd. Arlea, 2001.

NOTES
1. Le terme *métier*,
qui traduit le grec *teknè*,
inclut entre autres l'idée
de savoir-faire, d'habileté
et d'inventivité propre
à l'artisan.

2. Allusion
autobiographique :
le jeune Lucien,
en apprentissage chez
un sculpteur, s'enfuit
dès le premier jour après
un châtiment consécutif
à sa maladresse.

3. Citation du poète grec
Hésiode : *Les Travaux
et les Jours*, vers 290.

MÉTHODE

→ La modalisation d'un énoncé p. 416

→ Convaincre et persuader p. 420

→ Le registre satirique p. 424

OBSERVATION ET ANALYSE

1 Relevez les arguments qui justifient l'affirmation initiale selon laquelle le parasite exerce « le meilleur des métiers ». Quel est leur point commun ?

2 Étudiez la progression des arguments et dites comment s'organise la démonstration.

3 Par quel procédé dominant Lucien construit-il cette démonstration ?

4 Sur quelle valeur fondamentale se fonde cette argumentation du parasite ?

5 En quoi le discours paraît-il ironique ? Quels indices vous font reconnaître ce texte comme paradoxal ?

TEXTE ECHO

Essais

Montaigne
1533-1592

À l'opposé de Panurge qui fait l'éloge des dettes (voir p. 394), Montaigne se réjouit d'avoir maintenu intact le patrimoine qui lui a été légué par ses ancêtres, sans perte, ni gain, en suggérant au passage le peu d'intérêt que suscite en lui cette question. Tout en indiquant, sans insister, qu'il existe des moyens plus rapides et plus efficaces de s'enrichir, il se fait le défenseur d'un mode de vie où la limitation des dépenses, liée à la restriction des besoins, vaut mieux que la quête de nouvelles richesses.

Je me suis pris tard au ménage[1]. Ceux que nature avait fait naître avant moi m'en ont déchargé longtemps. J'avais déjà pris un autre pli, plus selon ma complexion[2]. Toutefois, de ce que j'en ai vu, c'est une occupation plus absorbante que difficile ; quiconque est capable d'autre chose le sera bien aisément de celle-là. Si je cherchais
5 _ à m'enrichir, cette voie me semblerait trop longue ; j'eusse servi les rois, trafic plus bénéfique que tout autre. Puisque je ne prétends acquérir que la réputation de n'avoir rien acquis, non plus que dépensé, conformément au reste de ma vie, impropre à faire bien et à faire mal, et que je ne cherche qu'à passer[3], je le puis faire, Dieu merci, sans grande attention.
10 _ Au pis aller, prévenez toujours la pauvreté, en diminuant vos dépenses. C'est à quoi je m'applique, et j'essaie de me réformer avant qu'elle ne m'y force. J'ai établi au demeurant en mon âme assez de degrés à me passer de moins de ce que j'ai ; je dis passer avec contentement. « *Non aestimatione censes, verum victu atque cultu, terminatur pecuniae modus*[4]. » Mon véritable besoin n'équivaut pas si strictement à mon
15 _ avoir que, sans toucher à l'essentiel, les aléas de la fortune n'aient de quoi avoir prise sur moi.[5]

Montaigne, *Essais*, livre III, chap. IX, version modernisée.

NOTES
1. Gestion des affaires privées, des biens personnels.
2. Tempérament.
3. Passer sa vie.
4. Citation de Cicéron : « La mesure de la fortune n'est pas déterminée par l'estimation du revenu, mais par le train de vie de la maison. »
5. Les besoins de Montaigne sont tels qu'il peut espérer faire face à l'imprévu sans être obligé d'entamer l'essentiel de ses biens.

Rabelais
1494-1553

Le Tiers Livre (1546)

Dans Le Tiers Livre, *Rabelais reprend les personnages de ses deux ouvrages précédents,* Gargantua *et* Pantagruel, *dont Panurge, qui occupe l'un des rôles majeurs. Habile, rusé, souvent dépourvu d'argent mais ne manquant pas d'imagination pour en trouver, toujours prêt à jouer quelque mauvais tour aux représentants de l'ordre établi, Panurge est un esprit à la fois rebelle et humoristique. Fait châtelain par Pantagruel, il a rapidement dilapidé sa fortune et « mangé son blé en herbe ». À son seigneur qui s'inquiète de la situation, il répond par un éloge paradoxal des dettes.*

Comment Panurge loue les débiteurs et les emprunteurs.

« Mais, demanda Pantagruel, quand en aurez-vous fini avec les dettes ?

– Aux calendes grecques[1], répondit Panurge, lorsque tout le monde sera content, et que vous serez votre propre héritier. Dieu me garde d'en avoir fini avec elles, sinon je ne trouverais plus alors personne pour me prêter un denier. Qui le soir ne laisse levain,
5 — jamais le matin ne fera lever pâte. Vous devez toujours de l'argent à quelqu'un ? celui-ci priera continuellement Dieu de vous donner une bonne, longue et heureuse vie, dans la crainte de ne pas récupérer son dû ; il dira toujours du bien de vous en toutes sociétés, il vous cherchera toujours de nouveaux créanciers afin de vous permettre de creuser ici pour combler là et de remplir son fossé avec la terre d'un autre. Quand jadis
10 — en Gaule, selon la coutume instituée par les druides, les serfs, valets et huissiers étaient tous brûlés vifs aux funérailles et obsèques de leurs maîtres et seigneurs, n'avaient-ils pas une belle peur que leurs maîtres et seigneurs ne meurent, puisque force leur était de mourir avec eux ? Ne priaient-ils pas continuellement leur grand dieu Mercure[2], ainsi que Dis[2], le père aux écus, de les conserver longtemps en bonne santé ? N'étaient-
15 — ils pas soucieux de bien les traiter et les servir, puisqu'ils pouvaient au moins vivre avec eux jusqu'à la mort ? Croyez bien que c'est avec une plus fervente dévotion que vos créanciers prieront Dieu que vous viviez, craindront que vous ne mouriez, d'autant qu'ils aiment la manche[3] plus que le bras et la bourse plus que la vie. C'est le cas des usuriers de Landerousse[4], qui naguère se pendirent en voyant baisser le prix des blés et
20 — des vins, et revenir le bon temps. »

Comme Pantagruel ne répondait rien, Panurge continua :

« Vrai greu[5] ! À bien y réfléchir, vous me forcez à abattre mon jeu, en me reprochant mes dettes et créanciers. Nom d'un chien ! Je ne m'estimais auguste, respectable et redoutable que par cette qualité que j'avais de faire et de créer quelque chose sans
25 — rien et sans matière première, cela en dépit de l'opinion de tous les philosophes (qui disent que rien ne naît de rien[6]).

« J'avais créé quoi ? Tant de beaux et bons créanciers. Les créanciers sont (je le maintiens jusqu'au bûcher, exclusivement) des créatures belles et bonnes. Qui ne prête rien est une nature laide et mauvaise : créature du vilain diable d'enfer.

30 — « Et j'avais fait quoi ? Des dettes. Ô chose rare et précieuse ! Des dettes, dis-je, excédant le nombre de syllabes résultant de l'accouplement de toutes les consonnes avec les voyelles, jadis calculé et compté par le noble Xénocrate[7]. Si c'est à l'abondance des créanciers que vous jugez de la perfection des débiteurs, vous ne faites pas d'erreur d'arithmétique pratique.

35 — Pensez-vous que je suis content, quand, tous les matins, autour de moi, je vois ces créanciers si humbles, serviables et prodigues en révérences, et quand je remarque que si j'ai l'air plus accueillant et si je fais à l'un meilleure figure qu'aux autres, le lascar pense avoir le premier son affaire réglée et être le premier en date, et prend mon sourire

NOTES
1. Expression proverbiale signifiant *jamais*.
2. Référence à César qui rapporte cette coutume et cite ces dieux vénérés des Gaulois dans *La Guerre des Gaules*.
3. Jeu de mots : *manche* signifie aussi *pourboire* ; le sens subsiste en français moderne dans l'expression *faire la manche*.
4. Lieu probablement imaginaire.
5. Juron atténué : « Vrai Dieu ».
6. Plaisanterie : Panurge se compare à Dieu. Contrairement aux philosophes antiques, les chrétiens admettent que Dieu a créé le monde *ex nihilo* (« à partir de rien »).
7. Plaisanterie : ce penseur grec avait estimé que ce nombre dépassait les cent millions, nombre évidemment « astronomique ».

pour de l'argent comptant ? Je crois jouer encore le dieu de la passion de Saumur
40 _accompagné de ses anges et de ses chérubins. Ce sont mes candidats, mes parasites,
mes salueurs, mes diseurs de bonjours et de prières. Et, en voyant aujourd'hui tout le
monde en proie au fervent désir et à un appétit aigu de faire des dettes et de nouveaux
créanciers, je pensais que c'était véritablement en dettes que consistait la montagne
[…] à laquelle tous les hommes semblent tendre et aspirer (mais que peu gravissent à
45 _cause de la difficulté du chemin).

Rabelais, *Le Tiers Livre*, translation de G. Demerson,
© Le Seuil, « L'Intégrale », 1973.

Quentin Metsys
(1466-1530),
Les Prêteurs d'argent.
Bilbao, Musée des
Beaux-Arts.

MÉTHODE

→ Le registre
satirique p. 424

→ Convaincre et
persuader p. 420

→ Les formes
du discours
rapporté p. 332

OBSERVATION ET ANALYSE

1 Quel argument majeur Panurge utilise-t-il pour faire
l'éloge des dettes ? Qu'en pensez-vous ?
Justifiez votre réponse.

2 En quoi cette idée contredit-elle l'opinion
communément admise sur le sujet ?

3 Sur quels comportements attribués aux créditeurs
Panurge fonde-t-il son raisonnement ?

4 Qu'apporte à l'argumentation de Panurge le parallèle
qu'il établit entre le personnage du débiteur
et Dieu le père ? À quel procédé recourt ici Rabelais ?

5 À quels indices reconnaît-on la tonalité satirique
ce texte ?

EXPRESSION

Exposé oral. Lisez, dans *Dom Juan* de Molière,
la scène où Dom Juan éconduit Monsieur Dimanche,
son créancier. Exposez par écrit les principales
similitudes et différences entre les deux textes.

TEXTE 1

Les Caractères (1688)

La Bruyère
1645-1696

En 1684, La Bruyère devient précepteur du duc de Bourbon, petit-fils du prince de Condé. Il publie en 1688 un petit livre au succès immédiat, Les Caractères, *qui dresse, au travers de portraits et de réflexions, un tableau satirique de la société et de la Cour à l'époque de Louis XIV. Il ironise ici sur Arrias, le beau parleur.*

Arrias a tout lu, a tout vu, il veut le persuader ainsi ; c'est un homme universel, et il se donne pour tel : il aime mieux mentir que de se taire ou de paraître ignorer quelque chose. On parle à la table d'un grand d'une cour du Nord[1] : il prend la parole, et l'ôte à ceux qui allaient dire ce qu'ils en savent ; il s'oriente dans cette région lointaine
5 comme s'il en était originaire ; il discourt des mœurs de cette cour, des femmes du pays, de ses lois et de ses coutumes ; il récite des historiettes qui y sont arrivées ; il les trouve plaisantes, et il en rit le premier jusqu'à éclater. Quelqu'un se hasarde de le contredire, et lui prouve nettement qu'il dit des choses qui ne sont pas vraies. Arrias ne se trouble point, prend feu au contraire contre l'interrupteur : « Je n'avance rien, lui dit-il, je
10 ne raconte rien que je ne sache d'original[2] : je l'ai appris de Sethon, ambassadeur de France dans cette cour, revenu à Paris depuis quelques jours, que je connais familièrement, que j'ai fort interrogé, et qui ne m'a caché aucune circonstance. » Il reprenait le fil de sa narration avec plus de confiance qu'il ne l'avait commencée, lorsque l'un des conviés[3] lui dit : « C'est Sethon à qui vous parlez, lui-même, et qui arrive fraîchement
15 de son ambassade. »

Jean de La Bruyère, *Les Caractères*, 1688.

NOTES
1. Une cour du nord de l'Europe, lointaine donc mal connue.
2. Par voie directe, de première main.
3. Invités.

MÉTHODE
→ Louer et blâmer p. 422
→ Les formes du discours rapporté p. 332
→ Les temps dans le récit p. 328

OBSERVATION ET ANALYSE

1 Quel est le trait de caractère dominant du personnage ? Dans quelles circonstances est-il présenté ?

2 Comment est dénommé, dans un premier temps, le contradicteur d'Arrias ? Quelle est ici l'intention de l'auteur ?

3 Repérez les deux passages au discours direct du texte. Quelle est la fonction du premier ?

4 Étudiez l'emploi des temps verbaux dans le texte. À quel moment se produit un changement ? Comment l'expliquez-vous ?

EXPRESSION

Écriture d'invention. Imaginez la réaction d'Arrias à la dernière réplique. Rédigez une courte réponse qui soit conforme à ce que l'on sait de son caractère, dans laquelle il essaie de masquer son erreur.

La Rochefoucauld
1613-1680

Cardinal de Retz
1613-1679

Portraits réciproques :
La Rochefoucauld et Retz

Le duc de La Rochefoucauld et le cardinal de Retz participèrent tous deux à la Fronde (1648-1653). Après la mort prématurée de Louis XIII (1643), son épouse, Anne d'Autriche, aidée de son ministre, le cardinal Mazarin, assurèrent la Régence pendant la minorité du futur Louis XIV. Une partie de l'aristocratie et des parlementaires, mécontents, fomentèrent sans succès une révolte que le peuple baptisa, par dérision, la Fronde, en référence au jeu d'enfants du même nom. Plus de vingt ans après les faits, à la fin de leur vie, les deux hommes, que leur engagement précédent avait condamnés à jouer des rôles secondaires, tracent l'un de l'autre un portrait sans complaisance.

École française,
Portrait du cardinal de Retz, XVIIe siècle.
Chantilly,
musée Condé.

Portrait du cardinal de Retz (1675)

Paul de Gondi, cardinal de Retz, a beaucoup d'élévation, d'étendue d'esprit, et plus d'ostentation que de vraie grandeur de courage. Il a une mémoire extraordinaire ; plus de force que de politesse dans ses paroles ; l'humeur facile, de la docilité et de la faiblesse à souffrir les plaintes et les reproches de ses amis ; peu de piété, quelques appa-
5 ─ rences de religion. Il paraît ambitieux sans l'être ; la vanité, et ceux qui l'ont conduit lui ont fait entreprendre de grandes choses, presque toutes opposées à sa profession ;

il (y) a suscité les plus grands désordres de l'État, sans avoir un dessein formé de s'en prévaloir, et bien loin de se déclarer ennemi du cardinal Mazarin[1] pour occuper sa place, il n'a pensé qu'à lui paraître redoutable, et à se flatter de la fausse vanité de lui être opposé. Il a su néanmoins profiter avec habileté des malheurs publics pour se faire cardinal ; il a souffert sa prison avec fermeté, et n'a dû sa liberté qu'à sa hardiesse[2]. La paresse l'a soutenu avec gloire, durant plusieurs années, dans l'obscurité d'une vie errante et cachée. Il a conservé l'archevêché de Paris, contre la puissance du cardinal Mazarin ; mais après la mort de ce ministre, il s'en est démis sans connaître ce qu'il faisait, et sans prendre cette conjoncture pour ménager les intérêts de ses amis et les siens propres[3]. Il est entré dans divers conclaves[4], et sa conduite a toujours augmenté sa réputation. Sa pente naturelle est l'oisiveté ; il travaille néanmoins avec activité dans les affaires qui le pressent, et il se repose avec nonchalance quand elles sont finies. Il a une grande présence d'esprit, et il sait tellement tourner à son avantage les occasions que la fortune lui offre, qu'il semble qu'il les ait prévues et désirées. Il aime à raconter ; il veut éblouir indifféremment tous ceux qui l'écoutent par des aventures extraordinaires, et souvent son imagination lui fournit plus que sa mémoire. Il est faux dans la plupart de ses qualités, et ce qui a le plus contribué à sa réputation est de savoir donner un beau jour à ses défauts. Il est insensible à la haine et à l'amitié, quelques soins qu'il ait pris de paraître occupé de l'une ou de l'autre ; il est incapable d'envie et d'avarice, soit par vertu, soit par inapplication. Il a plus emprunté de ses amis qu'un particulier ne pouvait espérer de leur pouvoir rendre ; il a senti de la vanité à trouver tant de crédit, et à entreprendre de s'acquitter. Il n'a point de goût ni de délicatesse ; il s'amuse à tout et ne se plaît à rien ; il évite avec adresse de laisser pénétrer qu'il n'a qu'une légère connaissance de toutes choses. La retraite qu'il vient de faire est la plus éclatante et la plus fausse action de sa vie[5] ; c'est un sacrifice qu'il fait à son orgueil, sous prétexte de dévotion : il quitte la cour, où il ne peut s'attacher, et il s'éloigne du monde, qui s'éloigne de lui.

La Rochefoucauld, « Portrait du Cardinal de Retz ».

NOTES

1. La Fronde fut en partie dirigée contre la personne très contestée du cardinal Mazarin, que la régente Anne d'Autriche, mère de Louis XIV, avait choisi comme ministre.

2. Retz est emprisonné à la fin de la Fronde ; il s'évadera dans des conditions rocambolesques.

3. Allusion à l'habileté diplomatique du cardinal qui réussit à deux reprises à faire élire pape son candidat.

4. Assemblées des cardinaux pour l'élection du pape.

5. En 1675, le cardinal annonce sa retraite dans un couvent. Comme le pressent La Rochefoucauld, il s'agit d'une fausse sortie. Le cardinal mourra néanmoins peu après en 1679.

Portrait du duc de La Rochefoucauld (1677)

Il y a toujours eu du je ne sais quoi en tout M. de La Rochefoucauld : il a voulu se mêler d'intrigues, dès son enfance, et dans un temps où il ne sentait pas les petits intérêts, qui n'ont jamais été son faible, et où il ne connaissait pas les grands, qui, d'un autre sens, n'ont pas été son fort ; il n'a jamais été capable d'aucune affaire, et je ne sais pourquoi, car il avait des qualités qui eussent suppléé, en tout autre, celles qu'il n'avait pas. Sa vue n'était pas assez étendue, et il ne voyait pas même tout ensemble ce qui était à sa portée ; mais son bon sens, très bon dans la spéculation, joint à sa douceur, à son insinuation[1] et à sa facilité de mœurs, qui est admirable, devait compenser plus qu'il n'a fait le défaut de sa pénétration[2]. Il a toujours eu une irrésolution habituelle, mais je ne sais même à quoi attribuer cette irrésolution : elle n'a pu venir en lui de la fécondité de son imagination, qui n'est rien moins que vive ; je ne la puis donner à la stérilité de son jugement, car, quoiqu'il ne l'ait pas exquis dans l'action, il a un bon fonds de raison : nous voyons les effets de cette irrésolution, quoique nous n'en connaissions pas la cause. Il n'a jamais été guerrier, quoi qu'il fût très soldat ; il n'a jamais été par lui-même bon courtisan, quoiqu'il ait eu toujours bonne intention de l'être ; il n'a jamais été bon homme de parti, quoique toute sa vie il y ait été engagé. Cet air de honte et

NOTES

1. Capacité à faire entendre quelque chose sans l'affirmer clairement.

2. Capacité à comprendre en profondeur une situation.

NOTES
3. La Rochefoucauld est l'auteur d'un recueil de *Maximes*.
4. Raffiné.

de timidité que vous lui voyez dans la vie civile, s'était tourné, dans les affaires, en air d'apologie ; il croyait toujours en avoir besoin : ce qui, joint à ses Maximes[3], qui ne marquent pas assez de foi en la vertu, et à sa pratique, qui a toujours été de chercher à
20 — sortir des affaires avec autant d'impatience qu'il y était entré, me fait conclure qu'il eût beaucoup mieux fait de se connaître, et de se réduire à passer, comme il l'eût pu, pour le courtisan le plus poli[4] qui eût paru dans son siècle.

Cardinal de Retz, « Portrait du duc de La Rochefoucauld », in *Mémoires*.

Théodore Chassériau,
*Portrait du duc
de la Rochefoucauld*,
1836 (huile sur bois,
70 cm x 57 cm).
Château de Versailles.

METHODE

→ Louer et blâmer p. 422
→ L'expression des relations logiques p. 414
→ La modalisation d'un énoncé p. 416
→ Le commentaire comparé p. 492

OBSERVATION ET ANALYSE

1 Quels sont les traits de caractère dominants que chaque auteur discerne dans son « modèle » ?

2 Quels sont les temps verbaux employés respectivement dans chacun des textes ? Quels effets différents en résulte-t-il ?

3 *Néanmoins* et *quoique* : montrez comment ces deux termes jouent un rôle essentiel dans ces deux portraits. Trouvez d'autres tournures voisines. Expliquez l'intention des procédés utilisés.

4 Lequel des deux portraits vous semble le plus clairement organisé ? Justifiez votre réponse.

5 Étudier les deux chutes* et leurs effets : comment chacune d'elles conclut-elle le portrait ? Quelle est celle qui vous semble la plus réussie ?

Si c'est un homme (1947)

Primo Levi
1919-1987

Juif italien déporté à Auschwitz en 1944, Primo Levi a été l'un des rares à raconter aussitôt après la guerre, dans Si c'est un homme, *son expérience des camps. L'univers concentrationnaire avait créé une forme de société totalement inédite avec ses personnages inquiétants. Dans ce passage, Primo Levi fait le portrait grotesque de l'un d'entre eux, codétenu comme lui, Elias.*

La vie est belle, 1998.
Film réalisé et interprété par Roberto Benigni.

C'est un spectacle déconcertant que de voir travailler Elias ; les Meister[1] polonais, les Allemands eux-mêmes s'arrêtent parfois pour l'admirer à l'œuvre. Alors que nous arrivons tout juste à porter un sac de ciment, Elias en prend deux à la fois, puis trois, puis quatre, les faisant tenir en équilibre on ne sait comment ; et tout en avançant à
5 – petits pas rapides sur ses jambes courtes et trapues, de sous son fardeau il fait des grimaces, il rit, jure, hurle et chante sans répit comme s'il avait des poumons de bronze. Malgré ses semelles de bois, Elias grimpe comme un singe sur les échafaudages et court d'un pied léger sur les charpentes suspendues dans le vide ; il porte six briques à la fois en équilibre sur la tête ; il sait se faire une cuillère avec une plaque de tôle et un couteau
10 – avec un morceau d'acier ; il déniche n'importe où du papier, du bois et du charbon secs et sait allumer un feu en quelques instants même sous la pluie. Il peut être tailleur, menuisier, cordonnier, coiffeur ; il crache à des distances incroyables ; il chante, d'une

voix de basse pas désagréable, des chansons polonaises et yiddish² absolument inconnues ; il est capable d'avaler six, huit, dix litres de soupe sans vomir et sans avoir la diar-
15 rhée, et de reprendre le travail aussitôt après. Il sait se faire sortir entre les épaules une grosse bosse, et déambule dans la baraque, bancal et contrefait, en poussant des cris et en déclamant d'incompréhensibles discours, pour la plus grande joie des autorités du camp. Je l'ai vu lutter avec un Polonais beaucoup plus grand que lui et l'envoyer à terre d'un seul coup de tête dans l'estomac, avec la violence et la précision d'une catapulte.
20 Je ne l'ai jamais vu se reposer, je ne l'ai jamais vu silencieux ou immobile, je ne sache pas qu'il ait jamais été blessé ou malade.

De sa vie d'homme libre, personne ne sait rien. Il faut d'ailleurs un gros effort d'imagination et d'induction³ pour se représenter Elias dans la peau d'un homme libre. Il ne parle que le polonais et le yiddish abâtardi de Varsovie, et de toute façon il
25 est impossible d'obtenir de lui des propos cohérents. Il pourrait avoir aussi bien vingt ans que quarante ; il aime à dire, quant à lui, qu'il est âgé de trente-trois ans et père de dix-sept enfants, ce qui n'est pas impossible. Il parle continuellement, et des sujets les plus disparates, toujours d'une voix tonnante, sur un ton grandiloquent, et avec une mimique outrée de déséquilibré, comme s'il s'adressait en permanence à un nombreux
30 auditoire : et bien entendu le public ne lui manque jamais. Ceux qui le comprennent se délectent de ses grands discours en se tordant de rire et lui donnent de grandes claques dans le dos pour l'encourager à poursuivre ; et lui, farouche et renfrogné, continue son va-et-vient de bête fauve à l'intérieur du cercle de ses auditeurs, qu'il ne se fait pas faute d'apostropher au passage : il en agrippe un au collet de sa patte crochue, l'attire à lui à
35 la force du poignet, lui vomit au visage une incompréhensible invective, fixe un instant sa victime interdite puis la rejette en arrière comme un fétu de paille, tandis que, au milieu des rires et des applaudissements, les bras tendus vers le ciel comme un petit monstre vaticinant⁴, le voilà déjà repris par son éloquence furibonde et insensée.

Primo Levi, *Si c'est un homme*, trad. M. Schruoffeneger, 1987, © Robert Laffont.

NOTES
2. Langue germanique des communautés juives d'Europe orientale.
3. Opération mentale qui consiste à remonter des faits à une loi générale.
4. Prédisant l'avenir, prophétisant.

MÉTHODE
→ La modalisation d'un énoncé p. 416
→ La description p. 338
→ Les registres p. 70

OBSERVATION ET ANALYSE

1 Comment est organisé ce portrait ? Quel en est le registre dominant ?

2 Relevez les termes et qualificatifs qui désignent Elias. À quels champs lexicaux appartiennent-ils ?

3 Quelles sont les caractéristiques qui font d'Elias un être hors du commun ? Quelle image globale l'auteur veut-il donner de lui ?

4 Par quels procédés (lexicaux, rhétoriques, syntaxiques) l'auteur parvient-il à nous restituer l'impression que lui a faite ce personnage ?

5 Quelle est l'attitude des autres à son égard ? Comment l'expliquez vous ?

6 Quel est le point de vue de l'auteur sur Elias ?

EXPRESSION

Vers le commentaire. Relisez le portrait d'Arrias par La Bruyère (p. 396) ou ceux de Phédon et de Giton dans *Les Caractères* de La Bruyère. Comparez-les à celui d'Elias par Primo Levi. Que constatez-vous ?

→ **L'Impuissance**
de Vercors

Vercors
Le Silence de la mer

TEXTE INTÉGRAL

M
MAGNARD
COLLÈGE/LP

▶ L'auteur

Jean Bruller (né en 1902-mort en 1991) est d'abord dessinateur. Il crée en 1941 les Éditions de Minuit. Participant à la Résistance, il entre dans la clandestinité et prend le pseudonyme de Vercors ; il abandonne alors le dessin pour l'écriture. Son premier texte, *Le Silence de la mer,* paraît en pleine Occupation. On le retrouvera dans un recueil portant le même titre, accompagné d'autres nouvelles, parmi lesquelles figure *L'Impuissance*.

▶ L'histoire

Nous sommes un jour de juin 1944 ; le narrateur rend visite à son ami Renaud Houlade pour l'informer de la disparition d'un de leurs camarades, mort dans un camp de concentration. Mais ce jour est aussi celui où Renaud apprend la nouvelle du massacre d'Oradour-sur-Glane.
Brutalement, le récit de Vercors bascule dans la violence tragique : on y voit Renaud, homme de culture, épris d'idéal, s'abîmer dans la détresse de son **impuissance** face à la barbarie.

▶ Les enjeux de l'œuvre

L'Impuissance est une nouvelle de temps de guerre. De toutes les guerres. En effet si l'inconcevable tragédie d'Oradour-sur-Glane constitue l'élément déclencheur de la révolte du personnage de Renaud, c'est bien à une réflexion plus universelle que le lecteur est invité : celle qui s'interroge sur le sens de l'Art (sa fonction, son utilité, sa responsabilité) face à la barbarie. L'autodafé symbolique auquel tente de se livrer Renaud s'accompagne d'un violent réquisitoire où surgissent toutes les angoisses de la conscience du XXe siècle confrontée à l'horreur des guerres. En cela *L'Impuissance* est une œuvre qui nous concerne encore.

❶ En quoi le texte s'apparente-t-il au genre de la nouvelle ?

❷ Qu'apporte à la narration la présence d'un narrateur interne ?

❸ Faites le portrait psychologique de Renaud.

❹ Faites l'inventaire des objets destinés au bûcher par Renaud et dites en quoi leur choix, par l'auteur, est porteur de signification.

❺ Justifiez le titre de la nouvelle en le confrontant au réquisitoire de Renaud.

❻ Comment la violence de Renaud s'exprime-t-elle dans son discours central ?

Pour prolonger la lecture

Débat autour d'une citation

• Celle du philosophe allemand Theodor Adorno : « On ne peut plus écrire de poésie après Auschwitz. » (*Critique de la culture et soci*été, 1955).

• Celle du pianiste Miguel-Angel Estrella : « Je me suis battu contre les intellectuels latino-américains qui disaient : " À quoi bon jouer du Beethoven quand des gens ont faim ? " et je leur répondais : " Mais quand ils écoutent Beethoven, leur vie change ! " » (*Le Monde diplomatique*, juin 1989).

Choisissez une de ces citations, puis préparez et organisez un débat pour le commenter avec votre professeur de français et/ou le professeur chargé de l'enseignement de l'ECJS.

Lectures conseillées

• *Le Silence de la mer* (la nouvelle) de Vercors (collection de poche).

• *L'Écriture ou la vie* de Jorge Semprun (collection de poche).

L'esprit pamphlétaire

TEXTE 5

D'Aubigné
1552-1630

Les Tragiques (1577-1616)

Protestant convaincu, écuyer du futur Henri IV, Agrippa d'Aubigné a lutté toute sa vie pour défendre sa foi. Les horreurs des guerres de Religion lui inspirent un long poème épique*, Les Tragiques, commencé en 1577 et publié en 1616. Dans le livre II, il dresse un portrait féroce de la Cour : Charles IX, qui ordonna le massacre de la Saint-Barthélemy, son frère et successeur, Henri III, et leur mère Catherine de Médicis.

École française, portrait présumé d'Henri III avant son avènement ou de son frère cadet le duc d'Alençon, XVIe siècle. Chantilly, musée Condé.

Bien heureux les Romains qui avaient les Césars
Pour tyrans, amateurs des armes et des arts :
Mais mal heureux celui qui vit esclave infâme
Sous une femme hommace et sous un homme femme[1] !
5 — Une mère douteuse, après avoir été
Maquerelle[2] à ses fils, en a l'un[3] arrêté
Sauvage dans les bois, et, pour belle conquête.
Le faisait triompher du sang de quelque bête :
Elle en fit un Esaü[4], de qui le ris[5], les yeux
10 — Sentaient[6] bien un tyran, un charretier[7] furieux ;
Pour se faire cruel, sa jeunesse égarée
N'aimait rien que le sang et prenait sa curée[8]
À tuer sans pitié les cerfs qui gémissaient,
À transpercer les daims et les faons qui naissaient,
15 — Si[9] qu'aux plus avisés cette sauvage vie
A fait prévoir de lui massacre et tyrannie.
L'autre[10] fut mieux instruit à juger des atours
Des putains de sa cour, et, plus propre aux amours,
Avoir ras le menton, garder la face pâle,
20 — Le geste efféminé, l'œil d'un Sardanapale[11] :
Si bien qu'un jour des Rois ce douteux animal,
Sans cervelle, sans front, parut tel en son bal.
De cordons emperlés sa chevelure pleine,
Sous un bonnet sans bord fait à l'italienne,
25 — Faisait deux arcs voûtés : son menton pinceté[12],
Son visage de blanc et de rouge empâté[13],
Son chef[14] tout empoudré nous montrèrent ridée,
En la place d'un Roi, une putain fardée.

Agrippa d'Aubigné, *Les Tragiques*, 1577-1616
(orthographe modernisée).

MÉTHODE

→ Le registre satirique p. 424
→ Choisir et utiliser les exemples p. 428
→ Eléments de versification p. 132
→ Les registres p. 70

OBSERVATION ET ANALYSE

1 Observez et décrivez les quatre premiers vers. Sur quels procédés rhétoriques reposent-ils ? Quel effet recherche le poète ?

2 Quelle figure de disposition structure le quatrième vers?

3 Relevez les champs lexicaux utilisés pour le portrait de Charles IX. Quel trait dominant de son caractère l'auteur veut-il mettre en évidence ?

4 Comment est composé le portrait d'Henri III ? Quel effet produit le dernier vers ? Comment a-t-il été préparé ?

5 Étudiez le champ lexical de la prostitution. À quels personnages s'applique-t-il ?

6 Qualifiez le registre dominant de ce texte.

TEXTE 6

L'Argent (1913)

Péguy
1873-1914

Dans L'Argent *(1913), Péguy s'en prend à Jean Jaurès, dirigeant socialiste aux côtés duquel il combattit quelques années auparavant pour faire reconnaître l'innocence du capitaine Dreyfus. Le texte, très violent, prend une tonalité particulière si l'on sait que Jaurès, résolument opposé à la guerre contre l'Allemagne, sera assassiné l'année suivante, le jour de sa déclaration, et que Péguy sera tué quelques semaines plus tard, sur le front.*

Jean Veber, *Jean Jaurès à la tribune*, 1903 (huile sur toile).
Paris, musée Carnavalet.

Je demande pardon au lecteur de prononcer ici le nom de M. Jaurès. C'est un nom qui est devenu si bassement ordurier que quand on l'écrit pour l'envoyer aux imprimeurs on a l'impression que l'on a peur de tomber sous le coup d'on ne sait quelles lois pénales. L'homme qui a infecté de radicalisme[1] et le socialisme et le dreyfusisme. Cet
5 — espèce de Mac-Mahon[2] de l'éloquence parlementaire. L'homme qui a toujours capitulé devant toutes les démagogies. Et non seulement qui a capitulé mais qui a toujours enguirlandé toutes les capitulations des festonnements[3] de ses airs de bravoure. Et non

seulement qui a toujours capitulé lui-même et pour lui-même, mais qui a toujours eu la manie, maladive, la monomanie, de capituler non seulement pour toutes les causes
10 – qu'il représentait, plus ou moins utilement, mais pour un tas de causes que jamais personne n'avait pensé à lui confier, et dont il avait la manie de se charger lui-même. Il a tellement le vice et le goût abject de la capitulation que non seulement il capitule chez lui et dans ses propres causes, mais il s'empare partout de n'importe quelles causes, uniquement pour les faire capituler. Ce tambour-major[4] de la capitulation. Cet
15 – homme qui n'a jamais été qu'un radical, et même un radical opportuniste, un radical centre gauche, et qui a infecté de radicalisme, précisément tout ce qui était le contraire du radicalisme, tout ce qui pouvait espérer échapper un peu au radicalisme.

Ce que je veux dire aujourd'hui de M. Jaurès, c'est ceci seulement. Que peut-il y avoir de commun entre cet homme et le peuple, entre ce gros bourgeois parvenu, ven-
20 – tru, aux bras de poussah, et un homme qui travaille. En quoi est-il du peuple. En quoi sait-il un peu ce que c'est que le peuple. Qu'est-ce qu'il a de commun avec un ouvrier. Et n'est-ce pas la plus grande misère de ce temps, que ce soit un tel homme qui parle pour le peuple, qui parle dans le peuple, qui parle du peuple.

Charles Péguy, *L'Argent*, 1913.

MÉTHODE

→ Le registre satirique p. 424
→ Choisir et utiliser les exemples p. 428
→ La modalisation d'un énoncé p. 416
→ Les types et formes de phrases p. 220

OBSERVATION ET ANALYSE

1 Comment faut-il comprendre la première phrase du texte ? À quelle figure de rhétorique s'apparente-t-elle ?

2 Relevez sur l'ensemble du texte les mots ou périphrases qui servent à désigner Jaurès. En quoi contribuent-ils à dévaloriser le personnage ?

3 Quels sont, dans le premier paragraphe, les deux mots principaux et leurs dérivés qui servent à caractériser

Jaurès ? En quoi sont-ils péjoratifs ? Par quel procédé l'auteur les met-il en valeur ?

4 Observez la gradation* dans les critiques adressées à Jaurès. Quels termes exprimant l'intensité reviennent le plus souvent ? Quel est l'effet recherché ?

5 Observez la ponctuation originale dans le deuxième paragraphe. Quel sens donne-t-elle aux tournures interrogatives ?

TEXTE 7

La Littérature sans estomac (2002)

Pierre Jourde
né en 1955

Pierre Jourde, un universitaire contemporain, renoue avec la tradition de la polémique littéraire. Dans La Littérature sans estomac, *dont le titre fait référence à un autre pamphlet de l'écrivain Julien Gracq,* La Littérature à l'estomac, *il s'en prend à quelques auteurs contemporains. Ici, il livre une critique acerbe de* Truismes, *premier roman d'une jeune romancière, Marie Darrieussecq.*

NOTE
1. Le personnage féminin du roman se transforme en truie, d'où le titre en forme de jeu de mots, *Truismes.*

Marie Darrieussecq, qui a fait de bonnes études et qui enseigne la littérature, fait parler une parfumeuse inculte. Ou plus exactement, c'est la truie[1] qui raconte. La bêtise, la lâcheté, la passivité de l'héroïne font qu'elle se transforme en effet, tout naturellement, en truie. On n'est pas surpris. Et là, une fois la métamorphose accomplie,

NOTE
4. Sous-officier instructeur, chef des tambours dans un orchestre militaire.

5 – c'est le miracle, d'abord de l'amour fou, ensuite de la communication profonde avec le monde. La femme n'a rien appris, mais la truie sait tout d'emblée, sans avoir eu besoin de réfléchir. Intéressante leçon.

Rien de plus chic, quand on est une intellectuelle, que de manifester son mépris et sa honte de l'intelligence : faire parler l'andouille, se calquer sur le langage pauvre et
10 – bête qu'on lui attribue, que de pauvres filles sont censées avoir, c'est ne plus être cette conscience creuse et sèche que l'on prête à l'intellectuelle. C'est acquérir de l'authenticité, mais une authenticité pleinement consciente. On encaisse ainsi un double bénéfice : d'un côté on est l'écrivain, on est intelligent et on cause bien dans le poste. De l'autre on démontre qu'on peut se fondre dans l'épaisseur des choses, dans le cerveau
15 – obtus du peuple. On est la brute et l'esprit, Caliban[2] et Ariel[2], et par là on dépasse toutes les brutes et tous les esprits. On est un génie. L'intelligence est toujours mal portée. Elle suscite le soupçon, elle engendre le doute. Faire la bête, c'est s'innocenter de tout. Il faut mépriser ce genre de stratégie littéraire et ces intellectuels honteux. Ils donneraient des arguments à la barbarie des Khmers rouges[3], qui les envoyaient gratter la
20 – terre. Marie Darrieussecq trouve que c'est une rédemption pour sa truie, de gratter la terre. Lorsqu'on dégrade sa propre intelligence, il ne faut pas s'étonner si d'autres un jour vous prennent au mot.

Faire parler l'andouille comporte également un avantage inestimable : inutile de se préoccuper d'écriture. On va imiter le langage rudimentaire de ces gens-là. L'ex-
25 – pression qui caractérise Marie Darrieussecq, le tic de son écriture, c'est : « ça faisait comme », « ça me faisait ». On en relèverait des dizaines dans ce chef-d'œuvre de travail du style. Les imbéciles ne savent pas décrire ce qui se passe en eux, ils en sont au stade primitif de la sensation brute, mais tellement vraie, tellement authentique. Le « ça me faisait » manifeste que nous atteignons le point ultime, l'indicible, nous
30 – sommes à l'écoute du gargouillis. Il suffit de se laisser aller. Marie Darrieussecq ne s'en prive pas. Relevé de quelques verbes, sur une dizaine de lignes : il n'y avait, les avait, on avait, on faisait, ça me faisait, je me disais qu'il fallait, on n'avait plus, ça allait. Palme de l'élégance : ça a fait comme si ça ne pouvait plus. À quatre pages d'écart : ça m'a comme qui dirait détendue et ça m'a comme qui dirait réveillée.

Pierre Jourde, *La Littérature sans estomac*, © L'Esprit des péninsules, 2002.

NOTES

2. Personnages de *La Tempête*, pièce allégorique de Shakespeare. Ariel, génie de l'Air, incarne l'Esprit, tandis que Caliban, géant borné, attaché à la Terre, symbolise la lourdeur, la pesanteur de l'être humain.

3. Les Khmers rouges ont dirigé le Cambodge de 1975 à 1979. Ils ont mené une politique de terreur aboutissant à des déportations et à des exécutions massives de populations, dont les intellectuels, notamment, furent les premières victimes.

METHODE

→ Le registre satirique p. 424
→ Choisir et utiliser les exemples p. 428
→ La modalisation d'un énoncé p. 416

OBSERVATION ET ANALYSE

1 Observez l'emploi du pronom « on » dans le texte. Qui représente-t-il ? Quels effets produit son emploi ?

2 Repérez la façon dont l'auteur du texte interprète la métamorphose de l'héroïne dans le roman de Marie Darrieussecq. Comment comprenez-vous sa conclusion : « Intéressante leçon » (l. 7) ?

3 Quel reproche principal l'auteur adresse-t-il à la romancière ?

4 Analysez l'argumentation de l'auteur lorsqu'il met en parallèle les Khmers rouges et le sujet du livre qu'il critique. Son raisonnement vous semble-t-il fiable ? Justifiez votre réponse.

5 Relevez les procédés de l'ironie dans le dernier paragraphe.

6 Sans avoir lu le livre incriminé, auriez-vous des remarques à faire au critique sur la manière dont il en parle ? Lesquelles ? Pourquoi ?

Éloge et blâme

▌ Dans la rhétorique

Un genre, l'épidictique

Éloge et blâme relèvent du domaine rhétorique de l'épidictique : il s'agit de susciter l'émotion du destinataire sur une réalité connue de lui, soit pour la valoriser dans le cas de l'éloge, soit pour la dénigrer dans le cas du blâme.

L'épidictique se distingue dans la rhétorique classique du genre délibératif, qui porte sur la décision à prendre dans un conseil, et du judiciaire, qui concerne l'accusation ou la défense devant un tribunal.

Toutefois les frontières entre les genres ne sont pas étanches. Ainsi, le réquisitoire relève finalement tout autant de l'épidictique que du juridique.

Une pratique

La pratique de l'éloge, comme celle du blâme, remonte à l'Antiquité. Ainsi, sous la forme du panégyrique*, les orateurs grecs avaient l'habitude de célébrer aussi bien les mérites et vertus de leur cité que ceux des vainqueurs au jeux Olympiques. Les Romains ont perpétué le genre, en le personnalisant, notamment par les panégyriques des empereurs. Dans la rhétorique* classique, héritée d'Aristote, l'éloge était l'un des trois genres du discours que l'on apprenait dans les écoles. Éloge et blâme échappent progressivement au seul domaine rhétorique pour se répandre dans des formes d'expression diverses : la littérature (comme l'ode en poésie), la presse, l'image (comme la caricature).

▌ Des valeurs partagées

Un opinion commune

L'éloge et le blâme ont pour visée principale l'adhésion à des valeurs partagées par l'orateur et son auditoire, qui peuvent être de nature politique et morale, comme dans le texte de Malraux (p. 385), religieuse chez Bossuet (p. 384), esthétique dans le cas du blason (p. 388).

Ils constituent donc une forme particulière d'argumentation, qui cherche à resserrer les liens entre les membres d'un groupe ou d'une communauté autour des principes et des convictions qui les fondent.

L'éloge peut également conduire à des formes plus ou moins explicites de rejet : en prenant appui sur l'opinion commune, le blâme peut conduire à la constitution d'une figure de bouc émissaire chargée de cristalliser les rancœurs (Péguy, p. 405).

Topoï et lieux communs

Le discours de louange ou de blâme s'attache ainsi à jouer des idées communément admises.

La rhétorique antique désignait sous le nom de « lieux » (*topoï* en grec) ces questions et sujets qu'il convenait de connaître pour l'orateur. L'utilisation systématique des *topoï* a conduit à leur dégénérescence (les « lieux communs »), et, corrélativement, au discrédit de la rhétorique, considérée comme un pur exercice formel de virtuosité. Mais on les retrouve, renouvelés, dans les formes modernes de l'éloge et du blâme : l'héroïsme souterrain de Jean Moulin, opposé à celui, éclatant, de Leclerc chez Malraux (p. 385) ; ou encore la beauté liée à la terre africaine de la femme noire chez Senghor (p. 390).

▌ Frontières et ambiguïtés

L'éloge paradoxal

Certaines formes d'éloge montrent que les frontières ne sont pas toujours bien établies.

L'éloge peut ainsi devenir paradoxal, lorsque, comme l'indique l'étymologie de l'adjectif, il va à l'encontre de l'opinion commune. Il prend alors le risque de déplaire ou de choquer : faire l'éloge du parasitisme (Lucien, p. 392) ou des dettes (Rabelais, p. 394) contrevient à la morale et à l'économie traditionnelles. À ce titre, l'éloge peut se révéler ironique et constituer une forme intermédiaire entre l'éloge et la satire.

Ironie et satire

De même, une forme apparente d'éloge peut se révéler un procédé détourné de blâme. En ce cas, l'ironie joue souvent un rôle déterminant : l'émetteur, en feignant de prendre à son compte un point de vue étranger, ou au contraire en prêtant son avis à un interlocuteur présenté comme non fiable, invite alors à retourner l'éloge en blâme.

Enfin, la frontière entre blâme et satire est parfois difficile à établir. La satire vise, comme le blâme, à dénigrer sa cible, mais sa spécificité tient à l'usage de la moquerie et du ridicule sous toutes leurs formes comme armes critiques. Surtout, à la différence du blâme et de l'éloge, elle ne repose pas obligatoirement sur un ensemble de valeurs communes ; elle peut même délibérément prendre le contre-pied de ce qui est admis par une société et attaquer directement les idées reçues. Elle ne compte donc pas nécessairement sur la complicité tacite de l'auditoire, qui, à son tour, est mis en question dans ses certitudes.

Petit lexique de l'argumentation

■ Quatre procédés clés

DÉMONTRER : développer un raisonnement dont la cohérence logique vise à l'objectivité au moyen de faits et de vérités incontestables.

ARGUMENTER : s'appuyer sur des idées pour imposer une opinion à son destinataire. Un énoncé argumentatif est toujours susceptible d'être réfuté ; il confronte des thèses ; ses moyens visent à convaincre ou à persuader.

CONVAINCRE : faire appel aux capacités de raisonnement du destinataire afin qu'il adhère à la thèse de façon volontaire.

PERSUADER : toucher le destinataire dans la part d'irrationnel qu'il y a en lui. L'adhésion à la thèse sera donc dès lors beaucoup plus émotive que réfléchie.

■ Formes de l'éloge et du blâme

APOLOGIE : discours qui associe la louange et la défense pour la justification d'une personne, d'une œuvre, d'une idée, d'une croyance, d'une cause. Ainsi, les *Pensées* de Blaise Pascal furent rédigées comme une apologie du christianisme. Aujourd'hui le mot *apologie* est souvent synonyme d'éloge.

BLASON : poème qui décrit de façon élogieuse une personne, une partie du corps – spécialement féminin – ou un objet. Le genre du blason, illustré par Marot, est fréquent au XVIe siècle. Le contre-blason est la forme inversée du blason : il consiste en un éloge ironique.

CARICATURE : description qui accentue les traits pour se moquer, critiquer, ridiculiser. Les arts de l'image (dessin, gravure) et du spectacle (marionnettes) pratiquent également la caricature.

DIATRIBE : discours violent ; parfois injurieux, contre quelqu'un.

DITHYRAMBE : éloge lyrique, souvent excessif dans ses termes. À l'origine il s'agit d'un chant entonné en l'honneur de Bacchus. De nos jours, seul l'adjectif qualificatif *dithyrambique* est en usage.

ORAISON FUNÈBRE : discours, parfois d'inspiration religieuse, prononcé à l'occasion des obsèques de quelqu'un. Bossuet au XVIIe siècle ou Malraux plus près de nous en ont laissé des exemples fameux.

PAMPHLET : écrit violent attaquant quelqu'un. Le pamphlet, fréquent sous la plume des philosophes du XVIIIe siècle, se retrouve dans les *Châtiments* de Hugo, les articles de presse de Zola ; de nos jours, il n'apparaît plus qu'épisodiquement sous forme de textes brefs ou dans la critique littéraire et cinématographique.

PANÉGYRIQUE : discours à la gloire de quelqu'un. Proche du *dithyrambe*, il en possède les aspects outranciers et, de ce fait, le mot qualifie parfois de manière ironique ce type d'éloge.

SATIRE : écrit s'attaquant, dans le registre comique, à un individu représentatif d'un groupe, à une mode, à un trait culturel. À l'origine forme poétique, la satire a désormais investi tous les types d'énoncés.

■ Formes du judiciaire

PLAIDOYER : discours argumenté destiné à défendre une personne ou une chose. Lorsque l'énonciateur plaide pour sa propre défense, on parle de plaidoyer *pro domo*. Le plaidoyer est la forme commune de ce qu'on nomme *plaidoirie* dans l'enceinte des tribunaux.

RÉQUISITOIRE : texte ou discours dont la visée argumentative est de mettre en accusation. Le terme s'emploie au sens propre dans le cadre judiciaire, et au sens figuré pour tout énoncé visant à démontrer, convaincre et persuader de la culpabilité de quelqu'un.

■ Pour mémoire

CRITIQUE : écrit ou discours qui met en évidence les qualités ou les défauts de quelqu'un ou de quelque chose. La critique est un jugement, mais son caractère argumentatif laisse aussi la place au descriptif et au narratif.

FABLE : court récit en prose ou en vers, à visée argumentative ou didactique. La fable, illustrée au XVIIe siècle par La Fontaine, utilise l'allégorie pour répondre à sa vocation morale, pédagogique ou politique. La *moralité* y est explicite ou implicite.

APOLOGUE : récit généralement bref, en prose ou en vers, renfermant un enseignement moral explicitement formulé.

PORTRAIT : description qui évoque le physique, les traits psychologiques et moraux, le comportement. Le portrait touche à l'argumentation dès lors qu'il se fait éloge ou blâme.

PROPAGANDE : type de discours dont la démarche argumentative cherche à convaincre ou à persuader ; la propagande, dont les intentions sont manipulatrices, se caractérise par la déformation de la réalité et le recours à des procédés souvent simplificateurs.

PUBLICITÉ : art qui relève de l'argumentation dans sa visée de persuasion et de conviction. La publicité appartient au domaine commercial et utilise l'ensemble des procédés (linguistiques, rhétoriques, stylistiques, visuels et sonores) adaptés à la réalisation de ses objectifs.

Comment la photographie argumente :
le photomontage

Durant les années 1930 en Europe, la pratique du photomontage par des artistes militants antifascistes révèle un certain nombre de procédés visuels comparables, dans leur syntaxe et leurs effets sur le spectateur, aux procédés de rhétorique servant à convaincre et persuader un auditoire.

Helmut Herzfelde (1891-1968), dit John Heartfield, a réalisé de très nombreux photomontages politiques, à partir de 1928, d'abord contre le régime fasciste de Mussolini, puis contre celui de Hitler. Ses compositions illustrent notamment deux stratégies argumentatives : l'attaque *ad hominem* et le détournement de référence culturelle.

1

John Heartfield, *Das Gesicht des Faschismus* (*Le Visage du fascisme*), photomontage paru en couverture d'une brochure *Italien in Ketten* (L'Italie enchaînée), Berlin, 1928.

Le photomonteur réussit à exposer en une seule image toute l'hypocrisie du régime fasciste, en en révélant les coulisses, les actions principales et la valeur dominante.

QUESTIONS

1. La tête centrale est une superposition d'un crâne et d'une moitié de visage de Mussolini. Ce monstre mort-vivant est-il une métaphore visuelle ?

2. Quelle relation pouvez-vous établir entre cette tête et les vignettes réparties dans les coins de l'image ? Expliquez pourquoi ces vignettes sont en quelque sorte des métonymies.

3. Quel effet sur le spectateur produit le jeu de proportions entre la tête et les vignettes ? et le débordement de la tête sur le titre de la revue ? Quel outil de persuasion l'artiste a-t-il donc employé ici ?

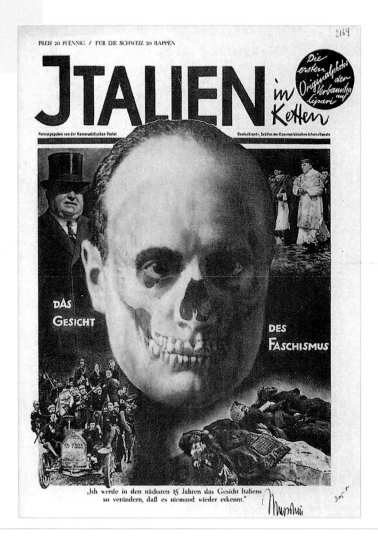

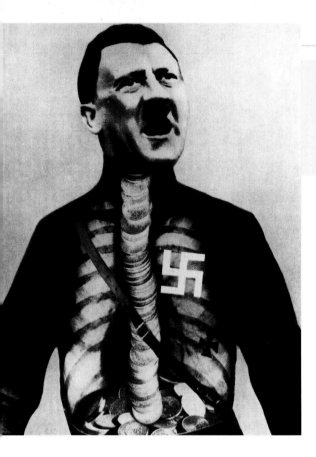

2

John Heartfield, *Adolf, der Übermensch*
(*Adolf, le Surhomme*), photomontage paru
dans la revue *AIZ*, Berlin,
le 17 juillet 1932.

Selon le même principe du dévoilement de la réalité sous les apparences, Heartfield nous montre ici quelle est selon lui l'ossature fondamentale du parti nazi.

QUESTIONS

1. Comment l'artiste a-t-il transformé la colonne vertébrale d'Adolf Hitler ? En passant du cóncret à l'abstrait, que signifie alors cette image et quelle est l'ironie du titre ?

2. En passant l'orateur aux rayons X, l'artiste espère déclencher un autre effet sur le spectateur ; lequel et pourquoi ?

John Heartfield, *Wie im Mittelalter,
so im dritten Reich* (*De même qu'au Moyen Âge,
de même sous le troisième Reich*),
photomontage paru dans la revue *AIZ*,
Prague, mai 1934.

3

Le photomontage ne pratique pas seulement la dénonciation nominative, il peut recourir à des codes symboliques pour dénoncer une idéologie, un climat politique, plus encore que des actions concrètes.

QUESTIONS

1. Analysez la composition de l'image : comment sa répartition reprend-elle la construction syntaxique du titre (« de même que... de même... ») ? L'idéologie nazie exaltait le Moyen Âge allemand. Comment Heartfield s'oppose-t-il à cette vision idéalisée ?

2. Le bas-relief médiéval qui a servi de point de départ à Heartfield se voulait réaliste ; en revanche, le photomontage joue sur l'imaginaire. Analysez de ce point de vue les proportions de la croix gammée et de l'homme torturé, ainsi que le jeu de lumières.

3. Quel effet émotionnel sur le spectateur cherche-t-on à produire ici ?

Dossier *images*

4 **John Heartfield**, *Das ist das Heil, das sie bringen ! (Voilà le salut qu'ils apportent !)*, photomontage paru dans la revue *Volks-Illustrierte*, Prague, 29 juin 1938.

En créant des images de plus en plus symboliques, l'artiste atteint une dimension mythologique.

QUESTIONS

1. Détaillez les éléments qui composent l'image ; spécifiez ensuite ce qui est à comprendre au sens propre et ce qui doit être interprété au figuré. Cette image a une efficacité redoutable grâce au jeu de proportions entre les différents éléments ; expliquez pourquoi.

2. La légende de l'image fait un jeu de mots, amer et ironique, sur « Heil » ; que devient ici, en effet, la main levée du salut hitlérien ?

3. Hormis cette légende, l'image est dépourvue de toute référence au régime nazi ; en quoi peut-on dire qu'elle délivre un message universel ?

Le photomontage ne sert pas seulement dans les années 1930 à dénoncer des régimes politiques précis, mais plus largement un état de la société ou du monde, que l'artiste trouve intolérable.

Das ist das Heil, das sie bringen!

Lajos Lengyel, *Politique colonialiste*, photomontage, 1933-1936. **5**

L'artiste hongrois s'attaque ici aux pratiques coloniales des puissances occidentales.

QUESTIONS

1. Comme la représentation de Mussolini par Heartfield, cette image comprend un certain nombre de métonymies ; identifiez-les et expliquez quelles relations sont suggérées entre les colonisateurs et les colonisés.

2. Repérez quels personnages sont dépourvus de regard, voire de visage ; que signifie cette particularité ? Quel effet sur le spectateur l'artiste en attend-il ?

3. Analysez et commentez la mise en page de ce montage (zones blanches/zones noires ; orientation globale) ; la disposition des pièces, comme un puzzle cérébral, ne nuit-elle pas à l'émotion ?

(Anonyme) *Fin d'une civilisation*, photomontage paru en couverture du magazine *VU*, Paris, le 1er mars 1933.

Ce montage ouvrait un reportage-photo quasiment dialectique, portant sur les nouvelles machines industrielles, parfois gigantesques, qui permettent de déplacer des charges extrêmes en épargnant les efforts de la main-d'œuvre humaine, et sur le chômage qu'elles induisent.

QUESTIONS

1. Quel rapport trouvez-vous entre le photomontage et son titre ? Que représente à lui tout seul l'ouvrier torse nu ?

2. Montrez comment les proportions de l'homme et des engrenages produisent l'effet d'une fatalité supérieure à l'individu.

3. Analysez les jeux de lumière : en quoi accentuent-ils la théâtralité du montage ?

RECHERCHE

Comment ce type de rapports conflictuels entre l'homme et la machine est-il exposé dans *Les Temps modernes*, film de Charlie Chaplin ?

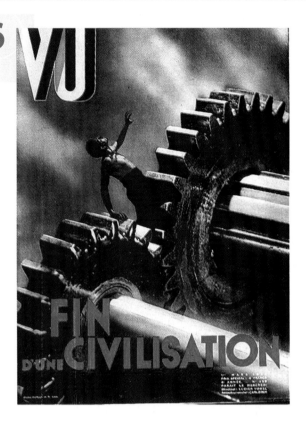

6

7 Charlie Chaplin, image des *Temps modernes*, 1936.

1. L'expression des relations logiques

1 Les connecteurs logiques

Ils expriment différentes relations logiques :
- **la cause** : *en effet, car, parce que, puisque...*
- **la conséquence** : *donc, alors, par conséquent, c'est pourquoi, si bien que...*
- **l'opposition** : *mais, au contraire, alors que, tandis que...*
- **la concession** : *certes, pourtant, cependant, bien que, quoique...*
- **la condition** : *si, pourvu que, à condition que...*
- **l'alternative** : *ou... ou, soit... soit, d'une part... d'autre part...*
- **la conclusion** : *ainsi, finalement, en somme, en définitive...*
- **la reformulation** : *c'est-à-dire, en résumé, bref...*
- **l'addition** : *et, aussi, d'ailleurs, en outre, du reste, de plus...*

2 L'expression de la cause, de la conséquence et du but

→ La **cause** est **ce qui provoque un fait**. Elle s'exprime par :
- **un groupe prépositionnel** introduit par *à cause de, pour, en raison de, grâce à, à force de...*
- **un adjectif épithète détaché** : *Timide, il n'ose pas prendre la parole en public.*
- **une proposition subordonnée circonstancielle à l'indicatif** introduite par *parce que, comme, puisque, étant donné que, du fait que, sous prétexte que, vu que.*
- **une proposition subordonnée relative explicative** à l'indicatif : *Pierre, qui était timide, n'osa pas prendre la parole.*

→ La **conséquence** présente **le résultat d'un fait**. Elle s'exprime par :
- **un groupe prépositionnel** introduit par *à, en, jusqu'à, de manière à, au point de, assez... pour.*
- **une proposition subordonnée circonstancielle à l'indicatif** introduite par *de façon que, de sorte que, si bien que, au point que ;*
- **une proposition introduite par *que* et annoncée par un adverbe** dans la proposition principale : *si... que, tant... que, tellement... que ;*

→ Le **but est ce que l'on cherche à atteindre**. Il s'exprime par :
- **un groupe prépositionnel** introduit par *pour, en vue de, de peur de, de crainte de ;*
- **une proposition subordonnée circonstancielle au subjonctif** introduite par *pour que, afin que, de façon que, de manière que ;*
- **une proposition subordonnée relative au subjonctif** : *Je cherche un livre que je puisse offrir à ma grand-mère.*

3 L'expression de l'opposition et de la concession

→ L'**opposition** présente **deux faits opposés mais non contradictoires** : *Il ne lit que des romans tandis que sa sœur dévore les bandes dessinées.*

→ La **concession** présente **deux faits qui coexistent tout en étant logiquement incompatibles.** *Il sort en tee-shirt bien qu'il neige.*

→ L'opposition et la concession s'expriment par :
- **un groupe prépositionnel** introduit par *malgré, sauf, au lieu de, à défaut de, loin de, pour, sans ;*
- **une proposition subordonnée circonstancielle à l'indicatif** après *alors que, même si, si ce n'est que, tandis que ;* au **subjonctif** après *bien que, quoique, sans que, quelque... que ;* au **conditionnel** après *alors même que, quand bien même.*

4 L'expression de l'hypothèse

→ Émettre une **hypothèse**, c'est **poser une condition** sans laquelle un fait ne pourra pas se réaliser. L'hypothèse s'exprime par :
- **un groupe prépositionnel** introduit par *en cas de, sans, à moins de, à condition de ;*
- **une proposition subordonnée à l'indicatif** après *si, selon que, suivant que ;* au **subjonctif,** après *à condition que, à moins que ;* au **conditionnel** après *au cas où, dans l'hypothèse où.*

[*L'Eau carminative*] rafraîchit et ravive les couleurs en ouvrant ou fermant les pores selon les exigences du tempérament : elle est si connue déjà pour arrêter les outrages du temps que beaucoup de dames l'ont, par reconnaissance, nommée l'AMIE DE LA BEAUTÉ.

L'Eau de Cologne est purement et simplement un parfum banal sans efficacité spéciale, tandis que la *Double Pâte des Sultanes* et *l'Eau Carminative* sont deux compositions opérantes…

Balzac, *Histoire de la grandeur et de la décadence de César Birotteau*, p. 372.

▧ cause
▧ conséquence
— but
▧ opposition

COMMENTAIRE

En quelques lignes, la plupart des circonstances logiques sont représentées : cause, conséquence, but et opposition. Une telle densité s'explique par la visée publicitaire du texte. Il s'agit de vanter en peu de mots les vertus des deux produits de César Birotteau.

Retour sur les textes du chapitre

Les connecteurs logiques

1 **Pascal, « Le pari », *Pensées*,** p. 354, l. 18 à 32

Relevez tous les connecteurs logiques et classez-les selon qu'ils expriment la cause, l'hypothèse ou l'opposition. Quel est le schéma logique de la démonstration de Pascal ?

2 **Ionesco, *Rhinocéros*,** p. 366, l. 1 à 14

Relevez tous les connecteurs logiques. Pourquoi sont-ils aussi nombreux ? La démonstration est-elle logique ? Que dénonce ainsi Ionesco ?

3 **Zola, « Lettre au Président de la République »,** p. 358, l. 4 à 16

Quelle valeur logique prend la virgule qui précède « crime » dans les lignes 4 à 7 ?

Relevez les connecteurs qui marquent l'addition et l'opposition et justifiez leur utilisation dans l'argumentation. Par quel connecteur est introduite la conclusion ?

L'expression de la cause, de la conséquence et du but

4 **Swift, *Modeste proposition…*** p. 361, l. 13 à 25

Quelle relation logique est exprimée dans le titre de l'œuvre ? Montrez que ce projet est mené à bien dans ces deux paragraphes en relevant les différents moyens d'exprimer la cause et la conséquence.

L'expression de l'opposition et de la concession

5 **Retz, *Mémoires*,** p. 398, l. 6 à 16

Relevez toutes les propositions coordonnées ou subordonnées qui expriment l'opposition et la concession. Qu'apportent-elles aux affirmations qui les précèdent ? Que montre ainsi le cardinal de Retz ?

L'expression de l'hypothèse

6 **Poe, *Histoires extraordinaires*,** p. 356, l. 8 à 29

Montrez que le raisonnement de Dupin et celui du marin reposent sur la même structure logique en relevant toutes les subordonnées de condition. Que permettent ces différentes hypothèses ?

Texte d'entraînement

Si j'avais à soutenir le droit que nous avons eu de rendre les nègres esclaves, voici ce que je dirais :

Les peuples d'Europe ayant exterminé ceux de l'Amérique, ils ont dû mettre en esclavage ceux de l'Afrique, pour s'en servir à défricher tant de terres.

Le sucre serait trop cher, si l'on ne faisait travailler la plante qui le produit par des esclaves.

Ceux dont il s'agit sont noirs depuis les pieds jusqu'à la tête ; et ils ont le nez si écrasé, qu'il est presque impossible de les plaindre

Montesquieu, *De l'esprit des lois*, livre XV, chap. 5, 1750.

Questions d'analyse

1 Montrez que chaque phrase repose sur l'expression de relations logiques : cause, conséquence, but, hypothèse.

2 Quelle impression découle de ces nombreuses relations logiques ?

3 Quelle est la visée de ce texte ?

2. La modalisation d'un énoncé

1 La modalisation

→ Un énoncé est **objectif** quand il présente fidèlement les faits sans intervention de l'énonciateur. Un énoncé est **subjectif** quand l'émetteur s'implique pour exprimer ses sentiments, ses jugements ou pour nuancer son propos.

→ La **modalisation** permet **d'introduire dans un énoncé une part de subjectivité.**
>   *Sophie arrive demain.* → énoncé non modalisé
>   *Il se peut que Sophie arrive demain.* → énoncé modalisé

Les **modalisateurs** sont les **procédés qui révèlent le jugement de l'énonciateur.**

2 L'expression d'un avis, d'une hypothèse ou d'une certitude

→ **L'énonciateur peut souligner le caractère personnel de l'opinion qu'il émet par :**
- des verbes de jugement ou d'opinion : *je pense que, il me semble ;*
- des expressions comme *à mon avis, d'après moi, en ce qui me concerne ;*
- des expressions en italique ou entre guillemets :
>   *Il est « au-dessus de tout soupçon ».*

→ **L'énonciateur peut présenter son énoncé comme probable ou incertain en employant :**
- des formes impersonnelles : *il semble que, il paraît que, il est possible que ;*
- des verbes qui expriment la probabilité : *devoir et pouvoir :*
>   *Il doit arriver bientôt.*
- le conditionnel présent ou le futur antérieur :
>   *Il serait malade. Il aura pris froid la semaine dernière.*
- des adverbes ou locutions adverbiales : *peut-être, sans doute, probablement.*

→ **L'énonciateur peut exprimer une certitude par :**
- des verbes qui expriment une conviction : *je crois, j'affirme, je suis certain, je suis persuadé, c'est sûr, il est évident ;*
- des expressions comme *évidemment, vraiment, sans aucun doute, à coup sûr ;*
- le verbe *falloir,* qui marque l'obligation.

3 L'expression d'une appréciation positive ou négative

L'énonciateur peut exprimer un jugement par :

→ **des phrases exclamatives** et, à l'oral, une intonation particulière :
>   *Quel temps !*

→ **des verbes de jugement** : *admirer, mépriser, aimer, détester ;*

→ **un vocabulaire de l'éloge ou du blâme** avec des noms et des adjectifs qui expriment un jugement positif ou négatif :
>   *remarquable, puissance, beauté / médiocre, faiblesse, laideur ;*

→ **des connotations positives ou négatives** (voir Le sens des mots p. 126) :
>   *Ce peintre vend ses croûtes à des prix incroyables.*

→ **les degrés de l'adjectif, comparatif ou superlatif** : *plus... que, moins... que, aussi... que, le plus, le moins, très ;*

→ **des litotes ou des antiphrases** (voir Les figures de styles p. 68) :
>   *Enfin ! Bravo pour ta ponctualité !*

À cet instant plus qu'à aucun autre, j'ai le sentiment d'assumer mon ministère, au sens ancien, au sens noble, le plus noble qui soit, c'est-à-dire au sens de « service ». Demain, vous voterez l'abolition de la peine de mort. Législateur français, de tout mon cœur, je vous en remercie.

Robert Badinter, *Discours à l'Assemblée nationale,* ➦ **p. 381.**

▬ expression du sentiment

▬ expression du jugement

COMMENTAIRE

L'engagement personnel de Robert Badinter transparaît à travers les expressions : « j'ai le sentiment » et « de tout mon cœur ». Les guillemets qui entourent « service » redonnent toute sa force à ce mot. Le ministre de la justice porte aussi un jugement sur son action par l'emploi de l'adjectif connoté positivement « noble » et par le superlatif relatif « le plus noble qui soit ». Ces quelques lignes sont donc fortement modalisées.

EXERCICES

Retour sur les textes du chapitre

L'expression d'une hypothèse, d'un avis ou d'une certitude

1 Malherbe, *Consolations à M. Du Périer*, ➦ **p. 368, vers 17 à 24**

Quelle est la réponse attendue aux questions posées ? Comment appelle-t-on ce type d'interrogation ? Quelle est la valeur des conditionnels employés dans ces phrases ? Quel est l'effet visé ?

2 Lucien de Samosate, *Éloge du parasite*, ➦ **p. 392, l. 1 à 8**

Relevez tous les procédés de modalisation : tournures impersonnelles, choix des verbes, temps verbaux. Qu'exprime ainsi l'énonciateur : la certitude ou la probabilité d'avoir raison ?

3 Primo Levi, *Si c'est un homme*, ➦ **p. 400, l. 22 à 27**

Relevez les procédés de modalisation qui créent un effet d'incertitude dans ce portrait.

4 Péguy, *L'Argent*, ➦ **p. 405, l. 18 à 23**

Relevez tous les procédés qui indiquent la forte implication de l'auteur dans son propos. Qu'ont de particulier les questions qu'il pose ? En quoi cette originalité renforce-t-elle le propos ?

L'expression d'une appréciation positive ou négative

5 Balzac, *Histoire de la grandeur...*, ➦ **p. 372, l. 5 à 19**

Relevez les mots qui se rapportent aux « drogues » qui existaient avant l'invention de la *Pâte des Sultanes* et de l'*Eau Carminative*, puis les termes qui caractérisent les inventions de César Birotteau. Que remarquez-vous ?

6 La Rochefoucauld, « *Portrait du Cardinal de Retz* », ➦ **p. 397-398, l. 18 à 28**

Relevez les termes à connotations positive et négative dans ce portrait. Que remarquez-vous ? Quelle image La Rochefoucauld donne-t-il ainsi du cardinal de Retz ?

7 Pierre Jourde, *La Littérature sans estomac*, ➦ **p. 406, l. 23 à 34**

Relevez les termes qui se rapportent à Marie Darrieussecq et à son œuvre. Montrez que Pierre Jourde reproche à l'auteur de *Truismes* un excès de modalisation.

Texte d'entraînement

Personne n'ignore qu'il y a deux entrées par où les opinions sont reçues dans l'âme, qui sont ses deux principales puissances, l'entendement et la volonté. La plus naturelle est celle de l'entendement, car on ne devrait jamais consentir qu'aux vérités démontrées ; mais la plus ordinaire, quoique contre la nature, est celle de la volonté ; car tout ce qu'il y a d'hommes sont presque toujours emportés à croire non pas par la preuve, mais par l'agrément. Cette voie est basse, indigne, et étrangère : aussi tout le monde la désavoue.

Blaise Pascal, *De l'art de persuader*, 1658.

Questions d'analyse

1 Montrez que Pascal présente de façon positive l'entendement, c'est-à-dire la capacité à raisonner, par un relevé des procédés de modalisation.

2 Quelle image donne-t-il de la volonté ? Appuyez votre réponse sur les modalisateurs employés.

Outils d'analyse littéraire

1. Démontrer et argumenter

1 Deux démarches différentes

→ Celui qui **démontre** développe un raisonnement caractérisé par sa cohérence logique ; il vise à l'objectivité et s'appuie sur des faits et des éléments incontestables dans le cas de la démonstration de type scientifique ou présentés comme tels dans le cas de la démonstration de type rhétorique. Un énoncé démonstratif s'impose à son destinataire de telle sorte que ce dernier n'a que peu de possibilités de le réfuter.

→ Celui qui **argumente** s'inscrit dans une démarche plus subjective ; il s'appuie sur des idées. Une argumentation a toujours le projet de s'imposer à son destinataire : ce sera soit pour occuper un espace de pensée vide, soit pour remplacer ou corriger une opinion préexistante. Un énoncé argumentatif est toujours susceptible d'être réfuté. L'énoncé argumentatif confronte des thèses ; ses moyens visent à convaincre et/ou à persuader (voir fiche suivante).

2 Les indices de l'énoncé démonstratif

Le plus souvent, un énoncé démonstratif est privé des marques de l'énonciation ; cela se traduit par :

→ **l'effacement de l'énonciateur** au profit de termes impersonnels ;

→ **l'absence des modalisateurs** ainsi que celle des indices de jugement de valeur ou de sentiments ;

→ **l'emploi du présent de vérité générale,** temps ne renvoyant pas à la situation d'énonciation.

3 Les indices de l'énoncé argumentatif

Un énoncé argumentatif porte les marques de l'énonciation ; cela se traduit par :

→ la présence des différentes voix de l'argumentation sous forme de **pronoms personnels** ;

→ **les marques spatio-temporelles** liées à la situation d'énonciation ;

→ **la présence des modalisateurs** ainsi que celle des **indices de jugement** de valeur ou de sentiments ;

→ des procédés traduisant la **volonté de persuader.**

4 Différents types de raisonnements

→ **Le raisonnement déductif** part de propositions générales (vérités générales/prémisses/postulats) admises comme vraies pour établir une nouvelle proposition, un fait particulier qui en soit la conséquence.

→ **Le syllogisme** est une forme du raisonnement déductif ; il tire une conclusion de deux propositions de départ : *Tous les hommes sont mortels ; or Socrate est un homme ; donc Socrate est mortel.* Le syllogisme peut devenir **sophisme** lorsque le raisonnement construit une démonstration logiquement cohérente, mais irrecevable en raison de propositions initiales inconciliables : *Un chien a quatre pattes ; mon chat Eugène a quatre pattes ; donc mon chat est un chien.*

→ **Le raisonnement inductif** part des faits particuliers, puis généralise pour dégager une loi, une règle : *Le coq a chanté lundi matin ; il a chanté aussi mardi et mercredi ; je pense que le coq chante tous les matins.*

→ **Le raisonnement concessif** accepte (ou feint d'accepter) les thèses adverses, pour les réfuter par la suite : *Il est vrai que les infanticides sont des criminels abominables, mais cela ne justifie pas qu'on les condamne sans jugement.*

La fausseté, d'ailleurs, est presque toujours un moyen assuré de réussir (C) ; celui qui la possède acquiert nécessairement une sorte de priorité sur celui qui commerce ou qui correspond avec lui : en l'éblouissant par de faux dehors, il le persuade (P1) ; de ce moment il réussit (P2).

Sade, *La Philosophie dans le boudoir,* ➡ **p. 364.**

- pronom demonstratif, ici à valeur générale
- présent de vérité générale
- liaison logique

COMMENTAIRE

La démonstration de Dolmancé s'apparente à une forme de syllogisme :
- Celui qui fait preuve de fausseté se rend maître de son interlocuteur (« il exerce une sorte de priorité [...] le persuade »). (P1)
- Celui qui exerce cet ascendant réussit. (P2)
- Donc celui qui ment *réussit*. (C)

On remarquera que la conclusion (C) est énoncée en tête dans le texte au lieu de prendre place à la suite des deux propositions (P1) et (P2).

EXERCICES

Retour sur les textes du chapitre

1 Dans le texte de Zola (➡ p. 358), relevez les indices de l'énonciation. À quel genre épistolaire le texte appartient-il ? En quoi ce genre sert-il la démonstration ?

2 Dans le texte de Pascal (➡ p. 354) et dans celui de Poe (➡ p. 356-357), dites ce que le recours à la voix d'un autre énonciateur apporte à la démonstration de l'énonciateur principal.

3 Qu'ont de déconcertant les textes de Swift (➡ p. 361), Sade (➡ p. 364) et Ionesco (➡ p. 366) ? Pourquoi leurs raisonnements sont-ils irrecevables en dépit de leur logique apparente ?

4 La démonstration par l'absurde de Montesquieu dans l'extrait de *De l'esprit des lois* (➡ p. 363) repose sur des postulats, explicites ou non. Relevez-les et montrez en quoi ils fondent le caractère irrecevable de chaque argument présenté.

Texte d'entraînement

Combien les hommes sont différents dans les divers climats.

L'air froid resserre les extrémités des fibres extérieures de notre corps ; cela augmente leur ressort, et favorise le retour du sang des extrémités vers le cœur. Il diminue la longueur de ces mêmes fibres ; il augmente donc encore par là leur force. L'air chaud, au contraire, relâche les extrémités des fibres, et les allonge ; il diminue donc leur force et leur ressort.

On a donc plus de vigueur dans les climats froids. L'action du cœur et la réaction des extrémités des fibres s'y font mieux, les liqueurs sont mieux en équilibre, le sang est plus déterminé vers le cœur, et réciproquement le cœur a plus de puissance. Cette force plus grande doit produire bien des effets : par exemple, plus de confiance en soi-même, c'est-à-dire plus de courage ; plus de connaissance de sa supériorité, c'est-à-dire moins de désir de la vengeance ; plus d'opinion de sa sûreté, c'est-à-dire plus de franchise, moins de soupçons, de politique et de ruses. Enfin cela doit faire des caractères bien différents. Mettez un homme dans un lieu chaud et enfermé, il souffrira, par les raisons que je viens de dire, une défaillance de cœur très grande. Si, dans cette circonstance, on va lui proposer une action hardie, je crois qu'on l'y trouvera très peu disposé ; sa faiblesse présente mettra un découragement dans son âme ; il craindra tout, parce qu'il sentira qu'il ne peut rien.

Montesquieu, *De l'esprit des lois*, livre XIV, 2.

Question d'analyse

Vous définirez le type de raisonnement mis en œuvre dans cette démonstration. Vous vous attacherez principalement à en reconnaître les différentes étapes et à en relever les indices spécifiques.

2. Convaincre et persuader

1 Convaincre ou persuader ?

Le but de l'énoncé argumentatif est d'obtenir de son destinataire l'adhésion à une opinion (une thèse) qu'il ne partage pas ou dont il n'a pas connaissance.

Deux voies se présentent pour atteindre cet objectif :
- soit faire appel à la **raison** du destinataire : c'est **convaincre** ;
- soit toucher en lui sa part **sensible** : c'est **persuader**.

Cependant, la distinction entre convaincre et persuader n'est jamais définitivement fixée ; les énoncés peuvent mêler les deux types de démarches.

2 Convaincre

→ **La démarche :** le raisonnement qui vise à convaincre est nettement marqué par l'implication de celui qui le formule. Cependant, l'adhésion du destinataire à la thèse de l'énonciateur ne peut être que volontaire et sa réfutation est toujours possible. C'est pourquoi celui qui veut convaincre fait appel aux capacités de raisonnement de son destinataire.

→ **Les outils :**
- recours aux différents types de **raisonnements** (voir Démontrer et argumenter p. 418) ;
- exploitation de différents types d'**arguments** et d'**exemples** : historiques, économiques, moraux, scientifiques, d'autorité… ;
- utilisation de **figures d'insistance et de construction** : le chiasme, le parallélisme, l'anaphore, l'antithèse… ;
- structuration de l'énoncé par des **connecteurs logiques forts**, associés à une **syntaxe complexe** (subordination) ;
- appel aux **modalités** généralement **assertives**, moins souvent **interrogatives**.

→ **Les domaines :** le débat d'idées, le discours politique, la controverse morale ou religieuse, le discours judiciaire.

3 Persuader

→ **La démarche :** similaire dans ses objectifs à celle qui veut convaincre, la démarche qui entreprend de persuader diffère cependant dans sa nature et dans ses moyens. Persuader consiste en effet avant tout à toucher le destinataire dans la part d'affectif qu'il y a en lui. L'adhésion à la thèse sera donc dès lors beaucoup plus émotive que réfléchie.

→ **Les outils :** si on retrouve les procédés utilisés pour convaincre, d'autres sont plus spécifiques :
- recours à certains **registres** (le pathétique, le tragique, le lyrique, l'épique…) ;
- **raisonnements paradoxaux, arguments *ad hominem*** * ;
- **figures d'insistance** comme l'hyperbole, l'énumération, la gradation, l'oxymore ou la prétérition, ainsi que des figures d'analogie, en particulier la métaphore ;
- **lexique** de la passion, des sentiments, des émotions ;
- modalités **exclamatives** et **interrogatives** (l'interrogation oratoire) ;
- syntaxe privilégiant la **juxtaposition.**

→ **Les domaines :** le discours amoureux, le discours de la publicité, celui de la propagande politique, sont des énoncés qui privilégieront l'art de persuader pour parvenir à leurs fins.

4 La visée argumentative d'un texte

Entraîner l'adhésion de leur destinataire aux thèses qu'ils défendent n'est pas l'exclusivité des seuls textes argumentatifs. D'autres types de discours remplissent cette fonction : c'est le cas des énoncés narratifs ou descriptifs qui pourront – de façon implicite – suggérer idées, opinions ou thèses. La littérature abonde de romans, de contes, de pièces de théâtre ou de poèmes ayant cette fonction. On parlera dès lors de visée argumentative du texte.

Méthode

EXEMPLE

« Ceux qui veulent une justice qui tue, ceux-là sont animés par une double conviction [...].

À cet âge de ma vie, l'une et l'autre affirmations me paraissent également erronées. Aussi terribles, aussi odieux que soient leurs actes, il n'est point d'hommes en cette terre dont la culpabilité soit totale et dont il faille pour toujours désespérer totalement. Aussi prudente que soit la justice, aussi mesurés et angoissés que soient les femmes et les hommes qui jugent, la justice demeure humaine, donc faillible.

R. Badinter, *Discours du 17 septembre 1981* ➥ p. 381.

- Marques de l'énonciation
- Marques de jugement
- Connecteur
- Concession

COMMENTAIRE

Voulant convaincre les députés du bien-fondé de sa proposition de loi contre la peine de mort, le ministre réfute deux des arguments de ses adversaires. Après avoir rappelé ces derniers (§1), il énonce sa prise de position personnelle (1re phrase du 2e §), puis dans un mouvement oratoire d'une parfaite symétrie, il développe deux phrases construites sur le même modèle ; on y voit une double concession (« aussi... ») précéder chaque argument (« il n'est point... [2e phrase] », « la justice demeure... [3e phrase] »).

EXERCICES

Retour sur les textes du chapitre

1 Dans le texte de Zola (➥ p. 376), relevez les mots qui désignent les mineurs dans le discours de Lantier. Pourquoi ces termes peuvent-ils toucher l'auditoire ?

2 Dans la lettre de Zola au président de la République (➥ p. 358), le narrateur signale à plusieurs reprises les réactions de l'auditoire. Relevez ces passages. Qu'en concluez-vous ?

3 Lisez l'extrait de *L'Étranger* de Camus (➥ p. 378) et le discours de Badinter (➥ p. 381). Relevez, dans le réquisitoire du procureur, les expressions qui désignent le destinataire. Faites le même travail pour le discours de Badinter. Pourquoi peut-on dire que, dans ce deuxième cas, ces interpellations agissent plus sûrement sur l'auditoire ?

4 Montrez que l'extrait de Balzac (➥ p. 372) est à la croisée de plusieurs types de textes : argumentatif, informatif, descriptif, narratif. En quoi se rapproche-t-il également du genre de l'éloge (➥ voir p. 408) ?

5 À partir de l'extrait des *Liaisons dangereuses* (➥ p. 370), dites quel est le registre dominant des propos de Valmont et analysez les moyens utilisés pour persuader.

6 Sous forme d'un paragraphe argumentatif organisé, rédigez le développement qui vous semble rendre compte le plus fidèlement de l'opinion de Le Clézio (➥ p. 380) sur l'univers qu'il décrit.

7 Montrez que la consolation de Malherbe à M. Du Périer (➥ p. 368) s'apparente, principalement à partir du 3e quatrain, à un dialogue où le poète répond, par ses propres arguments, à ceux qu'il prête à son ami.

Texte d'entraînement

Rousseau imagine que le consul romain Fabricius est de retour parmi ses compatriotes et s'adresse à eux en ces termes afin de les pousser à réagir contre ce qu'il considère comme leur décadence.

Dieux ! eussiez-vous dit, que sont devenus ces toits de chaume et ces foyers rustiques qu'habitaient jadis la modération et la vertu ? Quelle splendeur funeste a succédé à la simplicité romaine ? Quel est ce langage étranger ? Quelles sont ces moeurs efféminées ? Que signifient ces statues, ces tableaux, ces édifices ? Insensés, qu'avez-vous fait ? Vous les maîtres des nations, vous vous êtes rendus les esclaves des hommes frivoles que vous avez vaincus ? Ce sont des rhéteurs[1] qui vous gouvernent ? C'est pour enrichir des architectes, des peintres, des statuaires, et des histrions[2], que vous avez arrosé de votre sang la Grèce et l'Asie ? Les dépouilles de Carthage sont la proie d'un joueur de flûte ? Romains, hâtez-vous de renverser ces amphithéâtres ; brisez ces marbres ; brûlez ces tableaux ; chassez ces esclaves qui vous subjuguent, et dont les funestes arts vous corrompent. Que d'autres mains s'illustrent par de vains talents ; le seul talent digne de Rome est celui de conquérir le monde et d'y faire régner la vertu.

J.-J. Rousseau, *Discours sur les sciences et les arts*, 1re partie, 1750.

1. Orateurs prêts à sacrifier la vérité à l'art du dicours.
2. Comédiens.

Question d'analyse

Étudiez l'ensemble des moyens lexicaux et stylistiques utilisés par l'auteur pour donner sa force de persuasion à ce fragment de discours.

3. Louer et blâmer

1 Louer et blâmer : des formes de l'argumentation

→ **Louer**

Louer consiste à évoquer les qualités (les mérites, les vertus) de quelqu'un ou de quelque chose. Celui qui loue cherche à susciter l'admiration : cet effet sur l'auditoire fait presque de l'éloge un registre. Mais l'éloge relève avant tout de l'argumentation, puisque celui qui le lit ou qui l'écoute se trouve confronté à un jugement qu'il est invité à partager.

→ **Blâmer**

Blâmer vise à provoquer le rejet, de quelqu'un ou de quelque chose, par l'évocation (parfois satirique) de ses défauts (ses faiblesses, ses vices). On pourrait là encore parler de registre. Le blâme repose également sur une démarche argumentative puisqu'il se présente comme une opinion à celui qui le lit ou l'écoute.

2 Louer

→ **Les formes**

L'éloge apparaît dans des discours de circonstance (apologie, oraison funèbre), dans le genre du portrait, dans les cas plus limités de l'hymne, de l'ode ou du blason (en poésie), dans les formes plus déclamatoires du panégyrique ou du dithyrambe, enfin, plus récemment, dans le discours publicitaire.

→ **Les procédés**

L'éloge s'appuie sur des faits d'écriture significatifs :

• **le lexique :** vocabulaire mélioratif et valorisant, degrés de l'adjectif qualificatif (comparatif de supériorité et superlatif), ainsi que tout ce qui traduit la subjectivité de l'énonciateur ;

• **les modalités de la phrase :** exclamative en particulier, mais on trouvera aussi de longues phrases, qui confèrent une certaine ampleur à la louange ;

• **les figures de style :** figures de l'analogie (métaphore et comparaison), d'amplification (hyperbole, répétition, anaphore, chiasme, énumération, gradation), ou d'opposition (antithèse, oxymore) ;

• **les ressources propres à certains registres** comme l'épique, le tragique ou le lyrique.

3 Blâmer

→ **Les formes**

Le discours du blâme se rencontre dans des textes qui se distinguent principalement par l'intensité de leur force dépréciative ; par exemple dans le discours de la **critique littéraire ou cinématographique** (lorsqu'elle est négative). Ce peut être aussi le cas du portrait et de sa variante extrême, la caricature ; plus violents encore pourront être le pamphlet et la diatribe.

→ **Les procédés**

• Dans sa recherche du discrédit de la personne ou de la chose visée, celui qui blâme aura recours à des procédés dont la plupart sont de même nature que ceux utilisés dans l'éloge : **figures d'amplification et de construction** (répétitions, anaphores, hyperboles, parallélismes, chiasmes).

• On observera cependant l'emploi fréquent de **tournures négatives**, ainsi qu'un **réseau lexical** nettement marqué par la **dévalorisation** : les termes négativement connotés, les emplois péjoratifs, les suffixations dépréciatives seront abondamment exploités.

→ **Les registres** satirique et polémique occupent une place privilégiée dans l'expression du blâme.

Il n'a point de goût ni de délicatesse ; il s'amuse à tout et ne se plaît à rien ; [...] il évite avec adresse de laisser pénétrer qu'il n'a qu'une légère connaissance de toutes choses. La retraite qu'il vient de faire est la plus éclatante et la plus fausse action de sa vie ; c'est un sacrifice qu'il fait à son orgueil, sous prétexte de dévotion : il quitte la cour, où il ne peut s'attacher, et il s'éloigne du monde, qui s'éloigne de lui.

La Rochefoucauld, *portrait du cardinal de Retz* ➥ p. 398.

▨ tournure négative
▨ antithèse
▨ vocabulaire dévalorisant
▨ réversion
— superlatifs

COMMENTAIRE

L'extrait proposé commence par une suite de défauts imputés par La Rochefoucauld au cardinal de Retz : sa grossièreté, mise en relief par la double négation ; son caractère velléitaire, signalé par l'antithèse ; l'art de dissimuler son ignorance (notez la litote). Puis l'auteur s'attarde avec insistance (superlatif et adjectifs péjoratifs) sur deux défauts (la dévotion feinte et l'orgueil) avant de souligner, par la réversion, la solitude du cardinal.

EXERCICES

Retour sur les textes du chapitre

1 Dans son *Oraison funèbre* (➥ p. 384), Bossuet fait-il vraiment l'éloge d'Henriette d'Angleterre ? Justifiez votre réponse puis dites pourquoi le texte relève pourtant de ce genre.

2 Lisez l'extrait du discours de Malraux (➥ p. 385). Quelles qualités et quelles vertus chez les compagnons de Jean Moulin l'auteur souligne-t-il ? Par quels moyens ?

3 Dans l'extrait des *Caractères* de La Bruyère (➥ p. 396), étudiez la syntaxe en examinant en particulier le système des liaisons entre les propositions et entre les phrases. Pourquoi ce dispositif contribue-t-il au portait critique d'Arias ?

4 On trouve dans le texte du cardinal de Retz (➥ p. 398) des pronoms personnels sujets absents du texte de La Rochefoucauld (➥ p. 397) : lesquels ? Quelle conséquence cette différence a-t-elle sur chacun des portraits ?

Texte d'entraînement

La dernière idée de l'abbé Pierre

L'abbé Pierre est venu me confier sa dernière idée. Il désire beaucoup que je ne la garde pas pour moi ; elle est simple, elle est pratique. C'est ce qui frappe d'abord dans cet homme : l'alliance d'une charité dévorante et d'un esprit positif. La lumière qui baigne ce visage épuisé, nous savons d'où elle vient, mais il ne parle que pour obtenir un résultat immédiat. Il sait ce qu'il veut. Sa prédication consiste à agir et à faire agir les autres : grand changement pour les bavards que nous sommes presque tous.

[...] Bien sûr, il subsiste dans chaque bourgeois français un personnage de Greuze[1] qui, chaque fois que la charité lui tire un billet de la poche, verse de douces larmes sur les vertus de la nature humaine en général et de la sienne en particulier. Mais l'abbé Pierre, lui, nous oblige à avoir honte, et le petit geste qu'il nous demande et qu'il obtient ne nous en guérit pas : l'abbé Pierre nous installe dans une honte féconde.

Assis en face de lui, je l'écoute, mais j'observe l'homme qu'il est. Je me doute bien qu'il ne restera pas une minute de plus qu'il est nécessaire pour me faire entendre ce qu'il souhaite que je vous redise ici. Non qu'il donne l'impression de la hâte. Ce n'est pas un homme pressé. Son action pourtant est foudroyante. Rappelez-vous : après avoir ouvert soixante centres fraternels de dépannage dans Paris et s'être assuré que par une nuit de neige, comme celle qui nous réunit en ce moment, lui et moi, aucun être humain ne se trouve abandonné sur un trottoir, il a recueilli en six jours cent cinquante millions, les a mis immédiatement sur la table et dès hier, lundi, la construction des cinquante et un premiers logements de cités d'urgence était en train. Non, il n'est pas pressé, mais il ne perd pas un jour, pas une heure. Il ne fait pas un geste, il ne dit pas un mot de plus qu'il ne faut.

François Mauriac, chronique parue dans *Le Figaro* du 8 février 1954.

1. Peintre français du XVIIIe siècle, réputé pour ses sujets édifiants et larmoyants.

Question d'analyse

Étudiez les différents éléments qui composent cet éloge. Quelles qualités l'auteur attribue-t-il à l'abbé Pierre ? Quels procédés utilise-t-il ?

4. Le registre satirique

1 La satire : un genre, un registre

→ Dans la tradition littéraire, **la satire est un genre** : mélange de prose et de vers dans l'Antiquité, elle revêt une forme nettement poétique au XVIIe siècle (avec Boileau) ; plus tard, et jusqu'à nos jours, elle se fond dans des genres littéraires variés, empruntant les voies de la poésie (*Les Châtiments* de Hugo), celles du roman (Proust, Cohen), ou des formes brèves : le portrait, la chronique. On peut dès lors parler de registre satirique.

→ **Le registre satirique** se caractérise par :

- **les effets qu'il vise** : se moquer, rire, sourire, mais aussi dénoncer, critiquer ;

- **ses thèmes** : généralement des travers sociaux, des attitudes ridicules, des aberrations de comportement.

2 Les procédés de la satire

La satire, qui vise davantage à persuader qu'à convaincre, utilise des procédés marqués par leur force :

→ **de dévalorisation** : lexique (dénotation et connotation), sous-entendus ;

→ **de grossissement** : figures rhétoriques d'amplification et d'opposition ;

→ **de simplification** : déterminants et pronoms indéfinis, présent de vérité générale ;

→ **de dérision** : les moyens du registre comique et particulièrement tous les effets de décalage, au nombre desquels l'ironie tient une place privilégiée.

3 Satire et ironie

L'ironie : la voix d'un autre ?

→ On parle d'ironie lorsque l'énoncé présente des anomalies de signification dans le contexte donné : comme si l'énonciateur tenait des propos ne lui appartenant pas. Et loin d'être faites pour tromper le destinataire, ces anomalies sont destinées à être décodées.

→ En effet, grâce à des **indices** à l'intérieur du discours ou dans son contexte, l'énonciateur a pris soin de signaler au destinataire que les propos tenus doivent être transformés en leur contraire. Voilà pourquoi on dit souvent que l'**antiphrase** (emploi d'un mot dans un sens contraire à celui qui est courant) est la figure majeure de l'ironie.
Ces signaux fonctionnent pour la plupart sur le grossissement : hyperboles, métaphores outrées, exclamations répétées... L'accumulation de ces indices est aussi une marque d'ironie.

L'ironie au service de la satire

→ La satire, qui traite de sujets sérieux sur le ton de la dérision, trouve dans l'ironie un procédé d'insistance adapté à sa **visée de dénonciation**. Par exemple l'éloge feint, l'admiration simulée, seront des adjuvants redoutables de la critique.

4 Au-delà de la satire

Lorsque le propos critique franchit les limites de la dérision pour parvenir au domaine du sérieux, le registre change et devient celui de la polémique. Le registre polémique (du grec *polemos* : la guerre) agit sur le destinataire comme une attaque ou une provocation, qui touche par exemple à son honorabilité ou à son honnêteté intellectuelle. Les moyens rhétoriques utilisés sont les mêmes que ceux du blâme, mais amplifiés. La forme la plus courante est le pamphlet.

Méthode

Rien de plus chic, quand on est une intellectuelle, que de manifester son mépris et sa honte de l'intelligence : faire parler l'andouille, se calquer sur le langage pauvre et bête qu'on lui attribue, que de pauvres filles sont censées avoir, c'est ne plus être cette conscience creuse et sèche que l'on prête à l'intellectuelle. C'est acquérir de l'authenticité, mais une authenticité pleinement consciente. On encaisse ainsi un double bénéfice : d'un côté on est l'écrivain, on est intelligent et on cause bien dans le poste. De l'autre on démontre qu'on peut se fondre dans l'épaisseur des choses, dans le cerveau obtus du peuple.

Pierre Jourde, *La Littérature sans estomac*, ⮕ p. 406.

- formules ironiques reposant sur des antiphrases
- prise de distance de l'auteur avec l'opinion formulée
- reprise par Jourde du jugement qu'il prête à Marie Darieussecq

COMMENTAIRE

Pierre Jourde, feignant de la reprendre à son compte, nous fait connaître la pensée de certains « intellectuels » comme Marie Darrieussecq.
Il donne lui-même son jugement et dénonce le cynisme et la duplicité de l'auteur.
Surtout, ajoutant la dérision à la dénonciation, le texte incite à rire de ces intellectuels : c'est le rôle de l'ironie. Ainsi le lecteur ne peut se tromper sur l'opinion de Pierre Jourde.

EXERCICES

Retour sur les textes du chapitre

1 Lisez l'extrait des *Tragiques* d'Aubigné (⮕ p. 403) : quelle dimension manque à cet extrait pour que l'on puisse réellement parler de satire ?

2 Dans l'extrait de *L'Argent* de Péguy (⮕ p. 405), dites quels traits de ce portrait peuvent faire sourire. Justifiez vos réponses.

3 Relevez, dans le 3e paragraphe de l'extrait de *La Littérature sans estomac* de Pierre Jourde (⮕ p. 406), les hyperboles. Après avoir identifié l'énonciateur de chacune d'elles, vous analyserez leurs fonctions respectives dans le texte.

4 En quoi le texte d'André Breton, *Refus d'inhumer* (⮕ p. 387), relève-t-il du genre du pamphlet ? Justifiez votre réponse par l'examen de la forme et du contenu du texte.

Retour sur d'autres textes du manuel

5 Quels sont les travers dénoncés dans l'extrait de *L'Écume des Jours* de Boris Vian (⮕ p. 33) ?
Relevez les effets de grossissements dans l'évocation du public et de son idole.

6 Dans la Chanson VI des *Châtiments* de V. Hugo (⮕ p. 92), étudiez les procédés lexicaux de la dévalorisation dans le distique final de chaque strophe.

7 Observez les photographies, p. 413 : comparez les deux images et dites pourquoi celle tirée du film de Chaplin relève davantage que la première du genre de la satire.

Texte d'entraînement

J'en connais qui évitent soigneusement les plages désertes, les contrées sauvages, les paysages exceptionnels. Ils en ont peur. Ils me l'ont avoué, ils ne peuvent pas supporter un seul jour de confrontation avec la nature telle qu'elle est. Ils ne sont à leur aise (et insolents) que dans la foule, que dans le commun, le banal, le vulgaire. C'est bruyant : tant mieux, ça sent mauvais : bravo ! On s'y bouscule ! à merveille ! surtout, que rien de particulier ne leur soit proposé ! Telle ravine, telle forêt, telle montagne, telle haute vallée déserte sont gratuitement à leur disposition en vain, ils ne peuvent pas en profiter ; ils ne savent ni voir, ni entendre, ni goûter, ni surtout se tailler une part personnelle de joies. Ils ne savent rire que tous ensemble, que dormir tous ensemble, que se soulager tous ensemble. Entendre ronfler le voisin sous sa tente de toile, quel délice ! rencontrer le voisin à l'abreuvoir, quelle joie ! respirer ce que le voisin vient d'expirer, voilà la vie ! hors du troupeau, point de salut.

Jean Giono, Chronique parue dans le quotidien *Le Dauphiné libéré*, et dans *Une école dans les Héraclides*, éd. Quatuor, 1995.

Question d'analyse

Montrez comment cette chronique satirique repose d'une part sur l'expression directe du jugement de l'auteur et d'autre part sur la reprise ironique d'autres discours.

Commenter un texte argumentatif

Le commentaire d'un texte argumentatif devra prendre en compte les spécificités de fonctionnement de ce type de discours : l'action entreprise par l'énonciateur sur le destinataire et la présence d'une ou plusieurs opinions.

1 Le travail préliminaire sur le texte

La lecture analytique d'un texte argumentatif doit veiller à :

→ **questionner le paratexte** (époque, auteur, titre) et le genre du texte (dialogue, essai, poème...), qui donneront les premiers repères, comme pour tout texte ;

→ **s'interroger sur le thème** du texte : de quoi est-il question ?
Aborder ces deux points liminaires c'est s'obliger, en vue du commentaire, à mobiliser ses connaissances et ses références culturelles à leur sujet.

→ **déterminer** quelle(s) est (sont) la (les) question(s) à propos du thème, autrement dit : **en quoi le thème fait-il débat ?**

→ **identifier les thèses en présence :** sur le thème et sur la question, quelles sont les opinions qui s'engagent ?

→ **répertorier les voix du texte,** c'est-à-dire se demander si elles sont réelles ou fictives, présentes ou absentes du texte, si les personnes ou les abstractions (une opinion, un courant idéologique) qui sont à la source des opinions du texte, les réfutent ou les soutiennent ;

→ **analyser la mise en œuvre de l'argumentation** en repérant :
• **les arguments :** propositions avancées pour soutenir la thèse ; éléments le plus souvent abstraits. Il existe différents types d'arguments (d'autorité/moral/politique/historique/scientifique, etc.) ;
• **les exemples :** éléments singuliers, souvent concrets, pour appuyer un argument ;
• **la stratégie :** choix opérés pour rendre la démarche argumentative plus efficace ;
• **le parcours :** c'est-à-dire le plan, l'organisation de l'argumentation ;
• **l'énonciation :** un des éléments essentiels de l'argumentation ; c'est l'ensemble des marques qui fixent le discours dans la situation : présence de celui qui parle, présence du destinataire, d'un tiers, marques de jugements, référence au lieu et au temps, etc. ;
• **l'utilisation des ressources de l'expression :** lexique, modes et temps, modalités, figures de rhétorique, etc.

→ **se demander quelle est la part de l'implicite,** c'est-à-dire de ce qui n'est pas dit dans le texte mais qui s'y trouve virtuellement.

2 La construction du commentaire

Comme pour tout commentaire littéraire, on doit dégager deux (ou trois) axes de lecture et d'interprétation. Dans le cas du texte argumentatif, il est indispensable que soient abordés d'une façon ou d'une autre :

→ le domaine des opinions présentes dans le texte ;

→ la nature même du discours argumentatif ;

→ les enjeux de l'argumentation.

SUJET

> Faites le commentaire littéraire du texte suivant.

Trois hommes, depuis trois jours, tournent autour de la Lune[1]. Je ne veux pas savoir si ce sont des Américains ou des Russes : ce sont des hommes. Qui n'éprouverait, de prime abord, un sentiment d'enthousiasme en songeant à la féerique prouesse qui est en train de s'accomplir et qui agrandit encore l'idée qu'on se faisait du « singe nu » qu'est l'« homo-sapiens » ? Qui n'admirerait le courage, la résolution, la hardiesse de ces violateurs d'un azur vierge, de ces voyageurs sans devanciers ? Et comment, à travers eux, ne voudrait-on rendre hommage aux savants, aux ingénieurs, aux techniciens, qui, par la rigueur de leurs calculs, par le soin et l'ingéniosité de leurs préparatifs, par la qualité de l'outillage qu'ils ont créé, ont rendu possible l'incroyable aventure ?

Mais, au risque de scandaliser quelques-uns, je ne cacherai pas que, pour ma part, je me sens obligé de mettre une sourdine à mon applaudissement. Car on doit quand même se demander si vraiment c'est à bon escient que les plus précieuses qualités morales et intellectuelles de l'homme ont été mobilisées pour la réussite d'un tel exploit… Je tiens que le fabuleux, que le merveilleux effort prodigué pour aboutir au voyage circumlunaire est hors de proportion avec les conséquences qu'on en peut attendre, soit sur le plan spéculatif, soit sur le plan de l'application pratique. Je tiens qu'il y a, sur notre terre, une foule de choses à faire qui eussent mérité d'avoir la priorité sur ce qu'on appelle orgueilleusement l'exploration du cosmos.

Tant que nous restons désarmés contre le cancer, tant que des maladies sont à vaincre qui pourraient être vaincues, tant qu'une majorité de terriens souffrent de la misère, de la faim, et restent plongés dans l'ignorance, tant que nous n'aurons pas résolu les problèmes de la surpopulation et du sous-développement, tant que des vieillards et des infirmes, partout, manqueront du nécessaire, tant que notre petit globe ne sera pas habitable pour tous, tant que règneront l'injustice sociale, la violence, le racisme, le fanatisme, dans un monde mesquinement divisé en patries, tant qu'un gouvernement mondial n'aura pas été institué qui prévienne les risques de guerre et nous garantisse contre le génocide atomique, je penserai que tourner autour de la Lune est un luxe qui pouvait attendre, et que c'est là, pour parler comme Chamfort[2], avoir des dentelles avant d'avoir des chemises.

Jean Rostand, extrait d'un discours prononcé le 24 décembre 1968.

1. Il s'agit de la mission lunaire américaine Apollo VIII,
qui se déroula du 21 au 26 décembre 1968.
2. Écrivain et moraliste français (1741-1794), auteur de *Maximes*.

ÉTAPE 1

Lecture et recherche
1. Renseignez-vous sur Jean Rostand.
2. Lisez attentivement le texte et élucidez les difficultés de vocabulaire.

ÉTAPE 2

Analyse de l'argumentation
1. Quelle est la thèse de Jean Rostand ?
2. Quels sont ses arguments ?
3. Contre quelle thèse implicite s'élève-t-il ?
4. Quel est le parcours argumentatif du texte ?
5. Explicitez la citation de Chamfort et son rôle dans l'argumentation.

ÉTAPE 3

Pour approfondir les spécificités du texte
1. Analysez ce que dit Jean Rostand de ses sentiments et de ses réactions face à l'événement dont il est question.

2. Analysez les champs lexicaux dominants et leur fonction dans l'argumentation.
3. Déterminez ce qui relève de l'art de convaincre et ce qui relève de l'art de persuader.
4. Étudiez les procédés utilisés pour persuader, en étant notamment attentif à la construction des phrases et aux effets obtenus.

ÉTAPE 4

L'organisation du commentaire
Rédigez le commentaire à partir du projet de lecture et du plan suivants.

Projet de lecture :
Jean Rostand, un scientifique contre le progrès ? Quelles sont les conceptions du progrès qui s'opposent ici ?

Plan :
Première partie : *Les états d'âme d'un savant.*
Deuxième partie : *Une profession de foi humaniste.*

Choisir et utiliser les exemples

Corpus :
Zola, *Lettre à M. Félix Faure* (p. 358).
Badinter, *Discours à l'Assemblée nationale* (p. 381)
Dossier images (p. 410 à 413) : images 2, 4, 6 et 7.

Sujet : Écrits et images servent souvent à démontrer, à convaincre, à persuader. Lequel de ces deux supports vous paraît le plus efficace pour parvenir à ces objectifs ?
Votre réflexion s'appuiera sur le corpus ainsi que sur vos lectures et activités personnelles.

1 Sélectionner les exemples

La pertinence d'un exemple provient de sa bonne adaptation au propos qu'il va illustrer.
On veillera à isoler dans l'exemple ce qui justifie son rapprochement avec l'idée.
Par exemple, pour le sujet proposé ici, et pour la première partie visant à montrer la force des images, on peut établir le tableau suivant :

Les arguments	Pour chaque exemple, on analyse ce qui valide l'argument			
	Image 6 du corpus	Image 7 du corpus	Image 2 du corpus	Image 4 du corpus
Argument 1 : *les images distribuent leurs éléments d'information de façon plus synthétique.*	Grâce au photomontage, l'engrenage devient plus grand que l'homme et les deux réalités sont vues en même temps.	Grâce au photomontage, l'engrenage devient plus grand que l'homme et les deux réalités sont vues en même temps.	4 signes contigus : la croix gammée, l'argent, le squelette, la figure de Hitler.	Les corps d'enfants martyrisés et la main squelettique sont perçus simultanément.
Argument 2 : *dans l'image, les idées abstraites prennent la forme d'objets immédiatement identifiables.*	Le symbole de l'engrenage renvoie à l'idée d'asservissement par le travail.	Le symbole de l'engrenage renvoie à l'idée d'asservissement par le travail.	Chaque signe renvoie à une idée : l'idéologie nazie, les soutiens financiers, la mort répandue, l'instigateur.	La guerre (les avions) est associée à la mort (le squelette) inacceptable (les enfants).
Argument 3 : *les images touchent plus facilement la sensibilité.*	Registre tragique : la machine est visiblement plus forte que l'homme.	Registre tragi-comique : la machine est visiblement plus forte que l'homme, mais le contraste reste comique.	Registre tragique : la mise en abyme de la machine nazie.	Registre pathétique : le spectacle d'un enfant martyrisé est forcément bouleversant.

2 Rédiger pour insérer les exemples

L'exemple doit s'insérer dans le paragraphe de manière fluide. On ne doit jamais énoncer un exemple sans dire en quoi il possède un lien avec l'idée qui fédère le paragraphe. Il doit toujours être précédé ou suivi d'un commentaire qui assure la liaison avec l'argument du paragraphe.

Exemple : fragment d'un paragraphe pour la 1re partie de la dissertation (argument 1)
Là où un texte est contraint de recourir à la succession pour donner les éléments de la réflexion, l'image en propose une présentation quasi simultanée ; cela est particulièrement sensible dans les photomontages (c'est là leur force) : ainsi, dans l'image 4, les corps d'enfants martyrisés du 1er plan sont vus pratiquement en même temps que la main squelettique du second plan ; c'est cet abominable télescopage qui nous bouleverse.

SUJET

■ Corpus :
D'Aubigné, *Les Tragiques* (p. 403)
Péguy, *L'Argent* (p.405)
Jourde, *La Littérature sans estomac* (p. 406)

> Sujet : Le pamphlet, variante agressive du blâme, prend souvent la forme d'une attaque qui vise la personne plus que ses idées. Pensez-vous que l'attaque personnelle soit un bon moyen de défendre son point de vue ? Vous justifierez votre avis en vous référant chaque fois à des exemples clairs et précis tirés du corpus, de vos lectures, de vos expériences.

Plan proposé pour la dissertation

■ I. Le plaisir ambigu de l'attaque personnelle

1. Une arme redoutable qui touche sa cible non dans ce qu'elle fait, dit ou écrit mais dans ce qu'elle a de plus sensible : elle-même.

2. Un moyen de « briller » en faisant rire aux dépens de...

3. Une façon habile de suppléer à une argumentation défaillante.

■ II. L'attaque personnelle : une défaite

1. Elle risque de provoquer l'effet inverse de celui attendu.

2. Elle ne tient en aucun cas lieu d'argumentation pour faire admettre son point de vue.

3. Étant attaque « *ad hominem* », elle a peu de chance d'être généralisable.

4. Intellectuellement elle n'honore pas celui qui l'utilise, puisque justement elle se dérobe devant le combat des idées.

■ III. Éloge du pamphlet efficace

1. Le pamphlet doit être drôle sans être méchant.

2. Le pamphlet doit utiliser des arguments.

3. Le pamphlet doit avoir une portée générale.

ÉTAPE 1

À la recherche des exemples

1. Dans le corpus

a. Qui sont les cibles visées dans chaque texte ?

b. Quel argument pourrait se substituer aux 12 derniers vers du poème de d'Aubigné ?

c. Reformulez l'argument du dernier paragraphe du texte de Péguy.

d. Montrez comment Pierre Jourde entretient la confusion entre l'auteur Marie Darrieussecq et le personnage du livre de celle-ci.

e. Relevez dans chaque texte un fait stylistique marquant de l'écriture du pamphlet.

f. Dites pour chacun des textes à quel moment l'attaque se fait vraiment personnelle.

2. Dans vos lectures et activités de l'année

Quel(s) texte(s) avez-vous rencontré(s) qui puisse(nt) relever du genre du pamphlet ?

Appliquez-lui (leur) les questions a, e,et f ci-dessus.

3. En dehors du cadre scolaire

Quels exemples de pamphlets avez-vous rencontrés ?

ÉTAPE 2

Le choix des exemples

Voici trois idées correspondant chacune à un paragraphe de la dissertation ; pour les illustrer, dites quel élément précis vous exploiteriez dans les exemples tirés de l'inventaire fait précédemment :

• Une façon de suppléer à une argumentation défaillante.

• Elle risque de provoquer l'effet inverse de celui attendu.

• Intellectuellement elle n'honore pas celui qui l'utilise, puisque justement elle se dérobe devant le combat des idées.

ÉTAPE 3

La rédaction et l'insertion des exemples

Pour chacun des arguments ci-dessus, et à partir de vos choix de l'étape 2, rédigez un bref paragraphe ; vous veillerez à une composition stricte qui fasse apparaître l'idée centrale, l'exemple et son commentaire adapté.

Rédiger un discours

1 Avant de commencer

Comme pour la plupart des écrits d'invention, la rédaction d'un discours doit se plier à certaines contraintes :

→ Prendre en compte le ou les textes du corpus.

→ Respecter les règles d'écriture du genre demandé.

→ Inclure une dimension argumentative.

2 Analyser le sujet, ses fonctions et ses enjeux

La prise en compte du sujet

Sujet : *Vous êtes élu(e) du Conseil de vie lycéenne de votre lycée. Vous prononcez un discours pour demander que soient désormais inscrits dans les programmes scolaires des cours d'éducation à la consommation et à l'hygiène alimentaire.*
Rédigez ce discours.

→ **Qui parle ?** Un lycéen qui ne s'exprime pas en son nom propre mais au nom des collégiens et des lycéens.

→ **À qui ?** À des adultes, d'autres lycéens, des personnes détentrices d'un pouvoir...

→ **Où ? quand ?** Quel est le lieu, l'occasion du discours ?

→ **De quoi ?** Que souhaite-t-on dire ?

Ce qui doit être pris en charge par la rédaction du discours

→ **Ses raisons d'être, pourquoi** le discours est écrit : une circonstance particulière, un événement précis, une nécessité générale...

→ **Ses fonctions :**
  • **informative :** que fait-il savoir ? quelles informations apporte-t-il ? quel état des lieux propose-t-il ?
  • **expressive :** quel sentiment, quelle émotion l'énonciateur entend-il communiquer ?
  • **impressive :** comment agir sur l'auditeur, maintenir le contact avec lui ?
  • **injonctive :** que demande-t-on au-delà du discours ? qu'attend-on du destinataire ?
  • **argumentative :** quelle stratégie, quel choix argumentatif (démontrer, convaincre, persuader) ?

→ **Ses enjeux :** ce qui peut se produire à l'issue du discours.
  • **Quelle image** de l'orateur le discours va-t-il donner ?
  • **Quel(s) effet(s)** le discours peut-il produire ?

3 L'écriture du brouillon

→ Établir le plan du discours.

→ Construire les éléments de l'argumentation : arguments, exemples...

→ Mettre en œuvre les procédés de l'écriture oratoire.
  • Veiller aux éléments qui assurent la double dimension expressive et impressive : modalités exclamative et interrogative (interrogation oratoire ou *rhétorique*), jeu sur les pronoms personnels, utilisation de l'apostrophe (adresse au destinataire)...
  • Recourir aux outils rhétoriques de l'insistance : répétitions, anaphore, faits de construction marquants (chiasme, parallélisme).
  • Exploiter les ressources stylistiques des énoncés destinés à convaincre et/ou à persuader d'une part, ceux de l'éloge et du blâme, d'autre part.
  • S'interroger sur les registres.

SUJET

> En prenant appui sur la lecture du texte de Sade, *La Philosophie dans le boudoir* (p. 364) et en réponse à l'éloge de la fausseté contenu dans les propos de Dolmancé, rédigez le réquisitoire contre Dolmancé que prononcerait un procureur (homme ou femme) s'adressant au Tribunal imaginaire des Personnages Littéraires.
> Respectez les contraintes imposées par ce type d'énoncé ainsi que par les circonstances de sa réalisation.

ÉTAPE 1

Cernez le sujet

1. Dans quel lieu et à quelle occasion l'énoncé demandé est-il prononcé ?

2. Qu'est-ce qu'un réquisitoire ?

ÉTAPE 2

Déterminez les éléments du cadre de l'invention

1. Qui est l'orateur qui va prononcer le discours ?

2. De qui est composé l'auditoire ?

3. Y a-t-il un destinataire privilégié du discours ?

4. Quelle est la raison qui a conduit Dolmancé à cette situation ?

5. Quelle est la fonction essentielle du discours ?

ÉTAPE 3

Construisez le contenu du discours

1. Quelle va être la thèse principale du procureur ?

2. Quels arguments et quels exemples de Dolmancé va-t-il réfuter ? Quels sont ceux qu'il pourra feindre de concéder ?

3. Quels vont être ses propres arguments ?

4. Quels autres personnages littéraires peuvent être convoqués comme exemples ou contre-exemples ?

5. Quels éléments figureront pour répondre aux fonctions (informative, expressive, impressive et injonctive) du discours ?

6. Quels sont les choix de registres à opérer ?

7. Quels sont les enjeux du discours ?

ÉTAPE 4

Bâtissez le plan du discours

1. À quelle place figureront les éléments informatifs ?

2. À quelle place et à quelle fréquence figureront les éléments expressifs et impressifs ?

3. Quel sera le parcours argumentatif du discours ?

4. Quel sera le contenu de la fin du discours ?

ÉTAPE 5

Avant la rédaction finale

Rédigez une version simplifiée (canevas) du discours en intégrant les éléments retenus (étapes 1 à 4).

■ **1re partie** (correspondrait à l'*exorde* et à la *narration*) :

1. C''est dans cette partie que figureront les éléments destinés à capter l'attention de l'auditoire ; rappelez la nature du tribunal et l'importance de l'enjeu.

2. Ici seront exposées les raisons de la tenue du tribunal : parlez de l'identité de Dolmancé et des éléments factuels qui l'ont conduit à cette situation.

■ **2e partie** (correspondrait à la *confirmation*) :

1. Moment-clé du discours, destiné à exposer la thèse de l'accusation : de quoi accuse-t-on Dolmancé ? Que lui reproche-t-on ?

2. Reprise des arguments de Dolmancé (reportez-vous à l'« observation et analyse », p. 365) pour les réfuter. Utilisez ici les arguments, les contre-arguments, les exemples (en particulier d'autres personnages littéraires à charge ou à décharge), ainsi que le recours à la concession.

■ **3e partie** (correspondrait à la *péroraison*) :

1. Où l'accusation reprend succinctement sa thèse.

2. Où est requise une peine contre l'accusé Dolmancé.

3. Où le discours s'achève, par exemple en reprenant certains éléments de l'exorde.

Évaluation

Durée : 2 heures

TEXTE 1   Charles Baudelaire, *Exposition universelle de 1855*

Ici cependant se présente une question discutée cent fois, et sur laquelle il est toujours bon de revenir. Quelle est la qualité du dessin de M. Ingres ? Est-il d'une qualité supérieure ? Est-il absolument intelligent ? Je serai compris de tous les gens qui ont comparé entre elles les manières de dessiner des principaux maîtres en disant que le dessin de M. Ingres est le dessin d'un homme à système. Il croit que la nature doit être corrigée, amendée ; que la tricherie heureuse, agréable, faite en vue du plaisir des yeux, est non seulement un droit, mais un devoir. On avait dit jusqu'ici que la nature devait être interprétée, traduite dans son ensemble et avec toute sa logique ; mais dans les œuvres du maître en question il y a souvent dol[1], ruse, violence, quelquefois tricherie et croc-en-jambe. Voici une armée de doigts trop uniformément allongés en fuseaux et dont les extrémités étroites oppriment les ongles, que Lavater[2] à l'inspection de cette poitrine large, de cet avant-bras musculeux, de cet ensemble un peu viril, aurait jugés devoir être carrés, symptôme d'un esprit porté aux occupations masculines, à la symétrie et aux ordonnances de l'art. Voici des figures délicates et des épaules simplement élégantes associées à des bras trop robustes, trop pleins d'une succulence raphaélique[3]. Mais Raphaël aimait les gros bras, il fallait avant tout obéir et plaire au maître. Ici nous trouverons un nombril qui s'égare vers les côtes, là un sein qui pointe trop vers l'aisselle ; ici, – chose moins excusable (car généralement ces différentes tricheries ont une excuse plus ou moins plausible et toujours facilement devinable dans le goût immodéré du *Style*), – ici, dis-je, nous sommes tout à fait déconcertés par une jambe sans nom, toute maigre, sans muscles, sans formes, et sans pli au jarret (*Jupiter et Antiope*).

TEXTE 2   Octave Mirbeau, article paru dans *La France*, le 23 avril 1885

Quel grand et merveilleux génie que celui d'Ingres ! Mais il faut pour le comprendre une éducation artistique que malheureusement bien peu possèdent, – même parmi les artistes. Ce coloriste complet a été le premier à nous donner les formules de ce qu'on appelle aujourd'hui l'impressionnisme, en disant à ses élèves : « Regardez bien. Mon chapeau noir n'est pas noir. » Oui, Ingres a été la couleur, comme il a été le dessin. Il a donné à la couleur l'harmonie qu'il fallait, et il a ramené le dessin à l'abstraction générale de la ligne. L'élégance, – je ne dis pas le joli, – l'élégance de la forme et de la ligne existe partout dans la nature, aussi bien dans un corps de nymphe que dans le torse voûté d'un maçon ; seulement il faut l'y voir ; il faut l'en dégager, non pas en copiant servilement, comme font les naturalistes, mais en cherchant à abstraire des lignes celles qui interprètent, qui traduisent la nature et dans sa vérité et dans son esprit. C'est tout le génie ! Et M. Ingres avait tout ce génie.

TEXTE 3   Anatole France, *La Vie en fleur*, 1932

J'en rends grâce aux dieux : je n'ai pas méconnu Delacroix. Mais Ingres m'inspirait un sentiment plus fort : l'amour. Je savais bien que son art était trop haut pour être accessible et je me savais gré de l'avoir pénétré. L'amour fait seul de ces miracles. Je comprenais ce dessin qui atteint la parfaite beauté en serrant de près la nature, j'aimais cette peinture la plus sensuelle et la plus voluptueuse de toutes avec une gravité magnifique. Ingres demeurait à deux cents pas de ma maison, sur le quai Voltaire. Je le connaissais de vue. Il avait plus de quatre-vingt ans. La vieillesse, qui est une déchéance pour les êtres ordinaires, est, pour les hommes de génie, une apothéose. Quand je le rencontrais, je le voyais accompagné du cortège de ses chefs-d'œuvre et j'étais ému.

NOTES

1. Manœuvre frauduleuse, tromperie.

2. Inventeur de la physiognomonie ou l'art de connaître les hommes par leurs caractéristiques physiques.

3. Allusion à l'aspect des chairs peintes par Raphaël, agréables à l'œil, mais aussi – sans doute – au goût… !

Or, j'étais au théâtre du Châtelet où l'on donnait pour la première fois *La Flûte enchantée*[1] avec Christine Nilsson. J'avais un fauteuil d'orchestre. Bien avant le lever du rideau la salle était pleine. Je vis M. Ingres s'avancer vers moi. C'était lui, sa tête de taureau, ses yeux restés noirs et pénétrants, sa petite taille, sa forte encolure. On savait qu'il aimait la musique. On parlait avec un sourire de son violon[2].

Je compris qu'ayant ses entrées au théâtre, il avait pu y pénétrer et qu'il y cherchait une place sans pouvoir la trouver. J'allais lui offrir la mienne ; il ne m'en laissa pas le temps.

– Jeune homme, dit-il, donnez-moi votre place, je suis Monsieur Ingres.

Je me levai radieux. L'auguste vieillard m'avait fait l'honneur de me choisir pour lui donner ma place.

NOTES
1. Opéra de Mozart.
2. Ingres joignait à son art de peintre la passion de la musique ; l'expression désigne aujourd'hui un passe-temps.

DOCUMENT 4

Jean Auguste Dominique Ingres,
La Grande Odalisque, 1814 (91 cm X 162 cm).
Paris, musée du Louvre.

ANALYSE DU CORPUS

1 Chacun des trois textes porte un jugement sur la peinture de Jean Auguste Dominique Ingres (1780-1867) ; précisez lequel.

2 Le texte 3 (Anatole France) ajoute un aspect qui ne concerne pas la peinture ; quel est cet aspect complémentaire ? Pourquoi l'auteur l'évoque-t-il ?

3 Quel est celui des trois textes dont les propos vous paraissent relever le plus nettement de la critique picturale ? Justifiez votre réponse.

4 Selon vous, à quel genre littéraire ou à quel type d'énoncé appartient chaque texte ?

5 Baudelaire (texte 1) souligne, comme d'autres critiques ont pu le faire, les anomalies qu'on peut déceler parfois dans les corps représentés par Ingres ; tentez à votre tour de trouver dans *La Grande Odalisque* (document 4) quelques unes de ces « tricheries » anatomiques.
Vous prolongerez ensuite votre réflexion en examinant cette question du peintre Amaury Duval (un contemporain d'Ingres) à propos de *La Grande Odalisque* : « Dans des proportions exactes, aurait-elle un attrait aussi puissant ? »

TRAVAIL D'ÉCRITURE

Pour critiquer une production artistique, est-il nécessaire de pratiquer soi-même cet art ?
Rédigez en une quarantaine de lignes une des réponses possibles à cette question dans un développement argumenté que vous illustrerez d'exemples précis empruntés au corpus ainsi qu'à vos lectures et expériences personnelles.

Picasso, *Le Peintre et son modèle,* 1963. Collection particulière.

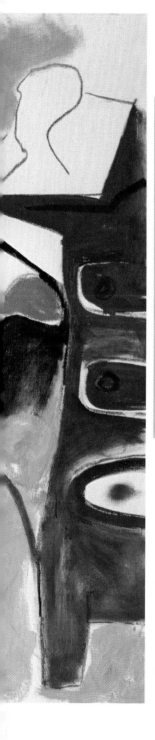

Le monde de l'écrivain

6

TEXTE 1

La Genèse d'un poème (1846)

Poe
1809-1849

Auteur de nouvelles fantastiques très célèbres, Poe est aussi poète et critique litté-raire. Dans La Genèse d'un poème *(1846), il dit vouloir lever le voile sur son travail en expliquant comment il a composé son plus célèbre poème,* Le Corbeau *(1845). En proposant l'application d'une méthode rigoureuse, ce texte change la vision qu'on a du travail de l'écrivain et exerce ainsi une influence considérable sur plusieurs écrivains français des XIXe et XXe siècles.*

S'il est une chose évidente, c'est qu'un plan quelconque, digne du nom de plan, doit avoir été soigneusement élaboré en vue du dénouement, avant que la plume atta-que le papier. Ce n'est qu'en ayant sans cesse la pensée du dénouement devant les yeux que nous pouvons donner à un plan son indispensable physionomie de logique et de
5 – causalité[1] en faisant que tous les incidents, et particulièrement le ton général, tendent vers le développement de l'intention.

Il y a, je crois, une erreur radicale dans la méthode généralement usitée pour construire un conte. Tantôt l'histoire nous fournit une thèse ; tantôt l'écrivain se trouve inspiré par un incident contemporain ; ou bien, mettant les choses au mieux, il
10 – s'ingénie[2] à combiner des événements surprenants, qui doivent former simplement la base de son récit, se promettant généralement d'introduire les descriptions, le dialogue ou son commentaire personnel partout où une crevasse dans le tissu de l'action lui en fournit l'opportunité.

Pour moi, la première de toutes les considérations, c'est celle d'un *effet* à produire.
15 – Ayant toujours en vue l'originalité (car il est traître envers lui-même, celui qui risque de se passer d'un moyen d'intérêt aussi évident et aussi facile), je me dis, avant tout : parmi les innombrables effets ou impressions que le cœur, l'intelligence ou, pour par-ler plus généralement, l'âme est susceptible de recevoir, quel est l'unique *effet* que je dois choisir dans le cas présent ? Ayant donc fait choix d'un sujet de roman et ensuite
20 – d'un vigoureux effet à produire, je cherche s'il vaut mieux le mettre en lumière par les incidents ou par le ton, ou par des incidents vulgaires et un ton particulier, ou par des incidents singuliers et un ton ordinaire, ou par une égale singularité de ton et d'inci-dents ; et puis je cherche autour de moi, ou plutôt en moi-même, les combinaisons d'événements ou de tons qui peuvent être les plus propres à créer l'effet en question.

25 – Bien souvent j'ai pensé combien serait intéressant un article écrit par un auteur qui voudrait, c'est-à-dire qui pourrait raconter, pas à pas, la marche progressive qu'a suivie une quelconque de ses compositions pour arriver au terme définitif de son accomplissement. Pourquoi un pareil travail n'a-t-il jamais été livré au public, il me serait difficile de l'expliquer ; mais peut-être la vanité des auteurs a-t-elle été, pour
30 – cette lacune[3] littéraire, plus puissante qu'aucune autre cause. Beaucoup d'écrivains, particulièrement les poètes, aiment mieux laisser entendre qu'ils composent grâce à une espèce de frénésie[4] subtile ou d'intuition extatique[5], et ils auraient positivement le frisson s'il leur fallait autoriser le public à jeter un coup d'œil derrière la scène, et à contempler les laborieux et indécis embryons de pensée, la vraie décision prise
35 – au dernier moment, l'idée si souvent entrevue comme dans un éclair et refusant si longtemps de se laisser voir en pleine lumière, la pensée pleinement mûrie et rejetée

NOTES
1. Forme qui respecte l'enchaînement logique des faits.
2. Tente quelque chose en y employant toutes ses ressources.
3. Manque.
4. Agitation violente et incontrôlée.
5. Qui relève de l'extase.

de désespoir comme étant d'une nature intraitable, le choix prudent et les rebuts, les douloureuses ratures et les interpolations[6] – en un mot, les rouages et les chaînes, les trucs pour les changements de décor, les échelles et les trappes – les plumes de coq, le
40 – rouge, les mouches et tout le maquillage qui, dans quatre-vingt-dix-neuf cas sur cent, constituent l'apanage[7] et le naturel de *l'histrion*[8] littéraire.

Je sais, d'autre part, que le cas n'est pas commun où un auteur se trouve dans une bonne condition pour reprendre le chemin par lequel il est arrivé à son dénouement. En général, les idées, ayant surgi pêle-mêle, ont été poursuivies et oubliées de la même
45 – manière.

Pour ma part, je ne partage pas la répugnance dont je parlais tout à l'heure, et je ne trouve pas la moindre difficulté à me rappeler la marche progressive de toutes mes compositions ; et puisque l'intérêt d'une telle analyse ou reconstruction, que j'ai considérée comme un *desideratum*[9] en littérature, est tout à fait indépendant de tout
50 – intérêt réel supposé dans la chose analysée, on ne m'accusera pas de manquer aux convenances, si je dévoile le *modus operandi*[10] grâce auquel j'ai pu construire l'un de mes propres ouvrages. Je choisis *Le Corbeau* comme très généralement connu. Mon dessein est de démontrer qu'aucun point de la composition ne peut être attribué au hasard ou à l'intuition, et que l'ouvrage a marché, pas à pas, vers sa solution avec la
55 – précision et la rigoureuse logique d'un problème mathématique.

Edgar Allan Poe, *La Genèse d'un poème*, trad. Ch. Baudelaire, *Contes, essais, poèmes*,
Paris, © Robert Laffont, « Bouquins », 1989.

NOTES
6. Ajouts faits à un texte.
7. Ce qui est propre à quelqu'un ou à quelque chose.
8. Comédien, personne qui aime se donner en spectacle.
9. Ce qui fait défaut, manque dans un domaine.
10. Manière de faire.

MÉTHODE

→ Convaincre et persuader p. 420
→ Les figures de style p. 68

Gravure d'Édouard Manet pour *Le Corbeau* d'Edgar Allan Poe, 1845.

OBSERVATION ET ANALYSE

1 Dans les lignes 1 à 24, quelles sont les deux manières de composer un conte qu'oppose Edgar Poe ?

2 Quelles figures de style l'auteur utilise-t-il dans les lignes 30 à 41 pour évoquer le travail de l'écrivain ? Quel effet produisent-elles ?

3 Selon Edgar Poe, pour quelles raisons les écrivains n'expliquent-ils pas comment ils ont écrit leurs œuvres ?

4 Quel rôle Edgar Poe attribue-t-il aux dialogues, aux descriptions, aux commentaires personnels dans la méthode d'écriture qu'il rejette ?

5 Quels mots et quelles images montrent que, pour Edgar Poe, l'écriture d'un conte est une opération rigoureuse ?

6 Par quels événements, selon Poe, est jalonnée l'écriture d'un conte ?

« Une chaîne d'inspirés »

Platon
Vᵉ siècle av. J.-C.

Par la voix de Socrate, son maître, qui dialogue ici avec Ion, le poète, Platon expose sa théorie de la création : le poète est inspiré par les Muses et il inspire à son tour les autres poètes. Cette interprétation du travail de l'écriture sera largement admise jusqu'au début du XIXᵉ siècle.

C'est ainsi que la Muse[1] inspire elle-même les poètes, et, ceux-ci transmettant l'inspiration à d'autres, il se forme une chaîne d'inspirés. Ce n'est pas en effet par art, mais par inspiration et suggestion divine que tous les grands poètes épiques composent tous ces beaux poèmes ; et les grands poètes lyriques de même. Comme les Cory-
5 bantes[2] ne dansent que lorsqu'ils sont hors d'eux-mêmes, ainsi les poètes lyriques ne sont pas en possession d'eux-mêmes quand ils composent ces beaux chants que l'on connaît ; mais quand une fois ils sont entrés dans le mouvement de la musique et du rythme, ils sont transportés et possédés comme les bacchantes[3], qui puisent aux fleuves le lait et le miel sous l'influence de la possession, mais non quand elles sont de sang-
10 froid. C'est le même délire qui agit dans l'âme des poètes lyriques, comme ils l'avouent eux-mêmes. Les poètes nous disent bien, en effet, qu'ils puisent à des sources de miel et butinent les poèmes qu'ils nous apportent dans les jardins et les vallons boisés des Muses, à la manière des abeilles, en voltigeant comme elles, et ils disent la vérité. Car le poète est chose légère, ailée, sacrée, et il ne peut créer avant de sentir l'inspiration,
15 d'être hors de lui et de perdre l'usage de sa raison.

Platon, *Ion*, trad. É. Chambry, © G-F, 1989.

NOTES
1. Divinité des arts et des sciences.
2. Prêtres qui célébraient leur culte par des transes.
3. Prêtresses de Bacchus.

TEXTE **2**

Gide
1869-1951

Journal des *Faux-Monnayeurs* (1927)

Les Faux-Monnayeurs (1925) est le seul véritable « roman » d'André Gide. Entre juin 1919 et juin 1925, l'écrivain tient un journal, publié en 1927, où il note ses projets, ses réflexions, ses difficultés et les progrès qu'il a rencontrés lors de la rédaction des Faux-Monnayeurs. Ces deux « cahiers d'exercices et d'études » ouvrent ainsi la porte de son atelier « à ceux que les questions de métier intéressent ».

11 juillet [1919].

Furieux contre moi-même de laisser tant de temps s'écouler sans profit pour le livre. En vain tentais-je de me persuader qu'il mûrit. Je devrais y penser davantage, et ne point me laisser distraire par les menus soucis de chaque jour. Le vrai c'est qu'il n'a pas fait un pas depuis Cuverville[1]. Tout au plus ai-je senti d'une manière plus pressante
5 le besoin d'établir une relation continue entre les éléments épars ; je voudrais pour-tant éviter ce qu'a d'artificiel une « intrigue » ; mais il faudrait que les événements se groupent indépendamment de Lafcadio[2] et pour ainsi dire : à son insu. J'attends trop de l'inspiration ; elle doit être le résultat de la recherche ; et je consens que la solution d'un problème apparaisse dans une illumination subite ; mais ce n'est qu'après qu'on
10 l'a longuement étudié. […]

NOTES
1. Résidence de vacances de Gide.
2. Personnage des *Caves du Vatican* (1914). Gide voulait réutiliser ce personnage pour *Les Faux-Monnayeurs* mais y a renoncé.

21 novembre 1920.

Resté nombre de mois sans rien écrire dans ce cahier ; mais je n'ai guère arrêté de penser au roman, encore que mon souci le plus immédiat fût pour la rédaction de *Si le grain ne meurt*[3], dont j'ai écrit cet été l'un des plus importants chapitres (voyage en Algérie avec Paul). Je fus amené, tout en l'écrivant, à penser que l'intimité, la pénétra-
15 — tion, l'investigation psychologique peut, à certains égards, être poussée plus avant dans le « roman » que même dans les « confessions[4] ». L'on est parfois gêné dans celles-ci par le « je » ; il y a certaines complexités que l'on ne peut chercher à démêler, à étaler sans apparence de complaisance[5]. Tout ce que je vois, tout ce que j'apprends, tout ce qui m'advient depuis quelques mois, je voudrais le faire entrer dans ce roman, et m'en
20 — servir pour l'enrichissement de sa touffe. Je voudrais que les événements ne fussent jamais racontés directement par l'auteur, mais plutôt exposés (et plusieurs fois, sous des angles divers) par ceux des acteurs[6] sur qui ces événements auront eu quelque influence. Je voudrais que, dans le récit qu'ils en feront, ces événements apparaissent légèrement déformés ; une sorte d'intérêt vient, pour le lecteur, de ce seul fait qu'il ait
25 — à *rétablir*. L'histoire requiert sa collaboration pour se bien dessiner[7].

C'est ainsi que toute l'histoire des faux-monnayeurs ne doit être découverte que petit à petit, à travers les conversations où du même coup tous les caractères se dessinent.

André Gide, *Journal des* Faux-Monnayeurs, © Gallimard, « L'imaginaire », 1995.

NOTES

3. Récit autobiographique de Gide paru en 1920.
4. Texte autobiographique.
5. Chose faite non par besoin mais en se laissant aller à ses penchants.
6. Personnages du roman.
7. Bien se dessiner.

MÉTHODE

→ L'énonciation p. 62
→ Le personnage de roman p. 340

André Gide au travail.

OBSERVATION ET ANALYSE

1 Relevez les indices qui révèlent que ce texte est un journal.

2 En vous appuyant sur un relevé lexical, montrez que le thème de ce journal est bien la création littéraire.

3 Décrivez en quelques lignes la manière dont Gide travaillait : place du travail, inspiration, réflexion sur les genres, etc.

4 Quel est pour Gide l'intérêt du roman par rapport aux « confessions » ?

5 À ce moment de son travail, comment Gide conçoit-il l'intrigue romanesque ? Quelle fonction assigne-t-il aux personnages ?

Mémoires du poète (1933)

Valéry
1871-1945

Poète et essayiste, disciple de Mallarmé, Paul Valéry a, toute sa vie, voulu percer le mystère du fonctionnement de l'esprit. Sa propre création littéraire lui a fourni un merveilleux laboratoire pour observer directement les mécanismes de la pensée, au point qu'il a pu dire que dans l'œuvre d'art, seul le travail l'intéressait, non le résultat. Il lève dans ce texte le voile sur la naissance d'un de ses poèmes les plus connus, « Le Cimetière marin ».

Si donc l'on m'interroge ; si l'on s'inquiète (comme il arrive, et parfois assez vivement) de ce que j'ai « voulu dire » dans tel poème, je réponds que je n'ai pas *voulu dire*, mais *voulu faire*, et que ce fut l'intention de *faire* qui *a voulu* ce que j'ai *dit*…

Quant au *Cimetière marin*, cette intention ne fut d'abord qu'une figure rythmi-
5 — que[1] vide, ou remplie de syllabes vaines[2], qui me vint obséder quelque temps. J'obser-
vai que cette figure était décasyllabique, je me fis quelques réflexions sur ce type fort peu employé dans la poésie moderne ; il me semblait pauvre et monotone. Il était peu de chose auprès de l'alexandrin, que trois ou quatre générations de grands artistes ont prodigieusement élaboré. Le démon de la généralisation suggérait de tenter de porter
10 — ce *Dix* à la puissance du *Douze*. Il me proposa une certaine strophe de six vers et l'idée d'une *composition* fondée sur le nombre de ces strophes, et assurée par une diversité de tons et de fonctions à leur assigner. Entre les strophes, des contrastes ou des correspondances devaient être institués. Cette dernière condition exigea bientôt que le poème possible fût un monologue de « moi », dans lequel les thèmes les plus simples
15 — et les plus constants de ma vie affective et intellectuelle, tels qu'ils s'étaient imposés à mon adolescence et associés à la mer et à la lumière d'un certain lieu[3] des bords de la Méditerranée, fussent appelés, tramés[4], opposés…

Tout ceci menait à la mort et touchait à la pensée pure. (Le vers choisi de dix syllabes a quelque rapport avec le vers dantesque[5].) Il fallait que mon vers fût dense
20 — et fortement rythmé. Je savais que je m'orientais vers un monologue aussi personnel, mais aussi universel que je pourrais le construire. Le type de vers choisi, la forme adoptée pour les strophes me donnaient des conditions qui favorisaient certains « mou-
vements », permettaient certains changements de ton, appelaient certain style… *Le Cimetière marin* était *conçu*. Un assez long travail s'ensuivit.

Paul Valéry, *Mémoires du poète, Œuvres complètes*, tome I, Paris, © Gallimard, « Bibliothèque de la Pléiade », 1957.

NOTES
1. Rythme, cadence.
2. Vides de sens.
3. Sète (34), d'où le poète est originaire et où se trouve le cimetière marin.
4. Tissés comme les fils qui composent un tissu.
5. Vers utilisé par Dante, poète italien (1265-1321), auteur de *La Divine Comédie* (1321).

METHODE
→ Le travail de l'écrivain p. 488
→ Convaincre et persuader p. 420

OBSERVATION ET ANALYSE

1 Dégagez, par des éléments textuels précis (pronoms, vocabulaire, etc.), la thèse que Valéry combat dans le premier paragraphe. Reformulez-la en quelques mots.

2 Quel est le point de départ du travail de Valéry ? Peut-on parler d'inspiration ?

3 Comment, dans le deuxième paragraphe, apparaissent successivement les différents éléments du poème : rythme, structure, énonciation, thème, etc. ?

4 À quel moment, dans sa réflexion, l'auteur se soucie-t-il de ce qu'il va dire ?

5 Relevez les différentes étapes et les diverses composantes du travail de l'écriture poétique.

EXPRESSION

Vers la dissertation. « Je n'ai pas tant voulu *dire* mais voulu *faire* », affirme Valéry. Selon vous, un artiste doit-il davantage se préoccuper de la forme de son œuvre ou du message qu'elle délivre ?

René Magritte,
La Clairvoyance,
1935. Coll. part.

Histoire *littéraire*

De l'imitation à l'invention

De nos jours, la qualité d'une œuvre d'art, et particulièrement d'un livre, dépend beaucoup de son originalité. L'artiste doit inventer des choses nouvelles, du « jamais vu ». Ce n'est pourtant qu'à la fin du XVIIIe siècle que l'originalité est devenue un critère positif. Auparavant, on aimait que l'œuvre se rattache à une tradition dont elle respectait **les règles** et imitait **les modèles**.

■ Antiquité et Moyen Âge

Les **textes antiques** racontent l'histoire des héros mythiques qui ont fondé la société et illustrent la condition de l'homme (Œdipe, Antigone, Oreste, Électre, Hercule). Les auteurs se conforment aux habitudes du public, les modifications sont introduites très lentement, au théâtre en particulier. Dans *Ion* (p. 438), Platon compare ainsi les poètes à une chaîne aimantée dont chaque maillon est inspiré par le précédent.

Les auteurs du **Moyen Âge** se réfèrent au début de leurs ouvrages à un livre qu'ils disent recopier ou transcrire ; ils ne revendiquent pas leur originalité.

■ Renaissance et âge classique

La **Renaissance** voit les textes antiques comme des modèles de perfection et de sagesse dont il faut s'inspirer ; on le voit chez les poètes de la Pléiade (Ronsard, du Bellay) ou Montaigne (p. 393).

Au XVIIe siècle, les écrivains respectent les règles antiques (unités, bienséance) et puisent directement chez les auteurs grecs ou latins. Racine cite ainsi les passages d'Homère ou de Sénèque dont il s'inspire pour ses pièces et Molière peut sans scrupule prendre chez les comiques latins des scènes entières. Leurs œuvres n'en sont pas moins originales, mais pour l'époque ce n'est pas leur principale qualité.

■ Romantisme et époque moderne

Au siècle des **Lumières***, l'originalité devient progressivement une valeur positive, il n'est plus indispensable de se référer au passé ; la nouveauté de l'œuvre est prise en compte. Rousseau revendique ainsi son originalité quand il affirme, à propos des *Confessions* : « je forme une entreprise qui n'eut jamais d'exemple. »

Avec le romantisme, l'originalité devient un critère indispensable pour une œuvre car elle doit refléter le moi de l'auteur qui est unique (Histoire littéraire, p. 88).

À l'époque moderne, cette conception est toujours vivante, mais les écrivains, comme les réalisateurs de films et de dessins animés, puisent souvent dans le passé les sujets de leurs œuvres.

TEXTE **4**

Roussel
1877-1933

Comment j'ai écrit… (posthume, 1935)

Fils d'une famille aisée, Raymond Roussel consacre son temps et sa fortune à la rédaction de son œuvre qui, par sa liberté et son originalité, est proche des surréalistes et annonce le nouveau roman. Il est fasciné par la capacité du langage à révéler une réalité cachée sous l'apparence des choses banales : jeux de mots, anagrammes, rébus et calembours sont pour lui des moyens de dépasser le réel ; il les met en œuvre pour écrire ses livres.

Je me suis toujours proposé d'expliquer de quelle façon j'avais écrit certains de mes livres (*Impressions d'Afrique, Locus Solus,* l'*Étoile au Front* et *La Poussière de Soleils*)[1].

Il s'agit d'un procédé très spécial. Et, ce procédé, il me semble qu'il est de mon devoir de le révéler, car j'ai l'impression que des écrivains de l'avenir pourraient peut-
5 – être l'exploiter avec fruit[2].

Très jeune j'écrivais déjà des contes de quelques pages en employant ce procédé.

Je choisissais deux mots presque semblables (faisant penser aux métagrammes[3]). Par exemple *billard* et *pillard*. Puis j'y ajoutais des mots pareils mais pris dans deux sens différents, et j'obtenais ainsi deux phrases presque identiques.

10 – En ce qui concerne *billard* et *pillard*, les deux phrases que j'obtins furent celles-ci :
1° *Les lettres du blanc sur les bandes du vieux billard…*
2° *Les lettres du blanc sur les bandes du vieux pillard.*

Dans la première, « lettres » était pris dans le sens de « signes typographiques »[4], « blanc » dans le sens de « cube de craie » et « bandes »[5] dans le sens de « bordures ».

15 – Dans la seconde, « lettres » était pris dans le sens de « missives », « blanc » dans le sens d'« homme blanc » et « bandes » dans le sens de « hordes guerrières ».

Les deux phrases trouvées, il s'agissait d'écrire un conte pouvant commencer par la première et finir par la seconde.

Or c'était dans la résolution de ce problème que je puisais tous mes matériaux.

20 – Dans le conte en question il y avait un *blanc* (un explorateur) qui, sous ce titre « Parmi les noirs », avait publié sous forme de *lettres* (missives) un livre où il était parlé des *bandes* (hordes) d'un *pillard* (roi nègre).

Au début on voyait quelqu'un écrire avec un *blanc* (cube de craie) des *lettres* (signes typographiques) sur *les bandes* (bordures) d'un billard. Ces lettres, sous une
25 – forme cryptographique[6], composaient la phrase finale : « Les lettres du blanc sur les bandes du vieux pillard », et le conte tout entier reposait sur une histoire de rébus basée sur les récits épistolaires de l'explorateur.

Raymond Roussel, *Comment j'ai écrit certains de mes livres*, Paris, © Pauvert, 1963.

NOTES
1. Respectivement publiés en 1910, 1914, 1924, 1926.
2. Profit, bénéfice.
3. Anagrammes.
4. Relatifs à l'écriture imprimée.
5. On désigne ainsi l'intérieur des bords d'un billard.
6. Texte codé devant être déchiffré.

METHODE

→ Le travail de l'écrivain p. 488
→ Les mots p. 124

OBSERVATION ET ANALYSE

1 Quelles sont les trois étapes de la technique utilisée par Raymond Roussel pour écrire son conte ?

2 Nommez et donnez la définition des différentes propriétés du vocabulaire (homonymie, etc.) sur lesquelles Roussel joue pour bâtir le début et la fin de son récit.

3 En quoi peut-on dire que le travail décrit ici s'apparente à une « histoire de rébus » et donne une image nouvelle et inattendue de la littérature ?

4 Quelles motivations, selon vous, conduisent Raymond Roussel à révéler ses secrets d'écriture ? Quelle portée cela donne-t-il à son texte ?

TEXTE **5**

Aragon
1897-1982

Je n'ai jamais appris à écrire… (1969)

Poète et romancier, Louis Aragon est un des fondateurs du mouvement surréaliste dont il s'écarte pourtant peu à peu pour prendre son autonomie et pratiquer librement le genre romanesque. Dans Je n'ai jamais appris à écrire *ou* Les Incipit, *il décrit sa manière de travailler : depuis son enfance, il écrit des romans en partant d'une phrase initiale spontanée (l'incipit) qui lui fournit les données de l'histoire.*

Le romancier, tel qu'on se l'imagine, est une espèce d'ingénieur, qui sait fort bien où il en veut venir, résout des problèmes dont il connaît le but, combine une machine ou un pont, s'étant dit : « Je vais construire un pont comme-ci ou une machine comme-ça. » Voilà soixante-cinq ans que je me paye la tête de ceux qui ne doutent
5 _ point que j'en agisse ainsi, puisque je devais avoir six ans quand j'ai commencé ce manège. C'est-à-dire à la fin de 1903 ou au début de 1904. Jamais je n'ai écrit une histoire dont je connaissais le déroulement, j'ai toujours été, écrivant, comme un lecteur qui fait la connaissance d'un paysage ou de personnages dont il découvre le caractère, la biographie, la destinée. D'emblée, me semble-t-il, cela se voit dans le « roman »
10 _ daté 1903-1904, *Quelle âme divine !* qui est tout ce qui m'est resté de cette époque, et c'est peut-être pourquoi je l'ai mis en tête, vingt ans plus tard, du recueil de contes et nouvelles intitulé *Le Libertinage.*

L'*incipit* de ce texte montre assez bien le mécanisme que je décris :
« *Venez vite ! Victor ! Marie ! Alfred ! René ! criait Robert de Noissent. – Qu'est-ce*
15 _ *qu'il y a ? dit Victor. – Il y a que nous partons de la rue Montorgueil, dit Robert. – Pour où ? dit Marie. – Pour où ? oui, pour où ? dit René. – Pour le 3 de la rue Pierre-le-Grand, à Saint-Pétersbourg, dit Robert. – Ah, dit Alfred. – En effet, dit Monsieur de Noissent. – Oui, dit Madame de Noissent.* »

C'est à partir de ce paragraphe qui porte le titre *Au 3e du 2 rue de Montorgueil*
20 _ que toute l'histoire s'invente en commençant par abandonner l'appartement situé si précisément, avec les sept personnages posés comme les pions de la partie. Je me rappelle parfaitement que l'annonce du départ de la rue de Montorgueil par Robert n'a été suivie de ces *pour où ?* répétés que pour donner à l'auteur[1] le temps d'imaginer où tous les Noissent pouvaient bien aller. Saint-Pétersbourg s'est évidemment présenté
25 _ à mon esprit parce que je venais de lire le premier roman qu'on m'eût donné, à savoir *Le Général Dourakine*[2], et que l'abandon de l'adresse parisienne avait aussitôt nécessité pour moi de préciser l'adresse pétersbourgeoise : *3, rue Pierre-le-Grand à Saint-Pétersbourg.* Mais du diable si je comprends comment j'avais pu inventer cette rue-là. D'autant que je ne pouvais pas savoir le rapport existant entre Pierre et la ville qu'il a
30 _ fondée. Il faut donc lire *Quelle âme divine !* de paragraphe (chapitre pour l'autre[3]) en paragraphe, en considérant chacun comme un rebondissement de l'intrigue.

Après quoi, qu'on prenne les histoires que j'ai écrites de 1918 à 1924 et qui forment *Le Libertinage,* on verra que j'y invente au fur et à mesure des mots tout ce qu'elles contiennent, très exactement comme la famille de Noissent dans *Quelle âme…*
35 _ ainsi, dès le premier conte, *La Demoiselle aux Principes :*

La marchande offrait des violettes : Denis les acheta, puis, embarrassé, les tendit à Céline qui fut la première femme venue. Elle croyait à deux vérités : l'immortalité de l'âme et l'omnipotence[4] de l'amour.

NOTES
1. Le petit Aragon lui-même.
2. Roman (1863) de la comtesse de Ségur (1799-1874).
3. Les autres romanciers.
4. Pouvoir complet, infini, absolu.

Le temps d'inventer à cette marchande un client, survient Céline que je ne
40 _ connaissais pas plus que Denis, et dont je découvrais du coup les croyances. Et si tout
de suite, il s'écrit : *Huit jours plus tard, Denis répond aux compliments de Gérard…* on
voit bien que le développement est aussi purement imaginaire que le commencement,
l'*incipit* à proprement parler.

Louis Aragon, *Je n'ai jamais appris à écrire ou Les Incipit*,
Flammarion, « Champs », 1981.

METHODE
→ L'organisation du récit p. 342
→ Convaincre et persuader p. 420

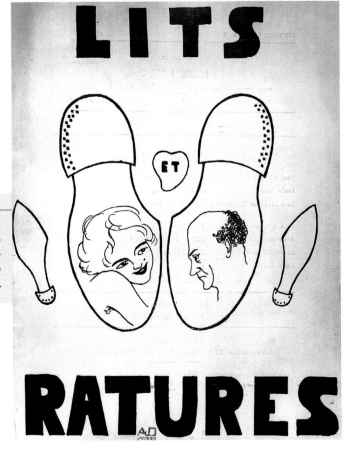

Rébus d'André Breton
et de Francis Picabia pour la revue
Littérature, dirigée par André
Breton, 1922. Paris, bibliothèque
littéraire Jacques Doucet.

OBSERVATION ET ANALYSE

1 Aragon a donné à son livre le sous-titre *Les Incipit*.
Relevez dans le texte les phrases qui justifient
ce sous-titre.

2 En vous appuyant sur le quatrième paragraphe, dites
comment se crée un incipit. Quel rôle jouent
l'imaginaire, la réflexion et l'influence des autres
ouvrages ?

3 Quelle image du romancier Aragon réfute-t-il ?
Quelle comparaison correspond au contraire à l'idée
qu'il se fait de son travail d'écrivain ?

4 Repérez dans le texte tout ce qui renvoie à l'univers
de l'enfance. Quelle tonalité en accompagne
l'évocation ?

TEXTE 6

« La Maison des romans » (1978)

Perec
1936-1982

Décidé à tourner le dos à une littérature « uniquement préoccupée de ses grandes majuscules (l'Œuvre, le Style, l'Inspiration, la Vision du Monde) », Perec, membre de l'Oulipo (voir p. 119), recherche dans les contraintes qu'il s'impose un cadre pour écrire ses romans marqués par la guerre. Dans La Vie mode d'emploi *(1978), le narrateur évoque ceux qui vivent et ont vécu dans un immeuble parisien, mêlant ainsi de très nombreuses histoires. Chaque chapitre correspond à une pièce de la façade imaginaire.*

La maison a dix étages avec dix pièces par étage. Il devrait donc y avoir cent chapitres. Mais, regardez quand un enfant mord dans un petit beurre ; il commence toujours par croquer l'un des quatre coins. Là, une petite souris a mangé une des pièces. Cela m'a servi à détruire les symétries, à dissimuler les structures. Chaque fois qu'on
5 — veut appliquer rigidement un système, il y a quelque chose qui coince. Pour qu'on puisse fonctionner dedans avec liberté, il faut introduire volontairement une petite erreur. On connaît la phrase de Klee[1] : « Le génie c'est l'erreur dans le système. »

C'est cette intervention que les Oulipiens[2], et avant eux Jarry[3], appellent le *clinamen*[4]. La petite erreur, qui nous vient de Lucrèce[5], et sans laquelle aucun atome
10 — n'accrocherait les autres, sans laquelle donc le monde n'existerait pas.

La pièce disparue entraîne donc une cassure au chapitre 66, aux deux tiers du livre. Chapitre qui, de plus, raconte des histoires de diables, le chiffre 66 étant aussi un chiffre démoniaque. On y trouve la petite fille peinte sur le couvercle d'une boîte de biscuits, en train de mordre le coin du petit beurre, et, du coup, de croquer le chapitre. [...]
15 — Au départ, j'avais 420 éléments, distribués par groupes de dix : des noms de couleurs, des nombres de personnes par pièces, des événements comme l'Amérique avant Christophe Colomb, l'Asie dans l'Antiquité ou le Moyen Âge en Angleterre, des détails de mobilier, des citations littéraires, etc.

Tout ça me fournissait une sorte d'armature, comme ce jeu pour lequel on vous
20 — donne cinq mots et avec ces cinq mots il faut raconter une histoire qui les contienne. J'avais, pour ainsi dire, un cahier des charges[6] : dans chaque chapitre devaient rentrer certains de ces éléments. Ça c'était ma cuisine, un échafaudage que j'ai mis près de deux ans à monter, et qui ne me servait que de pompe à imagination. À partir de là, je faisais entrer dans le livre tout ce que je voulais raconter : des histoires vraies comme
25 — des histoires fausses, des passages d'érudition[7] complètement inventés, d'autres qui sont scrupuleusement exacts. Le livre était devenu une véritable machine à raconter des histoires, aussi bien des histoires qui tiennent en trois lignes que d'autres qui s'étalent sur plusieurs chapitres. [...]

Je ne crois pas que ce soit un livre difficile à lire. Dans Eugène Sue[8] aussi, il y a
30 — quantité d'histoires qui se croisent, s'enchevêtrent ou disparaissent. À la limite, mon rêve serait que les lecteurs jouent avec le livre, qu'ils se servent de l'index[9], qu'ils reconstruisent, en se promenant dans les chapitres, les histoires dispersées, qu'ils voient comment tous les personnages s'accrochent les uns aux autres et se rapportent tous, d'une manière ou d'une autre, à Bartlebooth[10], comment tout cela circule, comment
35 — se construit le puzzle.

Entretien de Georges Perec avec Jean-Jacques Brochier,
« La Maison des romans », © *Le Magazine littéraire*, n° 141, oct. 1978.

NOTES
1. Peintre allemand (1879-1940).
2. Membres de l'Oulipo, voir p. 119.
3. Écrivain français (1873-1907) auteur de *Ubu roi*.
4. Inclinaison, déviation.
5. Philosophe latin (98-55 av. J.-C.) partisan de la théorie des atomes.
6. Document qui fait l'inventaire de contraintes à respecter pour la conception d'un objet, d'un produit.
7. Connaissance approfondie d'un domaine donné.
8. Écrivain français (1804-1857) auteur de romans populaires dont *Les Mystères de Paris* (1843).
9. Perec a fait figurer à la fin de son livre la liste des noms de personnes et de lieux cités dans le livre.
10. Personnage principal du roman, riche Anglais habitant l'immeuble. Il consacre son temps à reconstruire les puzzles de ses tableaux avant de les détruire.

MÉTHODE
→ Le travail de l'écrivain p. 488
→ Les figures d'images p. 130

Cahier des charges de Georges Perec pour *La Vie mode d'emploi*, chap. 51.

1 Georges Perec décrit le cahier des charges de *La Vie mode d'emploi* comme « une machine à raconter des histoires ». Justifiez cette métaphore par un relevé lexical.

2 Expliquez le mécanisme de cette machine.

3 À partir des indications contenues dans le premier paragraphe, expliquez comment Perec a construit le chapitre 66. Quelle part de liberté demeure en dépit des contraintes du cahier des charges ?

4 Quel rôle est appelé à jouer le lecteur dans ce roman ? En quoi peut-on dire qu'il prolonge celui de l'écrivain ?

Vers la dissertation. Selon vous, quel rôle doit jouer le lecteur dans un livre ? Vous répondrez dans un développement argumenté et illustré d'exemples précis tirés des textes étudiés en classe et de vos lectures personnelles.

Perec
1936-1982

La Vie mode d'emploi (1978)

Le chapitre V de La Vie mode d'emploi *décrit la salle de bains de l'appartement des Foullerot. En quelques lignes, Perec parvient à introduire dans son texte tous les objets ou idées qui figurent, pour ce chapitre, dans son cahier des charges. Il évoque aussi les principaux personnages de son intrigue : Bartlebooth, millionnaire aquarelliste, Smautf, son domestique, et Winkler, chargé de fabriquer, à partir des tableaux, des puzzles que Bartlebooth devra ensuite reconstituer et qui seront pour Winkler un instrument de vengeance.*

Chapitre V
Foulerot, 1

Au cinquième droite, tout au fond : c'est juste au-dessus que Gaspard Winckler avait son atelier. Valène se souvenait du paquet qu'il avait reçu chaque quinzaine, pendant vingt ans : même au plus fort de la guerre, ils avaient continué à arriver régulièrement, identiques, absolument identiques ; évidemment, il y avait les timbres
5 – qui étaient différents, cela permettait à la concierge, qui n'était pas encore Madame Nochère, mais Madame Claveau, de les réclamer pour son fils Michel ; mais à part les timbres, il n'y avait rien qui distinguait un paquet de l'autre : le même papier kraft, la même ficelle, le même cachet de cire, la même étiquette ; c'est à croire qu'avant de partir, Bartlebooth avait demandé à Smautf de prévoir la quantité de papier de soie,
10 – de kraft, de ficelle, de cire à cacheter, qu'il faudrait pour les cinq cents paquets ! Il ne devait même pas avoir eu besoin de le demander, Smautf l'avait certainement compris tout seul ! Et il n'en était pas à une malle près.

Ici, au cinquième droite, la pièce est vide. C'est une salle de bains, peinte en orange mat. Sur le bord de la baignoire, une grande coquille de nacre, provenant d'une huître
15 – perlière, contient un savon et une pierre ponce. Au-dessus du lavabo, il y a un miroir octogonal encadré de marbre veiné. Entre la baignoire et le lavabo, un cardigan de cashmere écossais et une jupe à bretelles sont jetés sur un fauteuil pliant.

La porte du fond est ouverte et donne sur un long corridor. Une jeune fille d'à peine dix-huit ans se dirige vers la salle de bains. Elle est nue. Elle tient dans la main
20 – droite un œuf qu'elle utilisera pour se laver les cheveux, et dans la main gauche le n° 40 de la revue *Les Lettres Nouvelles* (juillet-août 1956) dans lequel se trouve, outre une note de Jacques Lederer sur *Le Journal d'un prêtre*, de Paul Jury (Gallimard), une nouvelle de Luigi Pirandello, datée de 1913, intitulée *Dans le gouffre*, qui raconte comment Roméo Daddi devint fou.

Georges Perec, *La Vie mode d'emploi*, chap. V, © Hachette, 1978.

Voici l'essentiel de la liste des mots que Perec devait utiliser pour la rédaction du chapitre V de La Vie mode d'emploi :

Entrer ; Toilette ; 0 Personne ; Ami (J [acques] L [ederer] ; Faits divers ; Ourdir une vengeance ; Peinture mate ; Avant 39 en Italie (Pirandello) ; Style « Camping » ; 1 page ; Une adolescente ; Insecte et bestioles ; Un blouson écossais ; Cashmere ; Orange ; Bretelles ; Médailles ; Une revue (L [ettres] N [ouvelles]) ; Degas ; Poissons crustacés (huître) ; Sculpture (miroir) ; Solitaire ; Octogone ; Œuf ; Marbre.

Georges Perec
par Marc Taraskoff.

Des outils pour écrire

▌ *Gradus ad Parnassum*

« Escalier vers les Muses » (déesses des arts et des sciences), c'est ainsi qu'on nommait jadis les recueils de figures de style ou de rhétorique*. L'apprenti écrivain y trouvait des exemples des procédés à utiliser pour toucher et convaincre son lecteur : métaphore, comparaison, métonymie, hypallage, etc. On en trouve aujourd'hui en ligne (www.cafe.umontreal.ca/cle/emploi.html).

▌ Dictionnaires de rimes

Ces ouvrages classent les mots en fonction de leur terminaison et de leur nombre de syllabes. On peut ainsi regrouper les mots qui riment entre eux et connaître le nombre de syllabes qu'ils occupent dans le vers. Ces dictionnaires ont été utilisés par les poètes et les auteurs de chansons, qui y trouvent une aide mais surtout des problèmes à résoudre : comment faire rimer en deux vers « arbre » et « marbre » ? Aujourd'hui ils existent aussi en ligne.

▌ Mathématiques et informatique

Dans le prolongement de l'Oulipo (p. 119), des écrivains et chercheurs en linguistique et littérature ont créé l'ALAMO (Atelier de Littérature Assistée par la Mathématique et les Ordinateurs). Ils reprennent l'idée, qu'on peut faire remonter au Grands Rhétoriqueurs* (XVe siècle) et à Leibniz (1666), qu'un texte est, aussi, une combinatoire. Ils utilisent ainsi des algorithmes pour permettre aux ordinateurs de créer des textes littéraires. Sur le modèle imaginé par Queneau pour *Cent mille milliards de poèmes* (1961), ils ont mis au point, à partir des années 1960, des logiciels qui connaissent un développement parallèle à celui de l'informatique.

Conçus d'abord comme des programmes destinés à combiner des phrases ou des mots donnés, ils se sont vite enrichis des recherches sur les langues, la narration et le vocabulaire. On peut ainsi conserver la structure des phrases et faire varier les mots qu'elles contiennent ou combiner divers éléments d'une intrigue selon le modèle de tel ou tel conte : l'ordinateur réécrira ainsi Baudelaire, Rimbaud ou Mallarmé !

Le lecteur joue dans cette littérature un rôle central qui se substitue à celui de l'auteur, au point qu'on peut parler de « laucteur » (contraction d'*auteur* et *lecteur*) ; c'est en effet lui qui donne son sens à une combinatoire générée par une machine qui ignore, par définition, le sens de ce qu'elle produit.

Genèse de *L'Argent* (1891)

Zola
1840-1902

Chef de file du mouvement naturaliste (p. 320), Émile Zola a forgé une méthode de travail pour élaborer les vingt romans du cycle des Rougon-Macquart *(Histoire littéraire, p. 272), dont il a conservé soigneusement les documents de travail. Soucieux de reproduire fidèlement la réalité, Zola commence par se documenter et par observer, crayon en main, le milieu dans lequel se déroulera son histoire. À partir de ces notes et documents, il élabore ses personnages et le plan de son histoire avant de rédiger son texte, qui apparaît ainsi comme un reflet fidèle de la réalité observée. Les documents révèlent cependant le rôle joué par l'imaginaire et la manière dont Zola tire parti de certains détails, qui deviennent autant d'éléments symboliques.*

Dans L'Argent, *qui décrit les milieux financiers à travers l'ascension et la chute vertigineuse du banquier Saccard, fondateur de la Banque Universelle, l'observation de la Bourse sert de support à une peinture des excès de la spéculation et de l'affrontement des clans rivaux. Le chapitre X marque le point culminant de cette lutte pour l'argent : Saccard, qui incarne la puissance et la fragilité de l'argent, en sortira vaincu et Gundermann, son rival, sera le vainqueur au terme d'une séance dont le début est l'occasion de présenter la Bourse.*

TEXTE 7

Projets et plans

Document A. Notes préparatoires pour *L'Argent*

Je voudrais, dans ce roman, ne pas conclure au dégoût de la vie (pessimisme). La vie telle qu'elle est, mais acceptée, malgré tout, pour l'amour d'elle-même, dans sa force. Ce que je voudrais, en somme, qu'il sortît de toute ma série des Rougon-Macquart.

Je traiterai ce roman d'une façon très simple, sans recherche littéraire, le plus pos-
5 sible sans description, d'un trait très vivant. Un peu ce que j'ai fait dans *Pot-Bouille*[1], moins ironique. Je voudrais bien aussi y mettre un ou deux personnages comiques, des scènes bien portantes et drôles.

Sur l'argent, sans l'attaquer, sans le défendre. Ne pas opposer ce qu'on appelle notre siècle d'argent à ce qu'on nomme les siècles d'honneur (ceux d'autrefois). Mon-
10 trer que l'argent est devenu pour beaucoup la dignité de la vie : il rend libre, est l'hygiène, la propreté, la santé, presque l'intelligence. Opposer la classe aisée à la classe pauvre. Puis la force irrésistible de l'argent, un levier qui soulève le monde. Il n'y a que l'amour et l'argent.

Je serai ainsi forcé d'en venir à la question sociale, car en somme elle se résume
15 presque tout entière dans la question de la richesse. Ceux qui ont et ceux qui n'ont pas. Deux familles opposées peut-être ou, dans la même famille, deux branches, une très riche, l'autre très pauvre, et ce que cela amène dans les habitudes, les façons d'être, le côté physique, l'intelligence même : aux deux extrémités. Je pourrais prendre cela dans les Rougon (?). D'autre part comme je n'ai pas de noble dans ma série j'aimerais assez
20 mettre le désastre dans une famille de très ancienne noblesse, très digne, très fière, et qu'un krach achèverait de réduire à la mendicité. [...]

Je ne vois pas où serait mon personnage comique, une figure pittoresque au moins. À chercher.

NOTE
1. Roman dans lequel Zola décrit les mœurs de la petite bourgeoisie.

Je n'ai guère que Saccard pour héros central. Un Saccard nouvelle forme, engraissé,
25 – remis sur pied. L'hôtel[2] du parc Monceau vendu, tout remis à neuf. Pour le côté pauvre,
je lui donnerai un fils d'une ouvrière, tout ce qu'il y a de plus bas (la ressemblance
seule le déciderait) ; et il l'aurait eu dans les premiers temps de son séjour à Paris. Ce
fils pourrait très mal tourner, manque d'argent. Le comparer à Maxime[3], rangé, très
correct, à voir tout ça. Rougon[4] passerait comme dans *La Curée*[5], Sidonie[6] aussi.
30 – Saccard serait l'associé d'un banquier juif, et c'est lui qui volerait une idée, et se
mettrait à part. […]

NOTES
2. Hôtel particulier.
3. Fils de Saccard.
4. Eugène Rougon, ministre, frère de Saccard.
5. Roman où Zola décrit la spéculation immobilière ; Saccard en est le héros.
6. Sœur de Saccard.

Document B. Plan préparatoire

Les grands points du roman deviennent : 1° Saccard, en quête d'affaires d'argent,
près de succomber, avec un portefeuille bourré de projets. Là poser la rivalité qui écla-
tera plus tard avec le banquier juif, dont il se sépare, pour prendre l'Union. – 2° Début
et marche ascendante de l'Union sous la conduite de Saccard. Montée vertigineuse
5 – pendant 2 ou 3 ans. – 3° La crise, le jeu fou à la hausse, et tout le drame à la Bourse,
avec l'écroulement.

Cela me donne simplement un drame de Bourse. C'est parfait, mouvementé ; et
c'est ce que je veux en somme, le trafic sur l'argent. Mais cela ne suffit pas, car je voudrais avoir un coin de drame passionnel. J'aurai Saccard, avec la montée de sa fortune
10 – et de sa puissance. Je veux qu'il tienne à un moment tout Paris, et le monde, en sa main.
Trouver le moyen de rendre cela sensible.

Document C. Plan général (chapitre X)

X – La quinzaine à la Bourse. Toute la bataille, la montée folle, le rut du jeu.
Comment Saccard est amené à acheter de ses actions. Tous les spéculateurs, tout le
personnel de la Bourse. Et les traîtrises du spéculateur chic, de Mme X. Waterloo. Mme
Conin, tous. Peindre la foule.

Émile Zola, *L'Argent*, © Gallimard, « Bibliothèque de la Pléiade », tome V, 1967.

METHODE
→ Le travail de l'écrivain p. 488
→ L'organisation du récit p. 342
→ Le personnage de roman p. 340

OBSERVATION ET ANALYSE

1 Résumez en quelques lignes la thèse que Zola veut défendre ; les personnages, l'intrigue principale, les intrigues secondaires qu'il veut développer dans son roman.

2 En quoi consiste pour Zola « la question sociale » ? Par quels personnages et quels récits compte-t-il la traiter ?

3 Dans les deux derniers paragraphes des notes préparatoires, quels sont les personnages et en quoi consiste l'intrigue ?

4 Quel est le schéma choisi par Zola pour son roman dans le plan préparatoire ? Par quoi veut-il compléter son « drame de Bourse » ?

5 À quelle partie du plan préparatoire correspond le chapitre X du plan général ? En quoi peut-on dire que ce dernier est plus précis ?

EXPRESSION

Vers l'œuvre intégrale. Lisez *L'Argent* et notez les modifications que Zola a fait subir à son plan initial : sont-elles nombreuses ? Par quel personnage a-t-il traité « la question sociale » ? Quelle intrigue vient compléter son « drame de Bourse » ? Lisez dans les *Carnets d'enquête* (H. Mitterand, coll. « Terre humaine », Plon, 1986) les autres notes préparatoires relatives au quartier de la Bourse et aux personnages et repérez comment Zola les redistribue dans son roman, notamment dans le premier chapitre. Reportez-vous au document, p. 455.

La Bourse : milieu et personnages

La Bourse. Dans la salle : Le dallage est en marbre ou en pierre, blanc et noir ; beaucoup de débris de papier, un vrai fumier, crachats, boue, humidité les jours pluie. Les parapluies qui s'égouttent. Il y a cinq arcades dans le fond, à plein cintre ; neuf sur les côtés. Les bas-côtés tout autour (?) – Des lanternes à gaz, pendantes, éclairent, de deux
5 _ en deux arcades. – En haut la galerie du télégraphe. Entre les colonnes et la galerie, dans des écussons ronds, sont des noms de villes. Au-dessus de la galerie, dans la voûte en encorbellement, se trouvent des bas-reliefs. Le jour arrive par un vitrage à deux pentes. – Les bureaux du transfert, sont dans la galerie, sur la façade de la Bourse. – Le télégraphe occupe deux ou trois salles vers la rue Brongniart < manque d'air, sombre
10 _ et humide par temps de pluie >. Des guichets nombreux, des petites tables pour écrire. Parfois, tout cela est plein. – En haut, dans la galerie, parapet assez large, où des noms sont gravés < des cadres avec des dépêches affichées >.

– Ce qui frappe partout, c'est la crasse noire, polie, luisante, dont les murs sont partout enduits, à hauteur d'homme : les colonnes et les murs de la salle, les murs de
15 _ l'escalier et des couloirs, partout.

La fumée bleuâtre des cigares qui monte.

En bas, les portes garnies de treillages, battent continuellement, très lourdes ; mais elles vont et ne viennent pas.

Les calorifères, plaques de fer polies par les pieds, tout le long des bas-côtés.
20 _ L'horloge est du côté de la façade. […]

Mœurs boursières. L'agent de change[1] est généralement marié, ce qui ne l'empêche pas de courir. Comme il manie beaucoup d'argent, et qu'il en gagne beaucoup, il en dépense aussi beaucoup, pour tous ses caprices. Dans mes types d'agents de change, je prendrai le jeune successeur de son oncle. On peut être agent à vingt-cinq ans (je lui
25 _ en donnerai trente). Il a fait la noce, mais il adore sa femme, lune de miel ; ce qui ne l'empêcherait peut-être pas de revoir une ancienne. Une fille de trois ans, un garçon de dix-huit mois, il marche. C'était celui-là, qui, selon moi, n'aurait pas dû spéculer ; mais Fasquelle[2] m'a fait observer que la logique le voudrait plutôt peu prudent, puisqu'il n'a pas d'expérience et qu'il est jeune. Je m'entêterai, je crois, à ne pas le faire spéculer, jus-
30 _ tement parce qu'il est un peu novice ; je lui donnerai d'ailleurs un tempérament particulier. Les charges[3] où l'on ne joue pas, où l'on fait surtout du comptant. La charge peut rapporter trois cent mille francs ; mais certains agents en mangent ou en perdent quatre cent mille francs. De là, le déficit. À voir si ce sera le vieil agent qui jouera.

Les fiches. Chaque agent a des fiches spéciales à son nom, portant le nom et
35 _ l'adresse en bas. Toutes les couleurs, blanche, jaune, verte, rose ; ou bien blanche avec des raies de couleur, perpendiculaires. Tous les commis d'un agent ont leur poche garnie de fiches. De gros clients en ont également (rapidité toujours) pour éviter de passer par les commis. Ils donnent eux-mêmes aux gardes dans les travées. Les fiches sont pour les ordres ou les communications émanant de la charge : questions sur les
40 _ cours, réponses, etc. Les gardes en uniforme noir sont payés par la chambre syndicale, et sont dans les travées et dans la salle pour le service, comme des employés. Les gardes en uniforme bleu sont payés par la ville et sont simplement des gardiens, veillant au bon ordre. La fiche est pliée, on met dessus, au crayon, le nom de l'agent, et on la remet à un gardien, qui la lui passe. Quand c'est l'agent qui envoie la fiche, il met le
45 _ nom du destinataire, et le garde la passe au commis. C'est dans la corbeille qu'on jette les fiches inutiles : les affaires pas faites, les demandes de renseignements, et de là vient l'aspect bariolé de la corbeille. Ces papiers jetés sont parfois plus nombreux les jours

NOTES
1. Personne qui achète le droit de donner des ordres de vente et d'achat à la Bourse pour des clients.
2. Éditeur et ancien agent de change, ami de Zola, que l'écrivain a longuement interrogé.
3. Charges d'agent de change.

de batailles. Il ne faut pas oublier que lorsqu'il a terminé une affaire, et qu'il l'inscrit sur son carnet, l'agent met la fiche dans le carnet, à la fin, pour aider au dépouillement[4].

50 — *Les jours d'effervescence à la Bourse,* sont lorsque les cours montent. Alors du bruit, des cris, des courses. Lorsqu'un désastre arrive au contraire, la Bourse est morne, et plus le désastre s'accentue, plus le lieu est lugubre. Donc, lors de mes chapitres à la bourse, une journée de grande effervescence, et peu à peu le silence se fait, pour aboutir à la dernière journée, morne. Les visages inquiets, décomposés, mais tâchant

55 — de garder leur secret. Le grand courage est d'être impassible[5], de se faire un masque d'airain[6], pour cacher ses émotions. Si Saccard apparaît, c'est son entrée en Bourse qui doit être la minute importante < pour montrer son sang-froid, il dit : je suis ennuyé, je viens d'apprendre que des voleurs ont dévalisé ma maison de campagne hier >. Il vient contre l'orage, il est impassible et répond. Des centaines de spéculateurs l'entourent,

60 — l'assiègent contre son pilier. Cela se passe la veille du désastre. Car, au dernier jour, je ne crois pas qu'il ose paraître. C'est la débâcle qui emporte tout. – Au parquet et à la coulisse. Les agents de change très inquiets sous leur masque impassible.

Émile Zola, *L'Argent,* « Bibliothèque de la Pléiade », tome V, © Gallimard, 1967.

NOTES

4. Opération qui consiste à faire le bilan des ordres passés (achats et ventes).

5. Qui ne montre pas ses sentiments.

6. Bronze.

MÉTHODE

→ Le travail de l'écrivain p. 488
→ La description p. 338
→ Le personnage de roman p. 340

Edgar Degas,
Portraits à la Bourse,
1878. Paris,
musée d'Orsay.

1 Dans les notes sur la salle de la Bourse, quelle impression domine ?

2 Dans *Mœurs boursières*, quels sont les deux types d'agent de change que Zola envisage de mettre en scène ? Montrez qu'il hésite encore à ce stade de son travail.

3 Quel est, pour un romancier comme Zola, l'intérêt des notes relatives aux fiches ? Pourquoi, selon vous, Zola est-il aussi précis dans les détails qu'il retient ?

4 Comment apparaissent, dans le dernier paragraphe, Saccard et les agents de change ?

TEXTE **9**

Extraits du chapitre X

À cette fin d'année, le jour de la liquidation de décembre, la grande salle de la Bourse se trouva pleine dès midi et demi, dans une extraordinaire agitation de voix et de gestes. Depuis quelques semaines, d'ailleurs, l'effervescence montait, et elle aboutissait à cette dernière journée de lutte, une cohue fiévreuse où grondait déjà la décisive bataille qui
5 — allait s'engager. Dehors, il gelait terriblement ; mais un clair soleil d'hiver pénétrait, d'un rayon oblique, par le haut vitrage, égayant tout un côté de la salle nue, aux sévères piliers, à la voûte triste, que glaçaient encore des grisailles allégoriques[1] ; tandis que des bouches de calorifères[2], tout le long des arcades, soufflaient une haleine tiède, au milieu du courant froid des portes grillagées, continuellement battantes. [...]
10 — « Ah ! nous y voilà ! » cria Pillerault[3].

Et, de tout près, en accentuant chaque syllabe :

« Mon cher, on finira ce soir à trois mille soixante… Vous serez tous culbutés, c'est moi qui vous le dis. »

Le baissier[4], facilement impressionnable pourtant, eut un petit sifflement de défi.
15 — Et il regarda en l'air, pour marquer sa fausse tranquillité d'âme, il resta un moment à examiner les quelques têtes de femmes, qui se penchaient, là-haut, à la galerie du télégraphe, étonnées du spectacle de cette salle, où elles ne pouvaient entrer. Des écussons portaient des noms de villes, les chapiteaux et les corniches allongeaient une perspective blême, que des infiltrations avaient tachée de jaune. [...]
20 — Depuis longtemps, le gros commérage de la Bourse était que Gundermann guettait Saccard, qu'il nourrissait la baisse contre l'Universelle, en attendant d'étrangler celle-ci, à quelque fin de mois, d'un effort brusque ~~en écrasant le marché~~, < lorsque l'heure serait venue d'écraser le marché > sous ses millions ; et, si cette journée s'annonçait si chaude, ~~dans l'enfièvrement de tous~~, c'était que tous croyaient, répétaient
25 — que la bataille allait enfin être pour ce jour-là, une de ces batailles sans merci où l'une des deux armées reste par terre, détruite. Mais est-ce qu'on était jamais certain, dans ce monde de mensonge et de ruse ? Les choses les plus sûres, les plus annoncées à l'avance, devenaient, au moindre souffle, des sujets de doute pleins d'angoisse. [...]

« Bah ! s'écria Pillerault, tout à sa théorie favorite du casse-cou, le mieux est encore
30 — de suivre son idée, au petit bonheur… Il n'y a que la chance. On a de la chance ou l'on n'a pas de chance. Alors, quoi ? il ne faut pas réfléchir. Moi, ~~toutes les fois~~ < chaque fois > que j'ai réfléchi, j'ai failli y rester… Tenez ! tant que je verrai ce monsieur-là < solide > à son poste, avec son air de gaillard qui veut tout manger, j'achèterai. »

D'un geste, il avait montré Saccard, qui venait d'arriver et qui s'installait à sa
35 — place habituelle, contre le pilier de la première arcade de gauche. Comme tous les chefs de maison importante, il avait ainsi une place connue, où les employés et les clients étaient certains de le trouver, les jours de Bourse. [...] Derrière lui, dans l'angle

NOTES

1. Peintures en tons de gris représentant des idées (justice, charité, abondance, etc.).

2. Appareils de chauffage.

3. Spéculateur professionnel. Toujours optimiste, il parie sur une hausse.

4. Autre spéculateur qui, lui, parie sur une baisse.

du pilier, il y avait un banc, mais il ne s'y asseyait jamais, debout pendant les deux heures du marché, comme dédaigneux de la fatigue. Parfois, aux minutes d'abandon,
40 – il s'appuyait simplement du coude à la pierre, que la salissure de tous les contacts, à hauteur d'homme, avait noircie et polie ; et, dans la nudité blafarde[5] du monument, il y avait même là un détail caractéristique, cette bande de crasse luisante, contre les portes, contre les murs, dans les escaliers, dans la salle, un soubassement[6] immonde, la sueur accumulée des générations de joueurs et de voleurs. Très élégant, très correct,
45 – ainsi que tous les boursiers, avec son drap fin et son linge éblouissant, Saccard avait la mine aimable et reposée d'un homme sans préoccupations, au milieu de ces murs bordés de noir. […]

Saccard, à son pilier, voyait grossir autour de lui la cohue de ses flatteurs et de ses clients. Continuellement, des mains se tendaient, et il les serrait toutes, avec la
50 – même facilité heureuse, mettant dans chaque étreinte de ses doigts une promesse de triomphe. Certains accouraient, échangeaient un mot, repartaient ravis. Beaucoup s'entêtaient, ne le lâchaient plus, glorieux d'être de son groupe. Souvent il se montrait aimable, sans se rappeler le nom des gens qui lui parlaient. […]

On attendait le premier cours.
55 – À la corbeille, Mazaud[7] et Jacoby[8], sortant du cabinet des agents de change, venaient d'entrer, côte à côte, d'un air de correcte confraternité. Ils se savaient pourtant adversaires dans la lutte sans merci qui se livrait depuis des semaines, et qui pouvait finir par la ruine de l'un d'eux. Mazaud, petit, avec sa taille mince de joli homme, était d'une vivacité gaie, où se retrouvait sa chance si heureuse jusque-là, cette chance qui
60 – l'avait fait hériter, à trente-deux ans, de la charge[9] d'un de ses oncles ; tandis que Jacoby, ancien fondé de pouvoir[10], devenu agent à l'ancienneté, grâce à des clients qui le commanditaient, avait le ventre épaissi et le pas lourd de ses soixante ans, grand gaillard grisonnant et chauve, étalant une large face de bon diable jouisseur. Et tous deux, leurs carnets à la main, causaient du beau temps, comme s'ils n'avaient pas tenu là, sur ces
65 – quelques feuilles, les millions qu'ils allaient échanger, ainsi que des coups de feu, dans la meurtrière mêlée de l'offre et de la demande.

« Hein ? une jolie gelée !

– Oh ! imaginez-vous, je suis venu à pied, tant c'était charmant ! »

[…] Cependant, Mazaud revint vers la corbeille. Mais, à chaque pas, un garde
70 – lui remettait, de la part de quelque client qui n'avait pu s'approcher, une fiche, où un ordre était griffonné au crayon. Chaque agent avait sa fiche particulière, d'une couleur spéciale, rouge, jaune, bleue, verte, afin qu'on pût la reconnaître aisément. Celle de Mazaud était verte couleur de l'espérance ; et les petits papiers verts continuaient à s'amasser entre ses doigts, dans le continuel va-et-vient des gardes, qui les prenaient
75 – au bout des travées, de la main des employés et des spéculateurs, tous pourvus d'une provision de ces fiches, de façon à gagner du temps. Comme il s'arrêtait de nouveau devant la rampe de velours, il y retrouva Jacoby, qui, lui également, tenait une poignée de fiches, sans cesse grossie, des fiches rouges, d'un rouge frais de sang répandu ; sans doute des ordres de Gundermann et de ses fidèles, car personne n'ignorait que Jacoby,
80 – dans le massacre qui se préparait, était l'agent des baissiers, le principal exécuteur des hautes œuvres de la banque juive.

Émile Zola, *L'Argent*, « Bibliothèque de la Pléiade », tome V, © Gallimard,1967.

NOTES

5. Pâle et sans éclat.

6. Partie qui supporte un édifice.

7. Agent de change qui exécute les ordres de Saccard.

8. Agent de change qui exécute les ordres de Gundermann.

9. Charge d'agent de change, droit de donner des ordres de vente et d'achat à la Bourse, pour le compte de clients.

10. Employé d'un agent de change.

METHODE

→ L'étude du style p. 486
→ Le travail de l'écrivain p. 488
→ Le personnage de roman p. 340
→ La description p. 338

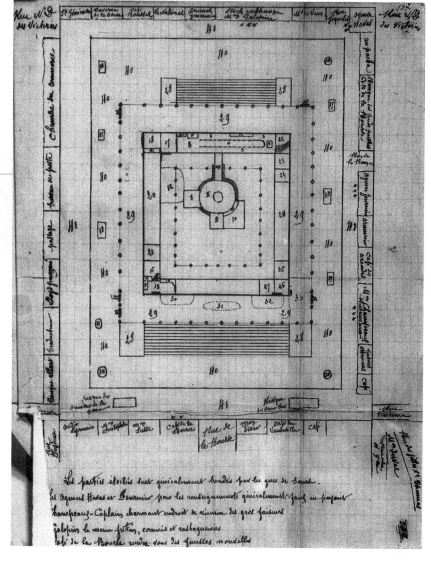

L'Argent, croquis détaillé du quartier de la Bourse par Zola. Paris, BNF.

OBSERVATION ET ANALYSE

1 Quels éléments du plan général (p. 450) sont présents dans ces extraits du chapitre X ? Zola est-il globalement fidèle à son projet ?

2 Montrez que Mazaud et Jacoby, les deux agents de change, sont directement issus des notes de Zola sur les mœurs boursières (p. 451). Quel choix a-t-il finalement fait ? Comment enrichit-il ses portraits ?

3 L'attitude de Saccard est-elle conforme au projet de Zola dans les notes sur « les jours d'effervescence » (p. 452) ? Par quels détails Zola a-t-il également marqué l'indifférence apparente des agents de change ?

4 La description qui ouvre le chapitre est-elle conforme à ce que Zola a noté lors de sa visite à la Bourse (document B) ? Relevez les détails d'architecture communs.

5 Quelle valeur Zola attribue-t-il à la crasse qui salit les murs de la Bourse ? Pourquoi peut-on dire que ce détail est à la fois réaliste et symbolique ?

6 Commentez le choix de la couleur des fiches des deux agents de change. En quoi consiste ici le travail de l'écrivain ?

7 Relevez puis commentez dans le texte définitif les modifications (~~suppressions~~ et < additions >) apportées à son texte par Zola.

EXPRESSION

Écriture d'invention. À la manière de Zola pour les *Rougon-Macquart* (p. 272), constituez une série de notes relatives à un milieu qui vous intéresse (métier, sport, société, etc.). Vous veillerez à respecter le style et la forme propres aux notes. À partir de ces notes et de ce que vous pensez du milieu observé, imaginez le plan d'un récit qui se déroule dans ce milieu et permette d'en révéler le fonctionnement et les particularités.

Outils de travail

Écrire à la main (2001)

Michon
Né en 1945

Romancier et essayiste à la prose lyrique, Pierre Michon emprunte souvent les détours de la biographie et de l'autobiographie dans ses livres. Le thème du geste de la main, qui apparaît aussi dans certains de ses romans, sert ici de support à une réflexion sur l'acte d'écrire, les différentes formes qu'il peut prendre et son caractère sacré.

J'écris à la main (Picasso un jour demande à Jean Hugo[1] : « Vous peignez toujours à la main ? »), avec un crayon noir, sur des feuilles volantes. Ceci pour les premiers jets d'un texte, d'une page, tôt le matin. C'est que j'ai appris à écrire ainsi et que les connexions entre la main qui tient la plume (le crayon) et l'esprit sont parfaitement
5 — rodées, organiques[2], totalement sophistiquées[3] et nécessaires, naturelles comme toutes les techniques que notre corps a acquises alors qu'il devenait lui-même, s'acquérait comme corps pensant et agissant. Dans un second temps je « mets au propre », comme on disait naguère, c'est-à-dire que je rends abstrait, je détache de moi et de ma gestuelle spécifique, je ne garde de ma gestuelle que ce qui apparaît dans les sons et les rythmes :
10 — je mets donc au propre sur ces machines à fabriquer du neutre, ou de l'universel, que sont la machine à écrire, jadis, et aujourd'hui l'ordinateur. Ce ne sont pas seulement des machines à fabriquer du neutre : l'ordinateur donne toujours des idées et des rythmes de dernière minute, combat ou seconde la pulsion organique du bras, conseille d'étonnantes corrections. Tout cela fait système[4] de façon confuse mais efficace.

15 — Je ne crois pas le moins du monde à l'écriture au crayon : si j'avais appris à quatre ans à me servir à dix doigts d'un clavier, la connexion organique se serait faite entre cet éventail horizontal et mon esprit, et non pas entre la crispation oblique de la main sur un objet et mon esprit. J'ai tendance à croire que j'aurais écrit la même chose, directement sur ordinateur. Le média n'est pas le message, c'est un serviteur.

20 — Je vais exagérer dans un autre sens. Il m'arrive de penser – je m'efforce de penser pour écrire – que l'acte de l'écrivain est une activité liturgique[5], complètement séparée de la vie – dans le sens où elle est la vie de la vie, où elle en est une acmé[6] foudroyante, comme l'alcool pur en regard de l'eau. Et alors la plume, le papier, la gestuelle qui s'y écrit, le petit drame et le grand enjeu qui s'y jouent, tout cela est objets et danse rituels
25 — qui doivent impérativement être justes et justement disposés pour qu'en naisse le texte juste. Regardant mes manuscrits, il m'arrive d'y voir un paragraphe, une ligne, dansés. Si cela est visible à tous, alors oui, il est peut-être bon de conserver les manuscrits. La vitesse d'inscription : c'est à cela qu'on voit une phrase dansée. Elle est peu lisible, elle tend vers la ligne droite, les *M.* et le *n* sont des barres, les mots sont réduits à leurs
30 — italiques, elle attaque, elle fuit pour mieux régner. C'est que la graphie pour un instant va plus vite que la pensée, elle s'en libère, elle est la plus forte. Et la pensée qui court après est tout étonnée de se retrouver plus vraie au bout de la ligne. Les moments de vitesse, dans l'autographe[7], sont triomphe : triomphe du rythme, de l'empirisme[8] sûr, de la magie.

Pierre Michon, « Écrire à la main »,
in *Brouillons d'écrivains*, Paris, © BNF, 2001.

NOTES
1. Jean Hugo (1894-1984), peintre français, arrière-petit-fils de Victor Hugo.
2. Constituées comme un organe.
3. Extrêmement travaillées, améliorées.
4. Constitue un tout, un ensemble.
5. Qui appartient à un cérémonial sacré, religieux.
6. Point culminant.
7. Qui est écrit de la propre main de quelqu'un.
8. Méthode qui s'appuie sur la pratique et non sur la théorie.

MÉTHODE
→ Les figures d'images p. 130
→ Le registre satirique p. 424
→ Convaincre et persuader p. 420

Pierre Michon,
La Grande Beune, 1995.
Manuscrit autographe.
Sept versions de
la première page.
Collection particulière.

OBSERVATION ET ANALYSE

1 Quelle phrase résume le point de vue de Pierre Michon sur le choix de l'instrument utilisé pour écrire ? Quelle autre phrase justifie son opinion ?

2 Pourquoi l'écrivain écrit-il à la main et non à l'ordinateur son « premier jet » ?

3 Montrez, par un relevé lexical, que le rythme et les mouvements sont importants dans l'acte d'écriture de Pierre Michon. De quel art l'écriture se trouve-t-elle ainsi rapprochée ?

4 Dans le second paragraphe, Pierre Michon identifie « l'acte de l'écrivain » à la magie. Quelle figure de style contribue à exprimer cette idée ?

5 Quelle est la place du corps et de la pensée dans l'écriture telle que la pratique Pierre Michon ? Quelle autre représentation de l'écriture est ainsi contredite ?

Eco
Né en 1932

De la littérature (2003)

Professeur de littérature et de sémiologie* à l'université de Bologne, Umberto Eco est aussi, depuis la publication du Nom de la rose *(1982), un romancier dont les livres ont souvent pour point de départ des questions scientifiques. Dans* Le Pendule de Foucault *(1988), il évoque un ordinateur écrivant de façon aléatoire des poésies, comme en conçoivent les membres de l'Alamo (Atelier de Littérature Assistée par la Mathématique et les Ordinateurs, voir p. 448). La critique en a déduit que le livre devait beaucoup à cette méthode. Non sans humour, Umberto Eco parle ici de ce que l'ordinateur change réellement dans l'écriture.*

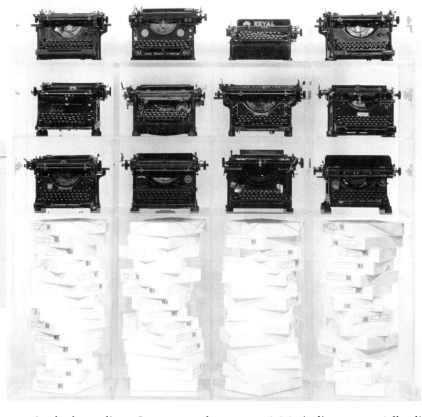

Arman (né en 1928), *Heroïc Times*, 1997, accumulation de machines à écrire et de ramettes de papier dans un caisson en plexiglas (180 x 180 x 50 cm). Coll. part.

Quelqu'un a dit : « On sent que le roman a été écrit directement à l'ordinateur ; sauf la scène du cimetière[1] : celle-là, oui, il y a du ressenti, elle a dû être réécrite plusieurs fois, et au stylo. » J'ai honte de le dire, mais de ce roman qui a subi tant de phases de rédaction, où sont intervenus le Bic, le stylo, le feutre, et d'infinies révisions, l'*unique*
5 – chapitre écrit directement à l'ordinateur, et d'un trait, sans trop de corrections, a été justement celui de la trompette[1]. La raison en est très simple : cette histoire, je l'avais tellement portée en moi, je me l'étais racontée tant de fois, que c'était comme si elle avait déjà été écrite. Je n'avais rien à ajouter. J'agitais mes doigts sur le clavier comme sur un piano sur lequel j'aurais joué une mélodie que je savais par cœur ; et s'il y a du
10 – bonheur dans cette scène, il est dû au fait qu'elle est née comme une *jam session*[2]. Vous jouez en vous laissant aller, vous enregistrez, et ça donne ce que ça donne.

En fait, ce qui est bien avec l'ordinateur, c'est qu'il encourage la spontanéité : vous écrivez d'un seul jet, en hâte, ce qui vous vient à l'esprit. Après, vous savez que vous pouvez corriger et varier.

15   L'utilisation de l'ordinateur concerne en effet surtout le problème des corrections, et donc des variantes[3].

Le Nom de la rose, dans ses versions définitives, était tapé à la machine. Puis je corrigeais, je retapais, parfois je collais, à la fin j'ai tout donné à retaper à une dactylo, puis j'ai encore corrigé, remplacé, collé. Mais avec la machine à écrire, on ne peut corriger
20   que jusqu'à un certain point. Après, vous êtes las de tout retaper, de coller et de faire retaper. Le reste, vous le corrigez sur les épreuves[4], et ça roule.

Avec l'utilisation de l'ordinateur (*Le Pendule* a été écrit en Wordstar 2000[5], *L'île du jour d'avant*[6] en Word[5], *Baudolino*[6] en Winword[5] dans ses diverses versions au cours des années), les choses changent. Vous êtes amené à corriger à l'infini. Vous écrivez, puis
25   vous imprimez et vous vous relisez. Vous corrigez. Puis vous rentrez[7] les corrections et vous réimprimez. J'ai conservé les différentes versions (avec quelques lacunes). Mais il serait erroné de penser qu'un fanatique des variantes pourrait demain reconstruire votre processus d'écriture. En effet, vous écrivez (à l'ordinateur), vous imprimez, vous corrigez (à la main), vous reportez les corrections sur l'ordinateur, mais en le faisant,
30   vous choisissez d'autres variantes, c'est-à-dire que vous n'écrivez pas exactement ce que vous aviez corrigé à la main. Le critique de ces variantes trouverait des variantes entre votre dernière variante à la plume sur le manuscrit et la nouvelle variante produite par l'imprimante. Si vraiment vous vouliez encourager des thèses[8] inutiles, la postérité est à votre disposition. C'est que, avec l'existence de l'ordinateur, la logique
35   même des variantes change. Elles ne constituent ni un repentir[9] ni votre choix final. Comme vous savez que votre choix peut être révoqué[10] à tout moment, vous en faites beaucoup, et souvent vous revenez sur vos pas.

Je crois vraiment que l'existence des moyens d'écriture électronique changera profondément la critique des variantes, n'en déplaise à l'esprit de notre cher philo-
40   logue[11] Contini[12]. Une fois, je me suis penché sur les variantes des *Hymnes sacrés* de Manzoni[13]. Alors, la substitution d'un mot était décisive. Aujourd'hui non : demain, vous pouvez revenir sur le mot abandonné hier. Ce qui comptera tout au plus, ce sera la différence entre le premier jet manuscrit et le dernier jet sur imprimante. Le reste est un va-et-vient, souvent déterminé par votre taux de potassium dans le sang.

Umberto Eco, *De la littérature*,
trad. M. Bouzaher, Paris, © Grasset, 2003.

NOTES

3. Versions différentes d'un même texte.

4. Première version imprimée d'un texte.

5. Wordstar 2000, Word, Winword : logiciels de traitement de texte.

6. Respectivement parus en 1994 et 2000.

7. Vous saisissez les corrections sur l'ordinateur.

8. Travaux de recherche qui donnent le grade universitaire de docteur.

9. Modification apportée à un texte au cours de l'écriture.

10. Annulé, modifié.

11. Qui s'intéresse à l'évolution des langues.

12. Gianfranco Contini (1912-1990), spécialiste italien de l'étude des manuscrits.

13. Manzoni (1785-1873), écrivain italien.

MÉTHODE

→ Les figures d'images p. 130
→ Le registre satirique p. 424
→ Convaincre et persuader p. 420

OBSERVATION ET ANALYSE

1 Selon Umberto Eco, quel est l'avantage de l'ordinateur par rapport à la machine à écrire ?

2 Que change l'ordinateur dans le statut de l'écriture littéraire et dans l'étude savante de la littérature ?

3 Qu'apporte l'ordinateur à l'écriture, selon lui ? Identifiez et étudiez l'image utilisée pour exprimer cette idée.

4 Étudiez le rythme. Par quels procédés l'auteur cherche-t-il à imiter le mouvement propre, selon lui, à l'écriture sur ordinateur ?

5 Dans le cinquième paragraphe, comment l'auteur parvient-il à impliquer le lecteur dans son propos ?

6 Par quelles expressions et figures de style l'auteur marque-t-il son ironie à l'égard des critiques et de ceux qui étudient les variantes ? Quelle tonalité cela donne-t-il au texte ?

EXPRESSION

Vers la dissertation. Répondez à la question suivante en deux ou trois paragraphes argumentés : pensez-vous que le développement de l'informatique et des nouvelles technologies de l'information et de la communication modifie l'acte d'écriture, le travail de l'écrivain et, plus généralement, le statut de la littérature ?

Hélène Cixous
Née en 1937

Moi-même j'écris ceci
sur du papier ordinaire… (2001)

Hélène Cixous est l'auteur d'une œuvre où l'autobiographie, l'écriture et la femme occupent une très large place. Devenue, très jeune, orpheline de père, elle a tissé avec sa mère une relation forte qu'on retrouve ici jusque dans les petits détails de l'écriture auxquels la mort donne tout leur sens.

Moi-même j'écris ceci sur du papier ordinaire recyclé format 210 x 297 mm, blanc cassé, rugueux, grossier, je ne prends pas le papier qui gratifierait[1] mon sens du confort un certain papier tout blanc et lourd, encore moins un vélin[2], le vélin que l'on m'a offert finalement n'est jamais arrivé sous ma plume il est resté sur l'étagère, et cela
5 — depuis des années, j'évite, je le vois maintenant, je me garde[3] d'une certaine épaisseur, d'un poids, d'une élégance.

Comme si ma main, pas ma conscience, comme si mon corps demandait la terre, l'humilité, l'humus[4]. Et c'est cela le sacré, le secret, pour écrire, à écrire, l'écrire sur terre.
10 — Alors que mes peaux d'apparence, d'apparat, mes vêtements posés par-dessus moi se veulent visibles, luxueux, artistes, mes peaux secrètes sont brutes, impréparées. Et de même je n'écris pas en costume, mais sans apprêt, seulement vêtue, toujours le vieux pantalon, le vieux pull, les mêmes effacés toujours les mêmes tous les jours chaque année, mes peaux de bête qui souffrent bien les chaos, les ratures, les égratignures.
15 — J'écris tout sur des blocs Leader Price achetés par ma mère, avais-je écrit le 14 octobre 1999, les blocs deux fois moins chers, les trophées de ma mère. Peu à peu, d'année en année, de la main de ma mère à ma main je ne peux plus me passer des blocs Leader Price, les plus-moins-chers d'Europe. À force d'être achetés par ma mère à bas prix chaque année, ils ont pris une plus-value[5]. Peu à peu les blocs Leader
20 — Price que moi-même je n'achèterais jamais acquièrent un pouvoir bénéfique presque imperceptible, alors que jamais, inspirée par mon bon-goût, je n'achèterais des blocs tapageusement vulgaires, peu à peu je ne peux plus écrire mes hypotaxes[6] ailleurs, ma main droite et surtout mon petit doigt et mon annulaire ont besoin de se frotter sur ce précis papier le plus moins cher, effleurement névrotique[7] désormais qui s'effectue
25 — assez loin de mes organes géniaux. Peu à peu l'emprise insinuante[8] des blocs Leader Price s'affirme frêle. C'est ainsi qu'il m'est arrivé de trouver le premier jour[9] dans La Maison un bloc LP que j'avais dû laisser « en attente » sur mes étagères, vestige d'une pensée fugitive et funèbre que je cherchai aussitôt à effacer mais – avais-je écrit – j'avais ouvert la porte de mon bureau et la mauvaise pensée était déjà là avant moi
30 — dans la pièce. C'est même elle pensais-je qui m'a fait ouvrir la porte. Et cette pensée qui m'attendait depuis un ou deux ans elle devait m'avoir murmuré à l'oreille : avant de partir tu ferais bien de laisser un ou deux blocs LP en attente de ton retour. On ne sait jamais ce qui peut arriver. Au cas où la Chose que tu crains par-dessus tout[10] serait arrivée, en ce cas chuchotait la mauvaise pensée non seulement tu aurais perdu une
35 — grande partie de toi-même mais en plus tu ne pourrais même pas en revenant ruinée et beaucoup morte dans La Maison rétablir le contact vital avec le papier donc l'écriture, tu ne pourrais même pas poser le bout des doigts sur la peau du bloc de ta mère tu serais coupée de la pauvre façon qui te resterait d'essayer de limiter le déferlement des sangs vers la mort. Pensée sacrilège fidèle sage folle prudente épouvantable. Penser

NOTES
1. Avantagerait.
2. À l'origine, peau de mouton servant de parchemin ; aujourd'hui, papier très blanc et très fin.
3. Je me protège de quelque chose.
4. Terre formée par la décomposition des végétaux.
5. Augmentation de la valeur d'une chose.
6. Phrases complexes.
7. Qui a pour origine une névrose, perturbation psychique.
8. Qui vient lentement, sans qu'on s'en aperçoive.
9. Après la mort de la mère.
10. La mort de la mère.

40 _ – craindre la mort c'est un petit peu tuer. Tuer se tuer me suicider ma mère. Et j'avais laissé sur l'étagère ce bloc funéraire. Témoignage de mes hantises et de la spéculation silencieuse de ma mère : elle achète de plus en plus de blocs Leader Price. Je la vois : elle m'approvisionne *pour son voyage*. Avais-je écrit

Hélène Cixous, « De main en main jusqu'à un maintenant éphémère »,
in *Brouillons d'écrivains*, Paris, © BNF, 2001.

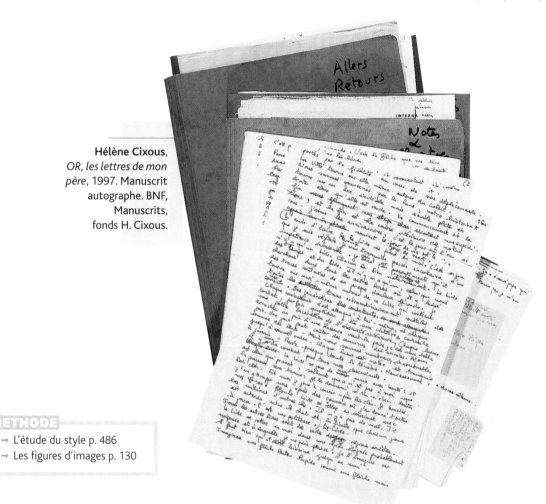

Hélène Cixous,
OR, les lettres de mon père, 1997. Manuscrit autographe. BNF, Manuscrits, fonds H. Cixous.

MÉTHODE

→ L'étude du style p. 486
→ Les figures d'images p. 130

OBSERVATION ET ANALYSE

1 Comment Hélène Cixous explique-t-elle son besoin d'écrire sur des blocs de papier Leader Price ? Relevez les phrases qui montrent qu'il ne s'agit pas d'un caprice mais d'un impératif profond.

2 Identifiez une autre habitude mentionnée par l'écrivain. Quelle image permet de la rattacher à l'écriture et au choix du papier ?

3 Quels mots et expressions montrent que l'auteur prend une certaine distance avec sa manie d'écrire sur de tels blocs de papier ? Quelle tonalité est ainsi introduite dans le texte ?

4 Relevez les mots et expressions qui appartiennent au lexique de la mort. Par quel procédé l'auteur parvient-il à faire apparaître progressivement ce thème dans le dernier paragraphe ? Quel effet crée cette révélation progressive de la mort ?

5 Dans le dernier paragraphe, quelle formule revient comme un refrain et quelle tonalité contribue-t-elle à créer ?

EXPRESSION

Lecture cursive. Lisez *Sido* et *Les Vrilles de la vigne* de Colette. Dites quel rôle jouent la lecture et l'écriture dans les vies des personnages dont ces textes racontent l'histoire (particulièrement dans « Le Capitaine », « Les Sauvages », « Les Vrilles de la vigne »). En quoi ces récits peuvent-ils modifier votre regard sur les fonctions de la lecture et de l'écriture ?

Le mythe de l'écrivain : Balzac, grandeur et misère

Comment on paie ses dettes quand on a du génie (1845)

Baudelaire
1821-1867

Observateur attentif de la vie littéraire parisienne du milieu du XIXe siècle, Bau-delaire brosse ici un portrait respectueux et amusé de Balzac, l'auteur de La Comédie humaine *(p. 265). Écrivain très productif et à succès, Balzac a cependant passé sa vie à tenter de payer ses dettes, nées d'achats de meubles et d'objets d'art luxueux ou d'affaires malheureuses. C'est un des nombreux épisodes de cette vie d'écrivain, passée à courir après l'argent, qui est raconté ici.*

Qu'avait-il donc à être si noir, le grand homme ! pour marcher ainsi, le menton sur la bedaine, et contraindre son front plissé à se faire *Peau de chagrin*[1] ?

Rêvait-il ananas à quatre sous, pont suspendu en fil de liane, villa sans escalier avec des boudoirs tendus en mousseline ? Quelque princesse, approchant de la qua-

5 rantaine, lui avait-elle jeté une de ces œillades profondes que la beauté doit au génie ? ou son cerveau, gros de quelque machine industrielle, était-il tenaillé par toutes les *Souffrances d'un inventeur*[2] ?

Non, hélas ! non ; la tristesse du grand homme était une tristesse vulgaire, terre à terre, ignoble, honteuse et ridicule ; il se trouvait dans ce cas mortifiant[3] que nous

10 connaissons tous, où chaque minute qui s'envole emporte sur ses ailes une chance de salut ; où, l'œil fixé sur l'horloge, le génie de l'invention sent la nécessité de doubler, tripler, décupler ses forces dans la proportion du temps qui diminue, et de la vitesse approchante de l'heure fatale. L'illustre auteur de la *Théorie de la lettre de change*[2], avait le lendemain un billet[4] de douze cents francs à payer, et la soirée était fort avancée.

15 En ces sortes de cas, il arrive parfois que, pressé, accablé, pétri, écrasé sous le pis-ton de la nécessité, l'esprit s'élance subitement hors de sa prison par un jet inattendu et victorieux.

C'est ce qui arriva probablement au grand romancier. Car un sourire succéda sur sa bouche à la contraction qui en affligeait les lignes orgueilleuses ; son œil se redressa,

20 et notre homme, calme et rassis, s'achemina vers la rue Richelieu d'un pas sublime et cadencé.

Il monta dans une maison où un commerçant riche et prospérant alors se délassait des travaux de la journée au coin du feu et du thé ; il fut reçu avec tous les honneurs dus à son nom, et au bout de quelques minutes exposa en ces mots l'objet de sa visite :

25 « Voulez-vous avoir après-demain, dans *Le Siècle* et *Les Débats*[5], deux grands arti-cles *Variétés* sur *Les Français peints par eux-mêmes*, deux grands articles de moi et signés de mon nom ? Il me faut quinze cents francs. C'est pour vous une affaire d'or. »

Il paraît que l'éditeur, différent en cela de ses confrères, trouva le raisonnement raisonnable, car le marché fut conclu immédiatement. Celui-ci[6], se ravisant, insista

30 pour que les quinze cents francs fussent livrés sur l'apparition du premier article ; puis il retourna paisiblement vers le passage de l'Opéra.

Au bout de quelques minutes, il avisa un petit jeune homme à la physionomie hargneuse et spirituelle, qui lui avait fait naguère une ébouriffante préface pour la

NOTES

1. Roman de Balzac (1831).

2. Parties du roman *Illusions perdues* (1837).

3. Qui inflige de la souffrance.

4. Reconnaissance de dette.

5. Journaux parisiens du XIXe siècle.

6. Désigne Balzac.

Grandeur et décadence de César Birotteau[7], qui était déjà connu dans le journalisme
35 _ pour sa verve[8] bouffonne et quasi impie ; le piétisme[9] ne lui avait pas encore rogné les
griffes, et les feuilles bigotes[10] ouvert leurs bienheureux éteignoirs[11].

« Édouard[12], voulez-vous avoir demain 150 francs ? – Fichtre. – Eh bien ! venez
prendre du café. »

Le jeune homme but une tasse de café, dont sa petite organisation méridionale
40 _ fut tout d'abord enfiévrée.

« Édouard, il me faut demain matin trois grandes colonnes *Variétés* sur *Les Français peints par eux-mêmes* ; le matin, entendez-vous, et de grand matin ; car l'article
entier doit être recopié de ma main et signé de mon nom ; cela est fort important. »

Le grand homme prononça ces mots avec cette emphase admirable, et ce ton
45 _ superbe, dont il dit parfois à un ami qu'il ne peut pas recevoir : « Mille pardons, mon
cher, de vous laisser à la porte ; je suis en tête à tête avec une princesse, dont l'honneur
est à ma disposition, et vous comprenez… »

Édouard lui donna une poignée de main, comme à un bienfaiteur, et courut à la
besogne.
50 _ Le grand romancier commanda son second article rue de Navarin[13].

Le premier article parut le surlendemain dans *Le Siècle*. Chose bizarre, il n'était
signé ni du petit homme ni du grand homme, mais d'un troisième nom[14], bien connu
dans la Bohème[15] d'alors, pour ses amours de matous et d'Opéra Comique.

Le second ami était, et est encore, gros, paresseux et lymphatique ; de plus, il n'a
55 _ pas d'idées, et ne sait qu'enfiler et perler des mots en manière de colliers d'Osages[16] et,
comme il est beaucoup plus long de tasser trois grandes colonnes de mots que de faire
un volume d'idées, son article ne parut que quelques jours plus tard. Il ne fut point
inséré dans *Les Débats*, mais dans *La Presse*.

Le billet de 1 500 francs était payé ; chacun était parfaitement satisfait, excepté
60 _ l'éditeur, qui l'était presque. Et c'est ainsi qu'on paie ses dettes… quand on a du génie.

Charles Baudelaire, « Comment on paie ses dettes quand on a du génie », 1845.

NOTES

7. Roman de Balzac (1837).

8. Facilité à s'exprimer.

9. Mouvement religieux.

10. Journaux religieux.

11. Instruments qui servent à éteindre les bougies.

12. Édouard Ourliac (1813-1848), journaliste français, ami de Baudelaire.

13. C'est là qu'habitait Théophile Gautier (1811-1872), écrivain.

14. Gérard de Nerval (1808-1855), écrivain.

15. Groupe d'artistes marginaux.

16. Indiens de la tribu du même nom.

MÉTHODE

→ La description p. 338
→ Les registres p. 70
→ Le registre satirique p. 424

OBSERVATION ET ANALYSE

1 Comment procède Balzac pour payer ses dettes ? S'est-il enrichi ?

2 Quelles sont les différentes personnes qui interviennent dans cette histoire ? Quel est le rôle de chacune dans l'écriture et la publication des différents articles ?

3 Sur quel registre joue Baudelaire pour décrire la figure de l'éditeur ?

4 Quelle image de l'écrivain donnent les différents portraits que Baudelaire brosse des collaborateurs de Balzac ?

5 Étudiez en particulier le portrait de Balzac dans les trois premiers paragraphes. En vous appuyant sur les champs lexicaux, montrez que Baudelaire joue avec l'image de Balzac écrivain de génie.

Les épreuves de *César Birotteau*[1] (1837)

Ourliac
1813-1848

La manière dont Balzac composait ses livres est restée célèbre. Outre son travail incessant, on retient de lui la façon particulière dont il corrigeait la première version imprimée de ses livres, ce qu'on appelle les épreuves. Alors que celles-ci servent à corriger les erreurs de l'imprimeur et à apporter quelques corrections de détail, Balzac les utilisait comme une mise au net et modifiait considérablement son texte. Cette manière de procéder est ici racontée par Édouard Ourliac, acteur de la vie littéraire du XIXe siècle et journaliste au Figaro, *où le roman devait paraître pour la première fois en feuilleton.*

Le *Figaro* avait promis le livre au 15 décembre, et M. de Balzac le commence le 17 novembre. M. de Balzac et le *Figaro* ont la singulière habitude de tenir parole quand ils ont promis. L'imprimerie était prête et frappait du pied comme un coursier bouillant.

5 —   M. de Balzac envoie aussitôt deux cents feuillets crayonnés en deux nuits de fièvre. On connaît sa manière. C'était une ébauche, un chaos, une apocalypse, un poème hindou.

L'imprimerie pâlit. Le délai est bref, l'écriture inouïe. On transforme le monstre, on le traduit à peu près en signes connus. Les plus habiles n'y comprennent rien de 10 — plus. On le porte à l'auteur.

L'auteur renvoie les deux premières épreuves collées sur d'énormes feuilles, des affiches, des paravents. C'est ici qu'il faut frémir et avoir pitié. L'apparence de ces feuilles est monstrueuse. De chaque signe, de chaque mot imprimé part un trait de plume qui rayonne et serpente comme une fusée à la Congrève[2], et s'épanouit à l'ex-15 — trémité en pluie lumineuse de phrases, d'épithètes et de substantifs soulignés, croisés, mêlés, raturés, superposés ; c'est d'un aspect éblouissant.

Imaginez quatre ou cinq cents arabesques de ce genre, s'enlaçant, se nouant, grimpant et glissant d'une marge à l'autre, et du sud au septentrion[3]. Imaginez douze cartes de géographie enchevêtrant à la fois villes, fleuves et montagnes. Un écheveau[4] 20 — brouillé par un chat, tous les hiéroglyphes de la dynastie des Pharaons, ou les feux d'artifice de vingt réjouissances.

À cette vue, l'imprimerie se réjouit peu. Les compositeurs[5] se frappent la poitrine, les presses[6] gémissent, les protes[7] s'arrachent les cheveux, les apprentis perdent la tête. Les plus intelligents abordent les épreuves et reconnaissent du persan, d'autres l'écri-25 — ture madécasse[8], quelques-uns les caractères symboliques de Whishnou[9]. On travaille à tout hasard et à la grâce de Dieu.

Le lendemain, M. de Balzac renvoie deux feuilles de pur chinois. Le délai n'est plus que de quinze jours. Un prote généreux offre de se brûler la cervelle.

Deux nouvelles feuilles arrivent très lisiblement écrites en siamois[10]. Deux ouvriers 30 — y perdent la vue et le peu de langue qu'ils savaient.

Les épreuves sont ainsi renvoyées sept fois de suite. On commence à reconnaître quelques symptômes d'excellent français ; on signale même quelques liaisons dans les phrases. […]

Le temps est proche. Il y a des pleurs et des grincements de dents. Pourtant le 35 — prote prend courage et les ouvriers ont le mors aux dents. L'imprimerie s'emporte ; toutes les mains trottent comme des pattes de lièvre ; les compositeurs comme des navettes, les pressiers[11] comme des rouages, les metteurs en pages comme des ressorts. Les apprentis piétinent ; les correcteurs tremblotent ; l'encadreur[12] a des mouvements

NOTES
1. Il s'agit du roman de Balzac dont le titre véritable est *Histoire de la grandeur et de la décadence de César Birotteau* (1837).

2. Fusée de combat qui, une fois en l'air, lance d'autres fusées.

3. Nord.

4. Pelote de fil.

5. Dans une imprimerie, personnes chargées d'assembler les caractères pour former un texte.

6. Machines d'imprimerie.

7. Contremaîtres d'une imprimerie.

8. Langue de Madagascar.

9. Divinité hindoue.

10. Langue parlée dans le pays de Siam, aujourd'hui la Thaïlande.

11. Ouvriers qui travaillent sur une presse.

12. Ouvrier chargé du cadre où sont placés les caractères d'imprimerie.

épileptiques ; et le prote des tics fiévreux. C'est une seule mécanique, une machine
40 ⎯ électrique ou une cage de fous. [...]

   L'œuvre finie, les ouvriers ont pleuré de joie, les compositeurs se sont jetés dans les
bras les uns des autres, et les pressiers se sont empressés eux-mêmes dans les leurs. [...]

   [*César Birotteau* fut] écrit et corrigé à quinze reprises par M. de Balzac *en vingt
jours*, et déchiffré, débrouillé et réimprimé[13] quinze fois *dans le même délai*. Composé
45 ⎯ en vingt jours par M. de Balzac, malgré l'imprimerie ; composé en vingt jours par
l'imprimerie, malgré M. de Balzac.

Édouard Ourliac, « Les épreuves de *César Birotteau* »,
Le Figaro du 15 décembre 1837.

NOTE

13. La réimpression est ici un tirage d'épreuve pour relecture.

MÉTHODE

→ L'étude du style p. 486

→ Les types et les formes de phrases p. 220

→ Les registres p. 70

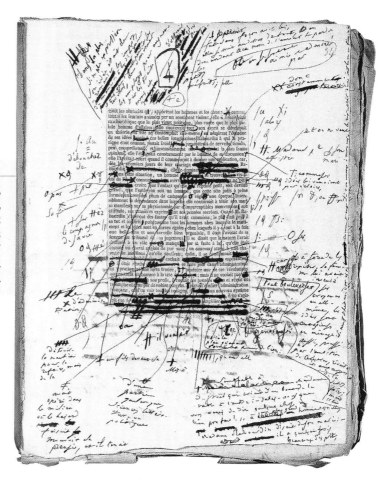

Balzac,
La Femme supérieure,
1ʳᵉ partie. Manuscrit
autographe et épreuves
corrigées, mai-juin 1837
(v° 34, 31 x 25,5 cm).
Paris, BNF, Manuscrits.

OBSERVATION ET ANALYSE

1 Retrouvez les différentes étapes de l'écriture et de la publication de *César Birotteau*. Pourquoi peut-on dire qu'écrire et publier sont deux actions complémentaires ?

2 Quels métiers de l'imprimerie apparaissent dans cette page ? À quoi voit-on qu'il s'agit d'un univers particulier ?

3 Quels champs lexicaux et quelles expressions caractérisent les rapports des imprimeurs et de l'auteur ? Quelle phrase les résume le mieux ?

4 Dans les lignes 11 à 21, par quels procédés d'écriture (images, rythme, ponctuation, formes verbales, etc.) l'auteur parvient-il à donner une description d'une page des épreuves corrigées par Balzac ?

5 Par quelles figures de style l'auteur donne-t-il à son texte une tonalité comique ?

6 Sur quel autre registre joue-t-il aussi pour reconstruire le mythe de Balzac ?

Stupeur et tremblements (1999)

**Amélie
Nothomb**
Née en 1967

Stupeur et tremblements (1998) raconte avec humour la tentative d'Amélie Nothomb pour se faire accepter au sein d'une entreprise japonaise. Engagée comme traductrice pour son trilinguisme (français, anglais, japonais), elle sera finalement employée comme « dame pipi ». C'est l'occasion d'une réflexion sur ce pays, dans lequel elle est née et où elle a voulu essayer de vivre, et notamment sur la condition de la femme dans la société japonaise. Les couvertures du livre jouent sur l'identification de l'auteur, qui se maquille et se costume pour l'occasion, à la femme japonaise.

Document A. Extrait du roman

Fubuki[1], elle, n'était ni Diable ni Dieu : c'était une Japonaise.

Toutes les Nippones[2] ne sont pas belles. Mais quand l'une d'entre elles se met à être belle, les autres n'ont qu'à bien se tenir.

Toute beauté est poignante, mais la beauté japonaise est plus poignante encore.
5 _ D'abord parce que ce teint de lys, ces yeux suaves[3], ce nez aux ailes inimitables, ces lèvres aux contours si dessinés, cette douceur compliquée des traits ont déjà de quoi éclipser les visages les plus réussis.

Ensuite parce que ses manières la stylisent et font d'elle une œuvre d'art inaccessible à l'entendement.
10 _ Enfin et surtout parce qu'une beauté qui a résisté à tant de corsets physiques et mentaux, à tant de contraintes, d'écrasements, d'interdits absurdes, de dogmes[4], d'asphyxie, de désolations, de sadisme, de conspiration du silence et d'humiliations – une telle beauté, donc, est un miracle d'héroïsme.

Amélie Nothomb, *Stupeur et tremblements*,
© Albin Michel, 1999.

NOTES
1. Jeune femme japonaise, chef de service de l'héroïne.
2. Femmes japonaises.
3. Doux, agréables.
4. Vérités présentées comme incontestables mais pas forcément prouvées.

Document B.
Couverture
de la première
édition (1999)

Document C.
Couverture de l'édition
« Livre de poche » (2001)

Amélie Nothomb
Stupeur et tremblements

METHODE

→ Convaincre et persuader p. 420

OBSERVATION ET ANALYSE

1 En vous appuyant sur un relevé lexical, dites quelles qualités de la femme japonaise le document A met en évidence. Lesquels de ces traits sont repris dans les documents B et C ?

2 Étudiez l'angle de vue, la couleur, le cadrage, le regard et l'expression d'Amélie Nothomb dans les documents B et C. Quelle tonalité différente se dégage de chacun ?

3 Pourquoi peut-on dire que, dans le document A, l'écrivain critique la condition de la femme

japonaise ? Laquelle des deux couvertures vous semble illustrer le mieux cette intention critique ?

EXPRESSION

Débat. Selon vous, un auteur a-t-il raison d'utiliser son image pour faire connaître son œuvre ? Demandez-vous quels sont les avantages et les risques. Pour quels genres cela est-il le plus adapté ou le plus inapproprié ? Chacun recherchera des arguments pour défendre son point de vue au cours d'un échange collectif.

La Littérature à l'estomac

Gracq
né en 1910

Il y a un demi-siècle, le romancier Julien Gracq stigmatisait déjà la façon dont les critiques littéraires s'ingénient à lancer un « nouvel écrivain », comme on lance un produit, sur le marché du livre.

Nous en sommes à peu près là. La demande harcelante de grands écrivains fait que presque chaque nouveau venu a l'air de sortir d'une forcerie : il se dope, il se travaille, il se fouaille les côtes : il veut être à la hauteur de ce qu'on attend de lui, *à la hauteur de son époque*. Le critique, lui, n'en veut pas démordre : coûte que coûte il *découvrira*, c'est
5 – sa mission – *ce n'est pas une époque comme les autres* – chaque semaine il lui faut quelque chose à jeter dans l'arène à son de trompe : un philosophe tahitien, un graffiti de bagnard – Rimbaud *redivivus* ; on dirait parfois, au milieu de la fiesta rituelle et colorée qu'est devenue notre « vie littéraire », un trompette affolé qui sonnerait tout par peur d'en passer : la sortie du taureau de course et celle du cheval de picador. Aussi voit-on
10 – trop souvent en effet la « sortie » d'un écrivain nouveau nous donner le spectacle pénible d'une rosse efflanquée essayant de soulever lugubrement sa croupe au milieu d'une pétarade théâtrale de fouets de cirque – rien à faire ; un tour de piste suffit, il *sent l'écurie* comme pas un, il court maintenant à sa mangeoire ; il n'est plus bon qu'à radioter, à fourrer dans un *jury littéraire* où à son tour il couvera l'an prochain quelque nouveau
15 – « poulain » aux jambes molles et aux dents longues. (Puisque j'en suis aux prix littéraires, et avec l'extrême méfiance que l'on doit mettre à solliciter son intervention dans les lieux publics, je me permets de signaler à la police, qui réprime en principe les attentats à la pudeur, qu'il est temps de mettre un terme au spectacle glaçant d'« écrivains » dressés de naissance sur leur train de derrière, et que des sadiques appâtent aujourd'hui au coin
20 – des rues avec n'importe quoi : une bouteille de vin, un camembert – comme ces bambins piaillants qu'on faisait jadis plonger dans le bassin de Saint-Nazaire en y jetant une pièce de vingt sous enveloppée dans un bout de *papier journal*.)

Réduits à des images et à des noms, coupés de leur œuvre qui reste souvent inconnue du grand public, les écrivains deviennent des « vedettes » comme les stars de la chanson ou du cinéma. Cet aveuglement du public devant l'image de l'écrivain et au mépris de son œuvre le conduira à refuser le prix Goncourt en 1951.

Quel « message » peut bien transmettre un écrivain à qui ne l'écoute pas, ne le lit pas, et ne perçoit plus de lui à la limite, du fond d'un brouillard épais et indistinct, que cette espèce d'appel de trompe monotone : les syllabes de son nom – mais syllabes articulées sur ces deux ou trois notes familières qu'il reconnaît subtilement et qui lui
5 – font dresser l'oreille comme le vacarme des pompiers fendant la foule : un véhicule qui voyage loin et vite, un nom qui circule par priorité, *quelqu'un* ? […] Ces noms qui circulent dans le grand public ne sont pas forcément étayés par le poids et l'importance d'une œuvre, ils ne le sont presque jamais par son caractère accessible, ils n'ont avec l'importance d'un public réel qu'un rapport parfois extrêmement lointain. Ils sem-
10 – blent, avant que les techniques d'obsession du journalisme et de la radio systématiquement ne la renforcent et ne la rendent exclusive, provoquer dans la foule une fixation imprévisible et sans règles, qui exige le mystère et autour de son objet comme une zone de *non-savoir* : à ce signe on reconnaît l'écrivain d'aujourd'hui, indépendamment du rang que lui assignent comme artiste la critique éclairée ou ses pairs – au-delà du
15 – cercle qui lit *existe* (ou n'existe pas) de façon infiniment plus déterminante dans celui qui n'en fait rien[1] comme vedette.

Julien Gracq, *La Littérature à l'estomac*, *Œuvres complètes*, volume I, Bibliothèque de la Pléiade, Gallimard, 1989.

NOTE
1. Celui qui ne lit pas.

Lire une *œuvre*

Hygiène de l'assassin d'Amélie Nothomb

L'ŒUVRE

▶ Le roman d'un succès

Premier roman d'Amélie Nothomb, *Hygiène de l'assassin* a été publié en 1992. Ce livre a connu un succès foudroyant qui a fait de son auteur une des romancières francophones les plus lues aujourd'hui. Construit presque exclusivement comme un dialogue, *Hygiène de l'assassin* aborde des thèmes qu'on retrouve dans les autres livres d'Amélie Nothomb : la mort, l'enfance, l'adolescence, la femme et la féminité, l'écriture, la nourriture.

▶ Le romancier et les journalistes

La jeune romancière a pourtant choisi pour personnage principal un vieil écrivain obèse, acariâtre et misogyne, le prix Nobel de littérature Prétextat Tach, parvenu à la fin de sa vie et de sa carrière. Condamné par une maladie mortelle, il reçoit cinq journalistes. Le dernier, une jeune femme, parviendra, au terme d'un dialogue vif et tortueux, à lui faire avouer le secret de sa vie, que son œuvre révèle pourtant à qui sait la lire.

L'échange est l'occasion d'une satire de l'univers de l'édition et particulièrement des journalistes littéraires, et surtout d'une réflexion sur la littérature, l'écriture et leur rapport avec la mort, la sexualité et la nourriture. Amélie Nothomb jette aussi un regard original sur le difficile et dangereux passage de l'enfance à l'âge adulte et sur la féminité.

QUESTIONNAIRE DE LECTURE

La quête de l'assassin

1 Quelles informations contenues dans le premier chapitre et reprises vers la fin du livre annoncent dès le début le secret de Prétextat Tach ?

2 Expliquez le titre du roman. Quel commentaire pouvez-vous faire sur la place de ce titre dans le dialogue entre les deux personnages ?

Le monde des livres

3 Quelle image des journalistes donne le roman ?

4 Comment est décrit le monde de l'édition et de la critique ?

5 Relevez les remarques sur le statut de l'écrivain.

6 Quelles réflexions sur la lecture propose le livre ?

L'écriture

7 Comment Prétextat Tach définit-il la métaphore ?

8 Étudiez les rapports entre écriture et nourriture.

9 Résumez la vie de Prétextat Tach et expliquez quel rapport existe entre l'écriture d'une part et la mort et la sexualité d'autre part.

10 Selon Amélie Nothomb, quelles sont les choses nécessaires pour écrire ?

Du livre au spectacle

Premier roman de Victor Hugo, Notre-Dame de Paris *appartient au patrimoine français au même titre que le monument qui lui donne son nom. L'histoire de Quasimodo le bossu, du prêtre Frollo et du chevalier Phœbus, tous amoureux d'Esméralda, la bohémienne, dans le Paris du XVᵉ siècle, a été découverte par des générations de lecteurs du monde entier. Le cinéma, l'opéra, le ballet, le dessin animé ou la comédie musicale ont également permis de proposer d'autres interprétations de l'intrigue écrite par Hugo à ses débuts.* Notre-Dame de Paris *a fait l'objet de nombreuses adaptations dans des domaines artistiques très divers. Chaque version nouvelle est l'occasion de proposer une lecture originale du livre de Victor Hugo et d'en souligner un aspect. Tout en respectant les grands traits de l'original, ces œuvres nouvelles doivent également respecter les contraintes propres à leur genre. Ce travail oblige à une véritable métamorphose ; on peut s'en convaincre en étudiant comment le personnage d'Esméralda est traité dans le roman et dans ses adaptations pour l'opéra, le cinéma, la comédie musicale ou le ballet.*

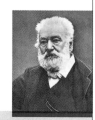

Hugo
1802-1885

Document A. Le roman (1831)

Dans un vaste espace laissé libre entre la foule et le feu, une jeune fille dansait.

Si cette jeune fille était un être humain, ou une fée, ou un ange, c'est ce que Gringoire[1], tout philosophe sceptique[2], tout poète ironique qu'il était, ne put décider dans le premier moment, tant il fut fasciné par cette éblouissante vision.

5 — Elle n'était pas grande, mais elle le semblait, tant sa fine taille s'élançait hardiment. Elle était brune, mais on devinait que le jour sa peau devait avoir ce beau reflet doré des Andalouses et des Romaines. Son petit pied aussi était andalou, car il était tout ensemble à l'étroit et à l'aise dans sa gracieuse chaussure. Elle dansait, elle tournait, elle tourbillonnait sur un vieux tapis de Perse, jeté négligemment sous ses pieds ; et chaque

10 — fois qu'en tournoyant sa rayonnante figure passait devant vous, ses grands yeux noirs vous jetaient un éclair.

Autour d'elle tous les regards étaient fixes, toutes les bouches ouvertes ; et en effet, tandis qu'elle dansait ainsi, au bourdonnement du tambour de basque que ses deux bras ronds et purs élevaient au-dessus de sa tête, mince, frêle et vive comme une guêpe,

15 — avec son corsage d'or sans pli, sa robe bariolée qui se gonflait, avec ses épaules nues, ses jambes fines que sa jupe découvrait par moments, ses cheveux noirs, ses yeux de flamme, c'était une surnaturelle créature.

— En vérité, pensa Gringoire, c'est une salamandre[3], c'est une nymphe[4], c'est une déesse, c'est une bacchante[5] du mont Ménaléen[6] !

20 — En ce moment une des nattes de la chevelure de la « salamandre » se détacha, et une pièce de cuivre jaune qui y était attachée roula à terre.

— Hé non ! dit-il, c'est une bohémienne.

Toute illusion avait disparu.

Elle se remit à danser. Elle prit à terre deux épées dont elle appuya la pointe sur

25 — son front et qu'elle fit tourner dans un sens tandis qu'elle tournait dans l'autre. C'était en effet tout bonnement une bohémienne.

NOTES

1. Poète, personnage du roman.

2. Penseur pour qui le doute est à la base de toute connaissance.

3. Animal mythologique qui vit dans le feu.

4. Divinité inférieure des eaux, des montagnes, des bois.

5. Prêtresse de Bacchus.

6. Du mont Ménale, montagne de Grèce consacrée à Apollon.

Mais quelque désenchanté que fût Gringoire, l'ensemble de ce tableau n'était pas sans prestige et sans magie ; le feu de joie l'éclairait d'une lumière crue et rouge qui tremblait toute vive sur le cercle des visages de la foule, sur le front brun de la jeune
30 fille, et au fond de la place jetait un blême reflet mêlé aux vacillations de leurs ombres, d'un côté sur la vieille façade noire et ridée de la Maison-aux-Piliers[7], de l'autre sur les bras de pierre du gibet[8].

Victor Hugo, *Notre-Dame de Paris*, 1831.

MÉTHODE
→ Réécritures et adaptations p. 490

Document B. *La Esméralda,* livret d'opéra (1836)

CHŒUR.
La voilà ! la voilà ! c'est elle ! Esméralda !

CLAUDE FROLLO, *à part.*
C'est elle ! oh ! oui, c'est elle !
Pourquoi, sort rigoureux,
L'as-tu faite si belle,
Et moi si malheureux ?
Elle arrive au milieu du théâtre.
Les truands font cercle avec admiration
autour d'elle. Elle danse.

LA ESMÉRALDA.
Je suis l'orpheline,
Fille des douleurs,
Qui sur vous s'incline
En jetant des fleurs ;
Mon joyeux délire
Bien souvent soupire ;
Je montre un sourire,
Je cache des pleurs.

Je danse, humble fille,
Au bord du ruisseau,
Ma chanson babille
Comme un jeune oiseau ;
Je suis la colombe
Qu'on blesse et qui tombe.
La nuit de la tombe
Couvre mon berceau.

CHŒUR.
Danse, jeune fille !
Tu nous rends plus doux.
Prends-nous pour famille,
Et joue avec nous,
Comme l'hirondelle
À la mer se mêle,
Agaçant de l'aile
Le flot en courroux.

C'est la jeune fille,
L'enfant du malheur !
Quand son regard brille,
Adieu la douleur !
Son chant nous rassemble ;
De loin elle semble
L'abeille qui tremble
Au bout d'une fleur.

Danse, jeune fille,
Tu nous rends plus doux.
Prends-nous pour famille,
Et joue avec nous !

CLAUDE FROLLO, *à part.*
Frémis, jeune fille ;
Le prêtre est jaloux !
Claude veut se rapprocher de la Esméralda,
qui se détourne de lui avec une sorte d'effroi.

Victor Hugo, *La Esméralda*, acte I, scène 1,
livret d'opéra, musique Louise Bertin, 1836.

MÉTHODE
→ Réécritures et adaptations p. 490

Document C. Le film (1956)

Photographie et affiche du film
Notre-Dame de Paris de Jean Delannoy, 1956
(Gina Lollobrigida, Anthony Quinn).

Document D. La comédie musicale (1998)

La comédie musicale
de Luc Plamondon
et Richard Cocciante
(Garou, H. Segara). Paris,
Palais des Congrès, 1998.

MÉTHODE

→ Réécritures et adaptations p. 490

Document E. Le ballet (2001)

Compte rendu de la première représentation à l'Opéra de Paris par Catherine Schemm :

Roland Petit[1] a privilégié le côté intimiste resserré autour des quatre personnages principaux, mais a gardé cependant les scènes de foule rendues vivantes grâce au corps de ballet. Les décors de René Allio[2] sont toujours aussi efficaces, praticables[3] se transformant tour à tour en parvis de la cathédrale, intérieur, cour des Miracles, taverne, clocher, etc.
5 — Roland Petit a su garder dans sa chorégraphie les moments forts du roman de Victor Hugo, à savoir la scène des fous avec ses costumes simples aux couleurs chamarrées signés Yves Saint Laurent, la cour des Miracles, la scène du clocher ou encore l'attaque de Notre-Dame. Si la scène de la taverne avec ses prostituées aux perruques de longs cheveux roux ou aux énormes chignons blonds semble un tantinet kitsch, la scène de la cour des
10 — Miracles et ses habitants tout de rouge vêtus est une scène forte tant par la chorégraphie que par la musique signée Maurice Jarre[4]. Paul Connelly à la tête de l'Orchestre Colonne rend totalement hommage à la partition flamboyante du compositeur.

Pour la première, Roland Petit a choisi de faire confiance à Marie-Agnès Gillot[5], première danseuse, dans le rôle d'Esméralda. Celle-ci s'est complètement emparée du
15 — personnage et l'incarne à merveille. La chorégraphie de Roland Petit semble avoir été créée pour elle tant la chorégraphie colle à sa silhouette aux longues jambes. Dès sa fameuse variation d'entrée, Marie-Agnès Gillot campe une Esméralda à la fois volontaire et fragile aux arabesques magnifiques. Radieuse et insolente devant Frollo, elle se transforme en jeune femme amoureuse de Phœbus. Sa frayeur se métamorphose petit à petit
20 — en tendresse vis-à-vis de Quasimodo et leur pas de deux du clocher est un des grands moments du ballet, tant la complicité entre les deux interprètes est grande. Elle est également magnifique dans son affrontement avec Frollo, où elle paraît comme envoûtée.

Catherine Schemm, « *Notre-Dame de Paris* : magnifique Marie-Agnès Gillot ! »,
www.criticaldance.com/reviews/2001/pob-011003.html, 3 octobre 2001.

NOTES
1. Roland Petit (né en 1924), danseur et chorégraphe.
2. René Allio (1924-1995), décorateur de théâtre et d'opéra.
3. Échafaudages mobiles utilisés pour le décor.
4. Maurice Jarre (né en 1924), compositeur français ; il a notamment travaillé pour le théâtre, le cinéma et le ballet de l'Opéra de Paris.
5. Marie-Agnès Gillot (née en 1975), première danseuse à l'Opéra de Paris.

MÉTHODE

→ Réécritures et adaptations p. 490
→ Le personnage de roman p. 340

OBSERVATION ET ANALYSE

1 En observant le lexique et les images, montrez comment Hugo, dans le document A, fait d'Esméralda un portrait qui met en lumière à la fois sa condition sociale inférieure, sa beauté et sa sensualité, son caractère surnaturel. Expliquez la fonction symbolique du feu et du gibet.

2 Relevez, dans le document B, les images et le vocabulaire qui caractérisent la Esméralda. La personnalité de la jeune fille vous paraît-elle identique à celle du roman ?

3 Quel est, dans le livret d'opéra (document B), le rôle du chœur et des didascalies ?

4 Étudiez la composition des images du document C : couleur, cadrage, angle de vue, etc. Quels traits du personnage de Hugo sont mis en évidence par les deux documents ?

5 Observez le document D : comparez le personnage d'Esméralda avec celui de la photographie et de l'affiche du film (document C).

6 Par quelles remarques l'auteur du document E souligne-t-il la fidélité du ballet au texte de Hugo ?

7 En quoi cependant le ballet se distingue-t-il du roman ? Qu'apporte-t-il d'original ?

EXPRESSION

Lecture cursive. Lisez la chanson « Belle », dans la comédie musicale *Notre-Dame de Paris*, que vous chercherez sur Internet. Montrez que chaque personnage met en lumière un aspect du caractère d'Esméralda présent dans le texte de Hugo. Quels procédés l'auteur utilise-t-il ?

L'histoire du livre

Lorsqu'il invente l'écriture, l'homme recherche des supports pour conserver les traces de ses textes. Inscrits sur les pierres des monuments ou sur des tablettes d'argiles, les premiers textes sont aussi gravés dans la partie tendre de l'écorce, le *liber,* qui donne son nom au livre. Des supports naturels à la numérisation, l'histoire du livre est celle des moyens utilisés pour faire que « les écrits restent ».

■ La forme d'un livre

Dans l'Antiquité : *volumen* et *codex*

Liées ensemble, les tablettes d'argile ou de cire ou les planchettes de bois constituent des *codex,* ancêtres de nos livres actuels. Si le texte est écrit sur des fibres de papyrus broyées et séchées, le livre prend la forme d'un rouleau : les différentes feuilles sont cousues entre elles puis roulées pour constituer un *volumen.* Impossible à feuilleter, le *volumen* rend difficile la lecture des textes longs. On a souvent recours à un lecteur qui déchiffre le texte à haute voix. L'invention du parchemin, peau de mouton tannée, à Pergame, ville d'Asie mineure qui lui donne son nom, marque la disparition des *volumen* au profit du *codex.* Celui-ci correspond aussi à l'essor d'une lecture silencieuse et individuelle dans l'espace intime des pages du livre.

Du manuscrit au livre imprimé

Travail d'esclave à Rome, l'écriture est jusqu'au XVe siècle le seul moyen de créer un livre. Les livres les plus importants sont recopiés par des ateliers de copistes qui se développent tout au long du Moyen Âge. Il arrive toutefois que le copiste se trompe ou modifie le texte de départ. Chaque livre est ainsi unique, parfois richement décoré mais aussi très cher, même après la diffusion du papier, au XIIIe siècle.

■ La révolution de l'imprimerie

Papier et xylographie

L'invention du papier précède, en effet, celle de l'imprimerie car on ne peut imprimer que sur une surface plane et régulière. C'est de Chine que viennent ces deux découvertes qui datent environ du IIe siècle avant J.-C., pour le papier, et du Ve siècle, pour l'imprimerie. Il s'agit d'abord de plaques de bois gravées et enduites d'encre sur lesquelles on pose du papier : c'est la xylographie. Au XIVe siècle, elle permet d'imprimer des textes de grande diffusion, notamment *La Bible des pauvres.*

Gutenberg

Cette invention est perfectionnée au XVe siècle par Gutenberg grâce à trois innovations. L'encre grasse, plus épaisse, est plus facile à utiliser. Les caractères mobiles en plomb fondu permettent, à partir d'un jeu limité de signes, de composer une infinité de textes ; il n'est donc plus nécessaire de graver chaque page dans le bois. Gutenberg invente enfin la presse, qui dépose l'encre de façon uniforme sur le papier.

■ La vie autour du livre

Humanistes, imprimeurs et étudiants

L'invention de l'imprimerie accompagne la Renaissance et l'essor de l'Humanisme en Europe, au XVIe siècle. L'imprimerie permet la diffusion de textes plus lisibles au contenu plus fidèle. Les imprimeurs, souvent itinérants, font partie de la vie intellectuelle et impriment les livres nécessaires aux étudiants et professeurs : la Bible, certains textes anciens importants ou les livres de classe, ancêtres des manuels scolaires.

Les écrivains et l'imprimerie

Certains écrivains français sont également imprimeurs. Au siècle des Lumières, Beaumarchais fonde une imprimerie pour publier, à Kehl, loin de la censure française, les œuvres complètes de Voltaire. Si cette édition reste une référence importante, elle sera un échec financier pour Beaumarchais.

Au XIXe siècle, Balzac, en dépit de nombreuses tentatives, ne réussira lui aussi qu'à accumuler des dettes et à se ruiner. Dans *Illusions perdues,* il raconte ses déboires d'imprimeur et donne de nombreux détails techniques sur l'histoire de l'imprimerie.

■ L'ère du numérique

Du papier au disque dur

L'invention et la démocratisation de l'informatique modifient la production et la diffusion de l'écrit. Traitements de texte et imprimantes banalisent le support papier : chacun peut produire et imprimer un texte correctement mis en page. Mais le papier n'est plus le support exclusif de l'écrit et tend à être remplacé par l'écran.

De nombreux périodiques ou livres n'existent qu'en ligne et les pages des sites sont vues mais rarement imprimées. La plupart des grands textes de l'histoire de l'humanité sont accessibles par Internet. Toutefois, privé de support matériel, le texte numérisé peut disparaître avec les machines qui permettent de le lire. Le papier reste le support le plus durable.

Le livre numérique

Les projets de certaines sociétés vont cependant dans le sens d'une mise à disposition des textes en ligne, sans passer par le support papier. Mais le livre électronique n'a pas encore réussi à s'imposer en lieu et place du livre papier...

Le texte avant le texte

Le lecteur ne soupçonne pas toujours le travail accompli par l'écrivain, depuis l'idée originelle jusqu'aux ratures et aux ajouts, en passant par les notes, les plans et les brouillons.

Aux sources du texte

Comment naît l'idée d'un livre ? Les réponses sont aussi nombreuses que les livres eux-mêmes, mais on peut dégager quelques sources d'inspiration qui se combinent d'ailleurs bien souvent : les autres textes que l'écrivain réinterprète, l'histoire, la réalité, sa propre vie.

Le mythe

De l'Antiquité jusqu'à nos jours, le récit d'un événement fabuleux qui fonde la société a souvent servi de source d'inspiration aux écrivains. Nombreux sont ceux qui se sont attachés aux mythes grecs, traités tant au théâtre (*Œdipe roi* de Sophocle) qu'à l'opéra (*La Belle Hélène* d'Offenbach, *Don Giovanni* de Mozart, *Œdipe* de Stravinsky ou Carl Orff), en dessin animé (*Hercule, La Belle au bois dormant, Blanche-Neige*), au cinéma (*Œdipe* de Pasolini, *Orphée* de Cocteau) ou sous forme de roman policier (*Œdipe roi* dans la « Série noire »).

Les liens entre les textes

Qu'il les aime ou qu'il les rejette, l'écrivain est souvent influencé par les textes du passé ou de ses contemporains, qu'il veut imiter ou dépasser. Les poètes de la Pléiade (parmi lesquels Ronsard et Du Bellay) voulaient ainsi donner à la France une littérature aussi belle que celle des Grecs et des Latins dont ils s'inspiraient.

Fâché avec Rousseau, Voltaire cherche, dans le dernier chapitre de *L'Ingénu*, à réécrire la fin de *La Nouvelle Héloïse*. Vexé par une critique de Sainte-Beuve, Balzac s'écrie : « je referai *Volupté* », roman que son adversaire venait de publier et dont il reprendra l'intrigue dans *Le Lys dans la vallée*.

L'histoire et la réalité

La réalité ou l'histoire fournissent fréquemment un sujet à l'écrivain, qu'il s'agisse de faits divers (E. Carrère, *L'Adversaire*), des guerres ou de la société d'une époque donnée comme dans *La Comédie humaine* de Balzac (p. 265) ou les *Rougon-Macquart* de Zola (p. 272).

La part d'autobiographie

L'écrivain est aussi amené à écrire par un retour sur sa propre vie, soit sous la forme de l'autobiographie (*Les Confessions* de Rousseau, *Les Mots* de Sartre, *Métaphysique des tubes* de Nothomb), soit sous une forme romancée (*À la recherche du temps perdu* de Proust).

L'écrivain au travail

Programme et processus

À partir de son idée originale, l'écrivain se lance dans le travail d'élaboration et de rédaction. On distingue les écrivains « à programme » des écrivains « à processus ». Ces derniers inventent et précisent leur histoire au cours de l'écriture. C'est le cas d'Aragon (p. 443) qui dit découvrir son récit comme le lecteur. Proust ou Flaubert font évoluer leurs textes à la faveur d'une idée surgie au fil de la plume. À l'opposé, les écrivains à programme suivent un plan établi d'avance : c'est le cas de Poe (p. 436) ou de Zola (p. 449).

Bilans, listes, plans

La plupart des écrivains combinent d'ailleurs les deux méthodes de travail, modifiant au fil de l'écriture le plan établi au départ. On trouve dans leurs brouillons des listes, des plans destinés à faire le bilan de leur travail à un moment donné avant de repartir vers une nouvelle étape de l'écriture (Zola, p. 449 à 455).

Les notes

L'écrivain s'appuie aussi sur des notes prises dans des carnets ou sur des feuilles volantes. Les écrivains réalistes ou naturalistes comme Flaubert, Zola ou encore Hugo dans *Les Misérables* notent le résultat de leurs lectures documentaires ou de leurs observations sur le terrain ; leur but est de donner à leur livre l'apparence de la réalité. Chez d'autres comme Proust ou Valéry (p. 440), les notes consignent des pensées, des vers, des rythmes, des impressions personnelles qui prendront place dans un poème ou un roman.

Le travail de l'écriture

Le travail de l'écriture s'accomplit autour de trois opérations élémentaires : l'ajout, la suppression, le déplacement, qui peuvent porter sur un mot ou tout un chapitre. L'informatique a rendu ces opérations très faciles ; auparavant les écrivains travaillaient avec de la colle et des ciseaux. Proust découpait les passages qu'il voulait déplacer et les collait sur ses brouillons à l'endroit choisi. Certaines de ces « paperoles » mesurent, dépliées, plus d'un mètre de long ...

Résultat d'un processus complexe, différent pour chaque écrivain et même pour chaque œuvre, le livre est ainsi au carrefour de la culture, de la sensibilité, de la méthode de travail et de l'imaginaire.

L'édition

Éditer, c'est « donner au public, mettre au jour ». Cette action prend deux formes : elle consiste d'une part à établir le texte afin de le rendre lisible et conforme à l'original ; elle permet d'autre part la diffusion d'un livre vers le public. L'éditeur a ainsi une activité à la fois culturelle et commerciale.

■ Du libraire à l'éditeur

À l'origine, l'éditeur était un libraire (*librarius*), qui fabriquait et vendait des livres. Il pouvait s'agir d'un auteur qui copiait et reliait ses livres pour les vendre, ou d'un commerçant qui faisait copier des livres par un atelier. On copiait et on éditait surtout des livres dont la vente était sûre, des livres donc souvent anciens et dont les auteurs étaient morts depuis longtemps.

Imprimeurs et libraires

Avec l'invention de l'imprimerie, la diffusion des livres devient plus facile. Si les premiers tirages dépassaient rarement les 100 exemplaires, les pièces de Corneille étaient tirées à 2 000 exemplaires au XVIIᵉ siècle. Le libraire se fait imprimeur et envoie ses « facteurs », agents commerciaux, dans des foires pour vendre ses livres.

Censure et privilège

Au XVIIᵉ siècle, le système se codifie. L'auteur perd tous les droits sur son livre à sa publication et seul l'imprimeur peut imprimer un livre autant de fois qu'il le désire.

Toutefois, les copies illégales sont nombreuses. En 1563, la France se dote du système du privilège : seuls les livres ayant reçu un privilège attribué par le roi sont autorisés à paraître. Ce qui protège le libraire contre les copies mais l'oblige aussi à se soumettre à la censure : on n'accorde un privilège qu'après une lecture attentive. Pour les livres qui sont refusés, il reste la possibilité d'être édité en Hollande ou en Allemagne et de revenir en France « sous le manteau ».

La naissance de l'éditeur moderne

La fonction moderne d'éditeur apparaît au XIXᵉ siècle. Avec l'industrialisation et l'essor de la presse, imprimer et diffuser des livres demande plus de moyens et donc d'argent, on recherche aussi davantage le profit.

L'éditeur devient alors davantage un homme d'affaires qui assure le lien entre l'auteur, l'imprimeur et les libraires disséminés sur tout le territoire. Son travail consiste à assurer la production et la diffusion du livre et à aider l'auteur dans la rédaction de son texte.

■ Le rôle de l'éditeur

Un homme d'affaires

Comme le montre le texte de Baudelaire (p. 462), l'éditeur est soucieux de rentabilité. Il s'agit pour lui de vendre un bien de consommation au public. Il travaille avec les imprimeurs et choisit le papier, les caractères, la reliure, parfois en liaison avec l'auteur.

Il est aussi chargé de diffuser le livre, c'est-à-dire de le rendre accessible au public.

Un homme de culture

Mais le livre est surtout un bien culturel. L'éditeur doit donc savoir choisir, parmi tous les manuscrits qui lui sont proposés, ceux qui seront capables de toucher le public et de rester dans la mémoire des hommes. Les grands éditeurs s'entourent de comités de lecture qui les aident dans leurs choix.

L'éditeur accompagne aussi l'auteur dans son travail et l'aide à mettre au point son œuvre en lui suggérant des corrections.

■ Les droits de l'auteur

De l'Antiquité à l'Ancien régime : le mécénat

Dans l'Antiquité et jusqu'à une époque récente, l'auteur ne gagnait rien à la vente de son livre, dont l'argent revenait au libraire, à l'imprimeur et à l'éditeur. Le mécène à qui l'auteur dédie son livre le protège et assure sa subsistance en contrepartie.

Le compte d'auteur

Avec la diffusion du livre à la Renaissance, certains auteurs demandent une rétribution au libraire. L'humaniste Erasme exige que lui soit attribuée une certaine quantité d'exemplaires de ses livres, qu'il vend ensuite dans toute l'Europe.

Au XVIIᵉ siècle, le poète Saint-Amant et Cyrano de Bergerac inventent le compte d'auteur en faisant imprimer, pour leur propre compte, leurs ouvrages, qui restent leur propriété, ce qui leur attire les foudres des libraires.

Le forfait

La solution la plus commune consistait à donner à l'auteur, à la remise du manuscrit, un forfait qui dépendait de sa notoriété. Il perdait ensuite tous ses droits, même si le livre connaissait un grand succès qui n'enrichissait que le libraire. Trouvant le système injuste, les petites filles de La Fontaine intenteront un procès à Barbin, l'éditeur des *Fables*, pour bénéficier aussi du succès des œuvres de leur grand-père.

Les droits d'auteur

En 1777, en partie sous l'impulsion de Beaumarchais, qui crée la société des auteurs de théâtre, le système évolue et l'auteur commence à être rétribué au pourcentage des ventes. La Révolution renforcera ce principe des droits d'auteur ; ceux-ci restent valables soixante-dix ans après la mort de l'écrivain. Passé ce délai, le livre tombe dans le domaine public et peut être édité par qui le souhaite.

Goncourt et Goncourt des lycéens

Depuis l'Antiquité, des récompenses financières, matérielles ou honorifiques couronnent les œuvres littéraires. À Athènes, au Ve siècle av. J.-C., l'auteur de la meilleure tragédie recevait une couronne de laurier. Au Moyen Âge, une médaille récompensait le lauréat du concours poétique des « jeux floraux ». Perpétuant cette tradition, les prix littéraires se sont multipliés depuis le début du XXe siècle, au point qu'on peut en dénombrer aujourd'hui de 1 200 à 2 000 en comptant les concours littéraires ; parmi ceux-ci, le prix Goncourt et sa version pour les jeunes, le Goncourt des lycéens.

Le Goncourt

Le prix Goncourt porte le nom de deux écrivains du XIXe siècle, Jules et Edmond de Goncourt. Il a été fondé en 1903 par testament et a pour but de récompenser une œuvre de fiction narrative afin d'assurer la vie matérielle de son auteur. Un jury, appelé « académie Goncourt », sélectionne tous les ans une série d'œuvres publiées dans l'année et désigne le gagnant par un vote.

Si le lauréat ne reçoit aujourd'hui qu'un prix de 10 euros, apposer la bande rouge portant la mention « Prix Goncourt » sur un livre assure des ventes importantes : plus de 300 000 exemplaires en général et jusqu'à 1 million d'exemplaires pour *L'Amant* de Marguerite Duras en 1984. Toutefois, les choix des jurés du prix Goncourt sont souvent mis en cause parce qu'ils n'ont, en un siècle, récompensé que peu d'écrivains de premier plan et qu'ils ont boudé plusieurs chefs-d'œuvre du siècle comme *Voyage au bout de la nuit* de Céline (1932). Certains s'étonnent aussi que deux maisons d'édition, Gallimard et Grasset, aient publié 60 % des lauréats et que les membres du jury soient eux-mêmes écrivains et sous contrat avec des éditeurs.

Le Goncourt des lycéens

Le Goncourt des lycéens a été créé, avec l'accord de l'académie Goncourt, par la Fnac et le rectorat de Rennes en 1988. Son but est de proposer à près de 2 000 lycéens issus d'une cinquantaine de classes, toutes séries confondues, de participer à la vie littéraire en décernant un prix qui fait désormais partie de la rentrée littéraire, au même titre que son aîné. Tous les ans, un pays francophone est invité à participer.

Les classes retenues lisent les 10 ou 15 ouvrages sélectionnés (par le jury Goncourt) et choisissent après un débat trois livres défendus lors de rencontres régionales. Une réunion nationale des délégués de chaque région permet de désigner l'heureux élu dont le nom est annoncé au cours du journal de France 3, en principe juste avant la publication des résultats du prix Goncourt.

L'attribution du Goncourt des lycéens est l'occasion de lectures, d'échanges, de débats entre les lecteurs. Beaucoup de lycéens découvrent à cette occasion leur goût pour la lecture. L'impartialité et l'indépendance des membres du jury ne peuvent être mises en doute. Le choix des lycéens témoigne de la personnalité et de l'originalité d'un prix dont l'impact sur les ventes est presque aussi important que celui de son aîné.

Les derniers lauréats

Prix Goncourt

1988 : Érik Orsenna, *L'Exposition coloniale*, Le Seuil

1989 : Jean Vautrin, *Un grand pas vers le bon Dieu*, Grasset

1990 : Jean Rouaud, *Les Champs d'honneur*, Minuit

1991 : Pierre Combescot, *Les Filles du calvaire*, Grasset

1992 : Patrick Chamoiseau, *Texaco*, Gallimard

1993 : Amin Maalouf, *Le Rocher de Tanios*, Grasset

1994 : Didier Van Cauwelaert, *Un aller simple*, Albin Michel

1995 : Andreï Makine, *Le Testament français*, Mercure de France

1996 : Pascale Roze, *Le Chasseur Zéro*, Albin Michel

1997 : Patrick Rambaud, *La Bataille*, Grasset

1998 : Paule Constant, *Confidence pour confidence*, Gallimard

1999 : Jean Echenoz, *Je m'en vais*, Minuit

2000 : Jean-Jacques Schuhl, *Ingrid Caven*, Gallimard

2001 : Jean-Christophe Rufin, *Rouge Brésil*, Gallimard

2002 : Pascal Quignard, *Les Ombres errantes*, Gallimard

2003 : Jacques-Pierre Amette, *La Maîtresse de Brecht*, Albin Michel

2004 : Laurent Gaudé, *Le Soleil des Scorta*, Actes Sud

2005 : François Weyergans, *Trois jours chez ma mère*, Grasset

Prix Goncourt des lycéens

1988 : Érik Orsenna, *L'Exposition coloniale*, Le Seuil

1989 : Jean Vautrin, *Un grand pas vers le bon Dieu*, Grasset

1990 : Françoise Lefèvre, *Le Petit Prince cannibale*, Actes Sud

1991 : Pierre Combescot, *Les Filles du calvaire*, Grasset

1992 : Éduardo Manet, *L'île du lézard vert*, Flammarion

1993 : Anne Wiazemsky, *Canines*, Gallimard

1994 : Claude Pujade-Renaud, *Belle-mère*, Actes Sud

1995 : Andreï Makine, *Le Testament français*, Mercure de France

1996 : Nancy Houston, *Instruments des ténèbres*, Actes Sud

1997 : Jean-Pierre Milovanoff, *Le Maître des paons*, Julliard

1998 : Luc Lang, *Mille six cents ventres*, Fayard

1999 : Jean-Marie Laclavetine, *Première ligne*, Gallimard

2000 : Ahmadou Kourouma, *Allah n'est pas obligé*, Le Seuil

2001 : Shan Sa, *La Joueuse de go*, Grasset

2002 : Laurent Gaudé, *La Mort du roi Tsongor*, Actes Sud

2003 : Yann Apperry, *Farrago*, Grasset

2004 : Philippe Grimbert, *Un secret*, Grasset

2005 : Sylvie Germain, *Magnus*, Albin Michel

Comment l'artiste travaille :
l'atelier de Rodin

Le travail d'un sculpteur est moins solitaire que celui d'un écrivain. Le sculpteur est surtout un modeleur, qui travaille la terre crue. Il confie ensuite la réalisation de ses modèles à des « praticiens », des ouvriers spécialisés dans la taille des pierres ou dans la fonte des métaux. Ainsi la sculpture est-elle, notamment au XIXe siècle, un véritable travail collectif.

1

Dornac, *Auguste Rodin devant le monument à Victor Hugo*, photographie, 1898. Paris, musée Rodin.

À partir des années 1880, l'atelier de Rodin devient une véritable petite entreprise. Ce n'est pas une exception : les sculpteurs en vogue sous la IIIe République, comme Falguière, ont des cohortes de « maçons-statuaires » sous leurs ordres pour réaliser les grandes commandes d'État.

2

Bourdelle dans son atelier, photographie anonyme [vers 1914]. Paris, musée Bourdelle. Bourdelle a fréquenté Rodin, de 1893 à 1908, avant d'ouvrir son propre atelier et de prendre lui-même des élèves et des ouvriers statuaires.

RECHERCHE

Documentez-vous sur le travail du sculpteur Auguste Bartholdi, en collaboration avec l'ingénieur Gustave Eiffel, pour la statue de *La Liberté éclairant le monde*, qui fut offerte à la ville de New York en 1886.

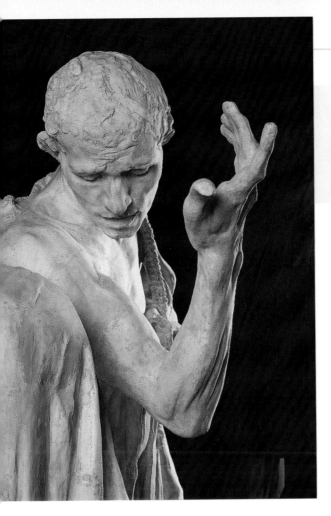

3

Rodin, *Les Bourgeois de Calais,*
détail (Pierre de Wissant), 1889,
plâtre ciré enduit. Meudon,
musée Rodin.

Le sculpteur fait prendre autant d'empreintes en plâtre de ses œuvres en cours de réalisation qu'il en a les moyens. Ensuite, il utilise les **moulages** (en plâtre aussi) pour tester des effets de masse, des regroupements et des effets de matière, en choisissant des patines, en faisant jouer la lumière sur les parties lisses et les parties accidentées, sur les pleins et les creux.

4

Rodin, *Pierre de Wissant nu,*
épreuve en bronze avec ses conduits
d'alimentation du métal,
à la fonderie de Coubertin.

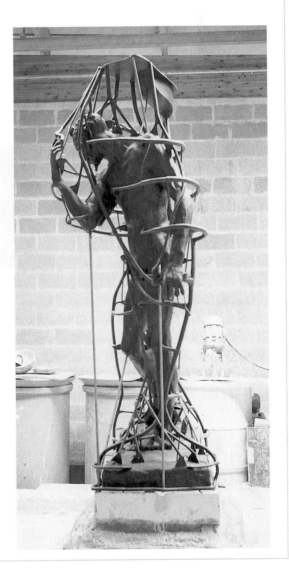

Une fois satisfait de son œuvre, le sculpteur confie à un artisan fondeur le soin de couler un modèle en bronze. Cette photographie, prise dans la fonderie de Coubertin (qui existe toujours), montre une des dernières étapes du processus, avant que la statue soit débarrassée des canaux qui ont permis l'écoulement du métal en fusion. La sculpture ainsi prisonnière d'un réseau de lignes, souples et rigides à la fois, prend une allure très moderne à nos yeux.

RECHERCHE

Détaillez, à l'aide de documents photographiques, le processus du moulage, et celui de la fonte en bronze.

**Rodin, assemblage :
masque de Camille Claudel
et main gauche de Pierre de Wissant**,
vers 1895, plâtre (32,1 x 26,5 x 27,7 cm).
Paris, musée Rodin.

5

Les modèles en plâtre servent aussi de matière première à Rodin pour des expérimentations visuelles, qui ne sont pas toujours considérées comme des œuvres. Ainsi, cet **assemblage**, fait par Rodin d'une main d'un des *Bourgeois* et de la tête de Camille Claudel, n'a jamais été transcrit en matériau solide (pierre ou bronze) du vivant de l'artiste. C'était pour lui une rêverie plastique d'intérêt personnel.

QUESTION

Observez le rapport d'échelle entre la tête et la main. Qu'en déduisez-vous ? et quelle signification symbolique cela peut-il avoir ?

Auguste Rodin, *La Porte de l'Enfer*,
1880-1890, haut-relief,
plâtre (600 x 400 x 94 cm).
Paris, musée d'Orsay.

6

En 1880, Rodin reçoit la commande d'une porte monumentale pour un futur musée des Arts décoratifs. Le ministre des Beaux-Arts laisse l'artiste libre de son sujet. Pour rivaliser avec *Les Portes du Paradis* de Ghiberti sur le baptistère de Florence (XVᵉ siècle), Rodin imagine de créer *La Porte de l'Enfer*, à partir de l'œuvre célèbre du poète italien Dante (1265-1321), *La Divine Comédie*, dont l'un des chants s'intitule *L'Enfer*. Il y travaillera constamment, jusqu'à la fin de sa vie, rajoutant et enlevant sans arrêt de nouveaux groupes de personnages. Cette œuvre monumentale, qui restera inachevée, sera l'étonnante matrice d'œuvres ultérieures.

QUESTION

Observez globalement le rapport du fond avec les personnages figurés. Comment s'en détachent-ils ? À quel univers géologique ce fond fait-il penser ? Montrez comment cette matière première, tout en évoquant les flammes de l'Enfer, opère un retour à la sculpture.

Comment l'artiste travaille : **l'atelier de Rodin**

7 Rodin, **Le Penseur,**
détail de *La Porte de l'Enfer* (au centre du tympan).

Dans *La Porte de l'Enfer*, Le Penseur est le seul personnage immobile et solitaire, qui émerge d'un grouillement de corps torturés : il est dans une posture d'intense méditation, qui le place hors des histoires infernales qu'illustre *La Porte*. On peut le comparer au **narrateur omniscient*** ; il lui suffit de penser à quelque chose, d'y rêver, pour le créer. Il représente peut-être le créateur, le poète italien Dante, si l'on se réfère au poème qui est la source du relief ; ou Dieu, si l'on considère *La Porte* comme l'humanité ; ou encore Rodin, bien sûr, créateur ultime de cet ensemble.

QUESTION

Observez et qualifiez la musculature du personnage. À quoi vous fait-elle penser ?

Rodin, *Le Penseur*, grand modèle, 1902-1904, bronze (187 x 98 x 145 cm). Paris, musée Rodin. **8**

QUESTIONS

1. Ainsi isolé, *Le Penseur* a bien besoin de son titre : pouvez-vous distinguer des indices permettant de situer, de dater le personnage ? En l'absence de tout contexte, quelle valeur peut avoir la nudité ?

2. Bien que la sculpture soit un art muet, ce corps produit tout un discours de l'esprit. Montrez en détail que l'attitude du personnage et sa tension corporelle parlent d'effort, de concentration, d'un laborieux accouchement de la pensée.

9 Rodin, *Les trois Ombres,*
1902-1904, bronze
(191 x 192 x 115 cm).
Paris, musée Rodin.

Au sommet de *La Porte* se trouvent trois personnages appelés *Les Ombres*. Ce groupe est en fait constitué de la **répétition** d'un même personnage. Ce procédé était couramment employé par Rodin pour créer de nouveaux groupes, mais rarement de manière aussi audacieuse, dans un même ensemble.

QUESTIONS

1. Que désignent les « ombres » dans la mythologie ?

2. Observez la posture des trois hommes : quelle émotion suggère-t-elle ?

3. Le groupement de trois « exemplaires » d'une même attitude et d'un même geste, parfaitement répétés, produit un autre effet : lequel ?

1. La construction des phrases

1 La phrase verbale et la phrase non verbale

→ Une **phrase** est un ensemble de mots qui forment une **unité de sens.** Elle commence par une majuscule et se termine par un **signe de ponctuation fort :** point, point d'interrogation ou d'exclamation, points de suspension.

> *Quand soudain elle arriva.* → Ce groupe ne constitue pas une phrase.

→ **La phrase verbale** comporte au moins un verbe conjugué.
La phrase non verbale est formée par un adverbe, un groupe adjectival ou un groupe nominal. Dans ce cas, on parle de phrase nominale.

> *Vite ! Impossible de rester ! Fin.* → trois phrases non verbales

→ La **nominalisation** consiste à transformer une phrase verbale en une phrase non verbale.

> *L'équipe de Toulouse a gagné.* → *Victoire de l'équipe de Toulouse.*

La phrase non verbale traduit souvent l'émotion, la hâte. Elle permet aussi de résumer, de noter rapidement des informations.

2 La phrase simple et la phrase complexe

→ **Une proposition** est un **ensemble de mots organisés autour d'un verbe.**

> *Je te dis //* que le spectacle est complet depuis longtemps.
> 2 verbes → 2 propositions

→ Une **phrase simple** comprend un seul verbe donc une seule proposition qui est **une proposition indépendante.**
Une **phrase complexe** comporte plusieurs verbes, donc **plusieurs propositions.**

3 Juxtaposition, coordination et subordination

→ Deux propositions sont **juxtaposées** lorsqu'elles sont **séparées par une virgule, un point-virgule, deux points.** Elles sont « posées » l'une à côté de l'autre.

> *Je suis contente : j'ai reçu une lettre de mon correspondant.*

→ Deux propositions sont **coordonnées** lorsqu'elles sont unies :
- **par une conjonction de coordination :** *mais, ou, et, donc, or, ni, car.*
- **par un adverbe de liaison :** *puis, ensuite, alors...*

> *Elle se leva puis sortit.*

→ À l'intérieur d'une phrase, une proposition qui dépend d'une autre proposition est une **proposition subordonnée.** La proposition dont elle dépend est la **proposition principale.**
On distingue trois types de subordonnées :
- les **subordonnées relatives** qui complètent un nom, l'antécédent ; elles sont introduites par un pronom relatif : *qui, que, quoi, dont, où, lequel...*

> *Raconte-moi le film que tu as vu hier.* → proposition subordonnée relative, complément de l'antécédent *film.*

- les **propositions compléments d'objet du verbe, complétives ou interrogatives indirectes.**

> *Je préfère que tu partes en train.* → subordonnée complétive, COD du verbe *préfère.*
> *Je me demande si elle viendra.* → subordonnée interrogative indirecte, COD du verbe *me demande.*

- les **propositions compléments circonstanciels,** introduites par des conjonctions ou des locutions de subordination.

> *Elle m'écoute parce qu'elle a confiance en moi.*

→ Une suite de **propositions juxtaposées ou coordonnées** traduit la rapidité et la succession d'événements. L'emploi de **propositions subordonnées** permet de souligner les liens logiques et de présenter des faits ou des idées.

Balzac vient d'envoyer à l'imprimeur les épreuves corrigées de son roman.

Imaginez quatre ou cinq cents arabesques de ce genre, s'enlaçant, se nouant, grimpant et glissant d'une marge à l'autre, et du sud au septentrion. Imaginez douze cartes de géographie enchevêtrant à la fois villes, fleuves et montagnes. Un écheveau brouillé par un chat, tous les hiéroglyphes de la dynastie des Pharaons, ou les feux d'artifice de vingt réjouissances. À cette vue, l'imprimerie se réjouit peu. Les compositeurs se frappent la poitrine, les presses gémissent, les protes s'arrachent les cheveux, les apprentis perdent la tête.

Ourliac, « Les épreuves de *César Birotteau* », ➡ p. 464.

— phrase nominale

▨ phrase simples

▨ propositions juxtaposées

COMMENTAIRE

On peut souligner le passage de phrases simples (une seule proposition) à une phrase complexe (nombreuses propositions juxtaposées). Le rythme s'accélère, à l'image de ce qui se produit dans l'imprimerie. Le choix de la phrase nominale pour évoquer les épreuves du roman corrigées par Balzac permet de proposer rapidement, et comme en passant, trois métaphores amusantes car tirées de domaines très éloignés les uns des autres.

Retour sur les textes du chapitre

La phrase verbale et la phrase non verbale

1 Zola, *L'Argent*, ➡ p. 450, l. 32 à 37
Comment sont présentées les grandes étapes du roman ? Écrivez un résumé que vous rédigerez avec des phrases verbales. Pourquoi Zola a-t-il choisi ce type de présentation ?

La phrase simple et la phrase complexe

2 Perec, *La Vie mode d'emploi*, ➡ p. 447, l. 13 à 17
Quel point commun grammatical ont toutes les phrases qui composent cette description ? Quel effet recherche le narrateur par ce choix ?

3 Valéry, *Mémoires du poète*, ➡ p. 440, l. 18 à 24
Observez la répartition entre phrases simples et phrases complexes. Que remarquez-vous ? Comment expliquez-vous cette évolution ?

Juxtaposition, coordination et subordination

4 Eco, *De la littérature*, ➡ p. 458, l. 24 à 27
a. Comptez le nombre de propositions par phrase. Que remarquez-vous ?
b. Observez la répartition entre propositions coordonnées ou juxtaposées et propositions subordonnées. Dans quelle partie de l'extrait les propositions subordonnées sont-elles les plus nombreuses ? Pourquoi ?

5 Perec , « La Maison des romans »,
➡ p. 445, l. 29 à 35
Analysez la structure des trois phrases de cet extrait et montrez qu'elles sont de plus en plus complexes. Pourquoi peut-on dire qu'elles sont à l'image des romans d'Eugène Sue tels que les évoque Perec ?

Texte d'entraînement

Voici des notes prises par Victor Hugo sur le site de Waterloo. L'écrivain préparait le chapitre des Misérables *qui évoque l'ultime bataille de Napoléon.*

vieil arbre brisé peut-être par la bataille. a deux larges trous dans le tronc. reverdit encore au printemps. quelques pierres le long du mur perpendiculaire à la façade. je pousse les battants troués par les biscayens[1]. trace d'un gros biscayen près d'un clou à hauteur d'homme. le biscayen n'a pas percé le bois. trou boulet de canon fenêtre en haut du mur. dans la cour. quelques charrettes. une calèche. des poules. un gros chien montre les dents et remplace les anglais. une porte cintrée du 16 siècle fait arcade. une autre porte Henri IV dans le mur sur le verger, chapelle avec un petit clocher, poirier en fleur en espalier sur le mur de la chapelle. trou à fumier, vieux puits avec sa dalle et son tourniquet de fer, […].

Victor Hugo, *Œuvres complètes*, © Robert Laffont, « Bouquins », 1990.

1. Balles de gros calibre.

Questions d'analyse

1 Repérez les phrases verbales. À quelle forme de discours correspondent-elles : narratif, descriptif ?

2 Pourquoi peut-on dire que les phrases nominales sont à la limite de la notion de phrase ?

3 Expliquez le choix d'écrire en phrases nominales. Aidez-vous des indications fournies avant le texte.

2. L'expression de l'aspect

1 Temps et aspect

→ **Le temps verbal** permet de situer le fait dans une époque : **passé, présent** ou **futur**.
Il se mit à travailler. /Il se met à travailler./ Il se mettra à travailler.
L'action est située dans le passé, dans le présent ou dans le futur par le temps verbal.

→ **L'aspect** indique la façon dont le fait se réalise : **son début, sa durée, sa répétition, son achèvement**.
Il se met à travailler./ Il se mit à travailler./ Il se mettra à travailler.
L'aspect des trois formes verbales est le même : il marque le début de l'action.

2 L'expression de l'aspect par les formes verbales

→ **Aspect accompli ou non accompli**
• Les **temps simples** expriment l'aspect non accompli : l'action est en cours d'accomplissement au moment considéré.
À deux heures, il me téléphonait./ Il me téléphone./ Il me téléphonera.
À l'heure indiquée, l'action était, est ou sera en cours de réalisation.
• Les **temps composés** expriment l'aspect **accompli** : l'action est finie au moment considéré.
À deux heures il m'avait téléphoné, il m'aura téléphoné.
À l'heure indiquée, l'action est terminée.

→ **Aspect limité ou non limité**
• L'imparfait et le passé simple situent tous les deux un fait dans le passé. Ils se distinguent par la manière dont le fait est envisagé.
• Le **passé simple** présente le **fait dans sa globalité, de son début à sa fin**. Il marque **l'aspect limité** (ou borné) dans le passé.
Il me regarda. → L'action est limitée dans le temps.
• **L'imparfait** présente le fait dans son déroulement **sans signaler son début ou sa fin**. Il marque un aspect **non limité** dans le passé.
Il me regardait. → Rien ne dit quand l'action a commencé et quand elle finira.

→ **Aspect de répétition ou itératif**
• Un verbe peut exprimer un fait qui se répète ; c'est l'aspect itératif qui est donné par **l'imparfait ou le présent d'habitude** (voir p. 328).
Tous les jours il me téléphonait / il me téléphone.
• En général, cet aspect itératif est indiqué par un **complément circonstanciel** *(tous les ans, chaque jour, deux fois par mois...)* ou par un **adverbe** *(souvent, parfois, fréquemment)*.

3 L'expression de l'aspect par des périphrases verbales

→ **Le futur ou le passé proche**
• Le **futur proche** est marqué par le verbe *aller* suivi de l'infinitif. L'action est sur le point de se produire mais encore non réalisée. Le verbe *aller* est employé comme une sorte d'auxiliaire.
• Le **passé proche** est marqué par le verbe *venir de* suivi de l'infinitif. L'action vient juste de se terminer.

→ **Le début ou la fin de l'action**
• *Commencer à, se mettre à, entreprendre de* marquent le début de l'action.
• La fin de l'action est marquée par *finir de, cesser de, achever de*.

→ **Le déroulement de l'action**
Être en train de, continuer de, ne pas cesser de indiquent que l'action est en cours de déroulement.

Resté nombre de mois sans rien écrire dans ce cahier ; mais je n'ai guère arrêté de penser au roman, encore que mon souci le plus immédiat fût pour la rédaction de *Si le grain ne meurt,* dont j'ai écrit cet été l'un des plus importants chapitres (voyage en Algérie avec Paul). Je fus amené, tout en l'écrivant, à penser que l'intimité, la pénétration, l'investigation psychologique peut, à certains égards, être poussée plus avant dans le « roman » que même dans les « confessions ». L'on est parfois gêné dans celles-ci par le « je » ; il y a certaines complexités que l'on ne peut chercher à démêler, à étaler sans apparence de complaisance. Tout ce que je vois, tout ce que j'apprends, tout ce qui m'advient depuis quelques mois, je voudrais le faire entrer dans ce roman […].

André Gide, *Journal des* **Faux-Monnayeurs,** 🠖 p. 438.

— les périphrases verbales
▨ non accompli
▨ accompli
▨ itératif

COMMENTAIRE

L'aspect est marqué dans cet extrait par deux périphrases verbales, *ne pas arrêter de,* qui signale le déroulement de l'action, et *être amené à,* qui indique le début de la réflexion sur les rapports entre roman et confessions. L'expression de l'aspect passe surtout par des variations sur les formes verbales qui permettent de distinguer trois mouvements dans le constat que dresse ici Gide :
– les formes verbales composées du début de l'extrait soulignent ce qui est accompli, l'écriture d'un chapitre et une réflexion de tous les instants sur l'œuvre à construire ;
– les présents qui suivent *(est…gêné, peut)* traduisent la répétition, soulignée par l'adverbe *parfois* et amènent à préciser le fruit de ces réflexions : le « je » des confessions tient souvent de la complaisance ;
– les présents à la fin de l'extrait *(vois, apprends, advient, voudrais)* indiquent le non accompli et ce que l'auteur entreprend au moment où il écrit dans son journal.

Retour sur les textes du chapitre

L'expression de l'aspect par les formes verbales

1 **Poe,** *La Genèse d'un poème,* 🠖 p. 436, l. 46 à 55
Relevez les formes verbales qui marquent un aspect accompli. À quels moments ces faits renvoient-ils ? Pourquoi l'aspect non accompli prédomine-t-il dans cet extrait ?

2 **Perec,** *La Vie mode d'emploi,* 🠖 p. 447, l. 1 à 12
Quels sont les temps utilisés dans cet extrait ? Donnez leurs valeurs d'aspect. Que révèlent-elles sur le texte ?

3 **Ourliac, « Les épreuves de** *César Birotteau* **»,**
🠖 *Le Figaro* **du 15 décembre 1837, p. 464, l. 1 à 10**
Transposez le texte en commençant par : « *Le Figaro* avait promis le livre au 15 décembre, et M. de Balzac le commença le 17 novembre… ». Justifiez l'emploi du passé simple ou de l'imparfait par leurs valeurs d'aspect.

4 **Zola,** *L'Argent,* 🠖 p. 454, l. 48 à 53
Mettez ce passage au passé simple. Quels sont les mots que vous devez supprimer ? Concluez sur la valeur d'aspect de l'imparfait dans cet extrait.

L'expression de l'aspect par des périphrases verbales

5 **Aragon,** *Je n'ai jamais appris à écrire,*
🠖 p. 443, l. 19 à 28
Relevez les périphrases d'aspect et indiquez quelle valeur d'aspect elles marquent.

Texte d'entraînement

La neige, qui n'a pas cessé de tomber depuis trois jours, bloque les routes. Je n'ai pu me rendre à R. où j'ai coutume depuis quinze ans de célébrer le culte deux fois par mois. Ce matin trente fidèles seulement se sont rassemblés dans la chapelle de La Brévine.
Je profiterai des loisirs que me vaut cette claustration forcée, pour revenir en arrière et raconter comment je fus amené à m'occuper de Gertrude.
J'ai projeté d'écrire ici tout ce qui concerne la formation et le développement de cette âme pieuse.

André Gide, *La Symphonie pastorale,* © Gallimard, 1919.

Questions d'analyse

1 Classez les verbes suivant qu'ils évoquent des faits passés, présents ou futurs.

2 Classez-les maintenant selon qu'ils expriment un aspect accompli ou non accompli. Que remarquez-vous ?

3 Quelle est la valeur d'aspect du passé simple *je fus amené ?*

4 Relevez les périphrases verbales d'aspect et donnez leurs valeurs.

1. L'étude du style

Le style désigne à l'origine la façon de tenir le stylet, avec lequel les Romains incisaient les tablettes de cire. S'agissant aujourd'hui d'une œuvre littéraire, on appelle style la manière particulière dont un auteur s'exprime. C'est un élément essentiel de l'étude des textes.

1 Les composantes du style

→ **Le vocabulaire**

Il peut être riche et varié, mais un écrivain utilise souvent les mêmes mots, même s'ils sont, pour d'autres, rares et recherchés. Des logiciels permettent de faire des statistiques comparatives, mais on peut s'amuser à le faire soi-même, dans un extrait ou une œuvre.

→ **Les images et les figures de style**

• Les figures de style ne sont pas un simple ornement ; par elles, l'écrivain se détourne de l'usage habituel du langage, lui donnant une expressivité particulière.

• Le choix des images et des figures stylistiques permet d'une part de traduire une certaine vision du monde (notamment l'image poétique qui fait se rencontrer de manière originale deux réalités apparemment éloignées l'une de l'autre), et d'autre part, de viser un certain effet sur le lecteur, notamment dans le cas d'un discours rhétorique.

→ **La structure des phrases**

La longueur des phrases, l'ordre des mots, la place des compléments circonstanciels, qu'on peut déplacer, contribuent à donner à l'écriture sa personnalité.

→ **Le rythme**

L'écrivain peut également travailler le rythme de sa phrase, c'est-à-dire la succession de groupes de syllabes plus ou moins longs. Les groupes longs donnent un sentiment de calme ou confèrent au discours une certaine solennité ; plus brefs, ils peuvent traduire l'agitation ou l'émotion.

→ **Le jeu sur le signifiant**

L'écrivain s'intéresse aussi au signifiant (p. 124). La matérialité (sonore ou visuelle) du mot est un élément de son travail, et les jeux sur les sonorités peuvent rapprocher le langage littéraire de la musique, notamment en poésie.

2 L'étude du style

Pour étudier le style d'un auteur dans un extrait, il convient :

→ **De lire et relire le texte** en observant le vocabulaire, les figures de style, la structure des phrases, le rythme, les sonorités. On peut faire une lecture pour chaque composante.

→ **D'être attentif aux écarts** par rapport à la manière habituelle de s'exprimer, d'être à l'écoute de ce qu'il y a d'original dans l'écriture.

→ **De rechercher les rapports entre ce qui est dit et la manière dont l'auteur l'exprime :** qu'il s'agisse des idées, des émotions qu'il exprime ou des choses qu'il décrit, l'écrivain peut chercher à les valoriser par son style. Ainsi, la structure même des phrases de Perec (p. 445) est à l'image des romans évoqués.

3 Le pastiche

→ Pratiqué dans les écoles depuis l'Antiquité, le pastiche est un exercice qui permet de comprendre en l'imitant le style d'un écrivain. La pratique de cet exercice peut aussi conduire à améliorer son propre style.

→ Pour pasticher un auteur, on commence par lire et relire l'extrait à pasticher pour s'imprégner de sa musique particulière, on repère aussi quelques traits du style de l'auteur.

→ On choisit ensuite un thème, une situation, et on tente d'imaginer comment l'auteur aurait écrit, en utilisant ce qu'on a repéré lors de la lecture (rythme, figures de style, etc.).

→ On peut aussi choisir un thème comique ou burlesque pour créer un décalage entre le modèle sérieux de l'auteur et le pastiche comique ou burlesque. On parle alors de parodie.

Méthode

Depuis longtemps, le gros commérage de la Bourse était que Gundermann guettait Saccard, qu'il nourrissait la baisse contre l'Universelle, en attendant d'**étrangler** celle-ci, à quelque fin de mois, d'un effort **brusque** ~~en écrasant~~ le marché, < lorsque l'heure serait venue d'**écraser** le marché > sous ses millions ; et, si cette journée s'annonçait si chaude, dans l'**enfièvrement** ~~de tous~~, c'était que tous croyaient, répétaient que la **bataille** allait enfin être pour ce jour-là, une de ces **batailles** sans merci où l'une des deux armées reste par terre, **détruite**.

Zola, _L'Argent_, p. 453.

En gras : champ lexical de la violence

groupes rythmiques longs qui donnent une tonalité épique

COMMENTAIRE

On trouve dans cet extrait un vocabulaire violent : « écraser », « étrangler », « effort brusque », « bataille », « détruite ». La phrase est longue, comme pour exprimer l'ampleur et la violence du combat. L'addition de Zola accentue encore cet effet. Le rythme de la deuxième partie de la phrase est croissant (les groupes sont de plus en plus longs), le participe passé « détruite », placé à la fin, est mis en évidence.

EXERCICES

Retour sur les textes du chapitre

1 Ourliac, _Les épreuves de_ César Birotteau (p. 464)

1. Repérez les accumulations et commentez leur effet.
2. Étudiez le rythme, dans les lignes 34 à 39 de cet extrait. Quels sont les groupes brefs, quels sont les groupes longs ? Que cherche à exprimer l'auteur par chacun de ces deux rythmes ?
3. À partir des questions 4, 5 et 6 sur le texte d'Édouard Ourliac (« observation et analyse », p. 465) et des deux questions ci-dessus, proposez une étude du style de ce texte. Quel vocabulaire, quels rythmes, quelles figures de style, quels registres emploie l'auteur et quel effet cherche-t-il ainsi à produire ?

2 Hélène Cixous, _Brouillons d'écrivains_ (p. 460)

1. Identifiez les mots et expressions que l'auteur reprend ou répète. Commentez les échos qu'ils créent.
2. Étudiez le rythme des phrases des lignes 25 à 42. Commentez l'omission de la virgule dans certains passages. Quel effet recherche l'auteur ?
3. À partir des questions 4 et 5 posées sur le texte (« observation et analyse ») et des deux questions précédentes, étudiez le style du texte d'Hélène Cixous.

Texte d'entraînement

Dès l'aurore, j'allai vers lui. La mer était basse, comme la veille au soir, et je regardais se dresser devant moi la surprenante abbaye. à mesure que j'approchais d'elle, ~~la surprenante Abbaye~~. Après plusieurs heures de marche j'atteignis l'énorme bloc de pierres qui porte la petite ~~ville~~ <cité> dominée par la grande église. Ayant gravi la rue étroite et rapide, j'entrai éperdu de surprise ~~dans ce monstrueux~~ <gigantesque> ~~bijou de granit, vaste comme une ville, hérissé de tours de clochetons légers où montent des escaliers à jour, dans ce palais gothique plein de voûtes en~~ <de voûtes pesantes> ~~et de colonnes élancées, dans ce rêve réalisé,~~ <de salles basses effrayantes et de hautes galeries> ~~dans ce prodigieux temple gothique~~ palais gothique, la plus admirable demeure gothique construite pour Dieu sur la terre, vaste comme une ville, pleine de salles basses écrasées sous des voûtes pesantes et de hautes galeries que ~~portent~~ soutiennent de frêles colonnes, ~~dans ce gigantesque bijou de granit~~ <de granit>, ~~monstrueuse dentelle de granit hérissée de tours~~, <J'entrai dans ce gigantesque bijou de granit ~~aussi fin~~ <aussi léger> qu'une dentelle, couvert de tours de <sveltes> clochetons légers, ~~bizarres~~, où montent des escaliers ~~à jour~~ <tordus> et qui lancent dans le ciel bleu des jours dans le ciel noir des nuits, ~~le peu~~ leurs têtes bizarres hérissées de chimères, de diables, de bêtes fantastiques, de fleurs monstrueuses et reliés l'un à l'autre par de fines arches ouvragées.

Maupassant, _Le Horla_, éd. Zulma, 1993.

Question d'analyse

Étudiez les choix stylistiques opérés par Maupassant. Essayez d'analyser à chaque fois les raisons de ces choix en vous interrogeant sur l'effet recherché.

Méthode

2. Le travail de l'écrivain

Si l'on attribue parfois l'œuvre d'art à l'inspiration, elle est surtout le résultat d'un travail qui conduit de l'idée de départ à la publication et à la diffusion du livre. Chaque écrivain a sa manière de travailler et chaque œuvre a son histoire propre qui dépend aussi beaucoup du genre auquel elle appartient.

1 Des manières de travailler

→ **Les écrivains « à programme »**
Ils préparent leur travail avant de se mettre à écrire et savent dès le départ par quelles étapes passera par exemple leur récit et comment il va se terminer. La rédaction est distincte du travail préparatoire.

→ **Les écrivains « à processus »**
Ils enrichissent l'idée de départ au cours de la rédaction, ils n'ont pas de plan préétabli ou, s'ils en ont un, ils en changent au cours de la rédaction.

→ **Une genèse souvent longue, chaotique et complexe**
La réalité est que souvent les deux manières de faire se combinent. La genèse d'une œuvre n'est pas un processus continu, elle peut s'étaler sur plusieurs années avec des périodes d'intense activité et d'autres sans travail.

2 Les phases du travail de l'écrivain

→ **La phase prérédactionnelle**
L'écrivain prend des notes, lit des livres, accomplit des déplacements, élabore plans et scénarios, constitue des listes de personnages. Cette phase peut être plus ou moins longue suivant le sujet et la manière de travailler de l'écrivain.

→ **La phase rédactionnelle**
L'écrivain entreprend la rédaction de son livre, c'est le travail d'écriture proprement dit. Selon les écrivains, chaque phrase peut connaître plusieurs versions avant d'arriver à son état définitif. L'écrivain écrit soit à la main soit à l'ordinateur, qui rend plus facile la correction.

→ **Suppressions, additions, déplacements**
Lors de la rédaction, le travail sur le texte prend des formes différentes, l'auteur peut supprimer, ajouter ou déplacer des mots, des phrases ou des pans entiers de son texte.

→ **Le manuscrit**
C'est le document qui sert de base à l'édition du texte, c'est lui que l'écrivain communique à son éditeur : il doit être le plus achevé possible. L'œuvre entre alors dans sa phase éditoriale.

3 L'édition du livre

→ **La phase éditoriale**
Une fois rédigée la version « au net » de son manuscrit, l'écrivain la soumet à un éditeur. Qu'il s'agisse d'un premier livre ou de celui d'un écrivain confirmé, l'éditeur peut proposer des modifications, il est le premier lecteur du texte. Son but est de permettre à l'auteur de donner le meilleur de lui-même.

→ **Les épreuves**
Il s'agit d'une étape de mise en pages destinée à recueillir les corrections. Avant la diffusion de l'informatique, certains auteurs (Balzac et Proust en particulier) profitaient de cette étape pour revoir totalement leur texte (voir p. 464-465).

→ **Impression et diffusion**
Une fois le livre imprimé, l'éditeur doit le rendre accessible au public, c'est le travail de diffusion. Il constitue une part importante de l'activité des éditeurs aujourd'hui, certains délèguent ce travail à d'autres gros éditeurs. Le développement d'Internet a fait apparaître des librairies en ligne, à côté des librairies de quartier et des grandes surfaces.

Au départ, j'avais 420 éléments, distribués par groupes de dix […]. Tout ça me fournissait une sorte d'armature, comme ce jeu pour lequel on vous donne cinq mots et avec ces cinq mots il faut raconter une histoire qui les contienne. J'avais, pour ainsi dire, un cahier des charges : dans chaque chapitre devaient rentrer certains de ces éléments. Ça c'était ma cuisine, un échafaudage que j'ai mis près de deux ans à monter, et qui ne me servait que de pompe à imagination. À partir de là, je faisais entrer dans le livre tout ce que je voulais raconter : des histoires vraies comme des histoires fausses, des passages d'érudition complètement inventés, d'autres qui sont scrupuleusement exacts.

George Perec, « La Maison des romans », ➦ **p. 445.**

■ indices de la phase prérédactionnelle

■ indices de la phase rédactionnelle

COMMENTAIRE

On peut distinguer dans cet extrait la phase prérédactionnelle, qui consiste à réunir les éléments du cahier des charges, et la phase rédactionnelle, qui se développe à partir de ces données.

EXERCICES

Retour sur les textes du chapitre

1 Zola, genèse de *L'Argent*, ➦ **p. 449 à 455**

1. Dites à quelle phase du travail de l'écrivain appartient chacun des documents de ce dossier, y compris le « croquis » de la page 455.

2. Quels indices de la phase rédactionnelle demeurent dans le texte définitif de Zola ?

2 Paul Valéry, *Mémoires du poète*, ➦ **p. 440**

Repérez les différentes phases de la genèse du « Cimetière marin » telle que Valéry la raconte dans son texte.

3 Raymond Roussel, *Comment j'ai écrit certains de mes livres*, ➦ **p. 442**

Repérez les différentes phases de la genèse d'*Impressions d'Afrique* dans le récit qu'en donne Raymond Roussel.

Textes d'entraînement

extrait 1

Mai 1861 / armée française – armée dans laquelle les soldats sont si grands qu'ils n'ont pas besoin de généraux. / Cette plaine marquée au fer rouge de la guerre / J'y ai étudié les stigmates de la bataille

extrait 2

Aux ruines d'Hougomont auberge. des poules. une affiche de spectacle jaune vole au vent dans un champ voisin où sarcle[1] une jeune fille, charrette à 4 roues, herse. charrue, échelle à terre le long d'un vieux hangar de paille. chaux vive qui fume dans un trou. petite mare près du sentier (mal pavé) tas de broussailles sèches ; haie vive, à un coude de la route on voit une porte cochère de ferme, peinte en gris, toute vermoulue. mur mi parti de brique et de pierre, la brique en haut, la pierre en bas. meurtrières dans la brique

– paisibles ornières[2] des charrettes à foin là où furent les ornières des canons.

– j'arrive à la porte.

– gros orme devant la porte.

1. Arrache les mauvaises herbes.
2. Traces creusées par les roues.

extrait 3

Mais qu'importe à l'infini ? toute cette tempête, tout ce nuage, toute cette ombre formidable, qui couvrit la terre, ne troubla pas un moment la lueur de l'œil immense devant lequel un puceron sautant d'un brin d'herbe à l'autre égale l'aigle volant de clocher en clocher aux tours de Notre-Dame.

Victor Hugo, *Chantiers,* © Robert Laffont, 1990.

Question d'analyse

En vous appuyant sur des indices précis, dites à quelle phase du travail de l'écrivain appartient chacun de ces extraits relatifs à l'épisode de Waterloo dans *Les Misérables* de Victor Hugo.

3. Réécritures et adaptations

1 Une pratique vieille comme le monde

→ **Originalité et imitation**

L'originalité n'a pas toujours constitué un atout pour les artistes et, si l'on aime aujourd'hui les œuvres originales, la reprise de sujets anciens est une pratique courante depuis l'Antiquité.

→ **Écrire et se réécrire :** l'écrivain pratique aussi la réécriture de ses propres textes quand il corrige son travail et le reprend pour le modifier (voir Zola, *L'Argent*, p. 449 à 455).

→ **Réécrire les autres :** les écrivains jouent aussi avec les textes de ceux qui les ont précédés, ils réécrivent certains auteurs soit pour les imiter car ils les admirent, soit pour les tourner en dérision car ils rejettent leurs œuvres.

2 Les principales formes de réécriture

→ **La citation**

Elle consiste à citer, avec ses références, le texte d'un autre soit pour s'en servir comme caution, soit pour dénoncer son erreur.

→ **Le plagiat**

C'est une citation qui n'est pas signalée, le texte étant alors donné comme celui de l'auteur qui cite. C'est un délit puni par la loi.

→ **Le pastiche**

Il consiste à imiter le style d'un auteur soit pour améliorer le sien, soit pour se moquer de l'auteur en question, parfois les deux.

→ **La parodie**

Il s'agit d'une réécriture, souvent humoristique, qui transpose sur le mode comique l'univers et le style d'un auteur.

→ **La continuation**

C'est un texte qui prétend donner la suite d'un récit ou en raconter un épisode manquant.

→ **Le résumé**

C'est une forme de réécriture qui propose une version condensée d'un texte. Il oblige à des suppressions qui peuvent modifier le sens de l'original.

3 L'adaptation

L'adaptation consiste à transposer une œuvre dans un autre genre ou un autre art. Elle est la preuve du caractère universel de l'œuvre qui lui fait dépasser son époque ou son domaine d'origine. Elle dépend de différents éléments :

→ **Le contexte culturel**

Adapter une œuvre du passé suppose de l'adapter à son nouveau public. Le contexte de l'œuvre est donc essentiel. Par exemple, on ne traite pas le mythe d'Œdipe de la même manière aujourd'hui qu'au Vᵉ siècle avant J.-C. (voir *La Machine infernale*, p. 192 à 195).

→ **La question du genre**

Passer d'un genre à l'autre suppose de surmonter les contraintes propres à chaque genre, comme le montre le travail d'adaptation du roman de Victor Hugo pour l'opéra (voir p. 470-471).

→ **Le cinéma**

Il est aujourd'hui un des arts qui a le plus recours à l'adaptation. C'est un moyen de faire découvrir à un large public des œuvres littéraires importantes. Toutefois, art visuel, le cinéma ne respecte pas toujours la richesse de l'écrit, qu'il tâche de restituer par l'image, comme en peinture.

→ **La traduction**

Cette forme d'adaptation d'une œuvre dans une langue étrangère peut être plus ou moins fidèle à l'original et se présente souvent comme une recréation dans une nouvelle langue.

Méthode

Dans un vaste espace laissé libre entre la foule et le feu, une jeune fille dansait.

Si cette **jeune fille** était **un être humain**, ou une fée, ou un ange, c'est ce que Gringoire, tout philosophe sceptique, tout poète ironique qu'il était, ne put décider dans le premier moment, tant il fut fasciné par cette éblouissante vision.

Hugo, ***Notre-Dame de Paris***, → p. 470.

Gras : mots neutres désignant Esméralda

mots désignant Esméralda comme un être surnaturel

mots désignant Esméralda comme un être malheureux

point de vue adopté dans le roman

La Esméralda
Je suis l'orpheline,
Fille des douleurs,
Qui sur vous s'incline
En jetant des fleurs ;
Mon joyeux délire
Bien souvent soupire ;
Je montre un sourire,
Je cache des pleurs.

Je danse, humble **fille**,
Au bord du ruisseau,
Ma chanson babille
Comme un jeune oiseau ;
Je suis la colombe
Qu'on blesse et qui tombe.
La nuit de la tombe
Couvre mon berceau.

La Esméralda, livret d'opéra,
→ p. 471.

COMMENTAIRE

En adaptant son œuvre pour l'opéra, Hugo modifie le personnage principal d'Esméralda. Dans le livre, elle est mystérieuse : « fée, ange, être humain » et se révèle petit à petit par le point de vue interne de Gringoire. Dans l'opéra, le personnage se définit lui-même, ce qui le rend plus accessible, et il se résume à son malheur.

EXERCICES

Retour sur les textes du chapitre

■ Victor Hugo, p. 470 à 473

1. Poursuivez la comparaison du portrait d'Esméralda entre le roman de Hugo et son adaptation pour l'opéra.
2. Dans la comédie musicale (voir photographie p. 472), comment les costumes et le décor traduisent-ils l'atmosphère du Moyen Âge ?
3. Dans les images tirées du film de Jean Delannoy (p. 472), expliquez et justifiez, à partir de l'extrait du roman de Hugo (p. 470), l'emploi de la couleur rouge pour la robe d'Esméralda, la présence de la chèvre et d'une forme noire autour de l'héroïne (sur l'affiche).

Textes d'entraînement

Dans Andromaque *(1667), Racine s'est inspiré des vers de l'*Iliade *pour faire raconter par Andromaque les adieux du chef des Troyens, Hector, à son fils et à sa femme avant son dernier combat.*

Alors, il embrassa son fils, le berça dans ses bras et dit en priant Zeus et tous les autres dieux : – Zeus ! et vous, les autres dieux ! faites que cet enfant, mon fils, comme moi se distingue entre tous les Troyens, qu'il ait une aussi forte vigueur que la mienne, et que sur Ilion il règne en souverain ! Qu'on puisse dire un jour : « Le fils vaut beaucoup mieux que le père », quand on le verra revenir du combat. Qu'il en rapporte les dépouilles sanglantes de l'ennemi qu'il aura massacré, et que sa mère alors ait le cœur tout en joie !

Ayant ainsi parlé, il remit son enfant entre les mains de son épouse chérie. Elle le reçut sur son sein parfumé, avec un sourire entremêlé de pleurs. L'époux s'en aperçut et la prit en pitié. De sa main alors il la caressa, prit la parole et dit en la nommant : – Malheureuse ! que ton cœur pour moi ne s'afflige pas trop ! Car aucun homme ne peut, avant l'heure marquée, m'envoyer chez Hadès. J'avoue pourtant qu'il n'est pas d'homme qui puisse éviter son destin, ni le lâche, ni le brave, du moment qu'il est né. Mais rentre en ta demeure ; occupe-toi des travaux qui sont tiens, la toile et la quenouille, et ordonne aux servantes de se mettre au travail. Laisse aux hommes le souci de la guerre, à moi surtout, et à tous ceux qui sont nés dans Ilion.

Homère, L'*Iliade*, vers le IXᵉ siècle av. J.-C.

Hélas ! Je m'en souviens, le jour que son courage
Lui fit chercher Achille, ou plutôt le trépas,
Il demanda son fils, et le prit dans ses bras :
« Chère épouse, dit-il en essuyant mes larmes,
J'ignore quel succès le sort garde à mes armes ;
Je te laisse mon fils pour gage de ma foi :
S'il me perd, je prétends qu'il me retrouve en toi.
Si d'un heureux hymen la mémoire t'est chère,
Montre au fils à quel point tu chérissais le père. »
Racine, *Andromaque*, 1667.

Question d'analyse

Comparez les deux textes et dites quelles transformations, dans les registres, dans les événements et dans le rôle des deux personnages, Racine fait subir au texte d'Homère.

Le commentaire comparé

Le commentaire comparé consiste à ordonner le commentaire de deux textes qui sont proches, par leurs thèmes ou par leur forme, mais présentent des différences visibles et significatives (genres, registres, procédés de style, mouvement littéraire, etc.).

Le plan doit aborder ensemble les deux textes. On ne peut pas traiter d'abord le texte A puis le texte B ; il faut trouver des axes, communs aux deux textes, qui permettent de les rapprocher et de les opposer.

1 Lire les textes et élaborer un tableau comparatif

	Texte 1	Texte 2	Bilan de la comparaison
auteur			
œuvre			
date			
genre			
thèmes			
registres			
vocabulaire, figures de style, etc. …			

Pour chaque texte, on s'attache à l'analyse des points suivants : date, auteur, genre, thèmes, vocabulaire, figures de style, registre, etc., chaque point constitue une ligne.

2 Élaborer le plan

• À partir du tableau, dégager les axes du commentaire et, pour chaque axe, donner trois arguments accompagnés chacun d'un exemple. Chaque axe doit être consacré aux deux textes de façon équivalente.

• On peut aussi utiliser un « plan de secours » du type : ressemblances/différences. S'il permet d'éviter la panne, ce plan ne sera cependant pas valorisé.

• Une fois le plan détaillé, relire les textes avec attention pour vérifier que le commentaire prend bien en compte tous leurs aspects.

3 Rédiger

→ **L'introduction**

Elle doit être soignée (on peut faire un brouillon). Elle comporte trois parties :

• une amorce qui présente les deux textes et leurs auteurs. Les remarques doivent permettre de préparer la comparaison ;

• l'enjeu de la comparaison des textes, ce que le commentaire va démontrer ;

• l'annonce des grandes parties du plan.

→ **Le développement**

• Rédiger directement au propre le développement en utilisant des mots de liaison pour introduire chaque argument et chaque exemple.

• Varier le vocabulaire pour exprimer l'opposition comme la ressemblance des deux textes.

• Éviter d'analyser, au sein d'une partie, un texte puis l'autre ; l'ensemble du commentaire doit procéder par comparaison.

→ **La conclusion**

Elle doit faire le bilan des axes du commentaire. On peut y proposer une comparaison avec un troisième texte traitant le même sujet.

→ Bien marquer les étapes du devoir en sautant des lignes entre l'introduction, le développement et la conclusion, et entre chaque partie.

→ Relire le devoir.

Méthode

SUJET

> Vous ferez un commentaire comparé de ces deux versions du début de l'autobiographie de Chateaubriand, rédigées à plusieurs années d'intervalle.

Texte 1

Je vins au monde le 4 octobre de l'année [1768]. La maison dans laquelle je suis né appartenait alors à M. de Boisgarrain, père de la princesse de Carignan. Cette maison est située dans une petite rue de Saint-Malo, appelée la rue des Juifs. La chambre où ma mère accoucha domine les murs déserts de la ville, et donne sur une mer qui s'étend à perte de vue, en se brisant parmi des écueils ; j'eus pour parrain mon malheureux frère et pour marraine madame la comtesse de Plouër, fille du Maréchal de Contades : je fus nommé François, du jour où j'étais né, et René à cause de mon père. J'étais presque mort quand je sortis du sein maternel, et le mugissement des vagues battues par une tempête d'équinoxe empêchait d'entendre mes cris. Mes sœurs en me tenant encore enfant dans leurs bras, à la fenêtre de la chambre de ma mère, m'ont souvent raconté ces circonstances de ma naissance ; la tristesse de ces premières impressions ne s'est jamais effacée de ma mémoire, et il n'y a pas de jour encore où, en rêvant à ce que j'ai été, je ne revoie en pensée le rocher sur lequel je suis né, la chambre où ma mère me fit le funeste présent de la vie, la tempête et les flots, dont le bruit berça mon premier sommeil et le frère infortuné qui me donna un nom que j'ai presque toujours traîné dans le malheur. C'est à moi que s'appliquent trop bien les vers de Lucrèce :

Tum porro puer ut saevis projectus ab undis
Navita, nudus humi jacet, infans, indigus omni
Vitali auxilio, cum primum in luminis oras
Piscibus ex alvo matris natura profundit

[En outre, l'enfant, comme le matelot rejeté par les flots, gît par terre tout nu incapable de parler, dépourvu de tout ce qui aide à vivre dès l'heure où, le projetant sur les rives que baigne la lumière, la nature l'arrache avec effort du ventre de sa mère.]

Il semble que le ciel ait voulu assembler toutes ces circonstances, pour placer dans mon berceau une image de mes destinées, et me faire pressentir que je ne serais qu'un voyageur livré au caprice des vents et du sort.

F. R. de Chateaubriand, *Mémoires de ma vie*, 1809.

Texte 2

La maison qu'habitaient alors mes parents est située dans une rue sombre et étroite de Saint-Malo appelée la rue des Juifs : cette maison est aujourd'hui transformée en auberge. La chambre où ma mère accoucha domine une partie déserte des murs de la ville, et à travers les fenêtres de cette chambre on aperçoit une mer qui s'étend à perte de vue, en se brisant sur des écueils. J'eus pour parrain, comme on le voit dans mon extrait de baptême, mon frère, et pour marraine la comtesse de Plouër, fille du maréchal de Contades. J'étais presque mort quand je vins au jour. Le mugissement des vagues, soulevées par une bourrasque annonçant l'équinoxe d'automne, empêchait d'entendre mes cris : on m'a souvent conté ces détails ; leur tristesse ne s'est jamais effacée de ma mémoire. Il n'y a pas de jour où, rêvant à ce que j'ai été, je ne revoie en pensée le rocher sur lequel je suis né, la chambre où ma mère m'infligea la vie, la tempête dont le bruit berça mon premier sommeil, le frère infortuné qui me donna un nom que j'ai presque toujours traîné dans le malheur. Le Ciel sembla réunir ces diverses circonstances pour placer dans mon berceau une image de mes destinées.

F. R. de Chateaubriand, *Mémoires d'outre-tombe*, 1848.

ÉTAPE 1

Lisez les textes et élaborez un tableau comparatif.
1. Quel est le genre de chacun des textes ?
2. Analysez le titre de chacune des œuvres.
3. Quels mots et expressions vous paraissent remarquables dans chaque texte par la figure de style qu'ils créent ? Comment évoluent-ils d'une version à l'autre ?
4. Quels sont les thèmes présents dans chaque texte ? Sont-ils, globalement, identiques ?
5. Comparez la structure des deux textes.

6. Quels pronoms sont employés dans chaque texte ?
7. Quelles informations apparaissent ou disparaissent dans la seconde version ?

ÉTAPE 2

À partir de ces analyses, proposez un plan détaillé qui mettra en valeur l'enjeu du commentaire comparatif.

La question ouverte

La question fermée suppose une réponse par oui puis par non et un dépassement des contradictions, c'est-à-dire un plan dialectique. La question ouverte demande au contraire une réponse qui aborde différents aspects du problème posé. Dans les deux cas, l'essentiel est de ne pas sortir du thème posé et de construire une argumentation structurée et précise, illustrée d'exemples clairs et pertinents.

→ Exemples :

Sujet 1 : Pour quelles raisons un auteur se livre-t-il selon vous au pastiche de l'œuvre ou du style d'un autre écrivain ?

Sujet 2 : Quel est selon vous l'intérêt de l'adaptation filmique d'une œuvre littéraire ?

Sujet 3 : Quel vous semble être l'intérêt de l'adaptation ou de la réécriture d'une œuvre littéraire, pour l'œuvre originale, pour le public et pour l'auteur de l'œuvre nouvelle ?

1 Analyser le sujet

→ Il s'agit de déterminer quels sont le thème et la problématique posés par le sujet et, si possible, de trouver des pistes pour le plan. Pour cela, on analyse l'énoncé avec attention.

> *Par exemple, dans le sujet 1, il s'agit de comprendre les motivations de l'auteur qui entreprend d'écrire un pastiche et non de débattre à propos de cette pratique du pastiche.*

Le mot clé à comprendre est bien entendu le terme *pastiche*.

→ Par ailleurs, deux types de pastiches sont suggérés : pastiche de l'œuvre, pastiche du style. Il faut donc différencier ces deux pratiques et les expliquer.

2 Rechercher et élaborer le plan

→ Si le sujet comporte une question ouverte, la dissertation doit proposer un plan analytique (ou thématique).

→ On distingue trois manières de procéder qui sont à combiner :

• **Dégager deux ou trois axes de réponse à partir du sujet** et rechercher arguments et exemples pour les explorer. Le sujet peut, explicitement ou après analyse, donner ces axes.

> *Le sujet 1 invite à explorer deux ou trois raisons majeures qui motivent l'usage du pastiche. Dans le sujet 2 , on voit apparaître clairement trois pistes de réflexion : l'œuvre originale, le public, l'auteur de l'œuvre nouvelle. Ce ne seront pas nécessairement les trois parties mais chaque composante constitue un support pour la réflexion.*

• **Partir des arguments**, leur associer des exemples et les réunir par unité thématique ou argumentative.

• **Partir des exemples** et trouver quels arguments ils illustrent, puis les réunir par unité thématique ou argumentative.

La première méthode est la plus simple, mais il faut que le sujet le permette, les deux autres dépendent de la façon dont chacun fonctionne : un esprit plus abstrait privilégiera la première, quelqu'un de concret sera plutôt porté sur la seconde. Les trois méthodes peuvent fonctionner ensemble, selon les étapes de la réflexion.

3 Organiser les arguments et les exemples

Chaque partie doit donc explorer un aspect de la question posée.

> *Pour le sujet 1, chaque raison majeure avancée donnera lieu à un développement argumentatif, permettant de démontrer en quoi cette idée justifie ou explique le recours au pastiche.*

Le principe d'organisation d'un plan analytique est d'aller des idées les plus évidentes vers les plus complexes. On classera donc les arguments par ordre croissant d'importance.

SUJET

> « Quelle vous semble être la place de la lecture dans la vie d'une œuvre littéraire ? »

ÉTAPE 1

Analysez le sujet
1. Quel est le thème de l'énoncé ?
2. La problématique est-elle explicite ou implicite ?
3. Quel est le problème posé par le sujet ?

ÉTAPE 2

Recherchez le plan et élaborez un plan détaillé
1. Le sujet fait référence à « la vie » d'un livre : quelles en sont les étapes ?
2. Dans quelles étapes de la vie d'un livre le rôle de la lecture est-il important ?
3. Quel plan et quelles parties peut-on dégager à partir de la réponse précédente ?

ÉTAPE 3

Recherchez les arguments et les exemples
1. Dans quels textes du chapitre la lecture apparaît-elle comme origine du livre ?
2. Quelle est la place du mythe dans la littérature ? Vous pourrez lire les textes de théâtre du chapitre 3 qui prennent appui sur des mythes antiques (p. 192 à 198).
3. Quelles relations entretiennent les livres des différents écrivains ?
4. Quel est le rôle de la lecture au moment où l'écrivain travaille ? Quel texte du chapitre l'illustre de manière claire ?
5. Quand l'écrivain se lit-il lui-même ? Quels auteurs du chapitre en sont des exemples ?
6. Qui lit le texte de l'auteur avant le public ? Dans quel texte du chapitre en est-il question ?

7. Quel est le rôle de la lecture dans la diffusion du livre ?
8. Quel sens la lecture d'un livre, plusieurs siècles après sa publication, peut-elle ajouter au texte ?
9. Quel est le rôle de la lecture dans l'adaptation d'un livre ? Vous pourrez lire les textes des pages 470 à 473 consacrées aux adaptations de *Notre-Dame de Paris*, de Victor Hugo.

ÉTAPE 4

Rédigez
1. Rédigez votre introduction en commençant par une phrase d'amorce qui réponde à la question suivante : « Comment définir l'acte de lecture et son rapport avec le texte littéraire ? »
2. Rédigez le développement en tenant compte des conseils suivants :
● Le début de chaque partie doit annoncer clairement l'aspect du problème qui va être traité.
● Chaque argument doit être introduit par un mot de liaison.
● Chaque argument doit être accompagné d'un exemple précis.
● Chaque exemple doit être introduit par un mot de liaison.
● Chaque fin de paragraphe doit faire un bilan des arguments en répondant de façon précise à la question et assurer la transition vers la partie suivante.
● Faites en conclusion un bilan des réponses apportées par chaque partie (conclusion).
● Relisez soigneusement.

Expression écrite

Vers l'écriture d'invention

La réécriture : d'un genre à l'autre

Sujet

Vous transposerez l'extrait de *Rhinocéros* de Ionesco, p. 199, en texte romanesque, en respectant les contraintes propres à ce genre et en étant le plus fidèle possible à l'original, dont vous respecterez le ou les registre(s).

1 L'analyse du sujet

Elle doit permettre de dégager :

→ Les éléments sur lesquels portent les consignes de réécriture :
Ici, le passage d'un genre à l'autre, la fidélité au texte original et la reprise du registre.

→ Le genre auquel appartient le texte support *(ici le théâtre)*, ses caractéristiques et ses contraintes formelles (voir chapitre 3).

→ Le genre auquel doit appartenir la réécriture de ce texte *(ici le roman)*, ses caractéristiques et ses contraintes formelles (voir chapitre 4).

→ Les caractéristiques du ou des registre(s) convoqué(s) (sur les registres, voir p. 70).

2 L'exploitation du texte support

Il vous faut :

→ Identifier la situation des personnages, qui donnera le sujet de l'histoire.

→ Analyser les caractéristiques des personnages telles qu'elles apparaissent au travers du dialogue.

→ Analyser la progression de l'action dans ce dialogue : elle constituera aussi la trame de votre récit.

→ Relever ce qui, dans les didascalies, pourra être réutilisé dans le récit.

3 Le travail d'invention

→ **Choisir la temporalité du récit :** narration ultérieure ou simultanée (et s'interroger sur les temps adéquats).

→ **Choisir un mode de narration :** 1re ou 3e personne.
Ici, la situation peut être racontée par l'un des personnages devenu narrateur.

→ **Transformer certains éléments** donnés par le dialogue théâtral en récit pur, insérer dans ce récit un ou plusieurs passages de dialogue, qui proposent une réécriture du texte théâtral et qui respectent les caractéristiques du discours rapporté dans le récit. Il faut veiller à ne pas simplement transformer en dialogue de type romanesque ce dialogue théâtral.

→ **Prévoir des passages descriptifs** qui peuvent porter soit sur un personnage, soit sur un objet présent dans la scène, etc.

→ **Construire le canevas du récit** en indiquant clairement où apparaissent la narration pure, le(s) passage(s) de dialogue, les descriptions.

4 La rédaction du devoir

Rédiger d'abord au brouillon. Après cette phase de rédaction, relire son brouillon selon les trois phases : suppressions, ajouts, permutations. Cela permet d'améliorer son style.
Recopier ensuite le devoir en respectant les contraintes propres à l'écrit.

SUJET

Arrêté dans son lit un matin, K. est entraîné dans un procès absurde. Dans cet épisode, K., qui a décidé de renvoyer son avocat, assiste à une rencontre entre celui-ci et Block, un client soumis, sous les yeux de Leni, l'infirmière de l'avocat.

Block était accouru à l'appel de son nom, mais il restait derrière la porte et semblait se demander s'il devait entrer. Les sourcils relevés et la tête inclinée, il avait l'air de guetter un deuxième appel. K. aurait pu l'encourager à entrer, mais s'étant promis de rompre une fois pour toutes, non seulement avec l'avocat, mais avec tout ce qu'il y avait chez lui, il resta immobile. Leni elle aussi se taisait. Block remarqua qu'au moins, personne ne le chassait et entra sur la pointe des pieds, le visage tendu, les mains crispées derrière le dos. Il avait laissé la porte ouverte pour une retraite éventuelle. Il ne regardait pas K., mais fixait l'épais édredon sous lequel l'avocat n'était même pas visible, tant il s'était rapproché du mur. C'est alors qu'on entendit sa voix : « C'est Block ? » demanda-t-il. Cette question eut sur Block, qui avait déjà reculé de plusieurs pas, l'effet d'un coup sur la poitrine suivi d'un coup dans le dos ; il tituba, se figea dans une profonde révérence et dit : « Pour vous servir. – Que veux-tu ? demanda l'avocat. Tu tombes mal. – Ne m'a-t-on pas appelé ? » demanda Block, s'adressant davantage à lui-même qu'à l'avocat, les mains tendues pour se protéger et prêt à fuir. « On t'a appelé, dit l'avocat, mais tu tombes mal quand même. » Et après une pause, il ajouta : « Tu tombes toujours mal. » Depuis que l'avocat parlait, Block ne regardait plus le lit, il avait l'œil rivé quelque part dans un coin, comme si la vue de celui qui parlait était trop aveuglante pour qu'il puisse la supporter. L'avocat n'était pas non plus facile à entendre, car il parlait contre le mur à voix basse et très vite. « Voulez-vous que je m'en aille ? demanda Block. – Maintenant que tu es là, dit l'avocat, reste ! » On aurait pu croire que l'avocat n'avait pas réalisé le vœu de Block mais l'avait menacé de coups de fouet, car Block fut saisi de véritables tremblements. « J'étais hier, dit l'avocat, chez mon ami le troisième juge et j'ai peu à peu orienté la conversation sur ton cas. Veux-tu savoir ce qu'il a dit ? – Oh, s'il vous plaît », fit Block. Comme l'avocat tardait à répondre, Block répéta sa supplique et s'inclina comme s'il allait s'agenouiller.

Kafka, *Le Procès*, traduction d'Axel Nesme, © Librairie Générale Française, 2001.

> Transformez cette page de roman en scène de théâtre.

ÉTAPE 1

Analysez le sujet
1. De quels genres est-il question ?
2. Quel est le genre du texte de départ ? Quel est le genre du texte à produire ?
3. Quelles sont les contraintes du genre à produire ?

ÉTAPE 2

Exploitez le texte support
1. Quels sont les personnages, même muets ?
2. Quelle est la place de chaque personnage au début de la scène ? Comment se déplacent-ils ?
3. Quels passages du texte de départ ne sont pas transposables dans le texte à produire ?
4. Quels sont les dialogues qui peuvent être conservés ?
5. Quels sont les dialogues qui doivent être transformés ?
6. Quel est, selon vous, le registre dominant de cet extrait ?

ÉTAPE 3

Le travail de réécriture
1. Qui sont les personnages présents ? Qui parle ? À qui ?
2. Faites le schéma de l'alternance des répliques, en indiquant succinctement le propos de chaque réplique.
3. Quel est le registre de cette scène de théâtre ?
4. Quelles didascalies peut-on introduire ? À quels moments de la scène vont-elles apparaître ?
5. Déterminez clairement une situation initiale et une situation finale.

ÉTAPE 4

Rédigez
1. Veillez à respecter la présentation d'un texte de théâtre.
2. Relisez en faisant attention à l'orthographe.

En 1877, Flaubert publie *Trois contes*. Ce recueil contient « Un cœur simple », « Hérodias » et « La Légende de Saint Julien l'hospitalier ». À partir d'août 1876, après avoir achevé « Un cœur simple », il travaille à « Hérodias » qui raconte comment Hérodias, la mère de Salomé, a obtenu d'Hérode, gouverneur de Palestine, la tête de saint Jean Baptiste, qui a baptisé le Christ.

TEXTE 1 Extraits de la correspondance de Flaubert (1876-1877)

À Madame Roger des Genettes. [Paris, fin avril 1876].

Savez-vous ce que j'ai envie d'écrire après cela [« Un cœur simple »] ? L'histoire de saint Jean Baptiste. La vacherie d'Hérode pour Hérodias m'excite. Ce n'est encore qu'à l'état de rêve, mais j'ai bien envie de creuser cette idée-là. Si je m'y mets, cela me ferait trois contes, de quoi publier à l'automne un volume assez drôle.

À sa nièce Caroline.

Croisset, mercredi soir, 23 août 1876.
Mon pauvre Chat,
Je ne sais pas encore quand je m'en irai à Paris, probablement demain ou après-demain en huit. […] Aujourd'hui j'ai nettoyé ma table. Elle est maintenant couverte de livres relatifs à Hérodias et, ce soir, j'ai commencé mes lectures.

À Guy de Maupassant. Croisset, 25 octobre 1876.

[…]Dans sept ou huit jours (enfin) je commence mon Hérodias. Mes notes sont terminées, et maintenant je débrouille mon plan. Le difficile, là-dedans, c'est de se passer, autant que possible, d'explications indispensables.

À Madame Roger des Genettes. Paris, 15 février 1877.

Hier, à 3 heures du matin, j'ai fini de recopier Hérodias. Encore une chose faite ! Mon volume peut paraître le 16 avril. Il sera court, mais cocasse, je crois.

À Georges Charpentier. [Paris], lundi soir 11 h [avril 1877].

Mon cher ami,
Je ne trouve pas ça gentil.
J'ai attendu vainement des épreuves pendant toute la soirée, étant rentré chez moi dans le seul but de corriger icelles.
Et, afin que l'ouvrage aille plus vite, j'ai fait remettre chez vous, hier, les placards envoyés samedi soir. Il était convenu que M. Toussaint les verrait d'abord ; et ils me sont arrivés vierges de toute correction.

TEXTE 2 Évangile selon saint Marc (Ier siècle après J.-C.)

Hérodias était irritée contre Jean et voulait le faire mourir. Mais elle ne le pouvait ; car Hérode craignait Jean, le connaissant pour un homme juste et saint ; il le protégeait, et, après l'avoir entendu, il était souvent perplexe, et l'écoutait avec plaisir. Cependant, un jour propice arriva, lorsque Hérode, à l'anniversaire de sa naissance, donna un festin à ses grands, aux chefs militaires et aux principaux de la Galilée. La fille d'Hérodias entra dans la salle ; elle dansa, et plut à Hérode et à ses convives. Le roi dit à la jeune fille : « Demande-moi ce que tu voudras, et je te le donnerai. » Il ajouta avec serment : « Ce que tu me demanderas, je te le donnerai, fût-ce la moitié de mon royaume. » Étant sortie, elle dit à sa mère : « Que demanderais-je ? » Et sa mère répondit : « La tête de Jean Baptiste. » Elle s'empressa de rentrer aussitôt vers le roi, et lui fit cette demande : « Je veux que tu me donnes à l'instant, sur un plat, la tête de Jean Baptiste. » Le roi fut attristé ; mais, à cause de ses serments et des convives, il ne voulut pas lui faire un refus. Il envoya sur-le-champ un garde, avec ordre d'apporter la tête de Jean Baptiste. Le garde alla décapiter Jean dans la prison, et apporta la tête sur un plat. Il la donna à la jeune fille, et la jeune fille la donna à sa mère. Les disciples de Jean, ayant appris cela, vinrent prendre son corps, et le mirent dans un sépulcre.

TEXTE 3 — Flaubert : extrait du dossier de « Hérodias » (1876-1877)

Folio 112

Elle danse d'abord avec une flûte fifre <<léger> <un chalumeau, qq ch>> puis avec ~~une grosse flûte & un tambourin~~ <la gingras grosse flûte>. puis flûte, tambourin & harpe. Elle danse <trois danses <1° gracieuse 2° voltigeante 3° ~~désordonnée amou~~[reuse] voluptueuse <la 3ᵉ désordon[née]>>

Folio 160

Elle danse 1° légère. insaisissable, capricieuse comme un papillon. avec accompagnemt d'une petite flûte qui imite de petits cris d'oiseaux <effet sur la foule> 2° puis c'est une danse langoureuse voluptueuse au son d'une grosse flûte, la gingras – & ~~cela~~ 4° la danse a un caractère presque funèbre, 3° une danse désordonnée – avec flûte, tambourin & harpe.

TEXTE 4 — Flaubert, *Trois contes*, « Hérodias » (1877)

Ses pieds passaient l'un devant l'autre, au rythme de la flûte et d'une paire de crotales[1]. Ses bras arrondis appelaient quelqu'un qui s'enfuyait toujours. Elle le poursuivait, plus légère qu'un papillon, comme une Psyché[2] curieuse, comme une âme vagabonde, et semblait prête à s'envoler.

Les sons funèbres de la gingras[3] remplacèrent les crotales. L'accablement avait suivi l'espoir. Ses attitudes exprimaient des soupirs, et toute sa personne une telle langueur qu'on ne savait pas si elle pleurait un Dieu ou se mourait dans sa caresse. Les paupières entrecloses, elle se tordait la taille, balançait son ventre avec des ondulations de houle, faisait trembler ses deux seins, et son visage demeurait immobile, et ses pieds n'arrêtaient pas.

NOTES
1. Sorte de crécelle.
2. Déesse de l'âme.
3. Grosse flûte.

ANALYSE DU CORPUS

1 Expliquez le lien qui existe entre le document 2 et le document 4.

2 Comparez les documents 2 et 4. Qu'ajoute Flaubert au texte de saint Marc ?

3 Identifiez les différentes phases du travail de l'écrivain dans le document 1.

4 À quelle phase du travail de l'écrivain appartient le document 3 ?

5 De laquelle des trois danses évoquées dans le document 3 s'agit-il dans le document 4 ? Vous justifierez votre réponse par des éléments précis.

6 Étudiez le style de Flaubert dans le document 4.

TRAVAIL D'ÉCRITURE

À partir des informations contenues dans ces quatre documents, rédigez un article de journal qui explique dans quelles circonstances et de quelle manière a été rédigée la danse de Salomé dans « Hérodias » de Flaubert. Vous pourrez suivre l'ordre chronologique de la conception et de l'écriture de cet épisode.

Ce n'étaient que visages fuyants à lunettes, cheveux hérissés, mégots jaunis, renvois de nougats et, pour les femmes,

Les camps d'ombres ne quittaient pas la route

bougeait encore au front des palais. L'eau était morte. Les camps d'ombres ne quittaient plus bas

Alors je levai un à un les voiles. Dans l'allée, en agitant

de la poignante pathé... de la misère

tre côté de la grille, sur ... entre les chardons et les orties, il y avait un

Méthodologie

1. S'exprimer à l'oral

Outre le cadre particulier des lectures à haute voix, des récitations ou même du jeu théâtral, l'expression orale en classe de Seconde et en Français prend place dans des situations variées : la participation spontanée en classe ; le débat ; l'exposé.

Comme l'écrit, l'expression orale implique le respect d'un certain nombre de règles et de codes.

1 La participation en classe

La participation doit être **constructive, organisée et claire.**

→ **Prendre la parole exige en premier lieu de savoir écouter :**
- une intervention orale peut être elle-même une question, qui porte donc sur ce qui vient d'être entendu ;
- elle peut être la réponse à une question posée par le professeur (celle-ci doit donc avoir été brièvement analysée mentalement avant de tenter d'y répondre) ;
- elle peut être un commentaire, un ajout par rapport à ce qui vient d'être dit ;
- enfin, on doit s'efforcer de tenir compte de la participation des autres en la respectant et en l'écoutant.

→ **Quoique spontanée, la participation obéit à certains codes qui en fixent le cadre :**
- l'usage veut qu'on demande la parole en levant la main ;
- la prise de parole doit être audible par tout le groupe, et non seulement par le professeur ;
- elle doit aussi tenir compte de la situation d'énonciation : le propos doit être adapté à l'interlocuteur direct (le professeur, un autre élève ou l'ensemble de la classe).

→ **Cette prise de parole suppose enfin un soin particulier dans sa formulation :**
- on s'appuie sur une rapide reprise de ce qui a été dit précédemment : la question à laquelle on répond, l'opinion formulée par un autre que l'on s'apprête à compléter ou à réfuter ;
- on s'efforce aussi d'employer des phrases complètes, d'éviter les réponses elliptiques qui tiennent en deux mots, et de justifier son propos en argumentant ou en se référant au texte étudié ;
- enfin, on cherche à formuler sa pensée de la manière la plus claire qui soit, en employant un vocabulaire précis et un niveau de langue adapté ; ceci passe parfois par des reformulations de son propre discours, pour tenter d'être réellement compris.

2 Le débat

La prise de parole dans le cadre d'un débat exige, bien entendu, les mêmes qualités que la participation en classe. Mais le débat suppose aussi que l'on a un point de vue à défendre sur un texte, une œuvre, un sujet.

Dans cette perspective, il importe de :

→ **préparer son intervention :** établissement du point de vue que l'on souhaite défendre, choix des arguments et des exemples ;

→ **adapter son intervention au cadre et au déroulement du débat ;** la prise de parole dans un débat est en effet toujours une réponse à la parole d'un autre :
- soit pour l'étayer par de nouveaux arguments si l'on partage son point de vue ;

• soit pour présenter une opinion différente, ce qui implique que l'on ait écouté et compris les arguments de l'autre, que l'on tente de les réfuter avant de présenter son propre point de vue.

→ **savoir s'exprimer avec conviction mais sans agressivité :** la prise de parole ne doit pas être une prise de pouvoir ; elle n'est ni rejet violent de l'opinion d'un autre, ni jugement sur celui qui l'exprime ; il faut cependant savoir donner à son intervention une certaine force de persuasion par le ton que l'on emploie, par le rythme de son discours et ses variations, par son élocution, par les tournures choisies.

3 L'exposé

Il constitue un cas particulier de l'expression orale, puisqu'il est le fruit d'une préparation et d'une recherche préalables.

■ Pour construire son exposé

→ **Savoir se documenter**
Les sources de documentation sont nombreuses et on doit les choisir en fonction du sujet de l'exposé. La fréquentation du **CDI** est la solution la plus pratique et souvent la plus pertinente.
On peut :
• commencer par une approche générale du sujet en recourant aux **dictionnaires** de langue, dictionnaires des auteurs, des œuvres, des personnages, des notions littéraires ; il convient de ne pas se contenter d'un rapide et vague coup d'œil, mais de rédiger une brève fiche sur ce qui est important ;
• ensuite, approfondir le sujet en utilisant les **encyclopédies**, mais aussi les **manuels** de littérature ou même d'histoire ou de philosophie si cela semble nécessaire ; ils permettent souvent d'aller à l'essentiel puisqu'ils peuvent proposer une synthèse sur la question ;
• consulter **des ouvrages plus théoriques** de littérature ou d'histoire ; bien sûr leur approche est plus difficile et plus exigeante, mais pour ne pas s'y perdre on peut consulter la table des matières et des notions. De même, pensez aux revues **culturelles ou littéraires** (par exemple *Le Magazine littéraire,* la revue *Histoire,* etc.) ou **aux ouvrages parascolaires ;**
• **lire des œuvres littéraires** autour du sujet : il ne suffira pas par exemple, dans le cas d'un exposé sur le roman naturaliste chez Zola, d'évoquer certaines œuvres ; chaque membre du groupe, dans le cas d'un travail collectif, devra avoir lu au moins un roman ;
• enfin, **la recherche par Internet** peut être utilisée pour approfondir un point précis à condition d'être vigilant sur le site utilisé, sur sa source, fiable ou non, et de **ne pas se contenter d'imprimer ce que l'on y a trouvé.**

→ **Savoir exploiter sa documentation et organiser son exposé**
On doit :
• prendre des notes à partir des documents, en triant ce qui correspond à l'exposé ; on ne peut en aucun cas présenter un exposé qui soit un pur et simple recopiage d'un document ;
• vérifier que l'on comprend les termes employés que l'on compte réutiliser : il faut être alors capable de les définir et de les expliquer au reste de la classe ;
• bâtir un plan d'exposé, clair et rigoureux, qui correspond vraiment au sujet posé et non à la documentation trouvée ;
• compléter éventuellement l'exposé en proposant à la classe des textes écrits photocopiés (en indiquant la source) et des documents visuels.

→ **Savoir travailler en groupe**

- Un exposé est souvent un travail de groupe. Un temps de réflexion commune est toujours nécessaire : analyse du sujet, premières pistes, ébauche de construction du plan.
- On peut ensuite **répartir les recherches et les lectures**, de manière équitable, en tenant compte des ressources et des goûts de chacun.
- À côté de cette répartition des tâches, **plusieurs moments de travail commun restent nécessaires.** Leur calendrier et leur objectif doivent être fixés par avance : présentation au reste du groupe de ses recherches, de ses lectures ; plan détaillé définitif ; résolution des dernières difficultés.

■ Pour présenter oralement son exposé

→ **S'assurer de sa bonne réception** en parlant à voix haute et intelligible et en pensant à **souligner les étapes de l'exposé**, en les notant au tableau, en les mettant en valeur par des répétitions, des reformulations ou des moments de pause.

→ **Parler sans lire** un discours qui aurait été intégralement rédigé au préalable. Quoique préparé et organisé, l'exposé doit permettre de s'exprimer véritablement à l'oral, avec les intonations, et les hésitations éventuelles propres à la situation de communication. Ceci nécessite souvent un temps d'entraînement à la maison où l'on apprend à présenter ses notes, sans les lire. Il faut aussi tenir compte des réactions du reste de la classe (questions notamment) et ajuster alors son propos.

→ **Respecter le temps de parole** donné par le professeur ainsi que la répartition de ce temps de parole entre les membres du groupe.

2. Lire une œuvre

La lecture intégrale intégrales trouve sa place en Seconde dans deux cadres différents :
• **la lecture d'une œuvre étudiée** en classe au cours d'une séquence ;
• **la lecture complémentaire**, qui peut donner lieu à un exercice écrit ou oral.
Dans les deux cas, elle exige **un travail autonome**, soit pour préparer l'étude en classe, soit pour approfondir sa lecture personnelle.

1 La découverte de l'œuvre

Premier conseil : lire intégralement l'œuvre avant son étude en classe – si la lecture a lieu dans ce cadre – sans étaler sa lecture de manière excessive dans le temps.
La première lecture doit permettre **de découvrir, de manière relativement libre et fluide, l'œuvre.** Elle peut aussi :

→ **s'effectuer crayon à la main** pour cocher des passages clés, souligner des expressions ou phrases qui vous semblent importantes, repérer des passages qui posent des problèmes de compréhension ;

→ **s'accompagner, si besoin, de la consultation d'un dictionnaire ou des notes de l'édition** pour élucider le sens de mots particulièrement difficiles ou rares qui « bloquent » véritablement la compréhension d'un passage (mais il faut aussi s'habituer à saisir le sens global d'un texte sans s'arrêter à la première difficulté de vocabulaire) ;

→ **être précédée ou suivie de la lecture de l'avant-propos (préface, dédicace, avertissement au lecteur) ou même de la postface,** notamment si ceux-ci sont écrits par l'auteur lui-même. Cela peut aider à mieux appréhender les enjeux et l'intérêt de l'œuvre.

2 La recherche complémentaire

Après cette première lecture, il convient de rechercher des renseignements sur :

→ **l'auteur et ses œuvres ;**

→ **le contexte d'écriture de l'œuvre :**
événements historiques, politiques ou sociaux marquants, vie littéraire et culturelle du moment, notamment un mouvement littéraire, un courant artistique auxquels on peut rattacher l'œuvre ;

→ **le sujet-même de l'œuvre :**
cadre historique d'un roman, références mythologiques ou antiques d'une pièce classique, événement particulier (personnel ou collectif) évoqué dans le texte, etc. ;

→ **les réactions** qu'une œuvre a pu susciter à son époque ou plus tard : on saisit ainsi mieux les enjeux de l'œuvre et on découvre des aspects qui ont pu échapper à la première lecture. On peut pour cela consulter le dossier proposé dans certaines éditions, un dictionnaire des œuvres, ou des sites Internet consacrés à l'œuvre.

> *Par exemple, il est impossible de comprendre* Boule de suif *de Maupassant (p. 46) sans se documenter sur la guerre franco-prussienne de 1870, ou* L'Impuissance *de Vercors (p. 402) indépendamment du contexte de la Seconde Guerre mondiale. De même, la lecture de* René *(p. 29) ne prend véritablement son sens que si l'on connaît la vie de Chateaubriand et si l'on a quelques notions sur la naissance du romantisme en France. Enfin, le livre « Pauca meae » des* Contemplations *(p. 91) doit être rattaché à la vie personnelle de Victor Hugo et à la mort de sa fille Léopoldine.*

3 **La fiche de lecture**

→ Établir une fiche sur l'œuvre permet de clarifier sa lecture, d'éviter qu'il n'en reste que de vagues impressions, et d'approfondir, de manière autonome, son approche.

→ Une fiche de lecture doit **tenir compte de la spécificité, notamment générique, de l'œuvre.** On n'est pas toujours attentif aux mêmes éléments pour une pièce de théâtre, un roman, une nouvelle ou un recueil poétique.

→ Nous vous proposons ci-dessous un exemple d'organisation de fiche de lecture que vous pouvez adapter par la suite.

Proposition de fiche de lecture

→ **Nom de l'auteur** (accompagné de ses dates de naissance et de mort) ;
→ **le titre et éventuellement le sous-titre ;**
→ **les dates d'écriture et de publication.**

1 Les contextes

→ **Le contexte biographique**
Établissez une rapide notice biographique à partir des dates clés de la vie de l'auteur ; privilégiez toujours ce qui a un rapport direct avec l'écriture de l'œuvre ;

→ **Le contexte historique**
Là encore, ne gardez que les événements importants correspondant à l'œuvre ; classez-les selon leur domaine : politique ou social.

→ **Le contexte culturel**
Précisez quels sont les courants culturels dominants de l'époque et quelle est la place de l'œuvre par rapport à ces courants ; soyez aussi attentif aux phénomènes culturels auxquels l'œuvre ferait directement allusion.
Par exemple, si on lit L'Écume des jours *de Boris Vian (p. 33), il faut ici présenter ce qu'est l'existentialisme et qui est Jean-Paul Sartre.*

2 Caractéristiques de l'œuvre selon son genre

→ **Pour un recueil poétique ou un livre, une section de recueil**
• Le titre indique-t-il une unité thématique ou formelle du recueil ou de la section ?
Par exemple, Petits poèmes en prose *de Baudelaire indique la forme d'écriture poétique choisie dans ce recueil.*
• Le recueil (ou la section) offre-t-il une organisation visible ? laquelle ?
• L'ordre des poèmes correspond-il à un trajet ? lequel ? Quel est son sens ?
Par exemple, Les Châtiments *de Hugo s'ouvre sur « Nox » (la nuit) et se termine sur « Lux » (la lumière) : le trajet du recueil est donc celui de la renaissance de l'espoir.*
• Quelles formes poétiques présente le recueil ?

→ **Pour une nouvelle ou un roman**
• Pouvez-vous classer l'œuvre dans un sous-genre (policier, science-fiction, etc.) ?
• Qui est le narrateur ?
• Quel est le cadre spatiotemporel de l'histoire ?

- Quel type de narration est adopté (simultanée ou ultérieure) ?
- Quel est le nombre de parties ou de chapitres ?
- Faites un bref résumé du récit, en dégageant notamment ses principales étapes (si cela s'applique au récit lu : situation initiale, événement perturbateur, péripéties, éléments de résolution, situation finale).
- L'ordre du récit suit-il l'ordre des événements ?
- Dans le cadre d'une nouvelle, dites si la fin constitue une chute et pourquoi.

→ **Pour une pièce de théâtre**
- Pouvez-vous classer l'œuvre dans un genre théâtral précis : comédie, tragédie, tragi-comédie, drame romantique, théâtre de l'absurde, etc. ? Pourquoi ?
- Combien y a-t-il d'actes ? de scènes ? de tableaux ?
- Quel est le cadre spatiotemporel ? Y a-t-il une unité de temps et de lieu ?
- Faites un bref résumé de la pièce en indiquant notamment les données de l'exposition, le nœud de l'action, les coups de théâtre, les retournements de situation et le dénouement.

3 Analyse de l'œuvre

→ **Les sources**
L'œuvre s'inspire-t-elle d'autres œuvres ? lesquelles ?
> *Par exemple,* La Machine infernale *de Cocteau est une réécriture du mythe d'Œdipe et d'*Œdipe roi *de Sophocle.*

→ **Les personnages**
Quels sont les personnages principaux ? Pour un récit ou une pièce, établissez un schéma actantiel qui révèle les relations entre les personnages et le rôle de ceux-ci dans l'action principale.

→ **Les thèmes**
Quels sont les principaux thèmes abordés par l'œuvre ? En quoi leur traitement vous semble-t-il original ?

→ **L'écriture**
Quelles sont les caractéristiques de l'écriture de l'œuvre ? Quels sont les éléments remarquables du style de l'écrivain ?

4 À retenir

→ **Les passages clés**
Quels sont les passages qui vous ont particulièrement frappé ? Pourquoi ?

→ **Les citations**
Quelles citations avez-vous retenues ? Pourquoi ?

5 Accueil

→ **Réception**
Quelles réactions l'œuvre a-t-elle suscitées à son époque ?

→ **Réactions personnelles**
Qu'avez-vous appris, découvert en lisant cette œuvre ? Quelles réflexions vous a-t-elle inspirées ? Avez-vous pris plaisir à la lire ? Pourquoi ?

3. Lire une image fixe

L'image fixe – que l'on qualifie ainsi par opposition à l'image mobile qui caractérise le film – est de nature diverse : tableau, photographie, dessin, ou encore affiche, planche de bande dessinée... Si chacun de ces types d'image fixe possède sa technique propre, on peut toutefois adopter une même démarche de questionnement qui en permettra l'approche méthodique.

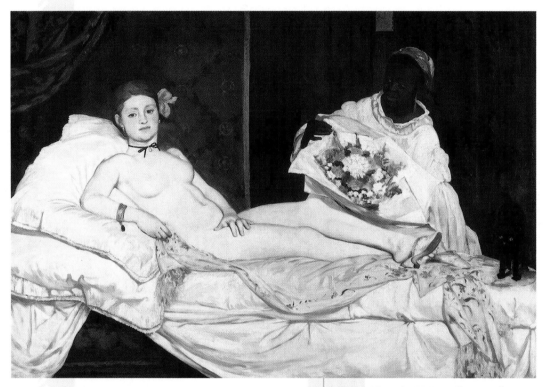

Manet, *Olympia,* 1863. Huile sur toile (130 x 190 cm), Paris, musée d'Orsay.

1 Identification de l'œuvre

→ La découverte de l'image doit d'abord conduire à en identifier le type : tableau, photographie, etc.
L'exemple ici proposé est celui d'un tableau.

→ La reproduction d'une œuvre est accompagnée d'une légende, qui permet en outre de préciser :
  • **le nom de l'artiste :** *ici, Manet ;*
  • **le titre de l'œuvre :** *Olympia ;*
  • **la date de production :** *1863 ;*
  • **le lieu de conservation :** *le musée d'Orsay à Paris.*

→ Cette légende indique aussi des caractéristiques techniques de l'œuvre :
  • **son support :** murs, voûtes, plafond, panneau de bois, papier ; *ici, toile ;*
  • **le type de crayon ou de peinture utilisé :** *ici l'huile, apparue au XVe siècle ;*
  • **son format** (dimensions et forme : carrée, ronde, ovale) : *ici, une toile rectangulaire de 1,30 x 1,90 m.*

→ Il convient alors de s'interroger sur le rapport du format avec le sujet peint (sujet d'histoire, peinture de genre, sujet intimiste ou grandiose, etc.).

2 Analyse thématique

L'analyse peut ensuite porter sur le contenu de l'image, en s'attachant à décrire ce que l'on voit.

→ **Se demander si le « contenu » est abstrait ou figuratif**

Le tableau de Manet est figuratif.

→ **Faire l'inventaire des éléments représentés**

Une femme nue, une prostituée, allongée sur un châle disposé sur son lit et qui reçoit un bouquet certainement offert par un client et apporté par sa servante noire ; au bord du lit se trouve un chat noir.

→ **Déterminer la nature du sujet qui peut être :**
- un thème d'histoire mythologique, biblique, contemporaine ou littéraire ;
- un portrait religieux, profane, un portrait de cour ou bourgeois, un portrait allégorique, un portrait romantique (traduisant un état d'âme), un autoportrait ;
- une scène de genre : scène populaire, de la vie réelle ;
- un paysage ou une nature morte.

La toile de Manet est un « nu », mais pourrait appartenir à la scène de genre. Toutefois ces classifications traditionnelles n'ont plus grand sens pour Manet, peintre novateur qui contribue grandement à l'éclatement ou au renouvellement des genres.

→ **Confronter le titre du tableau et le sujet représenté**

Olympia est d'abord un prénom féminin qui désignerait alors la femme « fictive » peinte (il ne s'agit pas d'un portrait reconnu comme tel, la femme ayant servi de modèle à Manet étant son amie Victorine Meurent) ; le nom même d'Olympia renvoie au domaine mythologique, non pas pour signifier que Manet peindrait ici une nouvelle Vénus, mais pour dire combien il s'écarte de ce thème traditionnel : c'est justement une Olympia et non une Vénus !

3 Étude stylistique

Comme un texte, une image a sa « grammaire » et son style, qui est lié au geste personnel de l'artiste et à sa conception de l'art. On s'attachera ainsi à :

→ **la focalisation et la place du regard**

Quel est l'angle choisi ? frontal, en plongée ou en contre-plongée ?

La scène est représentée chez Manet en légère contre-plongée, le regard d'Olympia semblant fixer sous cet angle, avec provocation, le spectateur de la toile ;

→ **l'espace**

Comment l'espace est-il représenté ? succession de plans ? perspectives ? Un hors champ (espace hors du cadre) est-il suggéré ? comment ?

Manet semble ici supprimer toute profondeur à la scène. Seul le rideau du fond, légèrement entrouvert, suggère un hors champ de la représentation.

→ **la composition et les couleurs**

Répartition des formes et des lignes ; rôle des couleurs et de la lumière (provenance, intensité, contraste).

Comme dans les gravures japonaises, très à la mode à cette époque, Manet cerne le corps de la femme par un trait noir ; les couleurs utilisées pour peindre le nu sont uniformes et ne suggèrent aucun modelé ; la lumière brutale souligne les contrastes entre les éléments sombres et clairs.

→ **les effets produits par ces choix stylistiques**

> *Manet n'utilise pas les procédés traditionnels de la peinture (perspective, modelé) pour donner l'illusion du vivant ; il cherche à peindre ce qu'il voit et la manière dont il le voit.*

4 De la production à la réception

→ Cette étape nécessite souvent un temps de recherche ; les questions proposées ci-dessous ont pour objectif d'aider à cerner le contexte dans lequel l'œuvre a été produite et à découvrir la manière dont elle a été reçue au moment de sa diffusion.

- Y a-t-il un rapport avec l'histoire personnelle du peintre ?
- L'œuvre est-elle le fruit d'une commande ? de qui ? pourquoi ?
- Peut-on établir un rapport entre le tableau et la société ou l'histoire contemporaines ?
- L'œuvre se situe-t-elle dans un courant pictural identifiable ? Fait-elle écho à d'autres œuvres ?
- L'œuvre a-t-elle suscité des réactions au moment de sa diffusion : commentaire, scandales, procès, etc.?

> *Le tableau de Manet, exposé au Salon en 1865, fit scandale. Manet s'est inspiré de la Vénus d'Urbino du Titien (1538) et certainement aussi de La Grande Odalisque d'Ingres (1814), pour peindre son modèle et donner à voir un nu qui n'a plus aucune dimension symbolique ou mythologique. On mesure l'écart avec le tableau de Cabanel, La Naissance de Vénus, peint en 1863. Le tableau de Manet n'appartient à aucun courant, à aucune école, à aucune mode. C'est une œuvre originale dans laquelle de nombreux artistes, comme Cézanne, verront la naissance de la peinture moderne.*

→ L'étude peut se conclure sur une appréciation personnelle de l'œuvre : ce que l'on en retient, ce qui surprend ou même déstabilise.

Cabanel, *La Naissance de Vénus*, 1863, huile sur la toile (130 × 225 cm), Paris, musée d'Orsay.

Titien, *Vénus d'Urbino*, 1538, huile sur toile (119 × 165 cm),
Florence, Galerie des Offices.

Méthodologie

4. Le commentaire littéraire

1 Définition de l'exercice

→ **Quel type de démarche ?**

Effectuer un commentaire littéraire, c'est rendre compte de sa lecture d'un texte. Le commentaire n'est ni paraphrase, ni étude technique d'un style. Son objectif est de dégager les significations d'un texte (sens, enjeux, visées) et de montrer comment ces significations sont construites par l'écriture même du texte et par les hypothèses d'interprétation qu'en fait le lecteur. Le commentaire s'attache donc au fonctionnement d'un texte et à sa dynamique, en analysant les faits d'écriture significatifs pour formuler des hypothèses de sens.

→ **Un exercice écrit**

Le commentaire littéraire est aussi un exercice écrit qui obéit à certaines conventions :
• il commence par une **introduction**, dont l'objectif est de présenter d'une part le texte, d'autre part le projet de lecture adopté par le commentaire ;
• il propose un **développement**, constitué de différentes parties aux objectifs clairs et identifiables, qui permettent de répondre progressivement au projet de lecture énoncé et qui s'articulent entre elles par des transitions explicitant le passage d'une partie à l'autre ;
• il se termine par une **conclusion**, qui permet d'établir un bilan de la lecture et d'effectuer éventuellement des rapprochements fructueux avec d'autres œuvres ouvrant l'analyse sur un champ littéraire ou culturel plus vaste.

TEXTE

Le passage se situe à la fin du récit que le chevalier Des Grieux fait à Renoncour de ses amours fatales avec Manon, une jeune femme aux mœurs légères. L'action ici relatée fait suite à la mort de Manon, épuisée, dans les bras de Des Grieux, alors qu'ils sont en Louisiane.

Je demeurai plus de vingt-quatre heures la bouche attachée sur le visage et sur les mains de ma chère Manon. Mon dessein était d'y mourir ; mais je fis réflexion, au commencement du second jour, que son corps serait exposé, après mon trépas, à devenir la pâture des bêtes sauvages. Je formai la résolution de l'enterrer et d'attendre la mort sur sa fosse. J'étais déjà si proche de ma fin, par l'affaiblissement que le jeûne et la douleur m'avaient causé, que j'eus besoin de quantité d'efforts pour me tenir debout. Je fus obligé de recourir aux liqueurs que j'avais apportées. Elles me rendirent autant de force qu'il en fallait pour le triste office que j'allais exécuter. Il ne m'était pas difficile d'ouvrir la terre, dans le lieu où je me trouvais. C'était une campagne couverte de sable. Je rompis mon épée, pour m'en servir à creuser, mais j'en tirai moins de secours que de mes mains. J'ouvris une large fosse. J'y plaçai l'idole de mon cœur, après avoir pris soin de l'envelopper de tous mes habits, pour empêcher le sable de la toucher. Je ne la mis dans cet état qu'après l'avoir embrassée mille fois, avec toute l'ardeur du plus parfait amour. Je m'assis encore près d'elle. Je la considérai longtemps. Je ne pouvais me résoudre à fermer la fosse. Enfin, mes forces recommençant à s'affaiblir, et craignant d'en manquer tout à fait avant la fin de mon entreprise, j'ensevelis pour toujours dans le sein de la terre ce qu'elle avait porté de plus parfait et de plus aimable. Je me couchai ensuite sur la fosse, le visage tourné vers le sable, et fermant les yeux avec le dessein de ne les ouvrir jamais, j'invoquai le secours du Ciel et j'attendis la mort avec impatience.

Prévost, *Manon Lescaut*, **1731.**

▬ réseau lexical de la mort

▬ expression de l'amour

▬ expression directe de la souffrance physique et morale

▬ dimension sacrée de Manon

▬ sursaut de la raison

— effort physique

2 La préparation du commentaire

ÉTAPE 1

Lire le texte

Cette lecture est une première découverte du passage à commenter. Elle doit permettre aussi d'en élucider le vocabulaire et d'en comprendre le sens immédiat (en utilisant si besoin le paratexte).

ÉTAPE 2

Cerner les caractéristiques du texte

En prenant appui sur le texte et le paratexte, on identifie :

→ **auteur, titre, date de publication** (et/ou d'écriture, s'il s'agit d'une publication décalée) ;

→ **contexte de l'écriture de l'œuvre,** qui peut éventuellement permettre de déterminer si elle appartient à un courant littéraire et culturel qui en éclaire le sens (voir p. 66) ;

> *Manon Lescaut, œuvre du XVIIIᵉ siècle, se situe dans un courant de renouvellement dynamique du genre romanesque. Cet extrait permet aussi de mesurer que ce siècle des Lumières et du rationalisme n'écarta pas la sensibilité.*

→ **genre et forme de discours** (voir p. 64)

> *Le passage est un extrait de roman ; il s'agit d'un récit à la première personne.*

→ **sujet et thèmes**

> *Le sujet de l'extrait est l'ensevelissement de Manon par son amant Des Grieux. Les thèmes ici abordés sont donc l'amour et la mort, véritables lieux communs du roman depuis la littérature courtoise du Moyen Âge (on peut penser au mythe de la passion fatale que constitue l'histoire de Tristan et d'Iseut). Un autre thème est aussi abordé, celui du souvenir, puisqu'il s'agit du récit par Des Grieux d'une scène qui appartient désormais à son passé.*

→ **registres** (p. 70)

> *Les registres dominants sont ici le tragique, le pathétique (voir p. 228) et l'élégiaque (p. 128).*

Au terme de cette analyse, il est souvent possible de **formuler un projet de lecture** qui guidera l'ensemble de votre commentaire.

> *Quels sont les enjeux pour le narrateur du récit de ce souvenir douloureux ? Quelle représentation et quelle conception de la passion amoureuse offre Prévost à travers le récit de Des Grieux ?*

ÉTAPE 3

Questionner le texte en fonction de son genre et de son discours

→ Selon que l'on étudie un récit, un dialogue théâtral, un poème, un extrait d'essai, il peut être fructueux d'analyser le texte en fonction de son appartenance à tel ou tel genre, à tel ou tel discours.

→ Les fiches méthode de l'analyse littéraire proposées dans ce manuel peuvent être ici utilisées :
  • pour le commentaire d'une préface, p. 72 ;
  • pour le commentaire d'un poème, p. 134 ;
  • pour le commentaire d'un texte théâtral, p. 232 ;
  • pour le commentaire d'une page de roman, p. 344 ;
  • pour le commentaire d'un texte argumentatif, p. 426.

Concernant le texte ici proposé, l'étude des marques de l'énonciation (p. 62) et des temps verbaux (p. 328) révèle qu'il s'agit d'un récit rétrospectif à la première personne, effectué par Des Grieux. Le narrateur est en même temps le personnage central de l'action.

L'étude détaillée de la structure du passage permet d'en dégager différents mouvements :

→ *du début à « que j'allais exécuter » : récit de l'arrachement progressif du narrateur à son état de prostration sous l'effet de sa décision d'enterrer Manon ; on semble assister alors à une renaissance progressive, mais ponctuelle du héros ;*

→ *de « Il ne m'était pas difficile » à « de plus aimable » : la scène d'ensevelissement proprement dite ;*

→ *de « Je me couchai » à la fin : retour à l'état de prostration initial, comme moment d'une mort symbolique.*

Le passage offre donc une structure cyclique qui fait sens, puisqu'elle montre qu'enterrer Manon n'est pas pour Des Grieux une manière de faire son deuil pour renaître ensuite, mais que ce geste constitue, bien au contraire, l'ultime soubresaut avant l'agonie symbolique du héros. Le récit dit donc la force de la passion et la volonté de prolonger cet amour dans et au-delà de la mort.

ÉTAPE **4**

Analyser méthodiquement le texte
On peut procéder de deux manières :

→ soit en suivant le **déroulement linéaire** du texte et en analysant au fur et à mesure les faits marquants (on peut alors travailler par des jeux de couleurs et des annotations sur le texte lui-même) ;

Les repérages couleur vous indiquent pour le passage proposé **une partie du travail** que l'on peut directement effectuer sur le texte.

→ soit en analysant le texte **de façon plus transversale** en étudiant successivement par exemple énonciation, modalisation, temps verbaux, ponctuation, réseaux lexicaux, figures de style, construction des phrases (voir les fiches d'analyse littéraire et d'étude de la langue).

Quelle que soit la méthode choisie, il importe de procéder de manière rigoureuse : partir de l'observation, puis identifier et analyser les procédés, enfin interpréter en se demandant quel est l'effet produit et recherché.

ÉTAPE **5**

Établir le plan du commentaire

→ **Les parties**

Les différentes interprétations que vous avez pu dégager au fil de votre analyse doivent vous permettre d'établir votre plan, par regroupement, des idées correspondant à un même angle de lecture. Ce plan peut comprendre deux ou trois parties.

Plus généralement, un plan de commentaire peut d'abord examiner ce qu'est le texte (forme et contenu), puis s'interroger sur la spécificité de son fonctionnement ou du traitement de son thème, pour enfin en dégager les enjeux (quelle représentation du monde ou quel discours sur le monde ? quel effet recherché sur le lecteur ? quelle réaction visée ? etc.).

→ **Le plan détaillé**

Une fois les parties déterminées, il convient de détailler au brouillon le plan en y reportant de manière cohérente les éléments analysés.

Exemple de plan pour l'extrait de Manon Lescaut :

I. Le souvenir d'un épisode pathétique

A. Le récit d'un souvenir
• un récit rétrospectif (temps verbaux) ;
• un souvenir personnel (statut du narrateur-personnage).

B. Un souvenir douloureux
• une scène pathétique (par son dénuement même) ;
• la difficulté à dire la mort de Manon (parataxe, refus d'effets rhétoriques) : une douleur toujours présente qui se révèle sans parvenir à se dire.

C. Une absente présente
• évoquer Manon, y compris dans ce moment tragique, c'est perpétuer sa mémoire.

II. Un amant héroïque

A. L'enterrement de Manon comme acte héroïque
• le triomphe momentané de la raison sur le sentiment ;
• le lexique hyperbolique de l'effort physique, l'enterrement comme chemin de croix qui grandit le héros ;
• la valeur symbolique de l'épée.

B. Le renoncement tragique au monde
• la structure cyclique du passage ;
• l'expression pathétique du désir de mort (champ lexical de la mort qui souligne le caractère obsessionnel de ce désir).

III. Le récit comme représentation de la force des passions

A. La transfiguration du récit : une scène d'amour
• vocabulaire du corps,
• proximité des pronoms,
• lexique de l'amour,
• la fosse comme métonymie de l'être aimé,
• refus de la séparation : un amour qui triompherait de la mort.

B. L'amour comme valeur sacrée et suprême
• le culte de l'aimée : vocabulaire de l'éloge, tournures hyperboliques, vocabulaire du sacré, refus de la souillure par la terre ;
• le sacrifice de soi (renoncement aux valeurs aristocratiques – l'épée comme instrument de fossoyeur) ;
• prière finale au ciel qui sonne comme un blasphème : le péché de désespoir.

C. Ambiguïté du passage
• condamnation de cette force des passions, mais aussi représentation sublime de l'amour.

ÉTAPE **6**

La rédaction du commentaire

→ **Respecter les conventions propres à un devoir écrit**
• souligner les titres d'œuvres ;
• placer les citations entre guillemets ;
• couper si besoin certaines expressions au sein d'une citation en les remplaçant par [...] ;
• respecter les règles de l'orthographe et de la syntaxe.

→ **Rédiger une analyse littéraire**
- articuler analyse, référence au texte et interprétation ;
- utiliser le vocabulaire spécifique de l'analyse littéraire pour donner plus de précision à l'étude.

→ **Faire apparaître clairement la structure du devoir**
- ne pas noter titres et sous-titres mais les rédiger sous formes de phrases qui serviront d'amorces au début des parties et des sous-parties ;
- sauter une ou deux lignes entre introduction, parties et conclusion ;
- faire un alinéa au début de chaque sous-partie et relier les idées en utilisant les connecteurs logiques (p. 414) ;
- rédiger entre chaque partie une transition qui fasse le bilan de l'étude et amorce la suite du développement.

Exemple d'introduction rédigée

Le XVIII⁰ siècle s'attacha au renouvellement de l'écriture romanesque, préparant ainsi le triomphe du genre au siècle suivant. Manon Lescaut, *roman de l'abbé Prévost publié en 1731, s'inscrit à l'origine dans un vaste ensemble narratif :* Mémoires d'un homme de qualité. *C'est à cet homme de qualité, Renoncour, que le chevalier Des Grieux fait le récit de ses amours fatales avec Manon, récit qui fut ensuite publié séparément pour constituer une œuvre à part entière.*

Le passage proposé fait suite à la mort de Manon, en Louisiane, où elle a été déportée, comme d'autres prostituées, et où Des Grieux l'a suivie. Il relate son enterrement. Des Grieux s'attache ici au souvenir le plus douloureux de son histoire. On peut s'interroger sur les enjeux pour Des Grieux d'un tel récit et sur la représentation de l'amour qu'offre le roman. C'est pourquoi, après avoir étudié les caractéristiques de ce souvenir douloureux, nous verrons comment le narrateur construit une image héroïque de lui-même afin de comprendre comment le récit souligne, non sans ambiguïté, la force absolue de la passion amoureuse.

5. La dissertation

La dissertation constitue un travail d'argumentation, qui permet donc de montrer son jugement critique. Elle exige une démarche d'analyse et de réflexion méthodiques.

Voici trois exemples de sujets :

Sujet 1 : La comédie est-elle un pur divertissement ? Vous répondrez à cette question en prenant appui sur les pièces que vous avez étudiées, lues ou vues.

Sujet 2 : Pour quelles raisons la comédie peut-elle avoir, selon vous, une valeur subversive ? Vous répondrez en prenant appui sur les pièces que vous avez étudiées, lues ou vues.

Sujet 3 : Le prologue de *La Machine infernale* de Cocteau se clôt sur la phrase suivante : « Regarde, spectateur, remontée à bloc, de telle sorte que le ressort se déroule avec lenteur tout le long d'une vie humaine, une des plus parfaites machines construites par les dieux infernaux pour l'anéantissement mathématique d'un mortel.» Une telle proposition vous paraît-elle pouvoir définir la tragédie ? Vous répondrez à cette question en prenant appui sur les tragédies que vous avez étudiées, lues ou vues.

1 L'analyse du sujet

→ **La composition du sujet**
Un sujet de dissertation peut se composer de différentes manières :
• dans les sujets 1 et 2, on observe une question suivie d'une consigne ;
• dans le sujet 3, la composition est plus complexe : citation, question et consigne.
En cas de présence d'une citation, il est nécessaire avant toute chose de chercher des **renseignements sur sa source** : auteur (ici, Cocteau) et œuvre (ici, *La Machine infernale*, voir p.192). Dans le cadre du sujet 3, la connaissance de la pièce ou la lecture de l'ensemble du prologue sont tout à fait éclairantes pour saisir le sens de cette citation : la « machine infernale » évoquée est notamment celle qui anéantit « mathématiquement » Œdipe, qui en aucun cas ne peut échapper à l'oracle : « *Il tuera son père. Il épousera sa mère.* »

→ **Types de question et de démarche**
Un sujet peut proposer une question ouverte ou fermée (voir p. 74). Les sujets 1 et 3 comportent une question fermée alors que le sujet 2 adopte une question ouverte.
Ces sujets invitent donc à des démarches différentes :

• **une démarche analytique** pour le sujet 2 : il ne s'agit pas de peser une thèse, de la discuter, mais d'examiner les raisons de sa validité. On accepte donc l'idée que la comédie a une valeur subversive et on développera un raisonnement qui tentera de démontrer pourquoi. Seule la conclusion du devoir pourra, si on le désire, apporter quelques nuances à ce point de vue.

• **une démarche dialectique** pour les sujets 1 et 3 : ces sujets doivent conduire à délibérer (voir p. 346), c'est-à-dire à peser des thèses contradictoires pour rendre son jugement. Dans cette perspective, la première partie examine la thèse proposée dans la formulation du sujet, et la seconde développe une réfutation franche ou nuancée de cette première thèse. La troisième partie doit alors être l'occasion de formuler sa réponse qui, fruit de la délibération, doit résoudre et dépasser l'opposition des thèses présentées dans les deux premières parties.

→ **Les mots clés du sujet**
L'analyse des mots clés du sujet doit conduire à cerner :

• **le domaine sur lequel porte la réflexion**
Par exemple, **pour le sujet 1,** les termes *comédie* et *pièces* montrent que le sujet invite à réfléchir sur un genre théâtral précis : la comédie. Sont donc exclus de la réflexion les films comiques, les sketchs, etc.

• Le sens du sujet

– **Pour le sujet 1,** il importe de s'interroger ici sur le sens de l'expression *pur divertissement* : un simple amusement qui détourne de la morosité ou des soucis de l'existence ou de la vie quotidienne. On peut aussi renvoyer au sens que lui donne Pascal, philosophe du ɪʲɪɪ ᵉ siècle : le divertissement désigne les activités par lesquelles l'homme se détourne de la pensée, insupportable, de sa condition de mortel. L'emploi de l'adjectif *pur* suggère que la comédie est un divertissement et rien d'autre.

– **Dans le cas du sujet 3,** la démarche est plus complexe puisqu'il faut comprendre le sens même de la citation. Le repérage des mots clés peut s'effectuer ainsi :

Le prologue de *La Machine infernale* de Cocteau se clôt sur la phrase suivante : « *Regarde, spectateur, remontée à bloc, de telle sorte que le ressort se déroule avec lenteur tout le long d'une vie humaine, une des plus parfaites machines construites par les dieux infernaux pour l'anéantissement mathématique d'un mortel.* »

Une telle proposition vous paraît-elle pouvoir définir la tragédie ? Vous répondrez à cette question en prenant appui sur les tragédies que vous avez étudiées, lues ou vues.

Les termes relevés font de la tragédie une « machine infernale ». Ils évoquent le rapport des dieux et des hommes et la notion même de fatalité qui est au cœur de la tragédie.

→ **La problématique**

C'est la question à laquelle doit répondre votre devoir. Elle est le support de la délibération. Elle est parfois nettement formulée par le sujet, mais le plus souvent c'est l'analyse de celui-ci qui permet de la dégager.

• Pour le sujet 1, on peut proposer la problématique suivante :

La comédie n'a-t-elle, au théâtre, pour seule fonction que d'amuser le spectateur et de le détourner ainsi des tracas de la vie quotidienne et de l'existence, voire de la pensée de la mort ?

• Pour le sujet 3, la problématique peut être ainsi énoncée :

La tragédie est-elle simplement la représentation d'une « machine infernale » qui fait des hommes les jouets et les victimes de dieux cruels ?

2 Vers le plan détaillé

→ **Les lignes directrices**

La démarche globale doit d'abord être le fruit de la réflexion logique.

• Les deux premières parties sont ainsi nécessairement : l'énoncé de la thèse initiale, et sa réfutation franche ou nuancée.

Pour le sujet 1, on peut ainsi établir les deux premières parties :

I. Certes, la comédie pourrait apparaître comme un pur divertissement proposé au spectateur.

II. Mais elle offre aussi une critique, parfois subversive, de la société, de son temps ou des conduites humaines, et invite par là même à la réflexion.

La formulation même des ces thèses est essentielle : l'emploi des connecteurs logiques *certes*, *mais* permet de mettre en place un raisonnement concessif propre à la démarche dialectique.

L'emploi du conditionnel *pourrait* exprime une modalisation, qui montre d'emblée la distance que l'on prend avec cette première thèse.

• La troisième partie pose davantage de problèmes. C'est le moment de rendre son jugement tout en dépassant la contradiction. Le seul raisonnement logique ne suffit pas toujours : il peut être nécessaire de mener la réflexion à partir d'exemples précis, d'œuvres lues à partir desquelles on pourra dégager de nouveaux arguments.

Dans le cas du sujet 1, on peut rebondir sur la notion même de divertissement par le rire. Le rire est double : signe ou symptôme du divertissement, il inquiète dans le même temps.

Finalement, de qui et de quoi se divertit-on ? De soi-même ou de sa propre condition, dont la comédie nous donne souvent une image inquiétante.

Ainsi, la troisième partie peut aboutir à la thèse suivante :

III. Donc, le divertissement que semble proposer la comédie n'est qu'une stratégie, qui ramène finalement l'homme à lui-même, à ses interrogations et à ses angoisses.

L'emploi du connecteur logique *donc* souligne que cette partie est la conclusion logique des deux autres.

→ **Le plan détaillé**

• Pour traiter pleinement les idées directrices dégagées, il convient d'argumenter chacune des thèses énoncées. Se poser la question **« Pourquoi ? »** est alors un guide utile qui conduit à approfondir la réflexion.

• Il importe aussi d'appuyer sa réflexion sur des exemples précis : si ceux-ci ne vous viennent pas spontanément à l'esprit, faites la liste des œuvres que vous connaissez et qui peuvent correspondre au sujet ; parcourez aussi des manuels, des anthologies qui peuvent vous donner d'autres idées.

On peut au brouillon construire un tableau (voir p. 520) **pour le sujet 1**, qu'il conviendra ensuite de détailler pour chaque sous-partie.

3 La rédaction de la dissertation

Ultime phase du travail, elle implique le respect de certains codes.

Elle s'organise en trois temps distincts :

→ **L'introduction**

Elle peut se décomposer ainsi :

• une phrase d'accroche ;
• la présentation du sujet ;
• son explication rapide ;
• la formulation de la problématique ;
• l'annonce de la démarche adoptée (les grandes lignes du plan).

→ **Le développement** en deux ou trois parties (voir ci-dessus : I, II, III)

Ces parties s'organisent elles-mêmes en différentes sous-parties (A, B, C). Pour rédiger ce développement, on veillera à :

• transformer en phrases rédigées les titres des parties et sous-parties ;
• énoncer la ligne directrice de la partie ;
• aller à la ligne avec alinéa à chaque sous-partie ;
• articuler les parties, les sous-parties et les arguments à l'aide de connecteurs logiques : *certes, mais, donc/En premier lieu, de plus, en outre, par ailleurs, enfin/Cependant, néanmoins,* etc. ;
• relier adroitement idées et exemples (*ainsi ; c'est en effet le cas pour* ou *dans ; on trouve ce procédé dans… ; cette idée correspond parfaitement à la situation proposée par…*) ;
• développer les exemples : les nommer ne suffit pas. Il faut les exploiter précisément pour qu'ils servent à la démonstration proposée. De brèves citations de ces textes peuvent aussi venir étayer vos arguments ;
• faire une transition entre chaque partie. L'objectif est de souligner la progression logique du raisonnement : le bilan auquel on parvient au terme d'une partie, les questions que ce bilan soulève alors ;
• sauter une ou deux lignes entre les parties.

→ **La conclusion**

• Elle constitue la réponse à la problématique, avec les nuances qu'a pu apporter l'ensemble de la réflexion. Elle peut se clore sur une question non envisagée par le sujet, mais qui apparaît comme la conséquence de la réflexion menée.

Ainsi, pour le sujet 1, on pourrait relier la question de l'ambiguïté de la comédie à celle de l'éclatement des genres au XXe siècle.

On peut aussi achever le devoir par une citation particulièrement éclairante et percutante, qui donnerait ainsi le mot de la fin.

La dissertation doit enfin respecter **les conventions propres à l'écrit** :
- titres soulignés ;
- orthographe correcte ;
- syntaxe claire ;
- emploi d'un vocabulaire précis qui permet d'exprimer le plus justement sa pensée.

	Arguments	Exemples
I. Pourquoi la comédie divertit-elle ?	A) Elle met en scène des sujets « légers », par opposition à la gravité de la tragédie.	L'exposition du *Tartuffe*, p. 154 : une famille bourgeoise en pleine dispute.
	B) Elle propose une action qui séduit par ses rebondissements et son dénouement heureux.	Le quiproquo dans *Le Mariage de Figaro* de Beaumarchais (p.183-184).
	C) Elle cherche à amuser en jouant sur tous les ressorts propres à faire naître le rire.	Comique de geste, de mots et de situations dans *Les Fourberies de Scapin* (p.177-178).
II. Pourquoi peut-on dire qu'elle a aussi une fonction critique et une valeur subversive ?	A) Elle représente les vices et le ridicule des hommes. Elle vise ainsi à corriger les mœurs par le rire.	Oronte, type même du courtisan flatteur dans *Le Misanthrope* (p.178).
	B) Elle peut s'attaquer, en les ridiculisant, à des forces politiques, sociales ou religieuses. Elle est donc une « arme » dangereuse.	La critique des faux dévots dans *Tartuffe* (p.154), comédie plusieurs fois censurée. La critique sociale chez Ndiaye dans *Hilda* (p.206).
	C) Elle suscite donc à la fois réflexion et prise de conscience.	La critique des maîtres chez Marivaux, *L'Île des esclaves* (p.181-182), visant à une prise de conscience de la valeur humaine au-delà de la valeur sociale.
III. Pourquoi peut-on dire qu'elle ramène finalement l'homme à lui-même, à ses interrogations, à ses angoisses ?	A) Elle renvoie comme un véritable miroir le spectateur à ce qu'il y a parfois de plus inavouable en lui.	*Le Misanthrope* (p.178), reflet des artifices des relations sociales que chacun accepte avec complaisance par peur de la solitude.
	B) Elle sait aussi proposer des situations inquiétantes où le rire devient plus ambigu.	Le dénouement de *Dom Juan* (165-166).
	C) Elle est parfois l'expression détournée de ce qui pourrait provoquer bien plus les larmes que le rire, l'angoisse que le divertissement. Elle est alors une autre manière de dire le tragique de l'existence.	La notion même de « drame comique » comme genre dans *La Leçon* de Ionesco (p.199).

6. L'écriture d'invention

L'écriture d'invention conduit à produire un texte à partir d'un sujet qui formule les consignes du travail demandé, et en relation avec un ou plusieurs textes existants (que l'on appelle généralement textes supports).
L'écriture d'invention implique donc :

→ que l'on respecte les contraintes du sujet ;

→ que l'on conçoive ou « imagine » un projet d'écriture personnelle qui corresponde à ces contraintes ;

→ que l'on réfléchisse à sa propre pratique d'écriture.

1 Les types de sujets

On peut brièvement distinguer deux grands types de sujets dits d'invention :

→ ceux qui invitent à **une réécriture** d'un ou de plusieurs textes supports : écrire une nouvelle à partir, par exemple, d'un fait divers journalistique ou d'une petite annonce ; transformer une scène de théâtre en page de roman et inversement (voir p. 490-491, p. 41) ; réécrire un texte en adoptant un registre différent, etc. ;

→ ceux qui invitent à **produire un texte nouveau** à partir d'un ou de plusieurs textes supports : écrire un article journalistique, une lettre, un dialogue ou un discours en relation avec un thème abordé dans un corpus ou une œuvre (voir sujets p. 281) ; écrire un texte dans le prolongement d'un autre texte (voir sujets p. 160, p. 169).

On peut aussi noter que certains sujets impliquent davantage **une réflexion sur le style**, sur l'écriture elle-même (par exemple l'adaptation d'un genre à l'autre, p. 490) alors que d'autres, sans négliger le travail du style, nécessitent **la mise en place d'une argumentation** (par exemple, écrire un éloge, un réquisitoire, un plaidoyer, un texte polémique sur telle ou telle question).

2 L'analyse du sujet

Elle constitue une étape essentielle du travail car l'écriture d'invention s'élabore dans le cadre des contraintes imposées par un sujet.

Exemples de sujet :
Sujet 1 : À la manière de Robbe-Grillet dans *Les Gommes* (texte p. 279), décrivez en une vingtaine de lignes un légume, un fruit ou tout autre aliment de votre choix.
Sujet 2 : Vous êtes l'avocat de Meursault (texte p. 378-379) et vous répondez au réquisitoire du procureur dans une plaidoirie argumentée et appuyée sur la connaissance du roman.
Sujet 3 : Transposez ce passage des *Liaisons dangereuses* (texte p. 370-371) en une scène théâtrale, en restant fidèle au récit. Vous n'omettrez pas les didascalies et respecterez les conventions de disposition du texte théâtral.

Chacun de ces sujets formule une consigne, à partir de laquelle on doit dégager **les contraintes explicites et implicites de l'écriture d'invention** :

→ **contraintes portant sur le genre, la forme ou le registre du discours**
• pour le sujet 1 : on attend une description de type romanesque ;
• pour le sujet 2 : il s'agit du discours de l'avocat de l'accusé Meursault, en réponse au « réquisitoire » (le terme est donc ici à éclairer) ; le sujet demande d'écrire la plaidoirie de

l'avocat, c'est-à-dire un texte argumentatif visant à la fois à convaincre et à persuader le jury ;

• pour le sujet 3 : il s'agit d'écrire une scène de théâtre (avec didascalies et respect de la présentation d'un texte théâtral).

→ **Contraintes portant sur le rapport entre le texte à écrire et le texte support**
• pour le sujet 1 : une réécriture du type pastiche (« à la manière de. ») ;
• pour le sujet 2 : la production d'un texte inédit, nouveau, qui soit une « réponse » à la page présentée ;
• pour le sujet 3 : une adaptation théâtrale d'un texte romanesque.

→ **Contraintes portant sur le contenu du texte à écrire**
• pour le sujet 1 : l'objet de la description est précisé : un aliment (par exemple un légume ou un fruit) ;
• pour le sujet 2 : une plaidoirie qui comprend donc des arguments en faveur de Meursault pour expliquer son crime et peut-être atténuer la responsabilité du personnage ;
• pour le sujet 3 : le respect du récit proposé dans l'extrait (personnages, situation, déroulement de l'épisode, et éventuellement discours des personnages).

→ **Contraintes de longueur**
Seul le sujet 1 la précise : environ 20 lignes ; mais vous devez comprendre que les deux autres sujets demandent un développement plus important (de l'ordre de 2 à 3 pages dans les cas proposés).

3 L'exploitation du ou des texte(s) support(s)

Chacun des trois sujets proposés établit une étroite relation entre le texte à écrire et le texte support. Une lecture, même attentive, de ce texte support ne suffit donc pas : il convient de l'étudier en relation avec le sujet, en s'attachant plus spécifiquement à son écriture ou à son « contenu ».

→ **Pour le sujet 1**
• La contrainte initiale « À la manière de... » implique que l'on ait au préalable analysé la spécificité de la description chez Robbe-Grillet, puisqu'il s'agit de reproduire un style, une manière d'écrire.
• Il ne s'agit pas pour autant de recopier le texte de Robbe-Grillet en se contentant de changer l'objet décrit. Cependant, la reprise de certaines formules et tournures peut être particulièrement adroite et fonctionner comme un clin d'œil au texte de Robbe-Grillet.

→ **Pour le sujet 2**
• La plaidoirie de l'avocat doit s'appuyer sur le discours du procureur.
Il faut donc dégager et comprendre les arguments de celui-ci pour pouvoir y répondre.
• De plus, le sujet invite à exploiter sa connaissance du roman, ce qui suppose que vous avez lu ou devez lire *L'Étranger*. En effet, le texte à écrire, pour être cohérent, doit être fidèle à l'histoire, au crime commis par Meursault et aux caractéristiques de ce personnage.

→ **Pour le sujet 3**
• La lecture de l'extrait révèle qu'il s'agit d'une scène de séduction mais en même temps de jeu pour le libertin Valmont. La scène à écrire doit donc être un dialogue entre deux personnages, Valmont et Mme de Tourvel. Elle peut reprendre les discours rapportés par Valmont dans sa lettre et inventer d'autres « répliques » en fonction des situations décrites par Valmont.
• La lettre de Valmont indique également que c'est lui qui mène le jeu ; il a donc une position dominante dans la conduite du dialogue.
• Enfin, la lettre suggère un certain nombre d'attitudes et de tons qu'il faudra exploiter dans les didascalies. En outre, la langue devra être soutenue et correspondre au statut de ces personnages du Ij]]] e siècle.

4 Le projet d'écriture

Comme tout travail d'écriture, l'invention nécessite une phase de réalisation au brouillon. Selon le type de sujet, il faudra :

→ **Rechercher les idées**
• Le cas le plus évident est ici celui de la recherche d'arguments qu'impliquent certains sujets, comme le sujet 2. Mais aucun sujet ne peut faire en réalité l'économie de cette étape.
• Pour le sujet 1 : choix de l'aliment décrit, notes sur les caractéristiques de cet aliment, premières suggestions sur ce qu'on doit décrire dans cet aliment et comment on le décrira, etc.
• Pour le sujet 3, explicitation de ce que dit et fait Valmont pour séduire Mme de Tourvel : comment la convaincre ? comment la persuader ?

→ **Construire le canevas du texte à écrire**
• Bâtir le schéma du récit : situation initiale, étapes et péripéties, situation finale ;
• déterminer le trajet d'une description (pour le sujet 1, en reprenant celui du texte de Robbe-Grillet).
• Organiser le déroulement d'une scène théâtrale qui correspond le plus souvent à une progression de l'action (pour le sujet 3, la lettre de Valmont indique une évolution de la relation entre les deux personnages).
• Élaborer le plan de l'argumentation telle qu'elle apparaîtra dans la lettre, le discours (voir sujet 2) ou l'article.

→ **Réfléchir au style à adopter**
On peut enfin brièvement lister certains procédés stylistiques auxquels il conviendra de penser au moment d'écrire : procédés caractéristiques de tel ou tel registre, expressions d'un texte support que l'on doit ou souhaite reprendre, etc.

5 L'écriture

Cette dernière phase du travail peut s'effectuer de deux manières selon le temps dont on dispose :
• en temps limité, on est souvent conduit à rédiger directement. Il faut cependant procéder lentement, en se référant à ce que l'on a préparé au brouillon et en se relisant au fur et à mesure de l'avancée du travail ;
• à la maison, il convient de s'entraîner et donc de rédiger au brouillon, de procéder à différentes phases de correction (que puis-je modifier ? ajouter ? supprimer ? déplacer ?) avant de recopier.

Biographies

Anouilh
(1910-1987)

D'origine bordelaise, Jean Anouilh découvre sa vocation théâtrale en assistant, dans la même année 1928, aux représentations des *Mariés de la tour Eiffel* de Jean Cocteau et du *Siegfried* de Giraudoux. Renonçant à ses études de droit pour la littérature et la scène, il fait en 1937 une rencontre décisive avec l'acteur et metteur en scène Georges Pitoëff. Sa vie se confond désormais avec une féconde production qu'il classera en séries dramatiques (pièces « roses », « noires », « costumées », etc.) que dominent les succès d'*Antigone* et de *L'Alouette*. Mettant en scène et interprétant lui-même le répertoire classique et contemporain, Anouilh sera, sous l'Occupation et après la guerre, l'une des figures les plus marquantes du théâtre en France, avec Ionesco et Beckett auxquels il consacrera de brillants articles. Il meurt à Paris en 1987.

◆ **1944.** *Antigone*
◆ **1953.** *L'Alouette*
◆ **1959.** *Beckett ou l'Honneur de Dieu*

Aragon
(1897-1982)

La grande rencontre de jeunesse de Louis Aragon, né à Paris en 1897, est celle de Breton en 1917. Avec lui il va fonder plusieurs revues d'avant-garde, traverser le dadaïsme et créer le mouvement surréaliste tout en publiant ses premiers textes (*Le Paysan de Paris*, 1926). Toutefois son engagement fervent à partir de 1927 dans les rangs du Parti communiste, conforté par la rencontre de sa femme Elsa Triolet, l'éloigne du groupe surréaliste. Installé dans le monde de l'édition et du journalisme engagé, il porte alors son écriture vers le « monde réel » à travers un immense cycle romanesque commencé en 1934 avec *Les Cloches de Bâle*. Voyages en Union soviétique, manifestations antifascistes et congrès internationaux trouvent leur prolongement dans son engagement dans la Résistance, durant laquelle il écrit ses « poèmes de contrebande ». La publication des *Communistes* en 1951 clôturera cette vaste période du réalisme idéologique avant que l'écrivain, de *La Semaine sainte* (1958) à *Blanche ou l'Oubli* (1967) en passant par *Le Fou d'Elsa* (1963), se tourne de nouveau vers une écriture plus marquée par les valeurs du rêve et de l'amour.

◆ **1926.** *Le Paysan de Paris* (roman)
◆ **1934.** *Les Cloches de Bâle* (roman)
◆ **1944.** *Aurélien* (roman)
◆ **1963.** *Le Fou d'Elsa* (poème)

Balzac
(1799-1850)

Projets et infortunes

Né à Tours en 1799 dans une famille bourgeoise, Honoré de Balzac fait ses études au collège des Oratoriens de Vendôme, puis à Paris. Étudiant en droit, il est clerc chez un avoué parisien avant de fréquenter à partir de 1820 les milieux littéraires et philosophiques. Ses premiers romans lui assurant à peine sa subsistance, il tente, dans les années 1825-1830, une opération commerciale dans l'édition. C'est un échec. Guetté par la faillite, il revient à l'écriture romanesque et connaît cette fois le succès.

La gloire et la passion

Introduit dans la société parisienne, collaborateur de nombreux journaux, il travaille notamment, à partir de 1830, aux *Scènes de la vie privée* et à ses *Contes drôlatiques*. En 1834, la rédaction du *Père Goriot* lui inspire l'idée géniale du retour des personnages d'un livre à l'autre, et les années suivantes l'amènent à rechercher une unité plus profonde pour l'ensemble de sa production. En arrêtant pour elle, en 1842, le titre général de *La Comédie humaine*, Balzac est pourtant loin d'en avoir achevé la rédaction. Encouragé par son amie polonaise, Mme Hanska, il travaille avec acharnement pendant les dernières années de sa vie, voyageant dans toute l'Europe. Épuisé par l'immensité de sa tâche et d'incessants soucis financiers, il meurt en août 1850, quelques mois seulement après avoir épousé sa chère « étrangère ».

◆ **1828.** *Les Chouans*
◆ **1833.** *Eugénie Grandet*
◆ **1834.** *Le Père Goriot*
◆ **1835.** *Le Lys dans la vallée*
◆ **1837.** *Illusions perdues*
◆ **1842.** Avant-propos de *La Comédie humaine*

Baudelaire
(1821-1867)

De la mère à la maîtresse

Charles Baudelaire naît à Paris le 9 avril 1821. À six ans, il voit son père mourir et réagit très mal au remariage de sa mère avec le commandant Aupick. Après ses études à Lyon puis à Paris, il s'embarque en 1841 pour un voyage vers les îles de l'océan Indien. Son imagination fait là-bas provision d'images qui marqueront durablement sa poésie. Au retour, il s'éprend de l'actrice Jeanne Duval, une mulâtresse dont le corps lui sera la sensuelle réminiscence de ce splendide « ailleurs » entrevu.

Bohème et critique

En 1844, sa famille, scandalisée par sa vie de marginal, lui impose une tutelle qui le prive de l'aisance financière. Pour vivre, il devient journaliste, critique littéraire et artistique pendant quinze ans. Cette épreuve sera aussi une expérience formatrice pour le créateur :

confronté aux œuvres des grands génies du siècle (Hugo, Delacroix, Manet, Wagner), Baudelaire forge ainsi sa propre esthétique dont le mot de « modernité » sera le symbole.

Le « poète maudit »

En juin 1857, les poèmes de ses *Fleurs du mal*, entrepris depuis longtemps, sont publiés en recueil. Jugé « immoral », le livre est attaqué en justice et six poèmes sont condamnés. Très affecté, le poète publie pourtant une seconde édition augmentée. Mais à partir de 1860 la maladie commence à le ronger. En 1866, il est atteint en Belgique d'un grave malaise. Rentré en France, il restera aphasique et paralysé, en attendant de faire, en août 1867, son dernier « voyage ».

- ◆ **1845.** *Premiers Salons* (critique)
- ◆ **1857.** *Les Fleurs du mal*
- ◆ **1860.** *Les Paradis artificiels* (essai)
- ◆ **1863.** *Le Peintre de la vie moderne* (essai)
- ◆ **1869.** *Le Spleen de Paris* (posthume)

Beaumarchais
(1732-1799)

Pierre-Augustin Caron naît à Paris en 1732 dans une famille d'horlogers et invente lui-même d'ingénieux procédés qui lui valent la faveur du roi. Devenu Monsieur de Beaumarchais, il mène une existence et une carrière aventureuses où se mêlent rôles et fonctions : homme d'affaires, espion, marchand d'armes pour les indépendantistes américains, fondateur de la Société des auteurs, éditeur et bien sûr écrivain. C'est au théâtre qu'il triomphera avec son *Barbier de Séville* (1775), avant de peiner à faire représenter son contestataire *Mariage de Figaro* (1784). Émigré à Hambourg durant la Révolution, il revient à Paris en 1796 pour donner sa dernière pièce, *La Mère coupable*, trois ans avant sa mort.

- ◆ **1775.** *Le Barbier de Séville*
- ◆ **1784.** *Le Mariage de Figaro*

Beckett
(1906-1990)

Samuel Beckett naît en 1906 à Dublin en Irlande, terre natale qu'il quittera pour s'installer à Paris, en 1928, comme lecteur d'anglais à l'École Normale supérieure. Les années 30 le voient errer en Europe, à Londres notamment où il écrit en anglais des romans qui sont refusés par les éditeurs britanniques. Après la guerre, il décide alors d'écrire en français et publie au début des années 50 ses premiers textes romanesques aux éditions de Minuit (*Molloy, L'Innommable*). Mais c'est le théâtre qui le révèle avec la création, en 1953, de *En attendant Godot*. En une dizaine d'années et quelques pièces torturées qui sont autant de succès (*Fin de partie*, 1957 ; *Oh ! les beaux jours*, 1963), il passe de l'obscurité à la notoriété internationale, officiellement reconnue en 1969 par le prix Nobel. Beckett meurt en 1990, trois ans avant Ionesco, qui incarnait avec lui « le théâtre de l'absurde ».

- ◆ **1953.** *En attendant Godot*
- ◆ **1957.** *Fin de partie*
- ◆ **1963.** *Oh ! les beaux jours*

Bossuet
(1627-1704)

Né en 1627 dans une famille de magistrats de Dijon, voué à la prêtrise dès son plus jeune âge, ordonné en 1652, Jacques Bossuet se révèle être un prédicateur exceptionnel qui s'attire, dans les églises comme à la cour du roi, un public passionné. Après le succès de ses *Sermons*, Louis XIV le choisit comme précepteur de son fils aîné en 1670, année où il prononce son chef-d'œuvre, l'*Oraison funèbre d'Henriette-Anne d'Angleterre*. Devenu évêque de Meaux en 1680, il demeurera jusqu'à sa mort, en 1704, un défenseur actif des intérêts de l'Église.

- ◆ **1653.** *Sermon sur la loi*
- ◆ **1662.** *Sermon sur la mort*
- ◆ **1694.** *Maximes et réflexions sur la comédie*

Breton
(1896-1966)

Né dans l'Orne en 1896, André Breton, tout en s'initiant à la poésie, fait des études de médecine qui lui donnent l'occasion de découvrir Freud, dont il expérimente les thèses psychanalytiques durant son service d'infirmier pendant la Grande Guerre. Aux lendemains de celle-ci, il s'adonne avec Soupault aux premières expériences d'écriture automatique, s'éloigne du mouvement Dada et fonde le surréalisme dont il théorise les positions dans le *Premier Manifeste* (1924). Dominant le groupe de sa forte personnalité, ses choix esthétiques ou politiques (adhésion puis rupture avec le Parti communiste) suscitent cependant chez ses amis de violentes attaques. Auteur d'œuvres poétiques (*Clair de terre*, 1923) ou en prose comme *Nadja* (1928) et *L'Amour fou* (1937), Breton s'exile aux États-Unis pendant la Seconde Guerre mondiale où il guide l'avant-garde littéraire et picturale qui l'entoure (Ernst, Duchamp, Tanguy). Rentré en France en 1947, il continuera de militer jusqu'à sa mort, à Paris en 1966, pour la cause surréaliste.

- ◆ **1928.** *Nadja*
- ◆ **1937.** *L'Amour fou*

Camus
(1913-1960)

Albert Camus, né en Algérie en 1913, n'a qu'un an quand son père meurt à la guerre. Élevé par sa mère dans un quartier pauvre d'Alger, il poursuit après le bac des études de philosophie mais doit renoncer à l'enseignement à cause de la tuberculose. Séduit par le théâtre (*Caligula*, 1944), il devient journaliste sous la Résistance et connaît la célébrité avec un essai (*Le Mythe de Sisyphe*, 1942) et deux romans (*L'Étranger*, 1942, et *La Peste*, 1947). D'abord proche de Sartre et des existentialistes, il se sépare d'eux après la Guerre et la publication très contestée de *L'Homme révolté*

(1951). Par la suite, la maladie, des problèmes personnels et la guerre d'Algérie provoqueront chez lui une grave crise intérieure dont témoigne *La Chute*, son dernier roman. Camus meurt dans un accident de voiture en 1960, trois ans après avoir été consacré par le prix Nobel.

- **1942.** *L'Étranger* (roman)
- **1944.** *Caligula* (théâtre)
- **1947.** *La Peste* (roman)
- **1956.** *La Chute* (roman)

Céline
(1894-1961)

Louis Ferdinand Céline, né à Courbevoie en 1894, s'engage volontairement en 1914. Blessé, décoré, il restera profondément marqué par cette expérience qui fait de lui un pacifiste convaincu. Réformé en 1915, il part chercher fortune en Afrique. Le monde des colonies lui inspirera quelques-unes des pages les plus âpres du *Voyage au bout de la nuit*. De retour en France, il entame des études de médecine et devient en 1930 médecin des pauvres à Clichy. Ses deux romans (*Voyage au bout de la nuit*, 1932 ; *Mort à crédit*, 1936) connaissent un grand succès. Mais ses violents pamphlets antisémites nuisent à sa réputation d'écrivain. Soutenant le nazisme, il collabore sous l'Occupation et doit s'exiler pour échapper à l'épuration d'après-guerre. Il ne rentrera en France qu'en 1951 et mourra dix ans plus tard à Meudon après avoir publié ses derniers grands livres comme *Nord* en 1960.

- **1932.** *Voyage au bout de la nuit*
- **1936.** *Mort à crédit*

Chateaubriand
(1768-1848)

Né à Saint-Malo, dans une vieille famille aristocratique, François-René de Chateaubriand passe une grande partie de son enfance au château de Combourg. À la mort de son père, il tente de faire carrière dans l'armée et assiste, à Paris, aux journées révolutionnaires. En 1791, il s'embarque vers l'Amérique pour un voyage de cinq mois. De retour, il se marie et s'engage dans « l'armée des émigrés ». Blessé, il se réfugie à Londres où il mène une existence de « paria » et rentre en France en 1800, profitant de l'indulgence de Bonaparte.

Son ralliement au régime – marqué par la publication en 1802 du *Génie du christianisme*, qui suit immédiatement les deux petits romans *Atala* et *René*, lui vaut quelques postes diplomatiques mais, indigné par l'exécution du duc d'Enghien, il rompt avec Napoléon et part pour un voyage en Orient (1806-1807), puis entame ses *Mémoires* dans sa retraite de la Vallée-aux-Loups. Sa carrière connaît son apogée sous la Restauration : ambassadeur puis ministre des Affaires étrangères (1822). Après un dernier poste à Rome sous Charles X, il se range dans l'opposition légitimiste sous la Monarchie de Juillet. Les dernières années de sa vie sont consacrées à l'achèvement de ses *Mémoires d'outre-tombe* dont le début de publication intervient l'année de sa mort, en 1848, quelques semaines après le début de la Seconde République.

- **1801.** *Atala*
- **1802.** *Génie du christianisme. René*
- **1848.** *Mémoires d'outre-tombe*

Cocteau
(1889-1963)

Né à Maisons-Laffitte en 1889, dans une famille fortunée et cultivée, Jean Cocteau passe une enfance heureuse jusqu'au suicide de son père en 1898. Brillant et mondain, le jeune homme rencontre des écrivains et des artistes dont il sera d'abord le protégé et plus tard le découvreur. Attiré par les avant-gardes, Cocteau touche à tous les arts : romancier (*Thomas l'imposteur*, *Les Enfants terribles*), dramaturge, cinéaste, peintre et dessinateur, il se dit avant tout poète, fasciné par la figure d'Orphée. Plusieurs de ses pièces (*La Machine infernale*) ou de ses films (*Le Testament d'Orphée*) modernisent des mythes antiques avec fantaisie. Détesté par certains surréalistes (Breton, Eluard), Cocteau noue des relations fructueuses avec des personnalités intellectuelles ou artistiques. À partir de 1937, il forme un couple célèbre avec l'acteur Jean Marais, et connaît après-guerre une consécration officielle (nommé président du jury du Festival de Cannes en 1953 et élu en 1955 à l'Académie française).

- **1929.** *Les Enfants terribles*
- **1932.** *La Machine infernale*

Cohen
(1895-1981)

Né à Corfou en 1895, Albert Cohen émigre en France à Marseille avant de gagner Genève pour des études de droit. Il commence en 1926 une carrière diplomatique au Bureau international du travail, qu'il achèvera comme directeur aux Nations unies. Salué par la génération de 1968 pour son chef-d'œuvre, *Belle du Seigneur*, il se retire à Genève où il continuera d'écrire jusqu'à la fin de sa vie, en marge des modes et des courants, animé par ce constant souci de dire « son amour pour le peuple juif et sa grandeur ».

- **1930.** *Solal*
- **1938.** *Mangeclous*
- **1968.** *Belle du Seigneur*

Colette
(1873-1954)

Sidonie Gabrielle Colette naît en 1873 en Bourgogne. Devenue la jeune compagne de Willy, un homme de lettres parisien à la mode, elle écrit sous son influence la série des *Claudine*, romans à succès pendant la Belle Époque. Divorcée en 1906, elle signe désormais de son propre nom ses œuvres de l'entre-deux-guerres (*Chéri*, 1920 ; *Sido*, 1929 ; *La Chatte*, 1933) d'une inspiration partagée entre la sensualité féminine, l'exaltation pour la nature et les animaux ou la dénonciation de l'hypocrisie masculine. Installée à Paris à partir de 1935, elle y meurt en pleine gloire à l'âge de quatre-vingt-un ans en 1954.

- ◆ **1908.** *Les Vrilles de la vigne*
- ◆ **1922.** *La Maison de Claudine*
- ◆ **1929.** *Sido*

Corneille
(1606-1684)

De Rouen à Paris

Pierre Corneille naît à Rouen en 1606 et fait de brillantes études au collège des Jésuites pour devenir avocat en 1624. Mais la passion du théâtre s'empare très tôt de lui. Le succès à Paris de sa première pièce, *Mélite* (1630), le pousse à écrire de nouvelles comédies (*L'Illusion comique*) fort bien accueillies. Avec sa tragi-comédie *Le Cid*, il remporte un triomphe malgré l'hostilité de l'Académie et des Anciens. Dès lors, il se consacre entièrement à la tragédie, partageant sa vie entre Rouen et Paris, où il fait représenter ses chefs-d'œuvre.

Gloire et disgrâce

Récompensé par une pension royale, puis par la fonction de procureur des états de Normandie, il est également reçu à l'Académie en 1647, année où il connaît son premier échec avec *Pertharite*. Cette déception, conjuguée à la disgrâce que lui vaut l'audace politique de *Nicomède* (1651), l'amène à quitter le théâtre pour se consacrer à des traductions pieuses.

Le retour à la scène

À l'initiative de Fouquet, ministre des Finances de Louis XIV, Corneille revient à la scène en 1659 avec *Œdipe*. Il produit alors de nombreuses tragédies qui souffrent déjà des succès obtenus par Racine, un rival qu'il affronte en 1670, sur un même sujet tragique, dans *Tite et Bérénice*. Ce dernier échec le conduit à se retirer définitivement du théâtre.

- ◆ **1636.** *L'Illusion comique*
- ◆ **1640.** *Horace*
- ◆ **1641.** *Cinna*

Diderot
(1713-1784)

De Langres à Paris

Né à Langres en 1713 dans la petite bourgeoisie, Denis Diderot, d'abord élève des Jésuites, termine ses études à Paris au collège d'Harcourt. Renonçant à une carrière d'ecclésiastique, il devient maître ès arts en 1732 et mène pendant une dizaine d'années une existence difficile. À cette époque, il rencontre Rousseau puis d'Alembert, avec lequel il est chargé, à partir de 1746, de la direction de l'*Encyclopédie*. Dérangeant par ses écrits, il est enfermé quelques mois à Vincennes en 1749, puis s'impose comme une des figures marquantes de la vie culturelle de la capitale.

Les rêves d'un philosophe

En 1765, la tsarine Catherine II de Russie lui achète sa bibliothèque tout en lui en laissant l'usage et l'appelle auprès d'elle à Saint-Pétersbourg en 1773, où il lui propose un vaste ensemble de réformes. Plus calmes, les dernières années de sa vie le voient travailler sans relâche à maints projets éditoriaux. Il meurt à Paris en 1784 sans avoir pu achever l'édition complète de ses œuvres.

- ◆ **1751-1772.** *L'Encyclopédie*
- ◆ **1762–1777.** *Le Neveu de Rameau* (roman)
- ◆ **1765–1780.** *Jacques le Fataliste* (roman)
- ◆ **1772.** Supplément au *Voyage de Bougainville*

Du Bellay
(1522-1560)

Joachim du Bellay naît à Liré, près d'Angers, vers 1522, dans une illustre famille. Lui-même est tenté par la carrière militaire ou diplomatique mais, atteint de surdité, il renonce à ces projets pour des études de droit à Poitiers. C'est en 1546 qu'il rencontre Ronsard et l'accompagne à Paris pour ses études au célèbre collège de Coqueret.

En 1549, il publie coup sur coup son manifeste *Défense et illustration de la langue française* et un recueil de poèmes inspirés de l'italien Pétrarque, *L'Olive*. Le départ pour Rome, en 1553, comme secrétaire de son oncle, le cardinal et ambassadeur Jean du Bellay, l'exalte. Mais, accablé de tâches et déçu par les mœurs de la Curie romaine, il nourrit ses œuvres de la nostalgie de sa patrie (*Les Antiquités de Rome* et *Les Regrets*). Rentré à Paris en 1557, il n'y rencontre que tracas financiers et maladie ; il meurt en 1560.

- ◆ **1549.** *Défense et illustration de la langue française*
- ◆ **1558.** *Les Antiquités de Rome. Les Regrets*

Duras
(1914-1996)

Née en Indochine en 1914, Marguerite Duras y passe sa jeunesse et fait ses études au lycée de Saigon. Entrée dans la Résistance, membre du Parti communiste, elle se fait connaître par son premier roman, *Un barrage contre le Pacifique* (1950). Proche du groupe des « nouveaux romanciers » par son style inventif (*Hiroshima mon amour*, 1960 ; *Le Ravissement de Lol V. Stein*, 1964), passionnée aussi par l'écriture cinématographique (*India Song*, 1975) et théâtrale (*Des journées entières dans les arbres*, 1968), elle connaît un immense succès populaire en 1984 avec *L'Amant*, qui obtient le prix Goncourt.

- ◆ **1950.** *Un barrage contre le Pacifique*
- ◆ **1964.** *Le Ravissement de Lol V. Stein*
- ◆ **1984.** *L'Amant*

Biographies

Eluard
(1895-1952)

Paul-Eugène Grindel, dit Eluard, naît en 1895 à Saint-Denis. En 1910 il rencontre Gala, une jeune étudiante russe qu'il épouse en 1917, avec qui il fréquente les cercles anarchistes, dadaïstes puis le groupe surréaliste réuni autour d'André Breton après la guerre. Avec ce dernier et Aragon, il fréquente le Parti communiste, participe dans les années 30 à la lutte contre le fascisme puis à la Résistance. Ses poèmes engagés et « libertaires » (*Poésie et Vérité*, 1942) prennent alors le relais de ses grands recueils amoureux (*Capitale de la douleur*, 1926, *Les Yeux fertiles*, 1936) de l'entre-deux-guerres. Jusqu'à sa mort, à Beynac en Dordogne en 1952, il restera l'un des symboles de l'engagement lyrique au service de la dignité humaine.

- **1926.** *Capitale de la douleur*
- **1942.** *Poésie et Vérité*

Ernaux
(née en 1940)

Annie Ernaux naît en 1940 à Lillebonne. Après une enfance normande à Yvetot où ses parents tiennent un petit commerce et des études de Lettres, elle devient professeur. Dans ses premiers romans (*Les Armoires vides*, 1974 ; *Ce qu'ils en disent ou rien*, 1977 ; *La Femme gelée*, 1981), la place de l'expérience personnelle est évidente. La perspective autobiographique, ou plutôt « auto-socio-biographique », se fait plus nette dans *La Place* (prix Renaudot en 1984) et dans *Une femme* (1988), consacrés aux figures de son père et de sa mère et à la déchirure sociale et culturelle de l'auteur. Annie Ernaux adopte aussi la forme du journal : *Journal du dehors* (1993) et *La Vie extérieure* (2000), sortes d'instantanés de la vie quotidienne et collective ou encore « Je ne suis pas sortie de ma nuit » (1997), *Se perdre* (2001), véritables journaux intimes. Elle publie en 2003 un entretien : *L'Écriture comme un couteau*.

Son œuvre se caractérise par son refus d'une écriture littéraire, sentie comme trahison, au profit d'une écriture « blanche », simple et dépouillée, au plus près de sa vérité.

- **1984.** *La Place*
- **2003.** *L'Écriture comme un couteau*

Flaubert
(1821-1880)

Un jeune « fou »
Né à Rouen en 1821, Flaubert passe son enfance dans le milieu médical de l'Hôtel Dieu où son père est chirurgien. En même temps qu'il y exerce son sens de l'observation, il connaît l'exaltation romantique des adolescents, que porte à son comble la rencontre à Trouville, en 1836, d'Elisa Schlésinger, qui inspirera ses premiers textes (*Mémoires d'un fou, Novembre*) avant de devenir bien plus tard l'un des modèles de l'héroïne de *L'Éducation sentimentale*. Après avoir quitté en 1841 sa Normandie pour faire à Paris des études de droit, il se lie pendant plusieurs années avec les milieux littéraires où le porte sa passion de l'écriture.

Le solitaire de Croisset
Sujet à des troubles nerveux, lassé des mondanités parisiennes, il décide dès 1844 de se retirer dans sa propriété de Croisset, au bord de la Seine. Il y mènera désormais une vie solitaire et studieuse, interrompue par de brefs séjours dans la capitale et par de nombreux voyages en Bretagne, au Maghreb et surtout en Orient (1849-1851). Le succès à scandale de *Madame Bovary* lui vaut, en 1857, une soudaine notoriété, tandis que celui de *Salammbô* (1862) lui ouvre les portes des salons du second Empire. Mais l'échec de *L'Éducation sentimentale*, la disparition de plusieurs de ses proches, les soucis d'argent et la maladie assombrissent les dernières années de sa vie, malgré la faveur immense dont il jouit auprès de Maupassant et des jeunes réalistes. Épuisé, il meurt en 1880.

- **1848.** *La Tentation de saint Antoine*
- **1857.** *Madame Bovary*

- **1862.** *Salammbô*
- **1869.** *L'Éducation sentimentale*
- **1877.** *Trois Contes*
- **1880.** *Bouvard et Pécuchet*

Gide
(1869-1951)

Issu d'une famille protestante du Languedoc, André Gide naît à Paris en 1869. D'abord influencé par le symbolisme* puis confronté à une grave crise spirituelle après un voyage en Algérie où il découvre l'homosexualité, il développe une œuvre principalement romanesque dans trois grands registres d'inspiration : une réflexion sur le bonheur individuel, une interrogation sur la création littéraire et un pari sur l'engagement politique. Cofondateur de *La Nouvelle Revue française*, longtemps proche des communistes, ce moraliste exigeant fut l'une des figures majeures de la pensée française de l'entre-deux-guerres et reçut le prix Nobel en 1947, quatre ans avant sa mort à Paris en 1951.

- **1897.** *Les Nourritures terrestres*
- **1902.** *L'Immoraliste*
- **1919.** *La Symphonie pastorale*
- **1926.** *Les Faux-Monnayeurs*

Giraudoux
(1882-1944)

Né à Bellac, en Limousin, reçu à l'École Normale supérieure en 1903, passionné de culture germanique, Jean Giraudoux passe quelques mois en Allemagne en 1905 avant d'être lecteur aux États-Unis puis journaliste au *Figaro* et au *Matin* après son retour en France. Lauréat du concours des Affaires étrangères, il mène alors une double carrière d'écrivain et de diplomate, commencée sous le signe de la guerre où il est deux fois blessé et qui marquera profondément son inspiration. Devenu chef du service de presse du Quai d'Orsay en 1924, il rencontre en 1928 le grand acteur et metteur en scène Louis Jouvet, qui montera toutes ses pièces : *Siegfried* (1928), *La guerre de Troie n'aura pas lieu* (1935), *Électre* (1937), *Ondine* (1939). Devenu le plus célèbre dramaturge français, il parcourt le monde comme diplomate mais assiste impuissant à la « montée des périls » et démissionne après la défaite pour se retirer dans sa famille près de Vichy. Après sa mort, en janvier 1944, Jouvet mettra encore en scène sa *Folle de Chaillot* (1946).

- **1935.** *La guerre de Troie n'aura pas lieu*
- **1937.** *Électre*
- **1939.** *Ondine*

Hugo
(1802-1885)

Le chef de file romantique

Victor Hugo naît à Besançon en 1802 et mène une enfance difficile, aux hasards des affectations de son père officier. Sa famille s'installe à Paris en 1809 où il effectue des études scientifiques en même temps qu'il s'adonne déjà à sa passion pour la poésie. Éprouvé par la brouille de ses parents puis la mort de sa mère en 1821, Victor fonde avec ses frères la revue *Le Conservateur littéraire* qui le fait reconnaître des milieux littéraires. Ses premiers succès poétiques lui viennent avec ses *Odes* en 1822, année de son mariage avec Adèle Foucher. Il s'impose comme le chef de file du cénacle romantique, dont le programme contestataire triomphe en 1830 à l'occasion de la « bataille d'*Hernani* ». Trois ans plus tard, il s'éprend de la comédienne Juliette Drouet avec laquelle il entretiendra une liaison jusqu'à la mort de celle-ci en 1883.

L'exil et la gloire

Au comble de sa gloire, Hugo connaît en 1843 une année tragique avec la noyade de sa fille Léopoldine. Pendant dix ans il se tait, semblant préférer à la littérature une carrière politique aux côtés des « libéraux » et républicains. Mais le coup d'État de Louis-Napoléon Bonaparte, le 2 décembre 1852,

le contraint à fuir en Belgique et dans les îles anglo-normandes où, pendant dix-huit ans, il va vivre en véritable légende vivante de la protestation. Son exil nourrit en effet l'ardeur de son inspiration où alternent la veine satirique (*Les Châtiments*), lyrique (*Les Contemplations*) et mythologique (*La Légende des siècles*).

« L'art d'être grand-père »

Il est triomphalement accueilli à Paris pour son retour en 1870. L'infatigable « grand-père » à barbe blanche consacre alors ses dernières années à la défense des communards et à la mise en ordre de ses manuscrits. Sa mort, en 1885, sera suivie d'une immense cérémonie nationale lors de son inhumation au Panthéon.

- **1831.** *Notre-Dame de Paris* (roman)
- **1838.** *Ruy Blas* (drame)
- **1840.** *Les Rayons et les Ombres* (poésie)
- **1853.** *Les Châtiments* (poésie)
- **1856.** *Les Contemplations* (poésie)
- **1859.** *Les Misérables* (roman)
- **1859-1883.** *La Légende des siècles* (poésie)

Ionesco
(1912-1993)

Eugène Ionesco naît en Roumanie en 1912 et vit en France plusieurs années de son enfance avant de rejoindre son pays natal en 1925. Étudiant à Bucarest, il devient professeur de français et obtient en 1938 une bourse pour passer en France sa thèse de lettres. Il travaille alors à Paris comme correcteur dans une maison d'édition et écrit en 1950 sa première pièce, *La Cantatrice chauve*. Le succès lui vient l'année suivante avec le scandale autour de *La Leçon*. Les metteurs en scène du « nouveau théâtre » s'emparent alors de ses productions mais ses plus grands succès seront ceux des années 60 avec *Rhinocéros* (1960) et *Le roi se meurt* (1962). Une élection à l'Académie française en 1970 consacrera la notoriété d'un écrivain pourtant rongé par la hantise de la solitude et de la mort, qui surviendra en 1993.

- **1950.** *La Cantatrice chauve*
- **1951.** *La Leçon*
- **1962.** *Le roi se meurt*

Koltès
(1948-1989)

Né à Metz en 1948, Bernard-Marie Koltès étudie la mise en scène au Théâtre National de Strasbourg avant de créer sa propre compagnie au début des années 70. Le festival d'Avignon de 1977 est le théâtre de son premier succès avec *La Nuit juste avant les forêts*. Les nombreux voyages qu'il fait dans la décennie suivante lui inspirent plusieurs chefs-d'œuvre : de l'Afrique il rapporte *Combat de nègre et de chiens* (1983) et d'Amérique *Quai d'ouest* (1985) et *Dans la solitude des champs de coton* (1986). Il meurt en avril 1989 avant d'avoir vu montée sa dernière œuvre, *Roberto Zucco*.

- **1983.** *Combat de nègre et de chiens*
- **1986.** *Dans la solitude des champs de coton*

La Bruyère
(1645-1696)

Jean de La Bruyère naît à Paris en 1645 dans une famille modeste. Magistrat de formation, il entre au service de l'illustre famille des Condé et fréquente les plus grandes cours et sociétés de l'époque : Chantilly, Versailles et le Palais du Luxembourg. Il y puise les modèles de ses *Caractères*, dont la justesse lui vaut un succès immédiat malgré l'ironie mordante qu'il y déploie. Membre de l'Académie, La Bruyère meurt à Versailles en 1696.

- **1688.** *Les Caractères*

Biographies

La Fayette (Madame de)
(1634-1693)

Marie-Madeleine Pioche de La Vergne, née à Paris en 1634, devient par son mariage comtesse de La Fayette en 1655. Introduite dans les milieux mondains de la capitale, amie de Mme de Sévigné, elle tient à Paris un salon réputé où s'expriment les raffinements et les curiosités littéraires et artistiques d'une génération qu'on appelle souvent celle de la « préciosité ». Elle écrit elle-même des romans (*La Princesse de Clèves*, 1678), refusant longtemps d'en être reconnue l'auteur. Elle meurt à Paris en 1693.

- **1669.** *Zaïde*
- **1678.** *La Princesse de Clèves*

La Fontaine
(1621-1695)

Né à Château-Thierry en 1621, Jean de La Fontaine sera, comme son père, « maître des Eaux et Forêts ». Les obligations de sa charge l'entraînent dans de fréquentes randonnées à travers les bois et les campagnes de cette région, qui sera la toile de fond de bien des *Fables*.

Le Parisien

Il s'installe à Paris en 1658. Protégé par de grands personnages de la Cour de Louis XIV (comme le riche ministre Fouquet) dont sa carrière suit le cours des faveurs ou des disgrâces, il en est à la fois l'amuseur avec ses *Contes et Nouvelles libertins* (1665-1675) et l'observateur critique avec ses *Fables*. Il en produira douze livres de 1668 à 1693.

Le triomphe du fabuliste

Les salons et la Cour sont un terrain d'observation privilégié du manège des grands et de leurs flatteurs, de la cruauté du jeu mondain sous les apparences de la politesse la plus raffinée. La Fontaine y puise la matière de ses *Fables*, dont le premier recueil est publié en 1668. C'est un triomphe. Un second recueil, en 1678-1679, consacre définitivement la réputation

du fabuliste, qui est élu à l'Académie française en 1684. En 1692, le poète se convertit et renie les contes libertins écrits dans sa jeunesse. La Fontaine meurt à Paris en 1695.

- **1665-1675.** *Contes et Nouvelles*
- **1668-1693.** *Fables*

Lamartine
(1790-1869)

Alphonse de Lamartine naît à Mâcon en 1790. Après des études secondaires chez les Jésuites et une longue « oisiveté culturelle » sous l'Empire, sa vocation littéraire s'affirme sous la Restauration. Son premier recueil, les *Méditations poétiques*, est salué en 1820 par un immense succès.

La décennie suivante le voit mener de front une double carrière diplomatique et poétique qui précède, à partir de 1830, un itinéraire politique ambitieux. D'abord engagé, avec quelques *Odes* d'inspiration libérale, Lamartine est élu tour à tour conseiller général, député, ministre, et accède aux fonctions suprêmes dans le gouvernement provisoire de 1848, après la chute de Louis-Philippe. Un échec cuisant aux élections présidentielles de la fin de l'année marque la ruine de ses espérances. Dangereusement endetté, le poète passe ses vingt dernières années à écrire des œuvres de circonstance. Ruiné malgré la vente de sa maison de Milly, qu'il aura chantée dans son dernier chef-d'œuvre (*La Vigne et la Maison*, 1856), il meurt à Paris en 1869.

- **1820.** *Méditations poétiques*
- **1839.** *Recueillements poétiques*
- **1856.** *La Vigne et la Maison*

La Rochefoucauld
(1613-1680)

Né en 1613 à Paris, François, duc de La Rochefoucauld, reçoit une éducation médiocre, se marie très jeune avec Andrée de Vivonne dont il a huit

enfants, et semble se destiner à la carrière des armes. Se mêlant aux intrigues contre Richelieu, ce qui lui vaut d'être « embastillé », puis opposant à Mazarin durant les événements de la Fronde, il est gravement blessé en 1648 alors qu'il est le lieutenant général de l'armée rebelle. Amnistié, il se rallie au roi et se consacre dès lors à la vie culturelle et mondaine, fréquentant les salons, comme celui de Mme de Lafayette, rédigeant ses *Mémoires* puis ses *Maximes*, qui brossent un tableau assez noir de la haute société du XVIIe siècle. Atteint par la goutte, il meurt le 17 mars 1680.

- **1662.** *Mémoires*
- **1664.** *Maximes et sentences morales*

Levi
(1919-1987)

Né dans une famille juive de Turin, Primo Levi fait des études de chimie qu'il achève en 1941. Entré dans un mouvement de résistance au régime mussolinien, il est arrêté, puis déporté à Auschwitz de février 1944 à la libération du camp (janvier 1945). Revenu en Italie, il publie presque aussitôt un témoignage capital sur cette expérience, *Si c'est un homme*, qui passe pourtant inaperçu à sa sortie (1947). Il partage ensuite sa vie entre son métier de chimiste et son travail d'écriture. La publication de *La Trêve* en 1963, récit des huit mois de tribulation qui séparent la libération d'Auschwitz du retour de Levi à Turin, le fait connaître, tandis que la prise de conscience en Europe de l'horreur des camps assure à *Si c'est un homme* une place essentielle dans la littérature de témoignage sur les camps et une audience internationale à son auteur. Après plusieurs œuvres de fiction, Primo Levi revient une dernière fois sur son expérience concentrationnaire, dans un livre-testament, *Les Naufragés et les Rescapés* (1986). Il est retrouvé mort le 11 avril 1987. L'enquête conclut à un suicide.

- **1947.** *Si c'est un homme*
- **1986.** *Les Naufragés et les Rescapés*

Mallarmé
(1842-1898)

Stéphane Mallarmé naît à Paris en 1842. Après des études secondaires où il excelle particulièrement dans les langues, ce passionné d'Edgar Poe part en Angleterre en 1862 « pour parler la langue et l'enseigner dans un coin tranquille ». Il sera ensuite effectivement professeur en province, puis à Paris à partir de 1871. Passionné par l'écriture poétique, il fréquente alors les milieux parnassiens et symbolistes. La célébrité lui vient après la parution des *Poètes maudits* de Verlaine et de *À rebours* de Huysmans, deux livres qui révèlent son génie. Dès lors, chaque mardi soir, son salon de la rue de Rome ne désemplit pas pour les lectures de ses *Poésies* (1887). Au milieu des symbolistes, on rencontre d'ambitieux cadets (Valéry, Claudel, Gide) et d'illustres étrangers comme Verhaeren ou Oscar Wilde. Mallarmé mourra dans sa maison de campagne de Valvins, en septembre 1898, alors qu'il travaille sur le manuscrit inachevé de son *Hérodiade*.

- ◆ **1887.** *Poésies*
- ◆ **1897.** *Un coup de dés...*

Malraux
(1901-1976)

Né à Paris au début du siècle, influencé d'abord par les surréalistes, André Malraux nourrit sa pensée des nombreux voyages qu'il fait en Asie et des combats auxquels il participe en Europe contre les régimes fascistes de l'entre-deux-guerres. Couronné en 1933 par le prix Goncourt pour *La Condition humaine*, grand résistant sous l'occupation allemande, il lie après la Libération son destin à celui du Général De Gaulle. Il en est le ministre des Affaires culturelles de 1959 à 1969 et consacre la fin de sa vie à une longue méditation personnelle sur les rapports entre histoire, art et littérature.

- ◆ **1930.** *La Voie royale*
- ◆ **1933.** *La Condition humaine*

- ◆ **1937.** *L'Espoir*
- ◆ **1967.** *Antimémoires*

Marivaux
(1688-1763)

Pierre Carlet, qui prendra plus tard le nom de Marivaux, naît à Paris en 1688. Après une enfance en Auvergne, il revient à Paris en 1710. Il fréquente l'élite intellectuelle du temps et lit dans les salons ses premiers essais romanesques. En 1720, il se tourne vers le théâtre et c'est le début d'une immense carrière. Puis il revient au roman. Malgré un riche mariage, il est ruiné en 1720 par la banqueroute de l'homme d'affaires Law. La décennie suivante le voit se consacrer entièrement à la littérature où il alterne romans (*La Vie de Marianne*, *Le Paysan parvenu*) et subtiles comédies sentimentales (*Le Jeu de l'amour et du hasard*, 1730 ; *Les Fausses Confidences*, 1737) qui connaissent des succès variables dans les grands théâtres de la capitale. Reçu contre Voltaire à l'Académie française en 1742, Marivaux meurt à Paris en 1763.

- ◆ **1723.** *La Double Insconstance*
- ◆ **1730.** *Le Jeu de l'amour et du hasard*
- ◆ **1737.** *Les Fausses Confidences*

Maupassant
(1850-1893)

Un disciple

Guy de Maupassant naît près de Dieppe en 1850. Grâce à sa mère, il entre en contact avec Flaubert, qui le guide sévèrement en littérature, lui faisant faire de véritables « exercices ». Le considérant un peu comme son disciple, l'auteur de *Madame Bovary* lui fait rencontrer Zola et lui ouvre les portes des principaux journaux dans lesquels il bâtira sa carrière de romancier et de conteur.

Passions et folie

D'une constitution athlétique, ama-

teur de femmes et de bonne vie, il se plaît à pratiquer la voile et la chasse, en Normandie ou sur la Côte d'Azur où il fait de nombreux séjours. Mais un profond malaise s'insinue dans sa vie : souffrant de troubles nerveux, il sombre peu à peu dans la folie et, après une tentative de suicide, il est interné à Paris en 1891 dans la clinique du docteur Blanche où il finira ses jours dix-huit mois plus tard.

- ◆ **1880.** *Boule de suif*
- ◆ **1883.** *Une vie*
- ◆ **1885.** *Contes du jour et de la nuit ; Bel-Ami*
- ◆ **1887.** *Le Horla*
- ◆ **1888.** *Pierre et Jean*

Mérimée
(1803-1870)

Né à Paris en 1803, Prosper Mérimée fait ses études dans la capitale où il se lie avec Stendhal et les romantiques libéraux. Auteur d'œuvres fantaisistes (*Théâtre de Clara Gazul*, 1825), il prend ses distances avec les milieux littéraires quand il est nommé inspecteur général des Monuments historiques. Son métier et ses voyages le conduisent vers le roman historique (*Chronique du règne de Charles IX*), mais c'est dans le genre de la nouvelle pittoresque qu'il triomphe, de *Mateo Falcone* à *Carmen*. Parallèlement, sa curiosité d'« antiquaire » nourrit son inspiration fantastique, de *La Vénus d'Ille* (1837) à *Lokis* (1869). Sénateur et ami de la famille impériale, il devient, sous le second Empire, une sorte d'écrivain officiel. Profondément affecté par la défaite de 1870, il meurt en septembre de cette même année.

- ◆ **1829.** *Mateo Falcone*
- ◆ **1837.** *La Vénus d'Ille*
- ◆ **1845.** *Carmen*

Biographies

Modiano
(né en 1945)

Né en 1945 à Boulogne-Billancourt, Patrick Modiano exerce depuis 1967 la seule activité de romancier. Il est l'auteur d'une trentaine de textes. Il est marqué par la mort de son frère Rudy (1947-1957), ainsi que par sa double origine : flamande par sa mère, actrice, et juive italienne par son père, homme « d'affaires », figure mystérieuse et obsédante. Modiano explore dans ses récits les zones d'ombre d'une réalité fuyante. Ses romans sont à la fois quête d'une identité et lutte contre l'oubli. Sa première œuvre, La Place de l'étoile (1968), tente de reconstituer la période trouble de l'Occupation, que l'on retrouve dans de nombreux romans comme Boulevards de ceinture (1972), Rue des Boutiques obscures (prix Goncourt en 1978), ou Dora Bruder (1997). Malgré la part toujours prégnante de l'histoire familiale, seuls Livret de famille (1977) et Remise de peine (1987) sont des récits autobiographiques. Modiano a par ailleurs collaboré au scénario de Lacombe Lucien, film de Louis Malle (1974). Il a publié en 2001 La Petite Bijou.

- **1968.** La Place de l'étoile
- **1978.** Rue des boutiques obscures
- **2001.** La Petite Bijou

Molière
(1622-1673)

« L'Illustre-Théâtre »

Né en 1622, Jean-Baptiste Poquelin fait ses études secondaires chez les Jésuites puis son droit à Orléans. À vingt et un ans, il décide de fonder sa compagnie, « L'Illustre-Théâtre », avec Madeleine Béjart, mais c'est de manière itinérante qu'il apprend le métier, dans les villes de province où il emmène sa troupe. Il crée sa première comédie à Lyon en 1654 : L'Étourdi. De retour à Paris, ses créations (Les Précieuses ridicules, 1659) séduisent le roi qui lui accorde en 1661 le privilège d'ouvrir un nouveau théâtre au Palais-Royal.

Succès et scandales

La satire qui sous-tend ses comédies vaut à Molière de nombreux ennemis : à propos de L'École des femmes d'abord puis de Tartuffe, qui lui attire les foudres du parti « dévot » et conduit à l'interdiction de la pièce. Seule la protection de Louis XIV procure à l'écrivain l'occasion de succès comme L'Avare, Le Misanthrope et Dom Juan, où il règle de nouveau ses comptes avec les dévots en 1668.

La mort en scène

Écrasé de travail, lassé des intrigues de la Cour, Molière paraît ne plus avoir tous les moyens de ses ambitions théâtrales dans les années 1670, où il donne pourtant encore quelques chefs-d'œuvre dont Le Malade imaginaire. Il mourra au sortir de la quatrième représentation de cette comédie, le 17 février 1773.

- **1662.** L'École des femmes
- **1664.** Tartuffe
- **1665.** Dom Juan
- **1666.** Le Misanthrope
- **1671.** Les Fourberies de Scapin
- **1672.** Les Femmes savantes
- **1673.** Le Malade imaginaire

Montaigne
(1533-1592)

Une jeunesse bordelaise

Né en 1533 dans le sud-ouest de la France, d'une famille d'origine portugaise et de noblesse récente, Michel Eyquem, qui prendra le nom de sa terre de Montaigne, reçoit de son père une éducation exceptionnellement soignée, avant de fréquenter à Bordeaux le collège de Guyenne. Après des études de droit dans cette même ville, il devient conseiller au Parlement, où il se lie avec son collègue Étienne de La Boétie qui mourra quelques années plus tard. À la mort de son père, en 1568, il reprend la terre familiale et cède sa charge de conseiller pour se consacrer à la publication des œuvres de son ami défunt. En même temps qu'il entreprend la rédaction de ses Essais, il passe de longs moments à se cultiver dans la « librairie » de son château décorée de devises antiques dont le célèbre « Que sais-je ? ».

Voyages et retour au terroir

En 1580, Montaigne part pour un long périple en Allemagne, en Suisse et en Italie durant lequel il rédige un Journal de voyage. Il est encore en Italie lorsqu'il apprend son élection comme maire de Bordeaux, charge qu'il exercera jusqu'en 1585 et dans laquelle il jouera un rôle important de négociateur entre Henri III et Henri de Navarre, le futur Henri IV.
Retiré sur ses terres, il reprend la rédaction de ses Essais, interrompue en 1588 par un séjour à Paris où il fait la connaissance de Marie de Gournay, une jeune admiratrice qui travaillera à l'édition de son œuvre après sa mort en 1592.

- **1580.** Première édition des Essais à Bordeaux (livres I et II)
- **1588.** Quatrième édition, comprenant de nombreuses additions et le Livre III
- **1592.** Exemplaire dit « de Bordeaux » des Essais, avec additions manuscrites
- **1595.** Édition posthume des Essais par Marie de Gournay

Montesquieu
(1689-1755)

Charles-Louis de Secondat, futur baron de La Brède et de Montesquieu, naît en 1689 au château de La Brède, près de Bordeaux. Après des études dans un collège des Oratoriens puis à la faculté de Droit, il hérite d'un oncle, en 1716, la charge de conseiller au Parlement de Bordeaux et entre à l'Académie de la ville pour laquelle il rédige plusieurs mémoires scientifiques.
De 1721 à 1728, Montesquieu vit une partie de l'année à Paris où il fréquente les salons, les milieux financiers et politiques, et publie ses Lettres persanes (1721). Élu à l'Académie française en 1728, il vend sa charge au Parlement, qui lui laisse ainsi une fortune suffisante pour se consacrer à ses études et à plusieurs voyages en Europe. De 1731 à 1755, année de sa mort, l'écrivain séjournera

durablement à La Brède où il rédigera son essai *De l'esprit des lois*, tout en continuant à fréquenter Paris.

- ◆ **1721.** *Lettres persanes*
- ◆ **1748.** *De l'esprit des lois*

Musset
(1810-1857)

Alfred de Musset naît à Paris en 1810. Après de brillantes études, il délaisse rapidement l'université pour les cénacles romantiques, comme celui de Nodier où il lit ses *Contes d'Espagne et d'Italie* en 1830. Enfant terrible du mouvement, il s'oriente d'abord vers le théâtre avec les piécettes *Un spectacle dans un fauteuil* (1832) et *Les Caprices de Marianne* (1833). Mais une intense et orageuse liaison avec la romancière George Sand va donner à son génie sa maturité. De l'épreuve de la rupture vont en effet naître le drame de *Lorenzaccio* (1834), le récit de *La Confession d'un enfant du siècle* (1836) et les quatre poèmes des *Nuits* (1835-1837). Incapable de surmonter définitivement cette crise existentielle, Musset, à vingt-huit ans, aura déjà donné le meilleur de lui-même. Malgré quelques derniers succès au théâtre et son élection à l'Académie, il déclinera doucement dans la solitude et la vieillesse jusqu'à sa mort en mai 1857.

- ◆ **1834.** *On ne badine pas avec l'amour* (théâtre)
- ◆ **1835-1837.** *Les Nuits* (poésie)
- ◆ **1836.** *La Confession d'un enfant du siècle* (récit)

Nerval
(1808-1855)

Gérard de Nerval, de son vrai nom Labrunie, naît à Paris en 1808. Élevé à Mortefontaine (Valois) dans la propriété d'un grand oncle, il s'éveille à la poésie populaire et rustique avant de s'intéresser, lors de ses études parisiennes, à la litté-

rature allemande dont il sera un excellent traducteur. Au lendemain de la bataille d'*Hernani* (1830), il se met à fréquenter assidûment la bohème parisienne et publie ses premières *Odelettes*. Atteint en 1841 d'une première crise mentale, il voyage en Orient en 1843 et vit pendant dix ans de petits métiers dans l'édition et le journalisme. La maladie le reprend en 1853 pour ne plus le quitter : accès de démence, séjours répétés en clinique. Sa « folie » lui laisse cependant quelques moments de lucidité d'où naîtront ses chefs-d'œuvre : *Sylvie*, *Les Filles du feu* et *Les Chimères*. En 1855, alors que commence la publication d'*Aurélia*, on le découvre pendu à la grille d'un escalier, rue de la Vieille-Lanterne à Paris.

- ◆ **1853.** *Sylvie*
- ◆ **1854.** *Les Filles du feu ; Les Chimères*
- ◆ **1855.** *Aurélia*

Pascal
(1623-1662)

Né en 1623 à Clermont-Ferrand, très tôt orphelin de mère, Blaise Pascal est élevé par son père, mathématicien réputé. Cette éducation hors du commun porte vite ses fruits : à dix-sept ans, en 1640, le jeune homme publie un *Essai sur les coniques* qui fait sensation dans le monde scientifique. Et deux ans plus tard il invente la machine à calculer... Voilà qui ne semble guère le destiner à devenir l'un des génies littéraires de son temps. Mais en 1654, au cours de ce qu'il appellera la « nuit de feu », il a la révélation de la grâce divine. Jusqu'alors, il n'était qu'un croyant comme tant d'autres, et la religion ne tenait pas une grande place dans sa vie. Désormais, habité par une foi plus exigeante, il se tourne vers le jansénisme de Port-Royal. Mais les jansénistes sont sévèrement critiqués. Pascal prend alors la plume pour les défendre : ce seront les dix-huit *Lettres écrites à un provincial*, souvent intitulées les *Provinciales*. Leur succès foudroyant doit beaucoup au style admi-

rable de Pascal, rare alliance d'ironie incisive et de ferme éloquence. Un écrivain, l'un des plus grands de son siècle, est né.
Pascal commence alors à travailler à une vaste apologie du christianisme, dont il rédige des fragments. La mort, en 1662, ne lui permet pas d'achever son œuvre. Ces liasses éparses seront rassemblées et éditées pour la première fois en 1670, sous le titre de *Pensées*.

- ◆ **1642.** Rédaction des *Stances contre l'amour*
- ◆ **1656-1657.** *Lettres à un provincial*
- ◆ **1660.** *Discours sur la condition des grands*
- ◆ **1670.** Édition posthume des *Pensées*

Perec
(1936-1982)

Georges Perec naît à Paris en 1936 dans une famille de Juifs polonais émigrés, dont l'histoire lui inspirera plus tard *W ou le Souvenir d'enfance* (1975). Ce surdoué du maniement du langage, ami de Queneau et membre de l'Oulipo, obtient le prix Renaudot en 1965 pour son premier roman, *Les Choses*. Virtuose des combinaisons logiques et linguistiques, il accumule les performances romanesques avec des récits aux contraintes formelles ou lexicales subtiles (*La Disparition*, 1969 ; *Les Revenentes*, 1972 ; *La Vie mode d'emploi*, 1978). Perec meurt prématurément en 1982.

- ◆ **1965.** *Les Choses*
- ◆ **1969.** *La Disparition*
- ◆ **1975.** *W ou le Souvenir d'enfance*
- ◆ **1978.** *La Vie mode d'emploi*

Poe
(1809-1849)

Edgar Poe naît à Boston aux États-Unis dans une famille d'acteurs. À trois ans, il est orphelin et confié à la famille Allan dont il portera plus tard le nom accolé au sien. Après de solides études, il s'engage en 1830 à West Point pour devenir officier mais il en sera renvoyé un an plus tard. La vie de Poe est agitée et douloureuse : il s'adonne à la boisson et à la drogue. En 1836, il épouse sa cousine Virginie, âgée de quatorze ans, mais celle-ci meurt six ans plus tard. Il publie ses premiers poèmes en 1827, connaît la notoriété grâce à de nombreuses nouvelles qu'il publie dans les journaux et fonde le genre policier. Son œuvre porte les traces des nombreux drames qui ont marqué son existence et reflète ses hantises : visions morbides, univers fantastique et angoissant, hallucinations, cauchemars et folie. Très tôt introduit en France grâce à la traduction par Baudelaire des *Histoires extraordinaires* en 1856, il demeurera méconnu de ses compatriotes. Edgar Allan Poe est décédé à Baltimore en 1849.

- ◆ **1837.** *Les Aventures d'Arthur Gordon Pym*
- ◆ **1840.** *Histoires extraordinaires*
- ◆ **1845.** *La Lettre volée*

Prévert
(1900-1977)

Né avec le siècle, Jacques Prévert sera un moment le compagnon de route des surréalistes. Mais ce provocateur impénitent est bien davantage dans la lignée des poètes troubadours ou des chansonniers que dans celle des visionnaires et des théoriciens. Collaborateur avant-guerre de grands cinéastes (Jean Renoir, Marcel Carné), il met au service des dialogues et des scénarios qu'on lui commande toute la saveur de sa langue populaire et chantante.

Révélé comme poète en 1946 avec la parution de deux recueils, *Paroles* et *Histoires*, il continue son travail de parolier pour des chanteurs célèbres comme Yves Montand, Serge Reggiani ou Juliette Gréco. Prévert meurt en 1977 à Omonville, dans sa maison de Normandie, après avoir encore publié *Fatras* (1966) et *Choses et autres* (1972).

- ◆ **1946.** *Paroles*
- ◆ **1966.** *Fatras*
- ◆ **1972.** *Choses et autres*

Prévost
(1697-1763)

La vie d'Antoine François Prévost, fils d'un magistrat du Nord de la France, est à elle seule un roman ! À seize ans, il s'enfuit de son collège de jésuites et rejoint l'armée. C'est le début d'une existence aventureuse où il sera tour à tour militaire, déserteur, libertin notoire, romancier à succès et à scandale, et même moine bénédictin... Sa conversion, dictée sans doute par le souci de la tranquillité matérielle, lui laisse alors le loisir d'entrer en littérature.

Il commence ainsi en 1728 la rédaction de l'un de ces romans-fleuves dont le XVIIIᵉ siècle est très friand, les *Mémoires et Aventures d'un homme de qualité qui s'est retiré du monde,* dont le tome VII contient le récit des amours du chevalier Des Grieux et de la jeune Manon Lescaut. L'œuvre est condamnée à être brûlée pour immoralité et son auteur en est réduit à quémander la clémence du pape. Pardonné par ce dernier, protégé par Mme de Pompadour, Prévost connaît une fin plus calme, vivant et travaillant à ses livres à Chaillot puis à Chantilly, où il meurt d'un « coup de sang » en 1763.

- ◆ **1731.** *Manon Lescaut*
- ◆ **1735.** *Le Doyen de Killerine*
- ◆ **1740.** *Histoire d'une Grecque moderne*

Proust
(1871-1922)

Né dans une famille très aisée, Marcel Proust consacre sa jeunesse aux mondanités des salons parisiens où quelques textes raffinés lui valent des succès. La mort de sa mère en 1905 et le début de ses ennuis de santé mettent fin à cette période d'insouciance. Reclus désormais dans son appartement, il consacre tout son temps à une œuvre unique et monumentale : *À la recherche du temps perdu*. En 1919, il obtient le prix Goncourt pour un fragment de cet ensemble romanesque, *À l'ombre*

des jeunes filles en fleurs, que la mort interrompra en 1922.

- ◆ **1896.** *Les Plaisirs et les jours*
- ◆ **1913.** *Du Côté de chez Swann*
- ◆ **1918.** *À l'ombre des jeunes filles en fleurs*
- ◆ **1920-1921.** *Le Côté de Guermantes*
- ◆ **1927.** *Le Temps retrouvé* (posthume)

Queneau
(1903-1976)

Raymond Queneau naît au Havre en 1903. Un moment dans la mouvance du surréalisme, cet esprit brillant et encyclopédique, aussi doué pour la philosophie, la science du langage que les mathématiques, trouve sa voie littéraire dans des créations à l'esprit ou aux contraintes originales : pour la scène avec ses *Exercices de style* (1947), en poésie avec ses *Cent Mille Milliards de poèmes* (1961), dans le roman avec *Zazie dans le métro* (1959). Il sera, jusqu'à sa mort en 1976, la figure majeure du groupe de l'Oulipo.

- ◆ **1947.** *Exercices de style*
- ◆ **1959.** *Zazie dans le métro*
- ◆ **1965.** *Les Fleurs bleues*

Rabelais
(1494-1553)

La formation d'un humaniste

François Rabelais naît vers 1494 à La Devinière, près de Chinon, dans cette vallée de la Loire où il situera la plupart des aventures de ses héros. D'une riche famille bourgeoise, il reçoit d'abord une éducation traditionnelle dont il fera la satire dans son *Gargantua*, avant de devenir moine franciscain vers 1520 et de se passionner pour les études humanistes. Suspect aux yeux des autorités de la Sorbonne, il change d'ordre religieux puis s'intéresse au droit et à la médecine qu'il pratiquera toute sa vie. Après avoir abandonné la vie monastique, il devient prêtre et voyage en France dans les villes universitaires puis à Rome.

Premières publications

Alors qu'il séjourne à Lyon, principal foyer de l'édition française, Rabelais correspond avec le grand érudit hollandais Érasme et édite divers textes de droit et de médecine. Mais c'est sous le pseudonyme de « maître Alcofribas Nasier » (anagramme de son nom) qu'il publie sa première œuvre en 1532, *Pantagruel*. Malgré la condamnation de la Sorbonne, le succès de l'ouvrage est considérable et l'écrivain récidive l'année suivante avec *La Vie très horrifique du grand Gargantua*, père de Pantagruel, qui deviendra en fait le premier volume de la série.

Soupçons et attaques

Soupçonné de sympathies protestantes, il se réfugie de nouveau en Italie et publie sous son vrai nom le *Tiers Livre*. Condamné par la Sorbonne, attaqué par les protestants, puis finalement absous par le pape, il se tiendra désormais à une certaine réserve, après la parution, en 1548, de onze chapitres de son *Quart Livre*. Reprenant sa charge de médecin à Saint-Maur, il obtient le bénéfice de deux cures qui lui assurent des revenus jusqu'à sa mort, à Paris, en 1553.

◆ **1532.** *Pantagruel*
◆ **1534.** *Gargantua*
◆ **1546.** *Tiers Livre*
◆ **1552.** *Quart Livre*

Racine
(1639-1699)

L'enfant de Port-Royal

D'une famille modeste, orphelin très tôt, Jean Racine est recueilli par sa grand-mère et élevé au couvent de Port-Royal-des-Champs, dans les environs de Paris, où il découvre les grands tragiques de l'Antiquité : Sophocle et Euripide. Dès 1658, après des études de philosophie, il débute à Paris une carrière de dramaturge et de courtisan. Un poème, écrit en 1660 pour le mariage de Louis XIV, le fait remarquer mais, sans ressources,

il part dans le midi de la France où il espère obtenir d'un de ses oncles un bénéfice ecclésiastique.

Un tragique à la Cour

De retour dans la capitale, il fait représenter en 1663 *La Thébaïde* par la troupe de Molière, qu'il abandonne bientôt pour celle de l'Hôtel de Bourgogne. Suit alors, pendant dix ans, une période d'intense activité dramatique pendant laquelle, de tragédie en tragédie, il vole de succès en succès tandis qu'il connaît une vie sentimentale troublée. En 1677, les contestations soulevées par la représentation de *Phèdre* le font abandonner la scène pour une carrière officielle pleine d'honneurs : membre de l'Académie française, historiographe du roi dont il est aussi « gentilhomme ordinaire de la Chambre ». Ce n'est qu'à la demande de Mme de Maintenon qu'il reviendra au théâtre en 1689 en écrivant deux tragédies bibliques : *Esther* et *Athalie*. Décédé dix ans plus tard dans une atmosphère de profonde piété, il sera inhumé à Port-Royal.

◆ **1667.** *Andromaque*
◆ **1668.** *Les Plaideurs* (comédie)
◆ **1669.** *Britannicus*
◆ **1674.** *Iphigénie*
◆ **1677.** *Phèdre*
◆ **1691.** *Athalie*

Rimbaud
(1854-1891)

Le voyou de Charlestown

Arthur Rimbaud naît à Charleville-Mézières, dans l'est de la France, en octobre 1854. Mal aimé de sa mère très autoritaire, il trouve au collège, auprès de son professeur de lettres, compréhension et encouragements pour sa passion de la poésie. Admirateur de Hugo et des parnassiens, il met son talent d'enfant prodige au service de ses critiques contre la société qui l'entoure. À seize ans, ce « bohémien » a déjà fait deux fugues loin de « Charlestown ».

« Changer la vie »

Au moment de la guerre de 1870 et de la Commune, ses révoltes d'adolescence se font plus dures et l'exigence

de « changer la vie » plus urgente. 1871, année où il rédige le poème « Le Bateau ivre » et ses fameuses *Lettres du voyant*, marque l'engagement dans une voie nouvelle de sa vie et de son œuvre. À la fin de l'année il rencontre en effet Verlaine et entreprend avec lui une errance à travers l'Europe. Cette « ballade », où se mêlent les dérives vers la drogue, l'alcool et l'homosexualité, s'achève dramatiquement en Belgique, en juillet 1873, quand son ami le blesse d'un coup de revolver et est emprisonné.

Vers le désert

Rimbaud écrit alors *Une saison en enfer*, témoignage sur la « folie » qui « a eu lieu ». Après un séjour londonien, en 1874, avec le poète Germain Nouveau à qui il confie les premières proses de ses *Illuminations*, il repart seul pour de nouveaux voyages à travers l'Europe. En 1880, il rejoint l'Éthiopie où, pendant dix ans, il va errer au désert, rêvant de faire fortune avec ses trafics. Rapatrié à Marseille en mai 1891 pour se faire amputer d'une jambe, il y mourra en novembre suivant.

◆ **1868-70.** *Premières Poésies*
◆ **1871.** *Le Bateau ivre* ;
   Lettres du voyant
◆ **1873.** *Une saison en enfer*
◆ **1886.** Publication des *Illuminations*

Ronsard
(1524-1585)

Pierre de Ronsard naît en 1524 en Touraine, dans une famille de petite noblesse. Page des fils de François Ier, il voyage beaucoup mais une surdité précoce lui interdit la carrière des armes et il entre dans les ordres. En 1543, il suit à Paris les cours de l'helléniste Dorat au collège de Coqueret en compagnie de brillants condisciples comme du Bellay.

La publication de ses *Odes* en 1550 lui vaut d'être reconnu comme chef de file des jeunes poètes de sa génération qui formeront le groupe de la Pléiade. Pendant un quart de siècle, il multipliera les publications poétiques, notamment de ses *Amours* (à Marie et à Cassandre). Dès le début des guerres de Religion, il s'engage dans le camp des catholiques avec ses *Discours,* puis s'attèle à la composition d'une épopée, *La Franciade* (1572), qui sera un demi-échec. Retiré dans son prieuré, près de Tours, il continuera à y écrire (*Sonnets pour Hélène*, 1578) jusqu'à sa mort en 1585.

- ◆ **1550.** *Odes*
- ◆ **1572.** *La Franciade*
- ◆ **1578.** *Amours. Sonnets pour Hélène*

Rousseau
(1712-1778)

Une jeunesse difficile

Jean-Jacques Rousseau est né à Genève en 1712 dans une famille protestante. Ayant perdu sa mère à sa naissance, il vit une adolescence sans véritable enracinement familial. Recueilli en 1728 en Savoie par Mme de Warens, il trouve durablement auprès de cette femme aimée affection et protection. Établi à Paris, où il a noué des relations de travail avec Diderot et les Encyclopédistes, il se lie en 1743 avec une servante, Thérèse Levasseur, qui lui donnera cinq enfants dont il ne s'occupera pas.

Tourments et rêveries

Rendu célèbre par le succès de ses premiers *Discours* (1750-1755), Rousseau se brouille pourtant avec les Encyclopédistes. Inquiété de surcroît par la justice après la publication de l'*Émile* (1762), il s'enferme dans une vie d'errance et de solitude qui contraste avec le triomphe de son roman *La Nouvelle Héloïse*. Rentré en France en 1767, il meurt onze ans plus tard dans sa retraite d'Ermenonville, dans l'Oise, où il aura consacré toutes ses forces à l'entreprise autobiographique des *Confessions* et des *Rêveries*. Ses cendres seront transférées au Panthéon en 1794 par les révolutionnaires.

- ◆ **1761.** *La Nouvelle Héloïse*
- ◆ **1762.** *Émile. Du contrat social*
- ◆ **1765-1770.** *Les Confessions*
- ◆ **1776-1778.** *Les Rêveries du promeneur solitaire*

Sarraute
(1900-1999)

Née en Russie avec le siècle, en juillet 1900, et décédée avec lui en octobre 1999, Nathalie Sarraute, avocate, publie en 1939 un texte confidentiel, *Tropismes*, qui deviendra après la guerre l'un des textes fondateurs du Nouveau Roman. Ses récits des années 1950 (*Portrait d'un inconnu, Martereau, Le Planétarium*) font d'elle un des écrivains majeurs de ce groupe de romanciers qui contestent l'écriture du roman traditionnel. Très attentive aux détails les plus subtils et les plus secrets de nos pensées et paroles, elle en fait la matière principale de ses travaux critiques (*L'Ère du soupçon*, 1956), de son théâtre (*Le Silence,* 1964 ; *Pour un oui ou pour un non*, 1982) comme de sa propre écriture autobiographique (*Enfance*, 1983 ; *Ici*, 1995).

- ◆ **1956.** *L'Ère du soupçon*
- ◆ **1983.** *Enfance*

Sartre
(1905-1980)

Né à Paris en 1905, Jean-Paul Sartre vit son enfance dans un milieu bourgeois et cultivé dont il décrira l'influence dans *Les Mots* (1963). L'École Normale supérieure et l'agrégation de philosophie couronnent un brillant parcours universitaire aux côtés d'individualités exceptionnelles comme Simone de Beauvoir, qui deviendra sa compagne. Un séjour en Allemagne en 1933 lui fait découvrir Heidegger et la phénoménologie qu'il enseigne jusqu'à la guerre tout en ayant conquis la notoriété romanesque avec *La Nausée* en 1938.

« Pape » du mouvement existentialiste, intellectuel de gauche engagé dans de nombreux combats, Sartre jalonne son parcours de militant de publications romanesques, critiques, philosophiques et théâtrales. Il est en première ligne lors des événements de mai 68 et dans les années 1970 avec

ses articles dans *La Cause du peuple*. Malgré la maladie et la cécité qui le frappent, le vieux philosophe restera jusqu'à sa mort, en 1980, une des figures les plus respectées et les plus populaires de la pensée de ce siècle.

- ◆ **1938.** *La Nausée*
- ◆ **1944.** *Huis Clos* (théâtre)
- ◆ **1948.** *Les Mains sales* (théâtre)
- ◆ **1963.** *Les Mots*

Senghor
(1906-2001)

Léopold Sédar Senghor naît en 1906 au Sénégal, près de Dakar, dans une famille de commerçants aisés de confession catholique. Après des études au séminaire, il vient en France préparer le concours de l'École Normale supérieure au lycée Louis-le-Grand, où il se lie d'amitié avec Georges Pompidou (1928). Premier Africain à obtenir une agrégation de grammaire, il fonde avec Aimé Césaire, le poète antillais, la revue *L'Étudiant noir,* en 1934. Apparaît dans cette revue la notion de « négritude », revendication de l'originalité des valeurs et de la civilisation noires, qui culminera dans l'*Anthologie de la nouvelle poésie nègre et malgache de langue française*, préfacée par Jean-Paul Sartre (1948). Après la Seconde Guerre mondiale, il commence une carrière poétique importante, jalonnée de nombreux titres. Parallèlement, son engagement politique le conduit à participer à plusieurs gouvernements français, et à devenir en 1960, le premier président du Sénégal indépendant. Constamment réélu, il quitte volontairement le pouvoir en 1980 et se retire en Normandie, où il s'éteint en 2001. Il avait été élu à l'Académie française en 1983.

- ◆ **1945.** *Chants d'ombre*
- ◆ **1948.** *Hosties noires*
- ◆ **1956.** *Éthiopiques*

Sévigné (Madame de)
(1626-1696)

Veuve à vingt-six ans d'un aristocrate breton, Marie de Rabutin-Chantal, marquise de Sévigné par son mariage, appartient à une vieille famille de la noblesse bourguignonne. Elle se consacre à l'éducation de ses deux enfants tout en partageant les plaisirs d'une brillante vie mondaine. En 1669, sa fille bien-aimée, Françoise-Marguerite, épouse le comte de Grignan et, deux ans plus tard, le jeune couple part s'installer en Provence. Déchirée par ce départ, la marquise tente de surmonter sa souffrance en entamant avec sa fille une correspondance de chaque instant, à laquelle seule la mort mettra un terme en 1696. À raison souvent de deux lettres par semaine, la marquise tient un « journal » qui est à la fois le miroir de ses réflexions les plus intimes et une chronique de son temps.

◆ **1696.** Publication des premières *Lettres*

Staël (Madame de)
(1766-1817)

Fille de Necker, un célèbre ministre de Louis XVI, devenue par son mariage la baronne de Staël-Holstein, Germaine de Staël mena une vie brillante à la cour jusqu'à la Révolution où elle se lança dans la politique. Amie des écrivains libéraux comme Benjamin Constant et Chateaubriand, elle dut s'exiler à plusieurs reprises sous l'Empire. Romancière (*Delphine*, 1802 ; *Corinne*, 1807), elle voyagea ainsi beaucoup et notamment en Allemagne d'où elle rapporta la matière d'un essai (*De l'Allemagne*, 1810) qui influença la naissance du mouvement romantique français. Fixée en Suisse à Coppet, elle ne put rentrer en France qu'après la chute de Napoléon et mourut peu après à Paris en 1817.

◆ **1802.** *Delphine*
◆ **1807.** *Corinne*
◆ **1810.** *De l'Allemagne*

Stendhal
(1783-1842)

Ambitions et voyages

Stendhal, de son vrai nom Henri Beyle, est né à Grenoble en 1783. En rupture avec son milieu familial, il suit les cours de l'École Centrale de sa ville natale, de 1796 à 1799. Un moment tenté par une carrière scientifique, il y renonce sur un coup de tête et s'engage en 1800 dans l'armée de Bonaparte. Parvenu avec lui à Milan, il découvre avec ravissement l'Italie, la musique et l'amour, qui resteront pour lui les composantes indissociables du bonheur. Sous l'Empire, il alterne séjours moroses à Paris et missions en Europe sur les pas de Napoléon.

« L'Italien » des lettres françaises

En 1814, la Restauration met un terme à sa « carrière » et il se fixe en Italie où il se consacre à des travaux de réflexion littéraire et esthétique. Suspecté de « libéralisme » par les autorités autrichiennes qui gouvernent alors Milan, il doit rentrer à Paris pour la décennie 1821-1830. La notoriété n'est pas au rendez-vous de ses premières productions romanesques (*Armance, Le Rouge et le Noir*). Manquant de ressources, il accepte, en 1830, un poste de consul à Trieste puis à Civita-Vecchia. C'est en France pourtant qu'il écrit *La Chartreuse de Parme*, « en cinquante jours », lors d'un de ses rares séjours (1836-1839). Il meurt à Paris en 1842, lors d'un congé diplomatique.

◆ **1822.** *De l'amour*
◆ **1830.** *Le Rouge et le Noir*
◆ **1834-1836.** *Lucien Leuwen*
◆ **1839.** *La Chartreuse de Parme*

Tzara
(1896-1963)

Tristan Tzara naît en Roumanie en 1896. Lycéen brillant, il quitte son pays natal en 1915 pour rejoindre Zurich où il poursuit ses études, fonde le mouvement Dada et se lie avec de nombreux écrivains italiens et français, dont Breton, qui l'accueille à Paris en 1919. Collaborateur de revues d'avant-garde et infatigable provocateur, il publie lui-même des textes de théâtre ou de poésie qui sont autant de défis à la littérature traditionnelle. En 1922, il rompt avec Breton et, tout en continuant à prêcher le « dadaïsme », développe une œuvre personnelle où le lyrisme se mêle à l'automatisme (*L'Homme approximatif*). À partir de 1935, son engagement contre le fascisme l'éloigne définitivement des surréalistes à qui il reproche d'avoir trahi leurs ambitions révolutionnaires. Entré dans la clandestinité sous l'Occupation, il continue après la guerre à s'engager sous la bannière du communisme et meurt à Paris en 1963.

◆ **1924.** *Sept Manifestes dada*

Valéry
(1871-1945)

Paul Valéry est né à Sète en 1871. Étudiant en droit, passionné d'architecture, de musique et d'esthétique en général, il est ébloui par l'œuvre de Rimbaud puis devient l'un des disciples de Mallarmé et publie ses premiers textes dans les revues symbolistes de la fin du XIXe siècle.

À partir de 1892, une double crise, sentimentale puis intellectuelle, l'éloigne de la littérature qu'il juge « débilitante ». Administrateur, il exerce alors sa profession tout en poursuivant des recherches personnelles sur l'intelligence, le génie et la création dont le personnage de « Monsieur Teste » sera plus tard la figure emblématique dans ses écrits. Rendu célèbre en poésie après la publication, en 1917, du poème *La Jeune Parque*, il est confirmé dans le succès avec le recueil *Charmes* et intronisé comme le maître de la « poésie pure » par ses élections à l'Académie en 1925 et au Collège de France en 1937. Jusqu'à la guerre, il produira d'innombrables articles et chroniques (*Variété* I à V) et sera jugé digne, à sa mort en 1945, de funérailles nationales.

◆ **1896.** *La Soirée avec Monsieur Teste*
◆ **1917.** *La Jeune Parque*
◆ **1922.** *Charmes*

Biographies

Vallès
(1832-1885)

Fils d'un instituteur nantais qui l'envoie faire ses études secondaires à Paris, Jules Vallès s'éveille là-bas à la politique mais un échec au bac rend furieux son père, qui le fait interner un temps à l'asile de Nantes. Emprisonné un peu plus tard pour participation à un complot contre Napoléon III pendant ses études de droit, il se lance dans le journalisme et devient l'un des bouillants défenseurs des idées socialistes. Censuré, condamné et emprisonné, il participe activement à la Commune de Paris en 1871 puis doit s'exiler en Angleterre après la répression. Condamné à mort par contumace, il ne rentre en France qu'en 1880 pour donner à son œuvre romanesque la forme d'une grande trilogie intitulée *Jacques Vingtras*. Sa mort, en 1885, provoque une intense émotion populaire.

◆ **1879.** *L'Enfant*
◆ **1881.** *Le Bachelier*
◆ **1886.** *L'Insurgé*

Verlaine
(1844-1896)

Une âme tourmentée

Né à Metz en 1844, Paul Verlaine fait de bonnes études parisiennes qui lui ouvrent les portes de l'administration de l'Hôtel de Ville. Mais son temps libre va à la poésie, dont il publie ses premiers recueils (*Poèmes saturniens, Fêtes galantes*) à la fin des années 60. À cette époque, l'alcool et les illusions de la bohème se sont déjà emparés de lui. Pourtant le mariage en 1870 avec la douce Mathilde Mauté lui offre quelques mois de ce « vaste et tendre apaisement » dont il rêve. Mais les troubles de la Commune (1870) et surtout la rencontre avec Rimbaud (1871) vont briser rapidement le bonheur du couple.

Sagesse ou malédiction ?

Pendant deux ans, le vagabondage tumultueux avec Rimbaud inspire à Verlaine le meilleur de son œuvre (*Romances sans paroles*) avant que l'alcool et la colère ne le poussent à tirer sur son compagnon (juillet 1873). Emprisonné en Belgique pendant deux ans, le poète tente alors une conversion morale dont témoignent les vers de *Sagesse* (1881). Mais en dépit de ce « repentir », ses derniers recueils le montrent déchiré entre les sages résolutions et les rechutes dans le « péché » (*Jadis et Naguère*, 1884). Consacré tardivement « Prince des poètes » (1894), il meurt dans la misère en 1896.

◆ **1866.** *Poèmes saturniens*
◆ **1869.** *Fêtes galantes*
◆ **1881.** *Sagesse*
◆ **1884.** *Jadis et Naguère*

Vian
(1920-1959)

Ancien élève de Centrale, trompettiste et passionné de jazz, Boris Vian fut une des figures des nuits parisiennes de Saint-Germain-des-Prés dans l'après-guerre. D'abord auteur de sulfureux pastiches sous le pseudonyme de Vernon Sullivan, il se révèle sous son propre nom en 1947 avec deux romans : *L'Écume des jours* et *L'Automne à Pékin*. Collaborateur de Sartre dans la revue *Les Temps modernes*, il ne cessera, jusqu'à sa mort prématurée en 1959, de publier poèmes, chansons et pièces de théâtre, tout en dirigeant une grande firme de disques.

◆ **1946.** *J'irai cracher sur vos tombes*
◆ **1947.** *L'Écume des jours*
◆ **1953.** *L'Arrache-Cœur*

Vigny
(1797-1863)

Alfred de Vigny naît à Loches en mars 1797. Il se prépare à une carrière militaire mais, vite las de la monotonie de la vie de garnison, il fréquente dès 1820 les cénacles romantiques, dont celui de Hugo où il déclame en 1822 ses premiers *Poèmes*. Participant déçu à l'intervention en Espagne (1823), il se marie avec une jeune Anglaise que traque déjà une grave maladie, quitte l'armée et décide de se consacrer à la littérature : au roman avec *Cinq-Mars,* à la poésie avec les *Poèmes antiques et modernes* et surtout à la scène, où il triomphe en 1835 avec son drame *Chatterton*.

Sous la Monarchie de Juillet, des crises graves (maladie de sa femme, liaison tourmentée avec l'actrice Marie Dorval, mort de sa mère) rendent plus inquiète son écriture, comme en témoigne son roman *Stello* (1832). À partir de 1838, il partage sa vie entre sa gentilhommière charentaise du Maine-Giraud et Paris où il écrit les grands poèmes philosophiques et moraux qui ne seront publiés, sous le titre *Les Destinées,* qu'après sa mort, survenue en septembre 1863, un an après celle de son épouse.

◆ **1826-1837.** *Poèmes antiques et modernes*
◆ **1835.** *Servitude et grandeur militaires* (récits)
◆ **1864.** *Les Destinées* (posthume)

Voltaire
(1694-1778)

Un mondain effronté

Voltaire, de son vrai nom François-Marie Arouet, naît à Paris en 1694 où il suit les enseignements des Jésuites et de la faculté de droit. Sa fréquentation des salons mondains lui vaut une réputation de bel esprit. Mais l'audace de ses premiers écrits satiriques l'envoie par deux fois à la Bastille. Exilé volontaire en Angleterre de 1726 à 1729, il y découvre la culture du pays ainsi que les mérites politiques d'une monarchie parlementaire qui lui inspire ses *Lettres philosophiques*. De nouveau menacé, il s'installe en 1734 chez Mme du Châtelet, près de la frontière lorraine, où il concevra les grandes œuvres de sa maturité de philosophe et entretiendra une brillante correspondance avec les intellectuels de toute l'Europe.

Disgrâces et consécrations d'un philosophe

Rentré provisoirement dans les grâces de la cour à partir de 1744, ses voyages dans les capitales européennes lui permettent la publication du *Siècle de Louis XIV* et de ses premiers *Contes* au milieu de ses heures de disgrâce. Pour rompre avec les fatigues de l'errance, il s'installe définitivement à Ferney, en 1760, à la frontière suisse. De cette propriété, où il met en pratique les principes d'une agriculture moderne, il mène alors ses combats au service de la tolérance et de la liberté. Mais c'est à Paris qu'il mourra en 1778, auréolé de la gloire de ses derniers succès de dramaturge.

- ◆ **1734.** *Lettres philosophiques*
- ◆ **1747.** *Zadig* (conte)
- ◆ **1759.** *Candide* (conte)
- ◆ **1763.** *Traité sur la tolérance*
- ◆ **1764.** *Dictionnaire philosophique*

Yourcenar
(1903-1987)

Très tôt orpheline de mère, Marguerite de Crayencour est élevée par un père fantasque, épris de littérature et de voyages. En 1929, elle publie un premier récit, *Alexis ou le Traité du vain combat*, sous le pseudonyme de Marguerite Yourcenar, anagramme de son nom. Après vingt années vagabondes consacrées à l'écriture, elle se fixe sur la côte est des États-Unis. Elle y rédige deux romans inspirés par l'Histoire (*Mémoires d'Hadrien* et *L'Œuvre au noir*), avant de puiser dans sa propre existence la matière de ses derniers livres, qui composent une trilogie autobiographique (*Souvenirs pieux*, *Archives du Nord* et *Quoi ? L'éternité*). Entrée à l'Académie française en 1981, elle fut la première femme à siéger sous la coupole.

- ◆ **1951.** *Mémoires d'Hadrien*
- ◆ **1968.** *L'Œuvre au noir*
- ◆ **1977.** *Archives du Nord*

Zola
(1840-1902)

Un homme engagé

Émile Zola naît à Paris en avril 1840. Son père, un ingénieur italien, meurt alors qu'il n'a que sept ans. Sans fortune et après des études écourtées, il s'établit à Paris en 1858 où il pratique de nombreux métiers dans les milieux du journalisme, de la publicité et de la critique. Engagé à côté des républicains contre les abus du pouvoir impérial, ami du peintre Cézanne et des impressionnistes, il affirme ses préférences pour le courant réaliste initié par Flaubert et les frères Goncourt.

La saga des Rougon-Macquart

Dès 1868, il conçoit une vaste *Histoire naturelle et sociale d'une famille sous le second Empire*, qui deviendra le massif romanesque des Rougon-Macquart (de 1871 à 1893). Reconnu par l'avant-garde culturelle, chef de file de l'école naturaliste, l'écrivain tire alors rentabilité et notoriété d'une œuvre dont il veille à la publication en feuilleton puis en volume.

Une fin tourmentée

En signant, le 13 janvier 1898, un réquisitoire dans *L'Aurore*, « J'accuse », Zola met tout son prestige dans la défense du capitaine Dreyfus. Dénonçant l'antisémitisme des militaires, il s'attire condamnation, haines, calomnies et se voit contraint à un exil provisoire en Angleterre mais, grâce à lui notamment, Dreyfus est gracié en 1899. La mort du romancier, par asphyxie, une nuit de septembre 1902, laissera place à bien des soupçons... Une foule immense assistera à ses obsèques et ses cendres seront transférées au Panthéon en 1908.

- ◆ **1871.** *La Fortune des Rougon*
- ◆ **1877.** *L'Assommoir*
- ◆ **1880.** *Le Roman expérimental*
- ◆ **1885.** *Germinal*
- ◆ **1890.** *La Bête humaine*
- ◆ **1898.** « J'accuse »

Lexique

A

Abyme (mise en) : en littérature, enchâssement d'un récit secondaire dans un premier récit.

Accent métrique : accent d'intensité contribuant à scander le vers et généralement placé sur la syllabe précédant une coupe.

Accent tonique : accent d'intensité portant en français sur la dernière syllabe d'un groupe de mots syntaxiquement liés, ou sur l'avant-dernière si ce groupe se termine par un e caduc.

Actant : rôle fondamental joué par un acteur (personnage ou objet) dans un texte littéraire.

Actantiel (schéma) : représentation schématique des fonctions des divers actants d'une œuvre romanesque ou théâtrale (voir p. 340).

***Ad hominem* (argument) :** expression latine désignant une forme d'attaque rhétorique contre un adversaire nommément désigné, à qui l'on oppose ses propres actes ou paroles.

Adjuvant : dans le schéma actantiel, personnage qui apporte une aide au héros.

Alexandrin : vers de douze syllabes.

Aliénation : dans un premier sens, situation du travailleur dépossédé, selon Marx, du fruit de son travail par l'« exploiteur » ; dans un sens plus large, sentiment de l'être humain d'être dépossédé d'une partie de soi-même ; enfin, au sens mental, égarement ou folie.

Allégorie : évocation d'une idée abstraite ou d'une valeur sous la forme imagée et concrète d'un personnage.

Allitération : répétition de sons consonnes identiques dans un texte.

Amplification : dans un texte, développement ou gradation par addition de détails ou d'images.

Analogie : mise en relation d'objets, de phénomènes ou de situations appartenant à des domaines différents mais présentant des similitudes suggestives.

Anaphore : répétition d'un mot ou d'un groupe de mots, principalement en début de vers ou de phrase.

Antiphrase : emploi d'un mot ou d'une expression dans un sens contraire au sens premier ou généralement admis.

Antithèse : figure de style construite sur l'opposition de sens existant entre deux mots, deux expressions ou deux propositions.

Antonyme : mot qui a un sens contraire ou opposé à celui d'un autre.

Aparté : propos d'un personnage de théâtre censé être entendu par les spectateurs tout en échappant aux autres protagonistes.

Aphorisme : formule exprimant de manière forte et concise un point de doctrine philosophique ou de morale.

Apologie : discours écrit ou prononcé pour défendre ardemment une cause ou un individu.

Apologue : fable ou récit à visée moralisatrice.

Archétype : type primitif ou original ; modèle ou principe.

Argument : raison convaincante donnée à l'appui de la thèse qu'on défend dans une argumentation.

Argumentation : forme de discours visant à persuader un auditoire (voir p. 414 à 433).

Assonance : répétition de sons voyelles.

Athéisme : courant de pensée matérialiste qui nie toute existence de la divinité.

Authentification : procédé par lequel un écrivain crée l'impression de vraisemblance de sa fiction.

Autobiographie : récit rétrospectif qu'un auteur fait de sa vie.

B

Ballade : forme poétique du Moyen Âge.

Baroque : se dit d'un style (littéraire ou architectural) privilégiant le mouvement, l'irrégularité et le jeu des apparences.

Bienséances : conventions interdisant dans le théâtre classique de représenter sur scène certaines actions (violence, amour) ou de prononcer certaines paroles.

Blason : genre poétique de la Renaissance consistant à donner une description élogieuse ou satirique d'une chose ou d'un être, en particulier du corps féminin.

Bohème : terme désignant dans la première moitié du XIXe siècle les artistes vivant dans les marges du mouvement romantique ; plus généralement, le mot s'applique à des individus au tempérament « artiste », en dehors de la société et de ses règles.

Burlesque : tonalité comique traitant en style familier de sujets graves ou, inversement, traitant en style élevé de sujets triviaux.

C

Catharsis : selon l'étymologie grecque (« pureté »), le mot désigne la fonction théâtrale par laquelle un spectateur se trouve « purgé » de ses vices ou défauts au spectacle du destin des héros mis en scène.

Césure : coupe séparant les deux hémistiches d'un vers.

Champ lexical : ensemble de mots ou expressions qui, dans un texte, relèvent du même domaine de signification ou d'expérience.

Chiasme : figure stylistique de disposition de quatre éléments dans une séquence textuelle, selon le schéma ABBA.

Chute : effet final obtenu dans le dernier vers d'un poème ou dans la dernière séquence d'un texte en prose.

Classicisme : grand courant littéraire fondé sur le respect de la tradition et d'un certain nombre de règles (voir p. 213). Dans l'histoire littéraire française, il est brillamment illustré au XVIIe siècle dans les œuvres de Corneille, Racine, Molière, Boileau ou La Fontaine.

Cliché : expression ou image devenue banale à force d'avoir été trop souvent employée.

Commedia dell'arte : forme du théâtre italien de la Renaissance, importée en France au XVIIᵉ siècle. Sur de simples canevas, des personnages typés (Arlequin, Colombine, Scaramouche) improvisent des dialogues accompagnés de pantomimes. (Voir aussi Histoire littéraire p. 185)

Comparaison : figure d'analogie rapprochant deux réalités autour d'un signe grammatical (« comme », « pareil à »).

Concession : moment d'une argumentation dans lequel on admet partiellement la valeur de la thèse que l'on rejette.

Confident : personnage secondaire qui reçoit les confidences d'un héros de théâtre, permettant au spectateur de mieux comprendre ses pensées ou certains faits.

Connecteurs : mots ou locutions établissant un lien entre les énoncés d'un texte ; ils peuvent être spatiaux, temporels ou logiques (voir p. 414).

Connotation : signification secondaire associée au sens premier d'un mot ou d'un texte.

Contradicteur : celui qui, dans une argumentation écrite ou orale, apporte la contradiction par des arguments contraires à ceux de son adversaire.

Contre-rejet : en poésie, effet de détachement à la rime du vers précédent d'un mot qui appartient syntaxiquement au vers suivant. L'effet contraire est le rejet.

Controverse : débat à rebondissements sur un sujet polémique.

Coupe : dans un vers, se dit de chaque « accent » ou pause qui en détermine le rythme et la structure.

Décadence ou décadentisme : se dit, vers 1870-1880, d'un courant culturel où écrivains et artistes « fin de siècle » (Laforgue, Mirbeau, Bourget), dont certains comme Huysmans étaient pourtant issus du naturalisme, préparèrent la voie au mouvement symboliste.

Décasyllabe : vers de dix syllabes.

Dédicace : court texte d'hommage inscrit en tête d'un ouvrage.

Déictiques : indicateurs d'une situation de communication (pronoms, adverbes de lieu ou de temps).

Démiurge : dans la philosophie antique, le mot désigne le dieu créateur de l'univers ; en littérature, se dit d'un romancier usant de manière large et répétée du point de vue omniscient (Balzac par exemple).

Démonstration : forme d'argumentation fondée sur l'exploitation de faits et non sur des sentiments ou des opinions.

Dénotation : signification première et stable d'un mot ; par opposition à « connotation ».

Dépréciatif : se dit d'un champ lexical, de tournures stylistiques ou d'une tonalité qui cherchent à dévaloriser l'évocation d'un personnage, d'un lieu ou d'une situation.

Destinataire : personne à qui est adressé un énoncé mais qui n'est pas nécessairement présente concrètement dans la communication.

Déterminant : élément du groupe nominal permettant d'inscrire le nom dans un contexte particulier (article, adjectif, possessif, démonstratif, etc.)

Deus ex machina : se dit au théâtre d'un dénouement précipité par une intervention inattendue (mot à mot : un dieu intervenant sur scène grâce à une machine).

Dialectique : développement de la pensée par le dépassement des contradictions (de la thèse et l'antithèse à la synthèse) ; art de bien construire une argumentation pour remporter l'adhésion du lecteur.

Didactique : qui a pour objet d'exposer une doctrine ou, plus largement, d'instruire. Employé comme nom, le terme désigne la science des méthodes d'enseignement.

Didascalies : au théâtre, indications concernant la mise en scène ou le jeu des acteurs.

Diérèse : prononciation clairement distincte et séparée de deux sons voyelles contigus dans un même mot. Le contraire est la « synérèse ».

Discours : dans un premier sens, ce terme désigne la façon dont les propos ou pensées d'un personnage sont rapportés dans un texte narratif ; on parle alors de discours direct, indirect ou indirect libre. Dans un sens plus spécifique, et par opposition aux termes de « récit » ou d'« énonciation historique », on appelle discours un énoncé supposant explicitement la présence d'un locuteur et donc la présence des marques de l'énonciation ; il peut être alors narratif, explicatif, argumentatif, etc.

Discours rapporté : citation de paroles dans un énoncé. On en distingue trois formes (voir p. 332) :

– le discours direct : les paroles sont introduites et rapportées entre guillemets ;

– le discours indirect : les paroles rapportées sont transposées et insérées dans la première situation de communication ;

– le discours indirect libre : les paroles ou pensées y sont transposées dans une phrase juxtaposée à la phrase de récit précédente, sans marque de subordination ni verbe déclaratif.

Distanciation : au théâtre, se dit du jeu de l'acteur quand il garde une certaine distance avec son personnage afin que le spectateur ne soit pas dupe.

Distique : strophe ou ensemble de deux vers.

Dizain : strophe de dix vers.

Doctes : au sens premier, sages, qui ont des connaissances. Au XVIIIᵉ siècle, l'expression désigne le « parti » de ceux qui, tels les Académiciens, privilégient le respect des règles et des contraintes sur l'invention et l'innovation.

Drame bourgeois : genre théâtral en prose du XVIIIᵉ siècle. Inspiré de la comédie larmoyante et théorisé par

Diderot, il met l'accent sur la peinture des conditions sociales (voir p. 214).

Drame romantique : forme théâtrale du XIXe siècle, mêlant les registres comique et tragique (voir p. 214).

Écriture automatique : forme d'écriture poétique inventée par les surréalistes et consistant à écrire très vite, sans se relire, un texte de quelques phrases, « sous la dictée de la pensée et en l'absence de tout contrôle exercé par la raison ».

Édification : action de porter quelqu'un à la piété, à la vertu, ou encore de l'instruire et de l'éclairer.

Élégie : texte de tonalité lyrique, tendre ou mélancolique et d'inspiration souvent amoureuse.

Ellipse : omission de certains éléments d'une narration.

Émetteur : personne qui est à l'origine de la communication orale ou écrite.

Enjambement : débordement de la phrase au-delà de la longueur d'un vers.

Ennéasyllabe : vers de neuf syllabes.

Énoncé : message échangé, oralement ou par écrit, entre l'émetteur et le récepteur.

Énonciation : acte par lequel un individu se sert de sa langue pour formuler un énoncé vers un destinataire.

Épicurien : qui se rapporte à la philosophie du grec Épicure (341-270 av. J.-C.). Celle-ci fait des sensations le critère de la morale et des plaisirs qu'elles procurent le principe du bonheur.

Épidictique : dans la rhétorique classique, genre du discours dans lequel l'orateur traite de l'éloge ou du blâme devant un public. Son ressort principal est l'amplification.

Épigramme : petit poème se terminant sur une pointe satirique.

Épilogue : conclusion de l'histoire contée par un texte narratif.

Épique : voir Histoire littéraire p. 252.

Épistolaire : se dit d'un genre narratif composé de lettres écrites par un ou plusieurs narrateurs.

Épistolier : auteur de lettres à caractère littéraire.

Épître : lettre en vers sur un sujet philosophique, politique, ou lié à une circonstance de la vie publique.

Éponyme : qui donne son nom à une œuvre.

Épopée : genre poétique issu de l'Antiquité (l'*Iliade* et l'*Odyssée* d'Homère) célébrant des actions héroïques en mêlant faits historiques et légendaires.

Esthétique : théorie du Beau et des impressions qu'il produit. Dans un sens plus étroit, ensemble des moyens ou partis pris d'expression d'un artiste ou d'une œuvre.

Excipit : par opposition à « incipit », fin ou conclusion d'un texte narratif.

Exergue : citation en tête d'un texte.

Existentialisme : théorisé par Sartre autour d'une fameuse formule (« L'existence précède l'essence »), ce mouvement littéraire et philosophique du milieu du XXe siècle compta dans ses rangs de brillants écrivains comme Camus ou Simone de Beauvoir. Il fut au centre de grandes polémiques autour d'enjeux comme « l'absurde » ou l'engagement de l'artiste.

Exorde : en rhétorique, première partie d'un discours dont la fonction est de capter l'attention et la bienveillance de l'auditoire.

Exposition : au théâtre, première scène ou ensemble de scènes ouvrant une pièce et contenant les premiers éléments importants de l'intrigue.

Fantastique : registre qui repose sur l'intrusion d'un événement mystérieux et inexplicable dans l'ordre du réel et du rationnel. (Voir Histoire littéraire p. 314)

Farce : petite pièce relevant du registre comique avec des effets grotesques ou bouffons.

Focalisation : voir Point de vue.

Gradation : succession de mots classés par ordre croissant ou décroissant de longueur ou d'intensité.

Grands Rhétoriqueurs : ensemble de poètes de la fin du XVe et du début du XVIe siècle qui accordaient une place éminente aux subtilités de la versification, et plus généralement, aux raffinements du style.

Hémistiche : moitié d'un vers.

Hendécasyllabe : vers de onze syllabes.

Heptasyllabe : vers de sept syllabes.

Homonymes : mots de sens différents possédant la même forme sonore ou écrite.

Humanisme : grand courant de pensée de la Renaissance européenne qui, en s'inspirant du meilleur des doctrines de l'Antiquité, met en avant les valeurs humaines du savoir et de la connaissance. Montaigne et Rabelais en furent en France les figures majeures au XVIe siècle.

Hyperbole : figure d'amplification ou d'exagération.

Hypothèse : fait ou explication envisagés comme possibles, ou soumis à une ou plusieurs conditions.

Idéologie : au sens large, science des idées ; dans un sens plus restreint, doctrine prônant un idéal ou ensemble de représentations dans lesquelles une classe sociale se reconnaît.

Incantatoire : se dit d'un style enlevé qui utilise les ressources émotionnelles de la langue, comme dans des formules de magie ou d'envoûtement.

Incipit : premiers mots ou première page d'un texte narratif.

Indicateurs temporels : ensemble des mots ou expressions d'un énoncé (adverbes, prépositions, conjonctions) permettant d'en caractériser la dimension temporelle et ses effets (chronologie du récit, retours en arrière, anticipation, etc.).

Induction : type de raisonnement consistant à passer du particulier au général.

Initiatique : se dit d'un récit, d'un lieu ou d'un objet qui exerce une fonction d'« initiation », d'avertissement ou d'enseignement sur un personnage.

Injonctif : qui exprime un ordre.

Injonction : action d'enjoindre, d'ordonner expressément et avec insistance quelque chose à quelqu'un.

Interjection : mot ou formule qui exprime, souvent sur le mode exclamatif, un sentiment violent, un ordre ou une émotion. Exemples : « Hélas ! », « Chut ! », « Ah ! ».

Intermède : divertissement installé entre deux actes de certaines pièces du théâtre classique.

Interne (point de vue) : voir Point de vue.

Intertextualité : ensemble des relations existant entre un texte et un autre texte ou bien entre un texte et un ensemble de textes avec lesquels le lecteur peut établir des rapprochements.

Introspection : analyse de la conscience du sujet par lui-même.

Intrusion d'auteur : se dit d'une séquence de texte par laquelle un auteur intervient dans sa narration pour la commenter ou la critiquer.

Ironie : procédé de moquerie consistant à suggérer le contraire de ce que l'on dit ou pense pour dévaloriser le point de vue adverse. (Voir aussi p. 424)

Jansénisme : courant de pensée religieuse du XVIIe siècle qui considère que nul ne peut être sauvé sans une grâce divine accordée aux seuls « élus » ou « prédestinés ». L'abbaye de Port-Royal fut le foyer de ce mouvement qui influença des écrivains comme Pascal et Racine. Elle fut rasée en 1711 sur ordre de Louis XIV.

Jésuites : prêtres de la Compagnie de Jésus, fondée en 1540. Ce ordre fortement hiérarchisé s'engagea dans de nombreuses campagnes missionnaires et participa à de multiples controverses théologiques, dont celle qui l'opposa aux jansénistes, au XVIIe siècle. Introduits dans les milieux de la politique et de l'enseignement, les jésuites s'attirèrent de nombreux ennemis dont le plus célèbre fut sans doute Voltaire.

Laudatif : qui fait un éloge ou qui contient des propos élogieux.

Libertinage : à l'origine, le mot désigne un comportement licencieux dans le domaine des mœurs et de la religion. À partir du XVIIe siècle (*Dom Juan*) et surtout du XVIIIe (*Les Liaisons dangereuses*), il s'applique à des êtres ou personnages que caractérise une attitude de marginalité ou de défi par rapport aux dogmes de la foi ou aux valeurs morales, mais aussi par rapport aux règles en vigueur dans la société. Au sens péjoratif, le mot voisine alors avec ceux de « débauche » ou de « dévergondage ».

Licence : liberté prise par un écrivain par rapport aux règles ou conventions de la forme ou du genre littéraire qu'il pratique.

Lipogramme : selon l'étymologie grecque (« laisser tomber une lettre »), texte de prose ou de poésie écrit sous la contrainte consistant à ne pas utiliser une ou plusieurs lettres de l'alphabet.

Litote : expression retenue qui suggère beaucoup plus qu'elle ne dit. Exemple : « Va, je ne te hais point ! »

Locuteur : sujet parlant, émetteur ou producteur d'énoncés vers un destinataire.

Lumières : grand mouvement philosophique européen du XVIIIe siècle dont les mots clés sont : liberté, raison, progrès et esprit critique. Montesquieu, Voltaire, Rousseau, Diderot et les encyclopédistes en furent en France les figures les plus remarquables.

Lyrisme : expression de sentiments personnels faisant appel à la sensibilité du lecteur (voir p. 128).

Maniérisme : forme d'art qui s'est développée d'abord en Italie au XVIe siècle puis en Europe, sous l'influence de la « manière » des grands maîtres de la Renaissance. Elle se caractérise par des effets de raffinement ou d'emphase.

Mélioratif : par opposition à « péjoratif », se dit des termes du lexique présentant un être ou une réalité sous un jour favorable, dans un éloge notamment.

Merveilleux : registre littéraire caractérisé par la présence d'éléments surnaturels au sein même de la réalité.

Métaphore : figure d'analogie opérant le rapprochement ou l'identification de deux réalités séparées (voir p. 130). Exemple : « les raisins de la colère ».

Métaphore filée : répétition ou développement d'éléments liés à une même métaphore initiale (voir p. 130).

Métonymie : figure de désignation d'une réalité au moyen d'une autre qui lui est proche.

Mètre : type de vers identifié par le nombre de ses syllabes.

Métrique : étude de la versification, notamment de l'emploi des mètres.

Mise en abyme : voir Abyme.

Modalisateurs : marques de la présence subjective d'un locuteur dans un énoncé, suggérant souvent un jugement de valeur (adverbes, suffixes, adjectifs).

Monologue : au théâtre, scène où un personnage seul se parle à lui-même ; dans un sens plus large, longue prise de parole d'un orateur ou d'un personnage au détriment de la parole des autres.

Monosyllabe : mot formé d'une seule syllabe.

Mythe : récit mettant en scène des personnages et des événements imaginaires dans lesquels sont transposés des faits historiques ou proposant une représentation de certains phénomènes naturels ou sociaux.

Mythologique : se dit d'un personnage, d'un texte ou d'un symbole qui appartient à l'ensemble des grands mythes d'une culture.

Narrataire : celui à qui s'adresse le narrateur dans un récit (voir p. 336).

Narrateur : celui qui raconte l'histoire dans un récit ; par opposition à l'auteur, le narrateur appartient au texte (voir p. 336).

Narratif (point de vue) : voir Point de vue et voir p. 336.

Naturalisme : mouvement littéraire, principalement romanesque, qui prolonge le mouvement réaliste dans le dernier quart du XIXe siècle. Emmenés par Zola, les naturalistes se réclament de la science et veulent être les « expérimentateurs » méthodiques de la « matière humaine » dans son interaction avec le corps social et ses divers « milieux ». (Voir aussi p. 55)

Néologisme : mot de création récente, ou déjà existant, mais doté d'une signification nouvelle.

Niveaux de langue : degrés ou registres d'expressivité des mots d'un texte ; on distingue principalement le niveau « courant », le niveau « familier », ou vulgaire, et le niveau « soutenu », ou littéraire (voir p. 222).

Nœud : au théâtre, moment culminant de la crise dans le déroulement de l'action (voir p. 226).

Objection : dans une argumentation, argument que l'on oppose à ceux qui soutiennent la thèse adverse.

Occurrence : apparition d'un terme ou d'une figure dans un énoncé.

Octosyllabe : vers de huit syllabes.

Omniscient : se dit du point de vue adopté par un romancier qui connaîtrait tout du monde et des personnages imaginaires qu'il crée.

OULIPO : Ouvroir de Littérature Potentielle. Ce groupe, fondé en 1960 par Raymond Queneau, a regroupé des écrivains passionnés par les jeux, techniques ou contraintes (métriques, linguistiques ou même mathématiques) que l'on peut mettre en œuvre dans le texte littéraire. Georges Perec, Italo Calvino ou Jacques Roubaud furent ou sont les figures les plus brillantes d'un groupe plein de virtuosité et d'humour, dont les recherches actuelles s'aident aussi de l'informatique (voir p. 119).

Oxymore : alliance métaphorique de termes contradictoires. Exemple : « le soleil noir de la mélancolie ».

Pamphlet : texte attaquant souvent avec méchanceté un personnage ou une institution.

Panégyrique : écrit ou discours à la louange de quelqu'un.

Paradoxe : opinion exprimée de manière contraire à l'opinion commune.

Parallélisme : dans un texte (description ou argumentation), se dit d'une construction qui progresse par effets de ressemblance ou de similitude.

Parataxe : procédé consistant à juxtaposer des phrases sans exprimer le lien logique qui les unit.

Parnasse contemporain : nom d'une revue littéraire et d'un mouvement poétique de la seconde moitié du XVIIIe siècle. Dans un esprit d'opposition au romantisme, celui-ci regroupa les poètes (Leconte de Lisle, Banville, Heredia) attachés au culte du « travail », de la beauté plastique et éternelle, et plus généralement défenseurs de la doctrine de « l'art pour l'art ». (Voir aussi p. 55)

Parodie : au sens large, imitation plaisante ou ironique du style ou des manières d'un écrivain, d'un type ou d'un groupe social ; dans un sens plus particulier, imitation d'un texte pour le détourner de ses intentions premières et produire un effet comique.

Paronymes : mots de sens différents

dont l'orthographe et la prononciation sont pourtant voisines. Exemple: conjecture/conjoncture.

Pastiche : imitation souvent humoristique de la langue et du style d'un auteur (voir p. 486).

Pastoral : se dit d'une œuvre littéraire qui évoque la nature, la vie des champs et ses acteurs (bergers, paysans).

Pathétique : se dit d'une tonalité littéraire qui cherche à émouvoir fortement le destinataire (voir p. 228).

Péripétie : moment fort d'une action théâtrale ou romanesque.

Périphrase : groupe de mots substitué dans un énoncé au simple mot propre.

Péroraison : dernière partie d'un discours, faisant généralement appel à la pitié ou à la clémence de l'auditoire.

Personnification : figure de style consistant à faire d'une idée abstraite ou d'un être inanimé un être réel.

Phonème : la plus petite unité de son du langage parlé.

Phrases (types de) : voir p. 220. On distingue :

– la phrase déclarative où l'émetteur constate un fait, transmet une information ou une opinion ;

– la phrase interrogative où il demande une information par une question ;

– la phrase injonctive par laquelle il cherche à faire agir le récepteur ;

– la phrase exclamative qui ajoute à l'un des trois types précédents la présence d'un sentiment vif ou d'une émotion dans son énoncé.

Point de vue : dans un récit, « angle » selon lequel les événements sont perçus et racontés par le narrateur. On distingue le point de vue omniscient (le narrateur sait tout de ses personnages), le point de vue interne (il choisit le point de vue de l'un de ses personnages) et le point de vue externe (le narrateur regarde les personnages de l'extérieur sans rien faire savoir de ce qu'ils pensent ou éprouvent) (voir aussi p. 336). Dans le discours argumentatif, opinion ou thèse que l'on défend.

Polémique : se dit d'un débat ou d'une discussion violente sur des questions littéraires, scientifiques, morales ou politiques, par exemple (voir p. 424).

Polyphonie : terme emprunté à l'écriture musicale pour désigner, dans un roman épistolaire, le mélange des « voix » des divers auteurs de lettres.

Polysémique : se dit d'un mot ou d'un texte qui possède plusieurs significations.

Positivisme : doctrine élaborée par Auguste Comte (1798-1857) selon laquelle la connaissance des faits ne peut procéder que de l'expérience scientifique.

Précepte : formule exprimant un enseignement ou une leçon.

Préciosité : au XVIIe siècle, comportement social et culturel caractérisé par un goût, des manières et un langage excessivement raffinés que Molière caricatura dans sa comédie *Les Précieuses ridicules*.

Prétérition : figure de style consistant à feindre de ne pas vouloir parler de quelque chose tout en en parlant.

Prologue (au théâtre) : déclaration précédant le début de la pièce elle-même.

Prosodie : ensemble des règles de la versification.

Prosopopée : procédé par lequel un orateur ou un écrivain prête des sentiments ou la parole à des êtres inanimés, morts ou absents.

Protagoniste : personnage important d'une pièce de théâtre ou d'un récit.

Psychanalyse : méthode d'exploration psychologique inventée par Freud (1856-1939) et visant à élucider la signification inconsciente des conduites des individus souffrant de troubles.

Q

Quatrain : strophe de quatre vers.

Quintil : strophe de cinq vers.

Quiproquo : effet de théâtre exploitant une confusion, une méprise qui fait prendre une personne, un lieu ou un objet pour un autre (voir p. 224).

R

Rapporté (discours) : voir Discours.

Rationalisme : doctrine philosophique, illustrée au XVIIe siècle par Descartes, selon laquelle tout ce qui existe a sa raison, est intelligible et explicable.

Réalisme : mouvement littéraire, principalement romanesque, de la seconde moitié du XIXe siècle, dont les précurseurs chez les romantiques furent Balzac et Stendhal. Le « maître » du mouvement, Flaubert, prône le « faire beau » à travers le « faire vrai ». Pour peindre la réalité dans ses composantes sociales, psychologiques et historiques, le romancier s'aide du renfort de l'enquête et de la documentation. (Voir aussi p. 54)

Récepteur : personne à qui l'énoncé est destiné et qui est concrètement présente dans la situation de communication.

Récit : au sens large, énoncé racontant une histoire ; dans un sens spécifique, et par opposition à la notion de discours, le mot désigne un énoncé à la troisième personne, « coupé » d'une situation d'énonciation particulière et caractérisé par un effacement des marques d'énonciation.

Redondance : répétition insistante d'un mot ou d'un groupe de mots.

Référent : réalité à laquelle renvoient les mots d'une langue ou les signes d'un tableau.

Réfutation : moment d'une argumentation où l'on reprend la thèse adverse pour lui opposer un ensemble d'arguments permettant de l'invalider.

Registre : ensemble des caractéristiques d'un énoncé propres à susciter chez son destinataire une perception ou une émotion particulières (voir aussi p. 70) ; on distingue principalement les registres :

– comique : voir p. 230

– tragique : voir p. 228

– pathétique : voir p. 228

– lyrique : voir p. 128

– épique : voir p. 252

– polémique : voir p. 424

– satirique : voir p. 424

Rejet : élément d'une phrase « rejeté » au début du vers suivant pour être ainsi mis en valeur.

Réplique : au théâtre, séquence de texte prononcée par un acteur au sein d'un dialogue.

Réquisitoire : dans un procès, moment argumentatif où le procureur « requiert » une peine contre la personne jugée. L'avocat prendra ensuite la parole pour la défense.

Rhétorique : ensemble des règles de l'art de la parole et des techniques de l'argumentation.

Romantisme : ce vaste mouvement artistique et littéraire européen du début du XIXe siècle fut initié en France par Chateaubriand avant de mettre en avant, autour de Hugo, un groupe brillant de poètes (Lamartine, Musset, Nerval) opposés à la tradition classique. Également inspirateur de nouveautés au théâtre (le drame) et dans le genre romanesque (historique et autobiographique), le mouvement eut sa part d'engagement social et politique au service des valeurs libérales. L'échec de la Révolution de 1848 marqua la fin de sa période conquérante. (Voir aussi p. 117)

Rythme binaire : dans un vers, scansion rythmique selon un nombre pair d'accents, généralement deux ou quatre, avec répartition égale de part et d'autre de la césure.

Rythme ternaire : dans un vers, scansion rythmique à trois accents majeurs, séparant par exemple l'alexandrin en trois séquences de quatre syllabes ; on parle plus généralement de « rythme ternaire progressif » quand les trois éléments d'un énoncé (vers ou phrase) sont disposés dans un ordre croissant de longueur.

Lexique

Satire : écrit littéraire s'en prenant aux vices d'une personne, d'un groupe ou d'une époque (voir p. 424).

Saynète : petite pièce comique, à l'origine dans le théâtre espagnol. Au sens plus large, sketch.

Scène : dans un récit, ce terme, emprunté au théâtre, désigne un moment où la durée de la narration d'un épisode semble correspondre à la durée de son déroulement.

Schéma actantiel : voir Actantiel.

Sémantique : relatif au sens d'un mot ou d'un texte.

Sémiologie : science générale des signes (qu'ils soient littéraires, picturaux, musicaux, etc.)

Septain : strophe de sept vers.

Signifiant : désigne le constituant formel (son, apparence visuelle) d'un signe, par opposition au signifié (voir p. 124).

Signifié : désigne le sens, le contenu sémantique d'un signe, par opposition au signifiant (voir p. 124).

Situation d'énonciation : situation de production d'énoncés en un moment et en un lieu précis.

Sizain : strophe de six vers.

Sommaire : se dit, dans un récit, du résumé plus ou moins long d'un moment de l'histoire.

Sonnet : forme poétique composée de deux quatrains et de deux tercets (voir p. 132).

Sophistes : chez les Grecs, philosophes amoureux de la rhétorique ; par extension péjorative, le mot désigne les utilisateurs d'arguments compliqués ou fallacieux.

Stichomythie : se dit d'un dialogue où les acteurs se répondent vers par vers ou en de brèves répliques de longueur identique.

Surréalisme : mouvement poétique de la première moitié du XXe siècle. Fondé par Breton, Éluard et Aragon, influencé par le marxisme et la psychanalyse, le groupe se donna deux slogans majeurs : « changer la vie » et « changer le monde » à travers des expériences d'écritures parfois audacieuses comme l'écriture automatique ou le récit de rêve. (Voir aussi p. 56)

Syllogisme : raisonnement déductif, partant de deux propositions pour en déduire une troisième.

Symbole : dans un texte, image ou objet exprimant de manière concrète, par analogie, une idée abstraite, une valeur ou un état d'âme.

Symbolisme : mouvement esthétique et principalement poétique de la seconde moitié du XIXe siècle, il fut initié par Baudelaire et prolongé par des créateurs comme Verlaine ou Mallarmé. Contestant la représentation réaliste, ce courant privilégie une esthétique de la suggestion ou de l'impression pour traduire la part de spiritualité ou d'« idéalité » cachée derrière les apparences du réel. (Voir aussi p. 56)

Synecdoque : forme de métonymie jouant sur la relation entre la partie et le tout. Exemple : « une fine lame » pour désigner un bon escrimeur.

Synérèse : prononciation en une seule syllabe de deux sons voyelles contigus dans un même mot. Le contraire est la « diérèse ».

Synonymes : mots de significations voisines pouvant se substituer l'un à l'autre.

Synopsis : terme de cinéma désignant le résumé du scénario.

Tercet : strophe de trois vers.

Tétramètre : terme désignant dans la prosodie française un alexandrin structuré en quatre fois trois syllabes.

Thèse : opinion que l'on soutient et défend dans une argumentation en cherchant à en montrer la véracité par des arguments et des exemples.

Tirade : au théâtre, longue réplique dans un dialogue.

Tonalité : voir « Registre ».

Tragi-comédie : genre théâtral dont la nature du conflit est tragique, avec de nombreuses péripéties, et dont le dénouement est heureux (exemple : *Le Cid* de Corneille).

Trimètre : terme désignant dans la prosodie française un alexandrin structuré en trois fois quatre syllabes.

Type : personnage de roman ou de théâtre incarnant une qualité, un défaut, un comportement ou un groupe social.

Unités (règles des) : contraintes de temps, de lieu et d'action imposées dans le théâtre classique du XVIIe siècle (voir p. 213).

V

Vaudeville : comédie légère, exploitant principalement le comique de situation.

Vers blanc : vers dissimulé dans un énoncé en prose.

Vers libre : se dit d'un vers « libéré » des contraintes de la rime et du compte des syllabes.

Verset : initialement, chacune des divisions numérotées d'un livre sacré comme la Bible ou le Coran ; en poésie contemporaine, phrase en prose à forte unité rythmique employée par des écrivains comme Claudel ou Saint John Perse.

Visée : se dit de l'intention, du projet esthétique d'un énoncé ou plus largement d'une œuvre.

Index des auteurs

Les chiffres en gras renvoient à la page où figure la biographie de l'auteur.

Index des œuvres

Les œuvres à la couleur font l'objet dans le manuel de fiches « Lire une œuvre ».

Index des œuvres d'art

Crédits photographiques

14-15 : AKG-Images – **16 d :** RMN/M. Bellot – **16 g :** Coll. Archives Nathan – **17 d :** Coll. Archives Nathan – **17 g :** Bridgeman Giraudon – **18 :** BIS/Coll. Archives Larbor/ H. Josse – **19 :** BIS/Coll. Archives Larbor/H. Josse – **20 h :** Coll. Archives Nathan – **20 b :** BIS/Coll. Archives Larbor/H. Josse – **21 g :** Coll. Archives Nathan – **21 d** BIS/ Coll. Archives Larbor – **22 g :** BIS/Coll. Archives Nathan – **22 d :** BIS/ Coll. Archives Nathan – **23 h :** BIS/Coll. Archives Larbor/S. Guiley Lagache – **23 b :** BIS/Coll. Archives Larbor/ H. Josse – **24 g :** BIS/Coll. Archives Larbor/J. L. Charmet – **24 d :** Coll. Archives Nathan – **25 g :** CNAC-MNAM/ A. Rzepka, dist. RMN © ADAGP, Paris 2006 – **25 d :** Sipa Presse/Ginies – **26 :** CNAC-MNAM/J. Faujour dist.RMN © ADAGP, Paris 2006 – **28 :** BIS/Coll. Archives Larbor– **29 :** Editions Gallimard – **30 :** BIS/Coll. Archives Larbor/Jeanbor – **32 :** BIS/Coll. Archives Larbor – **33 h :** Roger-Viollet – **33 b :** Rapho/ Y. Manciet – **36 :** Coll. Archives Nathan – **37 h :** Bridgeman-Giraudon – **37 b :** BIS/Coll. Archives Larbor – **39 :** BIS/Coll. Archives Larbor – **40 :** Coll. Archives Nathan – **41 :** Kharbine-Tapabor – **42 :** BIS/Coll. Archives Larbor/H. Josse – **43 :** Bridgeman-Giraudon – **44 :** BIS/Coll. Archives Larbor – **45 :** Coll. Archives Nathan – **46 :** Editions Gallimard – **47 :** Coll. Archives Nathan – **48 :** Succession François-Emile Zola – **49 :** Coll. Archives Nathan – **50h :** Roger-Viollet – **50b :** Leemage/Bianchetti/D.R. – **51 :** Coll. Archives Nathan – **52 h :** Coll. Archives Nathan – **52 m :** Coll. Archives Nathan – **52 b :** Bridgeman-Giraudon © ADAGP, Paris 2006 – **53 :** Scala, Florence © The Museum of Moderne Art, New York © Salvador Dali, Fondation Gala-Salvador Dali/ADAGP, Paris 2006 – **54 :** RMN/H. Lewandowski – **55 :** RMN/G. Blot – **56 h :** Bridgeman-Giraudon © ADAGP, Paris 2006 – **56 b :** RMN G. Blot – **57 h :** Editions de Minuit – **57 b :** Magnum/S. Larrain – **58 :** CNAC/MNAM dist. RMN/ Ch. Bahier/Ph. Migeat © Succession Marcel Duchamp/ADAGP, Paris 2006 – **59 h :** BIS/Archives Larbor © ADAGP, Paris 2006 – **59 b :** BIS/Archives Larbor © ADAGP, Paris 2006 – **60 h :** BIS/ Archives Larbor © Salvador Dali, Fondation Gala-Salvador Dali/ADAGP, Paris 2006 – **60 b :** CNAC/MNAM dist. RMN © ADAGP, Paris 2006 – **61 h :** CNAC/MNAM dist. RMN/G. Meguerditchian © ADAGP, Paris 2006 – **61 b :** BIS/Archives Larbor © ADAGP, Paris 2006 – **79 :** Coll. Archives Nathan – **80 :** AKG-Images/E. Lessing © The Munch Museum- The Munch Ellingsen Group-ADAGP, Paris 2006 – **82 :** BIS/Coll. Archives Larbor/J. Denave – **83 :** Scala, Florence – **84 :** BIS/Coll. Archives Larbor/H. Josse – **85 :** Scala, Florence – **86 :** Coll. Archives Nathan – **88 :** AKG-Images/Pirozzi – **89 :** Coll. Archives Nathan – **90 :** RMN/Bulloz – **91 :** Editions Garnier Flammarion – **92 :** Coll. Archives Nathan – **93 :** RMN/ El Meliani – **94 g :** Coll. Archives Nathan – **94 d :** RMN/H. Lewandowski – **96 et 97 h :** Coll. Archives Nathan – **97 b :** RMN – **98, 99, et 100 :** Coll. Archives Nathan – **101 :** RMN/M. Bellot © Estate Brassaï, 2006 – **102 et 103 :** Coll. Archives Nathan – **104 h :** Coll. Archives Nathan – **104 b :** RMN/ H. Lewandowski © ADAGP, Paris 2006 – **106 :** Coll. Archives Nathan – **107 :** Bridgeman-Giraudon – **108 et 109 :** Coll. Archives Nathan – **110 :** AKG-Images – **111 :** BIS/Coll. Archives Larbor – **112 h :** Gamma/L. Monier – **112 b :** BIS/National Gallery, Londres – **113 :** BIS/Coll. Archives Larbor – **115 :** D.R. © ADAGP, Paris 2006 – **116 :** BIS/Coll. Archives Larbor – **120 :** Artothek – **121 h :** BIS/Coll. Archives Larbor – **12 b :** Bridgeman-Giraudon – **122 h :** BIS/Coll. Archives Larbor – **122 b :** BIS/Coll. Archives Larbor – **123 :** BIS/Coll. Archives Larbor – **141 :** Bridgeman Art Library/Coll. Privée © Courtesy of the Artist – **142 :** Agence Enguerand Bernand – **144 :** BIS/Coll. Archives Larbor/H. Josse – **145 :** AKG-Images/E. Lessing – **147 :** Coll. Archives Nathan – **149 :** Gamma/L. Monier – **150 :** BIS/Coll. Archives Larbor/H. Josse – **153 :** Picture Desk/G. Dagli Orti – **154 :** BIS/Coll. Archives Larbor/H. Josse – **156 :** Agence Enguerand Bernand/R. Senera – **157 :** Gamma/L. Monier – **158 :** BIS/Coll. Archives Larbor/ H. Josse – **159 :** Agence Enguerand Bernand/F. Cuif – **161 :** Coll. Archives Nathan – **162 :** Agence Enguerand Bernand/ R. Senera – **165 h :** BIS/ Coll. Archives Larbor/H. Josse – **165 b :** Philippe Coqueux – **167 :** BIS/Coll. Archives Larbor – **168 h :** Gamma/L. Monier – **168 b :** Agence Enguerand Bernand/ V. Pontet – **170 h :** BIS/Coll. Archives Larbor/H. Josse – **170 b :** Agence Enguerand Bernand – **173 :** BIS/Coll. Archives Larbor/H. Josse – **174 :** Corbis/J. Robbie – **176 :** Editions Gallimard – **177 h :** BIS/Coll. Archives Larbor/H. Josse – **177 b :** Agence Enguerand Bernand/M. Enguerand – **178 :** BIS/Coll. Archives Larbor/H. Josse – **179 :** Agence Enguerand Bernand – **181 :** BIS/Coll. Archives Larbor/H. Josse – **182 :** Agence Enguerand Bernand/M. Enguerand – **183 :** BIS/Coll. Archives Larbor/Guiley Lagache – **184 :** Agence Enguerand Bernand/A. Dugas – **186 :** Bridgeman Giraudon – **187 :** Coll. Archives Nathan – **188 :** BIS/National Portrait Gallery, Londres – **190 :** BIS/Coll. Archives Larbor/H. Josse – **191 :** Agence Enguerand Bernand/R. Senera – **192 :** Coll. Archives Nathan – **193 :** Agence Enguerand Bernand/P. Gely – **194 :** Leemage/Fototeca – **195 :** Librairie Générale Française © ADAGP, Paris 2006 – **196 h :** Coll. Archives Nathan – **196 b :** Agence Enguerand Bernand/ P. Gely – **198 :** BIS/Coll. Archives Larbor – **199 :** Roger Viollet – **200 :** Gamma/L. Monier – **201 :** Agence Enguerand Bernand/B. Enguerand – **202 :** Agence Enguerand Bernand/P. Gely – **203 :** Gamma/L. Monier – **204 :** Agence Enguerand Bernand/B. Enguerand – **205 :** Agence Enguerand Bernand/R. Senera – **206 :** Agence Opale/Hannah – **207 :** Gamma/L. Monier – **209 :** Max PPP – **216 h :** Corbis/Kimbell Art Museum, Fort Worth – **216 b :** Picture Desk/G. Dagli Orti – **217 h :** Picture Desk/G. Dagli Orti – **217 b :** Corbis/Araldo de Luca – **218 :** RMN/R. G. Ojeda – **219 h :** AKG-Images – **219 b :** Picture Desk/G. Dagli Orti – **240 :** RMN/Ch. Jean © ADAGP, Paris 2006 – **242 h :** BIS/Coll. Archives Larbor/Jeanbor – **242b :** Picture Desk/G. Dagli Orti – **244 :** Coll. Archives Nathan – **245 h :** Leemage/Electa – **245 b :** Coll. Archives Nathan – **246 :** Picture Desk/G. Dagli Orti – **247 :** Coll. Archives Nathan – **248 :** Picture Desk/G. Dagli Orti – **249 :** Gamma : F. Guenet – **250 :** Picture Desk/G. Dagli Orti – **251 :** Sipa Presse/Andersen – **254 :** BIS/Coll. Archives Larbor/H. Josse – **255 :** Gamma/M. Pelletier – **256 :** AKG-Images © The Munch Museum-The Munch Ellingsen Group-ADAGP, Paris 2006 – **257 :** Gamma/F. Crussiaux –**258 :** L. Monier – **259 :** Rue des Archives – **260 h :** Coll. Archives Nathan – **260 b :** BIS/Coll. Archives Larbor – **262 :** Gamma/L. Monier – **263 :** Agence Opale/J. Foley – **264 :** BIS/Coll. Archives Larbor/Jeanbor – **265 :** Leemage – **266 :** Leemage/Selva – **267 :** BIS/Coll. Archives Larbor/P. Pascal – **268 :** Gamma/L. Monier – **269 :** Editions Gallimard – **270 :** Picture Desk/G. Dagli Orti – **271 :** BIS/Coll. Archives Larbor – **272 :** Librairie Générale Française – **273 h :** Coll. Archives Nathan – **273 b :** RMN/G. Blot – **275 :** Gamma/Louis Monier – **276 :** Coll. Archives Nathan – **277 :** Editions Arlea/P. Etaix – **278 :** BIS/Coll. Archives Larbor/H. Josse – **279 :** Gamma – **280h :** BIS/Coll. Archives Larbor/Jean Tarascon – **280b :** RMN/G. Blot – **282 :** BIS/Coll. Archives Larbor/H. Josse – **284 :** Roger Viollet – **285 :** Bridgeman Giraudon © ADAGP, Paris 2006 – **286 :** Photothèque René Magritte- ADAGP, Paris 2006 – **287 :** Roger Viollet – **288 :** Coll. Archives Nathan – **289 :** Bridgeman Giraudon – **290 h :** Sipa Presses/Ginies – **290 b :** Bridgeman Giraudon – **293 :** Gamma/Louis Monier – **294 h :** BIS/Coll. Archives Larbor/H. Josse – **294 b :** Coll. Archives Nathan © D.R. – **298 :** Coll. Archives Nathan – **299 :** Bridgeman Giraudon – **301 :** Coll. Archives Nathan – **302h :** BIS/Coll. Archives Larbor/E. Robert – **302 b :** Bridgeman Giraudon – **304 :** Coll. Archives Nathan – **306 :** Collection Kharbine Tapabor – **308 :** Bridgeman Giraudon – **311 :** Corbis/S. Bassouls – **312 :** Editions Gallimard – **313 :** Roger Viollet – **316 :** Coll. Archives Nathan – **317 :** Rue des Archives – **318 :** Gamma/L. Monier – **324 h :** RMN/H. Lewandowski – **324 b :** Musée archéologique, Madrid – **325 h :** Ecole Nationale des Beaux-Arts, Paris – **325 b :** Coll. Archives Nathan/F. Hanoteau – **326 h :** BIS/Coll. Archives Larbor/R. Lalance © Succession Picasso, Paris 2006 – **326b :** RMN/G. Blot © Succession Picasso,

Paris 2006 – **327 h** RMN/G. Blot © Succession Picasso, Paris 2006 – **327 b** : RMN/Ed. Quinn/DR – **352** : AKG-Images – **354** : Coll. Archives Nathan – **355** : AKG-Images/R. Lessing – **356 h** : Coll. Archives Nathan – **356 b** : Leemage/Costa – **358** : Coll. Archives Nathan – **359** : Coll. Archives Nathan/BnF – **360** : Corbis/National Gallery, Londres – **361** : Coll. Archives Nathan – **362** : Collection Kharbine Tapabor – **363** : BIS/Coll. Archives Larbor – **364 h** : Coll. Archives Nathan – **364 b** : BIS/Coll. Archives Larbor – **366** : Roger Viollet – **368** : Coll. Archives Nathan – **369** : Corbis/Burstein collection – **370** : BIS/Collection Archives Larbor/H. Josse – **371** : AKG-Images – **372** : BIS/Coll. Archives Larbor/H. Josse – **373** : Roger Viollet – **374 h** : Musée de la Publicité, Paris – **374 b** : Musée de la Publicité, Paris © ADAGP, Paris 2006 – **375** : EURO RSCG BETC/Nick Meek – **376** : Coll. Archives Nathan – **377** : Collection Kharbine Tapabor – **378** : Coll. Archives Nathan – **380** : Gamma/L. Monier – **381** : AFP – **383** : Editions Pocket – **384 h** : BIS/Coll. Archives Larbor/ H. Josse – **384 b** : RMN/H. Lewandowski – **385** : Keystone – **386** : Keystone – **388** : BIS/ Coll. Archives Larbor/J. L. Charmet – **389** : RMN/R.G. Ojeda – **390** : Coll. Archives Nathan – **391** : Bridgeman Giraudon – **392** : Coll. Archives Nathan – **394** : BIS/Coll. Archives Larbor/H. Josse – **395** : Bridgeman Giraudon – **396** : Coll. Archives Nathan – **397 h** et **m** : Coll. Archives Nathan – **397 b** : Bridgeman Giraudon – **399** : Bridgeman Giraudon – **400 h** : Coll. Archives Nathan – **400 b** : Collection Christophe L – **402** : Editions Magnard – **403 h** : Coll. Archives Nathan – **403 b** : Bridgeman Giraudon – **405 h** : Coll. Archives Nathan – **405 b** : Picture Desk/G. Dagli Orti – **406** : Agence Opale/P. Matsas/ΓDA – **410** : Coll. Archives Nathan/DR – **411 h** : AKG-Images – **411 b** : AKG-Images – **412 h** et **b** : Coll. Archives Nathan/DR – **413 h** : Leemage/Selva – **413 b** : Collection Christophe L – **433** : BIS/Coll. Archives Larbor/H. Josse – **434** : Bridgeman Giraudon, © Succession Picasso, Paris 2006 – **436** : Coll. Archives Nathan – **437** : BIS/Coll. Archives Larbor – **438** : Roger Viollet – **439** : Roger Viollet – **440** : Coll. Archives Nathan – **441** : Photothèque R. Magritte, ©ADAGP, Paris 2006 – **442** : Coll. Archives Nathan – **443** : Roger Viollet – **444** : BIS/Coll. Archives Larbor/Michel Didier, by Editions Gallimard, 1922 © ADAGP? Paris 2006 – **445** : BIS/Coll. Archives Larbor/P. Pascal – **446** : Ph. Association Georges Perec © Zulma/CNRS Editions, 1993 – **448** : Marc Taraskoff – **449** : Coll. Archives Nathan – **452** : BIS/Coll. Archives Larbor – **455** : Bibliothèque nationale de France, Paris – **456** : Gamma/L. Monier – **457** : BnF, Paris/ P. Lorette – **458 h** : Corbis – **458 b** : Banque d'images de l'ADAGP © ADAGP, Paris 2006 – **460** : Gamma/U. Andersen – **461** : BnF, Paris/P. Lorette – **462** : Coll. Archives Nathan – **465** : BnF, Paris – **466** : Editions Albin Michel – **467** : Librairie générale Française – **469** : Editions du Seuil – **470** : Coll. Archives Nathan – **472 h d** et **h g** : Collection Christophe L – **472 b** : Agence Enguerand Bernand – **478h** : Musée Rodin, Paris – **478 b** : Photothèque des Musées de la ville de Paris – **479 h** : Musée Rodin, Paris/A. Rzepka – **479 b** : Fondation de Coubertin, Saint-Rémy-les-Chevreuses/Y. Bernard – **480 h** : Musée Rodin, Paris/B. Hatala – **480 b** : RMN – **481 h** : RMN – **481 m** : Musée Rodin, Paris/J. Manoukian – **481 b** : Musée Rodin, Paris/J. de Calan – **499** : Bridgeman Giraudon – **508** : BIS/Coll. Archives Larbor/ H. Josse – **510** : RMN/P. Selert – **511** : BIS/ Coll. Archives Larbor – **524 ht** et **d** : Coll. Archives Nathan – **524 b** : Roger Viollet – **524 m** : BIS/Coll. Archives Larbor/ Jeanbor – **525 g** : BIS/Coll. Archives Larbor/ Guiley Lagache – **525 ht m** : Gamma/L. Monier – **525 ht d** : Roger-Viollet – **525 b m** : BIS/Coll. Archives Larbor/H. Josse – **525 b d** : Coll. Archives Nathan – **526 ht g, b g, m, b d** : Coll. Archives Nathan – **526 ht d** : Roger Viollet – **527 g** : BIS/Coll. Archives Larbor/H. Josse – **527 h** : Coll. Archives Nathan – **527 b** : Coll. Archives Larbor/H. Josse – **527 d** : Gamma/M. Pelletier – **528 h g, h m, b** : Coll. Archives Nathan – **528 b g** : Gamma/Louis Monier – **528 h d** : Roger Viollet – **529 g** : Coll. Archives Nathan – **529 m** : Roger Viollet – **529 h d** : Agence Opale/Hannah – **529 b d** : Coll. Archives Nathan – **530 h g, b g, b** : Coll. Archives Nathan – **530 h m** : BIS/Coll. Archives Larbor/J. Denave – **530 d** : Collection Christophe L – **531 h g** : BIS/Coll. Archives Larbor – **531 b g** : Keystone – **531 h m** : BIS/Coll. Archives Larbor/H. Josse – **531 b m** : Coll. Archives Nathan – **531 d** : BIS/Coll. Archives Larbor/E. Robert – **532 h, b m** : Coll. Archives Nathan – **532 b g, b d** : BIS/Coll. Archives Larbor/H. Josse – **533 h g** : BIS/Coll. Archives Larbor/H. Josse – **533 b g, b d, m** : Coll. Archives Nathan – **533 d** : BIS/Coll. Archives Larbor/P. Pascal – **534 g, m h, m b** : Coll. Archives Nathan – **534 h d** : Gamma/L. Monier – **534 b d** : BIS/Coll. Archives Larbor/H. Josse – **535 g** : BIS/Coll. Archives Larbor/H. Josse – **535 m** : Coll. Archives Nathan –**535 d** : BIS/Ph. J.J. Morlan. Coll. Archives Larbor –**536 g** : RMN/G. Blot – **536 h** : Gamma/Louis Monier – **536 b** : BIS/Ph. H. Martinie- Coll. Archives Larbor – **536 d** : Coll. Archives Nathan – **537 h g** : Coll. Archives Nathan – **537 b g** : BIS/ Coll. Archives Larbor – **537 h m** : BIS/Coll. Archives Larbor/H. Josse – **537 b et d** : Coll. Archives Nathan – **538 h g, b g, b, d** : Coll. Archives Nathan – **538 h m** : Roger-Viollet – **539 g** : Gamma : F. Guenet – **539 d** : BIS/Coll. Archives Larbor.

Imprimé en Italie par Rotolito Lombarda
N° d'éditeur 10128535 - Dépôt légal avril 2006